운동 행동
Motor Behavior

최상의 수행능력을 위한
몸과 정신을 연결하기

제2판

제프리 C. 아이브스 지음
김대하, 지무엽, 차민기 옮김

대성의학사
Wolters Kluwer
Philadelphia • Baltimore • New York • London
Buenos Aires • Hong Kong • Sydney • Tokyo

이 책의 모든 페이지에서 눈에 띄게 드러나는 분에게:

주께서 내 내장을 지으시며 나의 모태에서 나를 만드셨나이다.
내가 주께 감사하옴은 나를 지으심이 심히 기묘하심이라.
주께서 하시는 일이 기이함을 내 영혼이 잘 아나이다.
내가 은밀한 데서 지음을 받고 땅의 깊은 곳에서 기이하게 지음을 받은 때에
나의 형체가 주의 앞에 숨겨지지 못하였나이다.

This is a translation of MOTOR BEHAVIOR: Connecting Mind and Body for Optimal Performance, Second Edition, by Jeffrey C. Ives

Second Edition

역자 서문

운동 행동은 수행능력 향상 및 재활과 치료 분야에서 각광받고 있는 운동 제어와 학습 분야를 포괄하는 몸과 정신의 연결 관계에 대한 연구 분야입니다. 뇌과학의 발달에 힘입어 우리 몸이 움직임을 만들고 신체적 활동을 하는 기전에서 뇌신경학과 심리가 미치는 영향과 연결을 탐구하고 이를 실제적 적용으로 이끄는 분야라 할 수 있습니다.

더불어 이 책의 1판 번역에 참여하신 김동환(한방재활의학 전문의), 박순철(심양체육대학교 사회체육학원), 박시원(시원필라테스), 박창현(내맘에한의원 원장), 여효성(계명대학교), 임동춘(메디앤핏), 임창현(McMaster University), 정연재(한방재활의학 전문의), 차영남(고신대학교) 선생님들께 사죄와 감사의 말씀을 드립니다. 크나큰 도움에도 불구하고 2판으로 책이 출간되었지만, 1판 번역의 기초 덕분에 이 책이 나올 수 있게 되었습니다.

마지막으로 체육, 재활, 의료 서적의 출간을 위해 아낌없는 지원을 해주시는 대성의학사의 권오현 대표님과 김미애 편집장님께 감사를 드립니다.

머리말

인간 움직임의 풍부함과 범위는 인간 운동 행동 연구에서 놀랍도록 드러난다. 심리학, 생리학, 신경과학, 물리학, 그리고 교육의 최소한의 영역을 포괄하는 운동 행동은 통합된 연구 분야의 주요 사례다. 이 책은 이러한 영역을 이론적이고 실용적이며 운동 행동, 운동 학습 및 운동 제어 과정의 교과서로 활용하기 위한 인간 운동 행동의 응집력 있는 연구로 통합한 작업이다. 또한 이 책은 실용과학 실무자들의 참고자료로 쓰이기 위한 목적을 가지고 있다.

운동 행동은 어느 곳에 초점을 맞추느냐에 따라 다른 이름으로 불리는 약간의 정체성 문제를 겪는데, 이는 넓은 범주적 특성 때문이다. 운동 학습과 심리 운동 제어는 운동 행동의 인지적(mind) 구성 요소를 설명하는 데 사용되는 용어이다. 이 용어는 종종 인지심리학 및 체육 교육에 사용된다. 운동 제어, 신경근 제어, 신경역학 및 신경과학 움직임은 운동 행동에서 보다 생리적이고 생체역학적인 측면을 나타내는 용어이다. 이 후자의 용어는 신체운동학, 운동 및 스포츠 과학, 기타 건강 관련 분야에서 선호하는 용어이다. 이 책에서 운동 행동이라는 용어가 사용되는 이유는 움직임의 생리적, 심리적 측면들이 분리될 수 없다는 의미를 보다 명확히 식별하기 때문이다.

대상 독자와 목적

이 책은 운동과학 또는 신체운동학, 체육 교육, 선수 트레이닝, 그리고 관련된 건강 분야의 상급 학생들을 위해 쓰여졌다. 이러한 과목의 학생들은 해부학과 생리학, 그리고 신체운동학이나 생체역학에 기초를 두고 있는 것으로 추정된다. 심리학(특히 인지심리학)과 운동생리학에 대한 배경지식은 유용하지만 그러한 내용은 이 책에서 다루지 않는다.

이 책의 가장 중요한 목적은 두 가지다. 첫 번째는 의도적으로 하나의 개념이 다른 개념 없이는 완전히 이해될 수 없는 유기적인 모모가 마음으로서의 운동 행동을 묘사하는 것이다. 두 번째는 운동과학자와 관련 보건 전문가가 활동하는 장소에서 운동 행동에 대한 기본 및 응용 지식이 어떻게 기초 학문과 임상, 실용 및 연구 기술에 적용되는지를 매우 실용적인 방법으로 안내하는 것이다.

이 책의 접근과 구성

대상 독자인 학생들의 경우 일반적으로 운동 행동에 대해 배우는 과정은 오직 한 학기 정도로만 이루어지고 있다. 이러한 이유로, 운동 행동에 관한 교과서들은 학생들에게 주제에 대한 전체 개요를 제공하기 위해 매우 광범위한 내용을 다루고 있다. 이러한 점은 교과서에서 다루는 내용의 깊이를 얕게 할 수밖에 없는데, 이러한 점이 학생들로 하여금 이 분야의 개념을 적용하는 것을 어렵게 한다고 생각한다. 이 책은 우리가 실무자들에게 매우 유용하다고 생각하면서도 잘 선택되지 않던 주제에 대해 더 깊이 들어가면서 다른 접근법을 취한다. 이러한 주제들은 현재의 연구 조사 결과, 현장 및 대학원들의 피드백, 운동과학자와 의료 관련 종사자들의 지식, 기술 및 능력에 대한 우리 자신의 연구를 바탕으로 선택되었다.

도입 장에서는 움직임 분류 방법을 포함하는 운동 행동 개념에 대한 개요 소개와 설명을 한다. 그 후 이 책은 각각 몸과 마음, 그리고 심신의 통합을 다루는 세 개의 단위로 구성된다. 비록 이 책의 주안점이 정신과 육체를 하나로 만드는 것이지만, 각 개념을 개별적으로 소개한 다음 그것들을 하나로 모으는 것은 교육적으로 유용한 방법이다. 특히 첫 장에서는 신경생리학 및 근육생리학 등 움직임에 기여하는 신경학 및 생리학적 측면(이를 운동 제어라고 부른다)을 다룬다. 이 장에는 생체역학 개념과 기계적 및 생리학적 원칙의 상호작용들이 서로 얽혀 있다. 운동 단위의 행위부터 반사적 움직임, 자발적 움직임의 조직에 이르기까지 움직임 생산을 유도하는 시스템의 구성을 강조한다. 또 다른 집중 영역은 연습 및 훈련과 함께 제공되는 운동 제어 시스템의 변화에 대한 부분이다. 신경영상학의 흥미로운 발전은 신경계에 연습과 훈련이 얼마나 영향을 미치는지 보여주었다. 이 섹션은 훈련과 연습이 신체만큼 뇌를 많이 변화시키고 하나의 훈련이나 연습이 두뇌 적응과 그에 따른 생리학적 적응에 어떤 영향을 미치는지 보여주기 위한 것이다. 이 주제는 움직임 모델에 대한 심도 있는 토론으로 마무리된다.

두 번째 단위에서는 운동 기술과 능력의 측정으로 시작하는 운동 학습에 대한 주제를 다룬다. 이 섹션에는 개인의 차이와 재능(talent)의 식별에 대한 철저한 검토가 있다. 우리는 스포츠와 운동에 관여하는 모든 강사, 코치, 리더들이 본능적이든 계획적이든 재능의 식별에 관여한다고 믿는다. 이러한 이유로, 재능 식별의 사용과 오용에 대해 논의하는 것이 중요하다. 다음은 학습 단계, 전문 수행자의 속성, 학습 환경에 기여하는 기본 개념을 포함한 운동 학습 과정에 대한 설명을 한다. 다음 운동 학습 과정은 정보처리에 대한 특정한 챕터이며, 대부분의 강조 사항은 기억과 주의에 집중된다. 이 분야의 실무자들로부터 받은 최근의 연구와 피드백은 우리에게 주의가 학생들에게 가르칠 수 있는 가장 기본적이고 거의 틀림없이 가장 중요한 개념이라는 것을 확인해준다.

세 번째 부분은 운동 학습과 운동 제어 지식 기반을 체육 교육자, 건강 관리 전문가 및 운동과학자의 실행 영역의 중요한 연습 및 훈련 범위에 통합한다. 첫째는 운동 학습과 운동 제어 원칙을 운동 기술 연습과 교육을 위한 모델로 적용하는 것이다. 이 모델은 실무와 교육 기법을 제시하고 실무자가 현장에서 직접 모델을 적용할 수 있도록 설정된 전통적인 방식에서 탈피한다. 이 모델은 연습 설정에서 훈련 설정, 즉 심리 및 생리학적 능력을 모두 개발하기 위해 채택되었다. 건강, 부상 재활, 선수 수행능력을 위한 자세 제어 훈련에 이 모델을 사용하는 것이 제시된다. 마지막으로 모델은 정신물리학적(psychophysical) 기능 훈련이라고 불리는 방식으로 기능 훈련에 적용된다.

이 책의 특색

각 장은 자료의 목적과 중요성에 기초한 일련의 구체적인 학습목표로 시작한다. 목적과 직접 관련된 연구 질문은 각 장 끝에 제시된다. 학생들이 목표를 배우려는 의도를 가지고 각 장에 들어가면, 내용에 대해 더 쉽게 이해하면서 많은 의미들을 체득할 것이라고 생각한다.

이 책의 또 다른 특색으로는 각 장마다 있는 SIDENOTE, 개념설명, 그리고 생각해보기이다. SIDENOTE는 일반적인 관심사 또는 중요하거나 시기적절한 연구 결과에 대한 추가 정보다. 개념설명은 논의되는 주제가 실제 적용에서 어떻게 사용되는지를 보여주거나 설명한다. 생각해보기는 독자들이 연습할 수 있는 텍스트 자료에 기초한 문제를 제기한다. 이러한 문제들은 독자들에게 미니 실험이나 과제와 같은 다양한 활동에 참여하도록 요구하기도 하고 종종 그들의 문제 해결에 도움이 되도록 관련 문헌을 참고하게끔 한다.

2판의 새로운 점

제2판의 주요 변화는 주제 간 더 나은 화합을 위해 자료를 재구성한 것이다. 제1장에는 이제 기술과 능력에 대한 분류 체계를 포함하여 운동 기술에 대한 더 큰 논의가 포함된다. 교육 현장에서의 피드백과 논문의 증가에 따라 재능 식별과 정보 처리에 대한 논의를 확장시켰다. 유사한 피드백은 운동 제어 모델, 신경생리학 및 자세 제어의 일부 논쟁들에서 약간의 복잡성이 제거되었다. 새로 업데이트된 자료들이 추가되었고 오래된 자료들이 제거된 것은 물론이다.

통합적인 학습에 기여할 수 있는 주제 자료의 의미를 더욱 강화하기 위해, '근거 기반 실무 적용'이라는 새로운 섹션이 Unit I과 II의 장에 추가되었다. 이 섹션은 실생활에서 사용되는 챕터 자료의 구체적인 예를 제공하며, 이에 따라 그 자료가 중요한 이유와 어떤 방식으로 중요한지를 설명한다.

지도자와 학생을 위한 자료

학생과 지도자 모두를 위한 추가 자료와 지원은 웹사이트 http://thePoint.lww.com/Ives2e에서 구할 수 있다.

시험은행과 검토 질문은 아래의 사람에 의해 작성되었다.

팀 힐리어드(Tim Hilliard), PhD, CSCS
Associate Professor
Department of Exercise & Sports Science
Fitchburg State University
Fitchburg, Massachusetts

감사의 글

이 책은 수년에 걸친 수많은 연구원, 동료, 학생들과의 상호작용의 산물이다. 나는 특히 운동과학 교육의 우수성을 지지하고 통합 커리큘럼의 아이디어를 실천하는 이타카(Ithaca)대학의 동료들에게 감사하고 싶다. 또한 Wolters Kluwer Health사 동료들의 격려와 비전에 대해 감사하고 싶다. 무엇보다도, 활기차고 즐거운 마음으로 나의 노력을 지지해준 나의 아내와 아이들에게 감사하고 싶다.

Reviewers

Jennifer Ahrens, PhD
Clinical Assistant Professor
Department of Health and Human Performance
Texas State University
San Marcos, Texas

Joe D. Bell, PhD
Associate Professor
Department of Kinesiology & Nutrition Abilene Christian University
Abilene, Texas

Alberto Cordova, PhD
Associate Professor
Kinesiology, Health, and Nutrition Department
University of Texas–San Antonio
San Antonio, Texas

Kory Hill, PhD
Assistant Professor and Program Chair
Department of Kinesiology
Jacksonville State University
Jacksonville, Alabama

Edward Hebert
Professor
Department of Kinesiology and Health Studies
Southeastern Louisiana University
Hammond, Louisiana

Rebecca Pena, MS
Professor of Kinesiology
Department of Kinesiology
California State University, Northridge
Northridge, California

Robert J. Rausch, PhD
Chair and Professor
Department of Movement Science, Sport and Leisure Studies
Westfield State University
Westfield, Massachusetts

David E. Sherwood, PhD
Associate Professor and Department Chair
Department of Integrative Physiology
University of Colorado, Boulder
Boulder, Colorado

Contents

운동 행동과 심신 연결 소개

이 장의 목적, 중요성, 목표

이번 장의 목적은 운동역학, 운동과학, 그리고 스포츠에 관련된 운동 행동(motor behavior)의 분야와 연구에 대해 기술하는 것이다. 특히 운동 기술의 학습과 수행에서의 생리학적 과정과 심리학적 과정 간의 상호작용에 강조를 둘 것이다. 생리학과 심리학 간의 상호작용에(사실 이 둘은 서로 뗄 수 없는 관계이다) 대한 명확하고 확고한 이해 없이는 목적의식 있고, 효과적이며, 효율적인 운동 기술의 생산 과정을 이해할 수 없다. 운동 기술의 성질과 능력, 분류 기준, 그리고 이들이 어떻게 서로 연관되어 있는지에 대해 알아볼 것이다.

이번 장을 마친 후, 아래의 내용을 설명할 수 있어야 한다.

1. 운동 행동과 운동 기술의 범주에 대해 정의하고 설명할 수 있다.
2. 운동 제어와 운동 학습에 대해 정의하고 그 차이에 대해 말할 수 있다.
3. 정신물리학과 심신 연결의 개념에 대해 설명할 수 있다.
4. 일상에서 능숙한 운동수행력이 왜 중요한지 이해할 수 있다.
5. 운동 기술과 운동 능력이 어떻게 구분되고 분류되는지 그리고 이러한 방법으로 기술과 능력을 분류하려는 목적을 설명한다.
6. 개인의 능력이 운동 기술 학습과 수행능력에 어떻게 영향을 미치는지 설명한다.
7. 증거 기반 실천에서 운동 기술과 능력 분류가 어떻게 사용되는지 설명한다.

인간은 근육의 아주 작은 부분을 이용한 미세한 연축 반응에서부터 인체의 거의 모든 근육을 활용하는 폭발적인 활동에 이르는 다양하고 광범위한 방법으로 활동한다. 이러한 인체의 움직임은 업무를 할 때, 의사소통을 할 때, 그리고 감정을 표현할 때도 사용된다. 또한 근육은 음식을 소화기관 내에서 이동시키거나 혈액을 펌프질하는 것과 같은 인체 내부적인 생리학적 과정을 조절하는 데도 사용된다. 이와 같은 모든 근육 활동들과 움직임들은 우리가 **운동 행동**(motor behavior)이라고 부르는 의미 안에 들어간다. 가장 단순하게 표현하자면 운동 행동이란 인간 움직임의 본질과 원인을 가리킨다. 이 책은 골격근들이 만드는 목표 지향적 움직임들, 다르게 말하면 **운동 기술**(motor skill)이라고 부르는 것들에 초점을 두고 있다. 정의에 따르면, 운동 기술은 결과의 목적을 염두에 둔 의도적이고 자발적(수의적)인 운동이며, 이는 움직임이 생산되고 수행되는 방법에 정신이 근본적인 역할을 함을 의미한다. 이러한 개념은 위장내 연동 운동, 심장 박동, 혹은 골격근의 순수 반사 운동과 같은 신체의 불수의적 움직임과 목표 지향적 움직임을 구분한다.

움직임과 운동 기술은 종종 혼동하여 사용되지만, 여기선 그 의미의 차이를 분명히 둘 것이다. 좀 더 포괄적인 의미를 지닌 '움직임'은 인체에서 일어나는 수의적, 불수의적, 능동적, 또는 수동적 움직임 모두를 의미하므로, 이 용어를 사용할 때는 '자세적 움직임' 또는 '회전성 움직임'와 같은 수식어로 그 의미를 분명히 나눠줘야 한다. 능동적 움직임이란 신체 자체의 근육 시스템이 만들어내는 반면, 수동적 움직임은 외부 힘에 의해 발생하는 것이다. 이 본문 전체에 사용되는 용어 범주에서 움직임은 일반적으로 운동 기술을 구성하는 하위 요소의 작용들을 가리킨다. 예를 들어 던지기 동작 운동 기술은 하체, 그리고 팔, 그리고 체간의 자세적 움직임들로 구성된다. 이 부속적 단위 움직임들 각각은 목적과 지향하는 바가 있다.

운동 행동의 생리학적 그리고 정신심리학적 구성 요소

운동 행동이란 용어는 운동 기술에 대한 생리학적(motor)인 부분과 정신심리학적(behavior)인 부분의 측면인 뜻 모두를 함유하고 있다. 운동 기술은 공간에서 위치를 옮기는 신체 이동, 자세와 균형 감각, 그리고 조작 능력(manipulation. 예: 손짓, 공차기 기술)을 포함한다. 움직임들은 느리고, 섬세하며, 집중과 함께 강렬하기도 하다. 이러한 움직임은 자동적으로 일어나기 때문에 마치 사고 과정이 적거나 거의 없이 일어나는 것처럼 보인다. 운동 기술은 그 크기가 크든 작든 간에, 행동학적, 생리학적 요소들이 결합되어 있기 때문에 운동 기술에 관련한 연구는 반드시 이러한 두 가지 측면이 모두 고려되어야만 한다.

운동 행동에 관한 연구를 할 때 움직임에 대한 생리학과 정신심리학 부분을 개별적으로 검사한 뒤 전체적으로도 판단한다. 한편 운동 행동을 두 부분으로 나눠서 검사할 때 각각 독립적으로 구성된 시스템이라 생각해서는 안 된다. 위와 같이 하는 것은 매우 복잡한 이 분야를 이해하기 위해 단순화하여 살펴보는 방법론에 지나지 않는다. 생리학적인 부분인 **운동 제어**(motor control)는 주로 움직임을 실행하고 모니터링하는 시스템(특히 운동과 감각의 신경생리학적 시스템과 근골격계의 시스템)과 관계 있다. **근신경 조절**(neuromuscular control)은 운동 제어와 동의어로 사용된다. 이러한 생리학적 시스템은 역학적이고 물리학적인 방식(예: 가속도, 힘)으로 작용하고 물리적 실체를 지닌 세계와 상호작용하기 때문에, 근육역학, 신경역학, 그리고 생체역학이라는 용어들이 운동 제어에 관련한 연구에서 사용된다. Unit I에서 우리는 신경생리학과 신경 근육 시스템이 어떻게 계획(planning), 시작(initiating), 수행(executing), 그리고 모니터링(monitoring)의 네 가지 움직임 프로세스들을 가능케 하는지, 그리고 생체역학과 신체의 물리적 요소들이 어떻게 움직임을 제한하고 통제하는지에 대해 살펴볼 것이다.

행동학적 요소인 **운동 학습**(motor learning)은 움직임을 습득(즉 학습), 계획, 시작, 그리고 수정하는 데 있어서 정신의 역할 및 인지 과정과 행동학적 상태가 어떻게 움직임의 질을 조절하는지에 대한 분야이다. 운동 제어와 운동 학습은 서로 복합적으로 작용한다. 신경생리학적 시스템은 행동학적 기능을 위한 살아 있는 구조를 제공하기 때문이다. 그림 1.1에서는 '신체'에서 어떤 일이 일어나는지에 대한 운동 제어의 내용과 '정신'에서는 어떤 일이 일어나는지에 대한 운동 학습의 내용, 그리고 이 둘이 결합한 **심신 연결**(mind-body connection)의 주요한 형태에 대해 보여주고 있다.

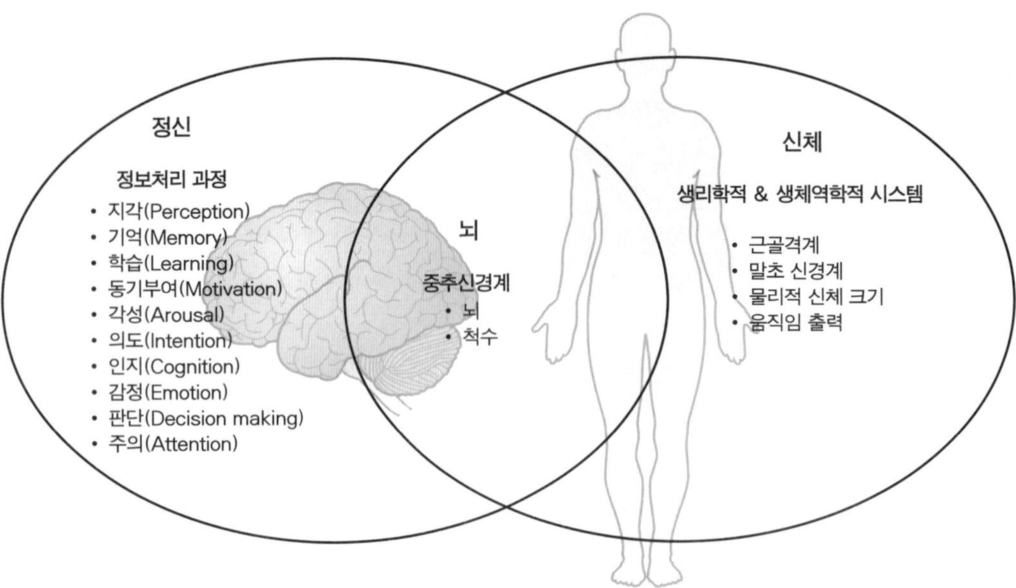

그림 1.1 이 도식은 운동 행동과 심신 연결의 주요 구성 요소들과 운동 학습과 운동 제어의 하위 연구 체계가 어떻게 구성되어 있는지를 표현하고 있다. 이러한 맥락에서 '뇌(Brain)'는 전체 충추신경계(뇌와 척수)와 이에 관련한 신경생리학적 체계를 의미한다. '정신(Mind)'은 뇌의 기능을 말한다. 뇌 기능의 핵심은 정보의 처리 과정이다. 이러한 정보 처리 과정의 범위는 감정적 조절에서부터 기억의 저장을 아우른다. 이 도식에서 '신체(Body)'는 충추신경 체계를 제외한 생리학적, 해부학적, 그리고 생체역학적 시스템 전체를 의미하는 것이다. 이 다이어그램에는 움직임 조절에 관련한 관계 시스템 몇 가지들 중 몇 가지만을 수록해놓았다. 운동 학습은 뇌와 정신의 상호작용(brain-mind interaction)을 강조하는 반면, 운동 제어는 뇌와 신체의 상호작용(brain-body interaction)에 집중되어 있다. 즉 운동 행동은 정신이 신체와 어떻게 상호작용하는가에 대한 학문인 것이다.

일생에 걸친 운동 학습과 운동 제어의 변화에 대해 조사하는 분야를 **운동 발달**(motor development)이라고 부른다. 운동 발달 단계는 아이들을 위한 놀이와 육체적 활동을 구성하는 분야에 있어 필수적이며, 또한 노화에 따른 수행능력 저하에 대한 연구에서도 필수적인 내용이다. 이 책에서 소개하는 운동 행동 컨셉의 예시들은 다양한 운동 발달 단계에 있는 사람들에 대한 이야기를 담고 있다.

정신물리학과 심신 연결의 실제

감각 피드백 사용은 심신 체계(mind-body system)의 실제에 대한 예시라고 할 수 있다. 감각 피드백은 말초신경계에 있는 감각 수용기에서 만들어진 전기적 신호들과 충추신경계로 보내지는 전기적 신호들로 구성된 정보이다. 이러한 수용기들은 외부 환경(예: 온도)과 신체 내 환경(예: 근육의 늘어남)과 같은 자극들을 감지하여 **감각**(sensation)을 제공한다. 충추신경계는 이 정보를 취합하고 그 의미를 해석하는 데, 이러한 과정을 **지각**(perception)이라고 한다. 감각은 운동 제어 과정이고 지각은 운동 학습 과정이기 때문에 이 둘은 서로 다른 것이다. 그러나 감각과 지각은 종종(그리고 잘못되게) 상호교환하여 사용되고 있는데, 이는 우리가 실제 감각이 어떤지 판단하는 것은 오로지 지각에 의해 이루어지기 때문이다. 예를 들어 온도의 변화에 반응하는 것은 감각 시스템이지만, 너무 더운지 혹은 너무 추운지 판단하는 것은 지각 시스템이다. 탐지(detection)와 해석(interpretation)의 관계를 다루는 분야를 **정신물리학**(psychophysics)이라고 부른다.

목표 지향적 활동에서는 몸이 수집하는 감각 정보 그 자체보다 그 정보를 어떻게 해석하느냐가 더욱 중요하기 때문에 지각 능력이 매우 중요하다. 무수히 많은 정신심리학적 요소들이 어떤 감각 정보가 사용될지, 왜 사용될지, 그리고 어떻게 사용될지 결정한다. 감정, 추론, 의도, 동기부여, 그리고 과거 경험 기억은 감각 정보를 지각하는 데 영향을 미치는 유명한 정신심리학적 요소들이다. 이러한 요소들은 정보가 저장되어야 하는지 그리고 정보에 의미와 중요성을 부여해야 하는지를 결정한다. 자극들의 해석은 잘못된 행동 상태와 부정확한 감각 탐지에 의해 오류가 생길 수 있다.

정신물리학의 개념은 많은 일상적인 행동에서 설명되는데, 예를 들어 통증과 불편감이 우리 행동에 어떻게 영향을 미치는가 하는 것이다. 운동과학 분야에서 정신물리학이 응용된 예로는 보그 운동 자각도(Borg's rating of perceived exertion scale, RPE)와 시각적 통증 척도를 들 수 있다(그림 1.2). 선수들에게 점증적 운동 부하 검사를 수행할 때 심박수나 다른 생리학적 지표들이 더 운동할 수 있다는 수치를 보이더라도, 선수들은 종종 RPE 스케일의 가장 힘든 상태에서 실험을 중단하려 한다. 인체 공학에서는 작업 한계를 설정할 때, 생리학적 데이터보다는 주로 실제로 체감하는 바에 기초하여 설정한다.

정신과 신체의 관계에서 다루는 또다른 내용은 **지각-행동 연결**(perception-action coupling)이다. 지각-행동 연결은 움직임 관련 요소들(주변 환경의 장애물, 근육통의 느낌)의 지각이 움직임 목표를 완수하려

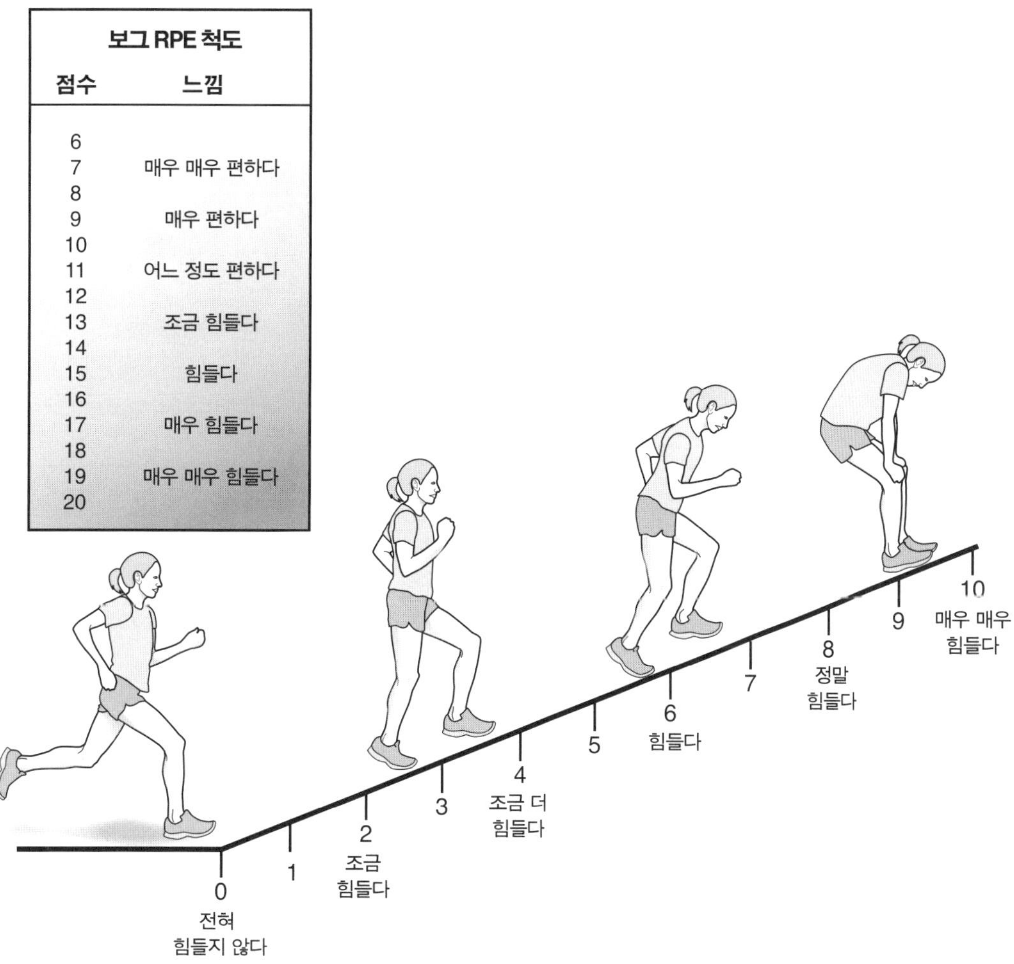

그림 1.2 보그의 RPE 척도의 범위는 6에서 20으로 구성되어 있다(Borg, G. [1970]. 신체적 스트레스에 대한 운동 자각도. *Scandinavian Journal of Rehabilitation Medicine, 2*, 92-98). 이 숫자들은 심박수에 기초하여 설계되었지만(예: 6=60bpm; 20=200bpm), 심박수와 지각 강도(perceived effort)의 관계는 동기부여와 불편감과 같은 요소들에 따라 크게 달라질 수 있다. 그러므로 노력의 지각은 실제 생리학적 노력 강도에 비해 클 수 있다. 그 아래 그림은 아이들을 대상으로 한 운동 자각의 시각적 척도이다. 그림에서 보이는 사람의 자세와 표정, 그리고 몸 상태 느낌에 대한 표현, 그리고 주어진 숫자 점수로 아이들의 상태를 해석할 수 있다. (Utter, A., Robertson, R., Nieman, D., & Kang, J. [2002]. Children's OMNI scale of perceived exertion: Walking/running evaluation. *Medicine and Science in Sports and Exercise, 34*[1], 139-144)

생각해보기 1.1 정신심리학과 부상

근골격계 부상의 재활을 거친 후, 환자들이 느끼는 가장 당혹스러운 상황은 정상적인 삶으로 돌아갈 수 없다는 생각과 부상 이전 수준의 능력을 상실한다는 것이다. 무릎 부상 또는 허리 통증에 대한 강도 높은 재활로 대부분의 환자들이 정상적인 활동을 할 수 있었음에도 불구하고 몇몇 환자들은 불편감, 수행능력에 대한 불안, 그리고 기술 능력 하락에 대해 경험한다. 이러한 환자들을 불대처자(noncoper)라고 부르는데, 기능적인 협응 기술(functional coordination skill)을 상실했거나(Chmielewski 등, 2005) 새로운 기능적 상태에 대처하는 심리적 전략을 상실한 사람을 일컫는다. 다른 연구자들은 선수들이 부상을 입을 확률과 부정적인 심리 특성들 간에 강력한 연관성이 있다는 점을 발견했다(Johnson과 Ivarsson, 2011). 정신심리적 특성들이 움직임 기술 협응력과 부상에 영향을 미치는 이유와 기전에 대해 생각해본 적 있는가? 그에 대한 답을 알고 싶다면 이번 장의 참고문헌에서 Johnson과 Ivarsson(2011)의 연구를 찾아 읽어보도록 하라.

는 운동 기술 활성과 일치되는 것을 의미한다. 예를 들어 계단을 올라가는 동작에서 첫 번째 발을 내딛는 동작을 시작하는 운동 활동은 시각적 정보 탐지에 기초하고 난 뒤, 계단의 높이, 몸과 계단 사이의 거리, 그리고 계단에 도달하는 타이밍을 계산하여 수행된다. 이러한 요소들은 움직임 목표(예를 들면 계단을 오르려는 속도)와 결합이 되고 계단으로 첫 발을 내딛는 시기와 방법과 같은 후속적인 운동 활동으로 이어진다. 피로도, 부상, 또는 무거운 백팩 가방과 같은 요소들도 주변 환경 특성의 지각에 관련되어 움직임 결정에 영향을 미칠 수 있다.

심신 연결을 명확히 이해한다면 운동 학습 시스템을 활용하여 생리학적 적응을 최대화하도록 할 수 있을 것이다. 즉, 이는 개인화되고 더 기능적이며 훈련 또는 재활 환경에서 실제 환경으로 더 잘 전이시킬 수 있는 연습 및 훈련 프로그램의 개발을 의미한다.

양질의 운동 기술의 중요성

운동 기술의 교육과 학습은 종종 오직 세 가지 적용 분야에서 중요하게 다루어진다. 신체 재활, 학교 체육 교육, 그리고 스포츠 현장. 특히 부상이나 질병에 걸린 후에, 사람들은 예전의 운동 기술을 다시 배우거나 새로운 운동 기술을 배워야 할 필요가 있다고 오랫동안 인식되어왔다. 숙련도 높은 운동 기술이 있는 아이들은 건강한 신체 활동을 할 가능성이 더 높고 건강 지표가 더 좋으며(Barnett 등, 2016; Holfelder

과 Schott, 2014), 근골격계 질환이 발생할 가능성이 낮다(Freitas 등, 2016). 게다가 운동 기술이 부족한 어린이들과 청소년들은 많은 사회적, 행동적 문제들의 위험에 처할 수 있다(Piek 등, 2006). 스포츠에서 양질의 운동 기술의 중요성은 자명하다. 많은 스포츠에서 엘리트 선수들과 서브 엘리트 선수들을 구분하는 주요한 차이점은 운동 행동이다. 특히 많은 스포츠 종목에서 전술적이고 테크닉적인 기술들과, 협응력을 동반한 판단력은 엘리트 선수가 보유하고 있는 특징으로 생각한다. 많은 선수 재활 프로그램에서 가장 어려운 부분은 육체적인 능력(예: 근력)을 회복하는 것이 아니라, 움직임을 조절하는 능력을 되찾는 것이다. 일반적인 육체적 능력에 근거한 트레이닝과는 별도로, 신경근과 지각 능력에 근거한 트레이닝은 선수의 부상을 줄여주고, 선수의 수행능력을 향상시키는 것으로 알려져 있다(Abernethy과 Bleakle, 2007; Hewett 등, 2006; Myer 등, 2011).

재활, 어린이, 스포츠 영역 밖에서 양질의 운동 기술의 중요성은 상대적으로 덜 주목받는 것처럼 보일 수도 있다. 숙련된 운동 기술은 모든 영역과 연령대의 삶의 모든 측면에서 필수적이다. 운동 기술은 인간의 기능에 매우 중요하기 때문에 뇌는 운동 활동에 대부분의 자원을 사용한다. 운동 시스템(motor system)은 인간과 주변 세계와의 상호작용에서 가장 주된 반응 양식을 제공한다. 생각해보자. 예를 들어 말하기, 쓰기, 그리고 '보디랭귀지'는 인간이 의사전달을 하는 주된 방법이며, 이 모든 것은 행동학적 의도를 전달하기 위해 신경근육적 처리 과정에 의존한다. 우리 인류의 가장 아름답고 탁월한 업적은 능숙한 움직임을 포함한 음악, 예술, 스포츠, 그리고 생존을 통해 수행된다. 분노의 감정은 드럼을 치는 것이나 주먹질을 통해서 표출되고, 사랑의 감정은 부드러운 신체적 접촉을 통해, 그리고 기쁨의 감정은 펄쩍 뛰는 동작으로 나타낼 수 있다.

그러나 일반적인 삶을 누리는 것이 목적이라면, 운동선수들을 제외한 상대적으로 건강한 일반인들이 움직임 조절 능력을 향상시킬 필요가 있을까? Higgins(1991)에 따르면, 움직임 수행능력의 강화는 문제를 해결하는 능력으로 확장될 수 있으며 이는 주변 환경과 상호작용하는 능력이 확장되기 때문에 중요하다고 한다. 양질의 움직임은 걷는 법을 익히고, 자전거를 타며, 운전을 하는 것과 같은 개인의 주체성에도 중요한 역할을 한다. 부적절한 운동 행동으로 나타나는 활동 능력으로 운전을 하는 것은 위험한 결과를 초래할 수 있다. 나이가 들어감에 따른 움직임 기술의 감소는 부적절한 움직임이 어떻게 개인의 삶의 질에 부정적인 영향을 미치는지에 대해 명확히 보여준다. 최근, 부적절한 움직임 질이(심지어 상대적으로 건강한 성인에게서도) '기능적 건강'과 전반적인 삶의 질 하락에 관련이 있다는 연구들이 증가하고 있다(Ives과 Keller, 2008; Rejeski과 Brawley, 2006). 향상된 운동 기술은 업무 생산성을 향상시키고 업무 관련 상해를 줄이며 노인들의 신체적 기능을 개선하며 많은 사람들의 삶의 질을 향상시킨다(Abernethy과 Bleakle, 2007; Hewett 등, 2006; Myer 등, 2011; Rejeski과 Brawley, 2006). 또한 다른 건강과 웰빙에 대한 영향도 있는데, 움직임의 질이 더 좋은 사람들은 심혈관 질환과 같은 것에 대해 덜 위험할 수 있기 때문인데, 부분적으로는 이러한 사람들이 더 많은 신체 활동에 참여하는 경향이 있기 때문이다(Houstonetal 등, 2002).

능력과 운동 기술의 이해와 분류

무엇이 강한 운동 기술을 구성하는지, 그리고 그것을 획득하는 방법을 더 잘 이해하기 위해서는 운동 기술의 기본적인 성질과 특성을 이해하는 것이 필요하다. 분석과 이해는 그 특징과 특성에 기초하여 운동 활동을 정의하고 분류하는 것으로 시작한다. 서술하고 분류하는 것은 다양한 움직임 사이의 유사점과 기본적인 특징을 구분지으며, 이는 운동 기술을 가르치고, 재활 진행 과정을 모니터링하고, 훈련과 운동 방법을 처방하는 데 도움이 된다. 운동 능력을 분석하기 위한 네 가지 주요 특징은 ① 운동 기술 수행능력의 성질, ② 운동 기술 수행능력을 성공적으로 발휘하는 능력의 성격, ③ 움직임의 유형, ④ 움직임의 맥락(context)이다.

운동 기술 수행능력의 성질

운동 기술 수행능력의 성질을 향상시키는 것은 연습과 훈련의 목적이다. 수행능력의 성질은 **기술** 수준으로 정의된다. 기술은 일반적인 용법으로 사용될 수 있다("그녀는 '숙련'된 트레이너이다"). 하지만 특히 운동 학습 맥락에서 가장 효과적으로 사용된다("그녀는 손으로 하는 근육 테스트를 능숙하게 사용할 수 있다"). 운동 기술의 숙련도 측정은 실행 및 학습 환경에 필수적이며 6장의 중점 사항이다.

숙련도에 대해서는 기술 대신 다른 용어가 사용되기도 하는데, 고도의 기술이 있는 사람은 종종 훌륭한 협응력을 가지고 있다거나 서투른 행동을 하는 사람들은 협응력이 부족하다고 말한다. 하지만 이렇게 말하는 것이 일견 매칭이 되는 경우도 있지만, 협응력은 기술과 동의어가 아니다. **협응력**(coordination)은 상대적으로 다른 신체 부분 및 상대적인 주위 환경에 대한 몸과 팔다리 부분의 패턴화를 일컫는다. 협응력이 있는 움직임은 그것이 수행되는 맥락과 그 움직임을 제약하는 환경적인 요소의 맥락을 고려해 발휘되는 움직임이다. 협응력이 고도로 발휘되는 움직임은 부드럽고 우아하고 효율적이라고 종종 평가받지만, 이는 또 다른 문제이다. 예를 들어 마라톤 선수 Haile Gebrselassie의 발은 과회내(overpronated foot)되어 있고 이상하고 과도한 팔 스윙으로 보상되어 협응력이 잘되고 있지 않는 것으로 평가받을 수 있으나, 이러한 점이 당대 최고의 육상 선수를 평가절하시키지는 않는다.

능력(ability)을 가지는 것 또한 기술을 가지고 있음을 나타내기 위해 사용되지만, 이 용어들은 다르며 그 구별은 질적 수준 향상과 훈련 프로그램을 개발하는 데 필수적이다. **능력**은 업무 수행과 관련된 개인의 일반적인 '능력(용량)'으로 정의된다. 예를 들어 달리기 스피드는 멀리 뛰기와 다른 많은 스포츠에서 성공적인 수행능력을 만드는 중요한 능력이지만, 좋은 스피드를 가진 것과 스피드 그 자체로 기술 있는 수행능력이 있는 선수라고 하진 않는다. 그 선수는 능력은 많지만 기술이 떨어질 수도 있는 것이다. 한편 수준 높은 기술을 가지기 위해 능력이 요구되긴 한다. 성공적인 수행능력 기저에 있는 핵심 능력을 알고 나서 이를 발달시켜 능숙한 운동 기술에 집어넣는 것이 훈련의 목적이다. 이 개념과 능력 일반에 대한 자세한 내용은 아래에서 논의한다.

능력의 성격

능력은 기술 있는 움직임의 잠재력을 제공하는 개별 속성이다. 방대한 종류를 가진 능력들은 개별적으로 또는 복합적으로 작용하여 사람들이 독특한 방식으로 운동 기술을 수행할 수 있게 한다. 이러한 능력들은 매우 다양한 방법으로 사람들이 문제를 해결하고 도전을 극복할 수 있게 해준다. 예를 들어 풋볼의 러닝백 선수 두 명이 동일하게 성공적인 결과(한 시도당 여러 야드를 진행함)를 보이는데, 한 사람은 태클러를 피함으로써 한 개의 야드를 얻고 다른 사람은 태클러를 통과하여 야드를 얻는다. 첫 번째 사람은 민첩

개・념・설・명

능력 vs 기술

Herb Washington은 오클랜드 애슬레틱스의 메이저리그 야구팀에 의해 대주자로 계약하기 전까지는 1970년대 초 세계 기록 보유 육상 단거리 선수였다. 최고의 달리기 스피드를 가졌음에도 불구하고, 그는 야구 선수로 활약한 기간 중 겨우 63%의 시간 동안 도루에 성공했다. 야구계에서는 67%가 '손익분기점'으로 간주되며 Carlos Beltran이 88%로 가장 높은 순위를 차지하고 있다. 야구의 도루와 같은 기술은 달리기 스피드 같은 능력과 거의 동의어처럼 보이지만, Herb Washington의 통계 자료는 이 둘이 같은 것이 아님을 보여준다.

성, 지각적 의사결정 및 시각적 검색과 같은 능력에 의존하였다. 반대로, 두 번째 선수는 다리 파워, 거대한 체격과 공격적인 행동을 사용하였다.

이 예에서 두 주자는 모두 풋볼 달리기 기술에 기여하는 능력을 사용한다. 능력에는 많은 종류가 있는데, 그 중에는 쉽게 식별할 수 있는 능력, 식별하기 어려운 능력, 그리고 아직 연구원들에 의해 밝혀지지 않은 부분이 있다. 이것은 단지 성공적인 운동 기술 수행능력에 기여하는 필수적인 능력을 확인하려고 노력하는 데 있어서의 문제점들 중 하나일 뿐이다. 이 섹션에서는 우선 이들을 분류하는 방법과 그 다음 운동 기술 수행능력의 기초가 되는 능력의 역할에 대해 살펴볼 것이다.

능력의 분류

운동 능력과 운동 기술의 차이가 항상 분명하지는 않고 미묘할 수도 있다. 구별이 어려워지는 것은 역도에서 근력의 역할과 같이 능력이 기술과 같아 보이는 경우에 발생한다. 이 경우 근력(ability)은 역도의 수행능력(skill)과 동의어처럼 보인다. 그러나 근력은 다른 생리학적, 심리적 속성, 기술적 기술과 함께 역도 경기에 기여하는 생리적 능력이다. 예를 들어 Bazyler와 그의 동료(2015)는 등척성 스쿼트 근력(ability)이 실제 동적인 스쿼트 수행력(skill)에 36~75%밖에 기여하지 않았다고 밝혔다. 수행능력을 발휘하는 나머지 요인은 기술적인 기술, 다른 생리학적인 능력, 동기와 같은 심리적인 능력 때문이었다.

Fleishman과 동료들은 생리학적, 정신심리학적 영역에 걸쳐 광범위한 인간의 능력을 연구했다(Fleishmanetal., 1984). 운동 기술 수행능력과 가장 관련이 있는 능력은 ① 신체적 숙련도, ② 심리 운동, ③ 심리(표 1.1)의 세 가지 광범위한 범주로 분류될 수 있다.

신체적 숙련도(physical proficiency) 능력은 주로 생리적, 해부학적 특성에 기초한 능력이다. 이러한 능력에는 근력, 체질량, 유연성, 최대 산소섭취량, 대사적 특성 등의 훈련을 통해 수정할 수 있는 능력이 포함된다. 이러한 능력에는 또한 근육 섬유 유형, 키(신장) 및 폐 크기와 같이 정적이거나 변경할 가능성이 제한된 능력이 포함된다. 이러한 고정적인 능력은 대부분 유전적이지만, 그것이 모든 유전적 능력을 수정할 수 없다는 것을 의미하는 것은 아님을 기억하라. 특정한 운동수행력에 기여하는 유전적 능력은 때때로 재능(talent)이나 영재성(giftness)으로 언급된다. 그러나 대부분의 스포츠 과학적 맥락에서, 재능은 개인의 전반적인 수행능력에 기여하는 능력 복합체이며 운동 기술의 하위 구성 요소이다. 신체적 숙

표 1.1 능력 분류와 예시

	능력 분류와 예시		
	신체적 숙련도	심리 운동	심리
설명	생리학적, 해부학적, 생체역학적 특성	지각 및 인지 처리, 지각-행동 연결 속도와 의사결정 운동 활동, 기량, 정밀도, 팔다리 움직임 스피드	행동과 심리적 특성
일반적 예시	폐활량, 근섬유의 형태, 근력(muscle strength), 조직의 힘(tissue strength), 면역력, VO_2max, 신장(키), 골 밀도, 자세 제어 및 균형력	Motor reactio time, 신체 사지 협응력과 타이밍, 움직임 정확성, 손의 정밀도와 팔/손의 안정성(steadiness), 공간지각력(kinesthesia), 손-눈 협응력	감정 조절, 인지와 정보처리 속도, 기억력, 시각적 능력, 주의집중력, 패턴 인식, 조리 있고 신속한 정보 수집
선택적인 능력이 필요한 운동 기술의 예시	높이뛰기, 마라톤, 축구 경기, 전기 드릴 사용	공 캐치하기, 춤추기, 운전, 악기 연주, 축구, 전기 드릴 사용	공 던지기, 배구의 리베로, 운전, 축구

련도 능력은 종종 직접적인 관찰이나 시험을 통해 식별하기 쉽다. 실제로 신체적 숙련도와 생리학적 측정는 선수 능력에서부터 일반인의 의학적 검진에 이르는 다양한 범위에서 이루어진다. 근력, 스피드, 파워, 신진대사 능력은 운동선수 테스트의 핵심이며, 심장 박동수, 혈압, 그리고 혈액 검사 같은 측정은 거의 모든 의학적 평가에서 기본적으로 이루어지는 몇 가지 측정치일 뿐이다.

심리 운동 능력은 많은 양의 인지 처리를 필요로 하는 움직임 관련 능력이다. 일반적으로 여기에는 손-눈 사이의 협응력과 정밀하고 정확한 움직임 가능력(capability), 반응 시간 및 운동 활동에 대한 의사결정이 포함된다. 물건을 잡는 것(catching)과 상호작용 행동은 심리 운동 능력의 예이다. 많은 심리 운동 능력은 훈련을 통해 쉽게 향상되지만, 이와 같은 유전적 또는 '선천적'인 능력에 대한 연구들은 적은 편이라 개인적 차이나 훈련 가능성의 제한 정도가 드러났을 뿐이다(Bouchard과 Malina, 1983; Rankinenetal, 2006). 반응 시간과 같은 일부 심리 운동 능력들은 실험실에서 측정하기 쉽지만, 이러한 측정들이 실생활과 스포츠 환경에 기여하기에는 종종 부족하기도 하다.

심리적 능력의 종류는 많지만 운동수행력 성공에 대한 기여도는 신체적 숙련도 능력에 비해 훨씬 낮다. 많은 스포츠 상황에서 중요한 것으로 확인된 일반적인 심리적 능력에는 동기부여, 욕망, 열정, 집중력, 자기 효능과 자신감, 정보 처리와 의사결정 속도, 그리고 엄격함을 포함한다(Humara, 2000; Morganetal, 1988; Sheard과 Golby, 2010). 운동수행력과 불확실한 관계가 있거나 운동 기술에 따라 달라질 수 있는 기타 인지 능력은 일반 지능, 감정적 대처, 공격성, 성격, 그리고 희망을 포함한다(예: 굴드 외, 2002; 검토는 굴드와 마이나드, 2009). 일반적으로 펜과 종이 테스트로 측정되는 심리적 능력은 유효성과 신뢰성에 대한 논란에 시달리고 있다(애덤스와 Kuttits, 2008). 이것이 바로 몇 가지 심리적 능력만이 의미 있게 여겨지는 이유 중 하나이다.

기술 있는 운동수행력을 위한 운동 능력 조합하기

성공적인 운동 기술 수행능력은 그것이 운전이든, 뜨개질, 혹은 럭비 경기에서의 태클이든 거의 항상 여러 가지 운동 능력들을 필요로 한다. 몇몇 능력들은 수행능력에 기여하는 것이 분명해 보인다. 예를 들어 농구 경기에 필요한 수직 점프 능력과 American Ninja Warrior 경기에 요구되는 악력 같은 것이다. 그러나 수행능력에 대한 특정 능력의 중요성은 개인마다 상당히 다르다. 명예의 전당에 오른 농구 선수 Larry Bird의 점프 능력은 전국농구협회 기준으로 평균 정도(약 28인치)지만, 그는 마이클 조던(수직 점프 48인치)과 어깨를 나란히 한 선수였다. Bird는 코트에 대한 감각, 경기 지식, 슈팅 터치, 그리고 몸을 컨트롤하는 능력으로 경기를 지배하였다.

이 모든 것을 할 수 있는 것처럼 보이는 몇몇 선수들이 있다. 소위 타고난 운동선수들은 어떤 분야든, 어느 경기든 눈에 띄게 잘한다. 과거 Jim Thorpe와 Babe Didrikson Zaharias, 또는 최근의 Bo Jackson과 Clara Hughes와 같은, 여러 분야에서의 수행능력을 보이는 스포츠 스타들은 최고의 운동 기술 수행능력에 기여하는 두드러진 전방위 운동 능력의 존재를 암시하는 것으로 보인다. 이를 질문으로 표현하자면, 모든 스포츠에서 성공하기 위해 필요한 특정한 능력이 있는가? 또는 주어진 스포츠에서 모든 성공한 선수들이 가지고 있는 특정 능력이 존재하는가?이다. 이러한 질문에 대한 대답은 '아니오'이다. 1950년대로 거슬러 올라가는 연구는 한 스포츠나 운동 기술 성공(그 성공이 대단한 수준이라 할지라도)을 기록한다고 하여도 다른 스포츠나 운동 기술에서 성공을 보장할 수 없다는 것을 분명히 보여주었다.

만능선수, 혹은 타고난 선수라고 불리는 사람들은 여러 종류의 많은 능력들을 가지고 있거나, 또는 많은 운동 기술들에 영향을 주는 몇 가지 극도로 훌륭한 능력을 가지고 있다고 생각된다. 예를 들어 힘, 속도, 그리고 시각적 탐색력은 많은 스포츠에서 중요한 능력들이다. 그리고 몇몇 운동선수들은 이러한 능력들을 용케 이용하고 다른 스포츠로 이 능력을 옮겨간다. 하지만 이러한 기술을 가진 선수라고 해서 누구든지 다른 분야에 폭넓게 적용할 수 있다는 것은 아니다. 또한 일반적인 운동 학습 능력(motor educability), 즉 다른 운동 기술을 동일한 숙련도와 효율성으로 배울 수 있다는 것도 아니다.

개 • 념 • 설 • 명

능력에서 기술로

기술 있는 수행능력에 기여하는 능력을 확인할 수 있는 것은 훈련과 연습에서 중요한 단계이다. 마찬가지로 중요한 것은 능력이 기술 있는 수행능력에 '어떻게' 기여할 수 있는가를 아는 것이다. 예를 들어 던지는 속도를 향상시키기를 원하는 대학 야구 선수를 생각해보자. 젊은 선수들이 일반적인 체격, 근력, 파워의 향상이 경기력을 향상시킬 것이라고 생각하면서 웨이트 룸에서 매진하는 것은 흔한 일이다. 그러나 위와 같은 요소들이 던지는 속도 향상에 상당한 영향을 미치지 않을 수도 있으며(Carter 외, 2007, Kuklicketal, 2013) 시간낭비일 수 있다. Carther와 그의 동료들(2007)은 속도를 향상시키기 위해선 일반적인 근력 훈련과 함께 전문적인 팔 플라이오메트릭 훈련이 필요하다는 것을 보여주었다. 그럼에도 불구하고, 시속 몇 마일의 속도 향상이 투구 능력 자체의 성공을 향상시킬지는 불분명하다. 속도는 투구 성공에 중요한 요소이지만, 그것은 많은 요인 중 하나일 뿐이며 심지어 탁월한 요인이지 않을 수도 있다(Whitesideetal, 2016). 여기에 이해해야 할 두 가지 중요한 점이 있다. 첫 번째는 기술을 향상시키기 위한 능력 향상이 보이는 것보다 복잡할 수 있다는 것이고, 두 번째는 고려해야 할 훈련에 비용 대비 이득 비율이 있는 경우가 많다는 것이다. 예를 든 야구 투수의 경우, 웨이트 트레이닝의 시간과 노력은 향상된 피칭으로 보상받을 수도 있고 그렇지 못할 수도 있다.

요컨대 유능한 치료사나 운동과학 전문가는 능력을 확인할 수 있어야 하며 이것들이 어떻게 양질의 운동 기술을 개발하는 데 사용될 수 있는지 알아야 한다. 6장에서는 능력 측정에 대해 자세히 설명하고 9장과 11장에서는 능력의 개발과 잠재력을 기술 운동 활동으로 전환하는 것에 대해 논의한다.

움직임의 맥락과 유형

운동 기술을 이해하는 과정에는 움직임 유형과 움직임 맥락의 식별이 포함된다. 이 두 가지 요소는 불가분이므로 우리는 두 가지 특성을 모두 살펴보고 이를 이용하여 분류 체계를 제공한다. 예를 들어 일부 움직임은 변화하는 환경에 적응해야 하고 다른 움직임은 그렇지 않다. 어떤 움직임들은 막대기와 같은 외부 물체를 사용하기도 한다. 어떤 움직임은 빠르고 격렬하다. 어떤 것들은 느리고, 지속적이고, 정확하다. 비록 운동 기술의 정의에는 목적성과 자발성이 있지만, 어떤 행동들은 너무 자동적이고 체득된 것이라 우리는 그것에 대해 생각할 필요가 없어 보인다. 수년간, 연구자와 실무자의 요구를 충족시키기 위해 다양한 분류 체계가 개발되어왔지만(Burton과 Miller, 1998, for a review 참조), 여기에 우리가 소개하고자 하는 분류법은 운동과학자들에게 유용한 가장 단순하고 가장 적용 가능한 분류 체계이다. 먼저 우리는

'움직임의 연속성'을 살펴보고, '움직임의 정확성'을 검사하고, 마지막으로 환경의 안정성을 평가함으로써 '움직임의 맥락'을 검사한다.

움직임 연속성에 기초한 운동 기술 분류

움직임 유형을 분류하는 기본적인 방법은 움직임의 시작점과 끝점을 정의하는 것에 기초한다. **불연속적 기술**(discrete skill)은 시작점과 끝점이 분명하며 손가락 스냅이나 펀치 동작과 같은 단일 동작 유형이다. 불연속적 기술은 던지기 동작에서 볼 수 있듯이 복잡하고 몸 전체를 사용하기도 한다. **계열적 기술**(serial skill **또는 순차적 기술**)은 더 크거나 복합적인 운동 기술을 생산하기 위해 연속적으로 수행되는 여러 개별적인 움직임 또는 운동 기술이다. 불연속적 기술처럼, 결정적인 시작과 끝이 있다. 어떤 계열적 기술은 피아노를 치거나 타자를 치는 것과 같은 동일한 종류의 움직임 동작을 반복하는 반면, 다른 것들은 완전히 다른 움직임을 함께 묶는다. 후자의 예로는 농구의 레이업(드리블, 점프, 그리고 슈팅의 조합), 체조나 댄스 루틴(점프, 스핀, 글라이드 등)이 있다. 많은 유형의 산업 장비 운용은 계열적 기술의 좋은 예를 제공한다. 예를 들어 재봉틀로 직물 조각을 돌리려면 재봉틀을 통해 직물을 밀기 위해 팔 동작과 결합된 풋 스위치를 눌러야 한다.

연속적 기술(continuous skill)은 임의의 시작과 끝을 가진 수영과 달리기와 같은 반복적인 기술이다. 끝점은 수행자와 기술 자체에 의해 결정된다. 때로는 불연속적 기술, 계열적 기술 그리고 연속적 기술 사이의 차이가 작다. 예를 들어 자동차의 기어를 변속하는 것(클러치를 밟는 방식, 기어 변속 레버를 움직이는 방식, 클러치를 푸는 방식)을 보면, 일반적으로 계열적 기술로 간주된다. 반면 수동 변속 차량에서 정상적인 저속 주행중 클러치를 동시에 밟고 제동하는 동작은 불연속적 기술로 간주된다. 때로 악기 연주는 세 가지 범주 중 어느 하나로 간주될 수 있다. 드럼의 심벌에 대한 강한 타격은 불연속적 기술로 간주될 수 있고, 풋 페달을 사용한 베이스 드럼의 반복적인 타격은 연속적 기술일 수 있고, 팔과 발의 충돌 조합은 계열적 기술일 수 있다.

연속성에 기초한 움직임 분류는 연구 및 적용 상황 모두에서 사용된다. 실무자에게 있어, 움직임의 연속성과 구성 요소를 이해하는 것은 교육적인 목적을 위해 움직임의 순서를 나누는 데 도움이 된다. 교육적인 관점에서 볼 때, 운동 기술이 작은 또는 불연속적인(discrete) 부분으로 분할될 수 있는지 여부를 결정하는 것이 중요하다. 예를 들어 불연속적 기술을 논리적으로 더 작은 구성 요소로 분해하기에 어려운 경우가 많지만 계열적 움직임에서는 상대적으로 쉽다.

움직임 정확성에 기초한 운동 기술의 분류

움직임의 정밀도에 기초한 분류는 일반적으로 대근육 운동 기술 대 소근육 운동 기술을 말한다. **대근육 운동 기술**(gross motor skill)은 큰 근육 그룹을 사용하며 일반적으로 정밀도가 매우 떨어지고 종종 전신 운동과 여러 신체 분절들을 사용한다. 걷기, 달리기, 점프, 발차기, 그리고 기본적인 던지기 동작을 포함한 많은 대근육 운동 기술들이 기본적인 운동 기술로 간주된다. 기본적인 운동 기술은 일반적으로 발달 초기에 학습되며 다른 운동 기술의 근간이 된다.

소근육 운동 기술(fine motor skill)은 작은 근육을 사용하고, 글 쓰고 바느질하는 것과 같은 정밀한 성격을 가지고 있다. 소근육 운동 기술은 거의 항상 **지각적 운동 기술**(perceptual motor skill) 또는 **심리 운동 기술**(psychomotor skill)로 알려진 운동 기술 그룹에 속한다. 지각적 운동 기술과 심리 운동 기술은 많은 양의 인지 노력이나 감각 피드백을 필요로 하는 특징을 가진 운동 기술을 설명하는 데 사용되는 용어이다. 물론 심리 운동 기술은 심리 운동 능력을 이용하고, 많은 유사점을 가지고 있다. 심리 운동 및 지각적 운동 기술은 다음과 같은 성격을 지닌 움직임들을 일컫는다(반응 시간 또는 빠른 의사결정 구성 요소: 높은 수준의 민첩성, 정밀도 또는 정확성: 높은 수준의 타이밍이나 비율 제어, 또는 손이나 손가락의 안정성 또는 속도). 지각적 운동 기술이라는 용어는 환경 신호를 해석함으로써 이루어지는 선택에서 비롯되는 움직임을 설명하기 위해 특별히 사용된다. 심리 운동과 지각적 운동 기술은 일반적으로 달리기, 걷기, 전신 밸런스와 같은 동작을 제외하지만 실제 생활에서는 상황에 따라 거의 모든 운동 기술이 지각적 운동 또는 심리 운동이 될 수 있다.

일상생활의 많은 활동에서, 운동 활동은 자연적으로 지각적인 성격을 가지고 있다. 스포츠, 자동차 운전, 혼잡한 거리를 걷는 것은 모두 상당한 인지 개입을 필요로 할 수 있다. 수직 점프는 상황이 바뀔 때 지각적 운동 기술이 되는 운동 기술의 좋은 예를 제공한다. 실험실에서 수직 점프는 지각적 운동 기술로 간주되지 않는다. 인지적인 노력이 거의 없고, 자극에 대한 반응이 없으며, 최소한의 정밀도나 손놀림이 필요할 뿐이다. 반면에 축구 경기 헤딩 움직임의 일부로서의 수직 점프는 지각적 운동 기술이다. 선수는 볼의 궤적을 예측하고, 점프 시간, 몸싸움, 포지션에 대한 '느낌'을 예측하고, 점프를 겨냥하여 머리의 위치를 정하고, 어디에 공을 헤딩해야 하는지 고려해야 한다(그리고 팀 동료와 상대 수비수들, 게임 상황을 마음에 두고 있어야 한다). 여기서의 점프는 폭발적인 근력을 발휘하는 것 이상의 복합적인 움직임이 된다.

개 • 념 • 설 • 명

반사 반응 또는 자동적 기술?

어떤 운동 기술은 너무 빨리 일어나고 너무 자동적이어서 반사신경처럼 보인다. 예를 들어 자신에게 되돌아오는 강한 땅볼을 순간적이면서도 본능적으로 잡아내는 투수를 생각해보자. 이런 상황에 처한 선수들은 종종 번개처럼 빠른 반사신경을 가지고 있다고 말하지만 사실 이것은 운동 기술이지 반사 능력이 아니다. 운동 기술의 기본적인 패턴은 반사적인 것처럼 보일 수 있지만, 연습과 경험을 통해 선수는 유도된, 협응적인 방식으로 반응하고 오히려 어떤 반사 반응은 억제되는 것이다. 비록 이런 위험한 상황들이 흔하지 않을 수도 있지만, 선수들은 여전히 이를 위해 연습해야 한다. 야구 투수들을 위한 한 가지 기술은 55피트 떨어진 곳에서 '펑고'를 치는 감독으로부터 투수가 얼굴을 돌리게 하는 것이고, 코치가 공을 칠 준비를 하고 있을 때 투수는 가능한 한 빨리 돌아서도록 했다. 이렇게 회전하는 것은 선수들의 방향 감각을 혼란시키고 다가오는 공을 주시하면서 동시에 순차적으로, 그리고 재빨리 준비하게 만든다. 이런 연습은 경험이 많은 선수에게만 해당되는 것이 분명하지만 젊은 선수들도 빠른 반응을 보이도록 고안된 연습에 참여할 수 있다.

사진 제공: Whitman R. Ives

사실 이것은 운동 동작의 효율성, 조정, 적합성, 그리고 전반적인 효과를 결정하는 많은 운동 동작의 지각적 부분이다.

어떤 운동 기술은 엄격하게 대근육 기술이나 소근육 기술로 분류하기 어렵다. 즉, 소근육 운동 기술과 대근육 운동 기술 사이에 연속체가 존재한다. 발레는 대근육 운동 활동(점프, 발차기, 회전)들의 두드러진 예를 제공하는 운동이지만 극도의 정밀도와 타이밍으로 이루어져 있기 때문에 대근육 운동 분류로 나누기 힘들어 보이기도 한다. 하지만 달리기, 점프와 같은 기본적인 움직임이 필요하기 때문에 많은 발레 동작이 실제로 대근육 운동 기술 범주에 포함될 것이다. 다른 많은 움직임들은 소근육 운동 기술과 대근육 운동 기술을 모두 포함한다. 예를 들어 대부분의 던지기 동작에는 다리, 몸통 및 팔의 대근육 운동 움직임이 필요하며 그 다음에는 발사체를 제어하기 위해 손목과 손의 소근육 운동 동작이 필요하다. 다트 던지기는 연속체에서 소근육 운동 기술 쪽에 있는 반면, 창던지기는 대근육 운동 기술 쪽에 있다.

대근육과 소근육 운동 기술 분류의 중요성은 운동 기술의 개발과 학습에서 쉽게 알 수 있다. 발달하는 아이들과 새로운 학습자들은 대부분 대근육 운동 기술을 먼저 그리고 그 다음에 소근육 기술을 얻는다. 부상 또는 질병 상태를 겪은 후 대근육 기술과 소근육 기술은 서로 다른 양으로 손실될 수 있다(Kuhtz-Buschbecketal 등, 2003). 또한 소근육 기술과 대근육 기술은 다른 연습이나 훈련 방법이 필요할 수도 있는데 이는 대근육 기술에 필요한 대사적 노력 수준이나 소근육 기술에 필요한 주의집중력의 수준이 서로 다르기 때문이다. Piek 등(2006)은 심지어 사회적, 학술적, 감정적 요인이 대근육 운동 기술 대 소근육 운동 기술에 대한 어린이의 수행능력에 의해 다르게 영향을 받았음을 보여주었다. 두 기술에 대한 차이는 몇 가지 예외가 있긴 하지만 그럼에도 불구하고, 일반적으로 먼저 대근육 운동 기술 요소를 먼저 개발하고 뒤이어 소근육 운동 요소를 발달시키는 것이 중요하다는 점을 기억하라.

환경적 안성성에 기초한 운동 기술 분류

운동 기술은 다양한 설정 또는 환경에서 수행된다. 이러한 설정의 경우의 수는 셀 수 없이 많지만, 연구자들은 주변 환경의 안정성에 기초하여 운동 기술을 분류하는 것이 기술의 핵심적인 성격을 드러낸다는 점을 발견하였다. 환경 안정성에 기초한 분류란 **폐쇄성 기술**(closed skill) 대 **개방성 기술**(open skill)을 말한다. 폐쇄성 기술은 안정적이고 예측 가능한 환경에서 수행된다. 이 경우 환경 또는 환경 내의 물체는 개인의 활동이 일어나는 것을 기다린다. 예를 들면 볼링, 고정 표적 사격, 골프 등이 있다. 폐쇄성 기술이란 **자기-보속적**(self-paced) 성격을 가졌는데, 이는 개인이 자신의 행동 속도를 선택하는 것을 의미한다.

개방성 기술은 변화하고 예측할 수 없는 환경에서 수행된다. 수행자는 환경에서 일어나는 일에 따라 행동한다. 공을 치는 것, 수비수들에 대응하며 공을 드리블하는 것, 자동차 운전, 그리고 축구 경기에서 뛰는 것이 개방성 기술의 예다. 일반적으로 개방성 기술은 **외부에서 조절을 하는데**(externally paced), 이는 환경이 운동 기술의 타이밍과 시작에 영향을 미친다는 것을 의미한다. 그러므로 개방성 기술과 폐쇄성 기술은 '수행자가 하는 행동'을 조절하는 주체와 관련이 있다. 즉 수행자가 '어떤 행동을 할 때', 자기-보속적이나 외부의 영향을 받느냐인 것이다.

소근육 기술이나 대근육 기술과 마찬가지로 개방성 기술과 폐쇄성 기술 사이에도 연속체 개념이 있다. 트랙을 달리는 것은 폐쇄성 기술이지만, 혼잡한 도시 거리를 달리는 것은 많은 양의 환경적 불안정을 가지고 있어 개방성 기술로 분류될 수 있다. 트레일 러닝은 지형에 따라 개방성 기술과 폐쇄성 기술 사이의 중간으로 분류될 수 있다. 일부 활동은 수행자가 접근하는 방식에 따라 개방성 기술이 되거나 폐쇄성 기술이 될 수 있다. 파쿠르나 프리 러닝(도시 곡예 달리기) 같은 활동의 경우에는 환경이 물리적으로 움직이거나 변화하진 않지만 수행자가 스스로 움직임을 예측하기 힘들게 창조해낼 수는 있다. 예를 들어 프리 러너가 물체를 뛰어넘거나 코너를 향해 가속할 때 미확인 환경이 나타나 특정한 동작을 해야 하거나 속도를 조절해야 하는 선택 사항이 생겨 개방성 기술이 될 수 있다. 반면 코스를 미리 설정한 경우, 주자는 폐쇄성 기술로 사전에 계획되고 학습된 동작으로 각 장애물에 대응한다. 상황에 따라 개방성 기술과 폐쇄성 기술을 선택하여 사용하게 되는 일반적인 예는 악기 연주이다. 악기 연주의 기본적인 형태는 폐쇄성 기술이다. 악기를 다루는 일은 질서 정연하고 자기-보속적인 방식이 강조된다. 하지만 수준 높은 음악가들은 관중들과 동료 음악가들에게 반응을 보일 수도 있다. 템포, 음량 및 기타 음악적 특성은 환경의 반응에 따라 조정된다.

개방성과 폐쇄성, 그리고 주체가 외부적인 것과 내부적인 것을 구분하는 것은 중요하다. 대부분의 운동 기술들은 비록 본래 개방성 기술의 성격이 있을지라도 처음에는 닫힌 환경에서 학습되어야 한다. '기능적 훈련'을 구성할 때 많은 비중은 닫힌 환경에서 기술과 능력을 만들고 그 뒤 열린 환경으로 적응시켜야 한다. 비록 이러한 진행이 필요하긴 하지만 생각보다 훨씬 어렵다. 왜냐하면 닫힌 환경에서의 숙련된 운동 기술 발달과 열린 환경에서의 운동 기술 숙련은 다르기 때문이다. 폐쇄성 기술의 경우, 종종 정확한 기술 숙달과 함께 수행능력의 일관성에 중점을 둔다. 이와는 대조적으로 개방성 기술은 기술의 적응력과

SIDENOTE 폐쇄성 기술에서 개방성 기술로의 적응

때로는 폐쇄성 기술 이후 개방성 기술이 재빨리 뒤따라야 하는 경우도 있다. 예를 들어 공을 던진 후(대부분 폐쇄성으로 분류) 투수는 수비 준비(개방성)를 해야 한다. 닫힌 상태에서 열린 상태로 전환하는 연습은 수행능력을 최대화하기 위해 필요하지만 때때로 닫힌 상태의 기술은 예고 없이 열린 상태의 기술이 되기도 한다. 이런 경우 후속 동작을 준비할 수 없기 때문에 부상 위험도는 높아지기 마련이다. 아래 사진의 스쿼트하는 선수가 그러한 예이다. 수평이 무너진 리프팅(그리고 중량을 고정하는 칼라가 없음!)으로 인해, 선수가 알아차리기 전에 플레이트들이 오른쪽으로 떨어지는 것이다. 플레이트가 바벨에서 분리되면 이제 불안정한 환경에 반응해야 하기 때문에 닫힌 환경이 열린다. 사전에 계획된 안정적인 환경에서 갑작스럽게 혼란스러운 상황으로 주의를 돌려야 하기 때문에 이 선수는 적절한 조정을 하기 어렵게 된다.

사진 제공: Jeffrey C. Ives

생각해보기 1.2 수직 점프 동작에서의 폐쇄성 기술 vs 개방성 기술

아래의 사진은 각각의 선수들이 최대한 높이 뛴 수직 점프를 찍은 것이다. 좌측은 실험실에서, 우측은 배구 경기에서 찍은 것이다. 각각이 개방성 기술과 폐쇄성 기술의 성질을 설명하고 점프 수행능력에 영향을 미치는 규제 조건을 비교하라. 그런 다음 Ziv와 Lidor(2010)의 논문과 실험실에서 측정된 수직 점프와 실제 배구 경기에서의 경기력 사이의 연관관계가 약한 이유에 대한 결론을 검토하라. 개방성 기술과 폐쇄성 기술에 관련하여 위의 결과들에 대해 논의하라.

사진 제공: Jeffrey C. Ives

사진 제공: Tim McKinney

유연성 그리고 변화하는 상황에 적응하는 데 필요한 의사결정 능력으로 숙련도가 정해지는 특징이 있다.

개방성 기술과 폐쇄성 기술은 규제 조건이 운동 기술의 계획 및 실행을 결정하는 방법에서도 다르다(Gentile, 2000). 규제 조건(regulatory conditions)은 어떤 운동 기술이 선택되고 어떻게 수행되는지에 직접적 또는 간접적으로 영향을 미치는 환경 요소이다. 폐쇄성 기술의 경우 규제 조건은 상대적으로 안정적이다. 볼링 레인의 미끄럼 정도는 안정적인 요소이고 볼링공의 스피드나 회전을 바꾸는 것은 선수의 손목 움직임이다. 열린 환경에서의 규제 조건은 상대적으로 안정적일수도 완전히 불안정적일 수도 있다. 경기장의 고른 잔디는 안정적인 요소지만 움직이는 상대 수비수는 불안정적 요소이기 때문이다.

운동 기술 유형의 2차원적 분류

젠티레(2000)는 움직임의 정확성과 환경적 안정성을 결합하여 분류 체계를 고안하였다. 움직임 연속성은 이 모델에선 고려되지 않았지만 필요에 따라 그 개념을 적용할 수도 있다. 젠티레의 모델에서, 환경적 맥락은 고정된(폐쇄성 기술), 그리고 움직이는(개방성 기술) 운동 기술을 의미한다. 젠티레의 원래 분류 체계에는 시행착오적 가변성이 포함되어 있는데, 이것은 환경적인 맥락이 한 번의 시도에서 다른 것으로 바

표 1.2 보완된 젠티레의 운동 기술 분류와 예시

환경적 맥락	활동 기능					
	안정형		유사 이동		이동형	
	물체 조작 없음	물체 조작 수반	물체 조작 없음	물체 조작 수반	물체 조작 없음	물체 조작 수반
폐쇄성 기술 : 고정적	앉아 있음, 정적인 햄스트링 스트레칭	공장의 재봉질, 농구의 자유투, 기타 연주	의자에서 일어나기, 침대에 일어나 앉기, 점핑 잭	중량을 활용한 스쿼트, 골프	트레드밀에서 달리기, 수영, 운전	볼링, 장대 높이 뛰기
개방성 기술 : 움직임 발생	롤러코스터 타기, 균형잡기	공장 생산라인 작업, 비디오 게임, 운전	춤추기, 춤추는 오락기계, 펀치 머신	공 타격하기, 레슬링 던지기 동작	군중 사이에서 달리기	대부분의 팀 스포츠, 테니스

일반적으로 좌측 상단에서 우측 하단으로 내려올수록 더 어려워진다.

뀌는지를 나타낸다. 시행착오적 가변성은 야구의 투구에서 예를 찾아볼 수 있는데, 각각의 투구는 매번 새로운 목표를 가진 다른 상황이 발생함을 보여준다. 표 1.2에 제시된 모델은 시행착오적 가변성을 배제함으로써 단순화한 것이다.

이 모델에서 움직임(활동 기능)은 안정적인 상태(예: 앉은 자세, 서 있는 자세)가 필요한지, 이동하는 상태(예: 달리기, 수영, 점프와 같은 대근육 운동 기술)가 필요한지, 그리고 손의 조작 능력이 필요한지 그렇지 않은지(일반적으로 소근육 운동 기술은 손의 조작이 동반되지만, 발로 차거나 헤딩하는 것들 또한 범주에 포함될 수 있다)로 구분한다. Shumway-Cook과 Woollacott(2007)은 '유사 이동' 동작 기능을 추가하여 원래 모델을 더 정밀하게 만들었다. 원래, 신체 운송은 이동 유형 활동에만 언급되었지만, 유사 이동은 의자에서 일어서기, 넘어지기, 전신 회전하기와 같이 질량 중심에서 상당한 선형 또는 각도 변위가 있는 모든 움직임을 포함한다.

표 1.2에 제시된 분류 체계에서 작업은 일반적으로 폐쇄성 기술에서 개방성 기술로 이동하고, 더 많은 신체 활동이 추가되고, 물체 조작이 추가되면서 더 복잡해진다. 하지만 이러한 요소가 없는 작업을 언제나 쉽다는 의미로 오해하면 안 된다. 예를 들어 대부분의 악기 연주는 밀폐된 환경에서 몸의 움직임 없이 행하지만, 능숙해지기 위해서는 수년간의 연습이 필요하다. 그럼에도 불구하고, 이 분류법의 사용은 운동 기술 수행능력의 복잡성과 난이도를 증가시키는 요소를 결정하는 데 유용함을 제공한다. 움직임의 복잡성을 가르치는 것과 재활에 있어 주로 단순한 것에서 복잡한 것으로 발전하는 가이드로써도 분류된다. 예를 들어 정형외과적 재활 프로그램은 흔히 선 자세에서 균형잡기와 같은 가장 단순한 구성 요소에서 외부 물체를 동시에 조작하면서 움직이는 것과 같은 더 복잡한 구성 요소로 진행된다. 움직임의 복잡성을 결정하는 것은 어떤 심리적 및 생리학적 능력들이 운동 기술 수행능력에 기여하는지 이해하는 데 도움이 된다.

분류법의 활용

넓은 의미에서, 2차원 분류법을 사용하는 운동 기술 분류는 기술의 구성 요소, 복잡성 및 규제의 영향을 이해하는 데 도움이 된다. 이 정보는 기술을 더 간단한 구성 요소로 세분화하여 학습을 용이하게 하고 지속적인 기술 개발을 위한 방향을 제공하기 위해 사용될 수 있다. 예를 들어 농구 드리블을 생각보자. 첫 단계는 드리블 동작을 분류하고, 거기서부터 움직임들을 단순하게 식별하고 지도해야 한다. 더 자세한

사항은 9장에서 살펴볼 것이므로 여기서는 더 이상 자세히 파고들지는 않을 것이다. 표 1.3은 이 프로세스의 단계를 요약하고 예시를 제시한 것이다. 주요 규제 조건을 식별하는 것은 열리거나 닫힌 환경을 이해하는 데 있어 중요한 부분이라는 점에 유의하라.

운동 기술을 분류하는 것 또한 성공적인 수행능력을 위한 기초를 제공하는 능력을 이해하는 첫 번째 단계이다. 표 1.3의 예에서, 드리블은 무엇보다도 민첩성, 손-물체 협응력, 그리고 경기 패턴을 결정하기 위해 코트를 '읽을' 수 있는 능력 등 복잡한 기술이 필요한 것으로 보인다. 뛰어난 코치는 선수의 수행능

표 1.3 젠티레의 운동 기술 분류법 활용 가이드라인과 이를 이용한 운동 기술 단순화

농구 드리블 기술의 운동 기술 분석		
분류 영역	분류 결정	단순화 작업
1. 열린 환경인가? 닫힌 환경인가? 그 이유는? 무엇이 핵심적인 규제 조건인가?	열린 환경이다. 선수들(공격수와 수비수)들이 움직이기 때문이다. 다른 선수들의 위치, 농구공의 특성, 선수들의 움직임 속도, 수비수들의 상태, 경기장의 경계선, 그리고 경기장의 바닥 특성	다른 선수들 없이 훈련을 하여 폐쇄성을 기술화한다. 어려운 조건들(수비수들과 경계선)을 제거하거나 무시한다.
2. 활동 : 신체 이동이 있는가	일반적으로 그렇다. 선수들은 코트 위아래를 뛰고/걷는다. 때로는 옆으로 걷거나 뒷걸음칠치기도 한다.	제자리에 있거나 또는 천천히 걸으면서 뛰거나 걸을 필요성을 제거한다.
3. 활동 : 물체를 다루는가	그렇다. 농구공을 다룬다.	공의 크기를 키우거나 그립감을 좋게 만들어 공의 특징을 단순화한다.

생각해보기 1.3 분류와 단순화에 한걸음 더 내딛기

표 1.2에 나타난 운동 기술의 분류 체계와 표 1.3의 분류 지침을 사용하여 아래의 움직임을 분류한다. 움직임을 분류할 수 있을 만큼 충분히 이해하려면 이동을 관찰하거나 직접 체험해야 한다. 만약 여러분이 개인적으로 움직임을 관찰하거나 경험할 수 없다면, 비디오(예: YouTube)를 보거나 여러분이 할 수 있는 최선의 행동을 정신적으로 이미지화하는 것에서 시작하라.

a. 자유의 여신상에 있는 나선형 계단 내려오기
b. 크로스컨트리 스키 시뮬레이터에서 운동하기
c. 사방치기 놀이
d. 흉부 개복 수술
e. 수동 기어 조작 자동차 운전하기
f. 암벽타기

분류에 따라 가장 쉬운 작업부터 가장 어려운 작업 순으로 정렬하라. 또한 이러한 기술의 움직임 연속성 분류(discrete, serial, continuous)를 식별한다. 어려움에 대한 인식이 연속성 분류 체계와 일치하는가? 왜 그런가? 혹은 왜 그렇지 않은가?

다음으로 표 1.3에 제시된 지침을 사용하여 위에 나열된 활동중 하나를 훈련 또는 재활을 목적으로 단순화 작업을 해보라.

력 중 어떤 부분이 가장 훈련되고 연습되어야 하는지 결정하고 이러한 약점을 개선시키려면 어떤 연습조건을 창조해야 하는지 결정하기 위해 선수들을 평가할 수 있다.

근거 기반 실무 적용

증거 기반 실천(EBP, Evidence-based practice)은 임상 결정을 내리고 가능한 최고의 연구 증거, 의사의 임상 전문지식, 고객의 선호 및 가치를 토대로 치료, 훈련 및 실행 옵션을 규정하기 위한 프레임워크이다. 이는 일반적인 선호, 근거 없는 전통, 그리고 '눈금의 법칙'을 제외한다. 최선의 연구 증거를 구성하는 통계적 근거를 이해하는 것은 이 책의 범위를 벗어나지만, 여기에 제시된 자료가 EBP에서 어떻게 사용될 수 있는지 제시하려 한다.

많은 분야와 마찬가지로 아이들에게 운동 기술을 가르치는 것과, 금메달을 노리는 스포츠를 위한 질문과 근골격계 재활 등을 포함한 운동 행동 훈련은 전통과 일화적 증거로 가득 차 있다. 운동 행동 활용에서 EBP를 사용하려면 훈련 프로그램을 개별화하고 결과를 극대화하기 위해 최신 연구와 운동 능력 및 기술의 범주화와 설명을 활용해야 한다. 즉, EBP는 운동 기술과 능력 분류 체계를 사용하며 운동수행력 성질의 정량화와 개별 특성 및 특성 확인을 필요로 한다.

예를 들어 Action Box의 개념에서 야구 투구 예를 능력에서 기술까지 생각해보자. 인터넷을 재빨리 훑어보면 수백 개의 웹사이트들이 저항력 훈련에서부터 균형 운동, 스트레칭에 이르기까지 피칭 속도를 향상시키기 위한 운동을 홍보하는 것을 볼 수 있을 것이다. EBP 접근 방식은 투구 기술의 특징(어떤 요소가 숙련된 수행능력을 구성하고 어떤 능력이 각기 다른 기술 레벨에서 투구 기술에 기여하는지를 포함하는)을 세분화하는 작업이 필요하다. 높은 수준의 선수(대학 리그, 프로 리그)를 위한 증거들은 투구 속도가 중요하다고 이야기하지만 그 기여도는 매우 작다(Whiteide 등, 2016). 더욱이 연구 증거는 체간과 어깨, 팔의 근력이 속도를 높인다고 하지만 이러한 요소를 향상시키는 것이 실제로 투구 속도를 높인다는 증거는 충분하지 못하다(Carter 등, 2007; Kuklick 등). EBP로 접근하면 투구 속도는 공을 던지는 역학이 더 중요할 수 있으며, 피칭 전략, 정확도 및 심리적 요인, 부상 기록, 현재 투구 속도와 같은 투수 개인의 특징과 함께 고려되어야 한다는 것을 알 수 있다.

요약

운동 행동은 움직임을 생산하는 생리학적 시스템과 움직임을 계획, 학습, 그리고 조절하는 정신심리학적 시스템으로 구성된다. 이와 같은 정신과 신체의 연결은 정신 안의 행동학적 활동이 신체로 전달되고, 신체의 활동이 정신으로 전달됨을 암시한다. 운동 행동은 다른 학문들만큼이나 이러한 관계들을 연구하고 정신과 신체의 연결 관계를 실제적으로 사용하게 하는 통찰력을 제공한다. 이러한 실제적인 사용법들은 더욱 효과적인 성과와 더 나은 수행능력을 만들기 위해 두 가지 시스템(정신, 신체)을 동시에 훈련하거나 자극하는 데 초점을 맞춘다. 이러한 과정이 어떻게 일어나는지가 바로 이 책에서 다루고 있는 내용이다.

운동 행동은 움직임을 만드는 생리적 시스템과 움직임을 계획하고, 배우고, 조절하는 데 관여하는 심리적 시스템에 대한 연구를 포함한다. 마음과 신체 사이의 이러한 관계는 마음에 있는 행동학적 활동이 몸으로 전달되고, 신체의 활동이 마음으로 전달됨을 암시한다. 운동 행동에 대한 연구는 이 관계를 검토하고 심신 연결의 실질적인 사용에 대한 통찰력을 제공한다. 이와 같은 실제적인 사용 방식은 두 시스템에 대한 훈련과 도전의 중심에 동시에 작용하고 성과를 더욱 효과적으로 얻게 하고 더 나은 수행능력을 만든다.

운동 기술은 명백한 신체 움직임과 물체의 조작, 그리고 기술이 수행되는 열린 환경과 닫힌 환경을 포함한 운동 동작의 특성에 따라 분류될 수 있다. 분류 체계를 사용하면 운동 기술이 어떻게 수행되는지 더 잘 이해할 수 있으며 이는 학습, 훈련 및 재활 프로그램을 설정하는 데 매우 중요하다.

개인은 다양한 운동 능력들을 가지고 있으며, 이는 단독으로 또는 함께 작용하여 성공적인 운동 기술 수행능력에 대한 기초를 제공한다. 이러한 능력에는 신체적 숙련도, 심리 운동, 그리고 심리가 포함된다. 비록 몇몇 능력들이 특정한 운동 기술에서 성공의 중요한 요소들로 명확하게 확인되었지만, 모든 개인이 같은 운동 기술에서 성공하기 위해 같은 능력에 의존하는 것은 아님은 명백하다.

연습문제

1. 운동 제어와 운동 학습의 차이점과 유사점을 정의하고 설명하라.
2. 심신 연결의 개념을 정신물리학 용어를 사용하여 여러분의 답을 설명하라.
3. 기술, 능력, 재능, 그리고 협응력을 정의하고 이러한 용어의 차이를 설명하라.
4. 운동 기술 그리고 심리 운동 기술을 정의하라. 심리 운동 기술의 특성을 설명하라.
5. 운동 활동을 선택하고 운동 기술이 되는 것과 심리 운동 기술이 되는 맥락에서 설명하라.
6. 외부 영향을 받는 기술도 개방성 기술 또는 폐쇄성 기술인가?
7. 개방성 기술과 폐쇄성 기술, 대근육 기술 대 소근육 기술 간의 중요한 차이점을 설명하라. 이러한 방식으로 운동 기술을 분류하는 것이 갖는 실질적인 영향은 무엇인가?
8. 젠티레의 수정된 분류 체계를 이용하면, 어떤 움직임 특성이 운동 기술을 더 어렵게 만드는 경향이 있는가?
9. 능력 분류 방법은 무엇인가? 이 범주들 중 운동 기술 수행능력에서 가장 많이 측정되는 것은 무엇인가?
10. 증거 기반 실천에 있어 운동 기술 수행능력에 대한 이해가 왜 필요한지 설명하라.

참고문헌

Abernethy, L., & Bleakle, C. (2007). Strategies to prevent injury in adolescent sport: A systematic review. *British Journal of Sports Medicine, 41*(10), 627-638.

Adams, A. J., & Kuzmits, F. E. (2008). Testing the relationship between a cognitive ability test and player success: The National Football League case. *Athletic Insight, 10*(1), 5.

Barnett, L. M., Lai, S. K., Veldman, S. C., Hardy, L. L., Cliff, D. P., Morgan, P. J., et al. (2016). Correlates of gross motor competence in children and adolescents: A systematic review and meta-analysis. *Sports Medicine, 46,* 1663-1688.

Bazyler, C. D., Beckham, G. K., & Sato, K. (2015). The use of the isometric squat as a measure of strength and explosiveness. *Journal of Strength and Conditioning Research, 29*(5), 1386-1392.

Borg, G. (1970). Perceived exertion as an indicator of somatic stress. *Scandinavian Journal of Rehabilitation Medicine, 2,* 92-98.

Bouchard, C., & Malina, R. (1983). Genetics of physiological fitness and motor performance. *Exercise and Sport Sciences Reviews, 11,* 306-339.

Burton, A. W., & Miller, D. E. (1998). *Movement skill assessment.* Champaign, IL: Human Kinetics.

Carter, A. B., Kaminski, T. W., Douex, A. T., Knight, C. A., & Richards, J. G. (2007). Effects of high volume upper extremity plyometric training on throwing velocity and functional strength ratios of the shoulder rotators in collegiate baseball players. *Journal of Strength and Conditioning Research, 21*(1), 208-215.

Chmielewski, T. L., Hurd, W. J., & Snyder-Mackler, L. L. (2005). Elucidation of a potentially destabilizing control strategy in ACL deficient non-copers. *Journal of Electromyography & Kinesiology, 15*(1), 83-92.

Fleishman, E. A., Quaintance, M. K., & Broedling, L. A. (1984). *Taxonomies of human performance: The description of human tasks.* Orlando, FL: Academic Press, Inc.

Freitas, D. L., Lausen, B., Maia, J. A. R., Gouveia, E. R., Thomis, M., Lefevre, J., et al. (2016). Skeletal maturation, body size, and motor coordination in youth 11-14 years. *Medicine and Science in Sports and Exercise, 48*(6), 1129-1135.

Gentile, A. M. (2000). Skill acquisition: Action, movement, and neuromotor processes. In J. H. Car & R. B. Shepherd (Eds.), *Movement science: Foundations for physical therapy* (2nd ed., pp. 111-187). Rockville, MD: Aspen.

Gould, D. D., Dieffenbach, K. K., & Moffatt, A. A. (2002). Psychological characteristics and their development in Olympic champions. *Journal of Applied Sport Psychology, 14*(3), 172-204.

Gould, D., & Maynard, I. (2009). Psychological preparation for the Olympic Games. *Journal of Sports Sciences, 27*(13), 1393-1408.

Hewett, T., Ford, K., & Myer, G. (2006). Anterior cruciate ligament injuries in female athletes: Part 2, a metaanalysis of neuromuscular interventions aimed at injury prevention. *The American Journal of Sports Medicine, 34*(3), 490-498.

Higgins, S. S. (1991). Motor skill acquisition. *Physical Therapy, 71*(2), 123-139.

Holfelder, B., & Schott, N. (2014). Relationship of fundamental movement skills and physical activity in children and adolescents: A systematic review. Psychology of Sport and Exercise, 15(4), 382-391.

Houston, T., Meoni, L., Ford, D., Brancati, F., Cooper, L., Levine, D., et al. (2002). Sports ability in young men and the incidence of cardiovascular disease. *The American Journal of Medicine, 112*(9), 689-695.

Humara, M. M. (2000). Personnel selection in athletic programs. *Athletic Insight, 2*(2). http://www.athleticinsight.com.ezproxy.ithaca.edu:2048/Vol2Iss2/Personnel.htm

Ives, J. C., & Keller, B. A. (2008). Functional training for health. In J. K. Silver & C. Morin (Eds.), *Understanding fitness. How exercise fuels health and fights disease* (pp. 71-90). Westport, CT: Praeger Publishers.

Johnson, U., & Ivarsson, A. (2011). Psychological predictors of sport injuries among junior soccer players. *Scandinavian Journal of Medicine & Science in Sports, 21*(1), 129-136.

Kuhtz-Buschbeck, J. P., Hoppe, B., Golge, M., Dreesmann, M., Damm-Stunitz, U., & Ritz, A. (2003). Sensorimotor recovery in children after traumatic brain injury: Analyses of gait, gross motor, and fine motor skills. *Developmental Medicine and Child Neurology, 45*, 821-828.

Kuklick, C. R., Martino, M. A., Black, C. D., Science, E., & Management, R. (2013). Throwing velocity and stamina in baseball pitchers as a function of training methods. *Journal of Australian Strength and Conditioning, 21*(2), 19-31.

Morgan, W. P., O'Connor, P. J., Ellickson, K. A., & Bradley, P. W. (1988). Personality structure, mood states, and performance in elite male distance runners. *International Journal of Sport Psychology, 19*(4), 247-263.

Myer, G., Faigenbaum, A., Ford, K., Best, T., Bergeron, M., & Hewett, T. (2011). When to initiate integrative neuromuscular training to reduce sports-related injuries and enhance health in youth? *Current Sports Medicine Reports, 10*(3), 155-166.

Piek, J. P., Baynam, G. B., & Barrett, N. C. (2006). The relationship between fine and gross motor ability, selfperceptions and self-worth in children and adolescents. *Human Movement Science, 25*, 65-75.

Rankinen, T., Bray, M., Hagberg, J., Perusse, L., Roth, S., & Wolfarth, B., et al. (2006). The human gene map for performance and health-related fitness phenotypes: The 2005 update. *Medicine and Science in Sports and Exercise, 38*(11), 1863-1888.

Rejeski, W., & Brawley, L. (2006). Functional health: Innovations in research on physical activity with older adults. *Medicine and Science in Sports and Exercise, 38*(1), 93-99.

Riipinen, M., Niemisto, L., Lindgren, K., & Hurri, H. (2005). Psychosocial differences as predictors for recovery from chronic low back pain following manipulation, stabilizing exercises and physician consultation or physician consultation alone. *Journal of Rehabilitation Medicine, 37*(3), 152-158.

Sheard, M., & Golby, J. (2010). Personality hardiness differentiates elite-level sport performers. *International Journal of Sport and Exercise Psychology, 8*(2), 160-169.

Shumway-Cook, A., & Woollacott, M. H. (2007). *Motor control. Translating research into clinical practice.* Philadelphia, PA: Lippincott Williams & Wilkins.

Utter, A., Robertson, R., Nieman, D., & Kang, J. (2002). Children's OMNI scale of perceived exertion: Walking/running evaluation. *Medicine and Science in Sports and Exercise, 34*(1), 139-144.

Whiteside, D., Marini, D. N., Zernicke, R. F., & Goulet, G. C. (2016). Ball speed and release consistency predict pitching success in major league baseball. *Journal of Strength and Conditioning Research, 30*(7), 1787-1795.

Ziv, G. G., & Lidor, R. R. (2010). Vertical jump in female and male volleyball players: A review of observational and experimental studies. *Scandinavian Journal of Medicine and Science in Sports, 20*(4), 556-567.

10

I

운동 제어

운동 제어에 대한 연구는 신경과 근골격계 시스템이 움직임을 만들고 수행하는 방법에 관한 것이다. 다음 장들에서는 움직임에 관련된 네 가지 주요 시스템(계획, 시작, 실행 및 모니터링)들이 어떻게 작동하는지 중점적으로 다룬다. 특히 2장에서는 중추신경계 프로세스에서 일어나는 계획과 시작을 검토하고 3장에서는 말초신경계의 기능인 움직임 실행을 검토하며 4장에서는 말초 감각 시스템에 의한 움직임 모니터링을 검토한다. 5장에서는 이 모든 요소들을 결합하고 움직임 모델을 검토하여 움직임에 대한 전체론적인 관점을 제시한다.

움직임 계획과 시작에 대한 신경학적 메커니즘

이 장의 목적, 중요성, 목표

이 장의 목적은 움직임을 제어하는 신경 계통의 주요 구성 요소, 조직 및 기능을 설명하는 것이다. 특히 움직임의 계획과 시작을 담당하는 시스템으로써의 중추신경계에 중점을 둔다. 이러한 구조와 작동 성격을 이해하면 기술 있는 운동수행력의 원리와, 나아가 움직임의 신경계 제어를 극대화하기 위해 사용될 수 있는 교육, 훈련 및 재활 전략을 이해할 수 있다.

이번 장을 마친 후, 아래의 내용을 설명할 수 있어야 한다.

1. 움직임에 기여하는 중추신경계와 말초신경계의 기본 구성을 설명한다.
2. 신호 전달에 대한 뉴런의 기본 기능을 설명한다.
3. 충추신경의 주요 구성 요소들의 운동 제어 기능에 대해 설명하고, 또한 이러한 기능들이 통합적으로 발휘되어 효과적인 운동 계획을 생산하는 과정을 설명한다.
4. 감각 운동 통합 과정, 피드-포워드 제어, 그리고 피드백 제어에 대해 설명한다.
5. 연습 및 육체적 훈련이 CNS 변화에 미치는 영향에 대해 설명한다.

우리 몸 안의 거의 모든 시스템은 이런 저런 형태의 움직임을 지지하도록 설계되었다. 이 시스템들 중에서 운동 제어의 관점에서 두드러지는 것은 신경과 근육 시스템이다. 이 장에서는 이에 관련된 신경계 구조의 생리학 및 기능을 검사한다. 이러한 시스템에 대해 자세한 내용을 다루는 것은 이 책의 범위를 벗어나기 때문에, 목표 지향적 움직임의 수행과 학습을 담당하는 신경 시스템의 네 가지 구성 요소인 계획, 시작, 실행, 모니터링에 중점을 둘 것이다. 계획과 시작 단계는 중추신경계(CNS) 프로세스인 반면에 실행과 모니터링은 주로 말초신경계(PNS)와 신경근육계의 역할이다. 이 장에서는 움직임의 기획과 시작에서 중추신경계의 역할에 초점을 맞추고 신경계의 기본 특성 및 구성을 간략히 살펴봄으로써 시작한다.

신경계의 구성

인간의 신경계는 **중추신경계**(CNS)와 **말초신경계**(PNS)로 나눌 수 있다(그림 2.1). CNS는 뇌와 척수를 포함하며, 전체 신경계의 통합 및 지휘 센터이다. PNS는 여러 기준에 따라 분류된다. 정보의 방향으로 나눌 때, PNS는 **감각 신경**과 **운동 신경**으로 나뉜다. 감각 신경(또는 **구심성 신경**)은 주변부에서부터 CNS로 신호를 보낸다. 운동 신경(또는 **원심성 신경**)은 CNS로부터 작용기 기관, 즉 근육으로 신호를 보낸다. PNS는 또한 불수의적 제어 시스템과 수의적 제어 시스템으로 나눌 수 있다. **체성신경계**(somatic system)라고도 불리는 자발적인 시스템은 수의적 운동 행동을 통제하는 것으로 정의된다. **자율신경계**라고도 불리는 비자발적 시스템은 심박수, 인공호흡, 소화, 그리고 평활근과 분비선이 포함된 다른 시스템을 포함하여 무의식적인 수준의 내장 및 신체 프로세스를 조절한다. 자율신경계는 **부교감신경계**와 **교감신경계**로 더 세분된다. 비록 자율신경 시스템이 운동 행동에 있어서 지원적인 역할을 하지만 우리는 간단히 살펴만 볼 것이다.

신경 기능

신경계의 중심에는 **뉴런**(neurons), 즉 신경 세포가 있다. 뉴런의 주요 작용은 **수상돌기**(dendrites)와 **축삭돌기**(axon)로 설명된다. 수상돌기은 **시냅스**(synapses)라고 불리는 특별한 연결을 통해 다른 뉴런으로부터 신호를 받기 위해 세포체로부터 가지가 나오는 조직이다. 수상돌기은 시냅스에서 세포체로 전기 신호를 일으킨다. 축삭돌기는 **활동 전위**(AP, action potential) 형태의 전기적 자극을 이동시키는데, 이 활동 전위는 세포체(cell body)로부터 멀어지는 방향으로 움직이며 축삭돌기 말단에 위치한 시냅스로 간다.

감각(Sensory: afferent) **뉴런**은 PNS의 감각 영역을 구성한다. 길게 이어진 수상돌기들의 바깥쪽 끝

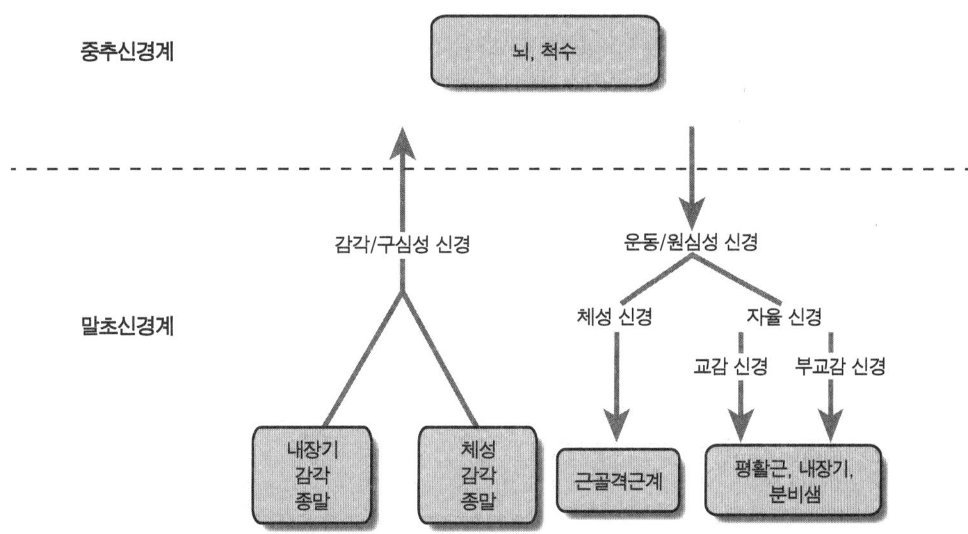

그림 2.1 신경계의 구성. 운동 제어 연구는 PNS와 CNS의 체성(자발적) 운동 신경, 그리고 감각 신경 영역에 강조점을 둔다.

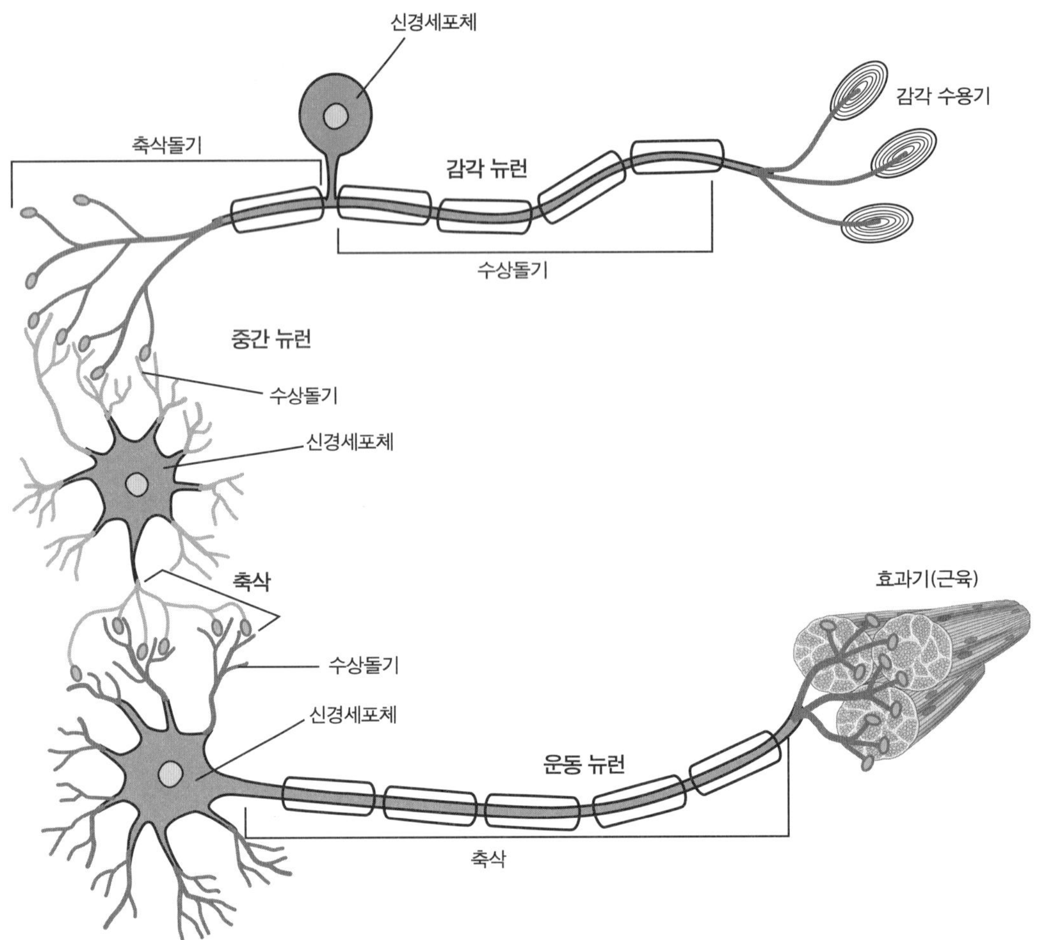

그림 2.2 운동 뉴런, 감각 뉴런, 그리고 중간 뉴런. 감각 뉴런들은 감각 말단에서 나와 척수에 모여 중간 뉴런, 운동 뉴런 그리고 다른 감각 뉴런과 연결된다. 하부 운동 뉴런은 척추 내중간 뉴런에서 시작하여 척추에서 나와 근육으로 연결된다. 상부 운동 뉴런은 뇌에서 내려와 중간 뉴런과 하부 운동 뉴런에 연결된다.

에는 외부의 자극을 감지하는 수용체들이 있다. 이 수용체는 인체 조직 바깥에 존재하며 감각 신경의 신경 세포체로 신호를 보낸다. 이 신호는 척수에 연결하기 위해 신경 세포체로부터 축삭돌기로 보내진다. PNS의 **운동**(Motor: efferent) **뉴런**은 척수에 세포체와 수상돌기을 가지고 있으며 축삭돌기의 바깥쪽 끝에서 근육 섬유와 연결된다. 이 운동 뉴런들은 특히 뇌에서 발생하여 척수를 타고 내려오는 상위 운동 뉴런과 구별하기 위해 하위 운동 뉴런이라고 부른다. 하나의 하위 운동 뉴런과 여기에 연결된 모든 근육 섬유들을 합쳐 운동 단위(motor unit)라고 부른다. **중간 뉴런**(interneurons)은 감각 뉴런과 운동 뉴런 사이에 있으며, 감각 영역과 운동 영역을 연결한다. 감각 및 운동 뉴런, 중간 뉴런의 전형적인 배열은 그림 2.2와 같다.

특수한 결합 조직에 둘러싸인 뉴런 섬유들을 **신경**(nerve)라고 부른다. 신경들은 구심성 섬유 또는 원심성 섬유들로만 이루어질 수도 있는데, 다만 전형적인 척수 신경은 구심성 섬유와 원심성 섬유 모두를 가지고 있다.

뉴런 간 커뮤니케이션

뉴런은 활동 전위(AP, action potential)라고 불리는 생체전기 신호의 형태로 서로 그리고 근육에 정보를 전달한다. AP는 축삭을 타고 내려가거나 한 뉴런에서 다른 뉴런으로 갈 때, 혹은 뉴런에서 근육이나 분비 기관과 같은 효과기까지 이동하는 동안에도 크기가 줄어들지 않는다. AP는 시냅스를 통해 다른 뉴런으로 이동한다. 시냅스는 전기 연결(전기적 시냅스)을 통해 또는 화학 물질의 방출(화학적 시냅스)을 통해 직접 AP를 전송할 수 있다. 둘 중 화학적 시냅스가 훨씬 더 흔하게 일어나고 운동 제어 네트워크를 지배하므로 우리는 화학적 시냅스에 대해 주로 이야기할 것이다. 뉴런 사슬을 따라 더 많은 뉴런이 있을수록 신호의 전송 속도는 느려지는데, 단일 시냅스 경로는 시냅스가 하나만 있고 다중 시냅스 경로는 둘 이상의 시냅스들로 구성되어 있다. 정보가 이동하는 또는 '상향'하는 끝의 시냅스를 시냅스 전 뉴런(presynaptic neuron)이라고 부르고 정보를 받거나 '하향'하는 뉴런을 시냅스 후 뉴런(postsynaptic neuron)이라고 부른다.

한 뉴런이 다른 뉴런과 단 하나의 연결만 하는 경우는 매우 드물다. 뇌와 척수에서, 하나의 뉴런이 다른 뉴런과 여러 개의 시냅스를 형성할 수 있다. 뉴런은 수백 또는 수천 개의 다른 뉴런과 연결하여, 주어진 뉴런에 수천 개의 시냅스 연결을 만들 수 있다. AP가 축삭 끝 시냅스에 도달하면, 화학 신경 전달 물질이 시냅스 전 쪽에서 분비되고 이 물질이 시냅스를 가로질러 떠다녀 시냅스 후에 도달한다. 이 신경 전달 물질이 시냅스 후로 가면 전기적 전위, 즉 **흥분성 시냅스 후 전위**(EPSP, excitatory postsynaptic potential)가 생성되는데, 그렇다고 해서 AP가 자동적으로 만들어진다는 의미는 아니다. 사실 어떤 뉴런들은 시냅스 후 뉴런을 억제하거나 막는 신경 전달 물질을 방출한다. 이것을 **억제성 시냅스 후 전위**(IPSP, inhibitory postsynaptic potential)라고 한다.

AP를 형성하는 것은 하나의 뉴런에서조차 여러 다른 출처에서 나온 많은 AP 입력을 포함하는 복잡한 과정이다. AP의 형성을 설명하는 일반적인 도식은 그림 2.3에 나와 있다. 세포체는 척수에 있고 축삭이 근육 섬유로 이어지는 운동 뉴런 하나를 생각해보자. 억제와 흥분성 입력 신호들은 다른 운동신경들, 구심성 신경들, 중간 신경들, 그리고 뇌에서의 직접적인 연결들에서 나온다. 이 뉴런을 '발화'시키기 위해서 뉴런 막의 전기 전위는 임계 수준에 다다르기 위해 변화해야 한다. 이를 위해선 다음 세 가지 요건들의 적절한 조합이 일어나야 한다. ① '서로 다른 입력들의' 수(이를 spatial summation이라고 한다), ② '활성 입력의 발화' 비율(temporal summation라고 부른다), ③ EPSP들 대 IPSP들의 '비율'. 만약 이러한 입력들의 합이 신경 흥분의 임계치에 도달할 정도로 충분해진다면, 시냅스 후 뉴런은 AP를 만들어낼 것이지만, 그 숫자가 충분치 않다면 AP는 발생하지 않고 이 생체 전기 신호는 없어질 것이다. 만약 시냅스 후 뉴런이 다른 AP들에 의해 흥분되지만 그 양이 충분치 않다면 새로운 AP를 만들 수 없고, 이는 그저 **촉진**만 된 상태가 될 것이다. 이러한 상태에서 시냅스 후 뉴런은 마치 단거리 선수가 출발하기 직전 상태처럼 발화가 될 준비가 되어 있어서, 발화가 되기 위해선 단지 아주 조금의 AP만이 필요할 뿐이다. 그리고 불과 조금 더 많은 AP 입력만 있으면 발사될 수 있습니다. 반대로 IPSP들이 시냅스 후 뉴런을 퍼붓는다면 AP를 만들기 더욱 어려워지고 이를 **억제된다**고 표현한다.

어느 정도의 가소성(plasticity)을 통해 CNS와 PNS는 필요와 상황에 맞춰 변화 및 적응할 수 있다. 운동 학습과 운동 제어에서 이러한 가소성의 중요성은 아무리 강조해도 지나치지 않다. 먼저 시냅스 기능

생각해보기 2.1 억제는 왜 일어나는가?

뉴런이 다른 뉴런의 작용을 억제한다는 것은 이상해 보일 수 있는데, 그것은 의도적으로 AP의 전송을 막으려는 시도이다. 뇌가 신호를 전송하기를 원하지 않는다면, 처음부터 단순히 신호를 보내지 않으면 되는 게 아닌가? 여러분은 왜 다른 뉴런을 억제하는 뉴런이 있는지, 왜 신경 억제가 존재하는지 이유를 생각할 수 있는가? 이에 대한 답을 알고 싶다면 Farlex 온라인 백과사전 http://encyclopedia.farlex.com/inhibition,+neural 또는 Scholarpedia: http://www.scholarpedia.org/article/Neural_inhibition을 참조하라.

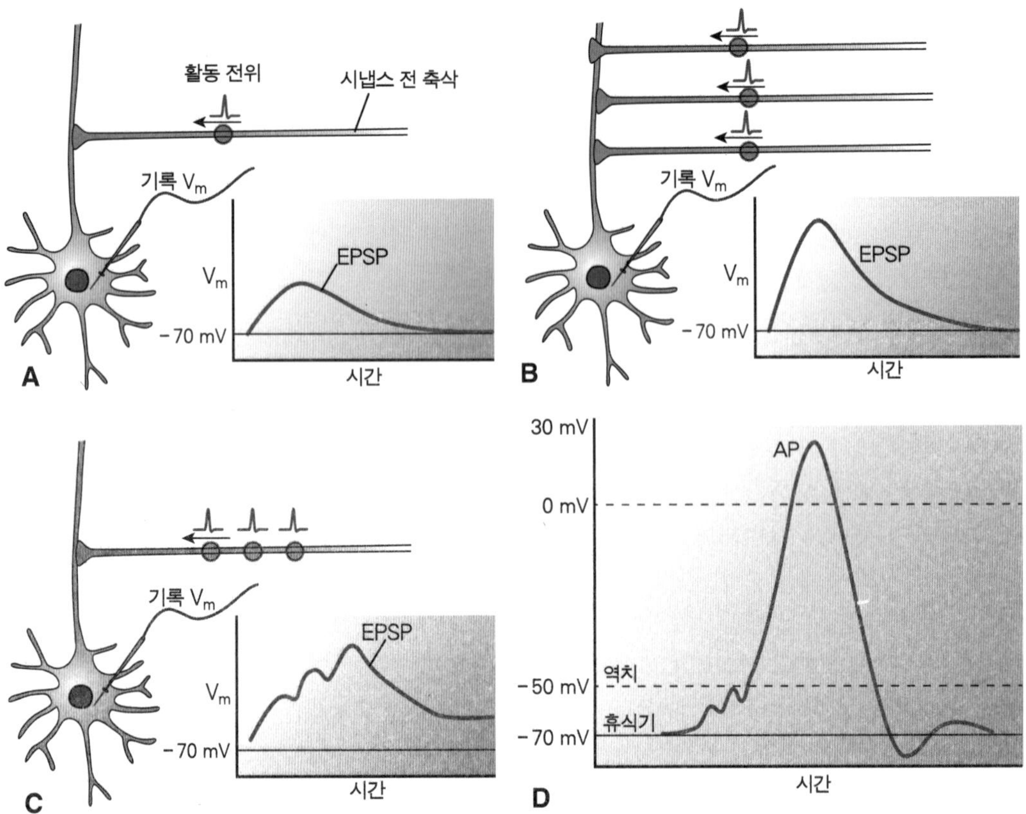

그림 2.3 활동 전위 생성. **A.** 단일 시냅스 전의 활동 전위(AP)가 시냅스 후 뉴런에 도착하여 흥분성 시냅스 후 전위(EPSP)를 유발하지만 한계치에 도달하여 생성할 만큼 충분히 크지 않다. **B.** EPSP의 Spatial summation: 서로 다른 뉴런에서 두 개 이상의 입력이 동시에 도착하면, 각각의 EPSP가 합쳐져서 커다란 탈분극화 전류를 생성한다. **C.** EPSP의 Temporal summation: 동일한 시냅스 전 섬유가 AP를 연이어 발사하면, 개별 EPSP들이 결합된다. **D.** EPSP들의 총합이 임계값 레벨에 도달하면 AP가 생성된다. 만약 EPSP가 임계치에 도달하지 못한다면, 뉴런은 촉진된 상태를 유지하게 된다. 여기서 억제성 시냅스 후 전위들은 표시되지 않는데, 이 전위는 EPSP들의 합계 효과를 막거나 휴면 막 전위(resting membrane potential)를 낮춰 해당 뉴런를 억제된 상태로 놓는다. Vm은 막 전위(membrane potential)이다.

에서 이러한 경로들과 미묘한 변화들에 대해 잘 이해해야 한다. 이러한 경로와 시냅틱 기능의 미묘한 변화는 여기서 학습이 수행된다. 사실 신경계에 영향을 미치기 위해선 먼저 모든 학습과 훈련에 대해 고려해야 하고, 그 다음에는 움직임 수행능력의 변화를 고려해야 한다.

중추신경계에서의 운동 제어

CNS는 운동 기술의 계획과 시작을 책임진다. 계획(planning)에는 데이터 수집, 동기부여 및 의도 설정, 기억 검색, 구성, 의사결정, 평가 및 결과 예측을 포함한 광범위한 기능이 필요하다. 계획도 이전에 학습된 행동과 비교하고 **감각 피드백**을 상당히 활용한다. motor 활동의 맥락 내 CNS의 계획에 대한 컨셉은 사람들에 따라 '동작 준비(action preparation)', '움직임 준비(movement preparation)'와 동의어로 사용되지만, 우리는 워밍업이나 '정신적 고양(psyching up)'과 같은 움직임 사전 준비 작업과 같은 과정과 구분되기 위해 CNS '계획'이라는 용어를 사용할 것이다.

시작(initiation)은 계획을 취합하여 CNS 밖으로 보내는 과정을 말한다. 간단해 보이는 이 시작 과정은 계획 과정을 수천 개의 운동 신경 세포 내에서 정확한 전기 신호 패턴으로 인코딩하여 만든 신호가 근육에 도달하면 효과적인 움직임이 수행되도록 해야 한다. 계획 단계와 시작 단계 모두, 신호가 CNS에서 PNS로 내려갈 때 그 경로 중에서 변화들이 이루어지도록 고려해야 한다.

계획하거나 시작하는 것 중 어느 것도 뇌의 특정 부위에서 정확히 일어나기보단, 많은 부위에서 분포되어 발생한다고 볼 수 있다. 기본적으로 뇌는 네 가지 영역으로 나눌 수 있는데, 대뇌, 간뇌, 소뇌, 뇌간이다(그림 2.4). 척수와 함께 이러한 부위들이 CNS를 구성한다(그림 2.5). 이러한 영역에는 각각 운동 기능과 비운동 기능에 전념하는 특정 영역이 들어 있음을 이해하는 것이 중요하지만, 운동 영역과 비운동 영역 사이의 무수한 상호연결성들은 뇌의 특정 영역에서 일어난다고 보기 어려운 움직임 계획과 시작의 복잡성을 시사한다.

대뇌

두 개의 대뇌 반구로 이루어진 대뇌는 나아가, 바깥쪽에 있는 영역과 피질 아래 깊은 영역으로 더 나눌 수 있다. 그 깊은 지역에는 해마(hippocampus)와 기저핵(basal ganglia)이 있다. 대뇌에는 의식적인 정신이 존재하고, 학습된 경험을 저장하며, 감각적인 정보를 받는다. 피질 전체에서는 이러한 과정들과 더불어 의도적이고, 적응 가능하고, 복잡한 움직임을 조직하고, 계획하고, 시작하며, 이를 가장 높은 수준의 운동 제어 영역으로 만든다. 좌뇌와 우뇌 대뇌피질은 해부학적으로 엽(lobe)으로 구분되고 기능적인 부분을 기초로 하는 측면에서 **브로드만(Brodmann) 영역**으로 구분된다(그림 2.6). 대뇌엽은 전두엽(전면), 두정엽(두뇌 상면), 후두엽(뇌 후면), 측두엽(뇌 측면)을 포함한 뇌 반구의 해부학적 영역이다. 이 엽들은 브로드만 영역을 포함하고 있는데, 이것은 유사한 구조를 가진 뇌 세포들의 그룹이고, 이 때문에 유사한 기능을 가지고 있다. 이러한 기능적 영역의 범위는 언어에서 인지, 감정, 운동 기능에 이르기까지 다

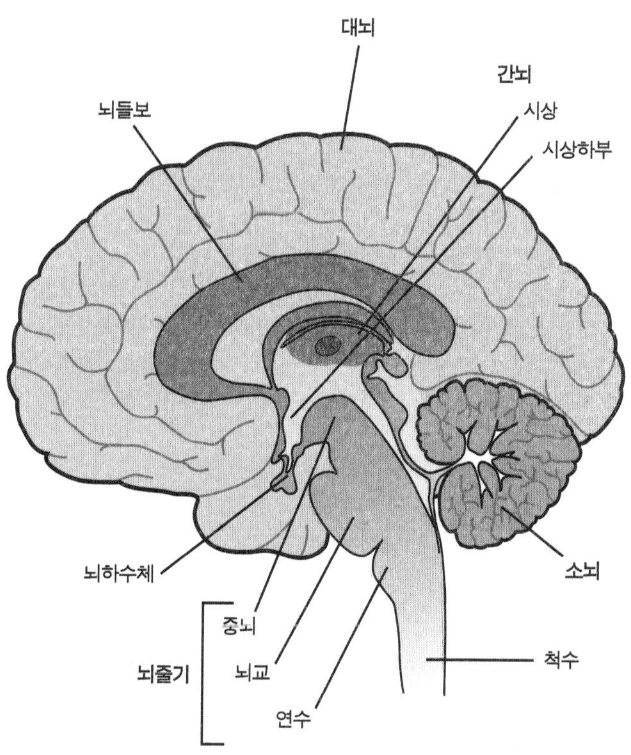

그림 2.4 뇌의 주요 조직 구조는 대뇌(cerebrum), 간뇌(diencephalon), 뇌간(brain stem), 소뇌(cerebellum)로 이루어진다. 또한 뇌로부터 많은 호르몬을 혈류로 방출하라는 직접적인 지시를 받는 뇌하수체(pituitary gland), 그리고 좌뇌와 우뇌를 연결하는 섬유들의 주요 경로인 뇌량(corpus callosum) 등이 있다.

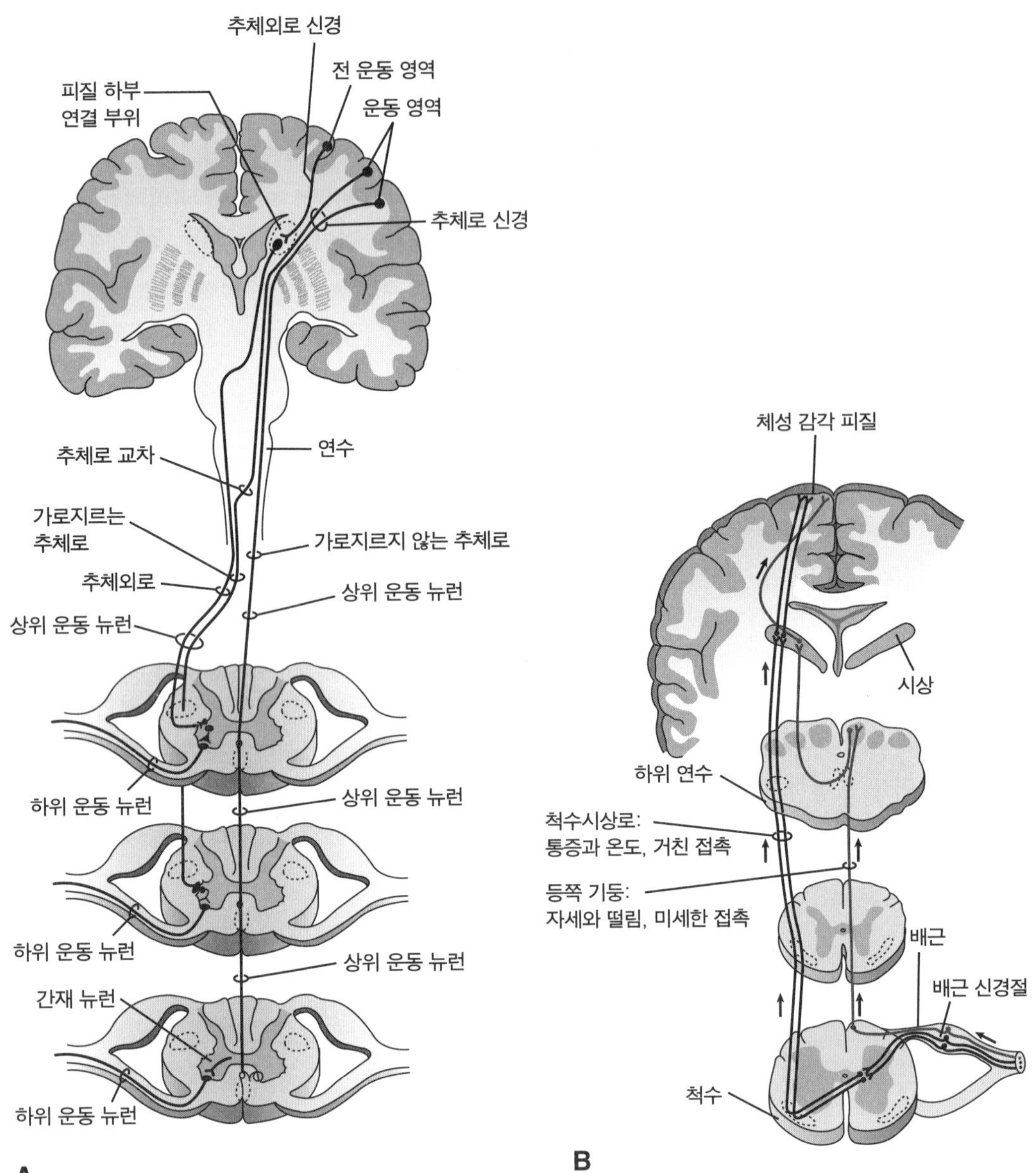

그림 2.5 CNS의 기본적인 운동 제어 조직. **A.** motor 명령은 상위 뇌 중심에서 시작되어 하위 뇌 중심과 척수를 통해 내려가고, 결국 척수를 통해 근육으로 빠져나간다. 대부분의 운동 뉴런들은 추체로(pyramidal tract)를 통해 내려와 반대쪽으로 건너지만(decussate x교차), 다른 뉴런들은 교차하지 않고 일부는 피질의 다른 영역에서 유래하고 추체외로(extrapyramidal tracts)를 통해 내려온다. **B.** 감각 신호는 말초에서 나오고 척수를 통해 뇌의 여러 중심부로 올라가지만, 대부분의 체성 감각 신호는 결국 체성 감각 피질로 귀결된다. 수많은 형태의 감각 종말과 광범위한 뇌 자원 범위에서 이러한 정보를 처리할 필요성 때문에, 감각 경로는 일반적인 운동 뉴런 경로보다 더 다양하다. 이 도표는 몇몇 수용체 감각 뉴런들이 척수와 연수(medulla)에서 십자 교차하는 것을 보여준다. 소뇌와 뇌 기저핵 부위에서 끝나는 감각 섬유는 생략되어 있다.

양하다. 의식적 사고와 실행 기능을 규제하는 브로드만 영역은 대부분 전두엽에 위치해 있다. 실행 기능은 복잡한 의사결정, 인식, 기억 및 의도적인 행동에 관련된 인지 과정에 대한 그룹이다. 청각, 미각 및 안면 인식은 측두엽에서 발생하며 운동 및 감각 기능은 대부분 전두엽과 두정엽에 있으며 시각 처리는 후두엽에서 초기에 발생한다. 움직임의 생산과 가장 직접적으로 관련된 브로드만 영역은 운동 피질(motor cortex), 체성 감각 피질(somatosensory cortex), 시각 피질(visual cortex), 그리고 연합 피질(association cortexes) 등을 포함하고 있다.

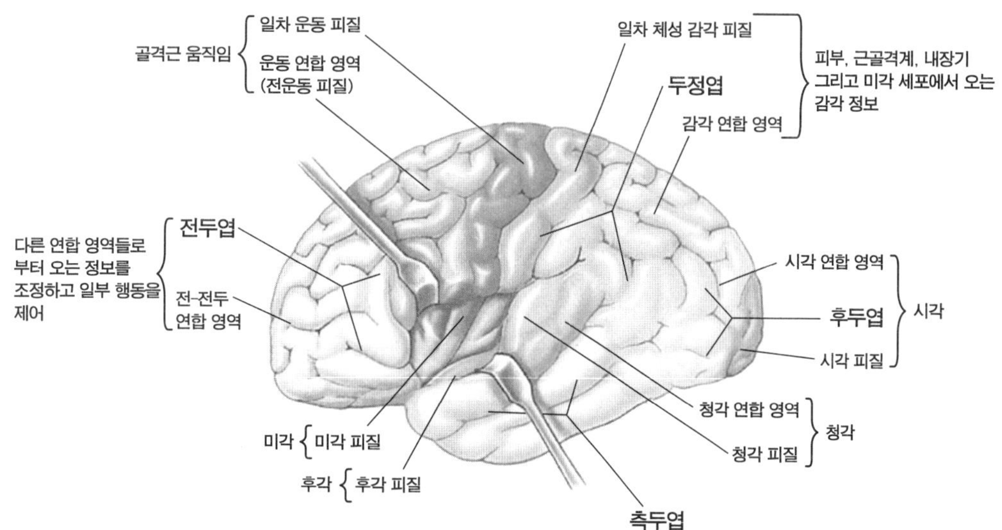

그림 2.6 뇌 영역과 기능에 대한 일반적인 지도이다. 바깥쪽 명칭들은 특히 대뇌 피질의 개략적인 기능(운동 피질, 체성 감각 피질, 청각 피질, 그리고 시각 피질의 기능)에 대한 것들이다. 안쪽에 위치한 단어들은 이러한 영역과 기타 피질 영역에서 수행되는 기능 작업을 적은 것이다. 운동 영역은 두정엽에서 전두엽으로 퍼져 있고, 체성 감각 영역은 두정엽에 있고, 시각 피질은 후두엽에 있다. 특별히 명칭이 붙어 있지 않은 연합 피질은 시각, 체성 감각, 운동 피질과 인접해 있다.

운동 피질에서, 추체 세포(pyramidal cell)라고 불리는 뉴런들의 집단이 유래되어 추체로를 형성한다. 추체로의 뉴런은 상위 운동 신경 세포라고 불리며, 이는 뇌에서 척수로 내려오는 주요 운동 제어 뉴런이다. 이 뉴런들은 상위 운동 신경 세포와 함께 추체외로를 통해 나와 근육으로 나가는 하부 운동 신경 뉴런과 직접 연결된다. 상위 운동 뉴런은 또한 뇌와 척수에 있는 다른 뉴런과 연결된다. 따라서, 결국 근육에 연결되고 근육을 활성화시키는 신경들이 모두 뇌의 같은 영역에서 출발되는 것이 아니며, 심지어 뇌의 가장 높은 곳에서 출발된 것도 아닐 수 있다. 운동 피질 내부는 별개의 운동 영역들로 구분되는데, 즉 전-운동(premotor) 영역과 보조(supplementary) 운동 영역으로 나뉘며, 각 영역은 움직임을 규제하고 개시하는 기능적 임무들이 분리되어 있을 수도 있다.

체성 감각 피질은 움직임(proprioception, 고유 수용성 감각) 및 촉각과 관련된 감각 정보를 신체로부터 받는 반면, 시각 피질은 시각적인 정보 처리만을 담당한다. 시각적 처리 과정은 매우 복잡하며 움직임(예: 방향, 속도), 색상과 음영, 패턴 인식 등을 포함한다. 시각 정보는 처리해야 할 양이 너무 많아 일부는 뇌의 다른 영역들에서 맡게 되는데, 특히 사물을 식별('무엇인가')하는 것은 배쪽 연결로(ventral stream, pathway)를 따라 뇌의 측두 쪽으로 가고 사물의 위치('어디에 있는가')는 등쪽 연결로(dorsal stream)를 통해 뇌의 두정부 쪽으로 간다. 청각적 처리는 운동 명령에 대한 직접적인 영향력이 적지만 시끄러운 소리에 깜짝 놀라는 것과 같은 몇몇 동작들에서 중요한 역할을 한다.

연합 피질 또는 그 영역은 다른 피질 영역보다 더 많은 공간을 차지하는데, 이를 미루어보아 그 중요성을 유추할 수 있다. 이 영역은 감각 피질 영역 주변에 분포하여 감각 정보 처리를 돕고 전두엽 주변에 분포하여 움직임 계획 과정을 돕는다. 특히 연합 피질은 우리 주변의 외부 세계와 신체 내부의 환경에 대한 인식 정보를 처리하고, 우리 주변에서 일어나고 있는 일에 대한 의미를 생각하고, 우리가 의미 있는 방식으로 세상과 상호작용할 수 있도록 한다. 여기에서 인지, 언어, 추론, 추상적 사고를 포함한 가장 높은 수준의 기능이 일어난다.

신체 각 부위들과 연계된 운동 피질과 감각 피질 영역은 특정한 방식으로 배열된다. 이 배열의 지형 지도를 **호문쿨러스**(homunculus)라고 하며, 가볍게 훑어보아도 뇌가 특정 신체 부위에 어떤 우선 순위를 두고 있는지 알 수 있다(그림 2.7). 손과 얼굴에 있는 근육의 양은 적지만 뇌에 있어서는 가장 큰 영역을

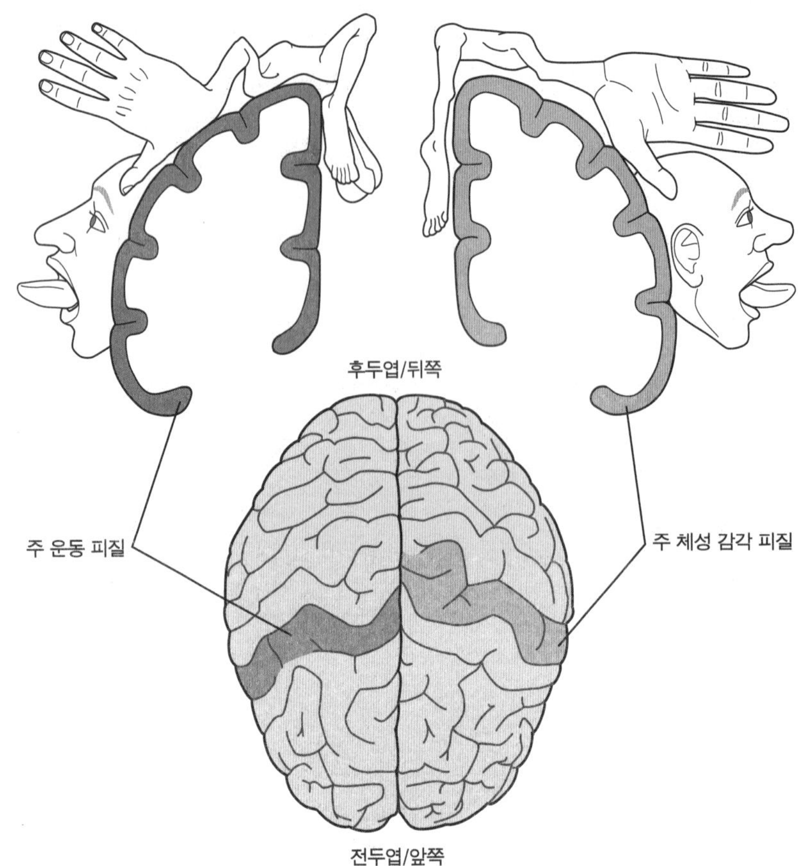

그림 2.7 호문쿨러스는 신체 부위에 해당하는 피질 영역의 특정한 지도이다. 이 그림을 통해 운동과 체성 감각 피질의 호문쿨러스를 볼 수 있다. 그림을 보면 해당 부위를 위해 뇌가 운동 출력과 감각 입력에 얼만큼 능력을 할애하고 있는지 신체 부위 크기를 통해 알 수 있다.

차지하고 있음을 알 수 있다. 많은 양의 뇌 조직이 손과 얼굴의 운동과 감각 기능에 할애되어 의사소통과 감정을 표현하기 위한 근육들의 정밀한 조정에 동원되고 있다.

운동 피질은 협응적인 움직임을 계획하고 시작하기 위해 다른 영역에서 상당한 도움을 필요로 한다. 운동 피질은 다른 뇌 영역에서 얻은 정보를 통합하며 대부분의 운동 계획 명령을 시작하거나 보내는 역할을 한다. 이 명령들은 상위 운동 뉴런 경로(upper 운동 뉴런 tracts)를 통해 전달되지만, 도중에 많은 부분에서 수정될 수 있다.

대뇌 깊은 곳에는 기저핵(basal ganglia)이라고 불리는 뉴런 세포체들의 주머니가 있다. 이러한 정보 처리 영역은 자세와 평형을 조절하는 것 외에도 움직임 관련 기능의 개시, 정지 및 강도를 정하는 것과 관련이 있다. 또한 대뇌 깊은 곳에는 커뮤니케이션 연결 영역이 있다. 뇌량이라고 불리는 이 기관은 좌뇌와 우뇌를 연결시켜 뇌 양쪽 사이의 정보 소통을 가능하게 한다.

간뇌

간뇌(diencephalon)는 대뇌와 뇌간 사이, 뇌간 바로 위에 얹혀 있다. 간뇌는 시상(thalamus), 시상하부(hypothalamus), 하시상부(subthalamus), 시상상부(epithalamus, 여기에는 송과선[pineal gland]이 있다)로 구성된다. 시상은 뇌간과 대뇌 사이에 흐르는 정보를 처리한다. 특히 시각 및 체성 수용체에서 발생하는 대부분의 감각 정보는 시상을 통과하는데, 여기에서는 그 정보를 여과, 처리 및 다른 목적지로 전달한다.

개 • 념 • 설 • 명

뇌와 성별의 차이

사람들의 차이를 특징짓는 신체적 차이처럼, 뇌도 개인마다 다양한 차이를 보인다. 이러한 차이가 개인마다 연습이나 훈련을 다르게 하거나 건강에 영향을 미치는 또다른 요소를 제공할 수 있는가? 성별의 차이는 이 질문에 대한 답을 엿볼 수 있는 실마리를 제공한다. 지난 20년 동안의 연구는 남녀의 행동 차이에 기여하는 것으로 알려진 남녀 뇌 구조의 차이점들을 제시하였다. 측정에 대한 문제(예: Mills 등, 2016)와 사회적 이슈는 이러한 데이터에 대한 논란을 야기하지만(Fine, 2010), 가장 최근의 정보에 의하면 소년과 소녀 뇌들의(뇌 구조 자체 차이가 아니라) 발달학적 변화들이 남성과 여성의 행동학적 차이들을 만든다고 한다(Raznahan 등, 2010). Raznahan 외 연구진(2010)은 이러한 발달의 차이가 소년들이 위험하고 공격적인 행동을 하는 경향이 있는 이유 및 소년과 소녀들 간의 시각 공간 능력(visuospatial ability)과 인지 능력 차이를 설명할 수 있다고 주장한다. 성별에 따른 뇌의 차이에 대한 광범위한 연구들을 보면 문제를 해결하는 다양한 방법들(Lenroot와 Giedd, 2010)에서부터 감정을 조절하는 것(Christov-Moore 등, 2014)에 이르는 다양한 범주를 가지고 있다. 이러한 결과는 남학생과 여학생 사이의 운동 기술 수행능력 차이 보고와 일치한다(Sanders, 2011; Toole & Kretzschmar, 1993). 일부 과학자와 교육자들이 이러한 데이터를 사용하여 단일 성별에 대한 교육 내용을 활용하게끔 촉구하였다. 그 내용은 소년과 소녀가 학습을 하고 상호작용하는 법에 대한 특수한 방법들을 목표로 하는 교육 전략이다(Sax, 2006). Riordan과 동료들의 광범위한 평가와 연구(2008)에 따르면, 단일 성별 교실에 있는 아이들이 교과 과정에 실질적인 변화가 거의 없음에도 불구하고 학업 성취와 사회 정서적 성취에서 남녀가 함께 있는 교실보다 더 나은 결과를 보인다고 결론지었다. 분명히 이러한 내용들은 자신과 다른 성별을 지도하는 코치들에게 영향을 미칠 수 있는 사항일 것이다. 현재 활발히 진행되고 있는 트렌스젠더 선수들에 대한 논쟁도 있다. 성별을 정하는 요소는 무엇인가 하는 것이다. 이와 함께 성인이나 청소년들의 호르몬 조작이 남성이나 여성 선수의 수행능력에 미치는 영향에 대한 논쟁도 있다.

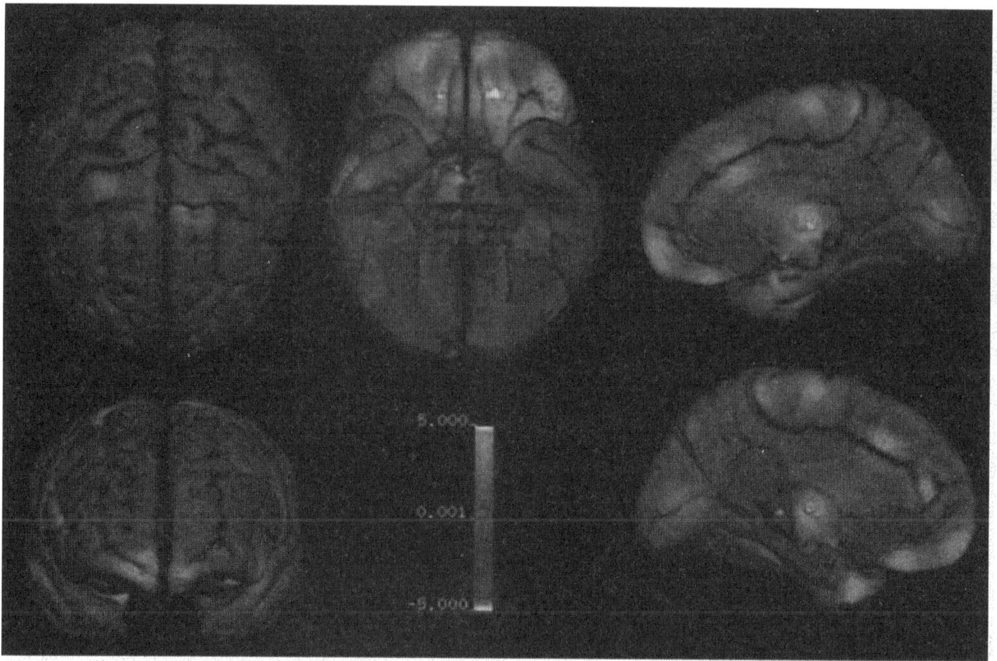

이 이미지는 뇌회백질 밀도의 성별 차이를 보여준다. 밝은 회색 영역은 여성의 밀도가 더 높고 어두운 회색 영역은 남성의 밀도가 더 높은 영역이다. 이러한 영역들에는 시상, 편도체, 해마 등이 있다. (Ruigrok, A. N. V, Salimi-Khorshidi, G., Lai, M.-C., Baron-Cohen, S., Lombardo, M. V, Tait, R. J., & Suckling, J. (2013). A meta-analysis of sex differences in human brain structure. *Neuroscience and Biobehavioral Reviews*, 39, 34-50.)

SIDENOTE 뇌 측정

100여 년 전, 뇌가 어떻게 작용했는지에 대한 우리의 이해는 주로 머리에 상처를 입은 사람들을 검사하는 것에서 비롯되었다. 뇌를 비침습적으로 조사하려는 시도가 많았지만, 1920년대부터 뇌파검사기(electroencephalography, EEG)가 발명되고 난 뒤에야 비로소 뇌를 비침습적이고 안전하게 감시할 수 있었다. EEG는 뇌의 전기적 활동을 감지하고 여전히 뇌 활동을 평가하는 데 유용한 도구이긴 하지만 1970년대부터 PET(positron emission tomography, 양전자 방출 단층 촬영), 컴퓨터화 축 단층 촬영(computerized axial tomography, CT 또는 CAT), 그리고 자기공명 영상(magnetic resonance imaging, MRI)의 개발은 뇌가 어떻게 활동을 하고 있는지에 대한 이해와 그 모습에 대한 이미지화 능력을 극적으로 향상시켰다. PET 스캔은 생물학적 활성 분자를 통해 체내에 방사능 추적기를 삽입해야 하며, 검출 장치는 추적기의 움직임과 붕괴를 감시한다. CT 스캔은 기본적으로 서로 다른 각도로 촬영한 X선이며, 영상의 3D적 재구성은 컴퓨터로 이루어진다. MRI 스캔은 강력한 전자석을 사용하여 신체의 수소 원자를 정렬시킨다. 그런 다음 무선 신호가 조직 안으로 전송되고 정렬된 원자에서 다시 튀어나와 조직의 이미지를 제공한다. 운동 제어 연구는 1990년대 이후 활발하게 움직이는 동안의 뇌 영상을 가능하게 하는 기능성 MRI(functional MRI)로 발전하여 연구자들이 운동과 비운동 활동 상태를 뇌 활동 영역과 직접 연결할 수 있게 했다.

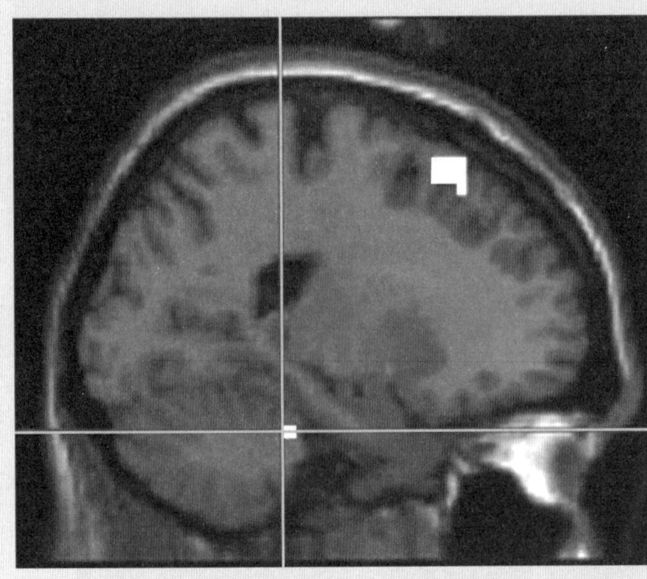

운동 활동중 두뇌의 fMRI 스캔에 대한 이러한 시상면의 이미지는 운동중 뇌 활성화의 변화를 보여줄 수 있다. 컴퓨터를 이용한 이 색상 강조 영상은 팔과 손 운동 기술 중에 활성화되는 운동 피질과 소뇌의 영역을 보여준다. (사진 제공: Doyon, J., et al. [2009]. Contributions of the basal ganglia and functionally related brain structures to motor learning. *Behavioural Brain Research*, *199*[1], 61-75, with permission from Elsevier)

시상은 또한 운동 피질, 기저핵, 소뇌 사이의 정보를 중계하는 역할을 한다. 간뇌 전체는 자율신경계를 조절하고 호르몬 분비와 일반 내분비 기능을 조절하며 변연계의 기능에서 큰 역할을 한다(위 참조).

소뇌와 뇌간

소뇌(cerebellum)는 뇌의 기저부에 위치하여 부드럽고 협응된 움직임들을 계획하고 구조화하는 일에 관여한다. 이는 특히 매우 빠른 움직임들을 그렇게 하는 가능성이 높다. 의도된 움직임에 관련된 운동 피질에서 나오는 명령들이 소뇌로 보내지고 처리되며 이는 수집된 PNS 감각 정보와 비교된다. 움직임의 타이밍과 정확성을 정밀하게 조정하는 것 또한 소뇌에서 이루어진다. 이렇게 업데이트된 정보는 곧이어 운동 피질로 되돌아가고 움직임 계획은 다시 업데이트될 수도 있다.

뇌간은 뇌간의 아래에 있으며 뇌와 척수의 결합체이다. 뇌간은 중뇌(midbrain), 뇌교(pons), 그리고 연수(medulla oblongata)로 구성되어 있다. 이러한 구조는 척추와 대뇌 사이의 모든 섬유에 대한 통로 역할을 하며, 다양한 핵 구조를 통과하는 배전반과 같이 신호를 처리, 필터링 및 송출한다. 망상체(reticular formation)라 불리는 뇌간 전체에 걸친 복잡한 신경망은 뇌의 모든 영역과 신체 전체 감각 정보로부터 정보를 받고 통합한다. 이러한 구조에서 신체 이동(locomotion)과 자세 취하기, 근육의 톤 조절, 호흡과 심박동 조절과 같은 자율적 기능 움직임 등의 프로그래밍된 자동 움직임들이 나타난다. 연수에서는 약 75%의 운동 신경 세포가 추체로를 통해 반대쪽에서 건너온다. X교차(decussation)라고 불리는 이 교차점은 오른쪽 뇌가 몸의 좌측을, 왼쪽 뇌가 몸의 우측을 조절하는 이유이다. 이와 비슷한 비율로 아래에서 올라오는 감각 뉴런 역시 X교차(주로 연수에서 교차하지만 척수에서도 일부 교차한다)를 한다.

척수

척수(spinal cord)는 PNS에 연결되는 CNS의 구성 요소이다(그림 2.8). 척수의 바깥 부분은 감각 신호들을 척주(spinal column) 위로 올리고 운동 신호들을 척주 아래로 내리는 축삭들의 모임으로 대부분 이루어져 있고, 그 내부는 시냅스 연결로 이뤄진 방대한 네트워크를 통해 신호를 처리하고 송출한다. 척수는 특정 신체 부위에 위치한 근육들에 속하는 운동 및 감각 경로들로 일정한 분포를 이루고 있다. 대뇌 피질 역시 호문쿨러스라고 부르는 분포 양상을 띤다. 한때는 척수가 단순히 CNS와 PNS를 연결하는 역할을 했다고 생각되었지만, 이제는 척수에서도 많은 정보 처리가 일어난다는 것이 인정되고 있다. 척수는 **상위 척수** 운동 명령이 하위 운동 뉴런으로 송출되기 전에 이 명령을 다듬거나 조율할 뿐만 아니라, 반사 반응과 특수한 신경회로를 통한 운동 기능을 직접적으로 조직하고 개시한다. 특히 척수는 리드미컬한 운동 활동을 만드는 패턴 발생기(pattern generators)라 불리는 복잡한 뉴런 회로를 가지고 있을 가능성

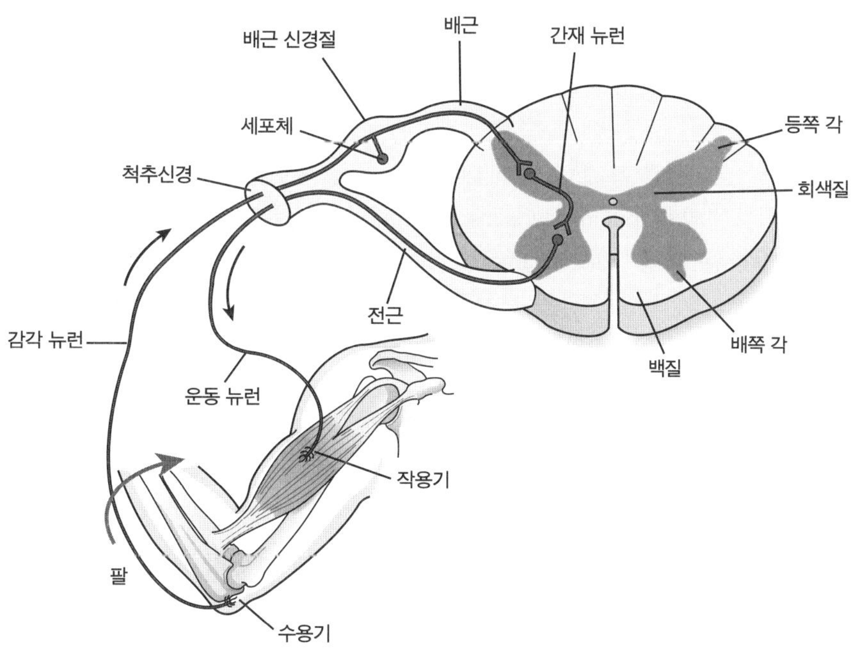

그림 2.8 척수의 조직도. 말초신경계로부터 받은 감각 정보는 척수의 등쪽(배측각[dorsal horn])으로 들어가며 운동 명령은 복측각(ventral horn)으로 나온다. 척수 백질(white matter)은 상향, 하향 경로를 만드는 뉴런들에서 나온 수초화된 축삭(myelinated axons)들로 구성되어 있다. 척수 회색질(Gray matter)에는 세포체와 뉴런들 사이의 시냅스 연결들이 모여 있다. 신경절(ganglion)은 척수 바깥에 있는 감각 뉴런들의 세포체들이 모여 있는 곳인데, 이는 척수 내에 있는 운동 뉴런의 세포체와는 구분된다.

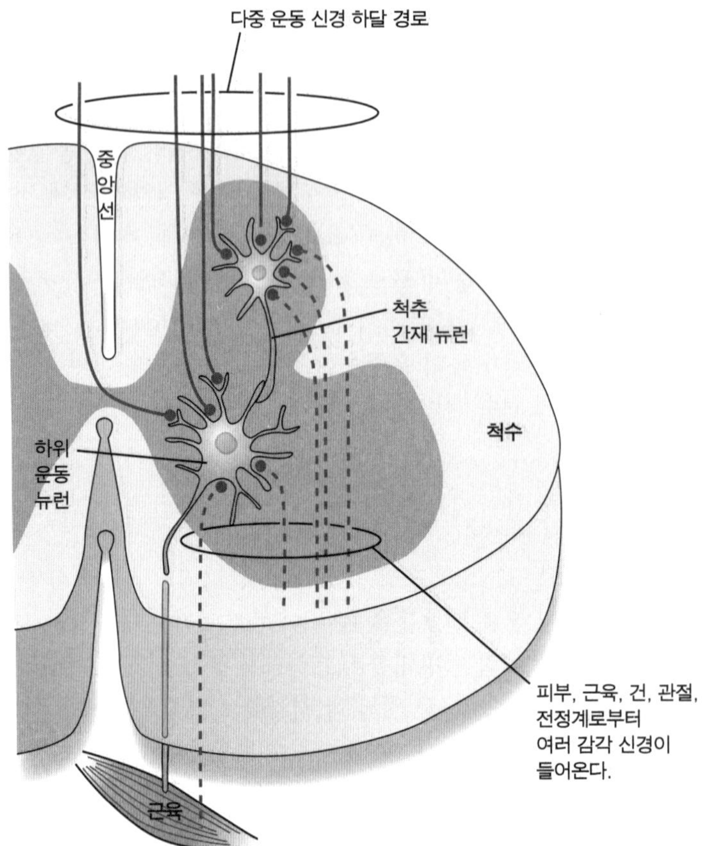

그림 2.9 척수에서 일어나는 멀티모달 감각 입력(multimodal sensory input)과 감각 운동 통합 과정 도식. 척수의 중간 뉴런과 하부 운동 뉴런에서 감각(점선)과 운동 명령(실선)이 모여 감각 운동 통합이 일어난다. 통합의 대부분은 억제성 중간 뉴런에서 일어난다. 멀티모달 감각 입력은 여러 다양한 조직들과 수용체에서 보내진다. 여기에서는 시냅스 전 연결은 표시하지 않았다.

이 있다. 이 패턴 발생기는 움직임이 일어날 때, 보행과 같이 상대적으로 복잡하지만 정형화된 동작을 만든다.

복잡한 중간 뉴런 네트워크를 통해, 위에서 내려오는 운동 신호들은 여러 감각 자원들로부터 보내진 감각 신호들(이를 **다중 감각 입력**: multimodal sensory input이라고 부른다. 그림 2.9)과 합쳐진다. 이 감각과 운동 신호의 통합을 **감각 운동 통합**(sensorimotor integration)이라 부르고 이는 척수와 상위 척수 중추에서 일어난다. 결국 신호들의 최종 수렴은 운동 단위의 하위 운동 뉴런들에서 이루어지며, 이러한 결과 운동 단위가 신경계가 하는 모든 운동 활동에 대한 **최종적인 공통 경로**가 된다.

움직임을 만드는 CNS 구조 모델

운동 활동을 계획하고 시작하는 것, 나아가 숙련된 운동 활동을 학습하는 것에 대한 정확한 신경학적 메커니즘과 과정들은 매우 복잡하고 측정하기 어렵다. 이러한 과정들은 뇌에 대한 정보를 기록, 뇌에 손상을 입은 사람들을 진단, 그리고 특정 상황에 대한 데이터에 기반하여 이론화가 되고 있다. 더불어 이러한 데이터들로부터 몇몇 기능들에 대한 설명이 이루어지고 있다. 자발적인 움직임들은 여러 과정들의 연계로 발생하지만 이 연계의 고리들은 각각 수많은 다른 관계들과 연결된다. 움직임은 먼저 움직이고자 하는 의지에서 시작하는데 이는 대뇌 피질 또는 피질 하부의 어떤 영역들에서 시작되는 것 같다. 움직이고

자 하는 의도는 생리학적, 철학적 논쟁거리지만, 여기에서는 두 가지 주요 시스템이 움직임 의도의 개시와 계획에 관여한다고 밝힐 것이다. 이 두 시스템은 반응하는 뇌(reacting brain)와 사고하는 뇌(thinking brain)이다.

반응하는 뇌는 **변연계**(limbic system)의 활동에 기초한다. 변연계는 기억, 감정 조절, 동기부여, 호르몬 조절, 그리고 성적 충동과 식욕과 같은 본능적인 과정을 담당하는 부분들의 광범위하고 상호 연결된 시스템이다. 변연계는 직접적으로는 시상, 간접적으로는 다른 중추들을 통해 움직임과 감각 조절 중추에 연결된다. 싸움 또는 도피, 기뻐서 점프를 함 또는 슬픔에 몸을 웅크림 같은 감정적 운동 반응(emotional motor response)은 본능 및 학습된 반응인데, 이는 외부 자극이나 내적 사고에 의해 일어날 수 있다. Gupta와 그의 동료(2011)들은 변연계의 핵심 요소 중 하나인 편도체(amygdala)에 주목하였는데, 편도체는 충동적인 의사결정을 하는 곳이며 여기에 운동 반응(motor reponse)이 포함될 수도 있다고 하였다. 비록 이러한 움직임 중 일부는 선천적인 과정에서 발생하지만 이는 사고하는 뇌에 의해 억제되거나 수정되어야 할 필요가 있다.

사고하는 뇌는 인지 조절과 의사결정 수행에 더욱 직접적으로 관련된다. 사고하는 뇌에서 일어나는 계획된 움직임은 대뇌 피질, 기저핵, 그리고 소뇌와 연계에서 시작되는 것으로 간주된다(그림 2.10). 움직임 계획 정도는 이 세 영역에서 합쳐지고 정제된다. 이 계획은 움직임 목표와 상황적 환경의 넓은 범위를 고려한다. 과거에 완료된 움직임에 대한 기억, 감정적 상태, 감각 정보와 같은 수많은 출처에서 정보가 생성된다. 움직임 계획에는 움직임 결과에 대한 예측이 포함되어 있으며 움직임 실행의 고유한 가변성이 고려된다는 점은 잘 알려져 있다. 이 계획은 시상을 통해 운동 피질로 전달된다. 운동 피질은 움직임을

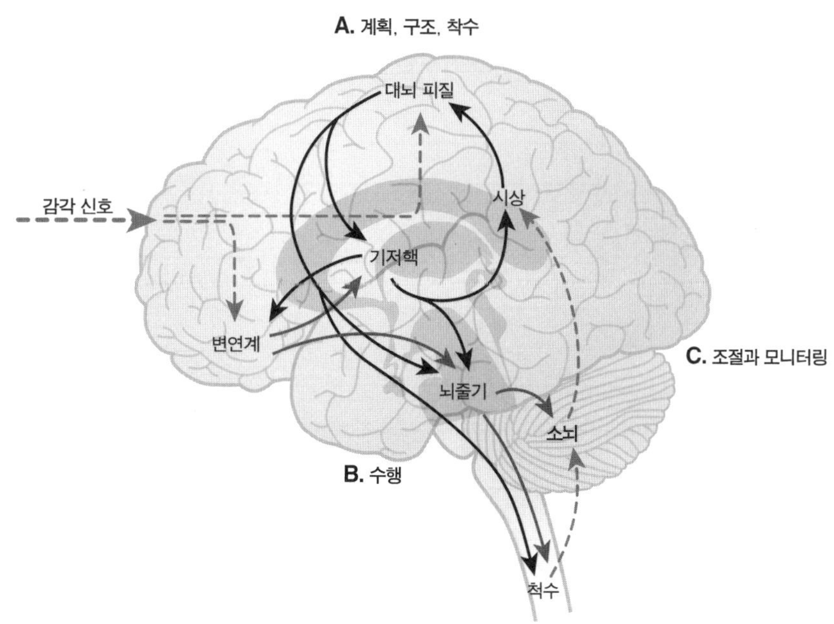

그림 2.10 Takakusaki와 Okumura(2008)의 작업에 기초한 자세와 이동(locomotion)을 위한 운동 제어 명령 구조의 기본 모델. 이 모델에는 (A) 계획/조직/시작, (B) 실행, (C) 규제 및 모니터링이 포함된다. 계획과 시작은 변연계(회색 실선)의 감정 영역 또는 피질(검은 선)의 인지/의지 중추에서 비롯된다. 싸움/도피 결정을 포함할 수도 있는 감정적 계획은 뇌간으로 직접 보내져 척수나 기저핵으로 보내질 수 있으며, 그곳에서 그 뒤에도 최종적으로는 추가적인 수정을 위해 피질 부위로 다시 보내진다. 이 계획들과 피질에서 파생된 계획들은 기저핵, 시상, 소뇌를 들락날락하면서 수정되고 규제되며, 결국 뇌간과 척수에서 시작한다. 규제 경로(점선)는 외부 세계와 내부 신체 환경에 대한 정보를 포함하여 모든 감각 시스템의 피드백을 요구한다. 실행 과정은 하위 운동 뉴런과 근육의 기능이다(Takakusaki, K., & Okumura, T. [2008]. Neurobiological basis of controlling posture and locomotion. Advanced Robotics, 22[15], 1629-1663, Taylor & Francis, Ltd., reprinted by permission of the publisher [Taylor & Francis Ltd, http://www.tandf.co.uk/journals]).

계획하고 다시 조정한 다음 척수의 추체로와 추체외로를 통해 신호를 보내 운동 계획을 시작한다.

사고하는 뇌에서 발생하는 움직임들이 장기간의 형성 과정이 필요하다거나 심지어 의식적인 사고들이 요구되는 것이라고 추론해서는 안 된다. 장기간의 경험이나 의식적일 필요는 없다. 보행과 같은 대근육 운동 활동에서부터 악기를 다루는 소근육 운동 기술에 이르는 수많은 움직임들은 재빨리 발생될 수도 있고 어떤 명확한 주의 집중이 필요하지 않을 수도 있다. 7장에서 살펴보게 될 것이지만, 이러한 잘 학습된 기술들은 자동적으로 일어나고 그 계획과 조직화를 하기 위해 뇌는 최소한의 활성만 필요할 뿐이다.

척수에서, 뇌에 있는 상위 운동 뉴런은 PNS의 하위 운동 뉴런과 연결된다. 척수에서는 더 많은 신호처리 과정이 발생하며 특히 PNS의 감각 영역에서 발생한 감각 정보와 운동 명령의 통합이 이루어진다. 이 감각 운동 통합은 척수의 중간 뉴런에서 발생하며 결국 운동 뉴런에 실린 최종 명령이 근육으로 향한다. 이러한 하위 운동 뉴런은 신경계의 운동 실행 시작을 발현한다.

뇌에서의 움직임 계획과 시작은 피드-포워드와 피드백 제어 모두를 사용한다. **피드-포워드 제어(Feed-forward control)**는 주요 뇌 구조에서 비롯되고 상대적으로 대상(예: 근육)의 영향을 받지 않는 명령이다. 특히 근육과 다른 신체 구조에서 발생하는 감각 피드백에 의한 영향은 최소로 받는다. 이러한 유형의 제어 시스템은 '개방성 회로 제어(open-loop control)'라고 불리며 '중앙 사전 프로그래밍된 움직임(centrally preprogrammed movements)'이라고 하는 기능을 제공할 수 있다. '폐쇄성 회로 제어(closed loop control)'라고도 불리는 **피드백 제어(Feedback control)** 시스템은 운동 명령의 특성을 조절하고 변경하는 감각 피드백에 의해 크게 영향을 받는다. 몇몇 경우, 예를 들어 반사신경과 같은 경우에, 피드백은 전체 움직임 과정을 시작하고 조절할 수도 있다. 목표 지향적 움직임에서, 피드백은 항상 뇌와 척수 모두의 움직임 제어 프로세스에 영향을 미친다. 따라서 피드-포워드와 피드백 제어 사이의 차이는 제어 신호의 발생원과 운동 명령에 대한 피드백이 미치는 영향의 정도에 있다.

CNS 명령 및 피드백 경로의 개략적인 모델은 그림 2.11에 설명되어 있다. 피드-포워드 운동 명령은

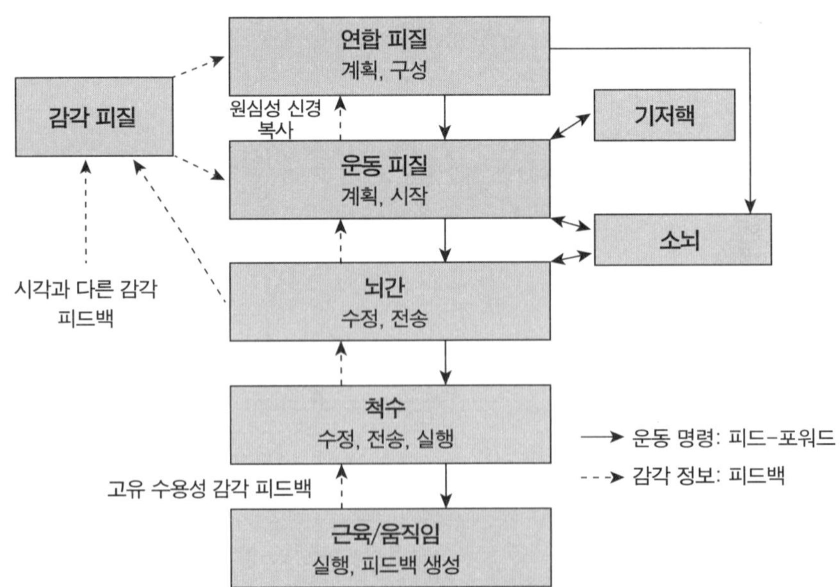

그림 2.11 뇌의 피드-포워드 및 피드백 제어에 대한 개략도. 피드-포워드 시스템에서, 내려가는 명령(검은 화살표)은 피드백 보정을 최소화하거나 전혀 하지 않고 원하는 대상으로 직접 이동한다. 피드백은 감각 말단으로부터 제공되지만, 이 정보는 이미 전송된 운동 명령을 수정하는 데 사용되진 않는다. 대신, 피드-포워드 시스템에서, 피드백은 오로지 상위 중추(두뇌)로 다시 보내지고 예측된 움직임 결과와 실제 피드백 결과를 비교하는 데 사용된다. 피드백 시스템(점선 화살표)에서 근육과 환경 자극에서 발생하는 피드백은 시작되거나 이미 실행중인 운동 명령을 직접 바꾸기 위해 다시 입력된다.

운동 피질에서 발생하는 것으로 보이며, 결국 척수를 타고 내려와 근육을 제어하는 운동 뉴런에 전달될 것이다. 그 과정에서, 보다 상위 중추에서 계획을 평가하고 수정의 기초가 되기 위해 감각 시스템에서 상당한 피드백이 사용된다. 경우에 따라 피드백이 피드-포워드 명령을 직접 무효화할 수도 있다. 운동 명령은 신체로 보내질 뿐 아니라 뇌의 상위 중추로도 보내지는데 이를 **원심성 신경 복사**(efference copy)라고 부른다. 원심성 신경 복사는 뇌가 명령에 대한 기록을 가지게도 하고 감각 피드백에 예상되는 성질, 움직임의 결과에 대한 예측을 할 수 있게 한다. 움직임의 결과와 감각 피드백이 일치하지 않는 경우, 즉 불일치가 있는 경우, 뇌는 무엇이 잘못되었는지 알아내고 더 나은 운동 명령이나 더 나은 예측 계획을 결정하기 위해 노력한다.

SIDENOTE

피드백과 피드-포워드 명령에 대한 실험

피드-포워드와 피드백의 예는 1970년대와 1980년대의 신속한 팔 동작에 관한 연구에서 잘 설명된다. 한 전형적인 실험에서 피험자는 약 45~60도 범위에서 최대한 빠르게 팔꿈치 굴곡 또는 신전 움직임을 수행하고 표적에서 갑자기 정지하도록 요청받았다. 이는 팔의 움직임을 위한 폭발적인 주동근 활성 이후 표적에서 멈추기 위한 길항근 활성 발생이라는 정형적인 EMG 패턴을 보이는 실험이었다. 움직이는 팔에 대한 감각 정보가 부재한 피험자(질병이나 실험적 조치에 의한)의 경우, 비록 그 움직임이 동요되더라도 움직임 자체는 진행되며 움직임을 완료하기 위해 감각 피드백이 필요하지 않음을 보여주었다(Hallett 등, 1975; Sanes & Jennings, 1984). 다른 연구들에서는 운동이 시작된 직후 그 움직임이 차단되었지만, 활동의 주동 작용과 길항 작용 활성 특색은 여전히 일어났다(Wadman 등, 1979). 움직임이 느렸거나 동요가 늦게 발생한 경우, EMG 패턴은 그러한 혼란에 빠르게 적응하는 신호를 보여 피드백 조정 특색을 드러냈다. 이러한 결과는 피드백 중추 명령은 감각 피드백 영향이 없더라도 충분히 움직임을 수행하게끔 하며 이는 특히 매우 빠른 움직임이 일어나거나 움직임의 시작 단계와 같이 피드백 조정이 사용되기에는 이미 너무 느릴 때 두드러진다는 것을 보여준다. 그러나 충분한 시간이 주어진다면, 신경계와 상호작용하는 피험자는 불안정한 움직임에서 발생하는 감각 피드백 결과에 대응되는 EMG 패턴의 변화를 보일 수 있다.

연습과 훈련에 대한 CNS 적응

마음과 몸이 진정으로 연결되어 있다면, 상호간 영향을 미친다는 증거, 특히 연습과 훈련이 CNS 구조에 미치는 영향과 같은 직접적인 증거가 있어야 한다. 사실 학습된 행동을 반영한 연습의 결과 및 학습된 행동과 생리적으로 유도된 변화를 모두 반영하는 엄격한 신체적 훈련의 결과로 CNS에서 수많은 변화가 일어난다는 것이 fMRI와 다른 이미징 기법으로 증명되었다. 전체적으로, 이러한 변화들은 높은 수준의 신경가소성을 보여준다. 신경가소성은 뇌 또는 척수 구조(예: 새로운 시냅스 생성) 및 기능(예: 1998년 운동 및 감각 영역의 뇌 속 운동 영역 지도 변화)의 변화가 있을 때 보인다(Carroll 등, 2001; Classen 등, 1998; Jäncke 등, 2000; Karni 등, 1998; Petersen 등, 1998; Smith 등, 1999). 선수, 음악가 및 작업자의 횡단 및 종단적 연구는 수년간의 훈련과 연습을 반영하는 뇌 적응을 보여준다(예: Dong 등, 2015; Fauvel 등, 2014; Taubert 등, 2015). 또한 부상, 활동 중지, 질병은 CNS 변화를 유발할 수 있으며, 이는 적절한 교육에 의해 어느 정도 역전될 수 있다(예: Bosnell 등, 2011). 이 섹션에서는 연습과 훈련 모두에서 CNS 변화를 검사한 다음 운동중 CNS의 피로를 살펴볼 것이다.

CNS와 실행: 학습에 대한 적응

운동 기술 훈련에 관련된 CNS 적응에 대한 통제된 실험실 검사는 일반적으로 협응력과 효율성 향상을 목표로 한 간단한 운동 기술과 연습을 도구로 사용해왔다. 반면 다음 섹션에서 논의된 훈련과는 달리, 실험실에서 사용된 훈련들은 강도 높은 생리학적 노력, 근육생리학, 심혈관 기능 또는 엄격한 운동에 수반되는 다른 생리학적 변화들은 예상되지 않는다. 따라서, 지금 언급된 모든 변화는 오로지 CNS에서의 학습에 의한 것들이다. 그러므로 몇 시간 또는 며칠 간의 motor task 학습으로도 뇌에 관련한 기능 및 구조에 수많은 변화를 일으킨다는 것을 알 수 있다. 덧붙이자면 새로운 과제(단기 학습)에서 발생하는 연습 내 변화는 장기 연습 후(장기간 학습) 변화와는 다를 수 있으며, 연습 세션 간에 일어나는 변화(학습 사이의 변화)와도 다를 수 있다(Dayan & Cohen, 2011).

기능적으로 뇌가 일부 영역에서 더 활동적이고 다른 영역에서는 덜 활동적(Classen 등, 1998; Kelly & Garavan, 2005; Smith 등, 1999)이며 심지어 휴식중에도 차이(Ma 등, 2011)가 있다는 일반적인 관측이 있다. 그림 2.12는 균형 훈련으로 인한 CNS 변화의 한 예를 보여준다. 운동 피질이 거의 항상 관련되어 있지만 학습 단계, 연습의 유형, 그리고 운동 기술 자체 특성에 따라 변화에 세밀한 차이가 관찰된다(for review, see Taubert 등, 2015b). 일반적으로 몇 시간에서 몇 주간 범위의 훈련 후, 업무 수행중 뇌의 활성화가 떨어진다. 이는 뇌가 직무수행에 더 효율적임에 따라 생기는 어느 정도 수준의 자동성과 정보 자원

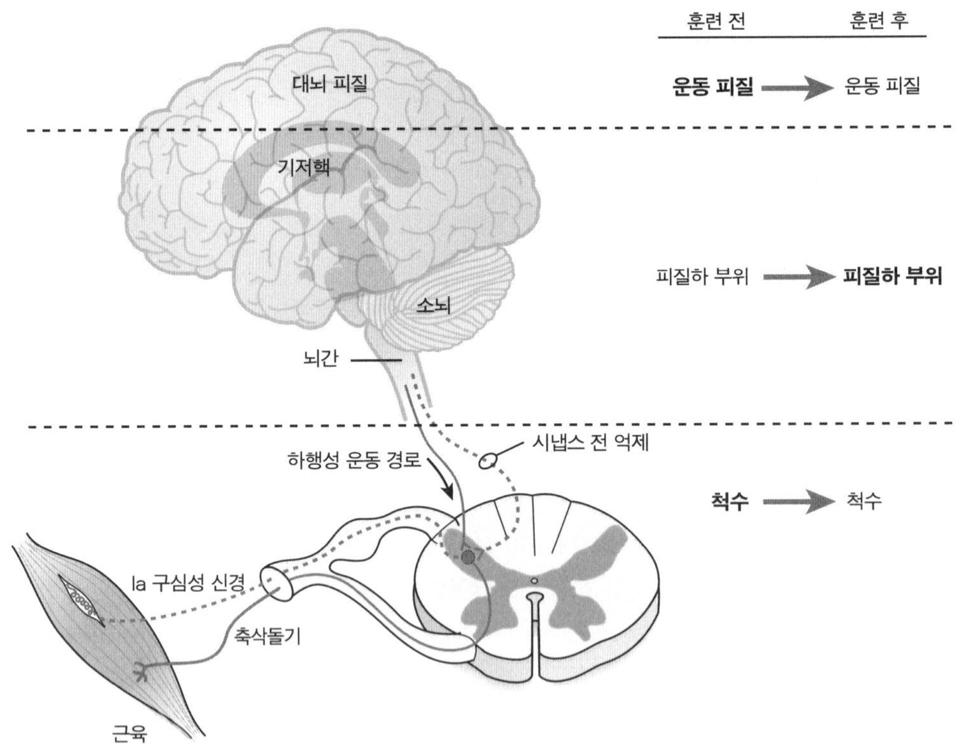

그림 2.12 자세 제어 훈련으로 인한 CNS의 변화. 좌측 그림은 이와 관련한 주요 구조와 영역들인데, 이는 대뇌 피질과 뇌의 상위 구조들에서부터 피질하와 척수에 이른다. 그림의 우측에는 훈련에 따른 부위별 변화이다. 대뇌 피질 부위는 활동량이 감소하고, 피질하 부위는 그 활성 및 전체적인 중요성이 증가하고, 척수는 활동이 감소된다. 척수 활동의 감소와 반사신경 활성의 감소는 상위 척수 중추의 시냅스 전 수준의 억제에서 기인할 가능성이 있다. (Taube, W., Gruber, M., & Gollhofer, A. [2008]. Spinal and supraspinal adaptations associated with balance training and their functional relevance. *Acta Physiologica, 193*, 101–116, with permission from Wiley-Blackwell, Copyright 2008 Scandinavian Physiological Society, doi:10.1111/j.1748-1716.2008.01850.x.)

을 해제함으로써 발생되는 것으로 생각된다. 예를 들어 Taubert와 그의 동료(2015b)는 기술 획득 후 전두엽의 의사결정 영역의 실행력이 감소되는 것을 관찰 확인하였는데, 이는 인지 처리 능력이 덜 필요해졌음을 반영하고 있다고 보았다.

반대로, 일부 사례에서는 학습 후 더 많은 영역에서 뇌 활성화가 일어나는 경우도 보였는데 특히 상호 연결된 부위 중에서도 움직임 가용성을 최대화하기 위해 이전에는 사용되지 않았던 자원들을 사용함으로써 이러한 현상이 일어나는 것으로 생각된다(Ma 등, 1998; Peter). Duchateau와 Enoka(2002)는 자신들의 연구를 비추어봤을 때, 심도 있고 집중적인 운동 기술 훈련 후 연습된 근육에 해당하는 운동 피질과 감각 운동 피질 영역이 더 커지고, 더 조밀해지거나 또는 더 흥분된다고 언급하였다. 잘 학습된 움직임이 일어나는 중, 뇌의 더 많은 영역들이 활성화된다는 것은 학습의 시작과는 근본적으로 다른 방식으로 운동 기술 계획과 수행이 이루어진다는 것을 반영할 수도 있다. 마찬가지로 사용중인 다른 뇌의 영역에 대한 관찰은 계획과 실행에서 다른 전략을 사용하고 있음을 반영할 수 있다(Lacourse 등, 2005; Petteren 등, 1998). 어떻게 연습하느냐(예를 들어 훈련 구성의 변화)에 따라 뇌의 적응이 다르게 나타날 수 있음을 주목해야 한다(Lin 등, 2011).

활성화 영역의 변화는 뇌와 척수 신경 구조 모두의 구조적 변화를 반영한다. 이러한 변화의 수는 수상돌기 증가가 동반되는 시냅스 연결의 증가, 신경 전달 물질 수준의 변화, 신경 전달 물질 수용체의 증가, 신경 전달 물질 수용체의 효율성 증가, 신경의 발화 속도 향상, 새로운 뉴런 생성(neurogenesis) 등을 포함하여 많을 수 있다. 이러한 변화는 뉴런 전송 효율에서 회색질과 백색질의 밀도 변화(Taubert 등, 2015b)로 이어지며, 두 시간 가량의 훈련이 끝나는 즉시 확인할 수 있다(Taubert 등, 2016). 주목할 중요한 특징은 최소한 어느 정도 연습의 복잡성이 증가하면 더 많은 뇌 변화를 가져온다는 것이다(Carey 등, 2005).

균형 훈련 이후 뇌에 나타난 변화에 대한 Taubert와 동료들(2016) 실험은 여러 가지 핵심 포인트를 제공한다(그림 2.13). 낮은 생리학적 강도로 1시간 동안 밸런스 보드를 훈련한 후 실시한 MRI 스캔에서 균형잡기에 관련된 중요한 신체 부위에 해당하는 운동 제어 영역의 두께가 증가했음을 보여주었다. 비록 균형을 잡는 데 두 팔이 도움을 주긴 하지만 핵심적인 역할은 하체와 체간이다. 또다른 피험자 그룹은 학습 노력이 필요치 않은 계단 오르기를 반복하였는데, 이 경우 피질 두께의 증가는 보이지 않았다. 한편 이 연구자들은 새로운 시냅스들이 생성된 것으로 보이는 피질 밀도 증가는 지속적인 강화가 일어나지 않으면 일시적으로만 유지될 뿐이라고 이야기하였다. 이 연구의 요점은 목적과 노력을 요하는 연습은 빠르고 구체적인 뇌 변화를 유발할 수 있지만, 의미 없는 움직임은 그렇지 않다는 것이다.

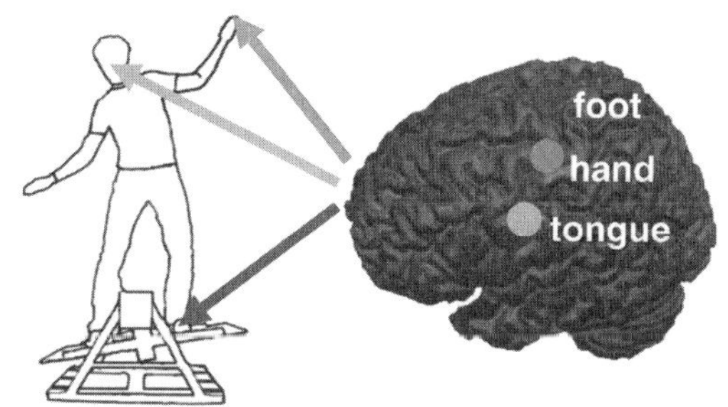

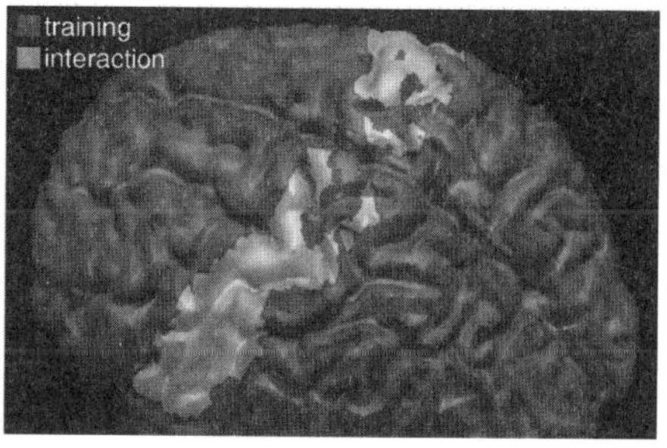

그림 2.13 균형 훈련 후 촬영한 MRI 영상. 왼쪽 그림은 균형 작업과 해당 뇌 영역과 일치하는 MRI 영상이다. 오른쪽 MRI 영상은 연습과 관련된 발달이 일어나는 중요 신체 부위에 해당하는 뇌의 영역을 보여준다. 변화가 일어나는 뇌의 영역은 손이나 혀가 아닌 발의 영역과 일치했다. 균형 연습 과정에서 손과 혀의 뇌 영역이 매우 활발히 자극됨에도 불구하고, 해당 뇌 부위는 적응 변화를 보이지 않았다. (Taubert, M., Mehnert, J., Pleger, B., & Villringer, A. [2016]. Rapid and specific gray matter changes in M1 induced by balance training. *Neuroimage, 133*, 399–407.)

생각해보기 2.2 노년기의 뇌신경가소성

최근의 연구는 뇌가 이전에 생각했던 것보다 훨씬 더 적응력이 있거나, 혹은 가소성이 있다는 것을 보여준다. 이러한 가소성(plasticity)의 극단적인 예는 인간과 동물에서 절단 부위가 생긴, 특히 체성 감각 피질에서의 절단에서 드러난다. 예를 들어 절단된 환자의 없어진 사지에 해당하는 감각 피질 부위의 기능은 인접 감각 부위에서 '넘겨받을' 수 있다. 이와 같은 넘겨받음 및 감각 분포 지도 재구성은 이상한 감각을 느끼는 것으로 귀결되기도 하는데, 환상지(절단되어 없는 신체 말단)의 감각이 얼굴에서 느껴지는 것과 같은 것이 그러한 예이다(Ramachandran 등, 2010). 신속한 가소성과 감각 분포 지도 재구성은 시냅스의 재형성, 수상돌기의 분화와 새로운 경로가 개발됨에 따른 장기적인 변화에 기인할 수 있다. 또한 시각 피질 영역에 대한 신경 투영에 영향을 미치는 뇌졸중 이후에도 시각 피질의 지도가 재구성되는 것이 관찰되었다(Dilks 등, 2007). Dilks 등은 뇌졸중 이후 시각 정보가 시각 피질의 한 구역으로 전달되는 것이 멈춰진 환자를 조사하였다. 뇌졸중 이후 환자는 작은 사각지대를 제외하고는 여전히 정상적인 시력을 가졌다. 그러나 몇 달 후, 시각 피질이 수직 정보를 처리하는 뉴런의 과잉 표현을 야기하는 방식으로 재현되면서 환자의 시력은 연장된 방식으로 왜곡되었다. 뇌 가소성 연구자인 Michael Merzenich는 신경가소성은 노년기에도 여전히 남아 있으며, 노령이 되더라도 감각, 인식, 기억, 운동 제어 등의 손실을 극복하기 위해 긍정적인 뇌 변화를 사용할 수 있다고 주장한다(Mahncke 등, 2006).

이것을 염두에 두고, 운동과 운동 기술 훈련이 노인들을 위한 뇌의 가소성에 어떤 역할을 할 수 있다고 생각하는가? Mahncke 등(2006) 및 Cotman 등(2007)의 연구를 검토해보고 여러분의 생각을 비교해보도록 하라.

CNS와 훈련: 운동에 대한 생리학적 그리고 정신심리학적 적응

유산소, 무산소, 그리고 근력 훈련과 같이 격렬한 신체적 훈련은 CNS에 변화를 유도할 수도 있는데 이는 운동 학습 과정과 생리적 적응 유발의 조합에 의한 것으로 보인다. 이러한 변화들에는 행동 양식 및 인지 능력, 예를 들어 기분 상태와 인지 능력 향상과 같은 정신심리학적 측면도 있을 수 있다.

정신심리학적 효과

운동(주로 유산소성)은 종종 정신건강 및 웰빙 전략으로 권장된다. 방대한 양의 연구들이 운동을 하면 기분이 나아질 수 있고, 불안감이 줄고, 자기 효능감과 정신적으로 긍정적인 영향을 발생하며, 자존감이 개선되고, 가벼운 우울증이 감소하며, 심리적인 스트레스 요인에 대한 부정적인 생리학적 반응이 감소될 수 있다는 증거를 제시하면서 운동할 것을 권고한다(Firth 등, 2016; Liao 등, 2015). 운동의 이러한 효과는 짧은 기간이나 장기간 모두에서 발휘된다. 그러나 충분한 양의 연구와 일화적인 증거들에도 불구하고 이러한 발견들이 보편적인 것이 아니며 연구 자체에서 문제가 발견되기도 한다.

대부분의 데이터는 예상 효과, 성별에 관련한 변화, 연습 환경에 연계된 문제 및 연구 편향성과 같은 방법론적 문제에 시달린다. 예를 들어 Thomas Plante(Plante, 1999; Plante 등, 2000)는 많은 사람들이 운동 전에 기분이 좋아진다는 것을 보였고, 이는 기대 효과 때문이며 운동으로 유발된 어떤 심리생리적 적응은 아니라고 주장하였다.

연구자들은 기분 상태 변화가 생물학적 적응에 뿌리를 두고 있는지에 대한 여부는 아직 밝혀내지 못하고 있다. 뇌의 신경화학적 시스템이 운동중 매우 활성화되지만, 그 자체가 심리행동학적으로 영향을 주는 정확한 역할에 대해서는 알려져 있지 않다. 이러한 관점에서 운동이 기분에 미치는 효과에 대해 가장 그럴 듯한 설명은 복합적인 생물심리사회 모델(biopsychosocial model)이다. 이 모델에 따르면 생리학적 과정과 사회학적, 심리학적 쟁점들이 모두 한데 엮여 기분 상태와 정신건강에 기여한다는 것이다.

운동은 또한 인지 능력 건강 전략으로도 권장된다. 인지 능력, 기억력 및 학습력 또는 운동하는 노인들에서 실행 기능 손실 지연과 같은 다수의 보고들이 이러한 권장안을 지지한다(예: Colcombe 등, 2004;

Kramer). 그러나 다른 이들은, 비록 운동의 효과가 유망하기는 하지만 인지적 결핍을 가진 사람들을 위한 치료로써 운동을 처방하는 데는 증거가 제한되어 있다고 경고한다(McDonnell 등, 2011). 신체 활동과 어린이를 대상으로 한 광범위한 논문에 따르면 신체적으로 건강하거나 신체 활동에 참여하는 것은 학령기 아동들의 인지 기능을 향상시키고, 나아가 더 나은 학업 성취로 이끌 수 있다고 밝혔다(Donnelly 등, 2016).

대부분의 보고서는 유산소성 피트니스나 훈련의 장점을 강조하지만 몇몇에서는 근력 훈련 역시 정신심리학적 건강에 도움이 된다는 증거가 있다(Voss 등, 2011). Voss 등(2011)의 연구는 수명 전반에 걸친 인지 능력에 대한 운동의 영향에 대한 고무적인 발견을 보고했지만, 한편으론 이 분야에서 많은 작업이 이루어져야 한다고도 지적했다.

생리학적 적응

운동으로 인한 인지적 결과에 대한 불확실성과는 상관없이, 운동을 하거나 또는 신체적 건강을 유지하거나, 숙련된 운동 기술을 유지하고 있는 노인들에게 운동은 명확하고 입증 가능한 신경생물학적인 효과가 있는 것으로 보인다. Cotman 등(2007)과 Davenport 등(2012)의 연구에 따르면, 인간과 동물을 대상으로 한 연구에서 운동 효과는 세포 확산, 혈류 증가, 뇌의 화학적 변화, 신경 전달 물질 변화 등 많은 뇌 관련 변화를 시사한다(그림 2.14). 이러한 자료들에도 불구하고, 노인들에게 있어서 운동이 인식 기능에 미치는 역할에 대해 결정적인 결론을 내리기는 어렵다. 관련 데이터는 뇌 영상 자료에 의해 지지되지만, 정신사회적이고 자기 선택적인 상호작용이 여기에 관여하고 있다.

운동은 오랫동안 아이들의 학업 성취도를 높이기 위해 장려되어왔으며, 실제로 대부분의 증거들은 신체 활동과 학업 성취 사이에 긍정적인 관계가 있음을 암시한다. 그러나 그 증거는 일반적으로 약하고, 단기간이며, 강한 인과관계가 없다. 예를 들어 운동은 신경생물학적 원인인가, 아니면 자기효능인가, 아니면 심리사회적인가, 아니면 집중력의 어떤 측면인가? Hillman 외 연구진(2011)은 짧은 기간 또는 장기간 운동으로 인한 아동 뇌신경-전기적 변화가 향상된 인지 처리 능력을 설명할 수 있다고 제안했다. 그

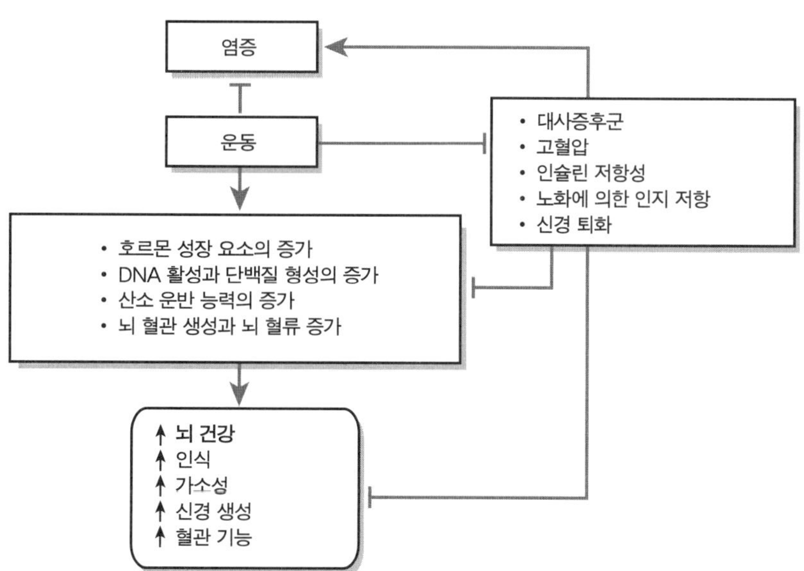

그림 2.14 Cotman 등(2007)과 Davenport 외 연구진(2012)에 기초한 연습으로부터 발생하는 신경학적 보호 메커니즘의 모델. 이 모델에서 운동은 뉴런과 다른 조직의 성장을 자극하기 위해 많은 호르몬 성장 인자를 생산한다. 게다가 운동으로 인해 유전자들은 조직 성장과 회복을 위한 단백질을 생성하도록 자극을 받는다. 그러므로 장기간의 운동은 더 나은 신경 건강과 기능으로 이끈다. 동시에, 염증을 포함한 다양한 질병과 기능장애의 부정적인 결과들은 운동으로 인해 약화된다.

러나 사회문화와 사회경제적 상호작용이 크기 때문에 이러한 영향들을 설명하는 것은 여전히 어렵다. ADHD나 난독증과 같은 학습장애에 대한 운동의 영향은 논란이 많으며 이를 지지할 만큼의 자료는 부족하다.

강도 높은 근력 훈련은 근육에 대한 '신경 구동(neural drive)'의 양을 증가시킬 수 있는데, 부분적으로는 상위 척수 중추에서 내려오는 명령의 증가와 운동 뉴런 흥분성이 증가 또는 척수에서의 시냅스 전 억제 작용의 감소 때문으로 생각된다(Aagaard, 2003; Duchateau & Enoka, 2002). 근력 훈련과 CNS 변화의 관계에 대한 가장 강렬한 증거 중 하나는 교차 전이(cross transfer) 현상이다. 교차 전이(교차 교육[cross-education]으로도 불림)는 한쪽 팔의 편측성 근력 훈련을 하였는데 운동하지 않는 쪽 팔의 근력 역시 높아진 것과 같은 현상이다. 일부 저자들은 훈련되지 않은 사지에서 최대 47%와 135%의 근력이 증가했음을 보고했다(Farthing 등, 2007; Hortobágyi 등, 1997). 연구자들은 이러한 효과에 대한 몇 가지 이유를 가정했지만, 현재 가장 강력한 증거는 운동 피질 영역을 활성화하는 더 큰 능력이 발생하면 근육 활성화를 더 크게 만들 수 있다는 것이다(Farthing 등, 2007; Lee 등, 2009). Farthing 외 연구진(2007)은 우측 팔의 편측성 근력 훈련 후, 좌측 팔을 움직였을 때 우측 뇌의 특정 감각 및 운동 영역들이 더 활성화된 사실을 발견했다. 이는 우측 팔을 훈련하면 신체의 반대쪽 뇌(좌측 뇌)뿐만 아니라 같은 쪽(우측 뇌) 역시 사용한다는 것을 시사한다. 따라서 이러한 결과는 뇌의 한쪽 반구에서 일어난 학습 효과는 반대쪽 반구와 소통 또는 '번진다'는 것을 드러내며 이를 운동 방사 효과(motor irradiation)라고 부른다.

운동 기술 연습과 엄격한 신체 훈련은 여러 뇌 적응 현상 등을 유도할 수도 있는데 이들은 서로 보완하기도 한다. Taubert와 그의 동료(2015b)는 신체 훈련이 신경 성장 인자를 증가시키고 시냅스 성장을 위한 시스템을 준비시키며 혈관 생성과 에너지 가용성을 증가시킴으로써 운동 학습을 강화시킨다는 가설을 세웠다. 신체적 훈련의 영향은 장거리 훈련과 고강도 인터벌(high-intensity interval) 훈련과 같은 연습 매개변수에 따라 다를 수 있다. 신체 훈련과(motor skil) 연습의 상호작용에 관해 배울 것이 많지만, 운동 처방이 운동 학습에 '신경 증강(neuroenhancement)'의 도움이 될 것이라는 예측이 가능하다.

중추적 피로

피로는 필요하거나 예상되는 힘이나 일량을 생산할 수 없는 상태로 정의되는데, 심리행동학적인 표현에서는 이런 생리학적 정의와 일치되지는 않는다. 근육이 지쳐 있다는 생리학적, 생화학적인 메커니즘은 ATP와 에너지 기질 감소, 그리고 세포 기능을 손상시키는 젖산염과 다른 신진대사 부산물의 축적과 같은 기전으로 잘 알려져 있다. 연구자들은 피로가 발생하는 곳이 근육만이 아니라 CNS와 PNS에서도 피로가 발생할 수 있다고 밝혀냈다. 예를 들어 과도한 활동으로 인한 근육 피로는 수행능력(예: 균형 능력)을 저하시킬 수도 있는데 이는 고유 수용성 메커니즘이 변화 유발되는 것이다(Johnston 등, 1998). 장기간 피로를 노출시키는 운동(예: 3종경기)이 신장 반사 반응을 약화시키고 이 반사 활성을 어렵게 하는 것과 같은 반사 민감도를 떨어뜨린다는 연구가 있다(Avela 등, 1999). 또는 근육 내 감각 종말(대부분 화학 수용기[chemoreceptors]와 통각수용기[nociceptors])이 대사 노폐물 축적에 반응하여 척수에서 운동 뉴런과 연결되는 중간 뉴런을 강력하게 억제하는 효과가 발휘될 수도 있다(Peltier 등, 2005). 또한 근육과 장기에서 보내진 통증 감각 신호와 대사적 노폐물 축적이 척수와 뇌 모두에서 억제 효과를 발휘한다는 추측도 있다(Peltier 등, 2005). 다른 증거는 피로 기반 정보를 받는 감각 영역이 운동 피질에서 운동 명령을 보내는 것을 방해할 수 있다는 점을 시사한다(Tanaka 등, 2011).

피로 유발 운동중 생기는 글리코겐 고갈과 신경 전달 물질 조절의 교란이 CNS 피로의 주범이라고 보고했다(Matsui 등, 2011; Roelands 등, 2011). 피로한 상태가 중추계 구동의 손실을 일으키는 것은 낮은 산소 수준 때문이라고도 생각된다. 뇌의 비운동 영역이 신호 통합에 혼란을 줘 감각과 행동학적 상태를 바꾼다는 가설과 acetylcholine과 같은 신경화학적 산물들의 문제도 원인으로 제시된다(Yamamoto &

개 • 념 • 설 • 명

움직일 수 없는 신체 사지 근력 유지를 위한 교차 전이 현상 활용하기

깁스나 부목 고정과 같은 사지 고정은 근육 위축이 빠르게 일어나고 움직이지 않는 사지의 근력과 기능 저하를 초래한다. 고정된 사지에 힘을 유지하기 위해 교차 전이를 사용하는 것은 이 문제를 극복하는 방법처럼 보이지만 위축증을 극복하는 것은 생각보다 더 어려운 문제이다. 여러 연구(Farthing 등, 2011; Magnus 등, 2010)는 고정되지 않은 사지에 대한 편측 근력 훈련이 미치는 영향을 살펴보았다. 두 연구팀은 대조군에 비해 훈련되지 않은 팔다리의 힘이 3~4주 동안 유지됐지만 근육 크기 변화 결과는 모호하다는 사실을 발견했다. Magnus와 그의 그룹은 훈련되지 않은 상완에서 근육 성장을 발견했지만, Farthing 등은 훈련되지 않은 팔뚝에서 위축을 발견했다. 이러한 차이점들은 어떤 근육이 훈련되고 있는지와 훈련의 본질에 그 원인이 있을지도 모르지만, 그것은 현재 추측의 범위이다. 그럼에도 불구하고, Hendy 외 연구진(2012)은 교차 전이 효과를 유도하기 위한 편측성 근력 훈련은 운동선수와 부상 근로자들의 재활에 유효한 기술이며 뇌졸중이나 외상 후 마비가 있는 사람들에게도 희망을 줄 수 있다고 주장하였다.

SIDENOTE 중추계 피로 측정

중추계 피로의 원인에 대한 많은 추측들이 있지만, 그 존재 유무는 문제가 되지 않는다. 중추계 피로를 식별하는 가장 일반적인 방법은 최대 자발적 등척성 수축(MVIC, maximal voluntary isometric contraction)에 대한 전기 신호를 사용하는 것이다. 한 실험(예: Kent-Braun & Le Blanc, 1996)에서, 실험자는 피로가 없는 조건에서 MVIC를 발휘하며 최대 힘(force)을 기록한다. 그런 다음 실험 대상자는 MVIC를 다시 수행하는데, 이때는 자발적인 노력만으로 활성화되지 않을 수 있는 근육 섬유들을 활성화시키기 위해 강한 전기 자극을 가한다. 만약 전기 자극을 주었을 때 이전과 비교해 추가적인 힘이 기록된다면, 자발적인 노력과 CNS가 근육을 완전히 활성화시키지 않았던 것으로 나타난다. MVIC 힘 vs MVIC + 전기 자극 힘의 비율을 중추활성화 비율(CAR, central activation ratio)이라고 한다. 정상적인 상황에서 훈련받은 사람의 경우, CAR은 1.0에 가깝기 때문에 자발적인 노력이 근육을 완전히 채울 수 있음을 나타낸다. 그러나 피로도가 높을 때 최대 힘이 상당히 떨어지면 대부분의 연구자들은 많은 양의 전기 자극을 여기에 더해 힘의 출력을 증가시켜 CAR을 1.0 이하로 줄일 수 있다. 이러한 데이터에 따르면 힘 발생의 실패는 근육 때문이 아니라 근육을 가동시키는 CNS 능력의 부족 때문이다.

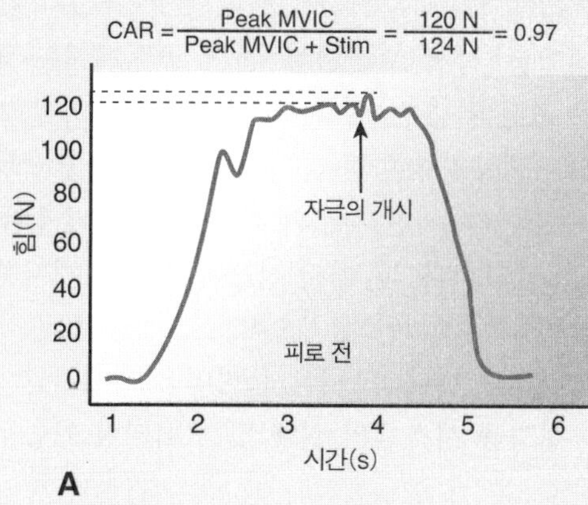

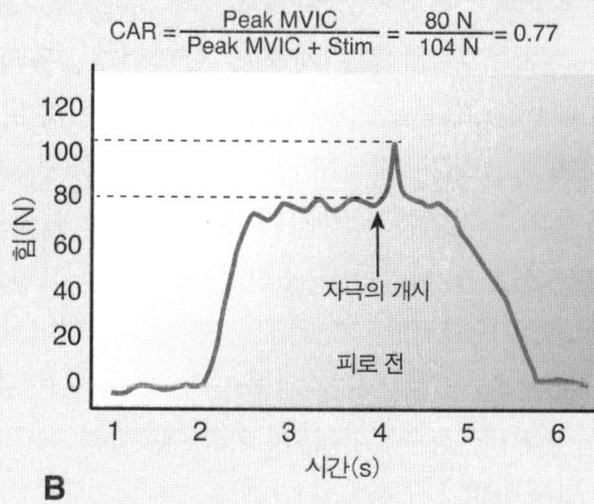

최대 자발적 등척성 수축 위에 전기 자극을 겹쳐서 중추계 피로도를 나타내는 힘 곡선. **A.** 피로가 없는 조건에서는 자극과 함께 힘이 최소로 추가되어 거의 최대 자발적 활성화를 나타낸다. **B.** 상당한 피로가 생긴 후 MVIC. 전기 자극이 가해지는 힘의 큰 진폭은 근육뿐만 아니라 근육에 대한 중추계의 구동에서도 피로가 일어나고 있음을 보여준다.

Newsholme, 2000). 연구자들은 중추계의 피로가 운동과 관련될 뿐만 아니라 만성피로증후군(Castell 등, 1999; Kent-Braun 등, 2011, 1993)과 다발성 경화증(Chang 등, 2011)과 같은 질환에 영향을 미칠 수 있다는 점에 주목했다.

중추계 피로와 관련된 지속적인 발견은 재활, 직업 운동수행력, 스포츠 수행능력에 깊은 영향을 미칠 수 있으며, 특히 영양 및 ergogenic 보조제 분야에서 가장 큰 영향을 미칠 수 있다. 특히 동물 연구는 세로토닌(serotonin), 트립토판(tryptophan) 및 중추계 피로를 늦추는 관련 아미노산을 사용하여 운동 환경, 만성피로 환자, 수술 후 스트레스 및 기타 스트레스 상황에 도움을 줄 수 있다는 기대를 준다(Castell 등, 1999). 안타깝게도 인간을 대상으로 한 연구는 이러한 영양보충제를 사용하는 것이 효과적이라는 훌륭한 증거를 아직 제시하지 못하는데, 뇌에 아미노산을 전달하는 데 어려움이 있기 때문이다(Meeusen & Watson, 2007).

근거 기반 실무 적용

우리는 운동과학 전문가들에게 두 가지 증거 기반 관련 이슈를 강조하고자 한다. 첫째, 비록 운동 활동 형성이 매우 복잡하고 아직 완벽히 이해되고 있진 않지만, 운동 활동은 뇌 기능들의 다양한 배열들에 의해 순간순간 적응 가능한 활동을 보인다는 최상의 증거가 있다. 환경 및 상황은 어떤 움직임을 선택해야 하는지 그리고 그러한 움직임들이 어떻게 계획되고 시작되는지에 지대한 영향을 미친다. 따라서 숙련된 운동수행력 향상을 목표로 하는 연습과 훈련은 환경 및 상황에 대한 가변성을 얻기 위해 노력해야 하며 개인의 능력과 특성에 특화되어야 한다.

두 번째 문제는 연습과 훈련이 뇌와 척수의 구조를 변화시킨다는 점은 이제 의심의 여지가 없으므로, 신경가소성을 목표 결과로 설정해야 한다는 것이다. 기능적 및 구조적 신경계 변화는 도전적이고, 목표 지향적이고, 단계가 있는 단기 및 장기간의 훈련과 실천에서 발생한다. 더욱이 뇌 리모델링은 연습과 훈련 기간 동안, 그리고 쉬는 동안에도 일어난다. 현재 다양한 형태의 운동이 뇌의 기능과 전반적인 웰빙을 증진시킬 수 있다는 것을 보여주는 합리적인 증거가 있다. 운동 훈련이 운동 기술 학습의 신경 증강으로 이어질 수 있다는 이론적이고 정황적인 증거가 있다.

요약

CNS는 움직임의 계획과 시작을 담당한다. 움직임 계획을 직접 수행하는 것은 말초신경근 시스템(peripheral neuromuscular system)의 책임이다. CNS의 최상위 중추, 즉 운동, 감각, 연합 피질, 피질하 영역, 그리고 소뇌는 데이터 수집, 목표 설정, 구성 및 의사결정을 포함한 움직임 계획 기능을 담당한다. 운동 피질은 움직임을 시작하는 것과 관련된 일차적인 구조이다. 뇌간 경로와 같은 뇌의 하위 중추가 운동과 감각 신호를 세밀하게 조절하고 자율 움직임 행동을 담당한다. 뇌 에서 정보는 행동을 개시하기 위해 피드-포워드되지만, 피드백은 명령을 업데이트하고 구체화하기 위해 지속적으로 사용된다. 이 피드백은 예상된 움직임에 대한 뇌의 내부 모델과 비교되고, 그리고 나서 더 나은 움직임을 정제하고 학습하는 데 사용된다. 척수는 CNS의 계획 및 시작과 PNS 및 신경근 시스템의 실행 및 모니터링 기능 사이의 연결을 담당한다.

움직임 훈련은 연습이나 운동을 통해 CNS에 실질적이고 측정 가능한 영향을 미친다. 형태학적 변화, 신경화학적 변화, 그리고 뇌내 분포 지도의 변화는 일반적인 운동과 특정한 연습 모두에 의한 상당한 수준의 신경가소성을 나타내는 증거가 된다. 신경생리학적인 변화를 측정할 수 있지만, 부분적으로는 많은 교란 요인들 때문에 인지 기능과 기분의 변화를 정확히 기술하기는 어렵다.

이러한 정보를 통해 응용할 수 있는 점은 운동과 연습이 신체 훈련만큼이나 신경계 훈련으로 간주되어야 한다는 것이다. Psychophysiological 결과는 연습과 훈련 변수에 따라 다르므로, 연습과 훈련이 원하는 결과를 목표로 설정해야 한다.

연습문제

1. 신경계의 구성과 그 분류 체계를 설명하라.
2. 감각, 운동, 그리고 중간 뉴런의 차이를 설명하라.
3. 촉진과 억제를 정의하고, 각각으로 이어지는 과정을 설명하라.
4. 움직임 계획과 관련된 뇌의 주요 영역을 식별한다. 계획과 관련된 프로세스와 각 프로세스에 어떤 뇌 구조가 포함될 수 있는지 논의한다. 이 책에서 이야기하는 피드백 및 피드-포워드 명령이 사용되는 방법에 대해 토론한다.
5. 움직임 시작과 관련된 뇌의 주요 영역을 확인한다. 뇌에서 척수로 가는 경로를 반드시 식별할 수 있어야 한다. 움직임의 시작과 관련된 것에 대해 토의한다.
6. 브로드만 영역, 호문쿨러스, 감각 운동 통합 및 최종 공통 경로를 정의한다.
7. 척수에는 어떤 기능이 있나?
8. 변연계란 무엇이며, 움직임 계획에 있어 중요한 이유는 무엇인가?

참고문헌

Aagaard, P. (2003). Training-induced changes in neural function. *Exercise and Sport Sciences Reviews, 31*(2), 61-67.

Avela, J. J., Kyrolainen, H. H., & Komi, P. V. (1999). Altered reflex sensitivity after repeated and prolonged passive muscle stretching. *Journal of Applied Physiology, 86*(4), 1283-1291.

Bosnell, R. A., Kincses, T., Stagg, C. J., Tomassini, V., Kischka, U., Jbabdi, S., et al. (2011). Motor practice promotes increased activity in brain regions structurally disconnected after subcortical stroke. *Neurorehabilitation and Neural Repair, 25*(7), 607-616. doi:10.1177/1545968311405675

Carey, J. R., Bhatt, E., & Nagpal, A. (2005). Neuroplasticity promoted by task complexity. *Exercise & Sport Sciences Reviews, 33*(1), 24-31.

Carroll, T. J., Riek, S. S., & Carson, R. G. (2001). Corticospinal responses to motor training revealed by transcranial magnetic stimulation. *Exercise and Sport Sciences Reviews, 29*(2), 54-59.

Castell, L., Yamamoto, T., Phoenix, J., & Newsholme, E. (1999). The role of tryptophan in fatigue in different conditions of stress. *Advances in Experimental Medicine and Biology, 467*, 697-704.

Chang, Y., Hsu, M., Chen, S., Lin, C., & Wong, A. (2011). Decreased central fatigue in multiple sclerosis patients after 8 weeks of surface functional electrical stimulation. *Journal of Rehabilitation Research and Development, 48*(5), 555-564.

Christov-Moore, L., Simpson, E. A., Coud, G., Grigaityte, K., Iacoboni, M., & Ferrari, P. F. (2014). Empathy: Gender effects in brain and behavior. *Neuroscience and Biobehavioral Reviews, 46*(P4), 604-627. http://doi.org/10.1016/j.neubiorev.2014.09.001

Classen, J., Liepert, J., Wise, S., Hallett, M., & Cohen, L. (1998). Rapid plasticity of human cortical movement representation induced by practice. *Journal of Neurophysiology, 79*(2), 1117-1123.

Colcombe, S., Kramer, A., McAuley, E., Erickson, K., & Scalf, P. (2004). Neurocognitive aging and cardiovascular fitness: Recent findings and future directions. *Journal of Molecular Neuroscience, 24*(1), 9-14.

Cotman, C., Berchtold, N., & Christie, L. (2007). Exercise builds brain health: Key roles of growth factor cascades and inflammation. *Trends in Neurosciences, 30*(9), 464-472.

Davenport, M., Hogan, D., Eskes, G., Longman, R., & Poulin, M. (2012). Cerebrovascular reserve: The link between fitness and cognitive function? *Exercise and Sport Sciences Reviews, 40*(3), 153-158.

Dayan, E., & Cohen, L. G. (2011). Neuroplasticity subserving motor skill learning. *Neuron, 72*(3), 443-454. http://doi.org/10.1016/j.neuron.2011.10.008

Dilks, D., Serences, J., Rosenau, B., Yantis, S., & McCloskey, M. (2007). Human adult cortical reorganization and consequent visual distortion. *Journal of Neuroscience, 27*(36), 9585-9594.

Dong, M., Li, J., Shi, X., Gao, S., Fu, S., Liu, Z., et al. (2015). Altered baseline brain activity in experts measured by amplitude of low frequency fluctuations (ALFF): A resting state fMRI study using expertise model of acupuncturists. *Frontiers in Human Neuroscience, 9*, 99. doi:10.3389/fnhum.2015.00099

Donnelly, J. E., Hillman, C. H., Castelli, D., Etnier, J. L., Lee, S., Tomporowski, P., et al. (2016). Physical activity, fitness, cognitive function, and academic achievement in children: A systematic review. *Medicine and Science in Sports and Exercise, 48*(6), 1197-1222.

Duchateau, J. J., & Enoka, R. M. (2002). Neural adaptations with chronic activity patterns in able-bodied humans. *American Journal of Physical Medicine and Rehabilitation, 81*(11 Suppl.), S17-S27.

Farthing, J., Borowsky, R., Chilibeck, P., Binsted, G., & Sarty, G. (2007). Neurophysiological adaptations associated with cross-education of strength. *Brain Topography, 20*(2), 77-88.

Farthing, J., Krentz, J., Magnus, C., Barss, T., Lanovaz, J., Cummine, J., et al. (2011). Changes in functional magnetic resonance imaging cortical activation with cross education to an immobilized limb. *Medicine and Science in Sports and Exercise, 43*(8), 1394-1405.

Fauvel, B., Groussard, M., Chetelat, G., Fouquet, M., Landeau, B., Eustache, F., et al. (2014). Morphological brain plasticity induced by musical expertise is accompanied by modulation of functional connectivity at rest. *Neuroimage, 90*, 179-188.

Fine, C. (2010). From scanner to sound bite: Issues in interpreting and reporting sex differences in the brain. *Current Directions in Psychological Science, 19*(5), 280-283.

Firth, J., Rosenbaum, S., Stubbs, B., Gorczynski, P., Yung, A. R., & Vancampfort, D. (2016). Motivating factors and barriers towards exercise in severe mental illness: A systematic review and meta-analysis. *Psychological Medicine, 46*(14), 2869-2881.

Gupta, R., Koscik, T. R., Bechara, A., & Tranel, D. (2011). The amygdala and decision-making. *Neuropsychologia, 49*(4), 760-766.

Hallett, M., Shahani, B., & Young, R. (1975). EMG analysis of stereotyped voluntary movements in man. *Journal of Neurology, Neurosurgery, and Psychiatry, 38*(12), 1154-1162.

Hendy, A., Spittle, M., & Kidgell, D. (2012). Cross education and immobilisation: Mechanisms and implications for injury rehabilitation. *Journal of Science and Medicine in Sport, 15*(2), 94-101.

Hillman, C., Kamijo, K., & Scudder, M. (2011). A review of chronic and acute physical activity participation on neuroelectric measures of brain health and cognition during childhood. *Preventive Medicine, 52*(Suppl. 1), S21-S28.

Hortobagyi, T., Lambert, N., & Hill, J. (1997). Greater cross education following training with muscle lengthening than shortening. *Medicine and Science in Sports and Exercise, 29*(1), 107-112.

Jancke, L., Shah, N., & Peters, M. (2000). Cortical activations in primary and secondary motor areas for complex bimanual movements in professional pianists. *Cognitive Brain Research, 10*(1-2), 177-183.

Johnston, R. B., Howard, M. E., Cawley, P. W., & Losse, G. M. (1998). Effect of lower extremity muscular fatigue on motor control performance. *Medicine and Science in Sports and Exercise, 30*(12), 1703-1707.

Karni, A., Meyer, G., Rey-Hipolito, C., Jezzard, P., Adams, M., Turner, R., et al. (1998). The acquisition of skilled motor performance: Fast and slow experience-driven changes in primary motor cortex. *Proceedings of the National Academy of Sciences, 95*(3), 861-868.

Kelly, A. M., & Garavan, H. (2005). Human functional neuroimaging of brain changes associated with practice. *Cerebral Cortex, 15*, 1089-1102.

Kent-Braun, J., & Le Blanc, R. (1996). Quantitation of central activation failure during maximal voluntary contractions in humans. *Muscle and Nerve, 19*(7), 861-869.

Kent-Braun, J., Sharma, K., Weiner, M., Massie, B., & Miller, R. (1993). Central basis of muscle fatigue in chronic fatigue syndrome. *Neurology, 43*(1), 125-131.

Kramer, A., Colcombe, S., Erickson, K., Belopolsky, A., McAuley, E., Cohen, N., et al. (2002). Effects of aerobic fitness training on human cortical function: A proposal. *Journal of Molecular Neuroscience, 19*(1-2), 227-231.

Lacourse, M., Orr, E., Cramer, S., & Cohen, M. (2005). Brain activation during execution and motor imagery of novel and skilled sequential hand movements. *Neuroimage, 27*(3), 505-519.

Lee, M., Gandevia, S., & Carroll, T. (2009). Unilateral strength training increases voluntary activation of the opposite untrained limb. *Clinical Neurophysiology, 120*(4), 802-808.

Lenroot, R. K., & Giedd, J. N. (2010). Sex differences in the adolescent brain. *Brain and Cognition, 72*(1), 46-55.

Liao, Y., Shonkoff, E. T., & Dunton, G. F. (2015). The acute relationships between affect, physical feeling states, and physical activity in daily life: A review of current evidence. *Frontiers in Psychology, 6*, 1975. doi:10.3389/fpsyg.2015.01975

Lin, C., Knowlton, B., Chiang, M., Iacoboni, M., Udompholkul, P., & Wu, A. (2011). Brain-behavior correlates of optimizing learning through interleaved practice. *Neuroimage, 56*(3), 1758-1772.

Ma, L., Narayana, S., Robin, D., Fox, P., & Xiong, J. (2011). Changes occur in resting state network of motor system during 4 weeks of motor skill learning. *Neuroimage, 58*(1), 226-233.

Magnus, C., Barss, T., Lanovaz, J., & Farthing, J. (2010). Effects of cross-education on the muscle after a period of unilateral limb immobilization using a shoulder sling and swathe. *Journal of Applied Physiology, 109*(6), 1887-1894.

Mahncke, H., Bronstone, A., & Merzenich, M. (2006). Brain plasticity and functional losses in the aged: Scientific bases for a novel intervention. *Progress in Brain Research, 157*, 81-109.

Matsui, T., Soya, S., Okamoto, M., Ichitani, Y., Kawanaka, K., & Soya, H. (2011). Brain glycogen decreases during prolonged exercise. *Journal of Physiology, 589*(Pt 13), 3383-3393.

McDonnell, M., Smith, A., & Mackintosh, S. (2011). Aerobic exercise to improve cognitive function in adults with neurological disorders: A systematic review. *Archives of Physical Medicine and Rehabilitation, 92*(7), 1044-1052.

Meeusen, R., & Watson, P. (2007). Amino acids and the brain: Do they play a role in "central fatigue"? *International Journal of Sport*

Nutrition and Exercise Metabolism, 17(Suppl.), S37-S46.

Mills, K. L., Goddings, A.-L., Herting, M. M., Meuwese, R., Blakemore, S.-J., Crone, E. A., et al. (2016). Structural brain development between childhood and adulthood: Convergence across four longitudinal samples. *Neuroimage, 141*, 273-281.

Newsholme, E., & Blomstrand, E. (2006). Branched-chain amino acids and central fatigue. *Journal of Nutrition, 136*(1 Suppl.), 274S-276S.

Peltier, S. J., LaConte, S. M., Niyazov, D. M., Liu, J. Z., Sahgal, V., Yue, G. H., et al. (2005). Reductions in interhemispheric motor cortex functional connectivity after muscle fatigue. *Brain Research, 1057*, 10-16.

Petersen, S., van Mier, H., Fiez, J., & Raichle, M. (1998). The effects of practice on the functional anatomy of task performance. *Proceedings of the National Academy of Sciences, 95*(3), 853-860.

Plante, T. (1999). Could the perception of fitness account for many of the mental and physical health benefits of exercise? *Advances in Mind-Body Medicine, 15*(4), 291-295.

Plante, T. G., Coscarelli, L. L., Caputo, D. D., & Oppezzo, M. M. (2000). Perceived fitness predicts daily coping better than physical activity or aerobic fitness. *International Journal of Stress Management, 7*(3), 181-192.

Ramachandran, V., Brang, D., & McGeoch, P. (2010). Dynamic reorganization of referred sensations by movements of phantom limbs. *Neuroreport, 21*(10), 727-730.

Raznahan, A., Lee, Y., Stidd, R., Long, R., Greenstein, D., Clasen, L., et al. (2010). Longitudinally mapping the influence of sex and androgen signaling on the dynamics of human cortical maturation in adolescence. *Proceedings of the National Academy of Sciences, 107*(39), 16988-16993.

Riordan, C., Faddis, B. J., Beam, M., Seager, A., Tanney, A., DiBiase, R., et al.; Office of Planning, Evaluation and Policy Development Department of Education. (2008). *Early Implementation of Public Single-Sex Schools: Perceptions and Characteristics*. US Department of Education [serial online]. August 1, 2008.

Roelands, B., Klass, M., Levenez, M., Fontenelle, V., Duchateau, J., & Meeusen, R. (2011). Neurotransmitter modulation and supraspinal fatigue. *British Journal of Sports Medicine, 45*(15), A12.

Sanders, G. (2011). Sex differences in coincidence-anticipation timing (CAT): A review. *Perceptual and Motor Skills, 112*(1), 61-90.

Sanes, J., & Jennings, V. (1984). Centrally programmed patterns of muscle activity in voluntary motor behavior of humans. *Experimental Brain Research, 54*(1), 23-32.

Sax, L. (2006). *Why gender matters: What parents and teachers need to know about the emerging science of sex differences*. New York: Broadway Books.

Smith, M., McEvoy, L., & Gevins, A. (1999). Neurophysiological indices of strategy development and skill acquisition. *Brain Research. Cognitive Brain Research, 7*(3), 389-404.

Tanaka, M., Shigihara, Y., & Watanabe, Y. (2011). Central inhibition regulates motor output during physical fatigue. *Brain Research, 1412*, 37-43.

Taubert, M., Mehnert, J., Pleger, B., & Villringer, A. (2016). Rapid and specific gray matter changes in M1 induced by balance training. *Neuroimage, 133*, 399-407.

Taubert, M., Villringer, A., & Lehmann, N. (2015a). Endurance exercise as an "endogenous" neuro-enhancement strategy to facilitate motor learning. *Frontiers in Human Neuroscience, 9*, 692. http://doi.org/10.3389/fnhum.2015.00692

Taubert, M., Wenzel, U., Draganski, B., Kiebel, S. J., Ragert, P., Krug, J., et al. (2015b). Investigating neuroanatomical features in top athletes at the single subject level. *PLoS One, 10*(6), e0129508. http://doi.org/10.1371/journal.pone.0129508

Toole, T. T., & Kretzschmar, J. C. (1993). Gender differences in motor performance in early childhood and later adulthood. *Women in Sport and Physical Activity Journal, 2*(1), 41-71.

Voss, M., Nagamatsu, L., Liu-Ambrose, T., & Kramer, A. (2011). Exercise, brain, and cognition across the life span. *Journal of Applied Physiology, 111*(5), 1505-1513.

Wadman, W. J., Denier van der Gon, J. J., Geuze, R. H., & Mol, C. R. (1979). Control of fast goal-directed arm movements. *Journal of Human Movement Studies, 5*(1), 3-17.

Yamamoto, T., & Newsholme, E. (2000). Diminished central fatigue by inhibition of the L-system transporter for the uptake of tryptophan. *Brain Research Bulletin, 52*(1), 35-38.

움직임을 수행하는 말초 근신경 기전

이 장의 목적, 중요성, 목표

이 장의 목적은 움직임을 책임지는 일차적인 근신경 구조와 그 구조들이 효율적인 운동 기술 수행을 어떻게 조정하는지를 말하는 데에 있다. 신경계가 운동 단위를 조절하는 여러 가지 방법들과 움직임을 수행하는 근골격계의 특징에 중점을 두었다. 이 구조들과 이 구조들이 작동하는 성질을 이해하는 것은 숙련된 운동 수행능력이 어떻게 수행되는지와 더 나아가 움직임을 조절하는 신경계를 극대화시키기 위해 사용되는 훈련 지시나 재활 전략을 이해하게 해준다.

이번 장을 마친 후, 아래의 내용을 설명할 수 있어야 한다.

1. 운동 단위의 기본 생리학과 조직에 대하여 말할 수 있다.
2. 운동 단위의 성질과 특징, 그것들이 운동 단위 행동에 어떻게 영향을 미치는지 말할 수 있다.
3. 신경계가 운동 단위의 힘 출력을 조절하는 세 가지 방식에 대하여 구체적으로 말할 수 있다.
4. 근육 내와 근육 간의 협응을 구별하여 말할 수 있다.
5. 훈련이 어떻게 운동 단위 행동에 영향을 미치는지 말할 수 있다.
6. 골격근의 특징과 어떤 신경계가 이 특징들을 조절하는지에 대하여 구체적으로 말할 수 있다.
7. 힘-속도와 길이-긴장 관계, 그리고 움직이는 동안 그것들이 어떻게 작용하는지에 대하여 말할 수 있다.
8. 근육의 기계적인 성질에 관련된 훈련에 의한 영향에 대하여 말할 수 있고, 훈련 결과 발생 가능한 움직임의 성질 변화에 대하여 평가할 수 있다.

뇌에서 만들어지고 시작된 행동 계획은 최종적으로는 말초신경계(peripheral nervous system, PNS)와, 움직임 계획을 실행하는 데 중요한 특정 근신경 구조로 나온다. 최종적인 수행을 책임지는 구조물은

운동 단위(motor unit, MU)이다. 하나의 운동 단위는 한 개의 하부 운동 뉴런과 그 뉴런이 지배하는 근육섬유들로 이루어져 있다. 바로 이곳에서 움직임 계획이 일련의 신경계 전기 신호 세트에서 변환되어 골격근 움직임의 특정 패턴과, 결과적으로 힘과 움직임의 기계적인 출력으로 바뀐다. 최종적인 움직임의 결과는 근육의 성질이나 근육 수축을 어떻게 조합해 움직임의 힘과 방향과 속도로 바꿀지를 조절하는 생체역학 시스템에 의해서도 영향을 받는다. 움직임에 대한 신경 조절과 근육의 기계적인 출력 사이의 관계를 **근신경역학**(neuromuscular mechanics)이라고 하며, 줄여서 신경역학(neuromechanics)이라고도 한다. 이 장에서는 우리는 우선 운동 단위와 근육의 움직임에 초점을 맞추며, 이차적으로 근육의 신경역학적 성질을 알아본다.

운동 단위

중추신경계(Central nervous system, CNS) 운동 명령의 최종 공통 경로는 운동 단위의 운동 뉴런이다(그림 3.1). 이들 운동 뉴런의 축삭돌기들 각각은 많은 축삭 다발로 가지를 내고 있고, 이 다발들 각각은 근신경 연접 부위라 불리는 시냅스를 통하여 근섬유에 연결된다. 운동 단위는 중추신경계에 의해 조절되는 가장 작은 움직임 단위이다. 한 **운동 단위 그룹**(Motor unit pool, 혹은 운동 뉴런 풀)은 한 특정 근육이나 근육 집단을 흥분시키는 모든 운동 뉴런을 모아놓은 것이다. 각각의 운동 뉴런은 15개에서 2000개의 근섬유를 흥분시키며 이는 근육에 따라 달라진다(Gath & Stålberg, 1981; Santo Neto 등, 1998). **신경지배율**(Innervation ratio)은 한 뉴런과 그에 의해 지배되는 근섬유 수의 비율이다. 미세한 조절을 위한 근육은 작은 신경지배율을 가졌으며, 큰 움직임 근육은 더 큰 신경지배율을 가지는 경향이 있다. 예를 들어 손의 작은 내재근은 약 130개의 운동 뉴런을 가지며 평균적인 신경지배율이 약 1:110인데(Santo Neto 등, 1998), 후두 내재근은 약 1:10의 비율을 가지고 있다(Santo Neto & Marques, 2008). 외측 광배근(vastus lateralis)이나 비복근(gastrocnemius)과 같은 큰 근육은 약 1:1500이나 1:2000과 같은 신경지배율을 가질 수 있다(Enoka, 1995; Rich 등, 1998).

한 운동 단위 안의 근섬유는 같은 종류(예: 속근, 지근)이며, 퍼져서 같은 부위(내측, 외측, 표층부, 심

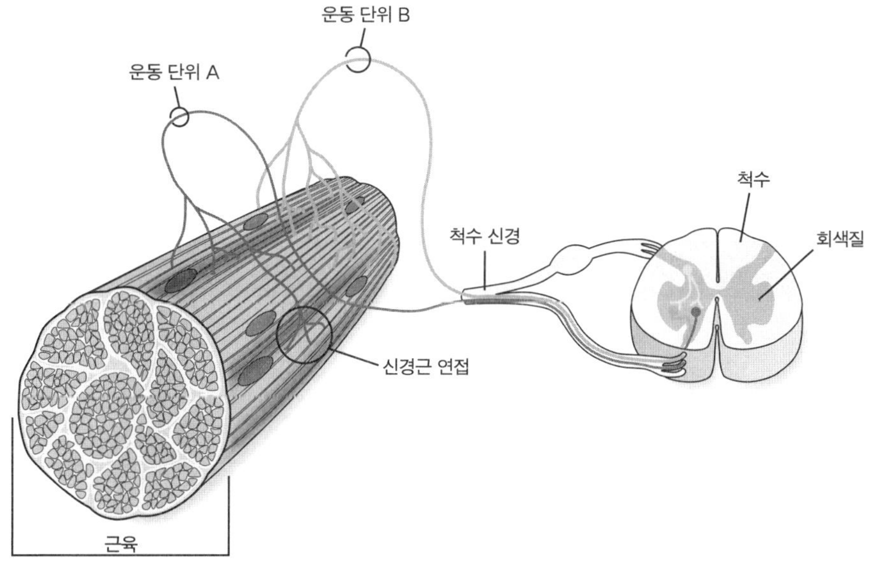

그림 3.1 운동 단위의 구성 운동 단위 A는 운동 단위 B보다 작은 신경지배 비율을 가지고 있다. 근섬유들이 근육의 심부와 표층부에 걸쳐서 분포해 있다는 것을 알아야 한다.

층부)의 다른 운동 단위의 근섬유들과 섞이게 된다(Enoka, 1995). 추가적으로 대부분의 근육 섬유는 전체 근육의 길이만큼 연장되어 있지 않고, 근육의 원위부와 근위부에 모여 있다. 특정 종류의 운동 단위는 모여서 그룹을 이루는데, 예를 들면 속근 섬유는 근육의 표층부와 더 원위 부착 부위에 모이기도 한다(Knight & Kamen, 2005). 이렇게 근육 내에서도 운동 단위가 모여 분리된 구획을 이룬 영역들은 '작업 그룹(task group)'으로 독립적으로 조절될 수 있다(Bawa, 2002).

생각해보기 3.1 뉴런 종류와 근섬유 수

대부분의 지근 운동 단위는 작은 신경지배율을 가지고 있기 때문에, 속근 운동 단위에 비하여 특정 부피의 근육량을 만들어내기 위해서 더 많은 운동 단위가 필요하다. 실제로 전형적인 가자미근은 약 70%의 지근 섬유를 가지고 있으나, 이 지근 섬유를 활성화하기 위해 운동 뉴런 풀의 93%를 사용한다. 비슷하게 삼두근은 단지 30%의 지근 섬유를 가지고 있지만 이 지근 섬유를 활성화하기 위해서는 75%의 운동 뉴런 풀이 필요하다(Enoka & Fuglevand, 2001). 이 자료들은 특히 노인이나, 다양한 근신경 질환에 대한 임상적인 중요성을 가지고 있다. 노화 과정은 속근섬유의 감소를 유발하는 것으로 보이며, 많은 질환들인 속근 뉴런을 우선적으로 공격한다. 이런 점을 유념하며, Enoka와 Fuglevand의 자료(2001)를 이용해 노화와 대부분의 근신경 질환에서 어떤 근육이 더 영향을 받고, 결과적으로 어떤 종류의 움직임이 영향을 받는지 생각해보라.

운동 단위의 특성들

운동 단위 크기는 고전적으로 그들의 뉴런 사이즈에 기초하여 큰 것부터 작은 것까지 분류되었으나(Mendell, 2005), 연구자들은 부착된 근섬유 수에 기초하여서도 운동 단위의 크기를 기능적으로 정의해 놓았다(예: Santo Neto 등, 1998)(표 3.1). 일반적으로 작은 운동 단위는 적은 근섬유 수를 가지며, 큰 운동 단위는 많은 근섬유 수를 가진다. 운동 단위 크기 정의는 크고 작은 운동 단위를 나눌 수 있는 정밀한 축삭 크기나 신경지배율이 없기 때문에 매우 상대적인 개념이다. 크고 작은 운동 단위는 그것들의 기능에 중요한 몇몇 특징을 지니는 경향이 있다. 이 특성들에는, 아래에 상술된 바와 같이 활성화 에너지 요건, 근섬유 종류, 제어의 정밀도가 포함된다.

큰 운동 단위의 큰 직경의 뉴런은 역치 수준에 도달하기 위해서 더 큰 자극 에너지가 필요하며, 결과적으로 활성화에 더 긴 시간이 걸린다(Mendell, 2005). 이 운동 단위들은 고 역치 운동 단위라고도 불린다. 작은 운동 단위는 지근 섬유(type I, 유산소, 피로저항성)를 가지는 경향이 있으며, 큰 운동 단위는 속근

표 3.1 운동 단위의 성질과 특성

	소	중	대
신경/축삭 크기	소	중	대
근섬유의 수	적음	중간	많음
근섬유의 종류	느린 연축	둘 다/중간	빠른 연축
연축 활성화에 필요한 에너지	최소	중간	많음
동원 순서	첫 번째	두 번째	세 번째
기능	인내/정확성	혼합	힘/파워

섬유(type IIb 혹은 IIX, 무산소, 빠르게 피로해짐)를 가지는 경향이 있고, 중간 크기 운동 단위는 type I 혹은 type IIa와 같은 중간적인 섬유를 가질 수 있다(Lieber, 2002; Mendell, 2005). 전체적인 경향은 지근 운동 단위는 작은 신경지배율을, 속근 단위는 큰 신경지배율을 가지는 것이지만, 항상 그런 것은 아니며, 성별과 근육에 따라서 다양할 수 있다는 점을 알고 있어야 한다. 예를 들어 손의 속근 섬유를 가진 큰 운동 단위는 대퇴직근의 큰 운동 단위에 비해서 상대적으로 작은 신경지배율을 가질 수 있다. 작은 신경지배율은 섬세하고 좀 더 정확한 근육 힘의 조절을 가능하게 한다.

운동 단위 행동의 원칙

뇌는 오직 한 운동 단위부터 수천 수만에 이르는 운동 단위까지를 선택적으로 활성화시킬 수 있어서, 운동 단위 활성과 **동원**(recruitment)에 있어 어떻게 운동 단위들을 선택할지가 문제가 된다. 이런 문제점을 최소화하기 위해서 운동 단위들의 활성화를 조절하는 다양한 '규칙들'이 있다. 이런 규칙들 중 가장 우선이 되는 것은 실무율과 동원 크기의 원칙이다.

실무율(all-or-none principle)은 각 운동 단위에서의 근섬유 활성화에 관한 것이다. 운동 단위에서의 근섬유는 뉴런의 활동 전위에 반응하여 모두 수축하거나 모두 수축하지 않는다. **동원 크기의 원칙**(size principle of recruitment)은 운동 단위가 동원될 때, 작은 단위부터 시작하여 큰 단위로 단계적인 순서로 동원되는 것을 이야기한다. 이 원칙은 탈동원(derecruitment)에도 적용되는데, 운동 단위들이 큰 것에서 작은 것 순서로 동원에서 벗어난다. 순서대로 동원이 이루어지는 주된 원인은 신경의 크기와 역치값(threshold)에 도달하기 위해 필요한 에너지 때문이다. 위에 언급된 것과 같이, 큰 뉴런들은 더 큰 에너지를 필요로 하며, 이에 더하여 수상돌기의 수, 축삭돌기의 직경, 조직의 전기적 저항성, 신경 전달 물질 수용체 민감도, 수상돌기와 세포체의 시냅스 분포 등과 같은 동원을 지연시키는 형태적인 특징들을 가질 수 있다.

동원 크기의 원칙은 강력한 생리학적 기전이다. 동원의 순서가 일정하지 않다고 알려져 있으나, 몇몇 운동 단위의 작업 특화된 활성화(task-specific activation)에 의해 운동 단위가 무질서하게 활성화되는 것처럼 보인다고 생각되고 있다. 예를 들어 다기능 근육 내 어떤 운동 단위들은 한 운동의 동작에는 참여할 수 있지만, 다른 종류의 운동 동작에는 참여하지 않으며, 어떤 운동 단위는 신장성(concentric) 수축에만 동원되고 단축성(eccentric) 수축에는 동원되지 않을 수도 있다.

개 • 념 • 설 • 명

근전도 검사와 근운동 기록기

뉴런 활동 전위는 수축 작용을 시작하는 근섬유에 전기적인 활동을 시작하게 하며, 근섬유를 따라 전달된다. 이런 근 전기 활동은 근육(혹은 운동) 활동 전위라고 불리며, **근전도**(electromyography, EMG)라는 기술로 전극을 가지고 측정될 수 있다. 전극은 근육에 삽입될 수도 있고(삽입 전극, indwelling) 근육 위의 피부에 위치할 수도 있다(표면 근전도, surface EMG). EMG를 어떻게 세팅하느냐에 따라서, 단일 근 활동 전위 혹은 많은 근 활동 전위의 혼합된 총합이 측정될 수 있다. 근 활동 전위와 측정 기록 장치 내에서 합쳐져서 기록된다면, 그 결과를 간섭 패턴(interference pattern)이라고 부른다. **근운동 기록기**(mechanomyography, MMG)는 근 활동을 측정하기 위해서 최근에 개발된 것이다. MMG는 특수한 압전 진동 센서(piezoelectric vibration sensors)를 피부 표면에 부착하여, 수축 동안의 극미한 진동을 측정한다. 더 큰 진동은 더 많은 근섬유 분절(sarcomere)의 수축과 연관이 있다. EMG는 근육 기능의 일반적인 4가지 항목을 측정하기 위하여 수십 년 동안 사용되어왔다.

첫 번째는 근 타이밍(muscle timing)으로 언제 근육이 켜지고 꺼지는지와 같은 것이다. 두 번째는 상대적인 근육 힘(relative muscle force)이고, 세번째는 근 피로(muscle fatigue), 마지막은 근육의 병리(muscle pathology)이다. 각 항목마다 장비의 정밀화와 컴퓨터 처리, 데이터에 대한 해석의 필요가 증가하고 있다.

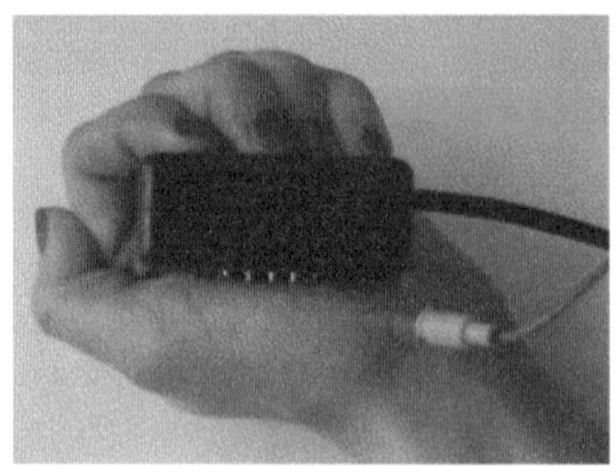

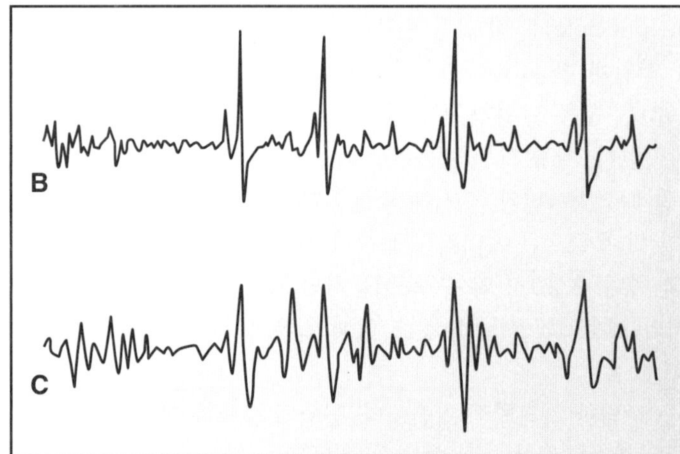

표면과 침 전극(needle electrode)이 엄지 근육의 전기적인 활동을 기록하고 있다. **A.** 엄지 근육에 삽입된 침 전극이 근육 조직 내 제한된 부위의 근육 활동 전위를 측정하며, 반면에 특별하게 고안된 다전극 배치(multielectrode array)로 같은 근육의 표면으로부터 측정한다. **B.** 침전극으로부터 기록된 근전도. EMG 신호에 보이는 많은 급등점(spike)은 개별적인 운동 단위에서 측정된 것일 수 있다. **C.** 표면 전극으로부터 측정된 EMG는 더 많은 전기적 활동을 측정하고 감지하고 기록하여, 간섭 패턴을 이루고 있다. (사진 제공: Hogrel, J.-Y. [2005]. Clinical applications of surface electromyography in neuromuscular disorders. *Clinical Neurophysiology, 35*[2], 59-71, 61.)

운동 단위 동작(moter unit behavior)에 의한 힘 생산의 조절

운동 단위는 근육 수축의 힘을 조절하기 위해서 활성화된다. 운동 단위는 개별적인 근육 내 작은 힘을 조절하기 위해서나 팔다리와 몸 전체의 움직임을 조절하기 위해 활성화된다. 신경계는 세 가지 기본적인 요소로 힘의 출력을 조절한다. ① 운동 단위의 동원(recruitment), ② 운동 단위의 비율 부호화(rate coding), ③ 운동 단위들과 근육들의 조화 운동(coordination).

운동 단위 동원

근육 힘 생산은 활성화된 운동 단위의 수를 증가시키거나 감소시켜서 변화시킬 수 있는데, 이는 효과적

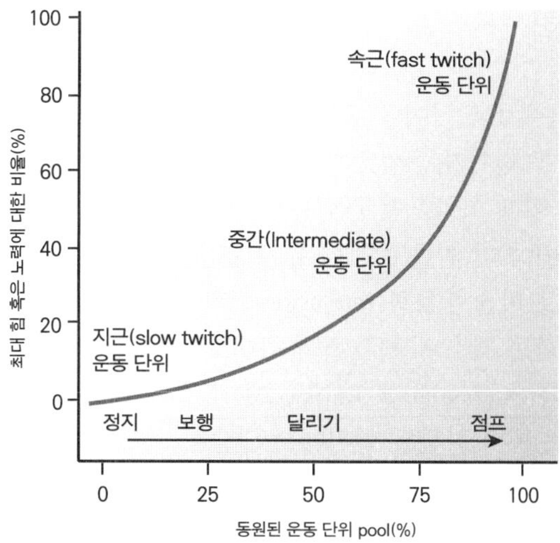

그림 3.2 노력의 정도와 동원된 운동 단위 퍼센티지, 운동 단위 종류의 관계. 작은 운동 단위는 전형적으로 지근(slow, twitch, type I)이며, 먼저 동원된다. 큰 운동 단위는 보통 속근(fast twitch, type IIb or IIx)이며 지근 운동 단위와 중간(intermediate, type IIa) 단위가 동원된 후에 동원된다. (Based on Edgerton, V. R., Roy, R. R., Bodine, S. C., & Sacks, R. D. [1983]. The matching of neuronal and muscular physiology. In K. T. Borer, D. W. Edington, & T. P. White [Eds.], *Frontiers of exercise biology* [pp. 51–70]. Champaign, IL: Human Kinetics)

으로 활성화된 근육 조직의 양을 증가시키고 감소시킨다(그림 3.2). 이 활성화는 운동 단위 동원 크기의 원칙(the size principle of motor unit recruitment)을 따른다. 작은 운동 단위는 먼저 활성화되고, 이후에 큰 운동 단위가 뒤따른다. 더 큰 운동 단위는 더 많은 근육을 가지고 빠르게 연축(fast twitch)하는 경향이 있어서, 더 많은 운동 단위를 활성화하는 것은 일반적으로 활성화된 근육 조직의 양을 크게 증가시킨다. 순차적인 동원의 결과는 굉장히 실용적이다. 작은 운동 단위는 적은 근섬유를 가지고 있고, 힘 출력의 섬세한 조절을 가능하게 하여 정확한 움직임을 하기에 더 유리하다. 이것이 손과 눈, 얼굴의 근육들이 작은 운동 단위를 가지고 있는 주된 이유이다. 이 작은 운동 단위들은 이완기 동안에도 역시 늦게 탈동원되며, 운동이 지속될 경우에 가장 활동적이다. 이 지근 섬유들(slow-twitch fibers)의 두드러지는 피로 저항적인 특성은 이 종류의 활동에 적합하다.

더 큰 속근 운동(fast twitch) 단위는 등척성 수축에서 최대 힘 출력의 최소 60%를 낼 때까지 보통 활성화되지 않는다. 몇몇 운동 단위에서는 최대 힘 출력의 85%에서 95%가 될 때까지 활성화되지 않으나, 이것은 개별적인 근육의 특성과 수축의 속도에 따라 달라진다. 예를 들어 무지내전근(adductor pollicis)은 약 55%에서 모든 단위가 동원되나, 상완 이두근은 약 85%가 될 때까지 모든 단위가 동원되지 않는다(Duchateau & Enoka, 2011; Enoka, 1995). 이들 데이터를 운동 단위 동원이 힘의 절대적 출력에 의해서만 통제되는 것으로 해석하면 안 된다. 오히려 무게를 들어올리든, 수직 점프를 하든, 준최대 수축에 의해 피로해지는 후반부 동안이든 간에 노력의 수준(level of effort)에 의해 동원이 일어날 가능성이 많다(Carpinelli, 2008). 예를 들어 최대 노력의 탄도성 훈련(ballistic training)(높은 속도, 낮은 힘)은 최대의 동원을 일으킬 수 있으나, 최대 등척성 운동의 부하의 약 33% 정도밖에 되지 않는다(Duchateau 등, 2006; Van Cutsem 등, 1998).

동시에 피로를 주는 수축 동안에 운동 단위들이 돌아가며 교대로 참여함으로써 크기 원칙의 위반이 일어난다고 생각된다. 이 교대는 같은 사이즈나 동원 역치를 가지는 운동 단위에서 일어나지만 큰 운동 단위와 작은 운동 단위 사이에서는 일어나지 않는 것으로 보인다(Bawa 등, 2006).

운동 단위의 비율 부호화

단일 활동 전위 하나가 근육에 도달하여 근육의 활동 전위를 일으킬 때, 근육은 단일 연축 수축을 하고 즉시 이완된다. 반복적인 활동 전위가 근섬유에 도달하면, 그것들은 반복적인 연축을 일으킨다. 반복적인 연축이 다른 연축 직후에 가깝게 따라오면 근섬유는 이완될 시간이 없고, 긴장은 합쳐지기 시작한다. 활동 전위의 **발화율**(firing rate)이 더 빠를수록 더 많은 긴장이 합쳐진다(그림 3.3). 힘 생산을 조절하기 위해서 발화율을 조절하는 것을 **비율 부호화**(rate coding)라고 부른다.

사람 근육의 비율 부호화는 최소 5~8Hz에서 최대로는 등척성 수축에서 약 50~60Hz, 탄도성 수축에서는 120Hz에까지 이른다(Duchateau & Enoka, 2011)(그림 3.4). 빠른 발화율은 두 가지 방식으로 긴장을 합치게 한다. 첫째로 반복적인 활동 전위에서 칼슘이 재흡수될 수 있는 충분한 시간을 갖지 못하여, 근육 세포 안에 많은 칼슘이 존재하게 된다. 이 현상은 교차 다리들(cross bridges)의 수를 극대화하

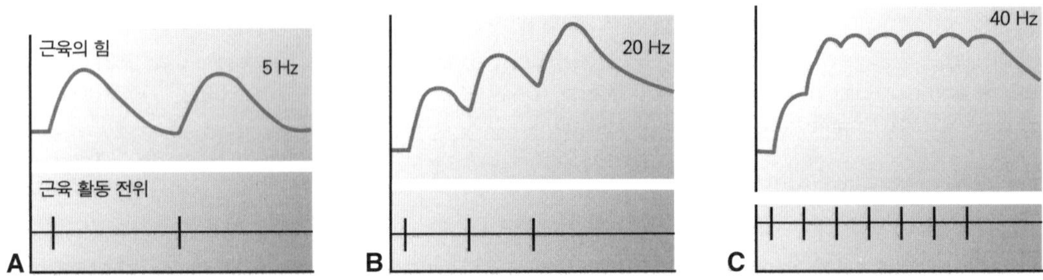

그림 3.3 발화율과 힘. A. 느린 뉴런 발화율은 근육에서 힘이 합쳐지게 하지 못한다. 왜냐하면 연축 수축 동안 근육이 이완될 시간을 가지기 때문이다. B. 더 빠른 발화율은 완전한 연축 이완을 허용하지 않아 힘이 합쳐지도록 한다. C. 가장 빠른 발화율에서는 힘이 완전히 합쳐진다. 이 그림은 합쳐지지 않은 강축 상태(unfused tetanus)를 묘사하고 있으며, 힘이 높은 발화율로 인해 최대치에 달하고 있다.

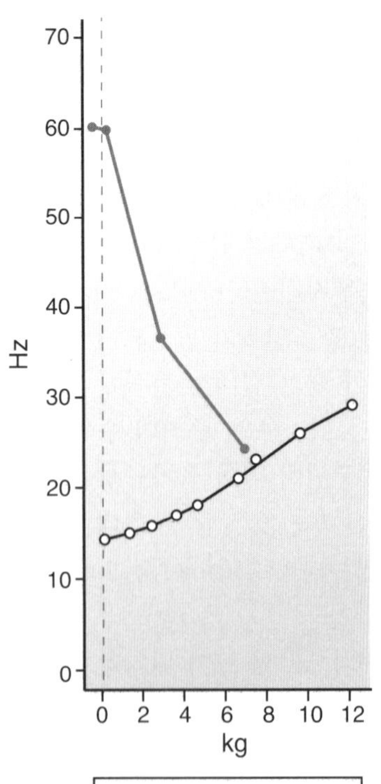

그림 3.4 이 그래프는 빠른 탄도적 수축(rapid ballistic-type contractions) 조절되어 증가하는 등척성 수축(controlled ramp isometric contraction) 사이의 발화율 차이를 보여준다. 단일 운동 단위의 발화율은 삽입 전극에 의해 기록되었으며, 천천히 증가하는 등척성 수축과 최고 속도 탄도성 수축(attempted maximally fast ballistic ontraction) 동안에 전 경골근에서 측정되었다. 느린 등척성 수축은 약 15Hz의 발화율에서 시작하여 12kg의 최대 힘에서 30Hz까지 증가한다. 탄도성 수축은 최대 60Hz의 발화율에서 시작하며, 힘이 증가할수록 감소한다. (Desmedt, J., & Godaux, E. [1977]. Ballistic contractions in man: Characteristic recruitment pattern of single motor units of the tibialis anterior muscle. *Journal of Physiology, 264*[3], 673-693. Figure 4, p.680)

게 된다. 두 번째로 근육 내 탄성 요소가 이완될 충분한 시간을 가지지 못하기 때문에, 그 요소들이 스트레칭된 상태로 남아, 긴장이 증가하게 된다. 만약 연축들(twitches)이 충분히 빠르게 일어난다면, 강축(tetanus) 상태를 일으킨다. 사람에게 인공적인 자극을 줄 때, 강축은 단일 연축보다 3~15배로 힘 출력을 증가시킬 수 있다(Enoka, 1995). 그럼에도 사람에게 정상적으로 감축이 일어나는지는 확실치 않다. 운동 단위 동원과 유사하게 매우 빠른 발화율은 고강도 수축을 할 때까지 보이지 않는다. 예를 들어 Conwit 등의 연구(1999)는 대퇴사두근에서 MVC의 30%까지 안정적인 발화율을 보여주며, MVC의 100%까지 지속적으로 증가한다.

그러면 신경계는 어떻게 운동 단위 동원과 발화율을 조합시키는가? 만약 더 큰 힘이 필요하면 운동 단위를 더할 것인가? 발화율을 증가시킬 것인가? 둘 다 일어나지만, 정확히 무엇이 일어날지는 어떤 근육인지와 움직임의 종류에 달려 있다. 손과 같은 곳에 있는 작은 근육들은 30%의 최대 힘에도 모든 운동 단위가 동원되며, 그러고 나서 추가적인 힘은 비율 부호화에 의해 얻는다. 큰 근육들은 비율 부호화를 좀 더 초기에 이용할 수 있으며, 최대 노력의 80~90%에 이르기 전까지 모든 운동 단위를 동원하지 않는다. Monster와 Chan(1977)에 의한 고전적인 연구에서, 손가락 근육에서 첫 번째로 동원된 운동 단위는 느리게 증가하는 등척성 수축에서 발화율이 빠르게 증가하여 안정기를 이루고, 이후 수축기 대부분에서 활동이 유지된다. 큰 힘에서는 수많은 운동 단위들이 빠르게 연쇄적으로 동원되며, 각각의 운동 단위는 그 발화율을 최고 수준까지 증가시키며, 그러고 나서 탈동원된다.

많은 다른 요소들이 동원과 비율 부호화 사이의 상호작용에 영향을 준다. 예를 들어 상대적으로 같은 일 부하(workload)에도 정적 수축과 동적 수축은 다른 동원과 비율 부호화 행동을 보이며, 단축성과 신장성 수축에서도 같은 차이가 나타난다(Enoka & Fuglevand, 2001; Kossev & Christova, 1998a, b; Søgaard 등, 1998). 이것은 무엇인가가 수축이 시작할 때, 연관된 운동 뉴런 풀 안에서 동원 역치를 조절하며 비율 부호화와 동원 패턴을 설정할 것임을 의미한다(Enoka & Fuglevand, 2001).

새로운 운동 단위가 동원될 때, 이미 활성화된 단위에서, 힘의 증가를 부드럽게 하기 위해서 그 발화율을 감소시킬(탈촉진[disfacilitation]이라는 과정을 통해서) 것으로 추측되나(Broman등, 1985), 모든 과학자들이 이 점에 대해 동의하는 것은 아니다(Kamen & Du, 1999). 노화에 의해 생기는 근육 형태의 변화는 몸이 동원과 발화율 사이를 조절하는 방식에 영향을 줄 수 있다(Graves 등, 2000).

근신경 협응

근신경 협응은, 근육 내 힘부터 신체 전체의 힘 표출에 이르기까지 근육 힘 생산을 조절하는 가장 중요한 방법임에 틀림없다. 협응은 근육 간(intermuscular) 협응과 근육 내(intramuscular) 협응으로 분류될 수 있고, 둘 다 근육의 힘과 실생활 활동에서 움직임의 정확성을 조절하는 데 기초적인 역할을 한다. **근육 간 협응**은 근육 그룹과 몸 분절의 협응으로 정의되며, 환경과 수행 업무 요구의 정보에 따라서 효율적이고 목적성을 가진 움직임을 만들어내기 위해서 근육과 분절들이 함께 작용하는 활동을 말한다. 숙련된 댄서나 뛰어난 운동선수가 움직일 때, 협응된 움직임을 알아보기 쉽다. 움직임이 매끄럽고, 우아하며, 강력하고, 효율적이다. 움직임들이 불필요한 동작 없어 쉬워 보이기도 한다.

우리가 협응 반응이라고 보고 이해하는 동작들이 실제로는 여러 다른 근육들이 정교한 패턴에 의해 역할을 분담하여 수행하는 것이다. 근육은 빈번히 바뀔 수 있는 특정 역할을 위해 설계되어 있다. 한 근육이 어떤 때에는 주동근(agonist)으로 어떤 때에는 안정근(stabilizer)으로 어떤 때에는 중립화근(neutralizer)으로 작용한다. 수행 업무 요구의 변화에 따라 근육 간 협응이 바뀌는 것은 종종 EMG기록에도 관찰된다. 예를 들어 여러 가지 속도로 테니스 포핸드 드라이브를 시행하는 동안 10가지 몸통과 팔의 다른 근육들을 측정한 Rota 등(2012)의 연구를 생각해볼 수 있다. 이 저자들은 근육 활성의 시작과 끝 시점, 활성화 정도가 스윙 속도에 따라 크게 달라진다고 하였다. 그중 가장 극명한 변화는 팔의 강한 힘

개・념・설・명

훈련의 변수

연구자들은 발화율을 비롯하여, 비율 부호화와 동원 사이의 협응이 환경에 따라 크게 변화할 수 있다고 하였다. 수축의 종류(예: 등척성 vs 단축성), 수축 속도, 부하, 수축의 기간 모두 운동 단위 동원과 발화율에 영향을 주며, 따라서 훈련 변수에 대한 상당한 근거를 제시한다. 잘 훈련되고 최고의 기능을 가진 근신경계를 발달시키기 위해서는 여러 다른 움직임 종류와 방향, 수축 속도, 부하, 기간을 가진 훈련이 필요하다.

생산에 대항하여, 척추를 안정시키는 역할을 하는 척추기립근의 활성화가 더 빠르고 길고 강하게 일어난다는 것이다.

근육 내 협응은 효과적이고 효율적인 힘과 움직임을 만들기 위해서 한 근육 내에서 운동 단위들을 패턴화하여 사용하는 것으로 정의할 수 있다. 근육 내 협응을 조절하는 일반적인 세 가지 방법이 있다. 첫째는 우리가 이미 살펴본, 운동 단위의 발화율과 동원의 혼합과 조합이다. 두 번째 기전은 배출 패턴, 세 번째는 구획(compartmental) 협응이다.

배출 패턴(discharge patterning)은 특정 수행 업무 요구를 충족시키기 위해서, 발화율을 특이적으로 조작하는 것이다. 예를 들어 2~3개의 연속된 빠른 활동 전위(이중 혹은 삼중)는 긴장 출력을 매우 크게 증가 시킬 수 있고, 발화율이 정상으로 돌아온다고 하더라도 긴장은 매우 높게 남아 있을 수 있으며, 이 현상은 대사 비용을 낮출 수 있다. 탄도성 수축 시작 시기의 거의 최대치에 근접한 발화율은 움직임이 이루어지는 동안 매우 빠르게 감소한다. 또 다른 배출 패턴은 근육 지혜이다. **근육의 지혜**(muscle wisidom)는 피로 상황에서 방전 속도가 변하는 것을 말한다(Garland & Gossen, 2002)(그림 3.5). 피로 상황에서는 운동 단위의 발화율이 느려지는 현상이 생기며, 이것은 대사 노폐물의 축적이나, ATP 에너지 감소와 같은 생리적인 과정에 의한 반응이 아니다. 이 느려지는 현상은 건강한 근육에서 힘 생산과 에너지 보존을

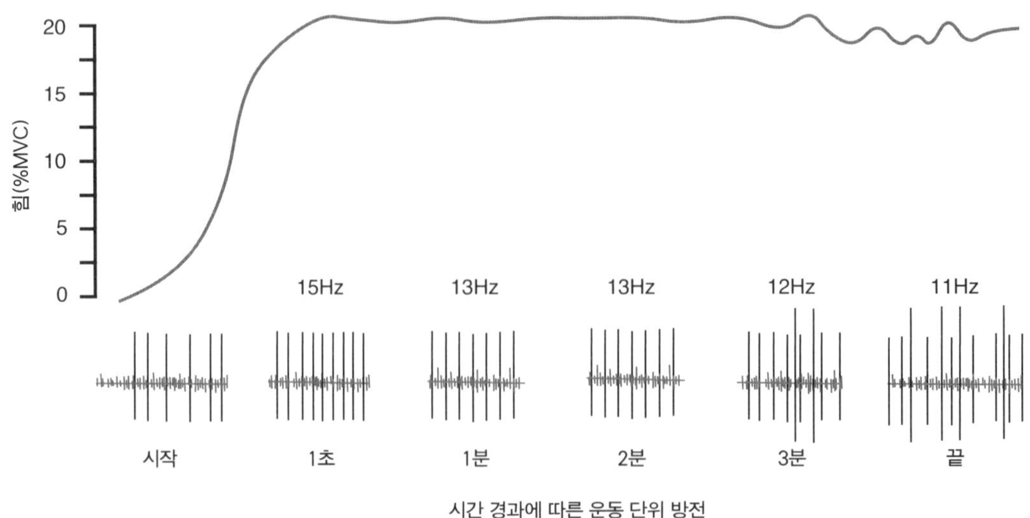

그림 3.5 피로를 일으키는 수축 동안의 근육 지혜. 시작할 때 발화율은 빠르고 다양하지만 준최대 수축을 유지하였을 때, 일정한 13Hz 발화율로 유지된다. 피로하면, 관찰되는 운동 뉴런이 12Hz에서 11Hz로 느려진다. 동시에 새로운 운동 단위가 활성화된다. 힘 곡선은 덜 매끄러울지라도 힘 생산이 유지되는 것을 보여준다. (Garland, S. J., & Gossen, E. R. [2002]. The muscular wisdom hypothesis in human muscle fatigue. *Exercise and Sport Sciences Reviews, 30*[1], 45-49)

균형 있게 조절하기 위해 자동적으로 일어나는 반응으로 보인다.

근육의 지혜는 수축을 '점프 스타트(jump start)'시키는 높은 초기 발화율과 이후 감소되는 발화율 때문인 것으로도 생각된다. 근육의 지혜는 근육이 변화하는 상태에 맞추어 신경 활동을 조절하는 적응 과정이며, 어떤 면에서는 근육 자체에 의해 조절된다고 할 수 있다(Kuchinad 등, 2004). **동기화(synchronization)**는 논란이 있지만, 또 다른 배출 패턴 과정이다. 일반적으로 운동 단위는 다른 운동 단위와 비동조적, 즉 다른 운동 단위와 비동시적으로 발화하며, 매끄러운 움직임을 만든다. 하지만 어떤 연구 자료들은 때론 다른 단위들의 동시 활성화 특히 이미 활성화된 단위들의 발화율에 동기화되어 한꺼번에 발화가 일어나는 것을 보여준다(Cormie 등, 2011a, b). 이렇게 하나로 모이는 현상은 힘의 폭발적인 생성을 가능하게 하고, 특히 복잡한 움직임에서 높은 힘 출력에서의 관절을 안정화시키기 위해 사용되는 협응 전략으로 제시되고 있다(복습을 위해서는 Cormie 등, 2011의 a, b를 참조하라).

구획 근섬유군(compartmentalization)(Enoka, 1995; Richmond, 1998)은 한 단일 근육 내 혹은 근육군 내에서 더 작으면서 독립적으로 조절되는 근섬유군을 말한다. 구획 근섬유군는 한 근육을 넘어서 다른 근육에까지 이루어질 수 있으며, 이것은 근육 간-근육 내(inter-intramusular) 협응 시스템에서는 두 근육 사이에 존재하는 단일 구획이 존재할 수 있음을 의미한다(Brown 등, 2007). 이 구획의 확인은 근육 형태에 기초할 수도 있으며(지근 혹은 속근 군), 신경 동원(근육의 특정 부분은 특정 움직임이나, 작업, 힘 필요상황에서만 활성화될 수 있는 부분)이나, 다른 생체역학적인 기능에 기초할 수도 있다(Holtermann 등, 2009). 예를 들면 생체역학적인 구획으로 잘 알려진 것으로 어깨의 삼각근은 중간, 전방부, 후방부 구획을 가진다는 것이 오래전부터 알려져 있다(그림 3.6). 그러나 새 구획이 계속해서 밝혀지고 있으며, 과거에 세 구획으로 인식되던 삼각근이 현재는 일곱 개의 구획으로 알려져 있다(Wickham & Brown, 1998). Brown 외(2007)는 주요 어깨 근육(흉근, 광배근, 삼각근)에 걸쳐서 19개의 구획을 확인하였으며, 구획은 근육에 걸쳐서 협응을 하며, 인접하는 근육에 걸쳐 있는 운동 단위들이 모여 기능적인 '작업군'을 형성한다는 것을

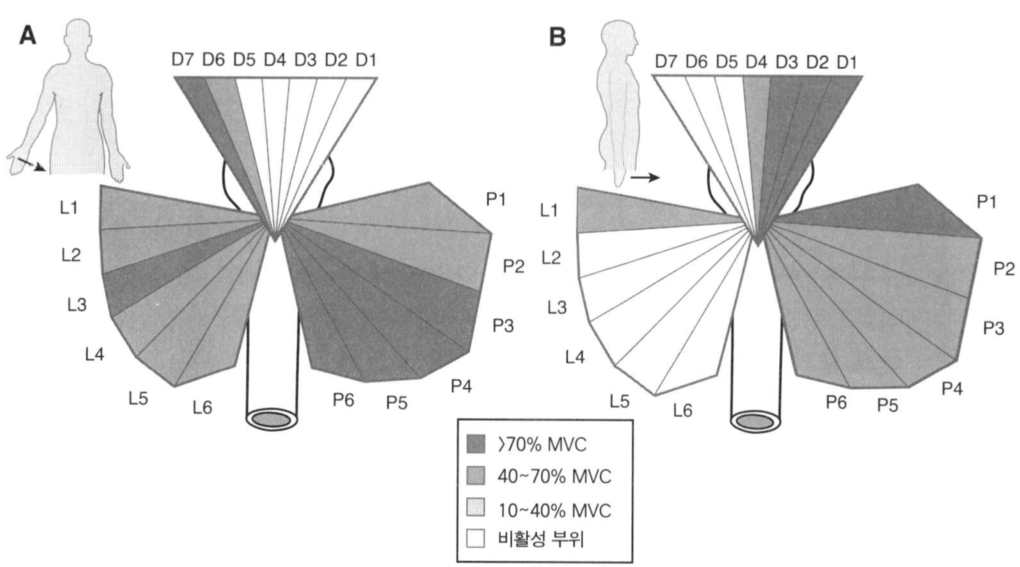

그림 3.6 다른 작업들을 수행할 때 삼각근(D1-D7), 광배근(L1-L6), 대흉근(p1-p6)의 여러 구획에 걸쳐 나타나는 근육 활동의 도식적인 그림. 상완골의 근육 삽입 부위에 대해 시상면 관점에서 본 것으로, 75% MVC 수축으로 **(A)** 등척성 어깨 내전과 **(B)** 등척성 어깨 굴곡을 하는 동안의 근육 활동도를 나타낸다. 음영은 최대치에 대한 전기적 활성도의 상대적인 양을 나타내며, 어두운 색일수록 높은 근육 활동 수준을 나타낸다. 각 구획은 주동근, 협동근, 심지어 어깨 굴곡 동안의 구획 L1과 같이, 길항근으로 작용할 수도 있다는 것을 알아야 한다. (Brown, J., Wickham, J., McAndrew, D., & Huang, X. [2007]. Muscles within muscles: Coordination of 19 muscle segments within three shoulder muscles during isometric motor tasks. *Journal of Electromyography and Kinesiology, 17*(1), 57-73)

언급하였다.

많은 근육들 내부의 구획, 특히 일련의 긴 섬유들로 이루어진 근육 구획들은 근육의 길이 부분에 따라 그룹지을 수 있다. 이것은 근육의 근위부와 원위부를 구분지으며, 조직학적 연구는 근위부와 원위부 신경지배 구역들이 존재하는 것을 보여줬다(Enoka, 1995). 구획의 정확한 역할은 잘 알려져 있지 않으나, 정밀한 작업 요구에 맞추어 근육 활동을 협응화시키는 데 있어서 근육 전체를 쓰는 것보다 더 많은 능력을 주어 신경계에게 더 많은 선택지를 제공하는 것으로 보인다.

생각해보기 3.2 종아리 근육의 협응

Walter Herzog와 그의 동료들(Kaya 등, 2003)은 고양이를 대상으로 대규모의 연구들을 진행해왔으며, 고양이의 비복근과 가자미근(soleus)의 협응에 대해 연구해왔다. 인간에서와 같이, 이 근육들은 발바닥 굽힘(plantar flexion)을 수행하기 위해 함께 사용되며 이들은 같은 원위 힘줄이 있지만 서로 다른 기시점을 갖는다. 인간과 고양이 둘 모두에서, 비복근은 무릎과 발목(두 관절: biarticualr)을 가로지르고, 가자미근은 발목 관절(한 관절: monoarticular)만 지난다. 그러나 고양이의 비복근은 주로 빠른 연축을 보이는 반면에 가자미근은 느린 연축을 보인다. 변환기(force transducer)와 EMG 전극을 고양이의 근육에 삽입하고 평지 걷기, 언덕 오르기, 그리고 빠르고 느린 움직임 중에 힘과 전기적 활성 정도를 측정하였다. 이와 같은 연구들로부터, 두 근육이 수행과제에 따라 서로 다르게 움직이는 것을 확인할 수 있었다. 예를 들어 서 있는 동안에는 비복근의 활동이 최소가 되고, 발을 빠르게 흔드는 동작에서는 비복근의 활동이 크게 증가하고, 가자미근의 활동이 줄어드는 등의 모습을 보였다. 왜 이런 근육들이 서로 다르게 움직이는지, 그리고 무엇이 이 근육들로 하여금 이런 차이점을 갖게 한다고 생각하는지와 이런 점이 사람에게 중요한지를 알고 싶다면, Kaya(2003, 2008)와 Herzog(2000)의 연구를 살펴보도록 하자.

훈련에 대한 운동 단위 행동의 적응

운동 단위의 행동은 훈련과 연습에 매우 잘 적응할 수 있는 것으로 보이며, 훈련으로 인한 수행능력 변화에 근본적인 역할을 한다(표 3.2). 비록 적응에 대해 단정적으로 언급하는 것은 주의를 기울여야 하지만(Carroll 등, 2011), 근육의 힘을 조절하는 신경성 인자(neural factor)들은 근력 훈련 프로그램 중 근력의 초기 증가와 선수들의 기능적인 근력의 미세 조정에 관여하는 것으로 제시되어왔다(Cormie 등, 2011a, b; Gabriel 등, 2006; Kamen, 2004). 근력 훈련과 파워 훈련은, 최대에 이르지 못했던 운동 단위의 활성을 최대 100%까지 활성화시키고, 평균 또는 최대 발화율을 증가시키며, 동원 크기의 원칙을 위반하지 않고 높은 역치 단위를 더 빨리 활성화시키는 것으로 알려져 있다(Van Cutsem 등, 1998; for reviews see Cormie 등, 2011a, b; Duchateau & Enoka, 2002). 게다가 높은 발화율이 더 빠르게 이루어지거나 또는 더 높은 발화율로 수축이 시작되거나, 더 많은 중첩(doublet)이 생기거나, 더 많은 동기화가 가능하게 한다(Bawa, 2002; Duchateau & Enoka, 2002, reviews). 훈련에 의해 일어나는 변화들은 훈련 요구 사항과 운동 단위 유형에 따라 나타나기도 한다. 예를 들어 큰 운동 단위에 대한 낮은 동원 역치는 대체로 느린 연축을 보이는 근육에서 주로 일어나며, 훈련 속도와 근육의 길이에 따라 결정된다(Duchateau 등, 2006). 근력 훈련 후에, 준최대 노력에 대해서 적은 운동 단위가 동원되며, 활동하는 단위들은 더 높은 방전 속도를 보이고, 다른 단위들은 더 늦게 동원되어, 근육 내 협응을 바꿀 수 있게 된다. 고정된 상태거나 훈련 중지 때는 운동 행동의 특성들이 훈련에 의한 변화의 반대로 나타나는 것에 주목해야 한다(Duchateau & Enoka, 2002).

근육 훈련중 구획 근섬유군의 근육 내 협응에 대한 이해는 아직 불명확하나, 특정 수행과제에 대해서

표 3.2 훈련에 의해 변화 가능한 운동 단위의 잠재성과 신경역학적인 적응

운동 단위 행동 변화

- 운동 단위 동원을 100%까지 극대화
- 평균과 최대 발화율 증가
- 고 역치 운동 단위가 초기에 활동 시작
- 높은 발화율에 빨리 도달
- 더 빠른 발화율로 수축을 시작
- 동조화를 포함하는 방전 패턴의 변화
- 근육 내 협응의 변화
- 준최대 노력에서 더 적은 운동 단위 동원
- 몇몇 경우 운동 단위 동원이 지연

신경역학적 변화

- 근력/파워 훈련 후 근골격 강직도의 증가
- 유연성 훈련 후 근골격 강직도의 감소
- 근력/파워 훈련 후 근육 구조의 변화
- 근력/파워 훈련 후 빠른 속도 스트레칭에 대한 내성 증가
- 근력/파워 훈련 후 근육의 힘-속도 곡선의 변화
- 근력/파워 훈련 후 탄성 복원력의 증가

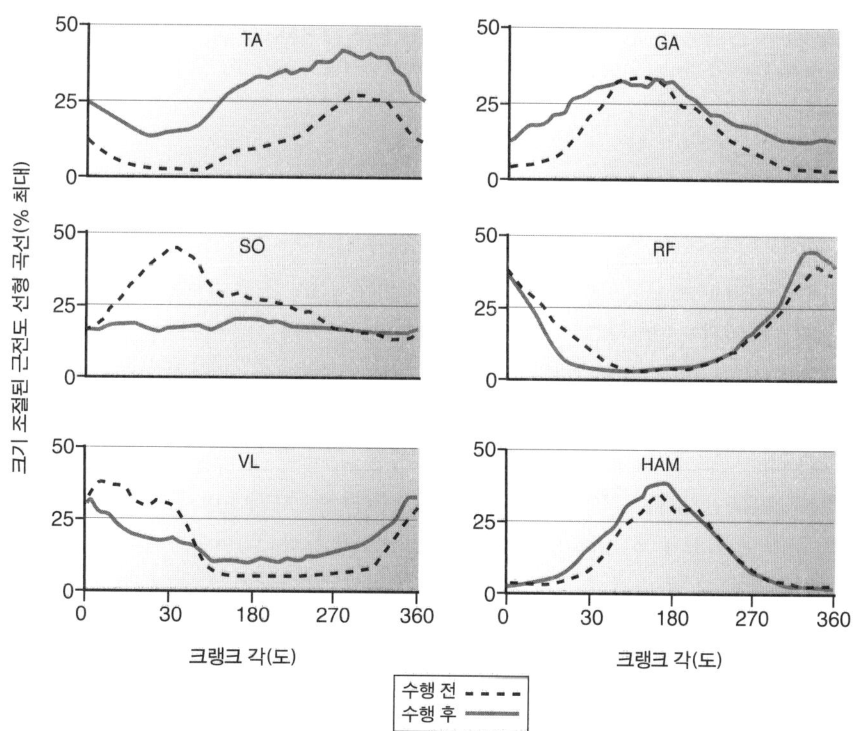

그림 3.7 컴퓨터화 에르고메터로 측정된 일반인을 대상으로 열여섯 번의 자전거 페달링 수행 전(dashed lines)과 후(solid lines) 여섯 개의 다른 근육들의 근 활성도 변화. Tibialis anterior(TA), soleus(SO), vastus lateralis(VL), gastrocnemius(GA), rectus femoris(RF), and hamstrings(HAM)에서 전체 페달링 중 부드러운 EMG 기록이 나타났다. 연습은 TA의 활성을 증가시키고 SO의 활성 정도를 감소시키면서 가장 현저하게 조정 패턴을 변화시켰다. (Hasson, C., Caldwell, G., & van Emmerik, R. [2008]. Changes in muscle and joint coordination in learning to direct forces. *Human Movement Science, 27*[4], 603)

해당 수행과제에 특이적인 운동 단위 군이 적응하는 현상으로 추측된다. 또한 어떤 특정 근육 내 조정 기전은 그 수행 과제 요구에 특이적으로 나타나는 것 같으나, 몇 가지 공통점이 관찰된다. Ross 등(2001)은 스프린트 훈련이 보폭(stride length)과 보속(stride rate)을 향상시키기 위해 근육들이 움직이는 타이밍과 순서를 변화시킨다고 하였다. 다른 저자들에 의하면, 최대 노력 수행 과제에 대해서 훈련으로 인한 적응을 하면, 주동근-길항근의 **동시 수축**(cocontraction)이 더 적게 일어나며, 협동근과 안정근의 활성이 강화되고, 협동근과 길항근 사이의 타이밍이 전반적으로 변화한다고 한다(Cormie 등, 2011a, b; Duchateau 등, 2006)(그림 3.7 참조). 운동 행동의 적응 과정은 낮은 힘의 수축과 정교한 움직임 훈련에서도 역시 나타난다. 예를 들어 운동 단위 방전 속도의 변이가 줄고, 움직임이 일정하고 통제되어 일어난다(Duchateau 등, 2006).

이러한 자료들로부터의 중요한 결론은 운동 단위와 근육의 활동이 상황에 따라 다를 수 있다는 것이다. 교과서나 이와 비슷한 자료들에서 근육의 기능에 대해 간단하게만 언급되어 있는 내용들로는 근육의 기능에 대해 이해하기 미흡하다. 근육 간 그리고 근육 내 조정은 움직임의 속도, 힘의 요구, 움직임에 사용되는 관절의 수, 근육의 길이 그리고 관절의 위치에 따라 다르게 나타난다. 더욱이 협응은 사지의 움직임인지, 자세의 안정화인지 또는 근 수축이 행할 수 있는 다른 어떤 일인지 하는, 그 수축의 목적에 따라 결정된다(Kornecki 등, 1998).

근육의 특성과 근신경역학

이전 절에서 보았듯이, 신경계는 근육이 활성화하려고 할 때 그 근육의 특성들을 고려해야 한다. 특성에는 크기, 근력, 길이, 탄력성, 수축각(angle of pull), 피로의 정도, 건강 또는 손상, 형태학 등을 포함한다. 그것뿐 아니라, 신경 시스템 활성은 목표를 위해 근육과 힘줄의 복합체(근신경역학, 신경역학이라 불리는 관계)에 대한 기계적 특성들을 변화시킨다.

골격근의 기계적 특성

대부분의 골격근들은 양끝의 힘줄과 함께 중심부 근육 조직으로 구성되어 있다. 연결 조직, 즉 근외막(epimysium), 근주막(perimysium), 근내막(endomysium)은 근육 조직에 종적으로 연결되어 있고, 힘줄을 형성하기 위해 끝부분에서 합쳐진다. 근육 조직은 전기적 충격에 반응하는 **흥분성** 조직이다. 기능적으로, 근육-힘줄 복합체는 세 가지 중요한 기계적 특징을 가진다. ① **신장성(extensibility)**, 늘어나는 능력, ② **탄력성(elasticity)**, 늘어났다가 탄성으로 복원되는 능력 ③ **수축성(contractility)**, 힘을 생산하기 위해 단축되는 능력이다. 오직 근육 조직만 수축하는 특성을 가지며, 휴식할 때 길이의 약 반 정도까지 짧아질 수 있다. 비록 근육 조직과 연결 조직이 신장성과 탄력성을 가지지만, 근육 조직은 늘어남과 움츠러듦에 있어 더 큰 범위를 가지며 이것은 휴식 때 길이의 약 50%까지 늘어날 수 있다. 신장력(Elongation capability)은 근육의 길이에 비례하며, 근육의 횡단면적과는 정비례한다. 신장성과 탄력성은 힘줄 조직에서 더 적다. 근육-힘줄의 단위는 이런 특징을 근거로 기계적 장치와 같은 모델로 나타낼 수 있다.

그림 3.8은 이 모델을 설명하고 있다. 그림에서 힘줄과 다른 연결 조직은 늘어나고 움츠러드는 특징을 가진 스프링(spring)이며, 근육은 짧아지는 특성을 가진 힘의 생성 부위이다.

힘줄은 직렬 탄성 요소(serial elastic elements, SE)라고 부르며, 근외막, 근주막, 근내막은 합해서 병렬 탄성 요소(parallel elastic elements, PE)라고 부른다. 근육은 수축 요소(contractile element, Ce)라고 부른다. 늘어나고 움츠러드는 특징들은 조직의 짧아지거나 길어지는 속도, 조직의 길이와 두께, 그리고 조직의 건강 상태에 따라 매우 다양할 수 있다. 신경계는 근육 수축의 타이밍과 양을 변화시켜 강직도,

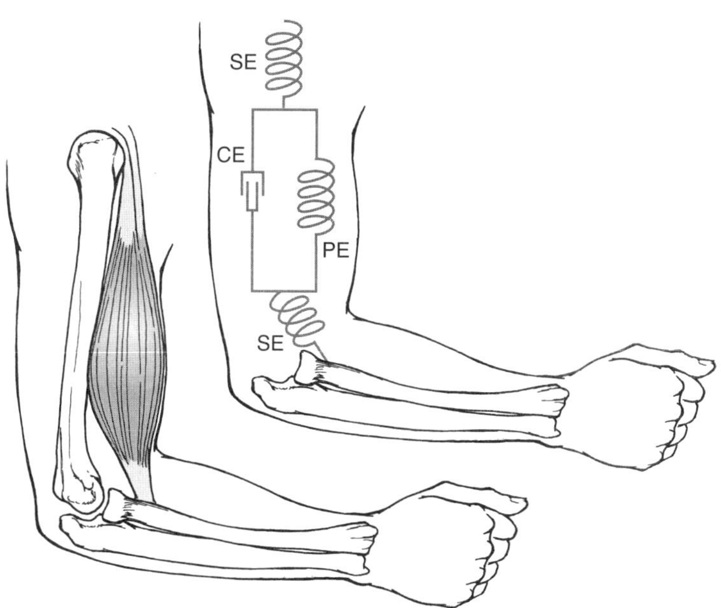

그림 3.8 이 이두근은 기계적 특성에 근거하여 기계적 장치로 모델화한 것이다. 근절(sacomere)의 활주 섬유는 단축성 힘을 제공하는 수축 요소이다. 힘줄(series elastic element, SE)과 다른 연결 조직(parallel elasticelement, PE)의 생리적 구조물들은 이런 조직들에 스프링과 같은 특성을 부여한다.

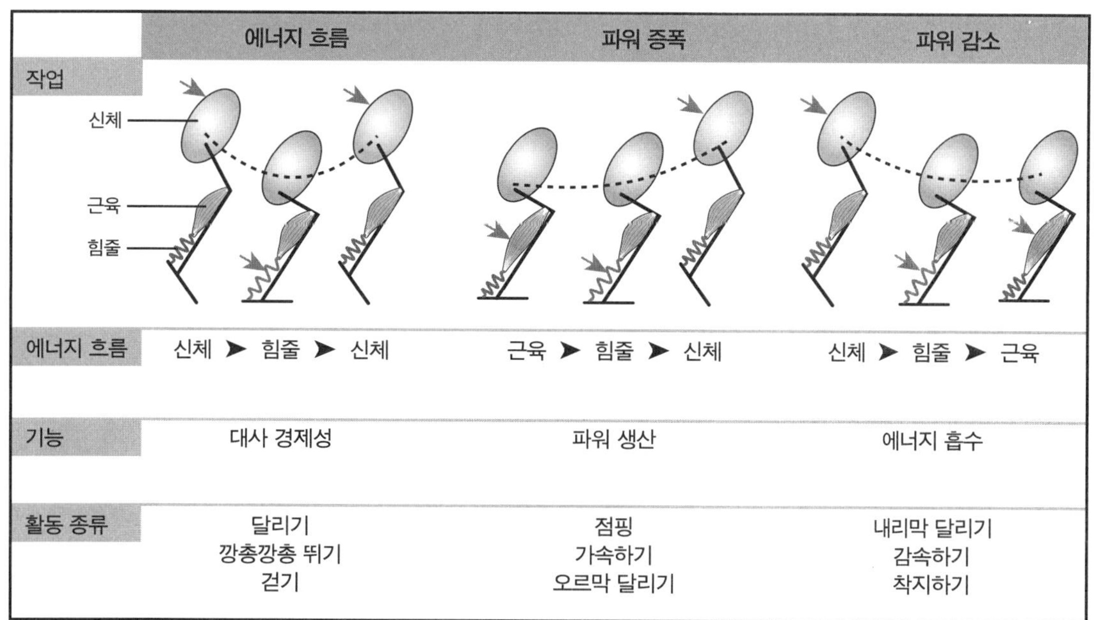

그림 3.9 기계적 강직의 조절에 대한 힘의 흐름 제어의 모식도. 회색 화살표가 가리키는 부분은 몸, 힘줄 그리고 근육 간 힘의 흐름을 보여준다. 에너지 보존은 외부 힘(체중의 하방 이동)이 근육-힘줄 복합체의 신장을 일으킬 때 발생할 수 있다. 이 힘들은 탄성 요소 안에 저장된 채로 보존되고, 탄성에 의해 방출되면서 작용한다. 파워 증폭(Power amplification)은 근육이 시간을 들여 만들어낸 힘을 건에 전달하고 저장하였다가 빠르게 방출할 때 일어난다. 파워 약화(Power attenuation)는 높은 외부로부터 온 힘이 탄성 요소에 저장이 되었다가, 근육으로 전달되어 사라지면서 나타난다. 근육의 수축 상태를 변화시켜서 파워를 분산시키며, 착지 동작에서 충격을 완화시키는 경우와 같은 곳에 쓰인다. (Roberts, T. J., & Azizi, E. [2011]. Flexible mechanisms: The diverse roles of biological springs in vertebrate movement. *Journal of Experimental Biology, 214*, 354, Figure 1)

힘의 흡수, 탄성의 정도를 제어한다. 이런 특성들의 변화는 전신의 힘 또는 에너지의 흐름을 변화시킨다. 그림 3.9는 근육-힘줄 복합체의 기계적 특징들을 변화시켜 조절되는 힘의 흐름에 대한 세 가지 기본적인 방향을 설명하고 있다. 이런 힘들은 보존되거나, 방향을 바꾸거나, 증폭되거나, 약해진다.

신경역학과 길이-장력의 관계

하나의 근육이 생산하고 저장할 수 있는 등척성 힘의 크기는 그 근육의 길이에 따라 일부 결정된다. 이런 관련성은 근육의 **길이-장력 곡선**(length-tension curve)으로 모델화되고 이에는 수축과 탄력 요소가 포함된다. 그러므로 근육의 길이-장력 곡선은 세 가지 부분으로 구분되는데, 수축 요인에 근거한 활동 곡선, 탄력 요인에 근거한 수동 곡선, 그리고 활동적 요인과 수동적 구성 요인을 더한 전체적 곡선으로 이루어진다.

활동 부분 곡선은 액틴-마이오신 필라멘트(actin-myosin filaments)이 겹쳐지는 양에 바탕을 둔다. 필라멘트는 근절을 형성하고 이는 수축 요인에서 힘을 발생시키는 단위이다. 그림 3.10은 근육이 짧아졌을 때 필라멘트가 크게 겹쳐지고 근육이 길어졌을 때 충분히 겹쳐지지 않은 것을 보여준다. 너무 많거나 또는 너무 적게 겹쳐지는 상황은 액틴-마이오신 결합 부위에 대한 이용 능력을 저하시켜 적은 가교(cross-bridge)를 형성한다. 가교 형성이 적을수록 힘 발생도 적다. 최적의 중복 정도는 최대 가교 형성을 만들 수 있으며, 이때 휴식기 길이보다 약간 더 긴 정도이다.

곡선의 수동적인 부분은 연결 조직의 특성 때문에 선형을 이루지 않는다. 더 길게 늘어난 상태에서, 큰 양의 힘은 탄력 요소로 저장될 수 있다. 이런 수동적 장력이 저장되어 근육을 놓아줄 때 반동하는 힘을 제공한다. 이렇게 반동에 의한 힘은 항상 조직이 늘어날 때 요구되는 원래 힘보다는 더 작으며, 조직은 종종 원래 길이로 즉시 돌아가지 않는다. 늘어나는 힘과 길이 그리고 움츠러드는 힘과 짧아짐 간의 차이점을 **이력 현상**(hysteresis)이라고 부르며, 연결 조직과 근육 조직 모두에 영향을 준다. 이력 현상의 크기는 사전의 움직임, 특히 달리기나 싸이클과 같이 순환하는 움직임, 유연성 훈련 그리고 조직 건강 상태에 의해 영향을 받는다(Gao 등, 2011).

근육의 길이-장력 곡선에서 수축 요소과 탄력 요소를 구분하는 것은 실제 동작하는 시스템의 복잡성을 가릴 수 있다. 예를 들어 늘어난 근육은 탄력과 수축 요인들이 둘 다 늘어남을 의미하지는 않는다.

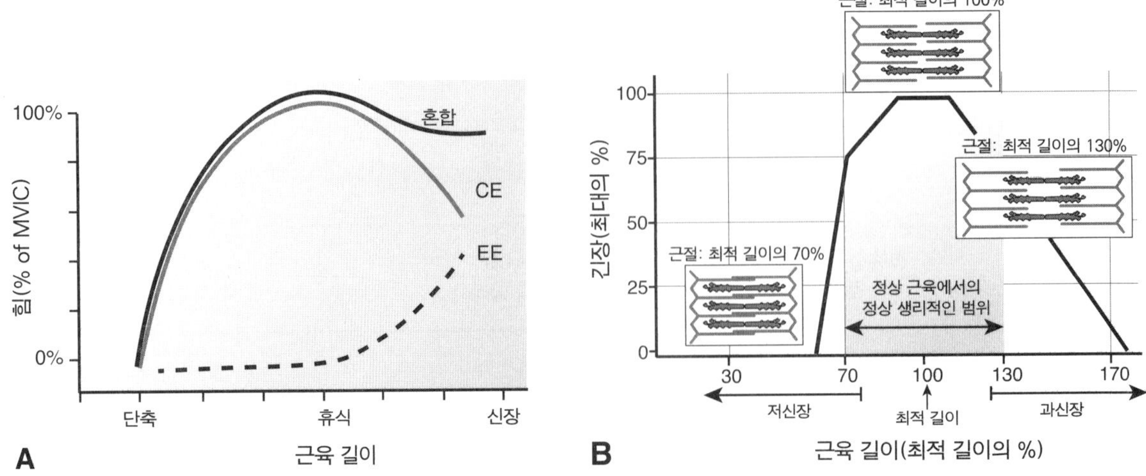

그림 3.10 길이-긴장 관계. **A.** CE의 힘 생산 능력은 근육의 길이에 의해 좌우된다. 탄성 요소 내의 힘의 보관과 회복 역시 조직의 길이에 의해 좌우된다. CE와 EE가 복합되어 근육에 전반적인 기계적 특성을 부여한다. **B.** CE의 힘 생산 능력은 근섬유 분절 길이에 의해 좌우된다. 너무 많거나 너무 적은 중첩은 액틴-미오신 결합 부위를 적게 만들고 힘 생성 능력을 떨어뜨린다.

SIDENOTE 기계적 보행

인간의 움직임에서 관성(inertia)과 스프링 동작과 같은 생체역학적인 특성의 중요성에 대해 Coleman과 Ruina(1998)의 연구가 잘 설명하고 있다. 이 연구자들은 두 다리가 달린, 수동으로 움직이는 보행 장난감을 만들었는데, 이것은 스스로 서 있지는 못하나 중력에 의해 시작하는 힘이 주어졌을 때 실제 사람과 같은 방식으로 걷는다. 아래 사진에 나와 있는 Tinkertoys에서 만든 장난감은 경사면에서 매끄러운 걸음으로 내려온다. 바깥으로 뻗은 안정장치(outrigger)가 진동하고 스프링과 같은 동작에 의해서 걷는 움직임을 만드는 데, 이 안정장치는 양옆으로 흔들리는 움직임을 만들어내고 이 움직임은 다리를 앞으로 들어올리게 한다. 보폭이나 속도, 걸음 높이와 같은 걷기의 변수들이 관성, 관절의 경직성, 물질의 탄성 성질과 같은 장난감이 가진 기계적 성질에 의해서 결정된다. 이 저자들은 더 정교한 보행 모델을 개발해왔으며, 이는 우리 몸의 기계적인 성질과 이 시스템의 신경적인 조절 사이의 관계를 이해하는 데 도움이 된다. 이 보행기와 다른 모델의 보행로봇을 보기 위해서는 다음 주소를 참조하라. http://ruina.tam.cornell.edu/research/topics/locomotion_and_robotics/ tinkertoy_walker/ index.php.

사진 제공: Andy Ruina

매우 무거운 부하에 대해 높은 힘을 내는 수축을 생각해보자. 그 힘이 증가할 때, 수축 요소는 짧아지고 탄력 요소는 늘어난다. 이런 관점에서, 수축 요소의 짧아짐은 탄력 요소의 길어짐에 의해 중화되기 때문에 움직임이 없는 것으로 나타난다. 충분히 수축력이 만들어져 탄력 요소로 전달된다면, 부하는 움직일 것이다. 팔이 움직이기 시작했을 때 수축 요소는 짧아지겠지만, 탄력 요소는 늘어난 채 있을 가능성이 많다.

걷기, 수직 점프, 그리고 스쿼트와 같은 움직임들은 다관절 근육들에 의해 제공되는, 유리한 길이-장력 관계를 이용한다. 이런 움직임을 **동시 동작**(concurrent movement)라고 부른다. 동시 동작에서 수축을 할 때, 한 관절에서는 부하를 움직이며 수축을 하지만 다른 관절에서는 늘어난다. 이런 특성이 근육

생각해보기 3.3 근육 길이의 유지(Maintaining Muscle Length)

만약 한 근육이 최적의 길이로 유지될 수 있다면, 힘을 생성하는 능력과 효율을 최대화할 수 있다. 움직임을 만들어내거나, 팔다리를 움직이는 경우에 짧아지는데 근육이 최적의 길이를 유지할 수 있을까? 아래 그림은 점프와 걷기 중인 비복근(medial gastrocnemius, MG)과 페달링 때의 외측 광근(vastus lateralis, VL)에 대한 길이-장력 곡선을 표현하고 있다. 최대 가동범위를 다 쓰는 움직임 중에서라도 비복근은 큰 힘을 낼 수 있는 길이-장력 관계를 유지한다. 반면에 외측 광근은 길이가 길어질수록, 가파르게 힘을 만드는 능력이 감소한다. 왜 이럴까? 이 두 근육 간에 무슨 차이가 있는 것일까? 이해를 돕기 위해 Fukunaga 등(2002)을 참고하라.

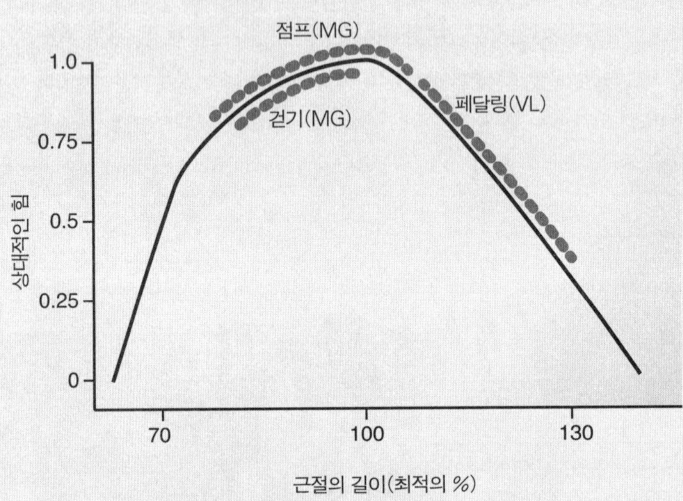

Fukunaga, T. T., Kawakami, Y. Y., Kubo, K. K., & Kanehisa, H. H.(2002). Muscle and tendon interaction during human movements. *Exercise and Sport Sciences Reviews, 30*(3), 106–110.

조직의 길이 변화를 최소화한다. 길이 변화의 최소화는 움직임의 중요한 힘 생성 과정에서 일어나며, 이것은 신경계가 길이-장력 곡선을 적절하게 유지하기 위해 근육 활동 수준과 주변 관절의 움직임을 통제해야 한다는 것을 의미한다.

때때로, 다관절 근육의 조절 과정에서 길이-장력에 불리한 점이 생기기도 한다. 대부분의 이관절(biarticular) 근육들은 동시에 두 관절의 최대 가동범위(range of motion, ROM)를 움직일 만큼 충분히 길지 않다. 예를 들어 동시에 엉덩관절을 굴곡하고 무릎을 신전하면, 양쪽 관절에서 대퇴직근이 짧아진다. 이 움직임 빠르고 두드러져서, 대퇴직근의 길이와 단축 속도가 길이-장력-속도 곡선의 불리한 영역으로 들어가게 만든다. 동시에 햄스트링은 양쪽 관절에서 늘어나게 되어 탄성 장력이 빠르게 증가하고, 엉덩관절을 굴곡하고, 무릎 신전을 방해한다(때로는 통증을 만든다). 이런 종류의 움직임을 **역행 움직임**(countercurrent movement)이라고 한다.

신경역학과 힘-속도 관계

구심성 수축에서 근육은 단축 속도가 빠를수록 힘 생성 능력이 감소한다. 이것은 빠른 속도에서 액틴-미오신 가교 형성이 비효율적이며, 액체 점도가 증가하기 때문이다. 가교들을 연결하는 시간이 필요하며, 짧은 시간 밖에 없다면 가교도 적게 형성된다. 수축 속도와 힘 생성 간 관계는 **힘-속도 곡선**(force-velocity curve)을 만들어낸다(그림 3.11). 그림에서 보면, 최대 단축 속도에서의 힘 생산은 매우 낮으며,

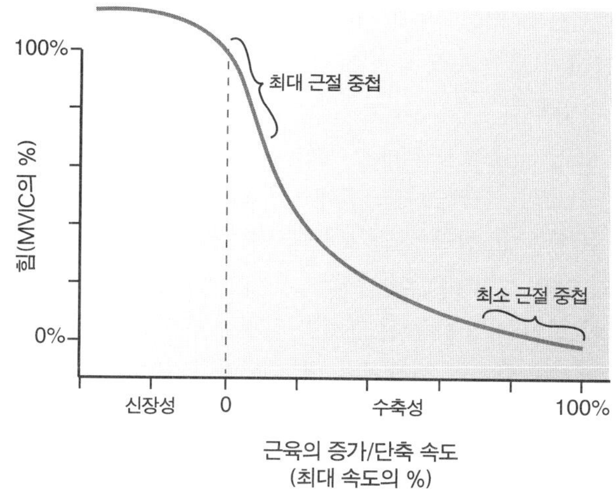

그림 3.11 힘-속도 곡선. 높은 단축 속도에서, 액틴과 마이오신 세사들은 연결에 문제가 생기고, 효과적인 가교를 형성하기 위해 전체적인 결합 과정이 너무 느려진다. 신장성 활동중에는 생성되는 힘이 더 크다.

단축 속도가 0이거나(등척성), 오히려 길이가 늘어나는 수축(신장성)을 할 때는 힘이 최대가 된다. 힘 속도 곡선에서 신장성 부분의 모양은 훈련 상태와 측정 근육과 같은 요인들에 따라 매우 다양할 수 있다. 단축 속도가 높으면 수축 기전이 비효율적으로 이루어진다는 것은 명확하다. 일반적인 상황에서, 신경계는 이런 움직임들을 피하려고 하며, 같은 방식으로 길이-장력 곡선을 조절한다.

신경역학과 신장-단축의 주기

만약 한 근육이 구심성 수축 전에 빠르게 늘어난다면 더 많은 힘을 생성할 수 있다. 이런 현상은 원심성-구심성 수축(eccentric-concentric contraction) 또는 신장-단축 움직임(stretch-shorten movement)이라고 불리며, 와인드업 동작(야구 등에서 공을 던지기 전에 몸을 감는 동작)이나 대항 운동(움직임 전에 반동을 주듯이 반대 방향으로 움직임을 취했다가 움직이는 것)에서 관찰된다. 달리기, 점핑, 던지기와 같은 많은 흔한 동작들이 이 종류의 움직임에 속한다. 이것들은 **신장-단축 주기**(stretch-shorten cycle, SSC)라고 불리는 현상을 이용한다. 왜 그 힘이 증가될 수 있는지 명확히 알려지지 않았으나, 몇 가지 이론들이 제시되어왔다. SSC를 설명하는 이론에는 ① 사전부하 효과, 즉 수축할 시간을 증가시킨 결과, ② 저장된 탄성 에너

SIDENOTE ‘근육의 기억’이란 무엇인가?

‘근육의 기억(muscle memory)’은 종종 사용되지만 과학적인 용어는 아니다. 때때로 이 용어는 운동 기억의 의미로서 잘못 사용되고 있다(7장 참조). 운동 기억은 긴 시간 동안 연습을 하지 않더라도 어떻게 운동 기술을 수행하는지를 기억하는 것이다. 웨이트 리프터들 사이에서는 근육의 기억을 이전에 훈련된 근육이 손상, 훈련 중지 또는 근 위축으로부터 빠르게 회복되는 능력을 언급할 때 사용된다. 근육이 빠르게 다시 근비대를 이루는 이런 능력은 아마도 이전에 만들어진 DNA 신호 경로와 새로운 단백질을 합성하는 능력에 기여하는 추가적인 세포핵 때문일 것이다.

지의 방출, ③ 탄력과 수축 요소의 상호작용, ④ 반사 기전의 흥분 등이 있다(Cormie 등, 2010). 기전과 관계없이 대항 운동이 수동적이지 않고 능동적 신장성 수축일 때, 다시 말해 근육이 스트레칭되면서 동시에 활성화될 때 가장 효율적이다.

SSC의 가장 중요한 요소는 근육이 수축기에 앞서 신장성 수축을 하여 더 긴 시간 동안 근육이 수축할 수 있도록 하는 것으로, 이로써 단축성 수축 전에 전부하를 가하는 게 된다. 전부하 효과 다음으로 축적된 저장 힘을 이야기할 수 있는데, 신장 기간 동안 탄력 조직에 저장된 힘이 수축기 동안 반동으로 방출되는 것이다. 저장된 힘의 양은 신장 속도에 크게 좌우되며, 어느 정도는 신장 길이에도 영향을 받는다. 더 빠른 속도일수록, 더 많이 힘이 저장될수록, 그리고 신장에서 단축으로의 이행이 더 빠를수록, 더 많은 저장된 힘을 방출한다(그림 3.12). SSC가 강화되는 데는 신장기 동안 건 조직의 신장도에 영향을 주는데, 이는 수축 구조가 최적 길이를 유지할 수 있게 해준다. SSC의 신장기(eccentric phase)는 단축기 때에 근육을 촉진시키는 반사 기전을 자극시킬 것으로 생각된다. 이렇게 함으로써, 수축의 파워가 증가될 뿐만

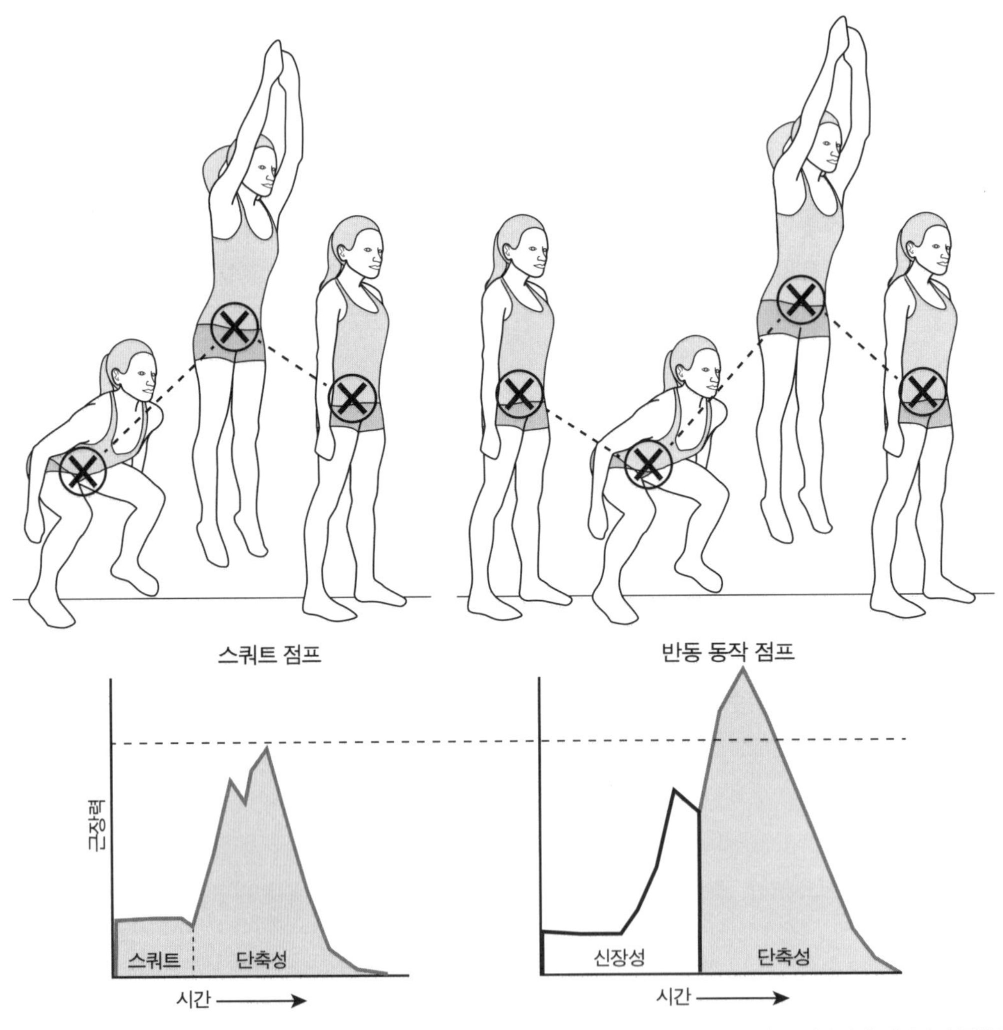

그림 3.12 두 가지 유형의 점프 활동중 SSC의 활성. 왼쪽의 스쿼트 점프에서, 점프자는 등척성 스쿼트 자세에서 시작하여 폭발적인 단축성 활동의 과정을 거친다. 오른쪽의 반동 동작 점프에서는 아래 방향의 움직임(신장성)으로 시작하여 빠르게 단축성 활동으로 전환한다. 단축성 수축이 반동 동작 점프에서 시작할 때 많은 양의 힘이 생성된다. 이것은 과도한 근육의 단축을 야기하지 않으면서 수축 시간을 50%까지 늘어나게 한다. 신장의 속도와 신장성-단축성의 빠른 전환 속도는 움직임의 효율성이나 장력 발생 비율에 있어 둘 다 중요하다. 일반적으로 더 빠른 신장 속도와 더 빠른 전환 시간은 더 폭발적인 움직임을 만들어내지만, 과도하게 빠른 신장 속도는 시스템에 무리를 일으켜, 느린 전환과 비효율적인 신장-단축 움직임을 야기할 수 있다. 신장-단축 움직임을 최적하기 위해서는 신장 속도와 전환 시간의 균형을 유지해야 한다.

아니라 신장성 수축에서 단축성 수축으로의 전환 시간을 감소시켜 탄력 에너지의 저장과 사용을 증가시킬 것이다. 이 효과에 대한 몇 가지 실험적인 증거들이 있지만, 일정한 결과들은 아니다.

운동 훈련과 신경역학

몇 가지 운동 훈련 방법들은 근육의 기계적 시스템에 직접적인 영향을 준다. 유연성 훈련(스트레칭)은 특히 근육-힘줄 복합체의 탄력 강직을 감소시키기 위해 설계되어 있다. 비대한 근육-힘줄 조직은 또한 강직에 영향을 미치지만 같은 정도의 영향을 주지는 않는다. 이런 훈련 유발성 변화들의 영향에 대해 아래에 설명되어 있으며, 표 3.2에 요약되어 있다.

유연성 훈련과 신경역학

전형적으로 행해지던 유연성 운동은 관절의 가동범위(ROM)을 증가시키는 데 목적이 있다. 일회성 스트레칭 운동은 일시적인 ROM의 증가를 일으킬 수 있고, 장기 프로그램은 지속적인 ROM의 증가를 낼 수 있다. 관절 ROM의 증가는 ① 근육-힘줄 복합체의 강직 감소, ② 더 긴 근육-힘줄 복합체, ③ 스트레칭에 대한 통증 내성 증가, ④ 수축 요소에 신경에 의한 이완의 결과로 나타난다. 놀랍게도 인간에게서 실제로 어떤 일들이 일어나는지에 대해서는 정보가 부족한 상황이다.

동물연구에서는 장기간 스트레칭의 효과가 근절을 더하거나 힘줄에 길이를 더함으로써 근육의 길이를 증가시킬 수 있다고 한다(Noonan 등, 1993; Taylor 등, 1990). 인간에서는 근육-힘줄 단위의 강직도 감소에 대한 일부 근거가 있는데, 더 유연해진 근육-힘줄 성질과 신경흥분도의 감소에 의한 결과라는 것이다. 주기적이거나 정적인 것과 같은 스트레칭의 성질에 따라 근육-힘줄 단위의 이력 특성은 변화될 수 있다(Kubo 등, 2002; Magnusson 등, 1998). PNF(proprioceptive neuromuscular facilitation)와 같은 유연성 훈련에 있어 신경 시스템이 관여하는 것은 대개 추측에 불과하다(Guissard & Duchateau, 2006). 일부 연구자들은 스트레칭 프로그램으로부터 ROM의 지속적인 향상이 스트레칭에 대한 통증 내성이 증가하였기 때문이며 근육 그 자체의 변화는 매우 적다고 하였다(Magnusson 등, 1996). 통증 내성의 증가는 순수한 심리적인 적응이거나 또는 근육으로부터의 감각 출력(sensory outflow)의 변화 때문에 일어날 수도 있다. Weppler와 Magnusson(2010)은 감각 출력의 감소와 통증 신호의 감소가 주요 이유라는 강한 근거를 제시한 바 있다.

스트레칭의 일회성 효과는 근육이 더 순응하도록, 근육의 점탄성을 바꾸는 것이다. 그러나 강직 또는 탄력의 변화는 비록 높은 강도의 스트레칭이라고 할지라도 상대적으로 짧게만 유지된다(10분 이내)(Magnusson 등, 1998, 2000). 스트레칭 효과에 대해 명확히 밝혀진 기전이 없고, 일시적인 효과라는 근거를 같이 생각해보면, 스트레칭 운동의 유용성에 관한 의문이 생긴다. 사실 15년 이상의 많은 연구에서 근력과 근파워 운동 수행 전 스트레칭이 운동수행력을 감소시킬 수 있다고 증명한 바 있다. 일회성 스트레칭에 따른 근육-힘줄의 점탄성이 증가되어 시스템을 통한 힘의 전달을 감소시킬 것으로 추측된다. 일단 순응된 근육-힘줄 시스템은 힘을 전달하기보다는 흡수하거나 소멸시킬 것으로 생각된다. 게다가 이 유연해진 시스템은 길이-장력-속도 조건을 변화시켜서 힘의 생산을 바꿀 수 있다.

그러나 이런 대부분의 연구들은 일반적으로 행할 수 있는 스트레칭의 기간이나 강도를 훨씬 벗어난 것이고, 그 뒤의 운동들이 금방 바로 시행되기 때문에 실제 상황에 적용하기 어려운 부분이 있다. 간단히 말해 일반적인 강도와 지속 시간의 정적 혹은 동적 스트레칭은 지구력, 근력, 파워 수행능력에 영향을 거의 미치지 못한다(Behm & Chaouachi, 2011).

스트레칭과 상해 예방에 관한 자료들은 수집하기 더욱 어렵다(Schilling과 Stone, 2000; Stojanovic과

Ostojic, 2011). 광범위한 문헌 연구에 따르면, 비록 스트레칭이 근육-힘줄 손상을 감소시킬 수 있다는 일부 단서가 있지만(Small 등, 2008; Stojanovic과 Ostojic, 2011), 대다수의 연구들은 운동 전후 스트레칭이 운동 관련 손상이나 근육 통증에 효과가 있다는 근거는 부족하다고 결론 내리고 있다(Gleim과 McHugh, 1997; Herbert 등, 2011; Small 등, 2008). 기존의 자료들을 재검토했을 때, Woods 등(2007)은 단기(acute) 스트레칭이 운동중 근육-힘줄 손상을 감소시키는 데 긍정적인 효과를 가진다고 이야기한 바 있다. 운동 손상 외에도, 스트레칭은 다양한 근골격계 질환의 증상을 개선시키기 위한 치료 도구로 사용된다(Bovend'Eerdt 등, 2008; da Costa & Vieira, 2008). 무엇보다도, 스트레칭은 근육의 건강을 유지하기 위한 수단이며 더 나은 건강과 삶의 질을 유도하기 위한 운동의 중요한 요소로 특히 노인 인구층에게 효과적일 것으로 인정되고 있다(Kell 등, 2001).

근력, 플라이오메트릭 훈련과 신경역학

조직의 강직(stiffness)은 조직 섬유의 형태학 및 조직학적 구성, 조직의 건강, 조직의 길이 그리고 조직 두께에 따라 결정된다. 위에서 설명된 바와 같이 전형적인 스트레칭 운동은 형태학적 조직의 특성 또는 조직의 길이를 바꿔서 유연성을 증가시킬 수 있다. 저항 훈련 프로그램의 결과로 비대된 근육과 힘줄 조직은 조직 두께와 조직의 밀도가 증가되어 강직도가 증가된다. 비대된 근육은 근육의 다발(muscle fascicle)들이 더 많이 구부러져 힘의 작용 각도를 바꾸고, 조직 섬유의 방향과 평행을 벗어나게 된다(Seynnes 등, 2007).

플라이오메트릭 훈련은 SSC를 목표로 하는 힘든 훈련이다. 플라이오메트릭은 SSC 움직임 중 강력한 신장성 단계에 이어 폭발적으로 빠르게 단축성 수축 단계로 바꾸는 움직임을 강조하는 고강도(high-effort) 파워 훈련의 형태이다. 전통적인 플라이오메트릭 훈련으로는 오직 체중과 다양한 박스 높이에 의한 부하를 이용하는 뎁스 점프(depth jump)와 박스 점프(box jump)와 같은 점프 훈련들이 있다. 최근에는 강렬한 신장-단축 푸시업과 같은 팔 운동들이 플라이오메트릭 훈련 안에 포함되고 있다. 플라이오메트릭 중 하나인 탄도성 훈련(근 파워 훈련)은 저중량 리프팅(lifting) 운동중 단축성 단계에서 최대 속도를 강조한다.

플라이오메트릭과 탄도성 훈련은 높은 속도 끝부분에서 힘-속도 곡선의 모양을 변화시킬 목적으로 설계되었으며, 이는 다리와 팔의 움직임 속도, 점프 높이 그리고 강렬한 파워를 향상시키는 것을 목적으로 한다. 힘-속도 곡선 끝에서의 훈련은 조직 강직을 증가시키고, 탄력 에너지 반동을 최대화하고, 신경의 협응 기전 발달을 가능하게 할 것으로 생각된다. 이 협응 기전은 근육의 빠른 수축을 최대화하고, 길항근으로 먼저 활동하고 주동근으로 활동하게 된 근육의 빠른 반전을 효율적으로 조절할 것이다. 실제로 많은 직접적이고 간적접인 증거들이 플라이오메트릭 훈련으로 근육 구조의 변화, 신경 드라이브(neural drive) 증가, 근육-힘줄 강직의 증가, 근육 내 협응의 향상 그리고 SSC 수행능력의 전체적인 향상을 이룰 수 있음을 보여준다(Markovic & Mikulic, 2010). 신장-단축 수행능력의 향상은 높은 속도에 대한 신장관용도의 향상에 초점을 두고 있으며, 그 결과 그림 3.9에서 나타난 것처럼 조직으로부터 기계적 일로의 더 빠르고 완벽한 힘의 전달이 가능하게 된다.

기능적인 관점에서, 플라이오메트릭과 탄도성 훈련이 근 파워와 점프 높이를 상시킬 수 있다는 많은 증거들이 있으나(Cormie 등, 2011a, b; Ziv & Lidor, 2010), 달리기 속도 증가는 인종에 따라 일정한 결과를 보이지 않는다. 플라이오메트릭 점프 훈련은 아이들의 달리기와 점프를 향상시킬 뿐만 아니라 킥킹 처리, 민첩성, 균형 감각을 향상시킨다(Johnson 등, 2011). 결론적으로 이런 유형의 훈련에 의해 얻을 수 있는 효과는 다양하고 선수나 일반인, 젊은 인구층이나 노인 인구층에서도 실현 가능하다.

신경계 조절에 영향을 미치는 다른 근골격계 특성

신경계는 근육 길이, 속도, 그리고 신장과 같은 기계적 요인들을 고려한다. 또한 근섬유 유형의 분배, 근육 섬유의 해부학적 배열, 근육의 크기와 근섬유 길이, 힘줄 길이와 두께 그리고 생체역학적인 근골격계 특성들도 같이 감안한다. 움직임 생산에 대한 이런 특징들의 영향은 표 3.3에 제시되어 있다.

근육들은 힘을 생산하기 위해 수축하지만 그 힘은 몸의 한 부위를 움직이는 것 외에 다양한 방법으로 사용된다. 그 힘이 어떻게 사용될 수 있고 사용될 것인지는 움직임의 목적에 따라 결정되며 협응 전략의 핵심 성과가 된다. 요구되는 움직임을 생성하는 데 직접적으로 관여하는 근육들은 **주동근**(agnoist)이다. 주동근은 원동근(prime mover) 또는 **협동근**(synergist)이 될 수 있다. **길항근**(Antagonist)은 주동근의 활동과 반대되는 역할을 한다. 다른 근육들은 움직임에 간접적으로 관여하나 중심적인 역할을 하지 않는다. **고정근**(fixator)과 **안정근**(stabilizer)은 수축하는 근육의 당김과 반대로 주로 몸을 안정시키기 위해 수축한다. 이런 근육들의 대부분은 자세 근육(postural muscle)으로 분류한다. **중화근**(neutralizer)은 주동근 중에서 불필요한 작용을 막기 위해 활동한다. 주어진 상황에 따라, 같은 근육이 주동근, 안정근, 중립화근 또는 길항근으로써도 작용할 수 있다는 것을 이해하는 것이 중요하다. 주동근과 길항근은 협동근으로 함께 작용할 수도 있다. 움직이고, 안정화시키고, 중립화시키고, 반대로 작용하는 이런 모든 역할들은 근육이 서로 다른 방법으로 수축하는 것을 필요로 하며, 서로 다른 협응 계획을 요구한다.

예를 들어 길항근은 억제하거나 수축하면서 주동근을 따라 함께 조절되어야 한다. 일반적으로 주동근 활동중 길항근이 이완되는 것이 바람직하다. 이것은 주동근이 관절 토크의 최대치를 수행할 수 있게 하고 전체적인 대사 효율을 증가시킨다. 비록 주동근 활동중 길항근이 작용하지 않는 것이 바람직해 보이지만, 종종 주동근 활동중 길항근이 함께 수축하는 것(cocontraction)이 필요하다. 주동근과 길항근이 동시에 작용하는 현상은 관절을 안정화하는 데 도움을 줄 수 있고, 특히 매우 빠르거나 주동근이 매우 강력하게 수축할 때 필요할 수 있다.

근거 기반 실무 적용

Moritani와 DeVries(1979)는 신경 요소와 근비대에 의한 근력 생성에 관한 중요한 연구를 약 50년 전에 작성하였다. 그러나 이런 신경 요소를 강화시키는 훈련은 비대에 기초한 훈련에 비해서 여태껏 뒤쳐져 있었다. 그럼에도 불구하고 근력이나 파워, 협응, 손상 회복, 전반적인 신체 수행능력 향상을 위해서는

표 3.3 근육의 힘에 영향을 미치는 근골격의 디자인 요소

건의 길이와 두께	긴 건은 운동 범위를 증가시키고, 완충 효과와 에너지 저장을 증가시킨다. 두꺼운 건일수록 뻣뻣해 스트레칭에 저항하여, 적은 힘을 저장하고 빠르게 힘을 전달하게 된다.
근육 부착 부위 모멘트	긴 모멘트 암은 더 많은 힘을 사용할 수 있게 한다. 짧은 모멘트는 속도와 ROM을 증가시킨다.
섬유 종류	빠른 연축은 빠르고 강력한 수축을 가능하게 하고, 느린 연축은 피로 저항성을 제공한다.
근섬유 면적	큰 근 단면적은 힘 생산을 증가시킨다.
근섬유 길이와 섬유 배열	긴 근섬유는 높은 속도와 ROM을 제공한다. 사행근(oblique) 또는 익상근(pennate) 섬유는 종주근(longitudinal)과 다른 힘 벡터를 만든다.

신경요소를 대상으로 하는 것이 효율적이라는 강한 증거들이 존재한다. 이런 종류의 훈련들은 신경 훈련(neural training), 근신경 훈련(neuromuscular training), **기능적 훈련(functional training)**이라고 불린다. 강도나 움직임의 속도, 세트 수, 반복수, 운동 종류, 움직임의 복잡성과 같은 프로그램의 변수들은 특정 신경의 적응 과정과 대사나 비대 요소보다는 협응 기전을 더 강조한다(Balshaw 등, 2016; Ives & Shelley, 2003). 근거에 기반하여 프로그래밍한 변수들은 손상재활(Soomro 등, 2016; Sugimoto 등, 2015)에서부터 달리기 효율성의 개선(Denadai 등, 2017), 다운신드롬을 가진 사람의 기능 개선(Sugimoto 등, 2016), 노인에게서 다발하는 가동성 문제에 이르기까지 수많은 적용이 가능하다.

Denadai와 그 동료들(2017)의 달리기 효율성을 증가시킬 수 있는 훈련 방법 최신 리뷰에서는 근거 중심 실행에 기초를 둔 확고한 증거를 제시하고 있다. 달리기의 효율성을 증가시키는 것은 높은 수준의 달리기 선수에게 필수적이며, 더 나은 대사 효율성, 근신경 협응, 신경역학적 효율성과도 같다. 지구력과 근력 훈련을 동시에 진행하는 것에 대해서 논쟁이 되어왔는데, Denadai 등은 규칙적인 지구력 훈련을 하면서, 폭발적이고, 고강도의 근력 훈련을 하는 것이 달리기 효율성을 증가시킨다고 결론내렸다. 단기간보다 장기간의 시간(예: 14주)이 더 낫다고 하며, 많은 양(volume)의 지구력 훈련이 필요하지만 많은 양의 근력 훈련은 불필요하다고 권고된다. 이 프로그램의 결과로 더 초기에 나은 신경 추진력(nueral drive)을 얻고, 후기에 근육건 강직도를 향상시키는 것이 관찰된다. 근거들은 엘리트와 엘리트가 아닌 달리기 선수들에 사이에는 다른 기전과 다른 훈련 프로그램이 필요하다는 점을 가르쳐주며, 예를 들어 폭발적인 운동과 고강도 근력 훈련은 초보 달리기 선수에게 똑같이 작용하지만, 숙련된 달리기 선수에게 운동이 작용하는 방식은 과거 훈련 경험에 따라 달라진다.

요약

움직임의 수행은 운동 단위라고 불리는 말초 근신경계의 기능 중 하나이다. 간단한 운동 동작을 수행하는 데도 수백 또는 수천 개의 운동 단위 중에서 각 단일 운동 단위의 동작을 조절하는 것이 필요하다. 운동 단위들은 일반적으로 그들의 신경 세포 크기에 의해 구별되며, 작은 운동 단위들은 느린 연축 근섬유와 관련되며 더 작은 신경지배율을 갖는다. 이런 운동 단위들은 또한 첫 번째로 동원되고, 피로 저항적이며 섬세한 힘의 조절를 위해 사용된다. 몇몇 규칙들이 운동 단위의 활동을 통제하는데, 가장 중요한 것은 동원 크기의 원칙과 실무율이다. 운동 단위들과 전반적인 힘의 생산은 운동 단위 동원, 비율 부호화, 그리고 근육 간 및 근육 내 협응에 의해 조절된다. 근육 내 조정은 동원과 발화율을 조절하고, 배출 패턴과 구획 근섬유군을 변경하는 것을 기반으로 이루어진다.

근육-힘줄 복합체의 수축 특성, 탄력성, 신장성을 포함한 기계적 특성은 어떻게 신경 시스템이 근육의 힘 생산과 움직임을 통제하는지에 중요한 요소가 된다. 신경계는 효과적이고 효율적인 움직임을 생산하기 위해 이런 특성들을 고려해야 한다.

움직임 수행 과정을 이해하는 것은 변화를 유도하기 위해 어떻게 훈련과 연습이 이루어져야 하는지를 이해하기 위해 중요하다. 재활을 위해서나 운동선수의 운동 수행능력을 최대화하기 위해서든지 간에, 연습과 훈련에서 작업에 맞는 요구 사항을 고려하여 근신경 시스템이 그 스스로를 조직해서 작업에 맞는 협응 패턴을 생산할 수 있도록 하며, 이는 결과적으로 작업 특이적인 신경생리학적 적응을 만들어낸다. 이런 적응 과정에는 빨라진 발화율과 동원, 발화율 조작의 변화, 근육 간 및 근육 내 협응의 광범위한 변화가 포함된다. 근육이 만들어낼 수 있는 움직임에 기반한 단순 운동은 기능적 혹은 효율적인 움직임을 위해 필요한 협응 작용을 만들어낼 수 없다.

연습문제

1. 운동 단위를 정의하고, 큰 운동 단위와 작은 운동 단위의 차이를 정의하라.
2. 작은 운동 단위에 대한 몇몇 생리학적인 특징들이 있다(a). 어떤 것들이 있으며(b), 운동 단위 동의의 크기 원칙에 있어서 어떻게 작용하는가? 이를 큰 운동 단위와 대조하여 비교하라.
3. 신경 요소를 이용하여 근육의 힘을 바꾸는, 즉 어떤 관절의 힘 생산을 바꾸는 세 가지 일반적인 방법이 있다. 그것들은 어떤 것들이 있는가? 세 가지 근육 내 협응의 기전을 포함하여 상세히 설명하라. 근육 내 협응의 예를 제시하라.
4. 근력을 향상시키기 위하여, 가벼운 중량보다 매우 무거운 중량을 들어야 하는 이유를 제시하라.
5. 어떤 근육들이 구획 근섬유군되어 있는지 정의와 기준에 대해서 설명하라.
6. 등척성 수축에서 EMG에서 보이는 근육 활성화의 수준이 힘 생산 수준에 비해서 매우 빠르게 증가하는 것이 일반적으로 알려져 있다. 즉 강한 수축을 하는 동안, 힘은 지속적으로 선형으로 증가하며, EMG에 기록되는 근육의 진폭은 매우 빠르게 증가하여, 힘이 증가할수록 기하급수적으로 빠르게 증가한다. 왜 그런지 설명할 수 있는가? 당신의 답안을 지지할 수 있는 과학적인 자료에 대해 문헌 검색을 하라.
7. 훈련은 운동 단위 행동과 근신경역학을 어떻게 바꿀 수 있는가?
8. 신장-단축 움직임이 단축성 수축만 단독으로 일어날 때보다 더 많은 근육 힘을 만들 수 있는 이유에는 어떤 것들이 있는가? 플라이오메트릭 훈련은 어떻게 이 효과를 강화시키는가?
9. 스트레칭 운동의 잠재적인 이득과 문제점을 논하라.
10. 어떻게 건, 근육의 크기, 길이, 방향이 움직임의 조절에 영향을 주는가?
11. 신경 훈련 프로그램의 개념을 설명하고, 당신이 고른 사례에서 운동 기능을 향상시키기 위하여 이 개념을 적용해보라.

참고문헌

Balshaw, T. G., Massey, G. J., Maden-Wilkinson, T. M., Tillin, N. A., & Folland, J. P. (2016). Training-specific functional, neural, and hypertrophic adaptations to explosive- vs. sustained-contraction strength training. *Journal of Applied Physiology, 120*(11), 1364-1373.

Bawa, P. P. (2002). Neural control of motor output: Can training change it? *Exercise and Sport Sciences Reviews, 30*(2), 59-63.

Bawa, P., Pang, M. Y., Olesen, K. A., & Calancie, B. (2006). Rotation of motoneurons during prolonged isometric contractions in humans. *Journal of Neurophysiology, 96*, 1135-1140.

Behm, D. G., Blazevich, A. J., Kay, A. D., & McHugh, M. (2016). Acute effects of muscle stretching on physical performance, range of motion, and injury incidence in healthy active individuals: A systematic review. *Applied Physiology, Nutrition, and Metabolism, 41*(1), 1-11.

Behm, D., & Chaouachi, A. (2011). A review of the acute effects of static and dynamic stretching on performance. *European Journal of Applied Physiology, 111*(11), 2633-2651.

Bovend'Eerdt, T., Newman, M., Barker, K., Dawes, H., Minelli, C., & Wade, D. (2008). The effects of stretching in spasticity: A systematic review. *Archives of Physical Medicine and Rehabilitation, 89*(7), 1395-1406.

Broman, H., De Luca, C., & Mambrito, B. (1985). Motor unit recruitment and firing rates interaction in the control of human muscles. *Brain Research, 337*(2), 311-319.

Brown, J., Wickham, J., McAndrew, D., & Huang, X. (2007). Muscles within muscles: Coordination of 19 muscle segments within three shoulder muscles during isometric motor tasks. *Journal of Electromyography and Kinesiology, 17*(1), 57-73.

Carpinelli, R. N. (2008). The size principle and a critical analysis of the unsubstantiated heavier-is-better recommendation for resistance training. *Journal of Exercise Science and Fitness, 6*(2), 67-86.

Carroll, T., Selvanayagam, V., Riek, S., & Semmler, J. (2011). Neural adaptations to strength training: Moving beyond transcranial magnetic stimulation and reflex studies. *Acta Physiologica, 202*(2), 119-140.

Chalmers, G. (2008). Can fast-twitch muscle fibres be selectively recruited during lengthening contractions? Review and applications to sport movements. *Sports Biomechanics, 7*(1), 137-157.

Coleman, M., & Ruina, A. (1998). An uncontrolled toy that can walk but cannot stand still (Tinkertoy walker). *Physical Review Letters,*

80(16), 3658-3661.

Conwit, R., Stashuk, D., Tracy, B., McHugh, M., Brown, W., & Metter, E. (1999). The relationship of motor unit size, firing rate and force. *Clinical Neurophysiology, 110*(7), 1270-1275.

Cormie, P., McGuigan, M. R., & Newton, R. U. (2010). Changes in the eccentric phase contribute to improved stretch — shorten cycle performance after training. *Medicine & Science in Sports & Exercise, 42*(9), 1731-1744.

Cormie, P., McCuigan, M. R., & Newton, R. U. (2011a). Developing maximal neuromuscular power: Part 1—Biological basis of maximal power production. *Sports Medicine, 41*(1), 17-38.

Cormie, P., McGuigan, M., & Newton, R. U. (2011b). Developing maximal neuromuscular power: Part 2—Training considerations for improving maximal power production. *Sports Medicine, 41*(2), 125-146.

da Costa, B., & Vieira, E. (2008). Stretching to reduce work-related musculoskeletal disorders: A systematic review. *Journal of Rehabilitation Medicine, 40*(5), 321-328.

Demer, J. L. (2015). Compartmentalization of extraocular muscle function. *Eye, 29*(2), 157-162.

Denadai, B., de Aguiar, R., de Lima, L., Greco, C., & Caputo F. (2017). Explosive training and heavy weight training are effective for improving running economy in endurance athletes: A systematic review and meta-analysis. *Sports Medicine, 47*(3), 545-554.

Desmedt, J. E., & Godaux, E. (1977). Ballistic contractions in man: Characteristic recruitment pattern of single motor units of the tibialis anterior muscle. *Journal of Physiology, 264*, 673-693.

Duchateau, J. J., & Enoka, R. M. (2002). Neural adaptations with chronic activity patterns in able-bodied humans. *American Journal of Physical Medicine & Rehabilitation, 81*(11 Suppl.), S17-S27.

Duchateau, J., & Enoka, R. M. (2011). Human motor unit recordings: Origins and insight into the integrated motor system. *Brain Research, 1409*, 42-61.

Duchateau, J., Semmler, J., & Enoka, R. (2006). Training adaptations in the behavior of human motor units. *Journal of Applied Physiology, 101*(6), 1766-1775.

Edgerton, V. R., Roy, R. R., Bodine, S. C., & Sacks, R. D. (1983). The matching of neuronal and muscular physiology. In K. T. Borer, D. W. Edington, & T. P. White (Eds.), *Frontiers of exercise biology* (pp. 51-70). Champaign, IL: Human Kinetics.

Enoka, R. (1995). Morphological features and activation patterns of motor units. *Journal of Clinical Neurophysiology, 12*(6), 538-559.

Enoka, R., & Fuglevand, A. (2001). Motor unit physiology: Some unresolved issues. *Muscle and Nerve, 24*(1), 4-17.

Fukunaga, T. T., Kawakami, Y. Y., Kubo, K. K., & Kanehisa, H. H. (2002). Muscle and tendon interaction during human movements. *Exercise and Sport Sciences Reviews, 30*(3), 106-110.

Gabriel, D. A., Kamen, G., & Frost, G. (2006). Neural adaptations to resistive exercise: Mechanisms and recommendations for training practices. *Sports Medicine, 36*(2), 133-149.

Gao, F., Ren, Y., Roth, E., Harvey, R., & Zhang, L. (2011). Effects of repeated ankle stretching on calf muscle-tendon and ankle biomechanical properties in stroke survivors. *Clinical Biomechanics, 26*(5), 516-522.

Garland, S. J., & Gossen, E. R. (2002). The muscular wisdom hypothesis in human muscle fatigue. *Exercise and Sport Sciences Reviews, 30*(1), 45-49.

Gath, I., & Stalberg, E. (1981). In situ measurement of the innervation ratio of motor units in human muscles. *Experimental Brain Research, 43*(3-4), 377-382.

Gleim, G. W., & McHugh, M. P. (1997). Flexibility and its effects on sports injury and performance. *Sports Medicine, 24*(5), 289-299.

Graves, A., Kornatz, K., & Enoka, R. (2000). Older adults use a unique strategy to lift inertial loads with the elbow flexor muscles. *Journal of Neurophysiology, 83*(4), 2030-2039.

Guissard, N., & Duchateau, J. (2006). Neural aspects of muscle stretching. *Exercise and Sport Sciences Reviews, 34*(4), 154-158.

Hasson, C., Caldwell, G., & van Emmerik, R. (2008). Changes in muscle and joint coordination in learning to direct forces. *Human Movement Science, 27*(4), 590-609.

Herbert, R., de Noronha, M., & Kamper, S. (2011). Stretching to prevent or reduce muscle soreness after exercise. *Cochrane Database of Systematic Reviews*, (7), CD004577.

Herzog, W. (2000). Muscle properties and coordination during voluntary movement. *Journal of Sports Sciences, 18*(3), 141-152.

Holtermann, A., Roeleveld, K., Mork, P. J., Gronlund, C., Karlsson, J. S., Andersen, L. L., et al. (2009). Selective activation of neuromuscular compartments within the human trapezius muscle. *Journal of Electromyography and Kinesiology, 19*(5), 896-902.

Ives, J. C., & Shelley, G. A. (2003). Psychophysics in functional strength and power training: Review and implementation framework. *Journal of Strength and Conditioning Research, 17*(1), 177-186.

Johnson, B., Salzberg, C., & Stevenson, D. (2011). A systematic review: Plyometric training programs for young children. *Journal of Strength and Conditioning Research, 25*(9), 2623-2633.

Kamen, G. G. (2004). Neural issues in the control of muscular strength. *Research Quarterly for Exercise and Sport, 75*(1), 3-8.

Kamen, G., & Du, D. (1999). Independence of motor unit recruitment and rate modulation during precision force control. *Neuroscience, 88*(2), 643-653.

Kaya, M., Leonard, T., & Herzog, W. (2003). Coordination of medial gastrocnemius and soleus forces during cat locomotion. *Journal of Experimental Biology, 206*(Pt 20), 3645-3655.

Kaya, M., Leonard, T., & Herzog, W. (2008). Premature deactivation of soleus during the propulsive phase of cat jumping. *Journal of the Royal Society, 5*(21), 415-426.

Kell, R. T., Bell, G. G., & Quinney, A. A. (2001). Musculoskeletal fitness, health outcomes and quality of life. *Sports Medicine, 31*(12), 863-873.

Knight, C., & Kamen, G. (2005). Superficial motor units are larger than deeper motor units in human vastus lateralis muscle. *Muscle & Nerve, 31*(4), 475-480.

Kornecki, S., Janura, A., & Piotrowska, A. (1988). Stabilizing functions of muscles and their electromyographic shares. In S. Kornecki (Ed.), *Studies and monographs no. 55, the problem of muscular synergism. Proceedings of the XIth International Biomechanics Seminar* (pp. 23-33).

Kossev, A., & Christova, P. (1998a). Discharge pattern of human motor units during dynamic concentric and eccentric contractions. *Electroencephalography and Clinical Neurophysiology, 109*(3), 245-255.

Kossev, A., & Christova, P. (1998b). Motor unit recruitment and discharge behavior in movements and isometric contractions. *Muscle & Nerve, 21*(3), 413-415.

Krebs, D. E., Scarborough, D. M., & McGibbon, C. A. (2007). Functional vs. strength training in disabled elderly outpatients. *American Journal of Physical Medicine & Rehabilitation, 86*(2), 93-103.

Kubo, K., Kanehisa, H., & Fukunaga, T. (2002). Effect of stretching training on the viscoelastic properties of human tendon structures in vivo. *Journal of Applied Physiology, 92*(2), 595-601.

Kuchinad, R., Ivanova, T., & Garland, S. (2004). Modulation of motor unit discharge rate and H-reflex amplitude during submaximal fatigue of the human soleus muscle. *Experimental Brain Research, 158*(3), 345-355.

Lieber, R. L. (2002). *Skeletal muscle structure and function. Implications for rehabilitation and sports medicine* (2nd ed.). Baltimore, MD: Lippincott Williams & Wilkins.

Magnusson, S. P., Aagaard, P. P., & Nielson, J. J. (2000). Passive energy return after repeated stretches of the hamstring muscle-tendon unit. *Medicine and Science in Sports and Exercise, 32*(6), 1160-1164.

Magnusson, S. P., Aagard, P. P., Simonsen, E. E., & Bojsen-Moller, F. F. (1998). A biomechanical evaluation of cyclic and static stretch in human skeletal muscle. *International Journal of Sports Medicine, 19*(5), 310-316.

Magnusson, S., Simonsen, E., Aagaard, P., Sørensen, H., & Kjaer, M. (1996). A mechanism for altered flexibility in human skeletal muscle. *Journal of Physiology, 497*(Pt 1), 291-298.

Markovic, G., & Mikulic, P. (2010). Neuro-musculoskeletal and performance adaptations to lower-extremity plyometric training. *Sports Medicine, 40*(10), 859-895.

Mendell, L. (2005). The size principle: A rule describing the recruitment of motoneurons. *Journal of Neurophysiology, 93*(6), 3024-3026.

Monster, A. W., & Chan, H. (1977). Isometric force production by motor units of extensor digitorum communis muscle in man. *Journal of Neurophysiology, 40*, 1432-1443.

Moritani, T., & deVries, H. A. (1979). Neural factors versus hypertrophy in the time course of muscle strength gain. *American Journal of Physical Medicine, 58*(3), 115-130.

Noonan, T. J., Best, T. M., Seaber, A. V., & Garrett, W. E. (1993). Thermal effects on skeletal muscle tensile behavior. *American Journal of Sports Medicine, 21*(4), 517-522.

Rich, C., O'Brien, G., & Cafarelli, E. (1998). Probabilities associated with counting average motor unit firing rates in active human muscle. *Canadian Journal of Applied Physiology, 23*(1), 87-94.

Richmond, F. J. (1998). Elements of style in neuromuscular architecture. *American Zoologist, 38*, 729-742.

Ross, A. A., Leveritt, M. M., & Riek, S. S. (2001). Neural influences on sprint running: Training adaptations and acute responses. *Sports Medicine, 31*(6), 409-425.

Rota, S., Hautier, C., Creveaux, T., Champely, S., Guillot, A., & Rogowski, I. (2012). Relationship between muscle coordination and forehand drive velocity in tennis. *Journal of Electromyography and Kinesiology, 22*(2), 294-300.

Santo Neto, H., de Carvalho, V., & Marques, M. (1998). Estimation of the number and size of human flexor digiti minimi muscle motor units using histological methods. *Muscle and Nerve, 21*(1), 112-114.

Santo Neto, H., & Marques, M. (2008). Estimation of the number and size of motor units in intrinsic laryngeal muscles using morphometric methods. *Clinical Anatomy, 21*(4), 301-306.

Schilling, B. K., & Stone, M. H. (2000). Stretching: Acute effects on strength and power performance. *Strength and Conditioning Journal, 22*(1), 44-47.

Seynnes, O. R., de Boer, M. M., & Narici, M. V. (2007). Early skeletal muscle hypertrophy and architectural changes in response to high-intensity resistance training. *Journal of Applied Physiology, 102*(1), 368-373.

Small, K., Mc Naughton, L., & Matthews, M. (2008). A systematic review into the efficacy of static stretching as part of a warm-up for the prevention of exercise-related injury. *Research in Sports Medicine, 16*(3), 213-231.

Søgaard, K., Christensen, H., Fallentin, N., Mizuno, M., Quistorff, B., & Sjøgaard, G. (1998). Motor unit activation patterns during concentric wrist flexion in humans with different muscle fibre composition. *European Journal of Applied Physiology and Occupational Physiology, 78*(5), 411-416.

Soomro, N., Sanders, R., Hackett, D., Hubka, T., Ebrahimi, S., Freeston, J., et al. (2016). The efficacy of injury prevention programs in adolescent team sports: A meta-analysis. *American Journal of Sports Medicine, 44*(9), 2415-2424.

Stojanovic, M., & Ostojic, S. (2011). Stretching and injury prevention in football: Current perspectives. *Research in Sports Medicine, 19*(2), 73-91.

Sugimoto, D., Bowen, S. L., Meehan, W., & Stracciolini, A. (2016). Effects of neuromuscular training on children and young adults with Down syndrome: Systematic review and meta-analysis. *Research in Developmental Disabilities, 55*, 197-206.

Sugimoto, D., Myer, G. D., Foss, K. B., & Hewett, T. E. (2015). Specific exercise effects of preventive neuromuscular training intervention on anterior cruciate ligament injury risk reduction in young females: Meta-analysis and subgroup analysis. *British*

Journal of Sports Medicine, 49(5), 282-289.

Taylor, D. C., Dalton, J. D., Seaber, A. V., & Garrett, W. E. (1990). Viscoelastic properties of muscle-tendon units. The biomechanical effects of stretching. *American Journal of Sports Medicine, 18*(3), 300-309.

Van Cutsem, M., Duchateau, J., & Hainaut, K. (1998). Changes in single motor unit behaviour contribute to the increase in contraction speed after dynamic training in humans. *Journal of Physiology, 513*(Pt 1), 295-305.

Weppler, C., & Magnusson, S. (2010). Increasing muscle extensibility: A matter of increasing length or modifying sensation? *Physical Therapy, 90*(3), 438-449.

Wickham, J., & Brown, J. (1998). Muscles within muscles: The neuromotor control of intra-muscular segments. *European Journal of Applied Physiology and Occupational Physiology, 78*(3), 219-225.

Woods, K., Bishop, P., & Jones, E. (2007). Warm-up and stretching in the prevention of muscular injury. *Sports Medicine, 37*(12), 1089-1099.

Ziv, G., & Lidor, R. (2010). Vertical jump in female and male volleyball players: A review of observational and experimental studies. *Scandinavian Journal of Medicine & Science in Sports, 20*(4), 556-567.

말초 감각 시스템의 움직임 감시

이 장의 목적, 중요성, 목표

이 장의 목적은 움직임을 감시하는 데 있어서 책임을 맡고 있는 주된 말초 감각과 감각 운동 시스템, 그리고 어떻게 반사 활동을 개시하고 움직임 정보를 중추신경 시스템으로 보내는지를 이해하는 것이다. 주로 고유 수용 감각과 시각 감각 시스템에 중점을 두어서 다룬다. 이 시스템들이 어떻게 작용하는지 이해함으로써 뇌가 운동 동작을 계획하고 수행하는 데 사용하는 정보와, 학습의 기초로써 사용하는 정보의 특성을 이해할 수 있다. 반사기전과 어떻게 반사기전이 숙련된 운동 동작들에 작용하는지 이해하여 연습과 훈련의 기반으로 활용하고, 뇌가 움직임에서 과도한 자유도를 어떻게 처리하는지에 대해 이해한다.

이번 장을 마친 후, 아래의 내용을 설명할 수 있어야 한다.

1. 감각 신경의 기본 생리학과 수용기 분류를 포함한 감각 신경 시스템의 조직을 설명한다.
2. 고유 수용기의 다른 유형들과 각각의 특정한 기능을 구분한다.
3. 단순반사, 복합반사에 대한 서술과 그것들이 어떻게 목표지향적 움직임에 공헌하는지에 대하여 서술한다.
4. 숙련된 움직임 생산에서 시각의 중요성과 특별한 역할을 서술한다.
5. 초점 시각과 주변 시각의 차이점과 피드-포워드 제어와 피드백 제어 움직임에서 각각의 역할을 서술한다.
6. 중추신경계(CNS)로의 반사 반응과 감각 피드백이 왜 상황에 영향을 받는지에 대하여 이해한다.
7. 긴장도와 자세를 조절하는 반사와 감각 운동 통합의 역할을 설명한다.

실제 움직임에 대한 정보가 중추신경계(CNS, central nervous system)로 전달되지 않으면 움직임의 계획, 시작, 실행이 원활하고 효율적으로 수행될 수 없다. 이 정보 없이는 중추신경계가 진행되는 움직임을 감시할 수 없어서 학습이나 미래 움직임 계획을 위해서 움직임 시행 후 조정하거나 효율성을 평가하는 목적을 달성할 수 없다. 말초신경계(PNS)의 감각 부분은 이런 목적으로 움직임을 감시하고 중추신경계로 정보를 전달하는 역할을 한다. 이에 더하여, 이 감각 시스템은 뇌의 참여 없이 일어나는 반사 움직임을 시작하는 역할을 하고 있다. **반사(Reflexes)**는 말초에서 일어나는 전형적(stereotyped)이고 반복적인 작용이며, 말초신경계에 있는 감각 신경에 의해 자극이 되고, 중추신경계에 신호를 보냈다가 다시 말초로 신호가 돌아와서 움직임을 발생시킨다. 그 정의대로 반사는 의식적인 작용 없이 일어나며, 목표를 가진 움직임이나 운동 기술이 아닌 것으로 간주된다. 그러나 서로 다른 반사 작용이 모여서, 많은 운동 기술을 만들어낼 수 있는 움직임의 기초 구성 요소가 된다. 이 장에서 우리는 말초 감각 시스템이 운동 기술을 감시하는 과정과 감각 운동 시스템에서 반사가 일어나는 과정을 살펴볼 것이다. 특히 고유 수용 시스템과 시각 시스템에 대해 평가할 것이다.

감각 시스템과 수용기들

말단부에 근육이 있는 운동 뉴런과는 대조적으로, 감각 뉴런은 말단부에 감각 말단 또는 수용기가 있고 중추신경계로 정보를 전달한다. 수용기는 환경으로부터의 자극을 감지하기 위해 만들어진 특별한 세포 기관이며 신경계가 이해할 수 있도록 자극을 전기 신호로 바꾼다. 우리는 오직 감각 말단을 통해서만 우리 주변에 있는 세계와 우리 몸 안의 세계를 인식할 수 있다.

수용기는 여러 형태로 나타나고 여러 가지 기준으로 분류할 수 있다. 두 가지 주된 분류 기준은 감지되는 자극의 위치와 종류에 따른 분류이다. 수용기의 위치는 크게 내장과 혈관(**내부 수용기[interoceptors]** 또는 **내장기 수용기[visceroreceptors]**)이나, 우리 몸의 표면에 가까운 곳(**외부 수용기[exteroceptors]** 또는 근골격 시스템(**고유 수용기[proprioceptors]**) 내부로 분류된다. 내장기 수용기는 심부 체온, 산 균형 및 평활근의 움직임과 같은 기본 생리학적 정보들을 중추신경계에 보낸다. 외부 수용기는 그 위치에 의해 피부의 촉각(접촉, 고통, 온도), 시각, 청각, 미각, 후각과 같은 바깥 세계의 정보를 제공한다. 고유 수용기는 근육, 관절, 인대, 힘줄에 위치하고 있으며, 신체 움직임에 관한 자극과 수용기를 둘러싼 조직들의 행동과 상태를 감지한다. 전통적으로 내장기 수용기, 피부 수용기 및 고유 수용기는 **체성 수용기(somatoreceptors)**로 분류되었지만, 내장기 수용기는 나머지 두 개와 다른 방식으로 작동한다는 자료가 발견되었다(Craig, 2003). 이런 이유 때문에, 우리는 체성 수용기와 체성 감각이라는 용어를 오직 피부와 관절 감각기로부터 발생되는 고유 수용 감각에 대해서만 사용한다(표 4.1).

내장기 수용기와 체성 수용기는 통증과 같은 작동중인 생리학적 기능과 우리 몸의 건강에 관련해 진행중인 정보를 중추신경계에 제공한다. 이 정보 덕분에, 우리는 의식적이거나 잠재의식적으로 우리 몸의 인식을 할 수 있다. 신체 인지(body awareness)는 **내장 인지(viscero-awareness)**와 **체성 감각 인지(somatosensory awareness)**(혹은 **근감각[kinesthesia]**이라고 불린다)라는 두 가지 요소를 가지고 있고 둘 다 운동(exercise)과 운동 수행(motor performance)을 하는 데 중요하다. 운동 수행에서의 근감각은 몸과 팔다리의 위치와 움직임을 인지하는 역할을 하며, 본문을 통해서 다룰 것이다(SIDENOTE 참조).

수용기들은 다양한 종류의 자극을 감지하고, 감지한 자극을 종류에 따라 분류할 수 있다. 온도 수용기(온도), 화학 수용기(화학, pH), 압력 수용기(유압), 광 수용기(빛), 후각 수용기(후각), 미각 수용기, 청각 수용기(청각), 기계적 수용기(기계적 외적 변화), 외상 수용기(통증)들은 몸의 곳곳에 위치하고 있다. 고유 수용기는 근골격 시스템의 움직임을 감지하도록 만들어진 기계적 수용기의 종류이며 운동 행동에 대해 광범위한 역할을 한다. 내이(inner ear)에 위치한 전정 수용기는 근골격계 시스템 안에 위치하지는 않지만 고유 수용기에 포함시킨다. 모든 감각 말단부는 CNS로 피드백을 제공하는 동시에 다른 여러 가지 기능을 가지고 있다. 이 중 많은 수가 조직의 항상성을 유지하거나, 다른 수용기의 출력(특히 근방추에 대해

표 4.1 감각 말단의 분류

	내부 수용기/내장기 수용기	외부 수용기	고유 수용기
일반적인 위치	내장	피부, 신체의 외부 표면	근육, 건, 인대, 관절
구분되는 기능	내부의 생리적인 작용과 신체의 움직임을 감시	외부 환경과 환경과 관련된 신체에 대한 감시	신체의 움직임을 감시하고, 운동 반사 작용을 시작
종류	화학 수용기, 외상 수용기, 온도 수용기, 압력 수용기, 기계적 수용기	외상 수용기, 기계적 수용기(청각, 촉각), 광 수용기, 후각(냄새), 미각	기계적 수용기
정보의 예	혈압, 내부 온도, 혈액 pH, 방광 팽창	시각, 청각, 미각, 후각, 통증, 피부 모발의 움직임, 촉각, 외부 온도	근육 수축 혹은 신장 속도, 관절의 가동범위

SIDENOTE

신체 인지와 건강

일상적인 상황에서, 우리의 감각 피드백이 내부의 생리적 변화가 정상 범위를 넘어갔을 때만 의식적으로 이에 대해 알게 된다. 이런 내장기에 대한 인지를 의식하게 되는 예로는 운동중의 높은 심박수나 아플 때의 고열, 방광이 가득 찬 경우를 들 수 있다. 이런 특성은 우리가 매 순간 감각 신호의 집중포화를 받기보다 그것들에 집중할 필요가 있을 때만 그 과정을 알 수 있게 해준다. 하지만 의식적으로나 잠재의식적으로 내장기 인지를 과도하게 하는 사람들이 일부 있다. 이런 사람들은 건강에 관한 강박관념을 가지거나, 신체형 장애와 같은 많은 부정적인 결과들이 생길 수 있다. 신체형 장애는 의학적으로 구체적인 설명이 되지 않는 신체의 통증이나 기능 이상을 호소하는 특징을 가진 신체 상태이다. 이들 질환은 정신질환으로 여겨짐에도 불구하고, 많은 경우 실제 생리적인 장애를 동반하며, 식이장애와 신체 이미지 장애를 일으키는데, 운동선수를 포함한 청소년과 젊은 성인에게서 많이 나타난다. 이 신체인지장애는 과증폭된 감각 신호와 과장되고 잘못된 인식, 자신에 대한 지속적인 집중이 원인이 될 수 있다(Houtveen 등, 2003; Rietveld & Houtveen, 2004). 저하된 건강 상태를 개선시키기 위해 신체 인지를 개선하려는 방법은 (일부) 성과를 보여줬다. 한 사람의 행동 상태가 장애 인지에 영향을 주거나, 반대로 증폭된 감각 신호가 한 사람의 행동 상태에 영향을 줄 수 있다. 예를 들어 Barrett 등(2004)은 한 사람이 본인의 심장박동을 감지하는데 민감한 정도는 감정의 경험과 연관된다고 보고하였는데, 이는 체성 감각과 내장기 수용기 정보가 전체적인 인지 과정에 영향을 준다는 다른 주장(Berntson 등, 2003)을 뒷받침한다. 그래서 어떤 사람이 '직감(gut feellings)'을 느낀다고 하였을 때, 그 사람은 정말 느낀 것이다.

서)을 조절하고, 반사 작용에 직접적 혹은 간접적으로 작용하는 역할을 한다.

고유 수용기와 반사

고유 수용기는 CNS로 신체 움직임의 양, 방향, 속도, 힘 등의 정보를 보내는 체성 수용기이다. 이 정보들은 CNS에 의해 처리되어, 공간에서의 몸과 팔다리 자세 및 움직임에 대한 의식적이고 잠재의식적인 인지 혹은 인식 즉, 운동 감각(kinesthesia)을 만들어낸다. 고유 수용 감각과 운동 감각은 같지 않으며 혼동해서는 안 된다. 고유 수용기는 움직임 피드백을 제공하는 것에 더하여, 직접 혹은 간접적으로 골격근의 반사 작용을 시작하며, 수용기들의 위치 덕택에 그 중 일부는 CNS로 조직의 항상성(homeostasis)에 대한 정보를 제공한다.

고유 수용기는 근육, 건, 피부와 수많은 다른 조직, 특히 관절을 둘러싸고 있는 조직에 위치한다(그림 4.1). 이들 조직들 각각은 서로 다른 종류의 고유 수용기를 가질 수 있으며, 각각의 고유 수용기는 다양한

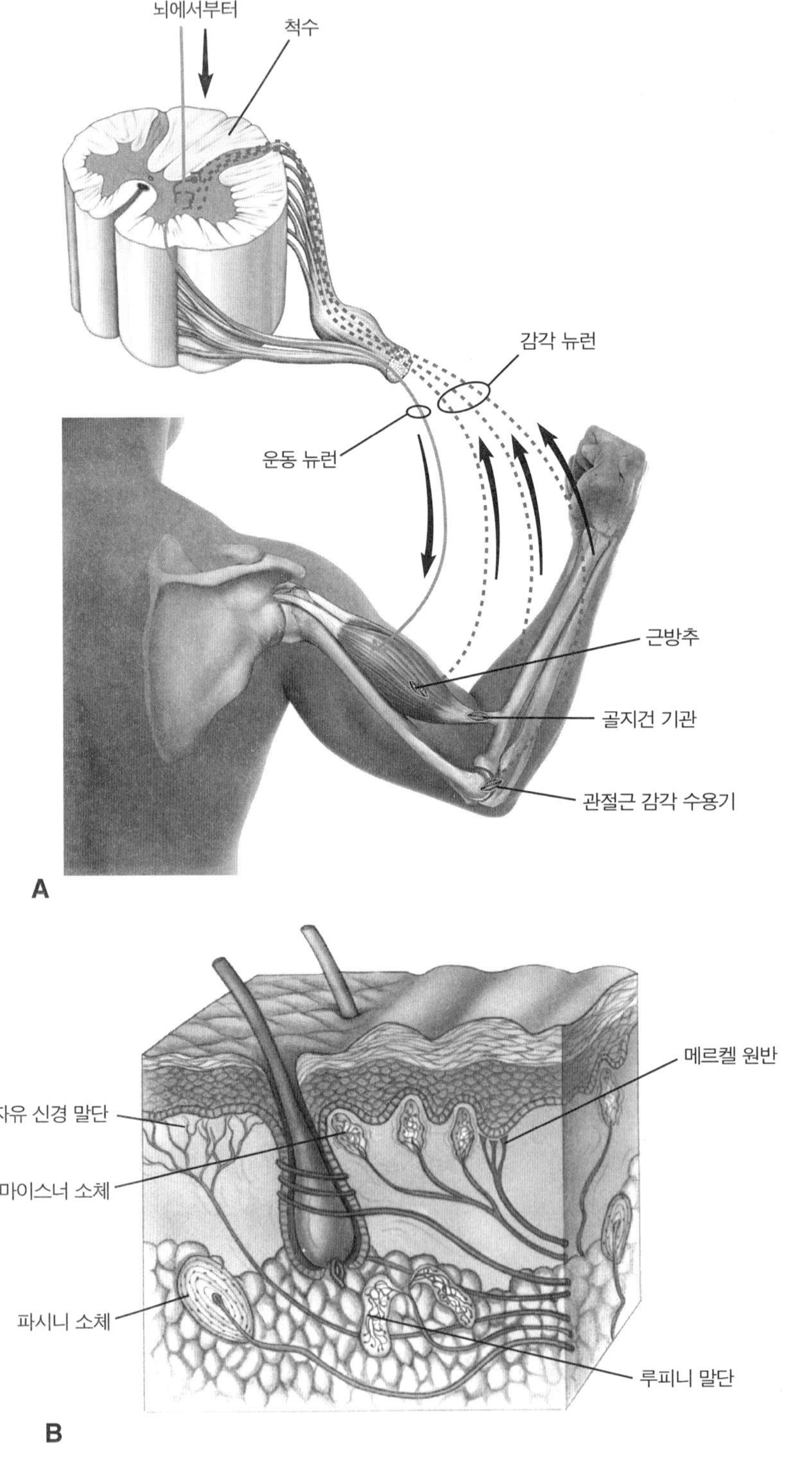

그림 4.1 A. 관절 주변의 근육과 조직에 위치한 주요 고유 수용기와 대략의 위치. 피부에서는 발견되지 않는다. B. 피부에서의 기계적 고유 수용기의 종류, 그러나 인대, 관절낭, 관절 연골, 그리고 다른 구조에서 나타날 수도 있다. 소체(corpuscles), 원반(disk), 자유 말단(free ending) 각각의 수용기들은 자극에 다르게 반응하며, 움직임에 대한 서로 다른 정보들을 제공한다.

종류와 양의 정보를 제공한다. 어떤 고유 수용기들은 둥근 조직 소체(bulbous tissue corpuscles)나, 조직 덩어리 내 신경 말단에 위치하며, 어떤 수용기들은 조직 내에서 자유신경 말단이 서로 얽혀 있기도 한다. 자극의 종류와 감각 말단이 자극에 어떻게 반응하는지는 조직과 신경 말단이 조직되어 있는 형태의 영향을 받는다. 어떤 말단은 빠른 신장에 반응하며, 어떤 말단은 느리고 지속되는 압력에, 어떤 말단은 전단력에, 어떤 말단은 직접적인 압력에 반응한다.

고유 수용기가 기계적인 자극을 받을 때, 고유 수용기는 활동 전위를 만들어내 감각 신경을 따라 척수(spinal cord)로 보낸다. 이 활동 전위의 패턴과 발화율은 자극의 강도와 특성에 직접적인 관련이 있다. 수용기의 **민감도**(sensitivity)는 자극을 감지하거나 구별하는 수용기의 능력이다. 낮은 민감도는 수용기로부터 반응을 끌어내는 데 큰 자극이 필요하거나 자극 강도의 작은 변화는 감지되지 않는다는 것을 의미한다. 수용기의 **정밀도**(acuity)는 민감도와 비슷하지만 일반적으로 같이 작용하는 수용기 그룹에 관한 것을 말한다. 작은 **수용장**(receptive field)을 가진 수용기들이 조밀하게 모여 있으면, 더 큰 수용장을 가진 수용기들이 더 적게 모여 있을 때보다 자극의 구분을 정밀하게 할 수 있다.

SIDENOTE

신체 인지와 운동선수

일반적으로 운동선수들이나 운동 기술 수행에 능숙한 사람들은 자기 신체에 대한 날카로운 감각(운동 감각 인지든 내장기 인지든 간에)을 가지고 있을 것이라고 생각한다. 운동선수들의 신체에 대한 지속적인 연구가 이루어지고 있음에도 불구하고, 그들의 지속적이며 더 나은 내장기 인지 능력이 더 나은 건강에 기여한다는 증거는 없다. 엘리트 운동선수들이 운동을 하는 동안, 혐오스럽고 불만족스러운 내장기 감각 정보를 감소시키거나 덜 훈련된 다른 사람들보다 영향을 적게 받는다는 증거는 일부 존재한다(Paulus 등, 2012).

비슷한 방식으로, 운동선수의 더 나은 근감각에 대한 근거도 다양하다. 일부는 운동선수들이 더 나은 운동 감각을 가지고 있는 것으로 보고되었지만(Lephart 등, 1996), 대부분의 스포츠에 특이적이지 않은 테스트들은 일반적으로 운동선수들과 일반인의 차이가 없다고도 보았다(Freeman & Broderick, 1996). 어떤 경우에는 더 높은 수행력의 운동선수들의 운동 감각이 더 떨어지는 경우도 보고되었고(Starosta 등, 1989), 야구 선수들의 경우 피칭하는 팔의 운동 감각이 더 떨어진다고도 보고된 바도 있다. 종합해보면, 운동선수들이 그들의 신체에 더 조정이 잘 되어 있다는 생각은 현재 연구들의 근거만으로는 입증될 수 없다.

대부분의 고유 수용기들은 반사를 통해 골격근을 활성화시키는 역할을 한다. 각각의 반사는 자극을 감지하는 감각 말단과, 신호를 전달하는 감각 뉴런, 신호를 만들어내고 이어서 보내는 척수와 같은 통합 중추와 신호를 실행 기관(effector organ)에 보내는 운동 뉴런, 실행기관으로 이루어진다. 물론 실행 기관은 근육이다. 모든 반사 작용이 근육 수축을 일으키기 위해서 디자인된 것은 아니다. 실제로 어떤 반사 작용들은 목표 근육을 억제하도록 설계되어 있다. 가장 간단한 반사 경로인 신장 반사는 어떻게 반사 작용이 작동하는지에 대한 기초적인 형태를 보여준다(그림 4.2).

거의 모든 종류의 조직의 감각 신경 말단에서 움직임 정보를 어느 정도 제공할 수 있지만, 가장 중요한 4종류의 고유 수용기가 있다. 4가지 고유 수용기는 근방추(muscle spindle), 골지건 기관(Golgi tendon organ, GTOs), 관절 운동 감각 수용기(joint kinesthetic receptors), 그리고 전정 기관(vestibular apparatus)이다.

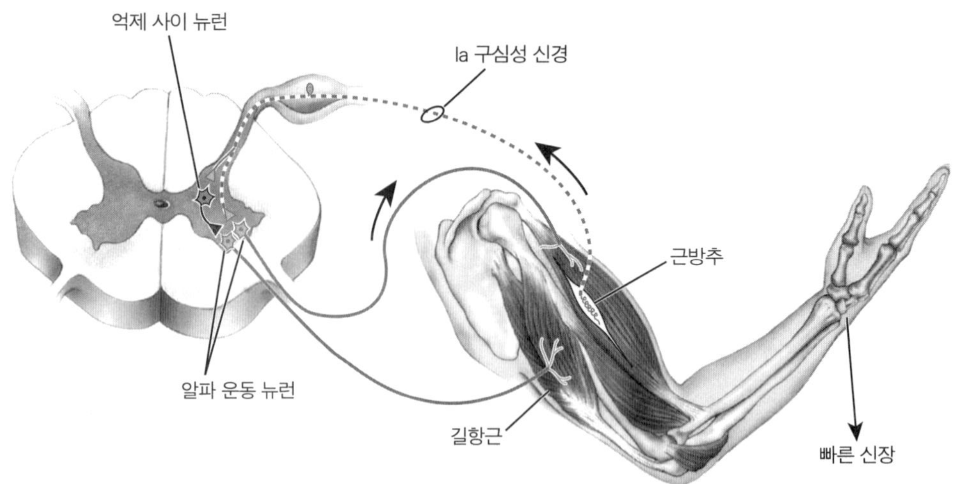

그림 4.2 신장 반사로 나타낸 기본적인 반사궁(reflex arc). 반사궁은 감각 말단(여기에서는 근방추), 감각 뉴런, 중앙 정보 처리 공간(척수), 운동 뉴런, 그리고 실행 기관(근육)을 포함한다. 이 그림에서 상완이두근의 빠른 신장이 근방추도 빠르게 신장하게 하고, 결과적으로 동측(homonymous)의 근육을 수축하게 한다. 반사 회로는 다른 경로들을 같이 활성화시키며, 그림에 나타나 있는 것처럼 억제 개재 뉴런(inhibitory interneuron)이 흥분되어 길항 근육을 억제하게 된다(상호 억제[reciprocal inhibition]). 대부분의 수용기로부터 시작되는 반사궁은 과도한 수축을 일으키지는 않으며, 감각 기관에서 가깝거나 먼 근육들을 촉진하거나 억제한다.

근방추

근방추(muscle spindle)는 근육 안에 위치한 상대적으로 큰 수용기이며, 주로 근육의 힘살(muscle belly)에 집중되어 있다. 근방추의 기능은 CNS에 근육 기능 피드백을 제공하고 **신장 반사**(**stretch reflex**) 혹은 **근신장 반사**(**myotactic reflex**)를 개시하기 위해, 근육이 신장하고 수축하는 상태를 감지하는 것이다. 이 두 가지 특성 모두 협응된 움직임을 생산하는 데 필수적이다. 근방추의 복합적인 특성은 빠른 신장과 길고 느리게 지속되는 신장, 신장 속도, 고정된 위치, 신장시키는 힘까지 감지할 수 있게 해준다. 눈을 제외한 다른 감각 기관과 구분되는 점은 CNS가 근방추 기능을 제어할 수 있다는 점이다. 방추는 **방추안 섬유**(**intrafusal fibers**)라고 불리는 아주 작은 섬유를 안에 가지고 있으며, **감마 운동 뉴런**(**gamma motor neurons**)이라고 불리는 작은 운동 뉴런을 이용하여 CNS는 근방추를 조절할 수 있다(그림 4.3). 방추안 섬유를 수축, 신장함으로써 CNS는 근방추의 특성을 바꾸어 신장하는 데 더 민감하게 만들거나(방추안 섬유를 수축) 신장에 덜 민감하게(방추안 섬유를 신장) 만들 수 있다. 이런 특성은 **감마 바이어스**(**gamma bias**), 반사 출력값의 조절, 방추 민감도의 조정 등의 다양한 표현으로 알려져 있다.

전형적인 근방추는 두 가지 종류의 감각 신경 말단을 가지는데, 꽃술신경 말단(flower spray ending)이라고 불리는 신경말단(Type II)과 고리나선신경 말단(annulospiral ending)이라고 불리는 신경말단(type Ia와 Ib) 두 종류를 가지고 있고, 이 말단은 방추안 섬유를 싸고 있거나 그 안에 위치한다. 방추안 섬유가 수축되거나 길어졌을 때, 감각 말단은 자극된다. Type Ia, Ib, II 감각 말단이 방추안 섬유의 서로 다른 부분에 위치해 있고 각각 말단의 배열이 다르기 때문에, 각각의 감각 말단들은 서로 다른 종류의 기계적인 자극에 반응하며, 서로 다른 민감도를 가지게 된다. Type 1a 구심성 신경은 가장 민감하고 일반적으로 가장 많은 양의 현재 진행중인 정보를 제공하지만 다른 종류의 말단들 역시 짧고 긴 신장, 신장 속도, 그리고 유지되는 길이에 대한 정보를 제공한다. 근방추는 근육이 수동적으로 신장될 때 근육 조직의 늘어남에 대한 반응을 할 수 있지만, 수축에 의해 근육 조직이 줄어들었을 때도 반응한다. 방추의 이런 기능은 CNS가 다른 근육(방추밖 근육 섬유)과 방추안 섬유를 함께 수축함으로써 근방추 내에서 신장을 유지하기 때문에 가능하다(그림 4.3E 참조). 이렇게 방추안 섬유와 방추밖 섬유가 동시에 활성화되는 것

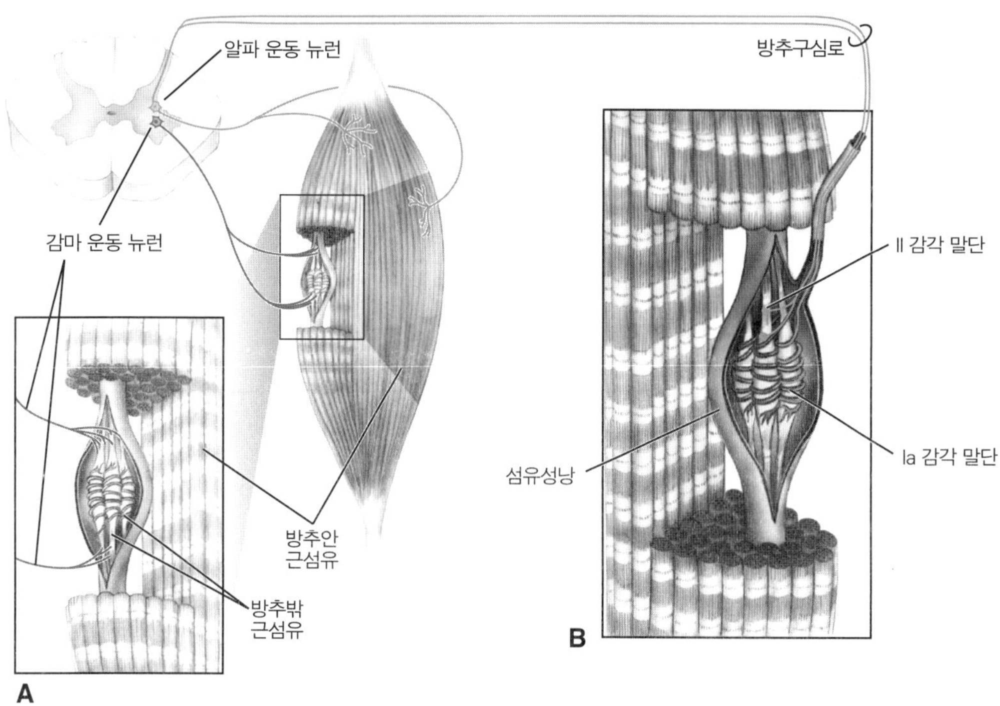

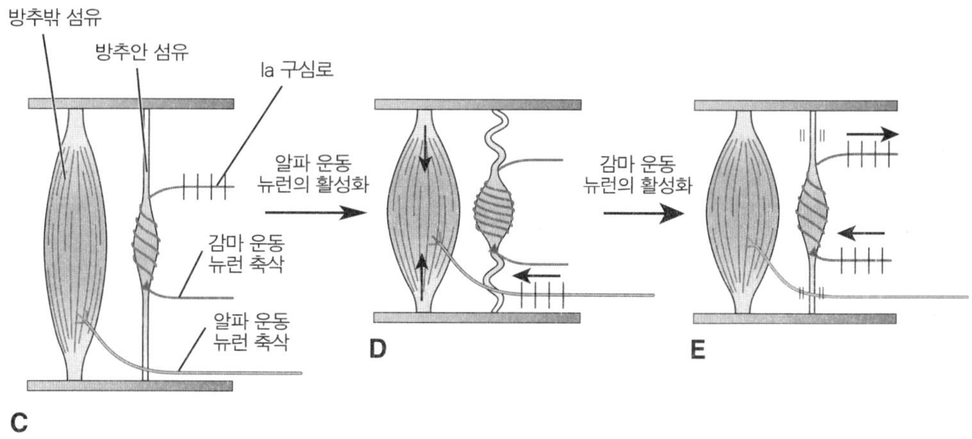

그림 4.3 근방추와 그 기능. **A.** 방추의 분해도로 감마 운동 뉴런이 방추안 섬유에 운동 신경 지배를 하는 모습을 나타내었다. 방추 내 수축 요소들이 방추안 섬유 복합의 말단부에 어떻게 위치하고 있는지 주목하라. **B.** 이 그림은 type Ia와 II의 서로 다른 감각 말단들이 방추로부터 시작되는 것을 보여준다. 이 말단들의 위치와 구조는 신장 자극의 특성에 대해서 다르게 반응하는 원인이 된다. **C.** 수동적인 신장에 놓인 근육은 방추가 신장하며, 구심로가 신호를 보내게 한다. 이 그림에서 수동적인 신장은 Ia 구심로에서 큰 신호를 만들어낸다. **D.** 능동적인 수축 동안 방추밖근섬유는 짧아지면서 방추안 섬유를 늘어지게 하며 그 결과 구심로 신호를 보내지 않게 한다. 이런 과정은 근방추가 기능할 수 없게 한다. **E.** 하지만 방추밖근섬유 수축과 동시에 방추안 섬유가 감마 운동 뉴런에 의해 수축되기 때문에 근방추는 늘어지지 않는다. 방추안 섬유의 수축은 방추안 복합체의 끝부분에서 일어나기 때문에, 복합체의 중심 부분은 신장될 수 있게 한다는 점을 주목하라. 이 신장 과정은 감각 말단을 활성화한다.

을 알파-감마 연결(alpha-gamma linkage)이라고 한다. 여러 다른 종류의 수축에서 근방추의 기능을 이해하는 것은 어려운 일이며, 언제나 잘 알 수 있는 것은 아니다. 그런 점에서 볼 때, 방추안 섬유의 CNS 조절과 주변 근육들의 움직임, 근방추 자체의 신장 사이의 상호작용에 의해서 뇌가 근육이 신장성, 등척성, 수축성 수축, 혹은 수동적 수축 동안에 근육에 무슨 일이 일어나는지를 감시하고 정확히 해석할 수 있게 해준다는 것을 알면 충분하다.

생각해보기 4.1 흔들림 제어

가만히 있는 자세에서도 사람들은 앞뒤 혹은 양옆으로 흔들림이 발생한다. 이 흔들림의 일부는 다리 근육의 수축성 강직도의 양을 제어하는 근방추에 의해 제어된다. 눈을 감고 있을 때, 흔들림의 정도는 증가한다. 이렇게 흔들림이 증가하는 것의 일부는 뇌가 근방추 속 방추안 섬유를 이완되게 하기 때문이며, 이는 신장에 대해서 덜 반응하게 한다. 뇌는 왜 이런 작용을 할까? 자신의 생각을 토대로 질문에 답하고, 글을 읽으면서 이 현상에 대해 생각해 보라.

신장 반사의 기능

근방추는, 수동적 신장 또는 능동적 수축에 의해 활성화될 때 정보를 척수에 피드백한다. 척수에서 감각 신호는 단시냅스 연결을 통해 동측 근육의 운동 단위로 전달된다. 이 신호들은 운동 단위들을 촉진시키고, 충분히 신호가 강한 경우에는 동측 근육의 신장 반사를 일으킨다. 근방추에 의해 시작되는 촉진과 반사 작용들은 대부분의 반사궁 그림이 표현하는 것처럼 단순하지 않다. 근방추의 활동은 지속적으로 일어나며, 우리가 하는 거의 모든 움직임에 직접적 혹은 간접적인 역할을 한다. 신장-단축 주기와 같은 몇 가지 움직임들은 강하고 빠른 신장 반사 반응을 직접적으로 이용하며, 이것을 상 반응(phasic response)이라고 부른다. 자세 안정화와 같은 움직임들은 긴장 반사 작용을 이용하며, 이 반사 작용은 강하고 지속적인 반사 작용이다. 어떤 움직임들에서는 방추 반사 작용이 억제되어야 한다. 대부분의 신장 반사 작용중에 **상호 억제**(reciprocal inhibition)라고 불리는 과정을 통해, 협력근들은 촉진되고 길항근은 억제된다. 반대쪽 팔다리에서는 주동근(억제된) 및 길항근(촉진된)에 반대되는 영향을 주거나, 더 먼 부위로부터 가까운 부위에 효과를 주기도 한다. 예를 들면 가자미근에서의 근방추 활성화는 대퇴사두근(quadriceps)의 활성화를 억제할 수 있다. 이것은 많은 여러 유형의 개재 뉴런을 포함한 복잡한 신경회로지만, 이 회로는 표준 신장 반사에 의해 시작되는 경우가 많다(Iles & Pardoe, 1999).

근방추 구심로를 통해 방출된 신호의 강도와 이어지는 모든 반사 작용들은 많은 주변부와 중심 요소에 의해 조절된다. 이전의 근육 활동의 양과 유형(**활성화 기록**[activation history]이라고 불리는) 및 근육의 길이는, 방추의 기계적 그리고 신경적 특성에 영향을 주어 신장과 수축에 반응하는 방식에 영향을 준다. 척수에서는 복잡한 신경회로가 반사와 상호 억제의 표현을 조절하는 데 사용된다. 예를 들어 만약 발목 배측굴근에 피로가 쌓인다면, 배측굴근 근방추 활동으로부터 오는 상호 억제의 강도가 증가하여 가자미근과 비복근이 강한 수축을 하는 것을 어렵게 한다(Sato 등, 1999). 작업에 따라 상호 억제의 정도가 달라질 수 있는데, 예를 들면 전경골근의 수축하는 힘이 같을 경우라도 걷는 것보다 깡충 뛸 때 더 큰 상호 억제를 일으킬 수 있다(Lavoie 등, 1997).

이전의 훈련이나 경험, 건강 상태도 방추 반응의 패턴을 변화시킬 수 있다. 고령자와 젊은 성인들은 종종 매우 다른 반사 작용을 보여준다(Chalmers & Knutzen, 2000). Hoffman과 Koceja는 신장 반사가 시각과 체성 감각 수용기와 같은 구심성 입력에 의해 조절되는 것을 보여주었다. 특히 시각을 차단하거나 불안정한 지지면에 서는 것은 방추 반사 출력을 감소시킨다. 그 저자들은 시각을 차단한 채로 불안정한 표면에 설 때 중추에서 자세에 대해 더 많은 조절을 하기 위해 척추 상위 입력(suprspinal input)이 전시냅스에서 신장 반사를 억제한다고 주장하였다. 다른 대안 설명으로는 뇌가 반사를 억제하여 발로부터 더 많은 피부의 입력을 얻도록 한다는 것이다.

신장 반사가 단순한 무릎 반사(knee jerk relfex)보다 훨씬 복잡하다는 것은 대단히 중요한 점이다. 근방추는 지속적으로 작동하고 있으며, 반사 작용의 강도(상호 억제 포함)는 신장의 정도 또는 주동근 수축의 정도 외에 많은 요소들의 영향을 받는다. 근위와 말단의 촉진과 억제 효과들을 포함한 반사의 특성들은 작업의 요구에 맞추기 위해서 다른 반사 회로에 의해 영향을 받고, 척추 상위 중추에 의해 제어된다.

골지건 기관과 반사

골지건 기관(GTOs)은 힘줄다발들과 뒤얽혀 있는 자유신경 말단이다. 힘줄이 신장되는 동안에, 신장과 같이 신경 말단도 변형된다. 근육 조직에 비해서 힘줄은 신장에 잘 버티며, 길이를 늘리는 데는 큰 힘이 필요하다. 이런 특성 때문에, 건 기관은 움직임이나 길이 감지기보다는 힘 감지기로 활동을 한다고 알려져 있다. 신경회로와 초기의 실험적 증거는, 일반적으로 근육의 수축 또는 외부 힘을 통한 힘줄 기관의 자극은 동측 근육과 동측 협력근의 억제를 초래하고 길항근의 수축과 길항근 협력근을 촉진한다는 생각을 뒷받침한다. 이런 반응은 **골지건 반사**(Golgi tendon reflex) 혹은 역신장 반사라고 부르며, 실행 기관의 수축을 일으키지 않고, 실제로 수축하는 힘을 제한하여 근육과 관절을 보호한다고 한다.

개 • 념 • 설 • 명

반사 표현의 조절

특정 작업의 요구에 맞추기 위해 뇌에서 반사 활동이 조절된다는 것은 매우 간단한 실험을 통해 명확히 알 수 있다. 파트너와 함께 두 가지 다른 수축을 하면서 상완의 이두근과 삼두근의 강직도를 측정해보라. 첫 번째로, 바닥에 붙어 있는 튼튼한 테이블에 앉아서 한 손은(손바닥을 위로 한 채) 테이블 밑에 그리고 팔꿈치는 90도 정도 구부린다. 팔꿈치를 굴곡해 테이블을 들려고 시도하고 파트너가 그동안에 당신의 이두근을 만져보게 한다. 그리고 이 동작을 하면서, 테이블을 들어올리려는 동시에 삼두근육을 수축하려고 시도해보라. 파트너에게 두 근육을 만져보아서 수축 강직도의 정도를 평가하도록 하라. 이번에는 삼두근을 이용하여 신전 운동을 하면서 테이블을 누르며 같은 실험을 반복한다. 삼두를 수축하려고 하며, 두 근육을 모두 만져본다.

두 실험에서 모두 주동근은 단단하고, 반면에 길항근은 수축시키기 어려우며 단단하지 않음을 발견했을 것이다. 이 실험은 주동근이 길항근을 억제하는 상호 억제를 보여주는데, 이런 작용은 항상 일어날까? 이번에는 팔꿈치를 90도 정도로 구부리고, 팔꿈치 관절을 강직시키기 위해서 이두근과 삼두근을 동시에 강하게 수축해보자. 파트너에게 강직도를 알기 위해 만져보게 하라. 당신의 파트너는 양쪽 근육의 강직도가 높은 것을 알게 될 것이며, 상호 억제가 작동하는 데 의문을 갖게 할 것이다. 모든 시나리오에서 팔꿈치는 90도로 구부러져 있고 등척성 수축이 수행되고 있다. 다른 점은 마지막 수축에서 이두근과 삼두근이 서로 주동근과 길항근으로 쓰이지 않고, 협력근으로 사용되었다는 것이다. 처음 두 수축의 목적은 테이블을 움직이는 것이었고, 마지막 수축은 팔꿈치 관절의 안정화를 위한 것이었다. 이 움직임 목적 때문에, 근육들은 다른 역할을 하고 뇌는 반사 활동을 조절한다. 여기서 알아두어야 할 점은 어떤 결과를 얻고자 하는지 움직임에 대한 생각이, 뇌가 어떻게 움직임을 구성할지를 명령하게 한다는 것이다.

Chalmers(2002)의 보고서에 따르면, 골지건 기관의 영향은 이전에 생각되었던 것보다 훨씬 복잡하다고 결론을 지었으며, 이는 억제와 촉진 작용이 둘 다 일어나며, 움직임 행위나 수축의 형태, 신장의 형태(예를 들어 능동 대 수동), 굴곡근이나 신진근과 같은 관련된 근육의 종류에 따라 달라진다고 하였다. 건 기관이 심지어는 같은 근육에 대해서도 정반대의 영향을 줄 수 있다는 사실은 반사 활동에 대한 척추 상부의 영향이 있다는 것을 보여준다. 예를 들어 특히 훈련이 안 되어 있는 사람들에게서 새롭고 강한 힘의 움직임이 일어나면, 건 기관의 억제 작용이 방추 반사 작용보다 우선적으로 작용하는 것으로 보이며, 이는 안전 범위 내 근골격계의 틀을 유지하기 위해서 일어난다. 경험 혹은 훈련의 결과로 척추 상위 중추에 의해 건 반사가 억제되고, 방추에 의한 최대 촉진 작용을 가능하게 된다.

관절, 피부 고유 수용기와 활동

관절 조직과 대부분의 관절을 둘러싼 피부 안에는 네다섯 종류의 수용기가 존재한다. 특히 관절 내에 있는 수용기들을 가리켜, **관절 운동 감각 수용기**(joint kinesthetic receptors)라고 부른다. 피부 수용기들은 전통적으로 고유 수용기로 간주되지는 않지만, 움직임과 관련된 정보를 제공하며 고유 수용기의 기능을 부분적으로 수행하는 것으로 생각된다.

그 수용기 종류 중 **파치니 소체**(Pacinian corpuscles)는 피부 아래, 인대, 힘줄집에서 발견되었다. 빠

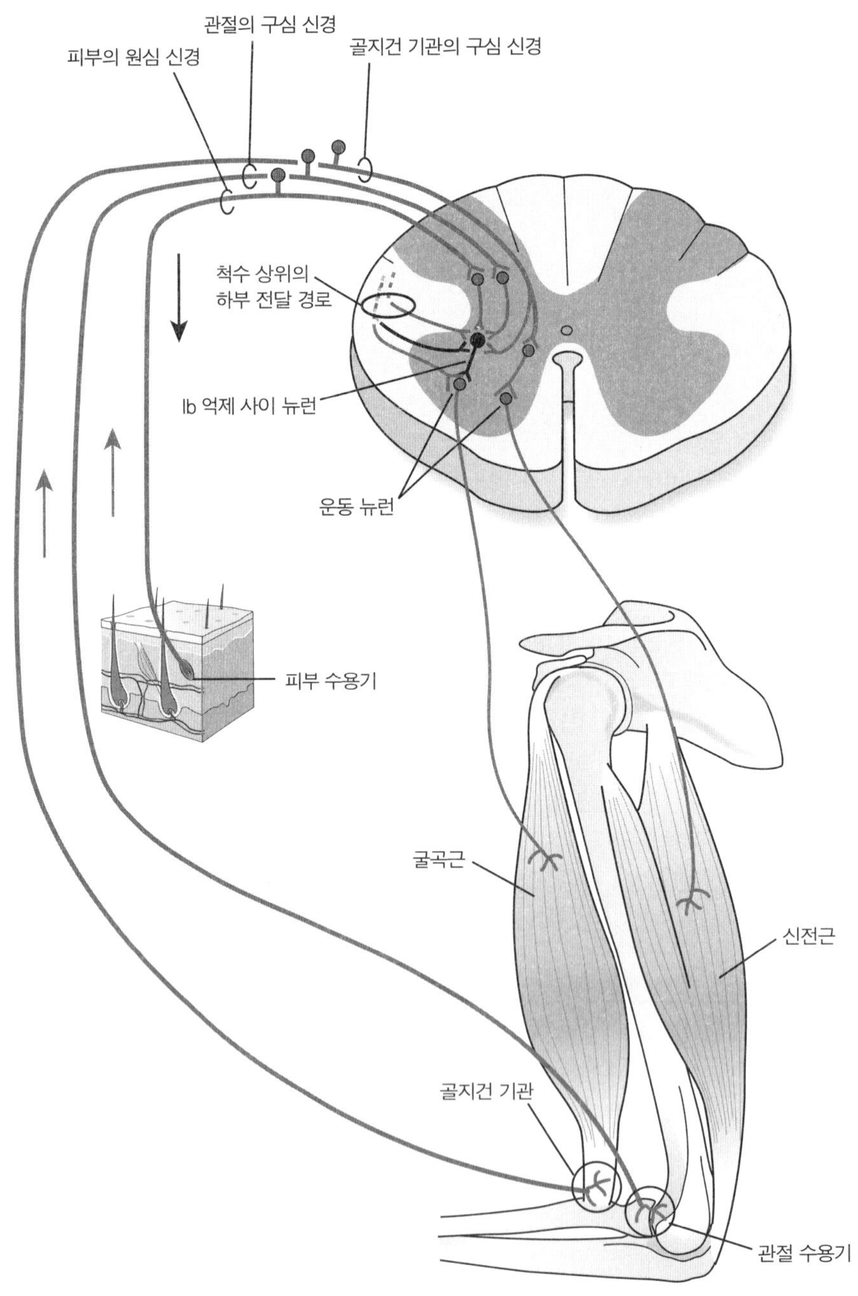

그림 4.4 관절 기원성 근억제와 기타 억제 기전. 이 그림은 매우 복잡하게 보이지만, AMI를 일으키는 척수 반사 회로를 매우 단순하게 나타내었다. 건 기관, 관절 수용기 및 피부 수용기에서 얻은 감각 정보가 모여 척추 억제 개재 뉴런들을 자극한다. 그 결과 이들 개재 뉴런들은 주동근 근육의 활동을 억제한다. 내려오는 척추 상위의 명령들은 이 억제를 강화하거나 중지시킬 수 있다.

른 관절 각도 변화는 소체에 압력을 가하게 되어 파치니 소체를 자극한다. **루피니 말단**(Rufftni endings)은 피부 심부와 관절낭의 콜라겐 섬유 사이에 위치한다. 루피니 말단들은 연속적인 기계적 변형 상태에 대해 반응하며, 관절의 위치나 위치 변화에 관한 정보를 제공한다. **자유수상돌기 말단**(free dendritic endings)과 같은 다른 피부의 수용기들은 촉각과 고통에 반응하여 고유 수용기로써 기능을 할 수 있다. 손과 발에서 피부의 구심성 신경은 팔/손, 다리/발의 활동을 지배하는 운동 신경과 연결된다. 실제로 손가락에 가해지는 약간의 압력에도 무지구근(thenar muscles)이나 표재지굴근(flexor digitorum superficialis)과 같은 손가락 근육에 비교적 강한 수축을 일으킬 수 있다(McNulty 등, 1999). 발바닥에 있는 수용기들은 자세를 조절하는 데 기여하며, 발에서 오는 피부 감각 정보에 문제를 일으키는 신경병적 상태에서는 균형 문제를 일으킬 수 있다(van Deursen & Simoneau, 1999).

손과 손가락은 제외하고, 관절낭과 내부 관절의 운동 감각 수용기의 복합적인 작용으로 주변 근육에 대한 강한 억제 효과를 나타내기도 하며, 이는 **관절 기원성 근억제**(arthrogenic muscle inhibition) 혹은 AMI라고 알려져 있다(Rice & McNair, 2010)(그림 4.4). 이 경우는 특별히 관절에 이미 손상과 염증이 있을 때 일어나며, 그 예로 손상을 입은 무릎의 관절 수용기는 대퇴사두근을 억제한다(Hart 등, 2010).

그러나 손상의 특성에 따라 AMI에 의해서 촉진 작용을 하거나 억제 작용을 하는 것도 가능하다. AMI는 근 기능과 수행력에 영향을 미친다. 계속되는 대퇴사두근의 억제는 위 약화, 운동 제어 이상을 일으키고, 결국에는 근 위축이라는 결과를 가져온다(Hopkins 등, 2001). 어깨에서 관절와상완관절의 관절낭(주로 전방 부위나 관절와상완 인대)은 약한 자극에도 둘러싸고 있는 근육 구조에 강하고 상대적으로 길게 지속되는 억제를 일으킨다(Voigt 등, 1998). 이런 반사 작용들을 해결하는 것은 어떠한 정형 재활 프로그램일지라도 핵심 요소가 되며, 이 책의 최종 장에 더 자세하게 다룰 것이다.

전정계와 목의 고유 수용기와 정위 반사

전정 수용기(Vestibular receptors)는 **미로 수용기**(labyrinthine receptors)라고도 알려져 있으며, 내이의 미로(labyrinth)에 있는 유체의 움직임을 감지한다(그림 4.5). 유체 움직임은 중력에 대한 머리와 몸의 움직임과 머리 움직임의 속도와 가속에 의해 일어난다. 이것들은 머리 안에서 작은 자이로스코프의 역할을 하며, 균형과 평형력을 유지하는 데 도움을 주는 가장 큰 공헌자이다. 목 수용기들은 목의 관절, 근육, 인대에 위치하며, 머리와 목의 위치에 대한 정보를 제공한다. 목 수용기들은 전정 수용기들과 함께 작동하며, 균형과 평형력을 유지하는 것을 돕는다.

전정계와 목 시스템에서 시작되는 반사들을 정위 반사(righting reflexes)라고 부른다. 사람이 넘어지거나, 바르지 않은 자세에서 '똑바로(right)' 설수 있도록 도와준다. 정위는 머리의 방향을 바로잡으며, 다리의 특정 패턴이나 팔의 반사를 활성화하여 넘어지는 것을 방지하거나 넘어질 것에 대비하는 것을 아우른다. Kandel 등(2000)에 따르면, 몸을 앞으로 기울일 때, **전정경**(vestibulocollic) 반사와 **경추정위**(cervicocollic) 반사는 목의 뒤쪽 근육을 수축시켜서, 머리가 바로 선 자세에 놓이게 한다. **전정척추**(vestibulospinal)**경** 반사는 앞으로 넘어질 때나 기울일 때 팔을 신전시키고, 하체를 구부리게 하며, 넘어질 때 몸을 보호하거나(팔) 넘어지는 것을 예방하거나 억제할 수 있도록 한다(다리). 반면에 **경추척추**(cervicospinal) 반사는 머리를 앞으로 기울일 때, 팔을 구부려서, 전정계의 전정 척추 반사와 길항 작용을 하게 된다. 이런 반사에는 수많은 다른 종류들이 있으며, 머리를 기울이는 방향과 다리와 몸통의 전체적인 위치에 따라서 달라진다. 이런 반사들은 유아기 동안 처음 관찰되며, 새로운 기술들을 배우면서 대부분 억제되고 변형된다.

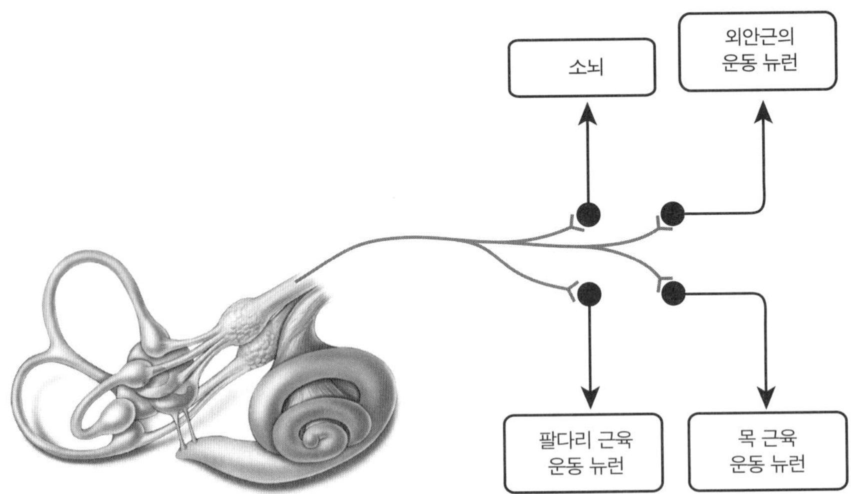

그림 4.5 내이 미로 시스템의 원형 구조 안에서 액체가 움직이면 감각 말단을 자극한다. 이 말단은 회전 움직임과 머리의 기울임, 모든 방향의 가속도를 감지한다. 수용기로부터 나오는 감각 정보는 소뇌와, 다리와 팔의 운동 뉴런, 목의 운동 뉴런, 눈의 외안근을 조절하는 운동 뉴런으로 전달된다.

생각해보기 4.2 Kohnstamm 현상과 목 반사

사람에게서 정위 반사는 정상 활동중에는 대부분 중지되나, 몇몇 경우에 약간의 조작만으로도 정위 반사를 일으킬 수 있다. 그 한 방법으로 근육 수축 후의 여파(postcontraction aftereffect)를 이용하는 방법이며, 이를 Kohnstamm 현상이라고 부른다. Kohnstamm 현상은 강한 등척성 수축 후에 오래 지속되는 불수의적인 수축이다. 지속적인 피질(cortical)(Duclos 등, 2007)과 척수(Mathis 등, 1996)의 촉진 작용이 수축 지속의 원인으로 제시되고 있다. 이 현상은 팔을 양옆에 내리고 섰다가, 움직일 수 없는 물체를 30초 동안 매우 큰 힘으로 누르는(외전시키는) 동작을 통해 흔히 일으킬 수 있다. 모퉁이에 서거나, 좁은 출입구에 서서 쉽게 시행할 수 있다.

경추척추 반사를 조사하기 위해서 먼저 정상 상황에서의 Kohnstamm 효과를 발생시킨다. 반사에 대해 잘 이해하고, 모든 사람들이 같은 강도의 반응을 보이지는 않는다는 것을 이해하기 위해서 여러 명의 다른 학생들과 같이 연구해보라(Ivanenko 등, 2006 참조). 모퉁이나 출입구에 서서 어깨를 벌려(외전시켜) 30초 동안 강하게 밀어내라. 그러고 나서 출입구나 모퉁이에서 앞으로 나와 팔에 어떤 현상이 일어나는지 관찰해보자. 머리를 돌리지 말고, 바로 앞을 주시한다. 2~3분이 지나서 현상이 없어지길 기다린 다음에 실험을 반복한다. 이번에는 출입구나 모퉁이에서 걸어나와 머리를 오른쪽으로 빠르게 회전시킨 후에 그 자세를 유지한다. 양팔에 어떤 일이 일어나는지를 주시한다. 많은 사람을 실험하면서 반응이 다양한 것을 관찰하는 것이 필요하다. 전형적으로 나타나는 반응은 오른팔이 이전보다 높고 빠르게 벌어지며, 왼팔은 올라가지 않는다. 많은 사람들을 관찰하다 보면 일부 사람들은 정반대의 현상이 일어난다. 그림 4.6에 기초하여 정상 반응을 설명할 수 있는가? 왜 일부 사람들은 '정상' 반응을 보이지 않는지 설명할 수 있는가?

기타 중요한 체성 감각 반사 작용

수용기 반사 반응은 하나만 단독으로 작용하는 경우는 드물며, 대개 다른 반사 작용과, 자동적이거나 자발적인 움직임 행동들과 같이 짝을 이루고 있다. 예를 들어 큰 힘을 내는 움직임을 하는 동안 이를 악무는 행동을 생각해보라. Takada 등(2000)은 이를 악무는 행동이 아랫다리 근육들의 반사 작용을 촉진시

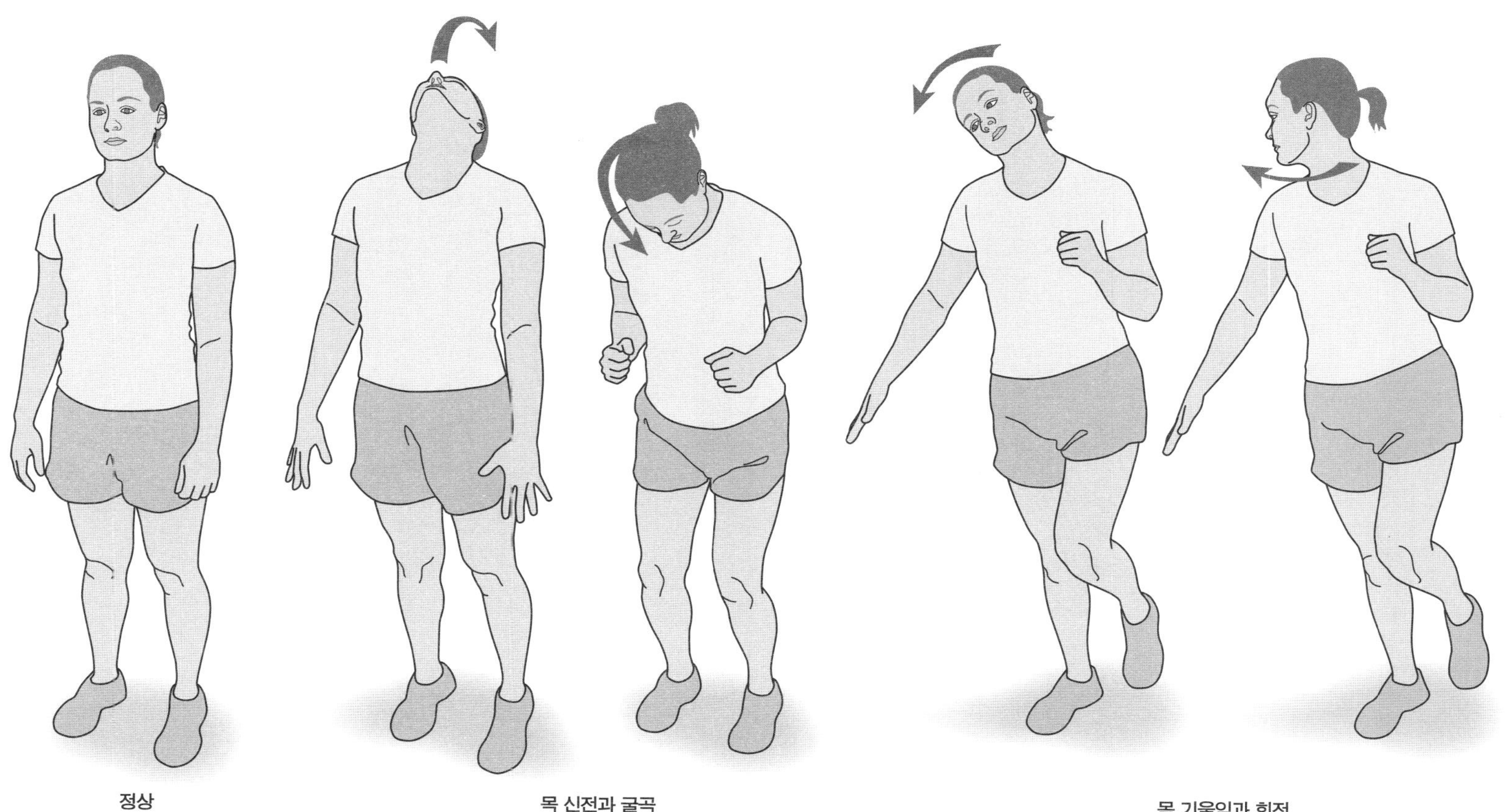

그림 4.6 목의 반사 작용. 목을 뒤로 신전시키는 것은 팔과 다리에 신전을 일으킨다. 목을 앞으로 구부리는 것은 정반대 작용으로 팔과 다리를 굴곡한다. 머리를 회전하거나 기울이는 것은 구부리는 방향 한쪽으로는 팔과 다리를 신전시키고, 반대 방향으로는 팔다리를 굴곡시킨다. (Tokizane, T., Murao, M., Ogata, T., & Kondo, T. [1951]. Electromyographic studies on tonic neck, lumbar, and labyrinthine reflexes in normal persons. *Japanese Journal of Physiology, 2*, 130-146)

키고, 가자미근과 전경골 근육들 사이에서 발생하는 상호 억제를 없애는 것을 발견하였다. 이런 효과들이 모두 합쳐져서, 짐작컨대 신체의 자세를 안정화시킬 목적으로, 아랫다리를 강하게 강직할 수 있게 한다.

많은 감각 말단들의 작용은 다른 반사를 강화하거나 억제한다. 잘 연구되어 있는 세 가지 반사인, 신전 추진 반사(extensor thrust reflex), 회피 반사(withdrawal reflex), 교차 신전 반사(crossed extensor reflex)는 반사의 통합에 대한 주목할 만한 예를 제공한다. 신전 추진 반사에서, 특히 손과 발의 체성 수용기에 대한 압력은 같은 팔다리의 신전 근육의 반사 수축이나 촉진을 일으킨다. 밀어내는 움직임을 하는 동안 신전근들은 반사가 촉진되며, 이것들에 의해 신전 움직임이 강화된다. 굴곡이나 회피 반사에서는 정반대의 일이 일어난다. 이 반사는 주로 날카로운 찌름이나 화상과 같은 통증 자극이 있을 때, 유해 자극 수용기에 의해 시작된다. 이 수용기들은 통증으로부터 회피하기 위해 팔다리의 근위 굴곡근으로 신호를 보내 수축하게 한다.

교차 신전 반사(그림 4.7)는 회피 반사와 반대쪽 팔다리에서의 신전 추진 반사가 혼합되어 일어나며, 무게를 지지하는 팔다리에서만 기능을 한다. 유해 자극 수용기나 압력 수용기가 활성화되면, 해당 팔다리의 굴곡과 반대쪽 팔다리의 신전이 일어난다. 이것은 신체가 균형을 유지할 수 있게 해준다. 예를 들어 발을 못 위에 디디면, 다리를 구부려 들어올려 못으로부터 피할 것이며, 다른 다리는 펴서 체중을 그 위에 싣는 보상 작용을 할 것이다.

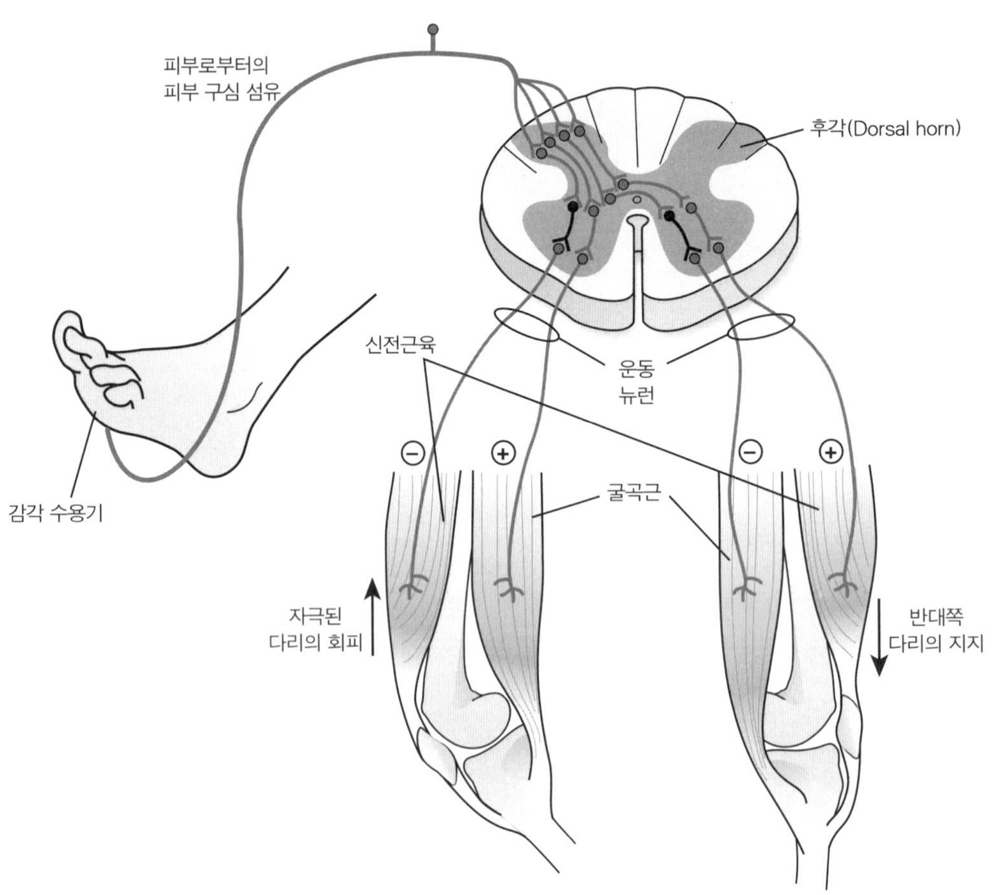

그림 4.7 교차 신전 반사. 발의 피부의 유해 자극 수용기의 자극은 강하고 널리 퍼지는 반사 작용을 일으킨다. 자극된 다리의 굴곡근은 다리를 통증 자극으로부터 들어올리기 위해 수축하며, 반면에 같은 쪽 다리의 신전근은 억제된다. 역으로 반대쪽 다리는 체중 전체를 지탱해야 하며, 신전 근육이 활성화된다.

시각 시스템

시각은 대개 가장 우세한(dominant) 피드백 정보를 뇌에 제공한다. 특정 작업에서는 청각과 같은 다른 시스템이 시각보다 우선할 수 있지만, 대부분의 경우에 시각 정보는 다른 피드백 원천보다 우선시된다 (Burr 등, 2009). 시각 피드백은 진행중인 움직임을 교정하기 위한 빠른 정보와 움직임 결과의 효율성에 대한 정확한 정보를 제공한다. 시각은 다른 감각 시스템에는 비견될 수 없는 두 가지 이점이 있다. 첫 번째는 시각이 신체를 포함하지 않고 신체로부터 분리된 주변 환경에 대해 광범위한 외부 수용기 정보를

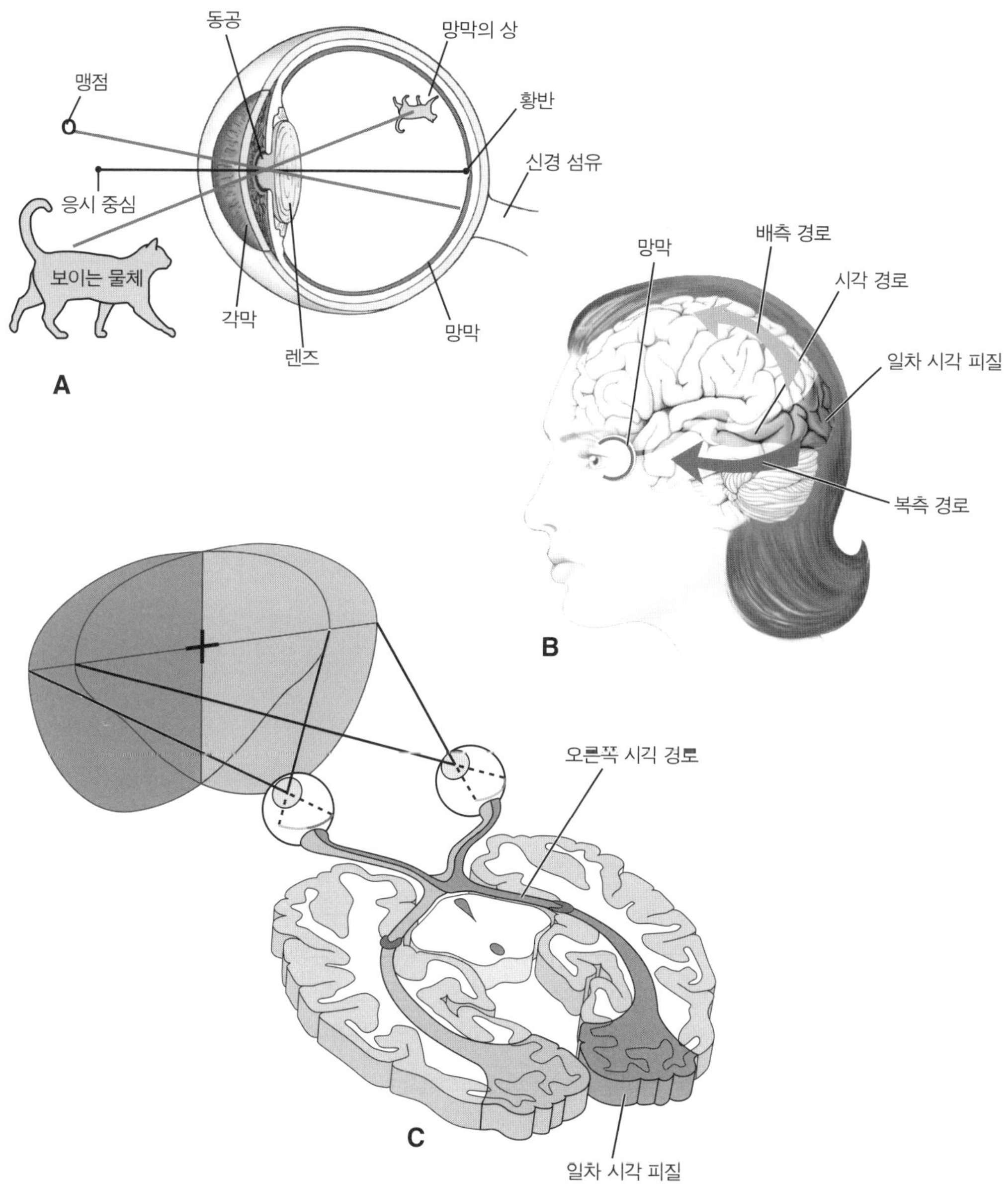

그림 4.8 A. 눈의 기초적인 해부학 구조 시선의 중심(center of gaze)은 빛이 가장 집중되는 망막의 중심와 부분으로 이미지를 투사한다. 중심와 바깥 부분 투사는 주변 시각이다. 주변상들은 망막의 다른 부위로 투사된다. 눈의 작용을 위한 수의적인 조절에는 동공의 크기를 변화시키는 것, 렌즈의 모양을 바꾸는 것, 심지어 빛의 흐름을 조절하기 위해 눈꺼풀을 감거나 뜨는 것도 포함된다. B. 시각 처리의 경로가 시각 피질로 연결되었다가, 배측 연결로(dorsal stream)를 통하여 정수리 영역(parietal regions)으로, 복측 연결로(ventral stream)를 통하여 측두(temporal region) 영역으로 연결되는 것을 보여준다. 좌우 시각 피질로 보내지는 망막 이미지를 도식적으로 표현하였다. 이로 인해 깊이 인식을 위한 양안 시각 처리가 가능하게 된다.

제공할 수 있다는 것이다. 예를 들어 멀리 펼쳐진 경치를 보는 것은 개인의 신체와 연관이 없지만, 개인이 어떤 행동을 해야 하는지에 대해 영향을 미칠 것이다. 이런 경우 시각은 피드-포워드 정보를 제공한다고 하며, 이는 정보가 신체 안에서의 행동으로부터 CNS로 피드백되는 것이 아니고, 오히려 마주치게 되는 환경의 예견을 하는 앞선 지식을 제공하기 때문이다. 피부 수용기가 바람, 온도, 물체의 감촉을 감지하는 것과 같이 다른 수용기들도 즉각적인 외부 환경에 관한 정보를 제공할 수 있지만, 오직 청각과 시각만이 멀리 떨어진 몸 바깥의 정보를 제공할 수 있다. 두 번째는 수용기 자체에 대한 신경계의 조절 능력이다. 신경계는 근방추 출력을 조절할 수 있지만, 시각 기능에 대한 신경계의 조절 능력에 비할 바가 아니다. 실제 수용기(눈 구조 전체)는 변형이 이루어져서, 동공 크기를 바꾸고, 렌즈의 모양을 바꾸고, 안구를 움직이고, 눈꺼풀을 열고 닫음으로써 빛 자극을 조절한다.

눈 시스템의 기본 구조는 그림 4.8에 표현되어 있다. 빛은 각막이라고 불리는 튼튼한 외부 케이스를 통하여 들어오며, 이는 어느 정도 빛을 집중시키는 성질을 가지고 있다. 그러고 나서 빛은 동공(pupil)이라고 불리는 구멍을 통해 지나간다. 동공 구멍은 홍채의 움직임에 의해 조절되며, 이는 렌즈로 빛을 더 받아들이거나 덜 받아들이게 한다. 렌즈는 빛의 상을 망막에 비추는데, 망막은 실제 빛에 민감한 수용기들을 가지고 있다(광 수용기). 두 가지 다른 종류의 광 수용기인, 간상 세포(rod)와 추상 세포(cones)는 빛과 어둠의 음영(간상 세포), 색과 예민도(추상 세포)에 대해 서로 다르게 반응한다. 망막 위의 간상 세포와 추상 세포의 분포는 망막 위의 빛에 다르게 반응하는 서로 다른 영역을 만들어내는 데, 예를 들면 망막의 중심와(foeveal region) 부분은 추상 세포가 고밀도로 분포하여 그 영역에 빛의 초점이 맞추어졌을 때 더 나은 예리한 시각을 만들 수 있다. 빛의 양이나 망막 초점 부위의 차이, 상의 색깔, 명암의 그라데이션 등은 전반적으로 물체의 크기, 형태, 사물 인식을 위한 여러 가지 요소에 대한 현재 실황 정보를 제공한다. 이 정보들은 시각 신경을 통하여, 뇌 뒤쪽의 매우 큰 시각 처리 부위인 시각 피질로 보내진다. 2장에 언급했던 것과 같이 시각 처리는 매우 복잡하며, 사물 인식의 처리를 위해서 복측 경로(ventral stream)를 통하여 측두 영역(temoral area)으로 연결되는 것과, 사물의 위치 인식을 위하여 배측 경로(dorsal stream)를 통하여 정수리 영역(paritetal regions)으로 연결되는 두 가지 구분되는 시스템을 포함하고 있다.

초점 시각와 주변 시각

망막의 구조에 의해 시야의 중심부는 매우 선명해지며(**중심와 시각[foveal vision]**), 주변 영역은 덜 날카로워진다(**주변시[peripheral vision]**). 이 두 가지 시스템을 이용한 시각이 감지되며, 두 가지 다른 경로를 통해 처리된다. 이 정보의 처리, 즉 시각 인지(visual perception)는 **초점 시각**(focal vision)과 **주변 시각**(ambient vision)으로 분류될 수 있으며, 이는 뇌가 어떻게 시각 정보를 모으고 사용하는지에 대한 구분 방법이다. 초점 시각은 중심와 시각에 크게 의존하며, 시야 중심부위에서 얻어지는 시각적으로 선명한 정보에 기초하고 있다. 초점 시각은 자발적인 처리 과정에 의해 조절되는 의식적인 인지 과정으로 간주되며, 사물과 작은 공간의 세부사항을 인식하는 데 우선적으로 사용된다. 주변시에서나 빛이 적은 환경에서 사물을 인식하려고 시도하였을 때, 초점 시력은 저하된다. 이런 이유들로, 초점 시력은 시선(gaze)이라고 알려져 있는 눈의 움직임에 의해서 시각적 선명함과 빛의 패턴 등을 유지할 수 있다(Horrey 등, 2006). 반면에 주변 시각은 의식적인 인지나, 특별히 주의를 집중하지 않았음에도 은연중에 모이는 시각 정보이다. 주변 시각 정보는 중심와와 주변 시각 모두에서 얻어지며, 망막 전체를 자극하고, 빛이 적은 환경에서도 활동적이며 유용하다(Schmidt & Wrisberg, 2007). 뇌 스캔 검사는 주변 시각 처리 과정이 뇌에 전체적으로 넓게 퍼져서 처리되며, 다른 지각 처리 과정과 관련이 있을 가능성이 높음을 보여준다. 주변 시각는 사물 사이의 관계나 거리, 움직임에 관한 정보를 수집한다. 이런 정보들은 사람이 출입구에 다가갈 때 그 넓이를 알려주거나, 테이블 옆에 다가갈 때 커피잔의 위지와 거리를 알려주는 역할

생각해보기 4.3 시각과 운동선수

시각은 다른 감각 시스템과 마찬가지로 생리적인 감지를 하는 요소와 인지를 하는 요소 둘 다로 구성되어 있다. 손과 눈의 협동이 필요한 스포츠에는 완벽한 시력(Snellen eye chart에서의 20/20)이 전제되어야 하며, 이 스포츠를 하는 운동선수들은 더 나은 시각 하드웨어를 가지고 있을 것이라고 생각되어왔다. 그러나 실제로는 그렇지 않다. 특정 선택된 분야의 전문가가 더 나은 시각(예를 들어 선명도, 중심와 시각 혹은 주변시)을 가지고 있다는 증거는 많지 않다. 명예의 전당 야구 선수 테드 윌리엄스의 시력 20/10과 같은 확실히 평균적인 시력보다 나은 시력을 가진 운동선수들에 대한 보고는 있다. 하지만 윌리엄스는 이것은 중요한 요소가 아니라고 하였고, 오히려 강도 높은 수련과 시각적인 집중이 중요하다고 주장하였다. 수년 동안 수많은 정밀도(acuity)와 검색(search)을 위한 시각 훈련 도구와 프로그램들이 개발되었으며, 이중에는 스트로브 고글(strove goggles)과 시각 반응 보드(visual reaction boards)도 포함된다. 왼쪽 사진의 NHL 하기골키퍼 저스틴 피터스 같은 스트로브 고글의 지지들은 스트로브 고글이 시각감지와 시각 인지를 증진시킨다고 주장한다. 어떻게 생각하는가? 오른쪽 사진의 시각 운동 훈련 시스템과 같은 훈련 프로그램들은 어떠한가? 상업적인 웹사이트들에 접속해보고, 그들의 주장과 과학적인 문헌을 비교해보라.

왼쪽 사진 제공: Peter Friesen, 오른쪽 사진 제공: Dynavision International

을 한다.

운동 동작중에는 초점 시각과 주변 시각 시스템 둘 다 작동한다. 초점 시각은 개인이 환경의 한 물체에서 다른 물체로 바라보는 시선의 방향에 따라, 한 시점에서 다음 시점으로 빠르게 바뀐다. 예를 들어 스포츠에서 운동선수들은 경기장을 볼 때, 패턴을 인식하기 위한 특정 전략을 사용하며, 이는 정보를 찾고 해석을 하기 위해서이다. 이 과정은 **시각 탐색**(visual serach)이라고 불리며, 수행자에게 빠른 정보 처리를 가능하게 해서, 더 효율적이고 더 적합함 움직임을 할 수 있도록 동작들을 예상할 수 있는 정보를 제공한다.

또한 시각 탐색은 주변 시각 정보를 모을 수 있는 시야를 제공한다. 눈 자체의 근육 움직임이나 머리의 움직임에 따라서 눈이 움직이거나 환경의 물체가 움직이는 경우, 망막에 비추는 빛의 패턴은 지속적으로 변한다. 이 변화하는 빛이 지속적으로 유입되는 것은 주변 시각 시스템의 한 특징이며, **시각 흐름**

SIDENOTE 시각 탐색의 측정

시각 탐색이 실생활 환경에서 실험적으로 확인 가능해진 것이 불과 10~16년 밖에 되지 않았다. 동공 움직임을 감시하여 시선을 추적할 수 있는 장비가 개발되어서, 안경 같은 스타일의 장비로 발전되었으며, 연구와 훈련 양쪽에 모두 쓰이고 있다. 아래 보이는 장비는 운전자의 시선 움직임을 평가하기 위해서 운전중에 착용하고 있다(사진 제공 Applied Science Laboratories, Bedford, MA). 컴퓨터 소프트웨어는 시야에 보이는 전체 이미지 위에 시선이 집중되는 지점을 표시할 수 있다. 지금 시점에서는 아직 이 훈련들이 효용성이 있는지에 대해 충분히 연구되어 있지는 않지만, 실무자들은 눈 추적 소프트웨어를 이용하여 운전자나 외과의사, 운동선수, 다른 전문가들을 훈련할 수 있다.

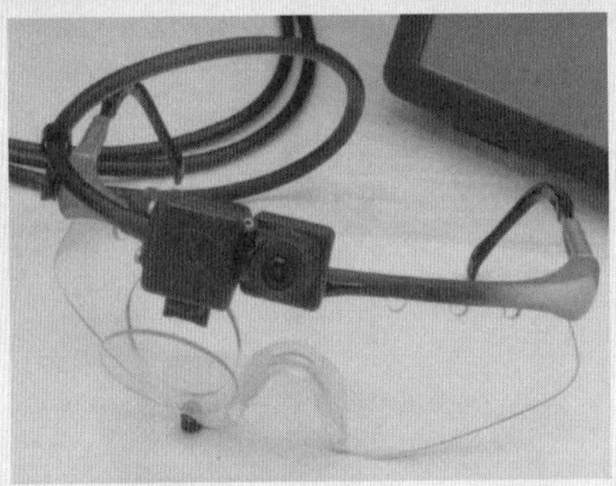

휴대용 눈 추적 장비인 Mobile Eye Xg는 운전중의 시각 탐색을 평가하기 위해 사용되고 있다. 위의 오른쪽 그림에 있는 십자선은 시선이 집중되는 부분을 가리킨다. 아래 사진에서 장비를 확대해보았을 때, 작은 카메라가 시야 전체를 녹화하고 있으며, 특수한 거울과 비디오 시스템이 동공의 움직임을 기록하고 있는 것을 알 수 있다. (사진 제공: ASL, Applied Science Laboratories, Bedford, MA)

(optical flow)이라고 부른다. 시각 흐름은 자세와 균형을 유지하고, 주변 환경의 주위 사물이나 신체의 움직임에 관한 지속적인 정보(속도, 방향, 접촉하는 데 걸리는 시간)를 제공하는 데 중요한 역할을 한다. 이 움직임 정보는 머리의 방향을 결정하고 몸의 흔들림을 감시하는 데 중요하며, 균형을 유지하는 데 있어 매우 빠르게 자세 교정을 할 수 있게 한다(Guerraz & Bronstein, 2008; Wade & Jones, 1997). 초점 시각과 주변 시각이 동시에 일어난다 하더라도, 서로 다르게 처리되며 작업에 따른 쓰임도 다르다. 예를 들어 표지판을 읽거나 위험에 반응하는 운전 업무는 오직 초점 시각으로만 효율적으로 수행될 수 있으며, 반면에 차로를 유지하는 것과 같은 작업은 주변 시각 단독으로도 쉽게 수행될 수 있다(Horrey 등, 2006).

초점 시각과 주변 시각 둘 모두에 의해 제공되는 피드-포워드 정보는 접촉까지 걸리는 시간 정보를 주기 때문에, 운동 기술 수행에 특히 중요성을 가진다. 접촉까지의 시간에는 목표물을 맞추거나(특히 움직이는 목표물), 다가오는 물체를 잡아채는(예: 공을 잡거나) 동작, 일반적인 손-눈 협응 등이 관련이 있다. **타우**(tau)라고 부르는 시각 흐름의 특성은, 사물이 눈을 향해 다가오고 있을 때, 망막에 맺히는 물체 상의 크기 변화 속도를 말한다. 변화 속도는 사물의 속도와 연관이 있어서, 중요한 운동 정보와 사물과 접촉하게 될 때까지의 시간을 제공한다.

주변 시각은 가로채는 동작을 하는 데 중요한 것으로 생각되나, 이 잠재의식적인 시각 시스템의 안정성과 유용성은 초점 시각의 안정성에 달려 있으며, 이는 초점 시각이 시각 흐름을 더 잘 해석할 수 있게 해주기 때문이다. 예를 들어 상대투수의 손에서 공이 떠나는 것이나 신체의 움직임에 시각적으로 주의를 기울여 집중하는 것과 공을 추적하는 것이 짝을 이루는 것은 타자가 공의 속도와 방향을 예상할 수 있게 해준다. 하지만 주변 시각 흐름은 타자가 더 정확하고 빠르게 공이 날아오는 특성을 파악하고, 언제 방망이를 휘둘러야 할지에 대한 정보를 타자에게 제공한다(Coker, 2009). 다가오는 공을 치는 것은 **예측 타이밍**(anticipation timing)의 예가 되며, 예측 타이밍이란 보통 잡아채는 동작과 같이, 외부 기준에 맞추어 한 개인이 몸 전체나 팔다리의 움직임을 시작하는 시기를 말한다.

시각의 피드백 기전

시각은 진행중인 움직임이나, 움직임 실행 결과에 대한 풍부한 피드백을 제공한다. 위에서 본 것과 같이, 주변 시각은 직접적으로 자세 교정이나 균형 조절을 가능하게 한다. Schmidt와 Wrisberg(2007)에 의하면, 주변 시각과 초점 시각의 피드백은 뇌에 의해 다르게 사용되고 평가된다. 그들의 모델에서, 초점 시각 피드백은 움직임을 계획하는 뇌의 상위 중추로 보내지는 반면에, 주변 시각 정보들은 움직임을 시작하거나 비교적 적은 정도로 계획과 관련된 뇌의 부분으로 보내진다. 시각 정보는 지속적으로 다른 감각 정보와 통합되어서 환경에 대한 자신의 기준점(reference point)을 제공하거나 실행중인 자기 움직임에 대한 조절(calibration)을 가능하게 한다.

누구나 예상하다시피 골프공이 슬라이스되어 숲에 빠지는 것을 보는 것에서부터, 바늘에 실을 꿰는 것을 집중해서 보는 것까지, 움직임 동작의 시각 피드백은 엄청난 정보를 제공해, 다음 수행에서 움직임을 바꾸거나 진행중에도 바꿀 수 있게 한다. 바늘에 실을 꿰는 것과 같이, 진행중인 움직임에서 시각 피드백은 100~160ms 정도의 지연을 보인다(Magill, 2006). 만약 이 지연 시간이 길어 보인다면, 그것은 뇌 내의 광범위한 시각 피드백 회로의 수가 피드-포워드 회로들의 수를 크게 넘어서기 때문일 것이다(Shou, 2010).

우리는 위에서 초점 시각과 주변 시각에 의해 제공되는 움직임 정보가 피드-포워드 정보, 즉 직접적으로 예측적 혹은 피드-포워드적인 운동 명령을 만들 수 있는 정보를 이용 가능하게 한다는 것을 이야기하였다. 이것과 같은 움직임 정보는 진행중인 움직임에 대해 지속적인 피드백 정보를 제공하기도 한다. 예를 들어 도약발판에 접근하는 멀리뛰기 선수(Lee 등, 1982)나 뜀틀에 접근하는 체조 선수(Bradshaw, 2004)는 마지막 보폭을 예민하게 조절하여 도약 지점을 가장 유리한 위치에 맞춘다. 걸음걸이 타이밍이나 위치의 조절은 발판으로 스프린팅하는 동안에 빠르게 바뀔 수 있는 시각적 정보에 기반한다. 실제로 Bradshaw(2004)는 체조 뜀틀에서 고정된 형태(stereotyped) 도움닫기를 연습하는 것은 시각 피드백의 사용을 감소시키고 성공적인 뜀틀 수행을 저해한다고 주장하였다.

감각과 운동의 통합

감각 수용기는 신체 내적인 환경과 외부 환경에서 신체의 행동에 관한 귀중한 정보를 CNS에 제공한다. 여러 감각 원천과 고유 감각 수용체, 유사한 비고유 감각 수용체들로부터 얻는 피드백 정보는 다양한 종류의 정보를 척수와 뇌에 제공한다. 이 광범위한 정보의 나열은 척수와 척수 상부 수준에서 걸러지고, 부호화되지 않는다면, 협응된 움직임을 계획하는 과정에서 효율적으로 사용될 수 없을 것이다. **감각 통합**(sensory integration)은, 현상(event)에 대한 더 나은 해석과 이해를 위해서 다양한 원천의 감각 정보들을 거르고 부호화(encoding)하는 과정이다.

다양한 종류의 정보를 통합하여 정확하고 완전한 정보를 만들어내는 뇌와 척수의 능력은 대부분 학습된 과정이다. 흔한 물체를 단순하게 인식(recognition)하고 식별(identification)하는 것에도 적어도 두 가지 방법이 필요하나(예: 촉각과 시각), 정확히 이 두 감각 원천을 통합하는 능력은 8세까지 시작되지 않는다(Gori 등, 2008). 감각의 통합에서, 한 감각 수단이 다른 수단의 인식을 강화시켜서, 그 감각을 풍부하게 하고 의미 있게 한다. 예를 들어 옆면에 물방울이 맺혀 있는 물이 담긴 컵을 시각적으로 인지하는 것은 크기와 모양 이외에 별다른 의미를 제공하지 않는다. 유리잔을 만지고 들어올림으로써 차가움, 미끄러움, 중량의 증거를 얻을 수 있다. 이후에 시각적 인식은 유리잔 옆에 물방울이 있는 패턴은 차가움과 매끄러운 촉감을 의미하고, 상쾌함을 예상하게 한다.

2장에서 보았듯이, CNS는 이런 감각 정보를 운동 명령과 통합시키는데 이 과정을 감각 운동 통합이라고 한다. 감각 운동 통합에는 두 가지 중요한 기능이 있다. 첫째는 감각 정보를 강화시키기 위한 운동

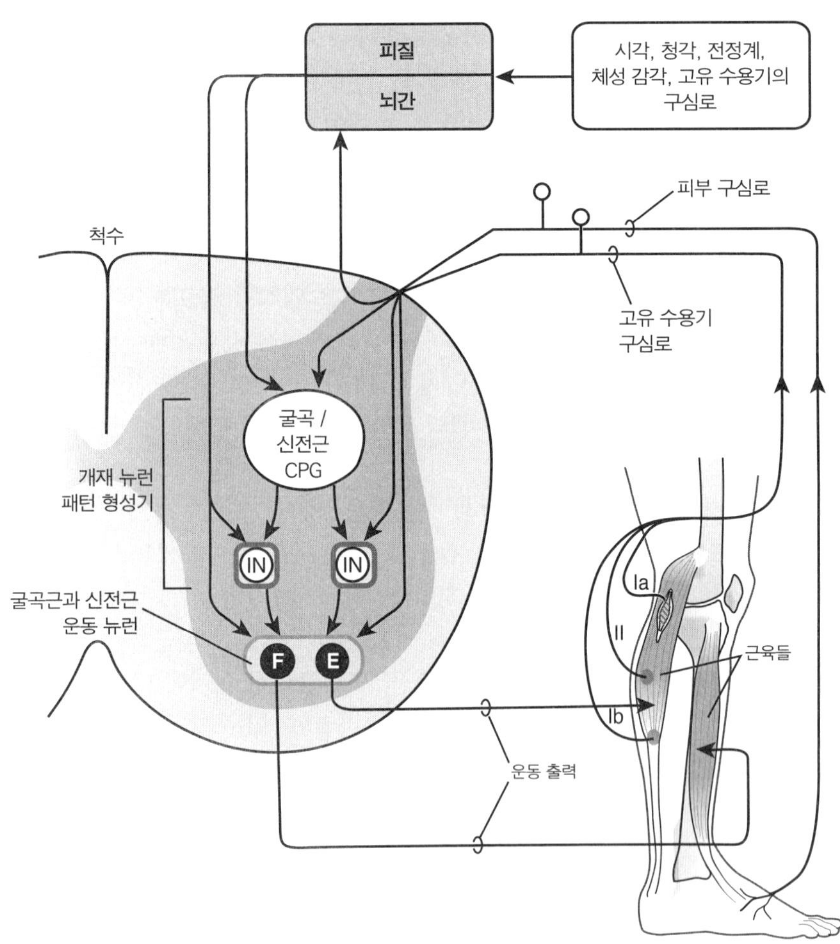

그림 4.9 걷는 동안에 전경골근(발목굴곡근)과 하퇴삼두근(발목신전근)의 규칙적인 동작을 일으키는 감각 운동 상호작용을 도식적으로 나타낸 그림. 운동 피질과 뇌간에서 운동 명령이 시작된다. 이 신호의 특성과 타이밍은 올라오는 고유 감각, 피부, 전정계, 청각, 시각 감각 입력 신호에 의해서 변형된다. 일부 내려가는 운동 명령은 하지의 운동 뉴런에 직접적으로 입력되고, 대부분 뇌간에서 시작되는, 일부는 척수 중추의 패턴 발생기(spinal central pattern generators)와 다른 척추 사이뉴런 회로를 활성화시킨다(CPGs, 5장 참조). 움직이는 사지와 근육으로부터 오는 감각 피드백(예: 근방추, 발피부구심로)은 척수 패턴 발생 수준에서 척수의 운동 명령에 영향을 주거나 하부 운동 뉴런에 직접적으로 영향을 줄 수 있다. 이런 영향으로 뉴런 혹은 패턴 발생기를 억제하거나 촉진할 수 있다. (Rossignol, S., Dubuc, R., &Gossard, J. [2006]. Dynamic sensorimotor interactions in locomotion. *PhysiologicalReviews, 86*[1], 89-154. doi: 10.1152/physrev.00028.2005, Figure 1, p.91)

개 • 념 • 설 • 명

다중(multimodal) 감각 정보의 활용

둘(bimodal) 혹은 더 많은(multimodal) 자극이 이동할 때 혹은 거의 동시에 도착할 때, 사람이 반응하는 속도는 단일 자극일 때보다 빨라진다. 이 현상은 감각 간 촉진(intersensory facilitation)으로 알려져 있으며, 청각과 시각 자극이 약 100ms 간격 내로 도착할 때 흔히 관찰된다(Nickerson, 1973). 어떻게 이 현상이 발생하는지 아직 확인되지는 않았지만, 뇌 이미지 데이터는 다중 감각 신호가 뇌의 영역에서 모이고, 전반적인 신경활성화 수준이 증가한다는 가설을 뒷받침하고 있다(Gondon 등, 2005). 첫 번째 혹은 부가적인 신호가 두 번째 자극의 신경처리를 강화시키는 정보를 제공하고, 통합(convergence)이 발생한다고 제시되기도 했다(Colonius & Arndt, 2001). Ives와 Hong(2003)은 이중 감각 간 촉진 동안의 초고속(superfast) 반응 속도가 학습될 수 있고, 단일(unimodal) 자극 동안에도 효과를 낼 수 있을지 의문을 가졌다. 스프린터(sprinters)들이 훈련할 때 다중 자극을 이용해 반응 시간을 향상시키고, 단일 청각 자극만이 사용되는 트랙이나 풀에서도 효과를 낼 수 있는지의 여부가 중요한 이유가 이것이다. 이 연구자들은 대상자를 4일 동안, 전신 반응 시간에 대해서 단일 자극 혹은 이중 자극으로 훈련을 시켰다. 이중 초고속(superfast) 반응 시간으로 4일 동안 훈련한 후에도 단일 자극으로 시험을 했을 때는 정상 속도로 늦추어졌다. 이 저자들은 빠른 신경 처리를 유발하기 위해서는 학습에 의한 자가발생은 되지 않고 다중 감각 입력이 필요하다고 결론을 내렸다.

명령과 움직임을 이용하는 것이다. 예를 들어 '물을 시험하는' 행동을 생각해보라. 누구나 손을 물속에 넣고 움직여서 물의 점성, 움직이는 데 필요한 저항, 흐름, 온도 등의 정보를 얻을 수 있다. 정상적으로 서 있는 동안에 고유 수용 감각이나 전정계, 시각 정보를 얻기 위하여 몸이 흔들리는 것(sway)도 같은 목적이라 할 수 있다. 두 번째 기능은 들어오는 감각 정보와 나가는 운동 동작 사이에 짝을 짓고 관계를 만드는 것이다. 걸음을 걷는 동안 지면이 불안정해 보이거나 느껴질 때 근육의 경직도를 증가시키는 것과 같이, 건강한 사람들에게 감각 정보는 적절한 운동 동작과 짝이 지어져 있다. 그림 4.9는 척수에서 감각과 운동이 수렴되어 걷는 것에 기여하는 과정을 나타내고 있다. 건강한 감각 운동 시스템은 몇몇 정보를 크게 강조하거나 비중을 두고, 다른 것은 적게 둠으로써 적응을 한다(Crevecoeur 등, 2016). 감각에 비중을 두는 것(sensory weighting)의 예는, 가만히 서 있으면서 외부 기준점에 대해 몸의 위치를 파악하고자 손가락을 통한 촉각 정보와 시각 정보를 사용하는 것을 조작할 때 관찰할 수 있다. 갑자기 시각이나 촉각 정보를 제거할 때, 다리 근육의 활성화 패턴에는 눈에 띄는 변화가 나타나는데, 이는 신체가 이용 가능한 감각 정보에 맞추어 운동 반응을 재설정하기 때문이다(Sozzi 등, 2012).

감각 운동 통합의 장애(disorder)는, 파킨슨병, 헌틴텅병, 국소성 이상긴장 신경 질환을 가진 환자들에서 보이는 병적인 움직임의 중요한 요소로 제시되고 있다(Abbruzzese & Berardelli, 2003). 이 질환들은 조정이 되지 않는 연축이나, 틱, 큰 움직임의 특징을 가지고 있다. 들어오는 감각 정보를 거르고 선별하는 기능이 작동하지 않거나, 다양한 원천의 정보를 해석하는 대뇌 피질의 해석에 오류가 있는 경우에 감각의 과유입과 과활성된 반사, 들어오는 감각 정보와 나가는 운동 명령 사이의 부조화가 발생한다.

감각 운동 통합과 근육 긴장도와 자세의 조절

뚜렷하고 명확히 관찰되는 운동 기술의 실행은 많은 근육의 동작이나 움직임이 그 밑에 놓여 있다는 것을 감추고 있다. 광대한 지지 구조를 물 밑에 숨기고 있는 빙산과 같이, 관찰 가능한 운동 기술들은 그 장면 뒤에서 **자세 조절**(postural control)을 위해 일하고 있는 근육들에 의존하고 있다. 자세 조절은 신체를 효율적인 움직임이 가능할 수 있는 위치에 놓일 수 있도록, 신체의 정열이나 공간적인 방향을 조정하는 것으로 정의내릴 수 있으며 생리적인 능력으로 간주된다. 자세 조절의 결과물로, 안정성과 생체역학적인 배열을 얻을 수 있으며, 이것은 효과적인 운동 기술의 시행이나 근골격계 구조의 통합성을 유지하는 데 필요하다. 자세는 자동조절되는 기초 반사와 감각 운동 수준에서부터 순수한 수의적인 조절에까지 여러 수준에서 조절된다. 이 부분에서 우리는 자세 조절의 기초와 기반이 되는 반사와 감각 운동 시스템에 대해서 다루며, 이는 그것들이 감각 운동 통합에 의존하기 때문이다. 10장과 11장에서 자세 조절과 수행과 건강을 위한 자세 훈련에 대해 깊이 다룰 것이다.

근육 긴장도

뚜렷한 움직임을 만들기 위해 수축을 하지 않을 때도, 근육 조직은 신체 기능에 중요한 역할을 한다. 그런 역할 중 일부는 **근육의 긴장도**(muscle tone)를 유지함으로 이루어진다. 근육 긴장도의 정의는 피트니스 센터가 광고에서 암시하는 '탄력을 주고 조각하기(toning and sculpting)' 문구보다 더 간단하다. 근육의 톤은 단순하게 말해서, 근육을 신장시키는 데 저항하는 힘, 즉 강직도이다. 높은 긴장도는 근육이 강직

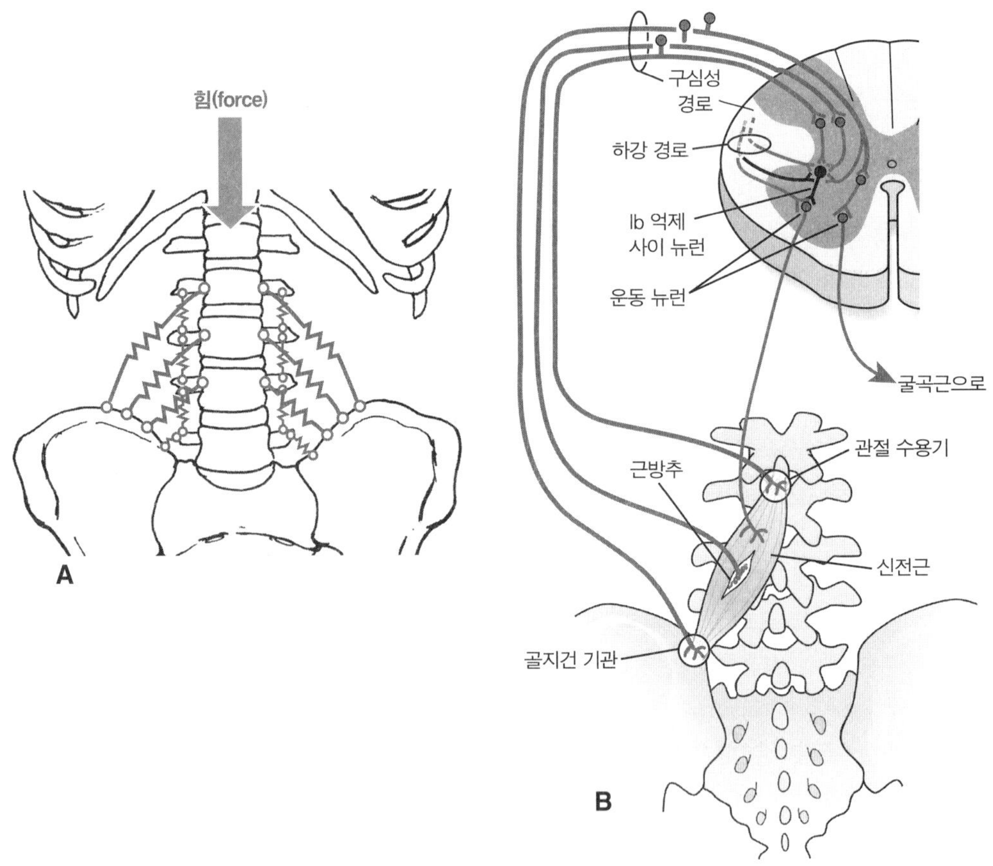

그림 4.10 몸통 근육의 강직도는 척주 안정성을 유지하는 데 이용된다. **A.** 척주에 대한 이 그림은 척추 '타워'에 내재된, 특히 힘에 저항하는 경우의 안정성을 나타내고 있다. 힘이 관절 중심을 통해 가해지면 상당한 힘에도 안정성에 대한 손상이 적다. 하지만 과도하고 중심을 벗어난 힘(off-center forces)은 척주를 찌그러트릴 수 있다. 주변을 둘러싼 결합 조직들(인대, 관절낭)이 내부에서 지지해주나, 높은 부하에서의 역동적인 안정성은 근육에 의해서 유지된다. 여기서 근육은 강직도를 유지함으로써, 견인줄과 같은 역할을 하는 것으로 보인다. 균형이 깨진 강직도는 척추의 배열을 잃게 하나, 역동적인 상황에서는 일부 불균형 강직도가 움직임을 위해서 필요하다. 기저 수준의 긴장도는 지속적인 안정성을 조절할 수 있게 하며, 반사 반응의 특성을 조절하는 데 도움을 준다. **B.** 이 그림은 강직도와 운동 안정성을 유지하는 데 우선적으로 역할을 하는 반사에 기초한 기전을 나타내고 있다. 척추 옆 근육, 디스크, 척추 관절(예: 관절면) 관절낭, 인대로부터 감각 신호를 얻는다. 반사 반응은 최장근(longissimus)과 다열근(multifidus)에서 가장 강하게 나타난다. (Holm, S. S., Indahl, A. A., &Solomonow, M. M. [2002]에서 전재됨. Sensorimotor control of the spine. *Journal of Electromyography & Kinesiology, 12*[3], 219-234)

(stiff)되어 있고 신장에 저항한다는 것을 의미하며, 낮은 긴장도는 근육이 유연하고 매우 쉽게 늘어난다는 것을 의미한다. 근육의 강직도 상태는 지속적으로 변화하며, 높은 강직도와 낮은 강직도가 가끔씩 요구된다.

근육 긴장도는 ① 자세 조절을 위한 기초를 유지하고, ② 탄성 에너지의 저장과 방출을 조절하며, ③ 힘 완충 작용을 조절한다. 자세 조절을 유지하기 위해서는 신장에 저항하기 위해 적절한 근육들의 강직도가 설정되어야 하며, 그렇게 함으로써 몸이 흔들리거나 몸의 분절과 관절을 강직시키는 정도를 제한할 수 있다. 이 눈에 띄지 않는 배후의 활동을 특히 '자세 긴장(postural tone)'이라고 부르며, 휴식을 취하거나 활동하는 동안 기능을 위한 기초 역할을 한다. 예를 들면 척추 길이를 따라 횡돌기간근(intertransverse)이나 극간근(interspinalis muscles)과 같은 작은 척추 옆의 근육들은 강직되어서 휴식을 하는 동안에도 척주의 결합(integrity)을 유지한다.

우리가 이전 장에서 보았듯이, 근육의 탄성 요소는 힘을 저장하고 방출한다. 이런 기능이 걷거나 달리는 동안에, 움직임을 더 효율적으로 만든다는 것은 매우 분명하다. 톤을 바꾸는 것은 저장되고 방출되는 에너지 양을 제어하는 한 방법이다. 예를 들어 달리기를 하는 동안, 아래다리의 근육들은 강직되며, 이는 근육으로부터 땅까지 힘을 빠르게 잘 전달하고, 신장-단축 주기를 이용하기 위해서이다(Dumke 등, 2010; Sasaki & Neptune, 2006). 그림 4.11은 종아리 근육의 긴장도가 낮을 때와 높을 때 착지하는 과정을 나타내었다. 낮은 톤(유연한)의 근육은 과도한 발목의 배측 굴곡(dorsiflexion)을 방지할 수 없고, 발뒤꿈치가 충돌해 큰 충격의 힘이 근골계를 통해 전달된다. 반대로, 종아리 근육 톤이 높을 때에는 발뒤꿈치가 땅에 닿는 것을 방지하며, 신장력을 흡수하여, 족저 굴곡(plantar flexion)의 탄성 움직임을 위해서 사용한다. 에너지의 저장과 방출의 통제가 이루어지는 동시에 탄성 요소는 거친 움직임의 충격을 완충하는 것을 도와서 부드럽게 만들며, 덜컥거림을 적게 한다. 근육 톤을 바꾸는 것으로 탄성 요소를 강직시키거나 느슨하게 하며, 완충의 정도를 조절할 수 있다.

근육 톤은 두 가지 요소에 좌우된다. ① 근육과 건 탄성 요소의 '점탄성(viscoelasticity)'과 ② 근육의 활성화를 조절하는 감각 운동의 활성화 정도가 그 요소들이다. 첫 번째 요소는 '수동적 긴장도(passive tone)'에 기여하며, 근육-건 복합체의 내부 특성 결과이다. 단단한 결합 조직을 가진 큰 근육들은 대개 더 강직되어 있으며, 수동적 긴장도가 더 크다. 두 번째 요소는 '능동적 긴장도(active tone)'에 기여하며, 수축된 근육이 이완된 근육보다 더 강직되어 있다는 실제 현상에 기반하고 있다. 예를 들어 지속적인 기

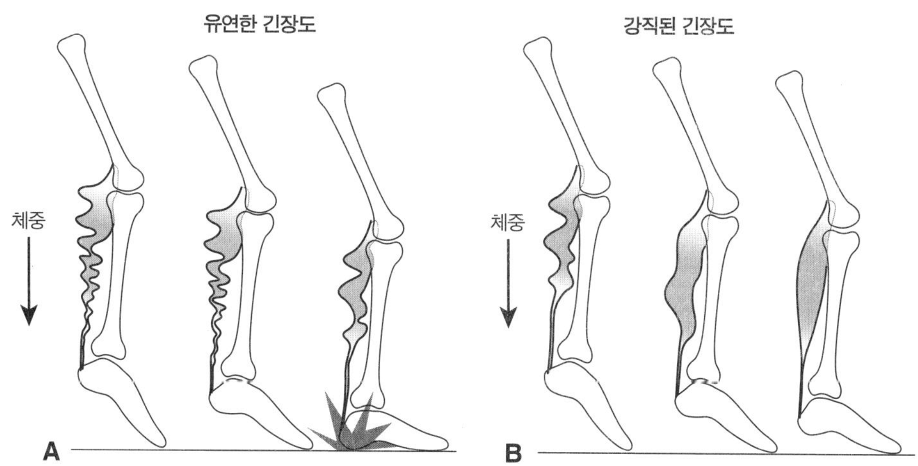

그림 4.11 다른 수준의 톤을 가지는 하퇴삼두근(triceps surae)의 그림. **A.** 근육 복합체가 유연해진 상태에서 발가락이 닿았을 때(toe strike)는 강직도의 정도가 너무 낮아서, 빠른 발목의 배측 굴곡과 발뒤꿈치가 땅에 닿아 갑작스런 충격을 받는 것을 억제할 수 없다. **B.** 발가락이 닿기 전에 톤의 수준이 높은 경우는 하퇴삼두근의 지면에 닿을 때(landing), 빠르고 긴 신장을 억제할 수 있다. 신장력이 흡수되며, 발뒤꿈치의 충격을 피할 수 있다.

저 수준의 신경 흥분성은 종종 민감한 근방추와 동시에 작용하여, 근육 조직을 약간 수축시켜 긴장도를 더 만들어내며, 이 결과 탄성 요소를 더 세게 잡아당긴다. 이 근방추 출력은 척추와 척추 상위 중추에 의해서 조절되며, 근육 톤을 조절하는 감각 운동 시스템의 심장부에 있다고 할 수 있다.

긴장도에는 '정해진 정량'이 없으며 효율적이고 숙련된 자세나 움직임을 보조해준다. 조화롭지 못한 움직임 기술이 항상 잘못된 긴장도를 의미하는 것은 아니다. 반면에 상위 운동 뉴런 질환(upper motor neuron disease) 같은 병적인 상황은 과도한 근 긴장(hypertonia)이나 과소한 근 긴장의 상태를 야기할 수 있다. 병적이지는 않지만, 다른 조건들도 근육 톤에 영향을 미친다. 에스트로겐이나 프로게스테론과 같은 성호르몬은 여성 조직의 탄성도를 증가시킬 수 있다(Burgess 등, 2010; Kubo 등, 2003). 건 강직도의 감소는 생물학적인 노화 과정에 의해서도 일어날 수 있으나, 이 변화들은 조직의 퇴행성 변화로, 부정적인 것으로 보인다(Magnusson 등, 2008). 온도가 높아질 때 근육의 탄성도도 증가한다. 운동이나 질병으로 받은 근육의 손상도 근육-건의 기계적 특성의 강직도를 증가시킬 수 있으며, 만성적인 신경 활성화를 일으킬 수 있다. 저사용과 위축과 운동 경험은 근-건 복합체의 기계적인 특성을 바꿀 수 있다(Magnusson 등, 2008).

생각해보기 4.4 탄력을 주고 조각하기

운동 프로그램들은 흔히, '탄력(tone)을 주고' 그리고 '조각(sculpt)을 한다'고 광고를 한다. 이 문구에서 탄력(긴장)을 주는 것은 어떤 것이라고 생각하는가? 탄력적인 몸은 어떻게 얻을 수 있다고 생각하는가? 유연성 훈련과 근력 훈련이 근육의 톤에 하는 역할을 생각해보라. 근육의 톤에 관한 이 섹션을 읽은 후에, 탄력을 준다고 광고하는 것의 문제점을 알 수 있는가?

자세 긴장도와 자세 조절

긴장도와 자세, 목적성 있는 움직임의 관계는 인간 피라미드와 같다. 그림 4.12에 나타낸 것처럼, 가장 위의 사람(사람 1)은 점프하고 착지할 준비를 하고 있는 것처럼 목적성 있는 움직임을 대표한다. 사람 1은 사람 2의 어깨 위에 서 있고, 사람 2는 자세 조절을 대표한다. 자세 조절은 위치와 정렬을 예측하고 역동적으로 바꾸어서, 사람 1이 점프를 할 안정된 기반을 제공해야 한다. 더욱이 사람 2는 사람 1이 점프할 때 밀어내는 힘에 대항하여 반응할 수 있는 안정성을 가져야 한다. 그러나 사람 2는 자세 긴장도를 대표하는 사람 3에 의해서 지지되고 있다. 목적을 가진 움직임은 자세나 긴장도가 둘 중 어느 것이라도 불충분하다면 실패할 것이다. 자세 긴장도는 미리 정해지지만, 자세 조절 자체보다 역동적이거나 특이적이지는 않다.

조용한 활동(앉아 있거나, 가만히 서 있기) 동안 자세 긴장도의 기저 수준은 대개 고유 수용기의 감각 운동 제어의 결과지만, 역동적 자세 조절의 정도가 증가하면 전정계와 시각 시스템의 영향력이 커진다(Asslander & Peterka, 2014). 전정계와 목 정위 반사는 자세의 평형을 유지하고, 다중 통제 시스템 안의 고유 수용기 시스템과 강하게 상호작용을 하기 위해서 작동하는 두 감각 시스템이다. 시각 피드백은 대개 자세 조절 능력을 유지하는 데 사용하는 가장 강력한 정보를 제공하며, 망막의 중심와나 주변 부위의 분리된 원천으로부터 오는 정보들이 포함된다. 감각 운동, 전정계, 시각 피드백의 강도와 비중은 작업에 따라 달라지며(Asslander & Peterka, 2014), 이는 긴장도나 자세에 관한 감각 운동 통합 조절이 비록 배후에서 작동하더라도, 내재된 회로와 학습된 행동임을 의미한다.

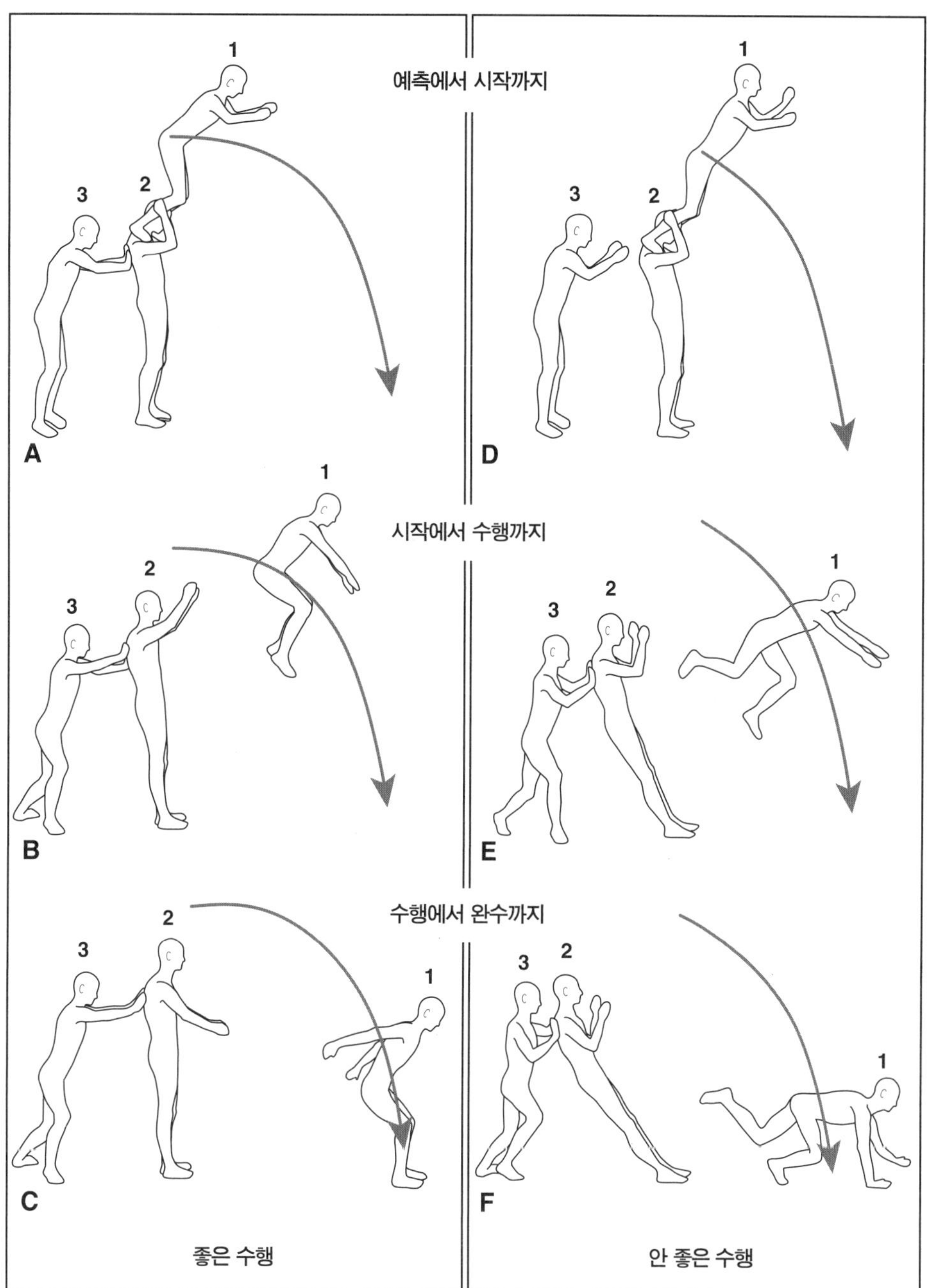

그림 4.12 긴장도와 자세, 운동 기술 간의 관계가 여기 나타나 있으며, Walter Hess의 원작에 기반하고 있다(역사적인 개관을 위해서는 Stuart[2005] 참조). 왼쪽 줄에는 긴장도(3)와 자세(2)가 효율적으로 일하며, 뛰는 운동 기술(1)이 효율적으로 수행된다. A에서는 긴장도가 움직임 전에 정해지며, 자세도 준비가 된다는 점을 주목해라. B에서는 긴장도가 증가하고, 자세가 움직이는 것을 도우며, 자세의 활동이 운동 기술에 매우 특이적일 수 있음을 보여주고 있다. 두 번째 줄에서는 긴장도가 준비되어 있지 않고(D, E, F) 부족한 자세 조절로 이어지며, 결과적으로 운동 기술 수행은 실패한다. 자세한 내용은 본문 참조.

근거 기반 실무 적용

최근 수년간, 신체 인지 훈련, 고유 수용기 훈련, 감각 풍부화 훈련과 같은 이름을 가진 감각 시스템을 목표로 하는 훈련 프로그램이 크게 증가하고 있다. 이들 훈련 프로그램의 핵심 목표는 손상된 관절 인대의 재활에 있다. 프로그램의 효율성을 측정하기 위해 감각 기능을 측정하는 수많은 방법들이 창안되었다.

불행하게도, 대부분의 임상적이고 친화적인 측정 방법을 뒷받침할 만한 근거가 없다.

감각 기능의 가장 직적접인 측정 방법은 구심로신경에 대한 미세신경 그래프 측정이다(Jones 등, 2001). 거의 직접적이나 덜 정확한 방법으로 감각 유발 전위(sensory evoked potential, SEP)와 반사의 분석이 있다. SEP는 감각 말단이나, 감각 신경의 전기적인 자극, 혹은 감각 말단의 기계적인 자극을 가한 후에 발생하는 EEG 뇌파를 측정한 것이다. 고유 수용기 기능은 기계적 혹은 전기적인 자극 후에 오는 반사 반응을 관찰함으로써 간접적으로 평가된다. 가장 덜 침습적이며, 덜 직접적으로 고유 수용 감각을 측정하는 방법은 감각 자극에 대한 반응을 대상자로부터 말이나 움직임으로 표현하게 하는 것이다. 이 방법은 능동적 혹은 수동적인 관절 위치를 인식하는 것, 수동적인 움직임의 시작을 감지하는 것, 균형과 자세 흔들림(postrual sway) 테스트, 근 노력(muscle effort) 테스트, 신체 방향잡기(body orientation) 테스트를 포함한다. 수의적인 반응이기 때문에, 이 방법들은 감각을 측정하는 것이 아니라 인식하는 것을 우선적으로 측정하게 된다. 이런 매우 간접적인 테스트들을 수행하는 것이 고유 수용 감각을 포함하는 것일지라도, 근감각이나 운동 기술 숙련도와 고유 수용 감각을 구분해낼 수 없으며, 고유 수용기 기능을 확실하게 평가할 수 없다(Ashton-Miller 등, 2001).

Relph와 그의 동료들(2014)은 광범위하게 자료들을 검토하였고, 일부 간접적인 측정 방법들 특히 관절 위치 감각이나 움직임 감지와 같은 것이, 인대 손상이 동반 사람들에서 손상된 관절과 아닌 관절들을 구분해낼 수 있다고 하였다. 그러나 결국 이것도 정확성과 유효성 그리고 임상적 가치가 확실치 않았다. 이 저자들은 이 테크닉들이 연구나 임상 현장에 평가도구로 의미 있게 쓰이기 전에, 더 많은 시험이 필요하다고 제시하고 있다. 그러므로 고유 수용기 기능에 대한 사용자 친화적인 임상적 측정 방법은 근거 기반 실행 연구에 의해서는 강하게 뒷받침되지 못한다. 임상가들과 그들의 고객들은 이 한계점을 알아야 한다.

요약

말초 감각 시스템, 즉 고유 감각과 시각은 움직임에 관한 정보를, CNS를 피드백하고 직접적으로 수의적인 움직임을 돕는 반사 움직임을 시작함으로써, 운동 기술을 만들어내는 데 중요한 역할을 한다. 움직임의 감시와 뒤따라오는 피드백은 CNS로 하여금 움직임 계획을 비판적으로 평가할 수 있게 하며, 진행중인 움직임과, 다가오는 움직임의 계획을 변경할 기초를 제공하고, 다가올 움직임을 계획하며, 더 나은 움직임을 만드는 것을 학습하게 한다. 모든 체성 감각 수용기가 직접적으로 반사 작용을 유발하는 것은 아니지만, 거의 모두에서 직간접적으로 억제나 촉진 작용을 함으로써 근육 활동에 영향을 미친다. 반사는 배후에서 지속적으로 작용하며, 많은 경우에 수의적인 운동 작용을 보강하지만 몇몇 경우에서는 운동 기술을 실행하기 위해 척수 상부 중심에 의해서 억제되어야 한다. 몇몇 반사는 안정적이고 예측 할 수 있지만, 다양한 방식의 입력과 척수 상부의 반사 작용에 대한 조절은 다른 환경 사이에서나 개인 사이에서 큰 차이를 만들 수 있다.

근방추는 강한 반사 작용을 만들어내고, 자극에 대해 상대적으로 높은 감수성을 가지며, 근육의 신장과 수축에 모두 반응하고, CNS에 의해 조절되는 능력이 있기 때문에, 가장 중요한 고유 감각 수용체로 간주된다. 다른 고유 감각 수용체 즉 GTO, 전정 기관, 관절 운동 감각 수용체는 피드백과 반사 작용의 시작에 더 특이적인 역할을 한다. 모든 감각 시스템 중에서 시각은 가장 우세한 역할을 한다. 시각 시스템에 의해서 제공되는 정보의 종류와 양과 CNS에 의한 시각 조절 능력은 다른 감각 시스템과 비견될 수 없는 특징이다. 눈의 구조는 초점 시각과 주변 시각 정보 둘 다를 가능하게 하고, 둘 다 피드-포워드와 피드백에 중요한 역할을 수행한다. 초점 시각은 피드-포워드 제어에 사용되기 위한 물체 식별을 제공하고, 정보를 처리하는 고위 중추에서 사용되는 피드백을 제공한다. 주변 시각은 잠재의식적이며, 뇌가 지속적으로 움직임과 환경에서의 위치를 감시하게 해준다. 이 정보는 사물이나 주변의 환경에 상응하는 동작의 타이밍을 추적하는 데 사용된다. 주변 시각으로부터 얻은 피드백은 일반적으로 움직임의 시작에 매우 빠르게 사용되며, 균형 교정에서 보이는 것과 같은 더 즉각적인 근육 반응을 제공한다.

고유 감각 수용기의 종류들과 시각 시스템은 그들이 받는 자극에 기초하여 어느 정도 고정적인 작용을 제공하지만, 이것을 반사 작용과 피드백 정보의 해석이 고정적이라고 해석해서는 안 된다. 내부와 주변 환경 요소, 상황적인 요구 사항에 의해 매우 다른 반사 작용과 감각 정보의 사용을 만들어낼 수 있다고 인식해야 한다.

감각 운동 시스템은 근육 긴장도와 자세 조절을 보조하기 위해 기초가 되는 혹은 낮은 수준의 운동 출력을 제공한다. 자세 조절 기전의 결과는 생체역학적인 배열이나 공간 지각으로 나타난다. 근육 긴장도는 특정 자세 조절 움직임이 더해질 기초를 제공하거나, 그것 자체만으로 신체를 통한 힘의 전달이나 탄성 에너지 저장과 방출을 조절한다. 근육 긴장도는 근본적으로 체성 감각의 결과지만, 자세 유지를 위한 요구가 많아질 때는 전정계와 시각 시스템이 더 두드러진다.

연습문제

1. 고유 감각 수용기가 위치한 특정 조직의 위치를 확인하라.
2. 신장 반사, 상 반응, 긴장성 반응의 차이는 무엇인가?
3. 근육이 수축하는 동안 짧아지더라도 근방추가 지속적이고 효과적으로 감각 정보를 감지하고 보낼 수 있게 하는 것은 어떤 과정에 의한 것인가?
4. 다른 두 사람이 정확히 같은 자극에 의해서 미끄러져 넘어질 때, 그들의 다리 동작은 완전히 달랐다. 넘어지는 동안 한 사람은 다리를 신전시키고, 다른 사람은 그녀의 다리를 구부렸다. 이 현상을 설명할 수 있는가?
5. 어떤 사람이 어지럽도록 도는 움직임 후에, 어떤 기전으로 균형을 잡기 위해 팔을 뻗는가?
6. 감각 수용기는 어떻게 분류될 수 있을까? 각각 분류 내에서 수용기의 종류의 차이에 대해서 설명하라.
7. 한 사람이 무릎 관절 부상을 입었다. 주변의 근육 구조가 다치지 않았을지라도, 그 사람은 무릎 신전 힘을 크게 낼 수 없다. 왜 그런가?
8. 초점 시각과 주변 시각의 차이에 대해 설명하라. 각각 시스템이 어떻게 작동하는지와 어떤 종류의 정보를 제공하는지 상세하게 이야기하라.
9. 시각 감각 시스템을 고유 감각 시스템과 비교하라. 수용기 그 자체의 기능과 그들이 제공하는 정보의 관점에서 어떻게 다른가?
10. 다중 감각 통합은 무엇이며, 감각 운동 통합에 어떻게 작용하는가? 예를 들라.
11. 시각 흐름은 무엇이며, 어떻게 타우, 움직임 인식, 예측 타이밍의 요소를 지니는가?
12. 시각 탐색이란 무엇이며 초점 시각과 주변 시각에 어떻게 작용하는가?
13. 근육 긴장이란 무엇이며 어떻게 조절되는가?
14. 가만히 서 있는 사람을 생각해보라. 그 사람은 앞으로 뒤로 미약하게 흔들린다. 긴장도와 자세의 감각 운동 제어 관점에서 보았을 때, 이 흔들림에 대해서 기술하라.

참고문헌

Abbruzzese, G., & Berardelli, A. (2003). Sensorimotor integration in movement disorders. *Movement Disorders, 18*(3), 231-240.

Allegrucci, M. M., Whitney, S. L., Lephart, S. M., Irrgang, J. J., & Fu, F. H. (1995). Shoulder kinesthesia in healthy unilateral athletes participating in upper extremity sports. *Journal of Orthopaedic and Sports Physical Therapy, 21*(4), 220-226.

Ashton-Miller, J. A., Wojtys, E. M., Huston, L. J., & Fry-Welch, D. (2001). Can proprioception really be improved by exercises? *Knee Surgery, Sports Traumatology, Arthroscopy, 9*(3), 128-136.

Asslander, L., & Peterka, R. J. (2014). Sensory reweighting dynamics in human postural control. *Journal of Neurophysiology, 111*(9), 1852-1864.

Bardy, B. G., Warren, W. J., & Kay, B. A. (1999). The role of central and peripheral vision in postural control during walking. *Perception & Psychophysics, 61*(7), 1356-1368.

Barrett, L., Quigley, K. S., Bliss-Moreau, E., & Aronson, K. R. (2004). Interoceptive sensitivity and self-reports of emotional experience. *Journal of Personality and Social Psychology, 87*(5), 684-697.

Berntson, G., Sarter, M., & Cacioppo, J. (2003). Ascending visceral regulation of cortical affective information processing. *European Journal of Neuroscience, 18*(8), 2103-2109.

Bradshaw, E. (2004). Target-directed running in gymnastics: A preliminary exploration of vaulting. *Sports Biomechanics, 3*(1), 125-144.

Burgess, K., Pearson, S., & Onambele, G. (2010). Patellar tendon properties with fluctuating menstrual cycle hormones. *Journal of Strength and Conditioning Research, 24*(8), 2088-2095.

Burr, D., Banks, M., & Morrone, M. (2009). Auditory dominance over vision in the perception of interval duration. *Experimental Brain Research, 198*(1), 49-57.

Chalmers, G. (2002). Do Golgi tendon organs really inhibit muscle activity at high force levels to save muscles from injury, and adapt with strength training? *Sports Biomechanics, 1*(2), 239-249.

Chalmers, G., & Knutzen, K. (2000). Soleus Hoffmann-reflex modulation during walking in healthy elderly and young adults. *Journals of Gerontology. Biological Sciences and Medical Sciences, 55*(12), B570-B579.

Coker, C. H. (2009). *Motor learning and control for practitioners*. Scottsdale, AZ: Holcomb Hathaway Publishers.

Colonius, H., & Arndt, P. (2001). A two-stage model for visual-auditory interaction in saccadic latencies. *Perception & Psychophysics, 63*, 126-147.

Courtois, I., Cools, F., & Calsius, J. (2015). Effectiveness of body awareness interventions in fibromyalgia and chronic fatigue syndrome: A systematic review and meta-analysis. *Journal of Bodywork and Movement Therapies, 19*(1), 35-56.

Craig, A. (2003). Interoception: The sense of the physiological condition of the body. *Current Opinion in Neurobiology, 13*(4), 500-505.

Crevecoeur, F., Munoz, D. P., & Scott, S. H. (2016). Dynamic multisensory integration: Somatosensory speed trumps visual accuracy during feedback control. *Journal of Neuroscience, 36*(33), 8598-8611.

Duclos, C., Roll, R., Kavounoudias, A., & Roll, J. (2007). Cerebral correlates of the "Kohnstamm phenomenon": An fMRI study. *NeuroImage, 34*(2), 774-783.

Dumke, C. L., Pfaffenroth, C. M., McBride, J. M., & McCauley, G. O. (2010). Relationship between muscle strength, power and stiffness and running economy in trained male runners. *International Journal of Sports Physiology and Performance, 5*(2), 249-261.

Ebenbichler, G., Oddsson, L., Kollmitzer, J., & Erim, Z. (2001). Sensory-motor control of the lower back: Implications for rehabilitation. *Medicine and Science in Sports and Exercise, 33*(11), 1889-1898.

Freeman, M. M., & Broderick, P. P. (1996). Kinaesthetic sensitivity of adolescent male and female athletes and nonathletes. *Australian Journal of Science and Medicine in Sport, 28*(2), 46-49.

Gondon, M., Niederhaus, B., Rosler, F., & Roder, B. (2005). Multisensory processing in the redundant-target effect: A behavioral and event-related potential study. *Perception and Psychophysics, 67*(4), 713-726.

Gori, M., Del Viva, M., Sandini, G., & Burr, D. (2008). Young children do not integrate visual and haptic form information. *Current Biology, 18*(9), 694-698.

Guerraz, M., & Bronstein, A. (2008). Ocular versus extraocular control of posture and equilibrium. *Clinical Neurophysiology, 38*(6), 391-398.

Hart, J. M., Diduch, D. R., & Baker, A. G. (2010). Clinical perceptions of arthrogenic muscle inhibition. *Athletic Training and Sports Health Care, 2*(4), 160-162.

Hoffman, M., & Koceja, D. (1995). The effects of vision and task complexity on Hoffmann reflex gain. *Brain Research, 700*(1-2), 303-307.

Hogervorst, T., & Brand, R. (1998). Mechanoreceptors in joint function. *Journal of Bone and Joint Surgery, 80*(9), 1365-1378.

Hopkins, J. T., Ingersoll, C. D., Krause, B. A., Edwards, J. E., & Cordova, M. L. (2001). Effect of knee joint effusion on quadriceps and soleus motoneuron pool excitability. *Medicine and Science in Sports and Exercise, 33*(1), 123-126.

Horrey, W., Wickens, C., & Consalus, K. (2006). Modeling drivers' visual attention allocation while interacting with in-vehicle technologies. *Journal of Experimental Psychology: Applied, 12*(2), 67-78.

Houtveen, J., Rietveld, S., & de Geus, E. (2003). Exaggerated perception of normal physiological responses to stress and hypercapnia in young women with numerous functional somatic symptoms. *Journal of Psychosomatic Research, 55*(6), 481-490.

Iles, J., & Pardoe, J. (1999). Changes in transmission in the pathway of heteronymous spinal recurrent inhibition from soleus to quadriceps motor neurons during movement in man. *Brain, 122*(Pt 9), 1757-1764.

Ivanenko, Y., Wright, W., Gurfinkel, V., Horak, F., & Cordo, P. (2006). Interaction of involuntary post-contraction activity with locomotor movements. *Experimental Brain Research, 169*(2), 255-260.

Ives, J. C., & Hong, S. L. (2003). Fast reaction times with intersensory facilitation do not transfer to single stimulus conditions. *Journal of Sport and Exercise Psychology, 25*(Suppl), 678.

Jones, K. E., Wessberg, J., & Vallbo, A. B. (2001). Directional tuning of human forearm muscle afferents during voluntary wrist movements. *Journal of Physiology, 536*(2), 635-647.

Kandel, E. R., Schwartz, J. H., & Jessell, T. M. (Eds.). (2000). *Principles of neuroscience.* New York: McGraw-Hill.

Kubo, K., Kanehisa, H., & Fukunaga, T. (2003). Gender differences in the viscoelastic properties of tendon structures. *European Journal of Applied Physiology, 88*(6), 520-526.

Lavoie, B., Devanne, H., & Capaday, C. (1997). Differential control of reciprocal inhibition during walking versus postural and voluntary motor tasks in humans. *Journal of Neurophysiology, 78*(1), 429-438.

Lee, D. N., Lishman, J., & Thomson, J. A. (1982). Regulation of gait in long jumping. *Journal of Experimental Psychology. Human Perception and Performance, 8*(3), 448-459.

Lephart, S. M., Giraldo, J. L., Borsa, P. A., & Fu, F. H. (1996). Knee joint proprioception: A comparison between female intercollegiate gymnasts and controls. *Knee Surgery, Sports Traumatology, Arthroscopy, 4*(2), 121-124.

Magill, R. A. (2006). *Motor learning and control: Concepts and applications.* New York: McGraw-Hill.

Magnusson, S., Narici, M., Maganaris, C., & Kjaer, M. (2008). Human tendon behaviour and adaptation, in vivo. *Journal of Physiology, 586*(1), 71-81.

Mathis, J., Gurfinkel, V., & Struppler, A. (1996). Facilitation of motor evoked potentials by postcontraction response (Kohnstamm phenomenon). *Electroencephalography and Clinical Neurophysiology, 101*(4), 289-297.

McNulty, P., Turker, K., & Macefield, V. (1999). Evidence for strong synaptic coupling between single tactile afferents and motoneurones supplying the human hand. *Journal of Physiology, 518*(Pt 3), 883-893.

Nickerson, R. S. (1973). Intersensory facilitation of reaction time: Energy summation or preparation enhancement. *Psychological Review, 80*, 489-509.

Paulus, M. P., Flagan, T., Simmons, A. N., Gillis, K., Kotturi, S., Thom, N., et al. (2012). Subjecting elite athletes to inspiratory breathing load reveals behavioral and neural signatures of optimal performers in extreme environments. *PLoS One, 7*(1), doi: 10.1371/journal.pone.0029394

Previc, F., Beer, J., Liotti, M., Blakemore, C., & Fox, P. (2000). Is "ambient vision" distributed in the brain? Effects of wide-field-view visual yaw motion on PET activation. *Journal of Vestibular Research: Equilibrium and Orientation, 10*(4-5), 221-225.

Relph, N., Herrington, L., & Tyson, S. (2014). The effects of ACL injury on knee proprioception: A meta-analysis. *Physiotherapy, 100*(3), 187-195.

Rice, D. A., & McNair, P. J. (2010). Quadriceps arthrogenic muscle inhibition: Neural mechanisms and treatment perspectives. *Seminars in Arthritis and Rheumatism, 40*(3), 250-266.

Riemann, B. L., Myers, J. B., & Lephart, S. M. (2002). Sensorimotor system measurement techniques. *Journal of Athletic Training, 37*(1), 85-98.

Rietveld, S., & Houtveen, J. (2004). Acquired sensitivity to relevant physiological activity in patients with chronic health problems. *Behaviour Research and Therapy, 42*(2), 137-153.

Sasaki, K., & Neptune, R. (2006). Muscle mechanical work and elastic energy utilization during walking and running near the preferred gait transition speed. *Gait & Posture, 23*(3), 383-390.

Sato, T., Tsuboi, T., Miyazaki, M., & Sakamoto, K. (1999). Post-tetanic potentiation of reciprocal Ia inhibition in human lower limb. *Journal of Electromyography and Kinesiology, 9*(1), 59-66.

Schmidt, R. A., & Wrisberg, C. A. (2007). *Motor learning and performance: A situation-based learning approach.* Champaign, IL: Human Kinetics.

Shou, T. (2010). The functional roles of feedback projections in the visual system. *Neuroscience Bulletin, 26*(5), 401-410.

Sozzi, S., Do, M., Monti, A., & Schieppati, M. (2012). Sensorimotor integration during stance: Processing time of active or passive addition or withdrawal of visual or haptic information. *Neuroscience, 212*, 59-76.

Starosta, W. W., Aniol-Strzyzewska, K. K., Fostiak, D. D., Jablonowska, E. E., Krzesinski, S. S., & Pawlowa-Starosta, T. T. (1989). Precision of kinesthetic sensation—lement of diagnosis of performance of advanced competitors. *Biology of Sport, 6*(Suppl. 3), 265-271.

Stuart, D. (2005). Integration of posture and movement: Contributions of Sherrington, Hess, and Bernstein. *Human Movement Science, 24*(5-6), 621-643.

Takada, Y., Miyahara, T., Tanaka, T., Ohyama, T., & Nakamura, Y. (2000). Modulation of H reflex of pretibial muscles and reciprocal Ia inhibition of soleus muscle during voluntary teeth clenching in humans. *Journal of Neurophysiology, 83*(4), 2063-2070.

van Deursen, R., & Simoneau, G. (1999). Foot and ankle sensory neuropathy, proprioception, and postural stability. *Journal of Orthopaedic and Sports Physical Therapy, 29*(12), 718-726.

Voigt, M., Jakobsen, J., & Sinkjaer, T. (1998). Non-noxious stimulation of the glenohumeral joint capsule elicits strong inhibition of active shoulder muscles in conscious human subjects. *Neuroscience Letters, 254*(2), 105-108.

Wade, M., & Jones, G. (1997). The role of vision and spatial orientation in the maintenance of posture. *Physical Therapy, 77*(6), 619-628.

움직임 모델

이 장의 목적, 중요성, 목표

이 장의 취지는 움직임을 계획, 시작, 실행 그리고 감시하는 방대한 복잡성을 이해하고, 이를 설명하기 위한 방법인 움직임 모델을 알아보는 것이다. 모델링을 이용하여 얻는 움직임 과정 전체에 대한 종합적이고 통합적인 관점은 연구자와 임상가 둘 모두가 한 통찰력과 확실성을 가지고 움직임에 대한 주제와 문제점들을 다룰 수 있게 한다.

이번 장을 마친 후, 아래의 내용을 설명할 수 있어야 한다.

1. 운동 풍부(motor abundance)와 자유도의 문제를 기술하라.
2. 연구와 응용 관점에서 모델의 목적을 설명하라.
3. 개방성 회로와 폐쇄성 회로, 그리고 이 시스템에 들어맞는 모델들을 비교하고 대조하라.
4. 일반화 운동 프로그램(generalized motor program), 중심 패턴 발생기(central patterngenerator), 스키마(schema), 반사 모델(reflex model), 내부 모델(internal model)의 용어를 정의하고 설명하라.
5. 시너지와 협응 구조를 설명하고 예를 들라.
6. 움직임의 구 모델과 신 모델 사이의 유사점을 세 가지 찾아라.
7. 제약(constraint), 행동 유도성(affordances), 지각-행동 연결을 포함한 시스템 모델을 정의하고 설명하라.
8. 역동적 시스템 모델에서 균형(balance fit)을 유지하기 위해서 어떤 전략이 사용되는지 설명하라.
9. 전문적인 훈련을 지도하기 위해서 시스템 접근(systems approach)을 모델로 이용하라.

이전 장에서 보았듯이 움직임의 계획, 시작, 실행 그리고 감시는 매우 복잡하다. 인간의 움직임을 이해하는 데 있어서 가장 어려운 문제점 중 하나는 수없이 많은 움직임이 가능하다는 것이다. 예를 들어 뜨거운 찻잔을 잡는 단순한 동작을 생각해보자. 뇌는 손목, 팔꿈치 그리고 어깨의 움직임에 기반한 손의 속도와 움직임 경로를 선택해야만 한다. 뜨거운 액체를 흘리지 않고 컵을 안전하게 잡을 수 있도록 손을 쥐는 패턴 및 손가락의 정렬을 결정해야 한다. 그러는 동안에 뇌는 주동근과 길항근 사이의 근육 힘 출력의 균형을 맞추고, 협동근을 선택하고, 이러한 근육들 중에서 특정 운동 단위 또는 구획을 동원하고 체간과 어깨에 안정성을 제공해야 한다. 컵의 온도와 미끄러운 정도, 컵까지의 거리, 조명등의 환경적인 요소도 고려해야 한다. 찻잔을 잡을 수 있게 하는 데는 수많은 움직임 방법이 있으며 이를 **운동 과잉**(motor redundancy)이라고 부른다. 운동 과잉은 특정 작업 요구를 해결하는 데 광범위한 선택지를 가질 수 있게 해주지만, 선택의 문제를 야기한다. 이렇게 수많은 선택지 중에 오직 한 방법만을 고르는 문제를 **자유도 문제**라고 한다.

자유도 문제에 더하여, 신경계가 어떤 것을 제어하고 통제하고 있는지 하는 문제가 있다. 이전 3개의 장에서, 우리는 신경계와 근육계는 상위 뇌 중추가 운동 단위와 근육 수축의 상위 조절자로 작용하도록 엄격하게 임무를 구분함을 알았다. 그러나 운동 동작의 기본적인 신경생리학을 넘어 생각해본다면, 뇌가 원위 사지의 최종 위치와 속도를 제어하거나 움직임의 에너지 소비를 조절하려 할 수도 있음을 예측해볼 수도 있다. 어쩌면 뇌는 그저 '실행하라'는 것에만 관심 있고 말초 신경 근육 및 감각 반사 계통이 알아서 동작을 수행하도록 내버려둘 수도 있다. 중추신경계가 무엇을 제어하는지, 어떻게 수천 개의 운동 단위와 수백 개의 근육이 효율적인 움직임으로 합쳐지는지에 대해서는 잘 알려져 있지 않다.

하지만 움직임을 계획, 시작, 실행 그리고 감시하는 전체 과정을 개괄적으로 설명하는 수많은 이론이 있다. 모델이라고 알려진, 이러한 이론들은 어떻게 중추신경계, 신경근육계, 감각계가 같이 작동하여 목적성 있는 운동 작용을 만들어내는지를 설명하는 '큰 그림'을 제공해준다. 이 장에서 가장 보편적인 몇 가지 모델들을 살펴보고, 그것들이 움직임의 조직화에 대한 우리가 현재 이해하고 있는 바에 어떻게 기여하고 있는지 알아볼 것이다. 이후 운동 제어 과정을 이해하고 다룰 수 있는 가장 실질적인 해법을 제공하는 한 모델을 자세히 살펴볼 것이다. 이 모델, 즉 시스템 모델은 움직임의 조직화를 신경 또는 근육의 관점에서만 설명하려 하기보다는 운동의 계획, 시작, 실행 그리고 감시에 영향을 주는 요소의 관점에서

개 • 념 • 설 • 명

모델 사용하기

많은 학생들에게 모델은 임상가가 아닌 연구자에게만 유용한 추상적인 이론으로 받아들여진다. 하지만 이것은 사실과는 다르다. 모델은 하나의 큰 과정에 얼마나 많은 다른 부분들이 맞추어져 있는지에 대한 깊은 이해와 전체적인 관점을 제공한다. 이 때문에 모델은 한 부분의 결손이 다른 영역에 어떻게 영향을 주는지를 알게 하며, 중재 후의 수행력을 예측할 수 있게 한다. 주목할 만한 예로는 무릎과 발목 부상 방지와 재활을 위한 중재 전략을 세우기 위해 자세와 균형 모델(posture and balance models)(10장, 11장)을 사용하는 것이다. 1990년대 이후로 중재 전략의 변화는 관절 안정성과 균형제어의 새로운 모델에 기반하여 발전해왔고 이러한 전략들은 중재 과정을 거친 운동선수들의 부상률을 눈에 띄게 줄이는 결과를 가져왔다(예: Myer 등, 2011; Noyes 등 Barber Westin, 2012). 또 다른 모델들은 스포츠 수행능력을 희생하지 않고 부상 유병률을 줄이기 위해 훈련 부하를 덜어주는데 사용되어왔다(Gabbett & Domrow, 2007). Hoch와 McKeon(2010)은 만성적인 근골격계 문제를 가지고 있는 사람들을 위한 재활 전략을 지도하기 위해 운동 제어 모델을 적용하였다. 여기서 중요한 점은 모델의 개발과 사용은 연구자들만을 위한 것이 아니며 혁신적이고 진취적인 임상가들에게 매우 유용하다는 것이다.

설명하려는 모델이다.

움직임 모델의 소개

모델은 움직임의 형성과 실행에 기여하는 생리적 체계와 처리 과정의 일반적인 틀(framework)을 제공한다. 모델을 사용하는 데는 크게 두 가지 중요한 목적이 있다. 첫 번째로, 넓은 목표는 움직임이 형성되고 실행되는 방식을 이해할 수 있는 개념적인 틀을 가지는 것이다. 깊이 이해할 수 있게 되어 실험방법을 발전시킬 수 있게 된다. 두 번째 모델의 목표는 임상 적용을 위한 틀을 제공해주는 것이다. 예를 들어 어떻게 움직임이 실행되는지에 대한 기본적인 틀이 있다면, 우리는 재활, 연습 그리고 훈련을 위한 더 효과적인 프로그램을 고안할 수 있다. 더 많은 예를 위해 개념설명 박스를 참고하라.

운동 제어 체계의 기본 작용을 모델링하기 위해 수학, 컴퓨터 과학, 물리학, 신경과학 그리고 생체역학 등 다양한 영역의 관점에서 접근이 이루어지고 있다. 이러한 모델의 일부는 걷기 같은 규칙적인 움직임이나 컵을 향해 뻗는 것과 같은 개별적인 움직임을 적절하게 설명할 수 있지만, 스타 축구 선수가 드리블 할 때의 발놀림과 같은 복잡한 움직임을 충분히 설명하지는 못한다. 또한 단순한 움직임을 설명하는 모델들의 타당성에 대해서 연구자들 간에 큰 이견이 있다(예: Houk, 2010; Neilson과 Neilson, 2010; Schmidt, 2003).

운동 제어 모델의 전통적인 모델은 일반적으로 개방성 회로와 폐쇄성 회로로 설명한다(그림 5.1). 단순하게 볼 때 개방성 회로와 폐쇄성 회로의 근본적인 차이점은 얼마나 많은 감각 피드백을 이용하는지, 어떤 피드백을 이용하는지, 어느 정도의 피드백이 하달되는 운동 명령을 바꾸는지로 설명할 수 있다. 차이점에 대한 다른 관점의 설명으로는 운동 명령을 만들 때, 뇌가 말초 피드백과 환경 요소에 얼마나 의존하는지로 설명한다(자세한 것은 Turvey & Fonseca, 2009 참조). **개방성 회로 모델**(open-loop models)은 움직임의 시작과 실행에 있어서 피드백의 역할을 중요하게 여기지 않으며 움직임의 계획, 실행 그리고 개시에 있어 중추신경계와 신경 근육 구조 간의 엄격한 하향식 계층 구조를 제시한다. 개방성 회로 모델은 **운동 프로그램**이라고 불리는 복잡하게 저장되어 있는 명령에 의존한다. 이는 **중앙 사전 프로그래밍**

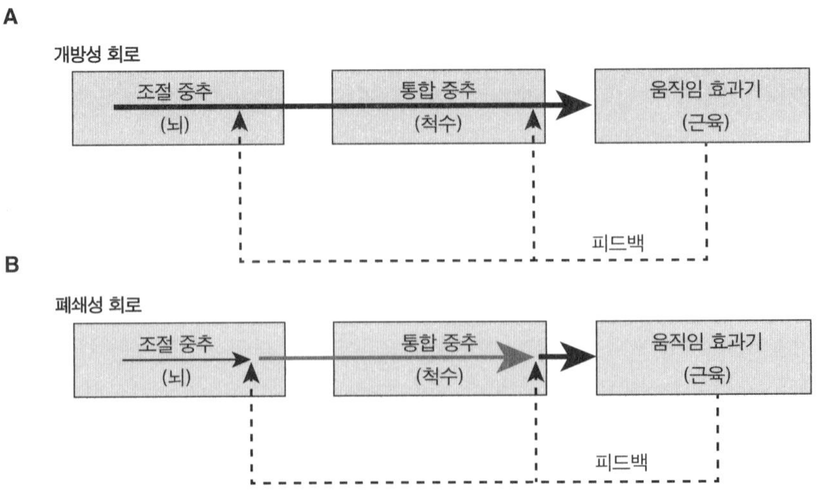

그림 5.1 단순화된 개방성 회로(A) 시스템을 폐쇄성 회로(B) 조절 시스템과 비교하고 있다. **A.** 복잡한 중추 명령('두꺼운 화살표')이 상위 뇌중추에서 시작되며, 큰 변화 없이 근육에 전달된다. 피드백('점선')이 존재하지만 밖으로 나가는 신호를 변경하는 데 쓰이지 않는다. **B.** 피드백이 단순 중추 명령('가는 화살표')을 뇌나 척수 수준에서 변경하며, 이는 두꺼워지는 화살표로 표시되어 있다.

명령을 제공하며, 상위 뇌 중추에서 근육으로, 어느 수준에서든 간에 감각 피드백의 영향을 크게 받지 않고 하달된다. 이러한 모델들은 그림 2.11에 나와 있는 피드-포워드 제어 구조로부터 파생된 것이다. 이와 대조적으로 **폐쇄성 회로 모델**(closed-loop models)은 움직임을 감각 피드백의 주도나 조정하는 결과로 설명한다. 단순 운동 명령 폐쇄성 회로 모델은 이미 패턴화되어 있는 신경계와 신경근 시너지에 의존하는 경향이 있으며, 둘 중 어느 것도 상위 뇌 중추로부터의 복잡한 명령을 필요로 하지 않는다. 폐쇄성 회로 조절 모델은 그림 2.11에 나와 있는 피드백 제어 시스템에 기반하고 있다. 여기서 우리는 개방성 회로와 폐쇄성 회로 조절 모델 양쪽 모두를 살펴볼 것이며, 응용되는 환경에서 모델들이 어떻게 작동되는지 합의된 의견들을 알아볼 것이다.

폐쇄성 회로와 피드백 기반 모델

운동 모델 중 가장 단순한 모델은 반사 모델이다. 이 모델은, 복잡한 행동을 짓는 블럭 조각이 되는 반사 작용들을 서로 연결하는 것에 모든 움직임들이 기반하고 있다고 제안한다. 연체동물이나 메뚜기 같은 하등 동물에서, 목적이 있는 움직임들은 종종 이러한 방식으로 일어난다. 씹기, 삼키기, 번식행위, 그리고 '투쟁 혹은 도피 반응'과 같은 운동 동작들은 감각 피드백에 의해 시작되고 반사 운동에 의해 실행된다. 반사 모델들은 내장되어 있는 신경회로에 기반하며, 고정적이고 정형화(stereotype)된 운동 패턴을 만들어낸다.

중추 패턴 발생기

내장된 회로는 **중추 패턴 발생기**(CPG, central pattern generator)를 통해 더욱 복잡하고 정형화(stereotype)된 움직임을 만들어낼 수 있다. CPG는 단순히 반사 작용의 연쇄반응이 아니라 그 자체로 고유한 신경계 경로를 가지며, 활성화되었을 때 복잡하고 복합적인 움직임 패턴을 만들어내는데, 이 패턴은 의식적인 제어로부터 독립적으로 작동할 수 있다. CPG는 하등동물에서 밝혀진 바 있으며 걷기, 수영,

SIDENOTE

CPG의 첫 번째 증거

CPG의 첫 번째 확실한 과학적 증거는 가재의 헤엄(Hughes와 Wiersma, 1960)과 메뚜기의 비행(Wilson, 1961)에 관한 연구로부터 나왔다. 이전에는 움직임이 상위 대뇌 중추로부터의 완전한 하향성 명령이거나 서로 연결되어 있는 반사 작용의 결과인 것으로 생각되었다(Mulloney와 Smarandache, 2010의 역사적인 리뷰를 보라). 특히 메뚜기에 관한 Wilson의 연구는 어떻게 신경계가 목적이 있는 움직임을 만들어내기 위해 조직되었는지에 대한 생각을 바꿔놓았다. 다음의 첫 번째 그림은 소형 윈드터널 앞에 메뚜기를 묶은 Wilson의 실험을 단순화시킨 버전으로 그린 것이며 아래 그림은 메뚜기 CPG의 단순화된 버전을 보여주고 있다. 그는 실험에서, 메뚜기의 척수에 전극을 삽입하였고, 정교한 스트로보 카메라 장비(그림엔 나와 있지 않음)를 신경 전기 활동과 연결된 날개의 움직임을 기록하기 위해 사용하였다. 메뚜기 고정장치는 메뚜기가 빠르게 혹은 느리게 날도록 윈드터널에서 나오는 풍속을 조절할 수 있도록 스위치에 연결되었다. 몇몇 실험에서는 모든 감각 정보를 없애기 위해 메뚜기의 모든 감각적 부분을 수술적으로 절제하여 감각 피드백이나 정교한 두뇌 명령 없이 규칙적인 날개 움직임이 만들어짐을 알아낼 수 있도록 하였다.

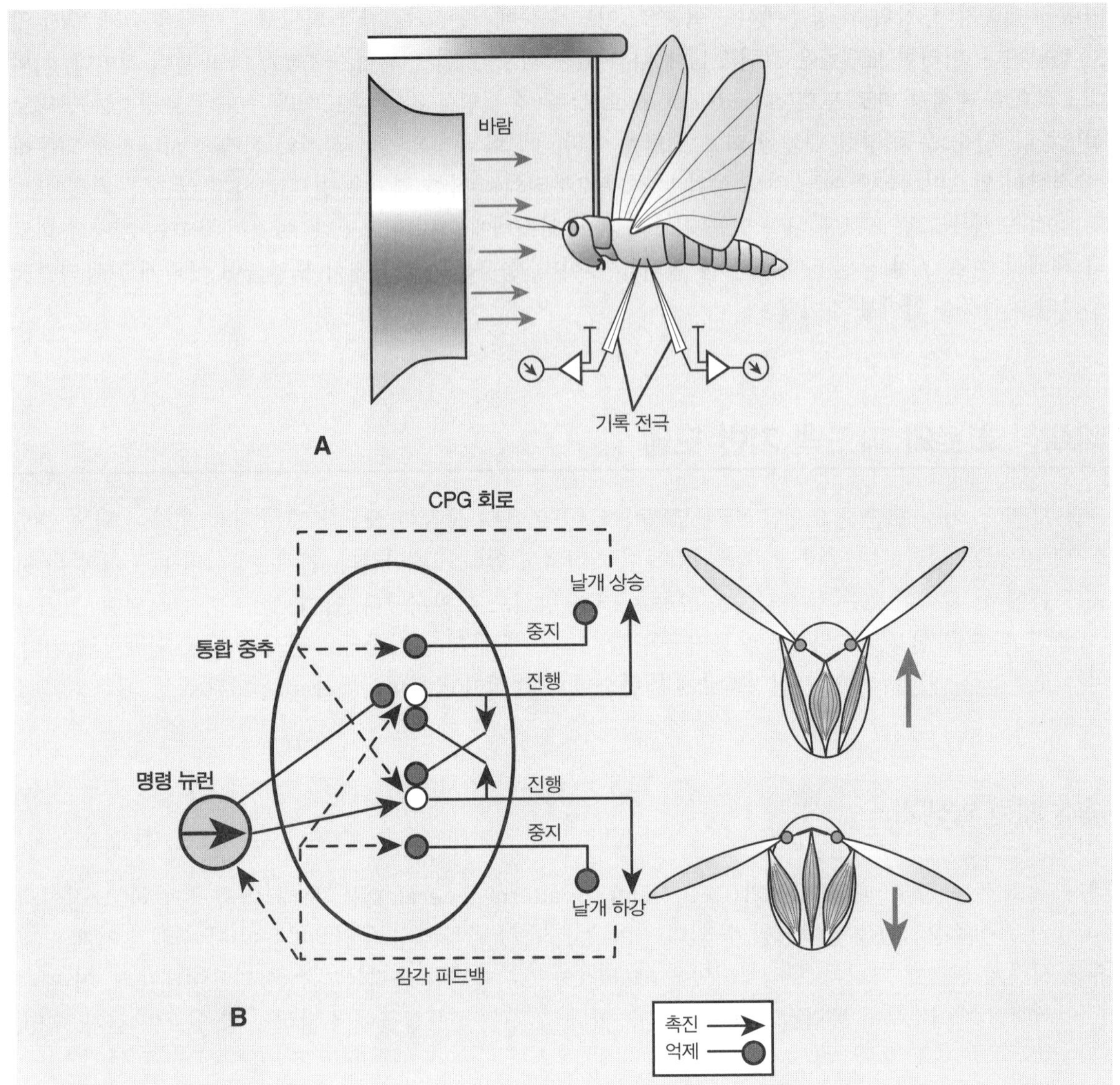

A. Marder, E., & Bucher, D. (2001). Central pattern generators and the control of rhythmic movements. *Current Biology, 11*(23), R986-R996.

비행 등 많은 반복적이고 규칙적인 운동 동작을 만들어낸다. 동물에서 밝혀진 바 있으며 걷기, 수영, 비행 등 많은 반복적이고 규칙적인 운동 동작을 만들어낸다. SIDENOTE에 나와 있는 그림은, 몇몇 동물들에서 어떻게 신경계가 교대로 주동근과 길항근을 활성화시켜 보행 움직임을 만들어낼 수 있도록 디자인되어 있는지를 아주 간단한 회로로 설명하고 있다. 뇌 또는 감각계에서 나오는 단일 명령 뉴런만으로 움직임의 패턴화를 시작하는 자극을 제공할 수 있다(MacKay-Lyons, 2002). 정의대로라면 CPG는 개방성 회로도, 폐쇄성 회로도 아니지만, 아래에 나온 대뇌가 제거된 고양이의 예에서 CPG는 폐쇄성 회로 전체를 작동시킬 수 있음을 보여준다.

1960년대 후반 러시아에서 시행된 대뇌를 제거한 고양이(뇌 바로 아랫부분에서 척수를 자른 고양이)에 대한 실험은 포유류 보행에 있어서의 CPG를 확인하였다(그림 5.2). 이 고양이들은 뇌 바로 밑의 척수를 절단한 상태로 전동 트레드밀 위에 올려졌다. 트레드밀이 켜지자 고양이는 전형적인 사족 보행 활동을 시작하였으며 심지어 트레드밀의 속도에 따라 감속과 가속을 하였다. 이러한 자료는 보행 패턴이 척수

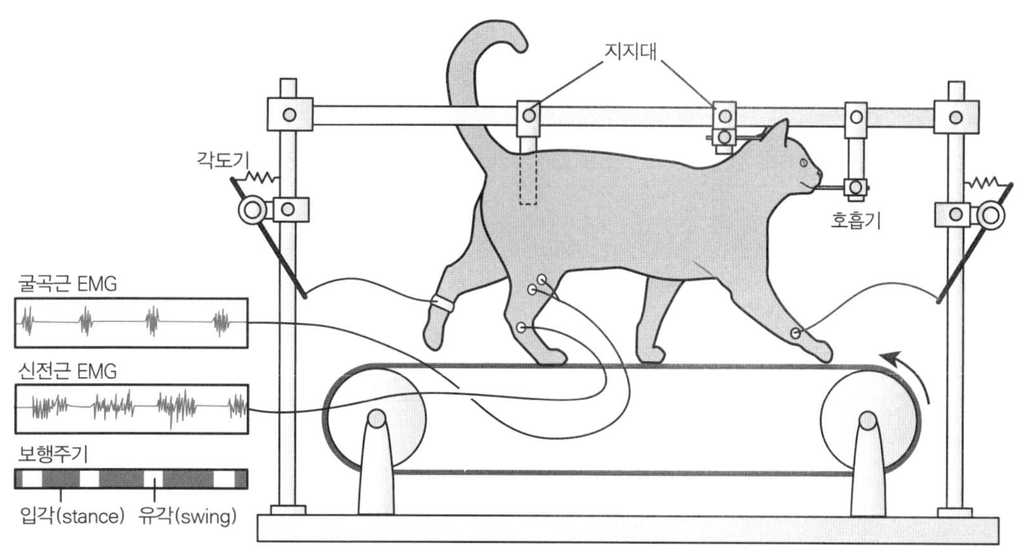

그림 5.2 '척추 고양이(그냥 이 실험에 쓰인 고양이를 말함)'를 이용한 실험에는 척수 부위를 절제한 고양이를 트레드밀 위에 위치시키고 인공호흡을 시키는 특수한 실험도구가 필요하다. 근전도 전극이 적합한 근육에 부착되었고 동작 감지기구가 다리에 부착되었다. 트레드밀을 켤 때, 고양이의 다리는 불수의적으로 보행 패턴을 시작한다. 이러한 실험들은 보행을 위한 CPG에 대한 강한 근거를 제공해준다.

회로 안에 포함되어 있으며 움직이는 사지로부터의 감각 정보가 움직임에 있어서 패턴 발생기(pattern generator)를 작동시키기에 충분함을 보여준다(리뷰하려면 MacKay-Lyons, 2002를 보라). 그뿐만 아니라 트레드밀 보행 연습 결과 더 길고 조직적인 보행을 보여줬으며, 척수 신경회로도 학습한다는 것을 보여준다. 동물을 이용한 추가적인 실험들에서는 CPG회로가 두뇌와 척수에 걸쳐 퍼져 있을 수도 있음을 밝혔다. 척수 CPG의 활성화는 척추 상위의 중추나 감각 피드백으로부터 일어날 수 있지만, 온전한 동물에서 이러한 체계들은, 환경적인 상황에 적응할 수 있는 CPG를 운용하기 위하여 함께 작동한다.

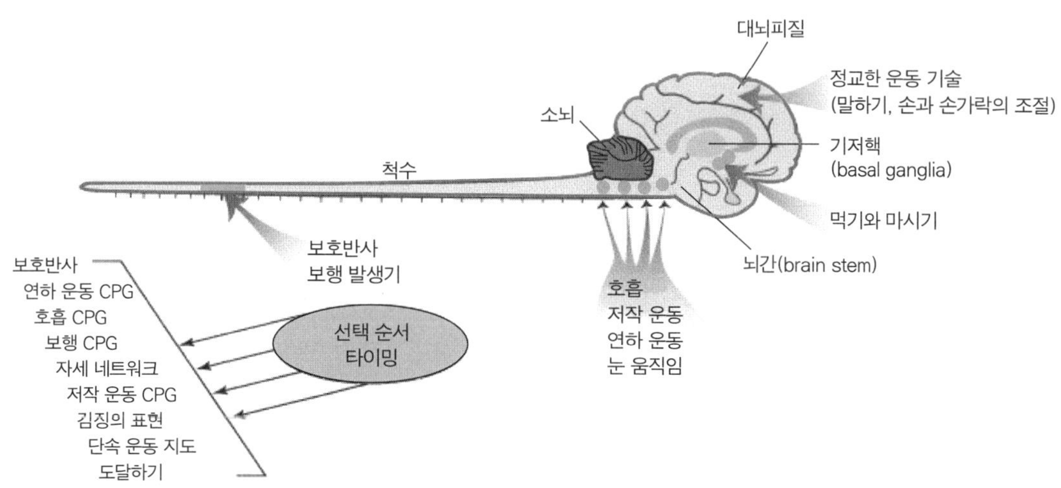

그림 5.3 다양한 중추 패턴 발생기(Central pattern generators, CPGs)와 패턴화된 신경망의 위치에 대한 이론적인 모델들. 네트워크의 선별, 순서 배열, 타이밍에 관한 것은 기저핵과 소뇌 수준에 존재한다. (Grillner, S., Hellgren, J., Menard, A., Saitoh, K., &Wikstrom, M. A. [2005]. Mechanisms for selection of basic motor programs–Roles for the striatum and pallidum. *Trends in Neurosciences, 28*[7], 364–370)

몇몇 연구자들은 실험적 근거에 기반하여 보행과 다른 규칙적인 움직임을 위한 CPG가 인간의 척수와 뇌간의 신경회로 깊숙이 자리 잡고 있다고 말한다(Dimitrijevic 등, 1998; Ivanenko 등, 2006; Misiaszek, 2006; Zehr, 2005). Grillner와 그의 동료들(2005)은 기본 움직임의 주체가 뇌간과 척수 CPG와 내장된 신경 네트워크에 의해 조절되며, 더 상위의 처리 과정에 의해 타이밍과 순서, 네트워크의 선택이 결정된다고 하였다(그림 5.3).

비록 반사와 패턴 발생기 모델은 복잡한 움직임의 방대한 집합체를 설명할 수는 없지만 신경계가 다양한 기본 움직임 패턴을 만들도록 특별하게 디자인된 회로를 가지고 있다는 기본적인 이해를 하게 해준다.

헤테라기 모델과 시너지

더 복잡한 폐쇄성 회로 모델들이 내장된 단순한 신경체계에서 상위 대뇌 중추의 개입을 포함하기 위해 확장되고 있지만, 여전히 피드백 회로와 내장된 신경근 시스템에 의존한다. 이들 모델에서, 특정 뇌 중추는 뇌의 다른 영역으로 기본 명령 구조를 보내며, 그 다음에는 신호가 변형되어 근육들로 보내진다. 이 뇌 영역들은 모든 종류의 감각 피드백의 영향을 받는다. 운동 명령이 광범위하게 분포하며, 상호의존적이며, 단일 주요 제어기에만 의존하지 않기 때문에 이들 모델은 **헤테라기 모델**(heterarchical model)이라고 부른다. 이러한 운동 명령은 신장 반사 역치('평형점 가설')를 설정하거나 일련의 협동근을 활성화시키는(제어되지 않은 다양성 가설) 형태로 나타날 수 있다. Latash(201)에 따르면 감각 피드백은 운동 명령을 조절하여 요구되는 근육 강직도를 만들어내는 데, 이는 움직임 목표를 달성하기 위해 필요한 최소한의 근육 활동을 얻기 위해서이다. Raibert와 Hodgins(1993)는 중추신경계의 활동이, 기계적인 법칙에 의해 지배되고 과제의 목표와 환경의 물리적인 법칙에 의해 제한되는 근골격계에게 '제안'을 하는 것이라고 설명하였다. 헤테라기 모델은 감정 표현, 저작 운동, 자세 행동, 그 밖의 규칙적인 행동과 같이, 사람들 사이에 흔한 특정 움직임을 위한 뇌의 설정에서 패턴 발생기와 신경망을 고려하고 있다(Grillner 등, 2005).

헤테라기 모델은 근육이나 사지 움직임의 시너지 발견에 일부 기반하여 제시되었다. **시너지**(Synergies)는 기능적인 단위로, 함께 작용하는 근육 또는 사지의 집합체나 집단이며 그들의 작용에 의해 서로를 제한한다(Latash, 2007). 시너지에는 내재되어 있는 신경 경로, 근육과 사지의 생체역학적 성질,

개 • 념 • 설 • 명

체중 보조 훈련

체중 보조 훈련(BWS)은 부분마비가 있거나 부상당한 사람이 트레드밀에서 몸을 받치는 벨트에 지지한 채 걷는 것이다. 아마도 이러한 종류의 운동은 보행 패턴 CPG를 사용하도록 강제할 것이며, 척수나 하부 뇌간이 학습하도록 할 것이다(Van de Crommert 등, 1998). 결과들이 막 발표되기 시작되는 정도지만, 적은 수의 연구(예: Barbeau와 Visintin, 2003, MacKay-Lyons, 2002 리뷰를 확인하라)에서 체중 보조 훈련이 뇌졸중과 편측 부전마비 환자가 걷거나 더 잘 걸을 수 있도록(더 빠르고 대칭적으로) 하는 데 전통적인 물리치료보다 더 효과적인 것으로 나타났다. 다른 조사들에서 체중 보조 훈련은 대뇌마비나 다운증후군과 같은 신경학적인 장애를 가진 소아에게 더 효과적인 것으로 나타났다(Damiano와 DeJong, 2009). 몇몇 연구의 현재 쟁점은 척수 패턴 발생기(spinal pattern generator)를 활성화시키기 위해 전기자극을 사용하는 것이다. Minassian 등(2007)은 요추부에 긴장성 자극을 줄 수 있도록 척수에 전극을 삽입하는 멋진 연구를 진행하였다. 자극이 주어지면 환자들은 다리에서 걷는 패턴을 시작하였다. 연구자들은 또한 체중 보조 훈련 도중에 요추 척수에 자극을 주었고 자극이 없을 때보다 있을 때 더 큰 근육 활동이 있음을 발견하였다.

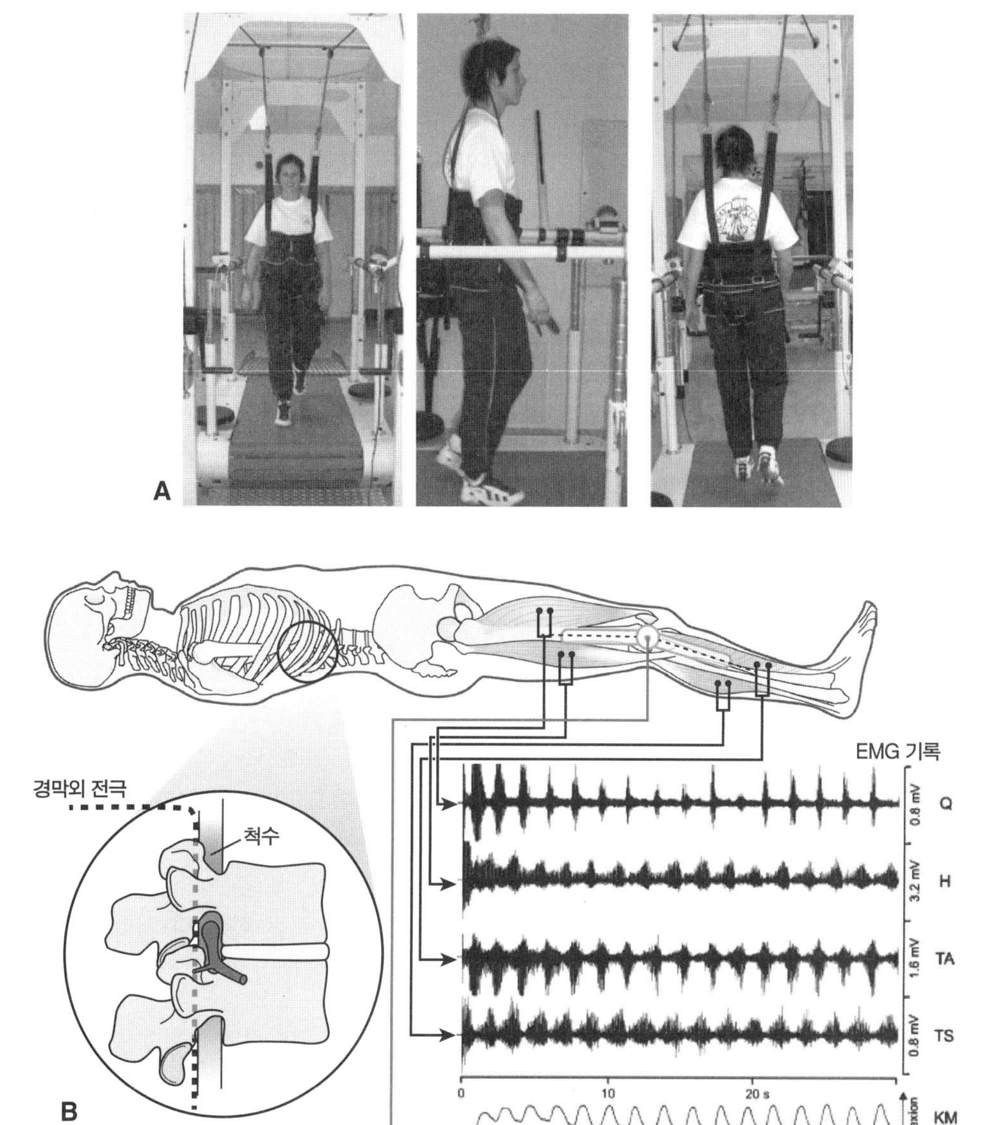

A. 보행에 CPG를 이용하기 위한 BWS 훈련 환자는 몸을 받치는 벨트에 지지하는 것이 필요하다. 이러한 훈련은 운동 명령과 감각 피드백을 일부 필요로 하며 따라서 부분마비 또는 편측 부전마비 환자들에게 시행되었다. (Aaslund, M., Helbostad, J., & Moe-Nilssen, R. [2011]. Familiarization to BWS treadmill training for patients post-stroke. *Gait and Posture, 34*[4], 467-472) **B.** 규칙적인 걸음걸이 동작이 요추 척수의 경막외 전극에 의한 척수의 전기적 자극으로 발생되었다. 전극은 25Hz의 일정한 속도로 자극되었다. 표면 근전도와 각도기가 근육의 활동과 하지의 걸음걸이 움직임을 기록하였다. 대퇴사두근(Q), 슬괵근(H), 전경골근(TA), 그리고 하퇴삼두근(TS)에 대한 근전도는 각도기 기록(KM)에서 보이듯이 일관된 보행 동작과 함께 교차적인 활동 패턴을 보여주었다. 이러한 자료는 보행 CPG가 인간의 척수 안에 있음을 보여주는 강력한 근거이다. (Reprinted from Minassian, K. K., Persy, I. I., Rattay, F. F., Pinter, M. M., Kern, H. H., & Dimitrijevic, M. R. [2007]. Human lumbar cord circuitries can be activated by extrinsic tonic input to generate locomotor-like activity. *Human Movement Science, 26*[2], 275-295)

학습된 행동 등이 포함된다. 근육과 사지의 집단이 하나의 단위로 작용하기 때문에, 자유도는 줄어들고 신경계의 명령 체계는 단순화된다(Neilson과 Neilson, 2010). Latash(2010)에 따르면, 신경계는 시너지를 사용할 수도, 사용하지 않을 수도 있으며 새로운 시너지를 배울 수도, 현존하는 것을 변화시킬 수도 있다.

시너지는 그 자체로 개방성 회로도, 폐쇄성 회로도 아니며 단순히 신경계의 한 조직 체계를 나타낼 뿐이다. 그러나 CPG와 다르게 시너지는 내장된 척추 회로 및 감각 피드백 회로에 밀접하게 연결되어 있을 수 있으며, 이는 척수 및 말초신경계에 의해 크게 조절됨을 나타낸다(Ting 등, 1998). Bizzi와 그 동료들(2008)은 시너지를 척수 수준의 '모듈'이라고 표현하였으며, 뇌의 중추 명령은 이것을 선택하고 혼합하여, 매우 많은 수의 움직임을 만들어낸다.

협조적으로 작동하는 근육군들은 다른 근육군들을 제약하며, 그렇게 하여 자유도 문제를 줄일 수 있다. 예를 들어 목표물에 가능한 빠르게 가기 위한 팔꿈치 굽힘 움직임을 생각해보라. 팔을 최대한 가속시키기 위한 주동근인 상완이두근의 타이밍과 힘의 생산은 사지를 멈추기 위한 길항근인 상완삼두근의 능력에 의해서 제한된다. 이 근육들은 같이 작동하며, 이는 시너지가 움직일 행동을 설정하는 상대적으로 단순한 운동 명령으로 목표 움직임을 시작하고 실행할 수 있게 해준다는 것을 의미한다.

그림 5.4는 모든 사람들에게서 흔한 패턴을 표현하고 있다. 이 자세 근육 시너지들은 몸이 흔들리는 것을 통제한다. 중력에 의해서 몸이 앞으로 흔들리면, 등과 다리의 신전근 집단이 전형적인 후방 흔들림 작용을 만들어내는 순차적인 패턴으로 수축한다. 감각 피드백은 협동 근육 작용의 타이밍과 강도에 대해서 중추신경계에 정보를 제공한다.

운동 시너지에 대해 잘 연구된 다른 예로는 **협응 구조**(coordinative structure)를 들 수 있다. 협응 구조는 양측 움직임을 하는 동안 서로 반대 사지 사이에서 짝지어져 일어나는 시너지의 다른 용어이다. Kelso와 그의 동료들(1979)은 한쪽 사지의 팔과 손의 움직임은 반대쪽 사지에서 같은 방향(동위상)이나 정확히 반대 방향(역위상) 움직임을 비교적 같은 시점에 만들어내는 경향이 있다고 하였다. 예를 들어 오른팔의 규칙적인 굴곡-신전 움직임은 같은 시점으로 왼팔의 굴곡-신전 또는 신전-굴곡 움직임과 쉽게 맞추어진다. 오른팔보다 왼팔을 더 빠르게 흔들거나 왼팔을 외전 혹은 내전 시키는 등, 협응 구조를 벗어나려 하면 사지는 서로 비슷한 시점과 근육 활동 패턴으로 돌아오게 만든다.

한쪽 다리(편측성)나 양쪽 다리(양측성)를 사용한 자전거 페달 밟기 실험은 협응 구조의 추가적인 메커니즘을 밝혔다. Ting 등(1998)에 의한 훌륭한 실험에서, 페달질을 하는 한쪽 다리의 신경제어는 양쪽

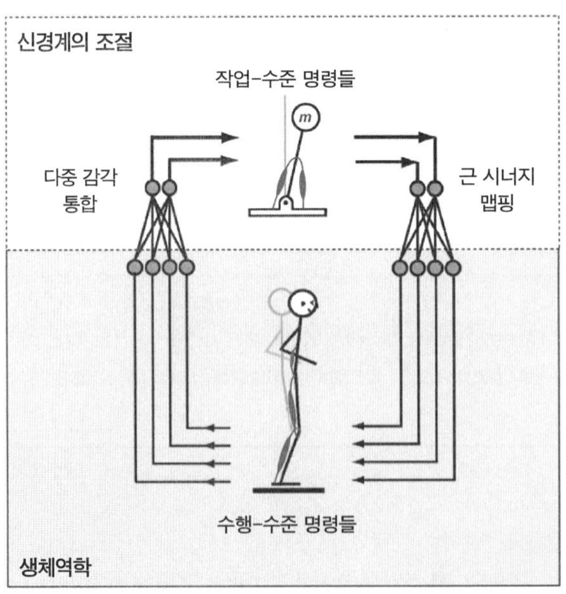

그림 5.4 자세 흔들림 동안의 협동근 작용의 모델. 이 모델에서 뇌는 자세의 흔들림을 유지하는 역할을 한다. 협동근을 활성화시키기 위한 명령이 순차적 혹은 중복된 형태로 보내진다. 다양한 종류의 감각 피드백이 그룹화되고 걸러져서 협동 움직임을 만들어내는 데 중요한 정보를 뇌에 제공한다. (Ting, L. H., & McKay, J. L. [2007]. Neuromechanics of muscle synergies for posture and movement. *Current Opinion in Neurobiology, 17*[6], 622-628)

생각해보기 5.1 비협응 구조

간단한 실험을 통해서 협응 구조의 작용을 이해할 수 있다. 양 발을 땅에 붙이고 의자에 편하게 앉는다. 오른쪽 무릎을 신전시키고 오른쪽 발목을 족저 굴곡시켜 오른다리가 몸 전면을 향하도록 뻗는다. 다리 전체를 사용하여 공중에 시계 방향으로 원을 그린다. 오른다리로 원을 그리는 동시에, 오른손가락과 팔을 몸 전면 수평과 수직선 중간 지점을 향해 뻗는다. 다리로 원을 그리는 것은 계속 유지한다. 이제, 오른팔로 공중에 '6'자를 그려보라. 오른다리가 어떻게 되는가? 이 실험을 팔과 다리를 바꾸고 다리를 시계 방향 또는 시계 반대 방향으로 바꾸면서 시도해보라. 이러한 결과를 협응 구조에 기반하여 설명할 수 있는가?

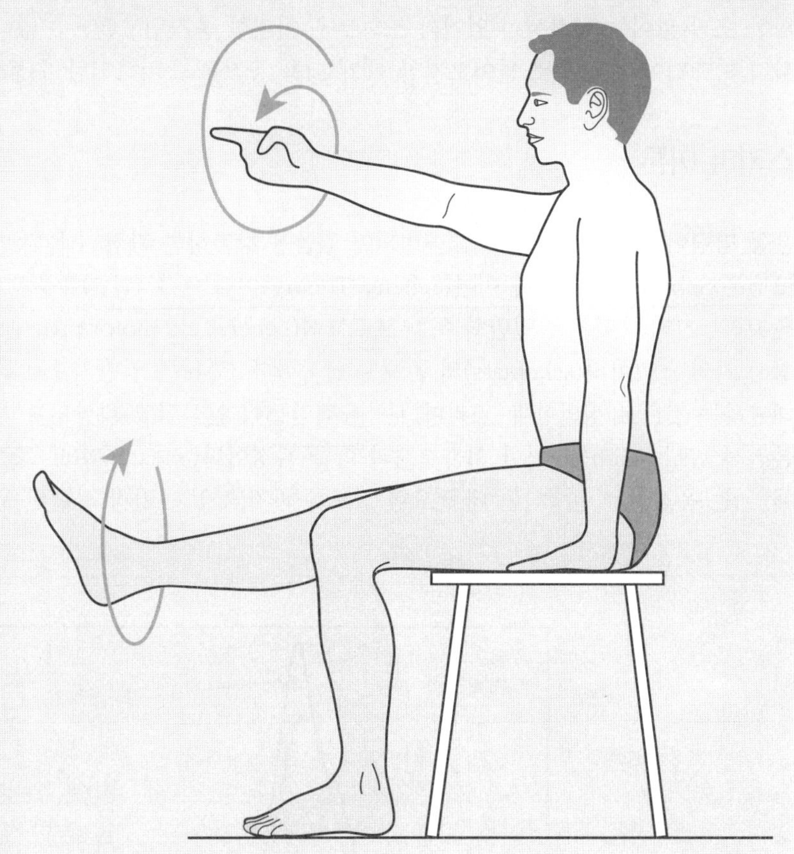

다리를 모두 사용하는 것보다 덜 조직적이고 효율적인 것으로 나타났다. 이 저자들은 각 다리는 협응 패턴(coordination pattern)을 설정하기 위해 반대쪽 다리의 감각 정보에 반드시 의존해야만 하고 사지 상호간(reciprocal)의 활성화 패턴(한쪽 다리가 구부러지면 반대쪽 다리는 펴짐)이 강력하게 결합되어 있다고 하였다.

시너지, 패턴 발생 장치, 피드백 제어, 그리고 움직임의 실행에 대한 말초 신경역학적 체계의 역할에 대한 근거에도 불구하고, 현재의 헤테라기 모델은 움직임의 실행에 영향을 주는 행동의 미묘한 차이를 쉽게 설명하지 못한다(Houk, 2010; Scott, 2004). 건강하거나 뇌 손상을 받은 사람과 영장류의 개별적인 뉴런의 기록을 포함한 뇌 영상 연구들에서는, 행동을 취하려는 의도가 있을 때 실제 움직임을 하는 것만큼이나 다양해지며 넓게 퍼져 있고 매우 복잡한 두뇌 활동이 나타났다. 이와 같은 발견은 직접적인 뇌의 명령 기능을 경시하는 움직임 모델들의 일반화 가능성에 대해 많은 의문을 일으킨다.

개방성 회로와 위계적 모델

복잡한 동작을 실행하도록 하기 위해서 오직 단순한 하달 명령만이 필요한 내장된 신경회로와 피드백 기반 모델과는 대조적으로 전통적인 **위계적 모델들**(hierarchical models)은 엄격한 상위-하위 제어에 기반을 두고 있다. 다시 말하면, 상위 뇌 중추는 운동 프로그램이라고 불리는 포괄적인 운동 명령을 하위 뇌 중추에 보내며, 하위 뇌중추는 이 명령들을 척수에 보내고, 척수는 근육에 신호를 보낸다. 위계적 모델은 마치 인형극에서 꼭두각시를 조종하듯이, 인체는 상부로부터 지속적으로 고도로 개입하는 조절자의 정확한 조작 없이는 목적성이 있거나 조화로운 어떠한 움직임도 할 수 없다고 말한다. 위계적 시스템에서 감각 피드백이 뇌 중추로 들어오지만, 대개 다음 동작을 준비하거나 수정하는 데 쓰인다.

스키마 이론

운동 명령이 중추에 미리 프로그래밍되어 있음을 강조하는 가장 주목할 만하고 영향력 있는 개방성 회로 모델은 Schmidt의 **스키마 이론**(Schema Theory)이다(역사적인 리뷰를 위해서는 Summers & Anson, 2009를 보라). 스키마 이론은 **일반화 운동 프로그램**(generalized motor program, GMP)과 상위 대뇌 중추에 저장된 기억 **스키마타**(schemata)의 존재를 인정한다. GMP는 일반적으로 다양한 운동 활동 또는 활동군을 대표하는 것으로 정의한다. 스키마타는 움직임들이 인식되고 회상되는 개별적인 기억 요소들인데, 이는 본질적으로는 GMP를 위한 의사결정과 학습 과정이다(Shea & Wulf, 2005). 뇌가 움직임을 만드려고 할 때, 뇌는 움직임을 실행하는 데 필요한 정보를 가지고 있는 가장 관련된 운동 프로그램을 선택한다. GMP

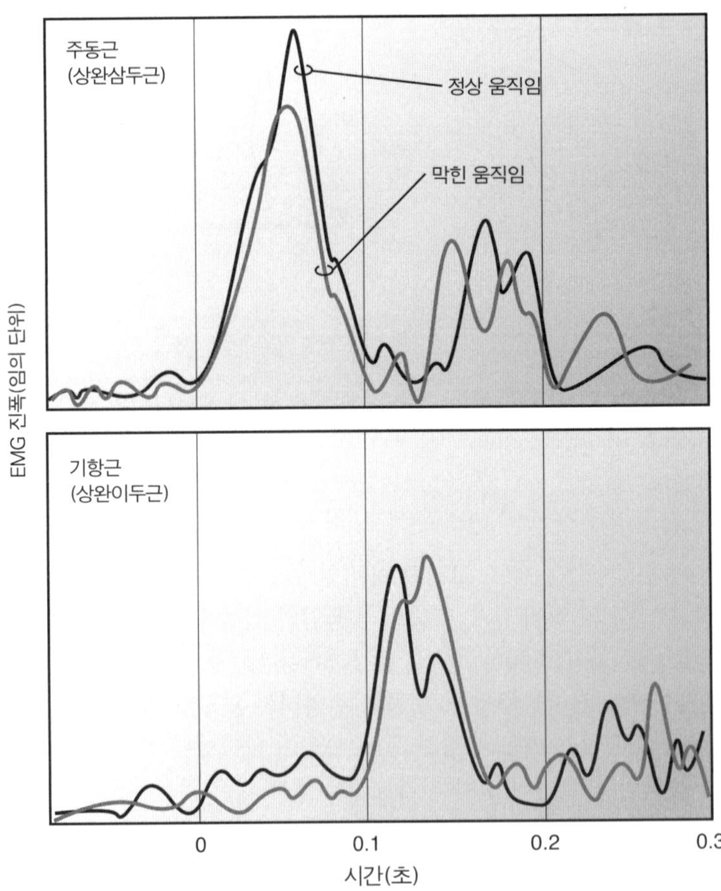

그림 5.5 운동 명령이 중추에 미리 프로그래밍되어 있다는 개념은 여기에 나와 있는 자료에 의해 뒷받침된다(Wadman, W. J., Denier van der Gon, J. J., Geuze, R. H., & Mol, C. R. (1979). Control of fast goal directed arm movements. *Journal of Human Movement Studies, 5*, 3-17). 그들의 실험에서, 목표물을 향한 빠른 팔꿈치 신전이 정상적으로(검은 선) 이루어지게 하고, 또 다른 상황으로 시작점에서 예상치 못하게 차단해보았다(회색선). 양쪽 경우에서, 상호상반(reciprocal)되는 주동근-길항근-주동근 활동의 특징적인 3단계(triphasic) 패턴이 진행되었다. 움직임이 차단된 후에도 길항근의 폭발적인 움직임이 나타나는 것은 움직임에 앞서 미리 프로그램되어 있다는 사실을 시사한다.

생각해보기 5.2 GMP의 근거?

운동 프로그램 이론은 손글씨를 위한 기본적인 계획이 기억 속에 저장되어 있으며 어떠한 관련 근육군에도 적용될 수 있음을 보여준다. 이 이론을 확인하기 위해서 이름을 주로 쓰는 손으로 조심스럽게 쓰고 다시 주로 쓰지 않는 손으로 써라. 이 서명들을 형태와 스타일 면에서 비교해보라. 그러고 나서, 벽에 걸린 화이트보드(또는 분필과 칠판)에다가 어깨의 움직임만을 이용해 이름을 적어보라. 그렇게 하기 위해서, 마치 검을 잡듯이 펜을 잡고 팔꿈치를 신전시킨 채로 팔을 앞으로 단단하게 뻗는다. 손목과 팔꿈치는 단단하게 유지한 채 어깨만을 움직여라. 또한 어깨도 단단하게 고정한 채 다리를 위아래로 움직여서 펜을 움직여 이름을 적어보라. 서명들을 비교하면 어떠한가? 운동 프로그램의 어떠한 특징이 각기 다른 움직임으로 적은 서명들을 비슷하게 만드는가?

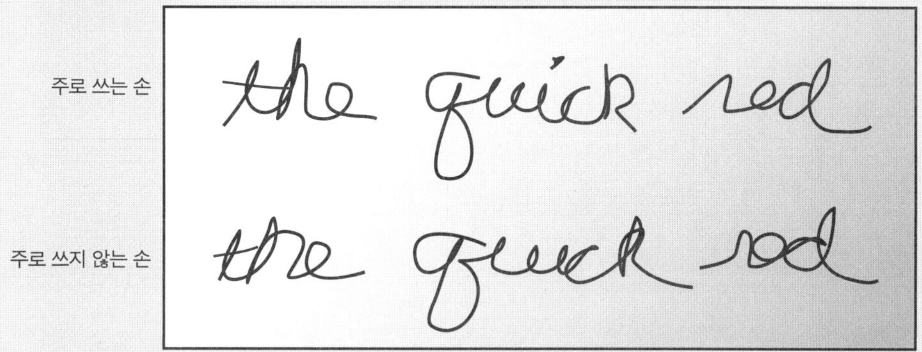

주로 쓰는 오른손(**위**)과 그렇지 않은 왼손(**아래**)의 손글씨 예시는 형태와 모양에서 비슷한 면을 보여주었고, 운동 활동의 표현 방식이 저장되어 있다는 생각을 뒷받침해준다.

와 스키마타에 저장되어 있는 것은 **불변성**과 **매개변수들**(invariant characteristics and parameters)이다. 불변성은 변하지 않는 활동의 모음이며, 상대적인 힘, 기술 요소의 상대적인 타이밍(리듬), 요소들의 순서 배열 등을 포함한다. 매개변수들은 활동군의 범주 안에서 변화하며 전체적인 힘, 전체적인 지속 시간 그리고 사용되는 특정 근육을 포함한다. 스키마 이론은 CPG, 시너지 또는 다른 내장된 기전을 무시하지는 않지만, 운동 프로그램의 일부로써 그것들을 포함시킨다(Ivanenko 등, 2006). 스키마 이론은 폐쇄성 회로 피드백이 불안한 움직임을 수정하고 GMP가 이후의 움직임에 적응할 수 있도록 정보를 제공한다는 것 역시 무시하지 않는다.

30년이 넘는 동안 행해진 GMP를 기록하려는 실험은, 사지를 건너는 **양측성 전달**(bilateral transfer)과 같은 움직임에 대한 많은 의문점들에 대해 설명해준다. 예를 들어 사람들은 주로 쓰지 않는 손이나, 심지어는 발을 이용해서도 알아볼 수 있는 글씨체로 자신의 이름을 적을 수 있는데, 이것은 쓰기에 대한 필수적인 요소들이 머리에 존재하며, 여러 다른 상황에서 응용된다는 것을 의미한다. 이와 비슷하게, 한쪽 팔에서만 근력 운동을 하여도 운동하지 않은 팔에서의 근력을 상승시킬 수 있으며(Hortobagyi 등, 1997), 한쪽 사지에 대한 상상의 근력 운동이 반대쪽 사지의 근력도 강화시키는 것으로 나타났다(Yue와 Colc, 1992). 이러한 현상에 대한 한 가지 설명은 한쪽 사지의 움직임을 만들어내기 위해 사용된 운동 프로그램이 다른 사지에도 사용된다는 것이다. (실제든 상상이든) 훈련하는 동안 훈련한 사지는 더 강해지고, 이는 부분적으로는 운동 프로그램의 일부였던 운동 명령의 변화 때문이다. 이렇게 새롭고 개선된 운동 프로그램은 운동하지 않은 사지에도 적용될 수 있다.

실험으로부터 얻은, 사전에 프로그램된 움직임에 관한 가장 주목할 만한 연구결과에서, 기대치 않게 멈춰진 움직임에도 근육 활동 패턴이 지속된다는 것이 있다. 스스로 시작한 움직임의 근육 활성화에 앞서는 자세 근육 활성화가 존재한다는 것은 복잡한 상위-하위 제어에 관한 증거이다. 이 현상은 Unit III에 더 자세하게 나와 있지만, 지금은 두뇌가 개별적으로 팔을 움직이기 전에 신체를 안정화시키기 위하여 다리와 체간의 근육을 활성화시키는 것이라고 생각하라. 이러한 다리와 체간 근육의 활성화는 사람의 의식적인 지각 없이 일어나며 '실제 정보가 아닌' 환경과 감각 정보의 '예측'에 의해 변할 수 있다. 이러한 발견은 두뇌가 관련된 피드백 없이 미리 프로그램된 운동 명령을 시작할 수 있고 두뇌 어딘가에 어떤 형태의 운동 능력과 관련된 명령을 저장해야 한다는 것을 설득력 있게 설명해준다.

비록 GMP라는 아이디어는 매력적이고 '운동 프로그램'이라는 용어가 과학과 비과학계에서 널리 사용되어왔지만, 이는 움직임 모델로서 몇 가지 단점이 있다. GMP와 스키마 이론에 대한 주요한 비판으로는 너무나 많고 다양한 움직임들의 GMP와 스키마를 뇌가 저장할 수 있는지 의심된다는 점과 어떻게 완전히 새로운 움직임을 만들어내는지 하는 의문점, 끊임 없이 빠르게 이루어지는 결정을 하기 위한 고도의 지능적 실행제어기의 필요성이 있다(Mathiowetz와 Haugen, 1994; Turvey와 Fonseca, 2009). 또한 연구자들은 움직임의 불변성이 그다지 불변하지 않음을 보여주었다(리뷰하려면 Schmidt, 2003, Summers & Anson, 2009를 참고하라). 스키마 이론의 이러한 결함 때문에 그 이론의 창시자도 수정이 필요하며 더 나은 설명과 예측력을 제공하는 새로운 모델이 나타나야 한다고 제시하였다(Schmidt, 2003).

내부 모델

일부 연구자들은 움직임 과정중 뇌 안에서 어떤 일이 일어나는지, 특히 운동 명령의 특성에 집중하였다. 이 모델들은 가능성 모델(probability models)과 내부 모델로 불린다(Kawato, 1999; Wolpert, 2007; Wolpert & Ghahramani, 2000)(그림. 5.6). 내부 모델에서 두뇌는 원심성 복제를 통해 목표가 되는 신체 부

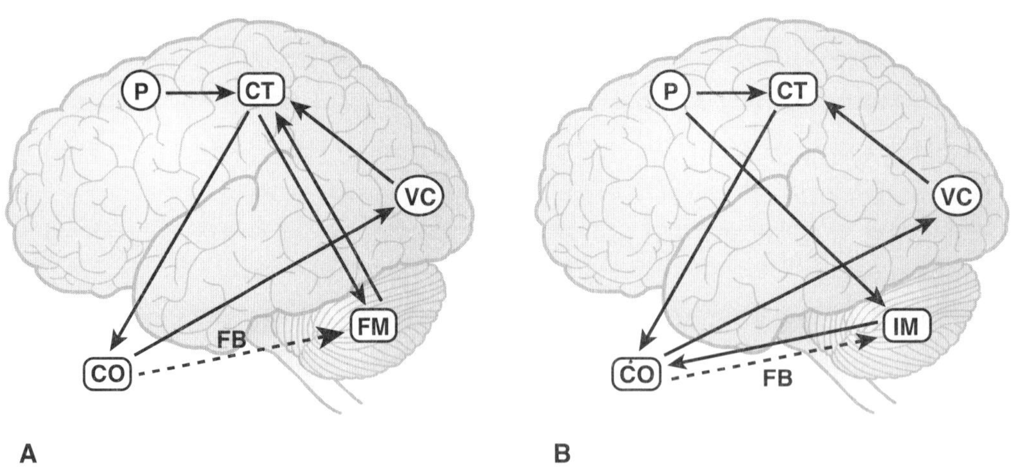

그림 5.6 내부 모델은 중추신경계가 어떻게 움직임 활동 계획을 고안해내는지 설명하기 위해 제시되었다. **A.** 전향적(foreward) 내부 모델 계획은 전운동 피질, 연합 피질, 또는 다른 부위 어딘가에 있는 계획자(P)에 의해 고안되었다. 이 계획을 운동 피질에 있는 제어장치(CT)에 보내지면 제어장치는 명령을 척추 중간 뉴런, 하위 대뇌 중추, 또는 운동 단위/근육일 수도 있는 제어대상(CO)에게 보낸다. 명령들은 또한 원심성 복제를 경유하여 소뇌의 전향적 모델(forward model, FM) 비교장치에 보내지며, 이곳에서 감각 피드백(점선)과 비교되고 차이점이 다시 제어장치로 전달된다. 시각 피질(VC)의 시각 정보 역시 제어장치로 보내진다. 전향적 모델에서 원심성 복제는 감각 피드백의 예측을 포함하는데, 이는 이후 실제 피드백으로부터의 정보와 비교되고 오류에 기반하여 새로운 계획이 고안된다. **B.** 역(inverse) 내부 모델에서는 (구체적인 운동 명령이 아닌) 계획은 또한 소뇌의 저장공간으로 보내지고 역내부 모델(IM)은 원래의 계획과 결과 피드백을 비교한다. 역모델 구조는 움직임을 개선시키기 위하여 자신의 명령을 보내 운동 피질이 보낸 명령을 보충한다. 역모델은 활동 계획을 고안하는 데 피드백을 이용하는 점이 전향적 모델과는 크게 다르다(Macmillan Publishers Ltd. Ito, M. [2008]. Control of mental activities by internal models in the cerebellum. *Nature Reviews. Neuroscience, 9*[4], 304-313).

위와 내부적인 자신 양쪽 모두에게 움직임 계획을 보낸다. 원심성 복제는 움직임 계획과 감각계로부터 얻는 결과에 대한 예측을 포함하고 있다. Wolpert와 Ghahramani(2000)에 따르면, 작업 그 자체가 운동 동작의 본질을 결정하지만 실제 계획과 운동 명령의 시작은 결과 예측에 더 많이 기반하고 있다. 움직임 과정의 피드백과 결과가 두뇌에 다시 도착하면, 이는 예측했던 것들과 비교된다. 실제 움직임 피드백과 예측된 피드백 간의 차이점은 이후의 운동 명령을 개선하기 위해서 뿐만 아니라 감각 정보를 걸러내기 위해 사용된다. Wolpert(2007)는 뇌는 피드백 정보가 오류와 불확실성을 가지고 있으며, 예측된 결과에 기반하여 밖으로 나가는 운동 명령 역시 오류를 포함하고 있음을 알고 있다고 주장하였다. 운동 계획의 결정은 성공의 가능성에 기반하고 있으며, 작업의 요구 사항에 따라 달라진다. 따라서 최선의 운동 명령을 고르는 것은 두뇌가 원래의 운동 명령과 실제 결과 간의 관계를 이해하는 것에 기반하고 있으며, 그렇게 함으로써 과제와 환경적인 제한을 충족시킬 수 있도록 명령을 바꾸게 된다(Kawato, 1999).

중추신경계는 종종 변화하는 환경적인 상황에서 결과를 예측하기 때문에, 내부 모델은 태생적으로 불확실성, 가변성 그리고 오류를 다룬다. 이러한 예측과 심지어 오류의 양도 중추신경계가 들어오는 감각 정보의 양을 조절하는 데 도움을 줄 수 있고, 중추신경계가 정보를 더 빠르게 처리하여 결과적으로 학습 과정을 강화시켜줄 수도 있다(Wolpert와 Ghahramani, 2000).

모델 간의 유사성과 공통점

이러한 모델들은 모두 환원주의적 관점이라는 비판과 함께 우리의 운동 시스템에 의해 수행되는 방대한 범위의 복잡한 움직임들을 설명하기에는 부족하다는 평가를 받고 있다. 그럼에도 불구하고 구 이론과 신이론, 개방성 회로와 폐쇄성 회로에 걸쳐 네 가지 공통점이 보인다. 첫 번째는 신경계가 특정 근육 활동보다 움직임 결과물이나 '엔드포인트 효과(endpoint effect)'에 더 신경을 쓴다는 것이다. 신경계 명령 구조의 본성과 상관없이, 신경계 명령의 궁극적인 목표는 최종 움직임 결과물을 생산하는 것이며, 이는 변이를 최소화하고, 장애요소들을 견딜 수 있으며, 몇몇 경우에선 움직임 목표에 따라 스스로 수정할 수 있다(Kawato, 1999; Latash 등, 2010). 이 엔드포인트 효과는 (골프 스윙에서 보자면) 발의 위치, 악력의 정도, 골프 클럽 헤드의 속도에 영향을 미칠 수 있다. 움직임 경로는 최소 근육 활성, 효율성 또는 다른 변수들에 기반하여 채택될 수 있다(Latash, 2010). 두 번째는 신경계가 신체의 정신심리적, 생리학적, 생체역학적인 특성과 움직임 목표 및 환경 상황을 고려해야만 한다는 것이다(Kawato, 1999). 다르게 말하면, 외부 환경과 신체 내부 환경에서 일어나는 일이 움직임의 결과와 이동 계획에 직접적, 간접적으로 영향을 미친다는 것이다. 계획, 시작 및 실행 단계에서부터, 전체 운동 프로세스는 CNS의 모든 레벨에 도달하는 내부 및 외부 피드백과 연결되어 있다. 세 번째 요점은 보다 복잡한 움직임의 기본적인 구성 요소가 되는, 내장되고 사전 형성되며 시너지를 가진 움직임이 존재한다는 것이다. 네 번째 요점은 간단한 움직임 실행에서조차도 환경과 피드백과 운동 명령에 대해서 끊임없는 가변성을 지닌다는 것이다. 이와 같은 운동 반응의 가변성이 한때 운동 시스템을 망친다고 생각되었지만, 강점이 될 수도 있다고도 여겨진다(Davids 등, 2003; Latash 등, 2005).

이런 점들이 우리를 최종 모델인 시스템적 모델과 접근법으로 이끌어준다. 이 모델들은 위에 언급한 많은 생각들을 포함하고 있으니 생체역학에서 심리학에 이르는 다양한 영역들로부터 빌려온 특징들을 가지고 있고(Davids & Glazier, 2010; Samuelson 등, 2015) Unit II에서 설명한 최적의 운동 학습 전략과 밀접하게 연관되어 있다.

시스템 모델과 접근

시스템 모델(그림 5.7)은 이전 모델과 다른 관점에서 움직임의 형성과 실행을 설명한다. 이 모델은 신경계 및 근육계 내의 개별 구성 요소의 특정 기능을 설명하는 대신, 환경과 상호작용한 자연스러운 결과로써 숙련되고 의도성이 있는 움직임 출력이라는 측면으로 접근한다. 특히 작업 목표가 지정되면 개인의 특성과 능력이 환경의 특징과 상호작용하며, 이러한 상호작용으로부터 움직임이 발생한다. 따라서 과제 요건과 환경적 맥락은 움직임이 계획되고 최종적으로 어떤 움직임이 발생하는지와 분리될 수 없다. 개인의 생리적, 정신심리학적 능력이 업무와 환경에 강하게 작용하기 때문에, 어떤 단일 특성이 가장 중요하다고 말하기 힘들다. 시스템 모델은 재활(Gréhaigne & Godbout, 2014; Hoch & McKeon, 2010; Mathiowetz & Haugen, 1994), 코칭과 연습(Gréhaigne & Godbout, 2014), 청소년 발달(Corbetta & Vereijken, 1999), 웰니스(Ives & Keller, 2008), 그리고 선수 트레이닝(Buekers, 2002; Handford 등, 1997)에 있어 효과적인 해결책을 계획하는 기초가 된다는 것이 입증되어 있다.

시스템 모델은 동적 시스템 이론(dynamic systems theory), 생태학적 접근(ecological approaches), 그리고 행동 이론(action theory)과 같은 다양한 이론과 모델들의 결합에 기초하고 있다(Mathiowetz & Haugen, 2015; 1994; Cano-deva-la-Ca-Caugen 참조). Shumway-Cook 및 Woollacott(2001)는 이 모델의 특징을 시스템적 접근(systems approach)이라 표현하였다. 여기서 '접근'이라는 단어를 사용한다는 것은, 이 모델이 움직임을 이해하는 것뿐만 아니라 움직임 행동 문제를 해결하는 실질적인 해결책에 이르는 전체적인 톤의 기초를 이루고 있다는 것을 나타낸다. 이 이론의 기본 개념에서 움직임이란 '개인, 업무, 그리고 업무가 일어나는 환경 간의 상호작용에서 발생하는 것이다. 그러므로 움직임이란 단순히 근육에 특정한 운동 프로그램이나 전형적인 반사 작용의 결과만이 아니라, 지각, 인지, 행동 시스템 사이

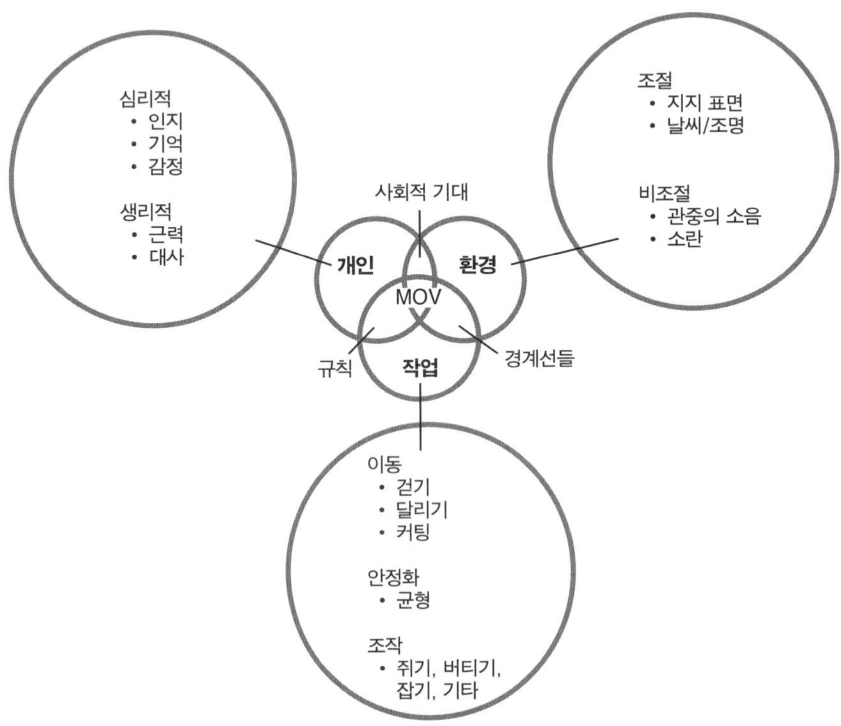

그림 5.7 시스템적 접근 방식은 움직임 조직을 바라보는 다른 방법을 제공한다. 여기에서 움직임의 생산과 결과에 영향을 미치는 요소에 주목하며, 운동 기술 생산에 기여하는 특정한 생리적, 정신심리학적, 생체역학 특성의 비중은 적게 차지한다. 이러한 접근은 개별 요인들과 작업 및 환경 요구의 상호작용을 검토하여 연습과 훈련을 위한 체계를 구성하는 데 진일보한 도움을 준다.

의 동적 상호작용에서 비롯된다(p.22)'고 이 저자들은 제안하였다. 실무자는 이러한 요인과 그 상호작용을 아는 것이 중요한데, 이러한 요소들을 조작하고 이용하여 더 나은 운동 학습과 수행능력을 만들 수 있기 때문이다.

동적 시스템과 제약 조건의 식별

사람, 작업, 그리고 환경은 상호작용하는 시스템이며 각 시스템에는 역시 상호작용하는 여러 하위 시스템이 포함되어 있다. 이들 시스템 간의 동적 상호작용은 이들을 **동적 시스템**(dynamic systems)으로 식별하게 한다. 동적 시스템이란 각자가 서로에 의존하며 서로에 관계에 의해 변화가 일어난다는 뜻을 가진 용어이다. 이 시스템이 움직임에 영향을 미치는 바를 살펴봄으로써 이러한 시스템이 무엇이고 왜 중요한지를 가장 잘 이해할 수 있다. 시스템은 특정 작업에 맞는 어떤 특징과 특성들을 같이 가지고 있는 요소들로 구성된 집단, 혹은 모임이다. 앞서 설명한 근육 시너지는 심폐계, 내분비계, 신경근육계, 그리고 심리적인 시스템과 마찬가지로 인간 시스템의 일부이다.

시스템의 특징과 특성은 움직임에 **제약**(constraints)을 가한다(Newell, 1986). 제약 조건은 효과적인 움직임이 일어나려면 꼭 고려해야 하는 요인이다. 제약 조건은 적절하게 또는 부적절하게 사용되거나, 회피되거나 극복될 수 있지만, 그 어떤 경우에라도 움직임의 감각, 계획, 개시 및 실행 작용으로부터 작용을 구체화한다. 제약에는 여러 가지 종류가 있다. '작업 제약(task constraints)' 및 '환경 제약(environmental constraints)'은 외부 제약으로 간주되며, 개인 시스템은 '내부 제약(internal constraints)'을 생성한다.

작업 제약은 흔히 움직임의 성격이나 유형에 영향을 미친다. 가장 간단한 형태로는 경기 규칙으로 보여질 수 있다. 예를 들면 '농구에서 공을 가지고 이동하기 위해선 드리블을 해야 한다'와 같다. 플랫폼 다이빙과 같은 직무에서는 10m 높이에서 '낙하'하기 위해 회전하는 신체역학을 실행해야 한다. 이 작업을 수행하려면 큰 관절 운동 범위와 빠른 회전이 정확한 방식으로 제한된 시간 내에 완료되어야 한다. 근육역학 시스템(Musculomechanical systems)과 전정 시스템(vestibular system)은 움직임에서는 제한 조건이 될 수 있지만 유산소 능력에 대해서는 그렇지 않을 것이다. 또 다른 작업에서는 물체 조작, 빠른 달리기, 점프 또는 한 다리 균형감에 관련된 손과 눈의 협응력이 필요할 수 있다. 작업의 인지적 요구, 규칙, 득점 목표 및 코칭 지침은 작업과 관련된 제약 조건을 제공한다. 예를 들어 손의 사용을 보면, 미식축구 라인맨과 축구 선수 모두 규칙에 따른 손 사용에 제한이 있고, 외과의사들은 극도로 정밀할 필요가 있다는 점에서 손 사용의 제약을 받는다.

환경 요소가 제공하는 제한 규약은 '규제(regulatory)' 대 '비규제(nonregulatory)' 및 '물리적(physical)' 대 '사회문화적(sociocultural)'으로도 나뉜다. 규제 조건은 날씨, 트랙의 표면, 조명, 다른 사람, 물체 및 경기장 경계선과 같은 운동 기술의 생산과 실행에 직접적인 영향을 미치는 조건이다. 비규제 조건은 이론적으로는 영향을 미치지 않아야 하지만 종종 움직임에 영향을 주는 조건이다. 가장 알기 쉬운 예는 군중 소음 방해와 홈 경기 대 원정 경기이다. 대부분의 규제 조건은 물리적 환경, 즉 실제 물리적 환경의 범주에 속한다. 물리적 환경과 대조적인 사회문화적 환경은 관습, 교육, 경제 상황, 문화, 그리고 성 역할에 대한 기대와 같은 사회 문화적 요인으로 종종 개인의 움직임 선택이나 동기부여에 영향을 미치며 (Uchara와 그의 동료[2016]에 따르면) 훨씬 덜 알려진 제약 조건이다.

생리학적, 심리학적 하위 시스템은 내부적 제약을 만든다. 예를 들어 근력, 운동 단위 최대 발화율(maximal motor unit firing rate), 반응 시간(reaction time), 대사 예비력(metabolic reserves)은 운동수행력을 형성하는 생리학적 특성 중 일부에 불과하다. 지능, 경험, 가치 및 감정 상태는 움직임 계획과 결과에 영향을 미칠 수 있는 몇 가지 심리적 요인 중 일부이다. 이러한 시스템들이 심부 체온과 같은 항상성을 유지하기 위해 지속적으로 상호작용하는 것은 동적 시스템의 한 예이다. 한 시스템의 변화나 붕괴는 다른 하나 또는 모든 시스템에 작은 또는 큰 영향을 미칠 수 있으며, 혈액 흐름, 호르몬 방출, 신진대사 및 자율신경계 조절에 있어 순간적인 조정이 필요하다. 어떤 단일 시스템도 항상 다른 시스템을 지배하지는 않는다. 효과적인 운동 기술 수행능력은 개인으로부터 나타나는데, 외부 작업(external task) 및 환경 제약과 내부 제약 조건(individual internal constraints)의 동적 상호작용에 대응하여 나타난다.

동적 시스템의 행동

동적 시스템의 핵심 특징은 (개별 단위로 작동하고 동시에 다른 시스템과 상호작용하면서) **자가-조직 특성**(self-organizing properties)을 가지고 있다는 것이다. 주어진 일련의 상황에서 동적 시스템은 비교적 변화에 저항력을 가지면서도 안정적이고 패턴 있는 작동 상태를 유지하려고 한다. 이러한 안정된 지점을 **끌개 상태**(attractor states)라고 한다.

예를 들어 개인이 선호하는 걸음걸이 속도는 안정적이고 편안하며, 신진대사적으로 효율적이다. 이러한 선호 속도는 다리의 자연적인 진자 움직임(pendulum motion)과 일치하며, 신경계가 팔다리의 자연적인 관성 및 점탄성 특성에 스스로를 일치시켰음을 나타낸다(Holt 등, 1991). 낮은 나뭇가지에 걸리는 것과 같은 약간의 동요는 단지 순간적인 주춤거림 정도만 발생시킨다. 걸음걸이의 주기는 정상적이고 안정적인 걸음걸이로 빠르게 이끌린다(즉, 자가 교정된다). 오르막길에서 걷는 속도가 느려지는 것은 신경계가 명령하기 때문이 아니라 물리적 법칙과 환경 제약이 있는 상황에서 생리학적 시스템이 자체적으로 구성한 기능적 결과 때문이다. 3장에 설명된 역동적인 걸음을 걷는 팅커토이는 역학적 시스템을 예로 들 수 있는데, 이 시스템은 내리막길을 걷는 패턴을 자체적으로 조직화한다. 자가-조직화의 또 다른 예로는, 자세적 안정성을 만들기 위해 팔다리를 뻗고 압력을 쥐려는 움직임과 흉강내압의 이점을 취하려는 호흡 단계가 자동으로 결합된다는 관찰이다(Mateika & Gordon 2000).

각 시스템은 안정성을 유지하기 위해 작동하고 있지만, 동적 생물학적 시스템에는 어느 정도의 가변성(variability)은 필할 수 없고 필요하기도 하다(Davids 등, 2005). 트레드밀 위에서의 보행과 같이 매우 안정적인 상황에서조차 가변성은 관찰된다(Danion 등, 2003). 이러한 가변성으로 인해 어느 정도의 융통성들이 발휘되어 변화하는 상황을 수용할 수 있고, 따라서 역설적으론 안정성을 유지하는 데 도움이 된다. 예를 들어 보행 시스템은 완만한 정도의 오르막과 내리막에서 보행의 속도와 길이를 변화시킴으로써

생각해보기 5.3 보행과 달리기에서의 전환과 안정 상태

걷기와 달리기는 잘 알려진 역동적 시스템의 예를 제공한다. 이 미니 실험에서 한 끌개 상태가 다른 끌개 상태로 변하는 것을 검토할 것이다. 러닝머신 위에서 매우 느린 1mph로 걷기 시작하고, 이 속도로 약 30초간 걷는다. 파트너는 트레드밀의 속도를 제어하고 판독값을 차단하여 속도를 볼 수 없도록 한다. 그리고 10초마다 약 0.5mph(가능한 경우 2초마다 0.1mph)씩 속도를 높이는 동안 팔과 다리의 동작을 관찰해야 한다. 파트너는 당신이 보행에서 주행으로 전환하는 속도를 기록한 다음 속도를 2mph 더 증가시킨다. 약 15초 동안 이 속도로 계속 주행한 다음, 10초마다 0.5mph의 속도로 트레드밀을 감속한다. 주행에서 보행으로 전환한 속도를 기록한다. 쿨다운을 하고 트레드밀을 정지한 후 파트너와 자리를 바꾼다.

매우 느린 걸음에서 빠른 걸음으로 가는 것은 한 전환 단계이고, 걷기에서 달리기로 가는 것은 또 다른 전환 단계이다. 이들을 확인하고 각 전환 과정에서 어떤 일이 발생하는지 알 수 있는가? 걷기에서 달리기 전환 단계의 속도와 달리기에서 걷기 전환 단계의 속도를 비교하라. 두 속도에 차이가 있는가? 만약 그렇다면 왜 그런가? 이러한 결과가 피트니스 또는 훈련 상태에 따라 달라질 수 있다고 생각하는가? Diedrich와 Warren(1995), Raynor 등(2002), Beaupied 등(2003)의 연구를 참고하여 이러한 질문에 대해 생각하라.

변화에 대응할 수 있는 준비를 한다.

하지만 변화나 혼란 상태가 굉장히 큰 경우, 시스템은 적응할 만큼 충분한 유연성을 가지지 못해 완전히 불안정해질 수 있다. 이러한 상황에서는 시스템이 스스로 파괴되거나 새로운 안정 상태로 전환된다. 보행에서 달리기로 **전환하는 단계**(transition phase)를 보면, 높은 스피드나 높은 내부적 작업 부하가 기존의 안정적인 보행 패턴을 무너뜨리고 달리기를 위한 새로운 끌개 상태로 전환하게끔 강제하는 것을 볼 수 있다. 속도(또는 작업 부하)는 **제어 매개변수**(control parameter)로, 혼동되거나 변경될 때 전체 시스템 전반에 걸쳐 대대적인 변화를 발생시키는 요인이다. 이를 따르는 나머지 시스템 구성 요소를 **순서 매개변수**(order parameters)라고 한다. 순서 매개변수는 움직임을 정의하거나 설명하는 데 필수적인 시스템 요소이다. 걷기에서 달리기로 전화하는 경우, 순서 매개변수는 근육 협응과 보행 패턴의 재구성(예: 달리기의 경우 보행에는 없는 flight phase가 있다)이며 질량 움직임의 수직 중심(vertical center)이다. 인체의 이동 시스템(locomotion system)은 다양한 보행 속도에서 안정적일 수 있도록 가변성이 내재되어 있지만, 변화를 일으킬 정도로 충분한 동요가 있을 경우 걷기에서 새로운 안정적인 달리기 상태로 자동 구성된다. 동적 시스템은 한 안정된 상태에서 다른 상태로 갑자기 전환하거나 또는 시간의 지남에 따른 점진적 형태로 변경할 수 있다(Corbetta & Vereijken, 1999).

때때로 새롭고 더 나은 시스템 기능을 촉진하기 위해 불안정성을 발생시켜야 한다. 대부분의 체력 훈련은 몇 주 또는 몇 달 간의 근력 훈련을 통한 기계적 및 피로 스트레스와 같은 불안정성을 점진적으로 일으키는 것을 목표로 한다. 이 스트레스는 조직을 분해하고, 이로 인해 유발되는 복구 과정이 새롭고 강력한 조직을 생성한다. 그러나 이러한 불안정성이 항상 긍정적인 결과를 가져오지는 않는다. 한 변수가, 비록 그것이 '더 나은' 변수라 할지라도, 전체 수행능력에 미치는 영향은 미미할 수 있다. 예를 들어 근력을 항상시키는 것이 스포츠 수행능력에는 영향을 미치지 않을 수 있다. 때때로 다른 시스템들은 시스템을 안정화하기 위해 부정적인 방식으로 적응해야만 한다. 부상은 항상 긍정적이지만은 않은 적응을 초래하는 불안정의 흔한 형태이다. 예를 들어 어깨가 약해지면 손목이나 팔꿈치에서 미래에 부상으로 이어질 수도 있는 적응 활동이 발생할 수도 있다. 피로와 심리적 스트레스는 두 가지 순서 매개변수로, 그것들이 긍정적인 전환에 기여하고 부정적인 전환에 기여하지 않도록 밀접하게 모니터링되어야 한다. 어떤 사건 중 발생한 극심한 피로가 협응력과 행동학적 변화에 영향을 미쳐 수행능력을 저하시키거나 심지어 부상까지도 초래할 수 있다. 반면 훈련중 피로는 조직과 신진대사의 적응을 촉진하는 데 사용된다. 지나친 훈련 피로감은 만성적인 부적응(maladaption)과 오버트레이닝증후군으로 이어질 수 있다. 마찬가지로 대부분의 사람들은 적당한 양의 심리적 스트레스라면 긍정적인 방법으로 전체 시스템을 강화하는 반응을 보인다. 그러나 스트레스가 너무 크면 전체 시스템이 신체적, 정신적 질환으로 특징지어지는 불안정한 상태로 전환될 수 있다.

균형 훈련은 시스템의 불안정성(destabilization)을 문자 그대로 보여주는 예이다. 서 있는 동안, 몸은 진자 움직임이 거꾸로 된 것 같이 움직이며 앞뒤 좌우로 흔들리는데 이는 자세 제어(postural control)의 기본적인 출력 산물이다(그림 5.4 참조). 중력이 몸을 계속해서 앞으로 당기기 때문에 등쪽 근육들이 몸을 뒤로 당겨야만 수직 정렬을 유지할 수 있다. 이와 같은 몸의 흔들림은 훈련을 통해서도 제거될 수 없으며, 우리의 운동 제어 시스템에서의 본질적이고 필요한 특성이며(Bottaro 등, 2005), 아마도 활동을 준비하기 위한 배경 수준의 신경 소음(background level of neural noise)의 작용이고, 더불어 체성감각, 전정 그리고 시각적 피드백을 강화시키는 것으로 보인다. 조용히 서 있는 자세에서 이 흔들림은 주로 발목에서 발견되며, 작은 불안정 상황에서 발목은 이른바 **발목 전략**(ankle strategy)이라는 움직임으로 적응하려 하고 흔들림 크기를 증가시켜 균형을 잡으려 할 것이다. 균형 훈련은 종종 외부 힘 또는 불안정한 지지면을 사용하는 것과 같은 동요(즉, 제어 매개변수)를 추가하여 불안정성을 증가시키는 것을 목표로 한다.

동요가 너무 심하여 발목 전략으로는 똑바른 자세를 유지할 수 없다면, 자세 메커니즘은 더 강력한 교정 전략으로 전환된다. 균형을 유지하기 위한 하체의 전략은 **고관절 전략**(hip strategy), **발걸음 전략**(stepping strategy), 그리고 **중지 전략**(suspensory strategy)으로 알려져 있다. 균형 훈련의 성격에 따라 개인은 이러한 전략들을 선택하여 자가-조직화를 꾀한다.

그림 5.8은 몸이 수직 상태에서 균형을 유지하기 위해 한 상태에서 다른 상태로 전환하는 하체 자세 조절 전략을 보여준다. 균형 유지를 위한 전신 조정은 일반적으로 발목에서 시작한다. 발목 전략은 정상적인 상황에서 균형을 유지하는 가장 빠른 방법을 제공하지만 보정량은 가장 낮다. 고관절 전략은 더 많은 양의 보정을 가능하게 하며 발목 전략과 다른 생체역학 작용을 제공한다. 특히 지지 표면과 발의 마찰에 크게 의존하지 않으므로 표면 접촉이 불량할 경우 더 유용할 수 있다. 또 다른 전략인 중지 전략은 질량의 중심을 낮추기 위해 웅크린 자세를 취하는 것이다. 이것은 떨어지는 것을 두려워하는 사람이나 완전히 낯선 환경을 접하는 사람들에 의해 행해지는 경우가 많다. 노인과 매우 어린 사람들이 이 전략을 사용할 가능성이 더 높다. 고관절, 발목 및 중지 전략은 '고정점 전략(fixed-point strategies)'으로 간주된다

그림 5.8 돌담을 따라 걷는 것으로 네 가지 기본적인 하체 자세 전략을 살펴보자. A. 발목 전략은 일반적으로 큰 바위 표면과 같이 단단하고 안정적인 표면에 사용된다. B. 작고 흔들리는 바위에 발을 디딜 때, 발목 전략과 함께 엉덩이 전략을 채택한다. 고관절 전략은 발목 전략 없이 단일로 사용될 수도 있다. C. 불안정성이 너무 클 때, 사람은 넘어지지 않도록 조치를 취해야 한다. D. 넘어짐이 임박했을 때 중지 전략이 사용되며, 떨어져 입을 부상을 최소화하기 위해 곧바로 뛰어내린다. (사진 제공: Jeffrey Ives)

(Pollock 등, 2000). 보다 극단적인 균형 과제에서는 '지지 변경 전략(change-in-support strategy)'을 사용할 수 있다. 가장 일반적인 두 가지 방법은 한 걸음(stepping strategy)을 내딛고 지지할 곳으로 손을 뻗는 것이다(Pollock 등, 2000).

얼핏 보아서는, 균형을 잡기 위한 자세적 교정을 위해 발목에서 고관절 그리고 지지 자세 변경으로 이어지는 전환이 자연스럽게 일어나는 것처럼 보인다. 균형 훈련을 하는 동안 도전 과제의 수준을 점차 높이는 것은 위와 같은 능력을 강화시키는 것으로 여겨지기도 한다. 그러나 어떤 전략을 채택하는지에는 많은 생리학적, 생체역학적, 심리학적 또는 경험적 요인들이 영향을 미칠 수 있다. 만성적인 발목 불안정과 같은 생리적 기능장애와 높고 낮은 외부의 방해하는 힘(perturbation forces)과 같은 환경 및 생체역학 상황에서는 발목 전략을 우회하고 고관절 또는 발걸음 전략을 사용할 수 있다. 경험, 훈련, 감정적 요소들 또한 시스템이 의식, 무의식적으로 전략 선택을 하여 자기 구성(self-organize)을 하는 중요한 요인이다. 예를 들어 댄서들과 체조선수들은 미적인 기준 때문에 고관절과 발걸음 전략을 의도적으로 피할 수 있다. 넘어짐에 대한 두려움, 통증, 그리고 다른 인지-감정적 요소들 역시 어떤 전략을 선택하고 어떤 전략은 피하게 되는지에 대한 중요한 요인이다. 이러한 이유로 균형 훈련은 단순히 균형의 난이도를 증가시키는 것 이상이다. 잘 계획된 균형 훈련 프로그램은 개인 특성과 업무와 가장 관련이 있는 자세 제어 메커니즘의 자기 구성을 강화하는 것을 목표로 한다.

행동 유도성과 지각-행동 연결

환경으로부터 오는 제약-기반 정보(constraint-based information)는 내부 감각 정보 및 작업-기반 제약조건들(task-based constraints)이 지속적으로 결합되어 형성된다. 지각 시스템은 이러한 제약 조건의 성격을 해석하고, 움직임 계획과 실행에 있어 제약 도전을 고려하는 방법을 결정한다. 이 과정은 **행동 유도성(affordance)**을 탐색하는 것으로 알려져 있고 개인이 인지하는 것과 이후에 어떤 조치가 일어나는지를 밀접하게 연결시킨다. 행동 유도성에 대한 개념은 개인이 환경에서 어떻게 배우고 적응하는가에 대하여 Gibson이 수행한 생태심리학 연구에 기초한다(Gibson, 1966). Gibson에 따르면, 환경적인 제약 조건은 사용되거나 잘못 사용되거나 또는 무시될 수 있다. 개인이 환경 및 직무 제약에 대한 내용을 학습할 때, 내부 제약 조건의 범위 내에서 어떤 종류의 활동이 일어날 수 있는지 가늠할 수 있다. 예를 들어 만약 슈퍼마켓이 정전되어 주위가 어둠에 휩싸이면, 정상적인 시각을 가진 사람들은 주변 사물을 느끼기 위해 움직임 속도를 늦추거나 멈추거나 손을 뻗는 반면, 시각장애인들은 그들의 행동 패턴을 전혀 바꾸지 않을 수도 있다.

행동 유도는 지각된 것과 일어날 수 있는 행동을 직접적으로 연결한다. 지각-행동 연결(perception-action coupling)은 선천적이며 동시에 학습될 수도 있으며 운동 활동과 환경 그리고 직무 관련 감각 유입을 연결한다. 움직임 계획과 동작에 관련한 정보는 대부분 환경에 포함되어 있고 사람이 환경과 상호작용할 때 나타나기 때문에, 지각-행동 연결은 정밀한 운동 프로그램의 필요성을 낮춘다(Buecker, 2002).

시스템 모델에서 지각-행동 결합은 목적성 있고 효과적인 운동 기술 발현을 위한 핵심이다. 환경은 감각 체계를 통해 사람에게 작용하지만 이 정보는 오로지 CNS에 의해 지각되고 처리되었을 때만 상호작용한다. 체성 감각, 시력 및 청각을 통해 도달하는 엄청난 양의 정보는, 기능적 작업 목표와 제약 사항, 그리고 선천적으로 개인-환경 시스템에 내재된 생리학적, 심리학적, 물리적 제약 조건을 감안하여 어떤 움직임이 가능하고 효과적인가의 내용으로 해석된다(Davids 등, 2005). 일반 운동 프로그램과 마찬가지로 이러한 양의 정보 처리는 CNS를 압도하는 것처럼 보일 것이다. 그러나 신경계는 무관한 정보를 걸러내고 그 상황에 가장 유용한 지각적 정보를 찾는 놀라운 능력을 가지고 있다.

동작과 연계될 수 있도록 지각 정보를 필터링하는 과정과 행동 유도 탐색 과정은 아직 연구되어야 할 부분이 많다. 이는 특히 고도로 복잡한 움직임과 환경의 경우 더욱 그러하다. 공을 잡거나 치는 것과 같은 일부 '단순한' 동작의 경우, 다수의 지각-행동 결합 메커니즘이 확인되어 있다. 예를 들어 시각적 흐름의 개념에서는 움직이는 물체에 대한 단일 원천의 정보와 그에 대한 접촉시간이 불가분의 관계에 있다는 점이 밝혀져 있다.

요약하자면, 시스템 모델은 두뇌 기반의 고위 수행 제어(brain-based high-level executive controllers) 이론을 과소평가한다기보다는, 이러한 제어 이론들이 효과적이고 목적 있는 운동 기술을 발현시키는 전체 메커니즘의 한 부분일 뿐이라고 생각한다. 정확히 어떤 종류의 운동 명령들이 뇌에서 발생하며 척수를 따라 내려가는지와, 그 명령들에 포함된 정보의 본질은 알려져 있지 않다. 현재 모델(즉, 시스템 모델)은 이러한 명령이 환경으로부터 인식된 정보를 기반으로 하며, 환경 및 개인 환경에 의해 가능한 작업 목표를 달성하는 데 초점을 맞추고 있음을 제안한다.

근거 기반 실무 적용: 시스템 접근 응용

증거 기반 실천은 이론적 모델이 있어야 가능하다. 모델은 늘어나는 연구 증거로부터 이론적 토대를 제공한다. 이 장의 시작 부분에 있는 '개념설명'에서 임상적 개입을 촉진하는 데 사용되는 모델의 개요를 제공하였다. 특히 시스템 모델과 접근 방식은 광범위한 움직임 관련 문제를 해결하기 위한 틀을 제공한다. 실무자는 환경 및 직무 관련 요인과 개인 자신의 제약 및 능력과 상호작용하는 방법을 살펴볼 수 있으며, 이를 통해 개별적 평가와 개입이 이루어질 수 있다. 더욱이 환경의 중요성을 이해하면 실무자는 이러한 상황별 제약을 재활, 연습 및 훈련 환경으로 가져올 수 있다. 전문적인 분야에서 제약 주도 접근(constraints-led approach)이라고 불리는 시스템 접근법의 사용을 뒷받침하는 실험적인 증거가 점점 더 늘어나고 있다. 많은 연구자들이 선수 훈련(Hoch과 McKeon, 2010; McKeon, 2012), 스포츠 기술 훈련(Gréhaigne과 Godbout, 2014; Phillips 등, 2010), 코칭 (Renshaw 등, 2009), 물리치료의 많은 측면(예: Levac & Dematteo, 2009; Sweeney 등, 2010) 그리고 건강과 운동과학(예: Johnston 등, 2014)에서 이러한 접근방법을 옹호한다.

실전과 훈련에서 시스템 이론을 사용하는 내용은 9장부터 11장까지 자세히 논의된다. 우선 Kenyon과 Blackinton(2011)이 뇌성마비를 앓고 있는 어린 소년의 치료 관리에 어떻게 시스템 접근법을 사용했는지 살펴보라. 치료의 목적은 아이가 놀이터 장비에서 안전하게 활동할 수 있도록 준비시키는 것이었다. 치료사들은 환경적, 업무적 제약 조건과 그것들이 아동의 능력과 어떻게 상호작용하는지 분석하였다. 사다리를 오르는 중의 손 사용과 같은 작업 제약 조건과 시끄럽고 혼란스러운 운동장과 같은 환경 제약 조건이 확인되었다. 어린이 자신의 제약 조건의 중요한 특성 또한 확인되었고, 환경 및 작업 상호작용과 관련하여 논의되었다. 발견된 과제들 중에는 산만함 속에서 집중적인 관심을 유지하는 데 어려움이 있었다. 운동 능력을 향상시키기 위한 개입 계획은 이 평가에 기초했고, 아이가 유치원에 들어가는 시기에 인지적인 산만함이 최소화되었을 때 사다리를 올라갈 수 있었다. 그러나 주위의 시끄러운 환경은 사다리 등반을 하는 동안 아이의 주의력에 부담을 주었다. 물론 이러한 것들은 더 많은 임상적 의사결정과 치료적 개입에 영향을 미칠 것이다.

요약

모델들은 움직임이 어떻게 조직적이고 논리적인 방식으로 통합되는지 설명하기 위해 만들어졌다. 폐쇄성 회로 스타일 모델은 보행과 같은 많은 기본적인 움직임 패턴과 행동들이 최소한의 사고 과정이나 의

SIDENOTE 지각-행동 연결

지각-행동 연결은 우리 뇌로 들어오는 정보들이 어떻게 처리되고, 적절한 움직임과 자동적으로 연결되어 주변 환경 조건에서 작업 목표를 충족시키는지를 알려준다. 이런 점은 알아채기 어려우나 실험적인 증거들은 이런 현상이 정말 일어나고 있다는 것을 보여준다. Mohler 등(2007)의, 실험 대상자를 가상현실 환경에 둘러싸인 큰 트레드밀을 걷게 한 실험을 생각해보자. 대상자는 걷는 것에서 주의를 돌려 외부 환경에 주의를 기울이기 위해 가상 통로의 문을 여닫는 데 주의를 기울이도록 하는 지시를 받는다. 트레드밀은 대상자의 속도에 맞추어 통로를 진행할 수 있게 하거나 가상 환경을 실제 트레드밀의 속도에 비해 더 빠르거나 느리게 조절할 수 있다. 가상 환경의 속도를 올리거나 내리면, 대상자의 걷는 속도도 증가하거나 감소한다. 더욱이 걷다가 뛰거나, 뛰다가 걷는 것은 가상 환경에 의해 바뀔 수 있다. 이 저자들은 시각 흐름과 자기 움직임의 인식은 위치 이동 행동(locomotor actions)과 짝지어진다고 결론지었다(혹은 CPG와도 연결된다). 트레드밀에서 걷는 동안 시각 흐름이 조절된다는 Varraine 등(2002)에 의한 유사한 실험 결과에서 저자들은 어떠한 감각 입력을 바꾸는 것은 입력된 다른 감각의 통합에 영향을 주어, 지각과 행동의 결합이 환경적인 제한 요소들의 영향을 받게 된다는 결론을 내렸다.

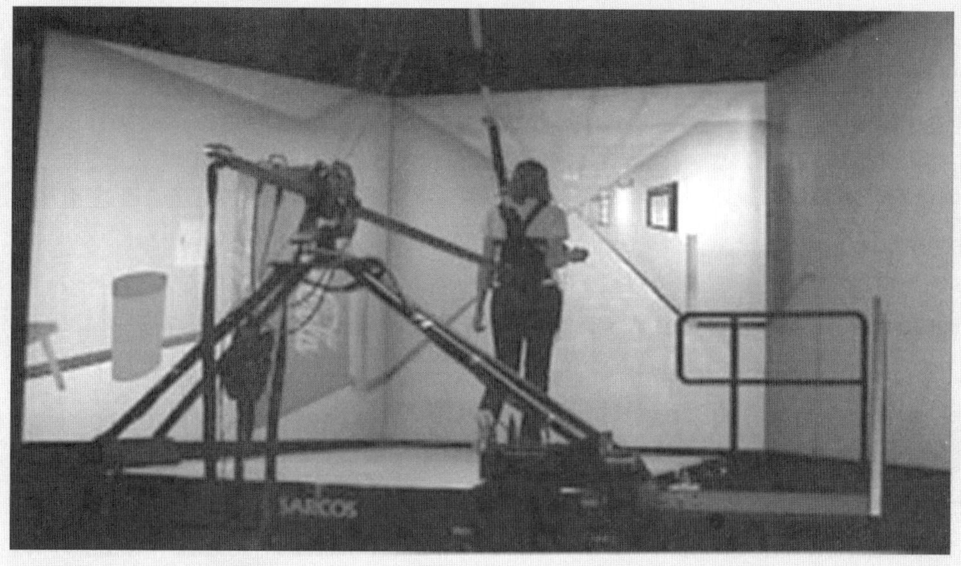

트레드밀 걷기를 결합한 가상현실 실험은 지각-행동 연결을 보여준다. 이 실험에서 대상자는 통로를 지나가는 가상현실에 둘러싸여 트레드밀을 걷는다. 가상현실의 '속도'는 트레드밀의 속도에 맞출 수도, 다르게 할 수도 있다. (Mohler, B., Thompson, W., Creem-Regehr, S., Pick, H., & Warren, W. [2007]. Visual flow influences gait transition speed and preferred walking speed. *Experimental Brain Research, 181*[2], 221-228)

사결정이 요구되는 낮은 수준의 신경계에 의해 제어되는 내장된 단순한 자동 연결 회로라고 주장한다. 위계적 또는 개방성 회로 모델은 이와는 정반대이며, 두뇌의 고위 차원에서 결정적인 명령 구조를 통해 움직임을 통제한다는 것이다. 움직임의 다양한 측면은 운동 프로그램으로 기억에 저장되며 여러 상황에 따라 수정할 수 있다. 개방성 회로 시스템과 폐쇄성 회로 시스템에 대한 증거를 찾을 수 있지만, 두 모델 유형 모두 복잡한 움직임 행위에 대한 실제적인 해결책을 제공하지는 않는다.

시스템 모델은 움직임 제어에 대해 다른 방식으로 접근한다. 시스템 모델은 환경 요인, 작업 관련 요인 및 개인 특정 요소 간의 상호작용에서 의도적인 움직임이 발생한다는 것을 나타낸다. 시스템 모델의 근간에는 단독 또는 다른 시스템과 함께 작용할 때, 안정적인 행동 패턴으로 자가 구성한다는 동적인 시스템이 깔려 있다. 자가-조직화는 환경 및 개별 시스템의 제약 조건에 적합하도록 발생하며 기능적 업무 목표에 의해 제약된다. 자가-조직화는 신경, 감각, 신경근육계 설계에 뿌리를 두고 있지만, 이 시스템이 어떻게 자가-조직화하는지는 훈련을 통해 조정할 수 있으며, 이는 자세 제어 메커니즘에 의한 균형 훈련과 같은 예를 통해 알 수 있다. 환경 시스템은 인간의 지각 기능을 통해 인간과 상호작용하며, 지각 시스템은 환경에 의해 부과되는 제약 조건에서 행동 유도 작용을 이끌어내려 한다. 그 뒤에 지각 작용과 운동 활동이 결합되기 때문에 환경적 상황, 개인적 능력 및 작업 목표의 맥락에서 개인으로부터 목적성 있는 운동 기술이 나타난다.

연습문제

1. 자유도 문제와 이 문제를 해결하기 위해 왜 모델들이 필요한지를 설명하라.
2. 운동 과잉에 대해 정의하라. 과잉이 신체가 움직이는 데 있어 좋은 것인지 나쁜 것인지 설명하라.
3. 움직임을 설명할 때 모델을 가지는 것의 이점은 무엇인가?
4. 피드백과 피드-포워드 기반 모델의 근본적인 차이는 무엇인가?
5. 반사 모델과 CPG에 대하여 기술하라. 운동 기술 계획, 시작, 실행을 아우르는 총체적인 관점에서 이 모델들의 단점을 설명하라.
6. 시너지의 개념에 대해 상술하고 그 예를 들라.
7. GMP를 정의하고 그 특징들을 기술하라. 이 모델을 뒷받침하는 연구들과 궁극적인 결점에 대해 논의하라.
8. 개방성 회로와 폐쇄성 회로 이론 사이의 공통된 견해는 무엇인가?
9. 시스템 모델은 다른 모델들과 어떻게 다른가? 당신의 견지에서 시스템 모델을 정의하고 세부적인 기호 개념들에 대해 설명하라.
10. 제약 조건들을 정의하고 개인적, 환경적, 작업적 제약 요소들을 찾아보라.
11. 자가-조직화를 포함한 역동적 시스템의 특성에 대해 설명하고 자세 제어와 균형에 대한 구체적인 예를 들라.
12. 행동 유도와 지각-행동 연결에 대해 정의하고 그들 사이의 관계에 대해 설명하라.
13. 자세 조절과 균형의 자가-조직화를 깨뜨리면 균형감을 개선시키는 데 왜 유익한지를 기술하라.
14. 어떻게 코치와 지도자들이 시스템 이론의 개념을 사용하여 수행능력을 증가시킬 수 있는가?
15. 배구 선수들은 웨이트 훈련을 함으로써 다리의 근력을 증가시켜 수직 점프와 배구 코트에서의 블로킹이나 공격 등의 경기력을 향상시키려고 한다. 체계적 모델을 사용하여 이런 접근법의 잠재적인 부적절함을 설명하라. 개인과 작업 환경의 역할을 언급하라. 제약 조건, 행동 유도, 지각-행동 연결, 자가-조직화의 용어를 사용하라.

참고문헌

Barbeau, H., & Visintin, M. (2003). Optimal outcomes obtained with body-weight support combined with treadmill training in stroke subjects. *Archives of Physical Medicine and Rehabilitation, 84*(10), 1458-1465.

Beaupied, H. H., Multon, F. F., & Delamarche, P. P. (2003). Does training have consequences for the walk-run transition speed? *Human Movement Science, 22*(1), 1-12.

Bizzi, E., Cheung, V. C. K., d'Avella, A., Saltiel, P., & Tresch, M. (2008). Combining modules for movement. *Brain Research Reviews, 57*(1), 125-133.

Buekers, M. J. (2002). Coaches and teachers at the crossroads of emerging patterns and direct perception. In S. P. Shohov (Ed.), *Advances in psychology research* (Vol. 9, pp. 75-90). Hauppauge, NY: Nova Science Publishers.

Cano-de-la-Cuerda, R., Molero-Sanchez, A., Carratala-Tejada, M., Alguacil-Diego, I. M., Molina-Rueda, F., Miangolarra-Page, J. C., et al. (2015). Theories and control models and motor learning: Clinical applications in neuro-rehabilitation. *Neurologia, 30*(1), 32-41.

Corbetta, D. D., & Vereijken, B. B. (1999). Understanding development and learning of motor coordination in sport: The contribution of dynamic systems theory. *International Journal of Sport Psychology, 30*(4), 507-530.

Damiano, D., & DeJong, S. (2009). A systematic review of the effectiveness of treadmill training and body weight support in pediatric rehabilitation. *Journal of Neurologic Physical Therapy, 33*(1), 27-44.

Danion, F., Varraine, E., Bonnard, M., & Pailhous, J. (2003). Stride variability in human gait: The effect of stride frequency and stride length. *Gait & Posture, 18*, 69-77.

Davids, K., & Glazier, P. (2010). Deconstructing neurobiological coordination: The role of the biomechanics-motor control nexus. *Exercise and Sport Science Reviews, 38*(2), 86-90.

Davids, K., Glazier, P., Araujo, D., & Bartlett, R. (2003). Movement systems as dynamical systems. *Sports Medicine, 33*(4), 245-260.

Davids, K., Renshaw, I., & Glazier, P. (2005). Movement models from sports reveal fundamental insights into coordination processes. *Exercise and Sport Sciences Reviews, 33*(1), 36-42.

Diedrich, F. J., & Warren, W. H. (1995). Why change gaits? Dynamics of the walk-run transition. *Journal of Experimental Psychology: Human Perception and Performance, 21*(1), 183-202.

Dimitrijevic, M., Gerasimenko, Y., & Pinter, M. (1998). Evidence for a spinal central pattern generator in humans. *Annals of the New York Academy of Sciences, 860*, 360-376.

Gabbett, T. J., & Domrow, N. (2007). Relationships between training load, injury, and fitness in sub-elite collision sport athletes. *Journal of Sports Sciences, 25*(13), 1507-1519.

Gibson, J. J. (1966). *The senses considered as perceptual systems.* Boston, MA: Houghton Mifflin.

Grehaigne, J.-F., & Godbout, P. (2014). Dynamic systems theory and team sport coaching. *Quest, 66*(1), 96-116.

Grillner, S., Hellgren, J., Menard, A., Saitoh, K., & Wikstrom, M. A. (2005). Mechanisms for selection of basic motor programs—oles for the striatum and pallidum. *Trends in Neurosciences, 28*(7), 364-370.

Handford, C. C., Davids, K. K., Bennett, S. S., & Button, C. C. (1997). Skill acquisition in sport: Some applications of an evolving practice ecology. *Journal of Sports Sciences, 15*(6), 621-640.

Hoch, M. C., & McKeon, P. O. (2010). Integrating contemporary models of motor control and health in chronic ankle instability. *Athletic Training and Sports Health Care, 2*(2), 82-88.

Holt, K. G., Hamill, J. J., & Andres, R. O. (1991). Predicting the minimal energy costs of human walking. *Medicine and Science in Sports and Exercise, 23*(4), 491-498.

Hortobagyi, T. T., Lambert, N. J., & Hill, J. P. (1997). Greater cross education following training with muscle lengthening than shortening. *Medicine and Science in Sports and Exercise, 29*(1), 107-112.

Houk, J. C. (2010). In search of common ground. *Motor Control, 14*(3), e9-e14.

Hughes, G. M., & Wiersma, C. A. G. (1960). The co-ordination of swimmeret movements in the crayfish, *Procambarus clarkii. Journal of Experimental Biology, 37*, 657-670.

Ivanenko, Y. P., Poppele, R. E., & Lacquaniti, F. (2006). Motor control programs and walking. *The Neuroscientist: A Review Journal Bringing Neurobiology, Neurology and Psychiatry, 12*(4), 339-348.

Ives, J. C., Abraham, L., & Kroll, W. (1999). Neuromuscular control mechanisms and strategy in arm movements of attempted supranormal speed. *Research Quarterly for Exercise and Sport, 70*(4), 335-348.

Ives, J. C., & Keller, B. A. (2008). Functional training for health. In J. K. Silver & C. Morin (Eds.), *Understanding fitness. How exercise fuels health and fights disease* (pp. 71-90). Westport, CT: Praeger Publishers.

Johnston, L. M., Matteson, C. L., & Finegood, D. T. (2014). Systems science and obesity policy: A novel framework for analyzing and rethinking population-level planning. *American Journal of Public Health, 104*(7), 1270-1278.

Kawato, M. (1999). Internal models for motor control and trajectory planning. *Current Opinion in Neurobiology, 9*(6), 718-727.

Kelso, J., Southard, D., & Goodman, D. (1979). On the coordination of two-handed movements. *Journal of Experimental Psychology: Human Perception and Performance, 5*(2), 229-238.

Kenyon, L. K., & Blackinton, M. T. (2011). Applying motor-control theory to physical therapy practice: A case report. *Physiotherapy Canada, 63*(3), 345-354.

Latash, M. (2010). Motor synergies and the equilibrium-point hypothesis. *Motor Control, 14*(3), 294-322.

Latash, M. L. (2007). No, we don't need internal models. *Motor Control, 11*(Suppl), S10-S11.

Latash, M. L., Krishnamoorthy, V., Scholz, J. P., & Zatsiorsky, V. M. (2005). Postural synergies and their development. *Neural Plasticity, 12*(2-3), 119-130.

Latash, M., Levin, M., Scholz, J., & Schoner, G. (2010). Motor control theories and their applications. *Medicina, 46*(6), 382-392.

Levac, D., & DeMatteo, C. (2009). Bridging the gap between theory and practice: Dynamic systems theory as a framework for understanding and promoting recovery of function in children and youth with acquired brain injuries. *Physiotherapy Theory and Practice, 25*(8), 544-554.

MacKay-Lyons, M. (2002). Central pattern generation of locomotion: A review of the evidence. *Physical Therapy, 82*(1), 69-83.

Marder, E., & Bucher, D. (2001). Central pattern generators and the control of rhythmic movements. *Current Biology, 11*(23), R986-R996.

Mateika, J., & Gordon, A. (2000). Adaptive and dynamic control of respiratory and motor systems during object manipulation. *Brain Research, 864*(2), 327-337.

Mathiowetz, V., & Haugen, J. (1994). Motor behavior research: Implications for therapeutic approaches to central nervous system dysfunction. *American Journal of Occupational Therapy, 48*(8), 733-745.

McKeon, P. O. (2012). Dynamic systems theory as a guide to balance training development for chronic ankle instability. *Athletic Training and Sports Health Care, 4*(5), 230-237.

Minassian, K. K., Persy, I. I., Rattay, F. F., Pinter, M. M., Kern, H. H., & Dimitrijevic, M. R. (2007). Human lumbar cord circuitries can be activated by extrinsic tonic input to generate locomotor-like activity. *Human Movement Science, 26*(2), 275-295.

Misiaszek, J. F. (2006). Neural control of walking balance: IF falling THEN react ELSE continue. *Exercise and Sport Sciences Reviews, 34*(3), 128-134.

Mohler, B., Thompson, W., Creem-Regehr, S., Pick, H., & Warren, W. (2007). Visual flow influences gait transition speed and preferred walking speed. *Experimental Brain Research, 181*(2), 221-228.

Mulloney, B., & Smarandache, C. (2010). Fifty years of CPGs: Two neuroethological papers that shaped the course of neuroscience. *Frontiers in Behavioral Neuroscience, 4*, 45, doi: 10.3389/fnbeh.2010.00045.

Myer, G., Ford, K., & Hewett, T. (2011). New method to identify athletes at high risk of ACL injury using clinicbased measurements and freeware computer analysis. *British Journal of Sports Medicine, 45*(4), 238-244.

Neilson, P., & Neilson, M. (2010). On theory of motor synergies. *Human Movement Science, 29*(5), 655-683.

Newell, K. M. (1986). Constraints on the development of coordination. In M. G. Wade & H. T. A. Whiting (Eds.), *Motor development in children: Aspects of coordination and control* (pp. 341-360). Dordrecht, The Netherlands: Nijhoff.

Noyes, F. R., & Barber Westin, S. D. (2012). Anterior cruciate ligament injury prevention training in female athletes: A systematic review of injury reduction and results of athletic performance tests. *Sports Health: A Multidisciplinary Approach, 4*(1), 36-46.

Phillips, E., Davids, K., Renshaw, I., & Portus, M. (2010). Expert performance in sport and the dynamics of talent development. *Sports Medicine, 40*(4), 271-283.

Raibert, M. H., & Hodgins, J. K. (1993). Legged robots. In R. Beer, R. Ritzman, & T. McKenna (Eds.), *Biological neural networks in invertebrate neuroethology and robotics* (pp. 319-354). Boston, MA: Academic Press.

Raynor, A., Yi, C., Abernethy, B., & Jong, Q. (2002). Are transitions in human gait determined by mechanical, kinetic or energetic factors? *Human Movement Science, 21*(5-6), 785-805.

Renshaw, I., Davids, K., Shuttleworth, R., & Jia Yi, C. (2009). Insights from ecological psychology and dynamical systems theory can underpin a philosophy of coaching. *International Journal of Sport Psychology, 40*(4), 580-602.

Samuelson, L. K., Jenkins, G. W., & Spencer, J. P. (2015). Grounding cognitive-level processes in behavior: The view from dynamic systems theory. *Topics in Cognitive Science, 7*(2), 191-205.

Schmidt, R. A. (2003). Motor schema theory after 27 years: Reflections and implications for a new theory. *Research Quarterly for Exercise and Sport, 74*(4), 366-375.

Scott, S. H. (2004). Optimal feedback control and the neural basis of volitional motor control. *Nature Reviews Neuroscience, 5*(7), 532-544.

Shea, C., & Wulf, G. (2005). Schema theory: A critical appraisal and reevaluation. *Journal of Motor Behavior, 37*(2), 85-101.

Shumway-Cook, A., & Woollacott, M. (2001). *Motor control: Theory and applications* (2nd ed.). Baltimore, MD: Lippincott Williams & Wilkins.

Summers, J. J., & Anson, J. G. (2009). Current status of the motor program: Revisited. *Human Movement Science, 28*(5), 566-577.

Sweeney, J. K., Heriza, C. B., Blanchard, Y., & Dusing, S. C. (2010). Neonatal physical therapy. Part II: Practice frameworks and evidence-based practice guidelines. *Pediatric Physical Therapy, 22*(1), 2-16.

Ting, L. H., & McKay, J. L. (2007). Neuromechanics of muscle synergies for posture and movement. *Current Opinion in Neurobiology, 17*(6), 622-628.

Ting, L. H., Raasch, C., Brown, D., Kautz, S., & Zajac, F. (1998). Sensorimotor state of the contralateral leg affects ipsilateral muscle coordination of pedaling. *Journal of Neurophysiology, 80*(3), 1341-1351.

Turvey, M. T., Fonseca, S. (2009). Progress in motor control. *Advances in Experimental Medicine and Biology, 629*, 93-123.

Uehara, L., Button, C., Falcous, M., & Davids, K. (2016). Contextualised skill acquisition research: A new framework to study the development of sport expertise. *Physical Education and Sport Pedagogy, 21*(2), 153-168.

Van de Crommert, H. W., Mulder, T. T., & Duysens, J. J. (1998). Neural control of locomotion: Sensory control of the central pattern generator and its relation to treadmill training. *Gait & Posture, 7*(3), 251-263.

Varraine, E., Bonnard, M., & Pailhous, J. (2002). Interaction between different sensory cues in the control of human gait. *Experimental Brain Research, 142*(3), 374-384.

Wadman, W. J., Denier van der Gon, J. J., Geuze, R. H., & Mol, C. R. (1979). Control of fast goal directed arm movements. *Journal of*

Human Movement Studies, 5, 3-17.

Wilson, D. M. (1961). The central nervous control of flight in a locust. *Journal of Experimental Biology, 38*, 471-90.

Wolpert, D. M. (2007). Probabilistic models in human sensorimotor control. *Human Movement Science, 26*(4), 511-524.

Wolpert, D. M., & Ghahramani, Z. (2000). Computational principles of movement neuroscience. *Nature Neuroscience, 3*(Suppl), 1212-1217.

Yue, G., & Cole, K. (1992). Strength increases from the motor program: Comparison of training with maximal voluntary and imagined muscle contractions. *Journal of Neurophysiology, 67*(5), 1114-1123.

Zehr, E. P. (2005). Neural control of rhythmic human movement: The common core hypothesis. *Exercise and Sport Sciences Reviews, 33*, 54-60.

10

II

운동 학습

운동 학습은 뇌가 움직임을 어떻게 계획하고, 학습하며, 창조하는지에 대해, 그리고 이러한 프로세스들에 영향을 미치는 요소들에 대한 연구 분야이다. 이와 같은 활동들을 이해하는 데는 운동 기술을 분석하는 것이 필수적이다. 다음 장들에서는 훌륭한 수행능력을 가진 전문가들이 가진 프로세스와 그에 대한 측정을 통해 운동 기술 분석법을 살펴볼 것이다. 또한 운동 기술의 생산과 학습에 중요한 몇 가지 중요한 정보 처리 요소, 즉 주의력, 기억력, 의사결정에 대해 심도 있게 살펴볼 것이다.

CHAPTER 6

운동 기술과 운동 능력의 측정과 평가

이 장의 목적, 중요성, 목표

이 장의 목적은 운동 기술과 능력에 대한 측정과 평가를 설명하는 것이다. 이러한 개념을 이해함으로써, 실무자와 연구자는 어떤 운동 기술이 강한지, 아니면 부족한지를 인식하고 이해하기 위한 프레임워크를 가지게 되며, 이에 따라 운동 기술을 향상시킬 수 있는 도구를 획득할 수 있을 것이다.

이번 장을 마친 후, 아래의 내용을 설명할 수 있어야 한다.

1. 신뢰할 수 있고 타당한 방법으로 운동 기술과 능력을 측정하는 방법을 설명한다.
2. 운동 기술의 측정이 학습 과정에 중요한 이유를 설명한다.
3. 반응 결과 및 반응 생산 수행능력의 측정이 어떻게 다르고 이들을 평가하는 것이 중요한 이유를 설명한다.
4. 수행능력 측정에서 반응 시간을 보는 중요성과 지각의 반응 시간의 요소를 설명한다.
5. 다양한 유형의 오류 측정과 각 측정 유형을 사용해야 하는 시기 및 이유를 설명한다.
6. 능력을 미래의 수행능력을 예측하는 지표로 사용하는 데 있어 어려움을 설명한다.

1장에서 설명한 것처럼 운동 기술은 목적을 달성하기 위해 신체와 팔다리의 움직임을 요구하는 자발적이고 목적 의식이 있는 활동으로 정의되며, 능력은 운동 기술을 생산하는 역량을 제공하는 속성으로 정의된다. 운동 기술 및 능력은 여러 가지 특징에 따라 분류될 수 있으며, 이러한 분류를 통해 움직임의 복잡성과 숙련된 움직임이 생성되는 방법을 더 잘 이해할 수 있다. 수행능력의 측정과 마찬가지로 운동 기술과 구성 요소의 유형을 결정하는 것은 중요하다. 이 장에서는 움직임의 측정 및 평가 방법을 검토하여 움직임을 더 깊이 이해하고자 한다.

운동 기술 수행능력 측정

운동 기술과 능력 측정 및 평가는 연습과 훈련을 통한 교육과 학습 프로세스에서 다음 네 가지 이유로 중요하다. 그 네 가지는 다음과 같다. ① 훈련 진행 상황에 대한 모니터링을 가능케 하고, ② 수행능력에서 어느 영역이 강하거나 취약한지를 확인할 수 있으며, ③ 코칭 지침에 대한 정보를 제공하며, ④ 동기부여 및 목표 설정을 위한 정보를 제공한다. 아래 섹션에서는 기본 절차를 포함하여 테스트 방법과 무엇을 테스트해야 하는지에 대해 알아볼 것이다. 그런 다음 수행능력 오류의 특성 및 측정 방법, 이를 교육을 위한 자료로 어떻게 활용할 수 있는지 논의한다. 마지막으로, 선수들을 검진하기 위해 정보 처리 과정에 대한 특정한 측정법과 재능 테스트 사용법을 살펴볼 것이다.

운동 기술과 능력 측정 절차

운동 기술과 능력을 평가하는 것은 체육, 신체 재활, 스포츠 경기 훈련에 관한 많은 교과서들에서 다루고 있는 주제이다(예: Burton & Miller, 1998; Gore, 2000). 여기서는 교육 및 연습 설정에 사용할 수 있는 정보 제공에 필요한 두 가지 필수 단계를 강조한다. 첫 번째는 적절하고 유효한 **수행능력 측정법**(또는 **측정 기준**)을 결정하는 것이며, 두 번째는 정밀도와 신뢰도가 바탕이 되는 수행능력 측정법을 테스트하는 것이다. 두 단계 모두 단순하게 들리지만 실제로 습득하기 어렵고, 잘못 수행했을 때 부정확하고 오해의 소지가 있는 평가를 유도하게 된다.

타당도 정하기

타당도(validity)란 수행능력 측정이 알고자 하는 것을 실제로 측정하고 있는지, 즉 측정법이 문제가 되는 수행능력 항목을 실제 반영하는지에 대한 여부이다. 타당성 측면에서 적절한 수행능력 측정법을 수립하는 것은 쉽지 않다. 고등학교 선수를 스카우트하려는 대학 크로스컨트리 달리기 코치를 생각해보자. 그 코치는 그녀의 팀이 이기도록 하기 위해 최고의 운동선수를 뽑고 싶어 한다. 코치는 무엇을 평가할 것인가? 분명한 선택은 선수들의 달리기 시간을 보는 것이지만, 해상에서의 경기력과 산악 구간에서 뛰어난 각각의 선수들은 어떻게 비교할 수 있는가? 또는 우승 확률에 근거할 수도 있지만, 경쟁은 학교마다 너무 다양해서 한 학교의 스타였던 선수가 다른 학교에서는 팀의 일원으로 부족할 수도 있다. 최대산소섭취량(VO_2max)과 같은 능력을 평가할 수도 있다. 하지만 이것이 성공에 얼마나 많은 기여를 할까? 아마도 이 코치는 선수의 정신적 강인함과 자신감을 시험할 수 있을 것이다. 그러나 다시 말하지만 이것들과 달리기 성공 사이의 연관성은 불분명하다. 따라서 선수의 미래 성공을 결정하기 위해 측정해야 할 가장 중요한 것이 무엇인지에 대한 질문은 쉽지 않다.

타당성 문제는 흔히 자연스러운 움직임의 맥락이 아니라, 통제된 실험실과 진료실에서 시험될 때 발생한다. 운동 기술과 능력은 때때로 실험의 신뢰도나 정확도를 통제하기 위해 단순화되거나 하위 구성 활동 요소로 세분된다. 그러니 이러한 단순화된 테스트가 실제 수행능력과 어떻게 관련되어 있는지 알기는 힘들다. 예를 들어 균형감 평가를 매우 정확하고 신뢰할 수 있는 전산화된 방법으로 수행하고자 한다(10장 참조). 그러나 이러한 (통제되고) 일반적인 균형 감각 측정은 서핑처럼 상당한 균형을 필요로 하는 스포츠와는 연관성이 떨어지는 것으로 보인다(11장 참고).

적절하고 유효한 운동 기술과 능력을 결정하기 위해서는 경험, 시행착오, 그리고 목적이 필요하다. 예를 들어 근력을 측정하는 목적이 미래의 스포츠 수행능력을 예측하는 것이라면, 그 측정은 유효하지 않을 수도 있다. 근력을 측정하는 목적이 근력 훈련을 위한 출발점을 제공하는 것이라면 이는 유효한 측정이다(비록 해당 상황에서 무엇을 측정해야 하는지에 대한 합의를 찾는 것은 어렵기 하지만). 운동선수, 일반인, 부상자나 질병에 걸린 사람들의 운동 기술과 능력을 평가하는 많은 과학적 문헌이 존재한다. 재활 상황은 중요한 기준 측정 항목이 항상 명확한 것은 아니라는 좋은 예를 제공한다. 예를 들어 심폐재활의 진행 정도를 확인하기 위해서 산소섭취도가 아니라 우울증 정도를 측정하는 것이 더 도움이 될 때도 있는데, 이는 우울증 정도가 환자 삶의 질에 직접적으로 연관되어 있기 때문이다. 마찬가지로 부상당한 선수의 햄스트링 대 대퇴사두근 근력 비율 및 8자 달리기 스피드보다 움직임 협응력 측정값이 선수의 복귀 시기를 더 잘 반영할 수도 있다.

타당도는 운동수행력 테스트에서 가장 문제가 많고 가장 간과되는 측면일 수 있다. 부분적으로는 현재 고착된 측정 시스템이 증거 기반 실천을 간과하는 경향이 있기 때문이다. 예를 들어 현재 최고 수준의 스카우트 시장이라 평가되는 National Football League(NFL)에서도 미래의 스타 선수를 예측하는 테스트에 대한 의구심이 존재한다(Kuzmits & Adams, 2008). 특히 NFL 종합 테스트 중 40m 단거리와 NFL-225 벤치프레스와 같은 일부 테스트는 중요도 측면에서 의심스럽다(Teramoto 등, 2016). 예를 들어 뉴잉글랜드 패트리어트 쿼터백인 Tom Brady가 40m 경주에서 5.28초로 느린 기록을 세웠다는 점을 생각해보라. 하지만 이러한 테스트 기록에도 불구하고 그는 역대 가장 성공적인 쿼터백 중 한 명으로 손꼽힌다. NHL도 NFL과 유사한 종합 테스트를 사용하는데 이 테스트에서 VO_2max를 측정하는 데는 한계가 있다고 알려져 있음에도 불구하고 여전히 VO_2max를 측정하기 위해 고정식 자전거(cycle ergometer)를 꾸준히 활용하고 있다(Durocher 등, 2010). 지금까지 이야기를 요약하자면, 측정법은 실무자가 알고자 하는 사항을 실제로 반영하는 것이 필수적이라는 말이다.

생각해보기 6.1 수행능력 측정

아래의 질병 또는 부상 상태 중 하나를 선택하고 그러한 상태를 가지고 있는 환자에 대한 기능적 수행능력을 측정할 수 있는 방법에 관련된 과학적 문헌을 찾아보라. 이러한 측정 방법이 신뢰할 수 있고 유효한지에 대한 논의를 한다.

a. 심장 또는 심폐 질환
b. 특발성 요통
c. 만성피로증후군
d. 고관절 치환술

측정의 신뢰도와 정확도

물론 테스트는 수행능력에 맞는 측정법을 선택하고 난 뒤에 수행되어야만 한다. 만약 테스트가 부정확하고 신뢰성이 없다면 그 테스트 결과는 무용지물이다. 테스트 방법론에 대한 내용은 이 책의 범주에서 벗어난 것이지만, 실무자들은 테스트 절차가 형편없다면 그로부터 얻을 수 있는 것이 미미하다는 점을 아는 것이 중요하다. 수행능력 측정의 **신뢰도(reliability)**란 반복된 시험에서 유사한 결과를 얻을 수 있는 능력을 의미하며, 이는 수행자, 시험자 및 시험 절차에 기초한다. 생물학적 변화와 동기부여와 같은 심리적 요소 때문에 인간은 내적 변화에 시달리는 경향이 있다. 시험 자체에는 학습 과정이 필요할 수 있으며 익숙하지 않고 불안해하는 항목에서 종종 형편없는 결과가 나올 수 있다. 어떤 항목을 한 번만 테스트하는 것은 일반적으로 부정확한 결과를 초래하는 방안이기도 하다. 신뢰할 수 있는 결과를 얻기 위해 사람들을 테스트하고 이러한 변화를 설명할 수 있는 것은 모든 운동과학자들에게 필요한 기술이다. 따라서 수행능력을 테스트하여 차이가 보이는 것은 실제 수행능력이 변화하였음을 반영해야 하며, 테스트 시행 방법은 일관성이 있어야 한다.

체육교육자, 물리치료사, 운동생리학자를 포함한 임상 분야의 움직임과학 학생들은 종종 고도의 기술적이고 정확한 정량적 측정 장비를 이용할 수 있다. **등속성 역량계**(Isokinetic dynamometers), **정수 부하 탱크**(hydrostatic weighting tanks), DEXA 장치, **근전도 검사**(electromyography, EMG), 동작 분석 카메라, 지면 만력기(force plates), 대사측정기(metabolic carts) 등은 연구실에 있는 대부분의 학생들이 사용할 수 있지만 연구 환경 밖에서는 흔하지 않다. 작업 환경에서 테스트는 현장에서 수행한 테스트로 이어지며 관찰에 의해 주관적으로 평가된다. 사실 대부분의 코치는 선수들의 운동 기술 수행능력 평가를 하기 위해 간단한 관찰에 의존한다. 첨단 기술을 이용한 테스트든 그렇지 못한 관찰이든 간에, 움직임과학 전문가들은 정확하고 신뢰할 수 있는 테스트 방법을 사용해야 한다.

어떤 항목을 테스트해야 하는지 알 수 있는 공식이 있는 것은 아니다. 그보다는 연구자와 수행자들이 테스트를 함으로써 어떤 정보가 드러날지 잘 알고 있어야 한다. 결국 어떤 테스트를 해야 하는지에 대한 신중한 판단과 검증되고 신뢰성 있는 측정법을 사용, 그리고 테스트를 능숙하게 수행할 수 있는 능력이 중요하다.

수행능력 측정의 분류

어떤 측정법을 선택할지 정할 때, 실무자나 연구자는 어떤 종류의 정보가 중요한지 결정해야만 한다. 수행능력 측정법은 제공되는 정보의 성격에 따라 크게 반응 결과(response outcome)와 반응 생산물 측정치(response production measure) 두 가지 범주로 분류된다. **반응(또는 수행능력) 결과**는 특정하게 숙련된 활동의 결과에 대한 평가를 측정한다. 이는 그러한 결과가 왜 일어났는지가 아니라, 무엇이 있어났는지를 측정한다. 특정 반응 결과는 일반적으로 스피트(예: 속도), 시간(예: 0.25초), 정확도, 방향, 같은 항목이 포함된다. 반면 **반응(또는 수행능력) 생산물 측정**은 반응이 어떻게 생산되었는지를 나타낸다. 이 두 범주들은 상호배타적이지 않다는 것에 주목하라. 때때로 반응 생산물 측정치와 반응 결과는 서로를 위해 사용될 수도 있다.

반응 생산물 측정치는 움직임이 어떻게 또는 심지어 왜 일어나는지와 관련되어 있다. 변위(displacement), 속도, 그리고 가속의 운동학적 측정 및 힘과 토크의 운동학적 측정은 꼭 움직임 결과를 드러내지 않고도 움직임의 특징을 설명한다. 이러한 생체역학 측정은 정교한 고니어미터(각도 측정기)와 비디오 영상 기술로 이루어질 수 있지만 종종 관찰에 의한 주관적이거나 질적인 방식으로도 행해진다(Knudson & Morrison, 2002). 예를 들어 코치는, 테니스 선수의 서브가 그물을 치는 이유는 형편없는 토

개 • 념 • 설 • 명

운동수행력 평가에서의 EMG 사용

반응 생산물 측정을 위해 EMG를 사용하면 움직임이 어떻게 일어나는지에 대해 많은 것을 알 수 있다. 아래 세 가지 그래프에서 맨 위는 푸시업을 빠르게 두 번 하는 동안의 팔꿈치 굴곡과 신전 움직임을 나타낸 것이다. 중간 그래프는 삼두근의 EMG 활동이고, 맨 아래 그래프는 이두근의 EMG 활동을 나타낸다. 삼두근 EMG는 팔굽혀 펴기 동작중 몸이 바닥으로 내려간 지점에서 몸을 멈추고 다시 위로 올리려 할 때 삼두근이 활성화되는 것을 드러낸다. 이두근 활동은 팔꿈치를 신전하는 동안 약간 늦게 활성화되는 것을 보이는데, 이는 아마도 어깨 내전의 일부분으로, 어깨와 팔꿈치를 안정시키기 위한 협동 수축의 한부분으로 작용하는 것이다. 삼두근은 몸이 내려갈 때(팔꿈치 굴곡) 완만하게 활성화되는데 이는 내려가는 움직임 속도를 조절하려는 것이다. 이러한 데이터는 움직임의 형태와 질이 굴곡근과 신전근 모두의 조정 작용에 좌우된다는 것을 보여준다.

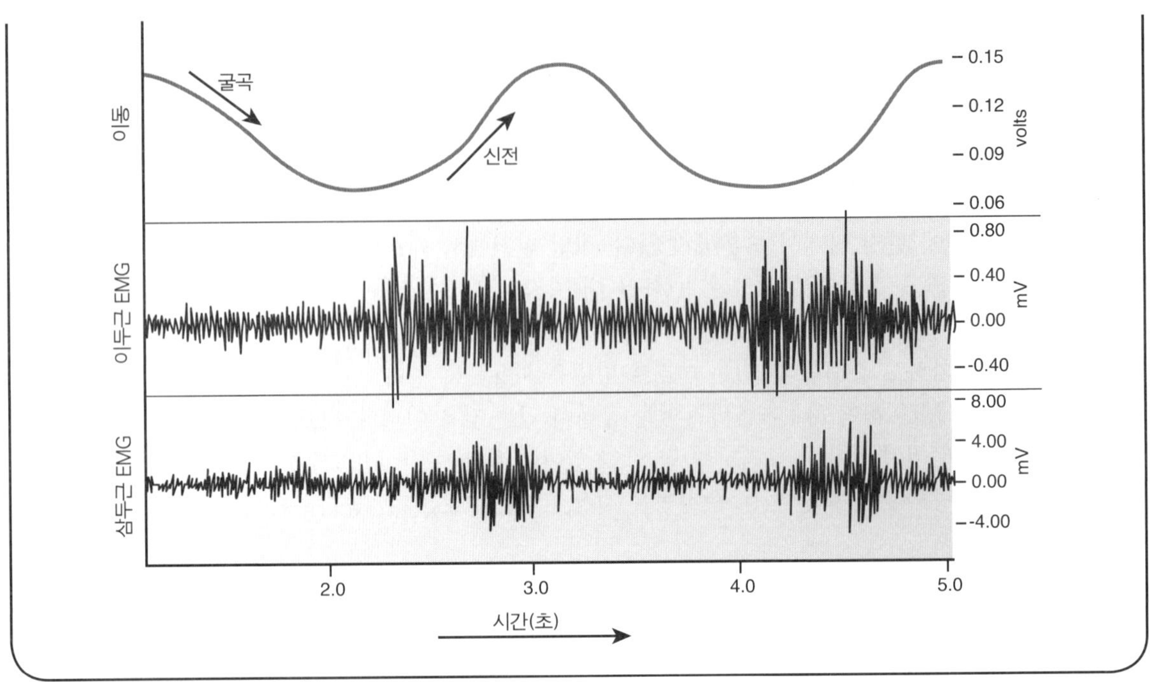

스 때문인 것을 확인할 수 있다. 반응 생산물 측정치를 제공하는 또 다른 정교한 도구로는 EMG와 근운동 기록기(MMG)가 있다. EMG와 MMG는 운동 기술 수행능력에 기초한 근육 발화 타이밍, 수축 강도 및 근육 기능에 대한 정보를 제공할 수 있다. 이 기계들은 근육 기능장애를 검사하는 데 사용될 수 있고 재활할 때 생체 피드백을 만드는 것과 같은 다른 임상적 목적으로 사용할 수 있다.

정보 처리 과정의 측정

거의 모든 반응 결과 측정치와 대부분의 반응 생산물 측정치는 생리학적 또는 생체역학적 측정에 기초한다. 움직임의 심리적 측면(예: 인지적 측면과 행동학적 측면)의 측정은 매우 중요하지만 복잡하고 사용자 친화적이지 않다. 인지 능력을 측정하는 가장 일반적인 방법은 **반응 시간**(RT, reaction time)이다. RT는 자극에서 반응 시작까지의 시간을 측정한 것이다. 여기에선 움직임이 일어나는 시간은 포함되지 않으므로 작업에 관련된 정보 처리 속도를 측정하는 데 사용된다. 정보 처리는 우리 두뇌의 필수적인 업무이다. RT가 **정보 처리 능력**(information processing)을 측정하는 유일한 방법은 아니지만 대부분의 경우 운동 기술 수행능력에 수반되는 인지 구성 요소를 측정하는 실질적으로 가장 유용한 방법이다.

RT는 전-운동 시간과 운동 시간으로 나뉠 수 있다. 그림 6.1을 참고하라. **전-운동 시간**(premotor time)은 자극이 일어나는 시점에서 근육의 전기적 활동이 발생하는 시점으로 순전히 정보 처리가 일어나는 시간을 의미한다. **운동 시간**(motor time, electromechanical delay **또는 EMD라고도 불리는**)은 근육의 전기적 활동에서부터 운동 반응이 시작하고 말초신경근 지연(peripheral neuromuscular delays)까지를 반영하는 시간이다. 이러한 지연들은 신경적 전달 시간과 근육의 흥분-수축 결합에 대한 시간을 포함한다. RT는 **총 응답 시간**(RpT, total response time)의 구성 요소 중 하나인데, RpT는 자극이 일어난 시점에서 반응 완료, 즉 RT와 **움직임 시간**(MvT, Movement time)을 포함한 것이다. 움직임 시간(MvT)은 움직임 발생 시작부터 움직임 완료까지의 시간으로 정의된다. RT를 움직임 반응과 쌍으로 구성할 경우, 이를 특별히 운동 RT(motor RT)라고 한다.

RT 패러다임에는 하나의 자극과 하나의 반응과 같은 '단순한' RT에서부터 다양한 자극들과 다

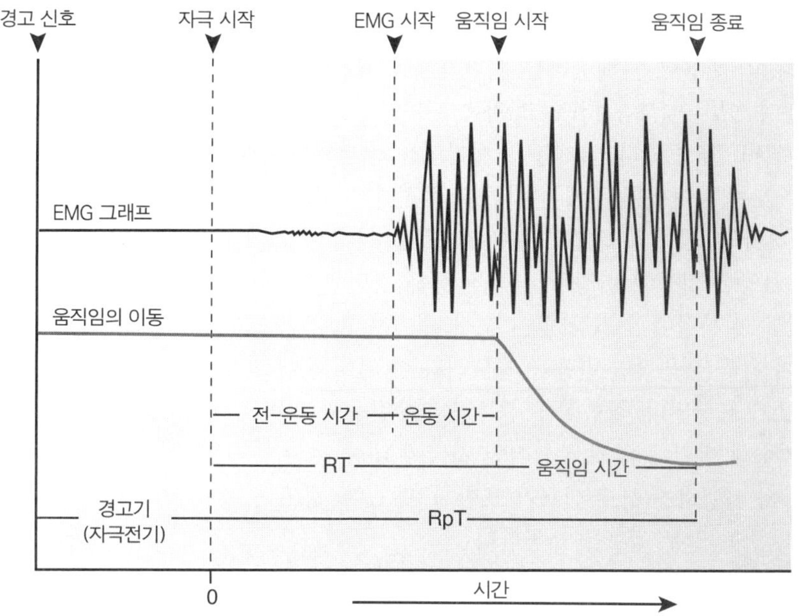

그림 6.1 총 반응 시간(RpT)의 구성들과 RT에 대한 도식도. 여기서 자극은 빛, 소리, 촉각을 포함한 모든 감각 신호일 수 있다. 경고 신호는 사전 통보를 하는 정보지만 자극은 아니다. Total RT는 전-운동 시간(pmt)과 운동 시간(mt)으로 구성된다. RpT는 RT와 움직임 시간(MvT)으로 구성된다.

양한 반응들이 짝을 이루는 복잡한 관계에 이르는 범위를 형성할 수 있다. 복합적인 RT 작업은 선택 RT(choice RT) 또는 '식별' RT(discrimination RT)로 분류된다. '선택' RT 패러다임에는 두 개 이상의 자극이 있으며, 각 자극은 특정 반응에 연결된다. 식별 RT 패러다임에는 여러 가지 자극이 있지만, 하나의 자극만 관련이 있고 하나의 반응만 해당 자극과 결합된다. '힉스의 법칙'(Hick's Law, Hick, 1952년)에 따르면 자극과 반응 선택 횟수가 증가함에 따라 RT는 대수적(logarithmically)으로 느려진다. 운동 반응이 가장 빠른 RT는 약 150~200ms이며 하나의 자극과 하나의 반응 관계인 단순한 RT 상황에서 발생한다. 복잡한 RT 패러다임이 가장 어렵고 가장 느린 RT를 초래한다. 이는 자극의 특성을 평가하고 적절한 반응을 결정해야 하기 때문이다. 실험실에서 수행한 복합적인 RT 작업은 단순한 RT 작업과 비교할 때 RT를 50~100%까지 느리게 할 수 있으며, 매우 복잡한 RT 작업의 경우는 밀리초(milliseconds)라기보다 몇 초 정도 걸릴 수 있다.

복합적인 RT 패러다임은 정보 처리에 부하를 가하고 예측할 수 없거나, 복잡하거나 모호한 자극 또는 복수의 자극을 포함할 수 있다. 어느 복잡한 상황들에는 반응과 잘 연결되지 않는 자극이 포함된다. 이러한 경우를 **자극-반응 호환성**(stimulus-response compatibility, S-R compatibility)(Shin 등, 2010)이라 부른다. 예를 들면 좌측으로 움직임을 발생하려는 오른쪽 자극이 호환되지 않고 혼란이 발생할 수도 있다. 그러나 움직임 반응에 대한 요구는 정보 처리 속도에 영향을 미칠 수도 있고 그렇지 않을 수도 있다.

자동차 운전은 S-R 호환성 개념을 더 자세히 보여준다. 길을 따라 운전하고 있을 때, 개 한 마리가 갑자기 오른쪽에서 왼쪽으로 두 개의 주차된 차 사이에서 도로 중앙으로 달려 나왔다고 생각해보자. 개 자체는 시각적인 자극이다. 만일 개가 인도에서 미리 관찰되었다면(경고) 잠재적인 반응을 계획하고 불확실성을 줄이기 위해 예비 조치를 취했을 것이다(예: 브레이크 밟을 준비). 개의 방향, 속도 및 몸의 동작은 운전자에게 잠재적 반응에 대한 정보를 제공한다. 개가 주저 없이 뛰어오르면 자극은 비교적 간단하지만, 망설이거나 방향을 바꾸면 운전자는 더 복잡한 상황을 처리해야 한다. 반응은 정지(호환 응답, compatible response), 왼쪽 또는 오른쪽으로 핸들을 꺾음(이전 경험에 따라 호환됨 또는 호환되지 않음), 아무런 반응도 보이지 않음(이전 경험에 따라 호환되지 않음), 또는 순식간에 브레이크를 밟고 방향을 돌림(복합)으로 나타난다. 각 반응에는 해당하는 결과가 있으며 이는 상황에 따라 다르다. 대부분의 운전자들은 브레이크를 밟을 수 있지만(복잡하지 않고, 양립할 수 있음) 교통량이 많은 상황이나 고속주행 상황에서 이는 좋지 않은 선택이 될 수 있다. 급제동은 제어력을 상실하거나 뒤따라오는 차에 의한 후방추돌이 발생할 수 있다. 마주 오는 차들이나 주차된 차들로 돌진하는 것은 더 나쁜 선택이다. 가장 좋은 선택은 아무것도 하지 않는 것일 수 있는데, 대부분의 운전자들은 자극과 이러한 선택을 양립(호환)하지 못한다.

실험실에서 다양한 자극과 다양한 반응을 통해 간단한 RT와 복잡한 RT의 패러다임을 쉽게 설정하고 조작할 수 있다. 실험실에서 가장 많이 조사되는 자극은 시각적, 청각적, 촉각적 자극이지만, 모든 종류의 감각 수용기 자극은 움직임 반응을 일으킨다. 여기에는 미각, 후각, 내장성 수용기와 체성 수용기를 비롯한 모든 신호가 포함된다. 실험실에서 측정되는 반응들은 버튼 누르기와 같은 단순한 분리 움직임이 대부분이지만, 기술의 발달에 의해 복합적인 자극에 대한 전신 행동을 측정할 수 있게 되었다. 실험적 패러다임에는 자극에 선행하는 경고 신호가 포함될 수 있다. 경고는 자극 그 자체가 아니라 자극이 올 것을 예측할 수 있도록 하는 일부 정보를 제공한다.

반응 과제(reaction task)는 정보 처리 개념에 대한 풍부한 정보를 제공하지만 불행히도 실험실 밖 실생활 기술들에 관한 단순한 RT 및 일반적인 RT 작업에 대한 수행능력은 반영하지 못하는 것으로 보인다. 즉, 타당도 면에서 매우 의심스러운 면모가 있다. 예를 들어 Vanttinen 등(2010)은 엘리트 U16과 U19 청소년 축구 선수 사이의 단순한 실험실 시각 RT 점수 차이를 발견하지 못했고, 다른 연구에서는(de Quel 등, 2015) 엘리트 가라데 선수들과 일반 가라데 선수들을 비교하여 실험과 유사한 결과를 발견하였다. 지난 수십 년 동안 많은 연구자들이 실험실에서 측정한 RT를 통해 수준 높은 선수들을 식별하고 확인하는 데 유효한 발견을 하기 위해 노력을 기울였지만 아직까지 합의된 사항을 만들지는 못하고 있다(Emre &

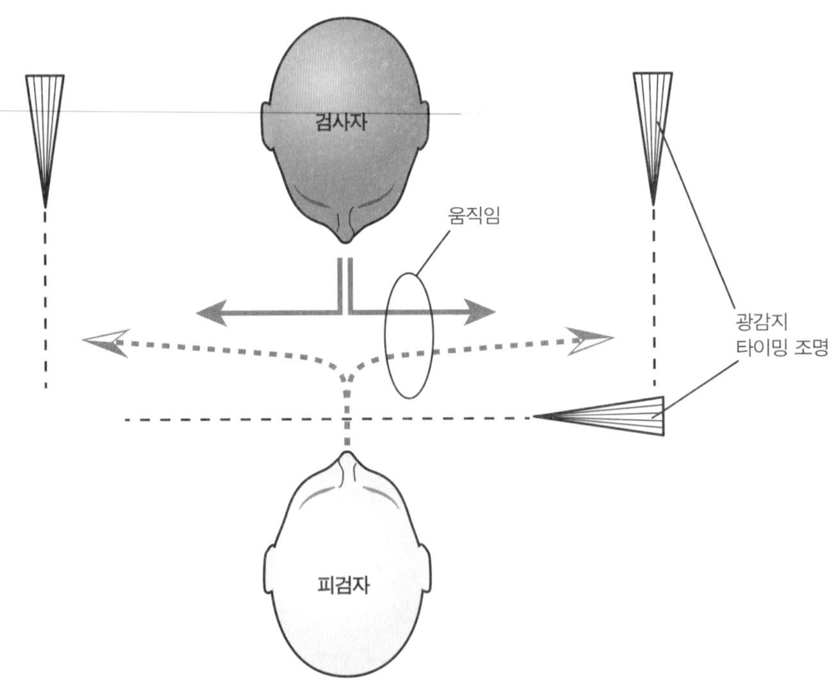

그림 6.2 Farrow 등(2005)에 기반한 반응적 민첩성 테스트 패러다임. 이 테스트는 움직임 시간으로부터 RT를 분리하지 않고 RpT를 측정한다. 테스트에서 운동선수와 실험자는 약 50야드 떨어진 곳에서 서로 마주본다. 선수는 실험자를 향해 직접 움직임을 개시하는데, 이때 광감지 타이밍 조명에 의해 반응 타이밍 시작이 측정된다. 운동선수가 움직임을 시작하자마자, 실험자는 다가오는 운동선수를 향해 한 발짝 물러서서 오른쪽이나 왼쪽으로 움직인다. 선수는 이 움직임에 반응하여 실험자를 따라 오른쪽이나 왼쪽으로 움직이고, 시계를 멈추기 위해 광감지 타이밍 조명을 통한다. 이 테스트에서의 RpT는 민첩성 속도와 실험자의 운동 자극에 반응할 수 있는 능력의 결합을 나타낸다.

Kocak, 2010 참고). Mouelhi Guizani 외 연구진(2006)은 운동선수들을 평가하기 위한 목적으로 RT 테스트를 하려면 해당 스포츠나 활동에 일어나는 정보 처리 요구와 유사한 형식으로 테스트가 이루어져야 한다고 결론지었다. 최근 호주 연구원들은 개방성 기술의 선택 RT를 테스트하기 위해 설계된 반응성 민첩성 테스트(reactive agility test)를 개발하기 시작했다(Farrow 등, 2005). 그림 6.2에서 설명하고 있는 이러한 테스트는 스포츠별 RT 능력 평가에 보다 적절할 것이라는 전망을 가지고 있다.

일부 RT 테스트, 심지어 비교적 간단한 테스트들이라 할지라도, 스포츠 외의 영역에선 직무에 따른 정보 처리를 평가하기 위해 수행되고 있다. AARP(the American Association of Retired Persons)에서는 노인 운전자의 운전에 관련한 정보 처리 능력을 평가하기 위해 연필-종이를 이용한 테스트를 제공한다(그림 6.3). 이 테스트는 일련의 수많은 테스트 중 하나인데, 노인 운전자의 주행 사고 위험을 예측하는 데

시험 방법
1. 사진 왼쪽 상단 모서리에서 숫자 1을 찾아라. 이 테스트는 10초 동안 이루어진다.
2. 이후 가능한 빠르게 다음 숫자들(2, 3, 4, 5, 6 등)을 터치한다.
3. 10초가 지난 이후 멈춰라. 마지막에 터치한 숫자가 당신의 점수이다.

나이		18 이하	18~29	30~39	40~49	50~59	40~49	70 이상
점수	평균 이상	14	14	14	13~14	13~14	13~14	10~14
	평균	12~13	11~13	11~13	10~12	9~12	8~11	6~9
	평균 이하	1~11	1~10	1~10	1~9	1~9	1~7	1~5

점수: 본인 나이에 맞는 점수를 찾아보자.

그림 6.3 AARP의 노인 운전자에 대한 RT 테스트. 이 테스트는 운전자가 각 숫자를 숫자 순서대로 가볍게 두드리고 10초 만에 가장 높은 숫자를 점수로 표시하게 한다. 이 테스트가 RT를 직접적으로 측정할 수 있는 것은 아닐 수 있으며, 운전자가 자극(숫자)을 검색하고 자극에 반응해야 한다. 이 작업은 검색 프로세스가 계속됨에 따라 부수적인 정보(숫자 위치)를 수집할 수 있는 능력과 시각적 검색이 필요하다. (American Association of Retired Persons. [1992]. *Older driver skill assessment and resource guide: Creating mobility choices*. Washington, DC: American Association of Retired Persons; http://emedicine.medscape.com/article/318521-overview)

도움이 되는 것으로 나타났다(Stutts 등, 1998).

최근 몇 년간, 두 가지 기법이 운동 기술 환경에서의 정보 처리 과정을 평가하는 데 인기를 끌고 있다. 바로 visual gaze tracking과 visual occlusion이다. Gaze Tracking은 전문 장비를 사용하여 눈동자의 움직임을 추적해, 연구자가 피실험자의 시각적 검색 전략과 주의력 제어 전략을 식별할 수 있다(4장 SIDENOTE: Measuring Visual Search). occlusion 기법은 대상자가 향후 조치를 예측할 수 있는 능력을 평가하기 위해 시각적 정보를 제한하는 방식이다. 시각적 정보를 차단하는 한 가지 방법은 대상자 동작 중 어떤 지점에서 멈추게 하거나(temporal occlusion에 해당), 움직임의 특정 측면이 보이지 않도록 숨겨지는(spatial occlusion에 해당)(해당 'SIDENOTE'를 참고) 영상의 운동 기술 수행능력을 시청하게 하는 것이다. 비디오가 중단되면, 그 대상자에게 배구나 테니스 서브의 방향과 같은, 영상 속 선수가 어떤 행동을 할지에 대해 예측하도록 지시한다. 대상자의 반응으로 나타날 수 있는 것은 간단한 언어적 표현, 실험 장치 버튼 사용, 또는 전신 동작 표현들이 있다. 또 다른 occlusion technique은 연구자들이 실생활 동안 그 대상자의 시각적 정보를 중단시킬 수 있도록 거의 즉각적으로 불투명해질 수 있는 특수 안경을 사용하는 것이다(이 안경은 4장에 나와 있는 고글로 진화하였다). 시각적인 정보가 정지된 후 선수들의 행동이 평가되는데, 야구 타자들을 상대로 Higuchi와 그의 동료들이 수행한 실험(2016)에서 이 과정이 잘 표현되었다. 논문의 저자들은 다양한 속도록 공을 날리며 시각적 폐쇄를 적용한 타자들이 반응하는 것을 살펴보았는데, 만약 시각적 폐쇄가 공이 홈플레이트에 150ms 이내의 속도로 날아온다면 타자의 기량에 거의 영향을 미치지 않는다고 밝혔다.

오류 측정

수행능력 측정 중 가장 일반적으로 사용되는 것은 오류를 측정하는 것이다. 오류 측정은 반응 결과와 반응 생산치 측정의 정확도를 결정하는 데 사용되며, 여기에는 공간적(spatial error) 또는 시간적 오류(temporal error)가 포함된다. 시간적 및 공간적 정확성과 함께 여러 형태의 오류 측정을 통해, 오류를 일으키는 원인을 찾고 수행자들이 더 나은 수행능력을 획득할 수 있도록 한다. 각각의 오류 점수는 작은 한 가지 정보만 제공하므로 중요한 정보들을 취합하기 위해선 정보 해석에 신중을 기하여야 한다.

종종 단일 오류 점수들은 테스트들을 요약하기 위해 몇 번의 테스트 후 편집처리를 한다. **정 오차**(constant error, CE)는 지정된 수의 테스트들에 대한 평균 오류값이다. 점수는 오류의 크기(magnitude)와 방향(direction) 모두를 바탕으로 하기 때문에 얼마나 많은 오류가 발생했는지에 대한 측정뿐만 아니라 수행능력에서의 편향이나 경향성을 제공한다. **절대 오차**(Absolute error, AE)는 지정된 수의 테스트에서의 오류 절대값에 대한 평균이다. 여기서는 점수의 방향성(예: 플러스나 마이너스, 왼쪽 또는 오른쪽)은 제공하지 않고 오류 크기만 제공된다. **변산적 오차**(Variable error, VE)는 오류 점수 그룹의 표준 편차이다. 이는 오류의 양이 아니라 반응의 일관성을 측정하는 척도이다. 그림 6.4는 오류의 유형과 그것이 나타낼 수 있는 것에 대한 기본적인 해석의 예를 제공한다.

앞으로 소개되는 장에서도 보게 되겠지만, 학습자들의 수행능력 향상을 위해 제공되는 지시의 대부분은 오류 정보, 보다 구체적으로는 표준 또는 이상화된 수행능력 점수로부터의 편차를 기반으로 한다. 고속 촬영 장치와 같은 고급 장비를 사용하기는 하지만 일반적으로 수행능력 오류는 코치나 강사의 정성적(qualitative) 또는 주관적 관찰을 사용하여 평가된다. 하지만 이러한 방법은 매우 성공적인 결과를 보여주고 있다(Knudson & Morrison, 2002). 생산치 오류의 정량화, 즉 오류에 대한 정확한 수치 분석은 일반적으로 비디오 평가와 정교한 소프트웨어로 이루어진다. 그림 6.5에 표시된 것처럼 움직임은 적절한 영상 소프트웨어를 통해 분할되고 측정된다. 반응 결과 오류 측정은 타깃 사격의 케이스처럼 정확한 거리 측정이 되어, 비교적 정량화가 쉽게 이루어진다. 오류 측정이 정성적이든 정량적(quantiitative)이든 간에, VE, AE 및 CE는 수행능력에 관한 다양한 유형의 정보를 제공하므로 가장 중요하거나 의미 있는 수

SIDENOTE Visual occlusion 테스트의 예시

영상은 다양한 양의 시간적(A) 또는 공간적(B) 정보를 사용하여 컴퓨터 화면에 표시된다. (A) 영상은 테니스 서브 동작중 다양한 지점을 나타내고 있다. (T1) 서브 시작 부분~ (T4) 시작 부분부터 마무리까지. 각각의 장면에서 실험 대상자는 가능한 빨리 서브가 도달할 것으로 예상되는 지점을 구두 표현하거나 버튼 장치로 반응한다. 반응의 정확도와 RT를 측정한다. (B)에서는 더 많은 정보의 양이 다양하게 삭제되어 있다. 실험 대상자는 정보가 적은 4, 5번 그림보다 가장 많은 1번 그림에서 반응이 신속하고 더욱 정확하였다. 스포츠에 능숙한 피험자는 초보자에 비해 적은 정보에서도 더 빠르고 정확하게 반응하였다.

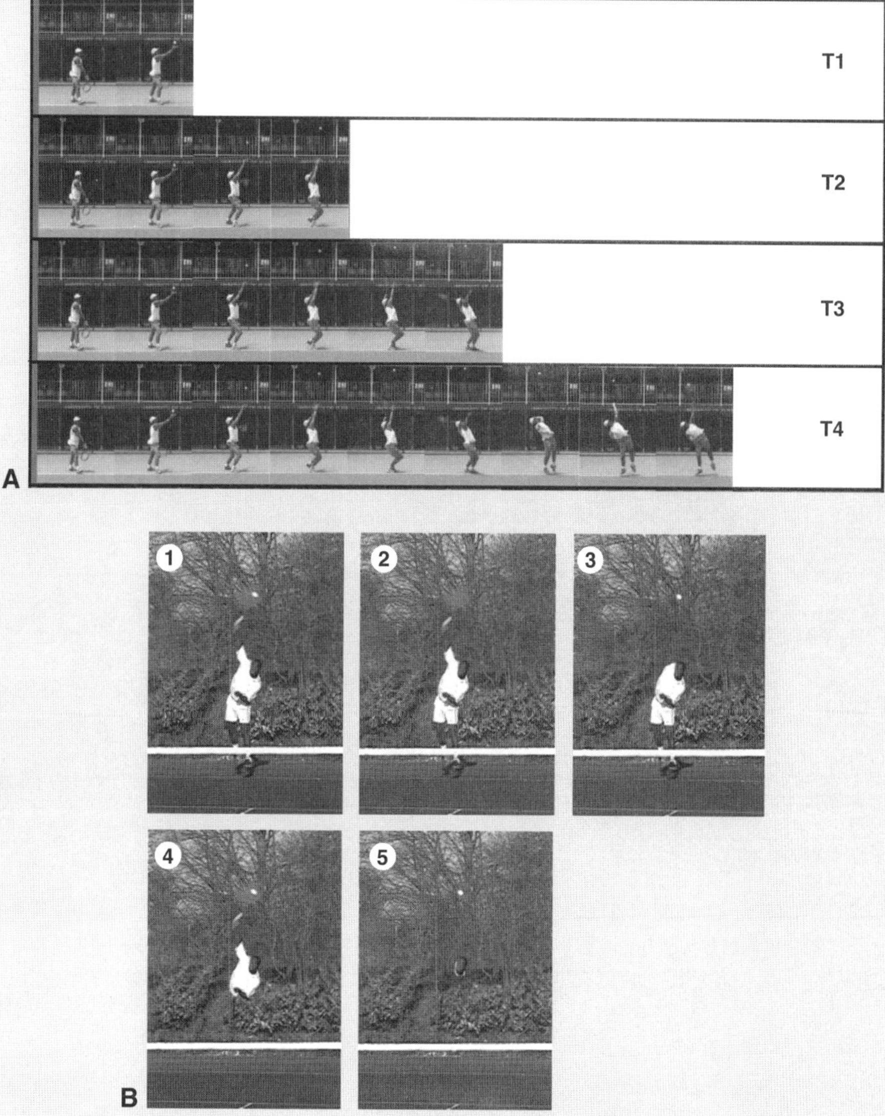

A와 B. Farrow, D., & Abernethy, B. (2002). Can anticipatory skills be learned through implicit video-based perceptual training? *Journal of Sports Sciences, 20*(6), 471-485, Reprinted by the publisher Taylor & Francis Ltd: http://www.tandf.co.uk/journals, with permission. **B.** Jackson, R., & Morgan, P. (2007). Advance visual information, awareness, and anticipation skill. *Journal of Motor Behavior, 39*(5), 341-351. Reprinted by the publisher Taylor & Francis Ltd: http://www.tandf.co.uk/journals, with permission.

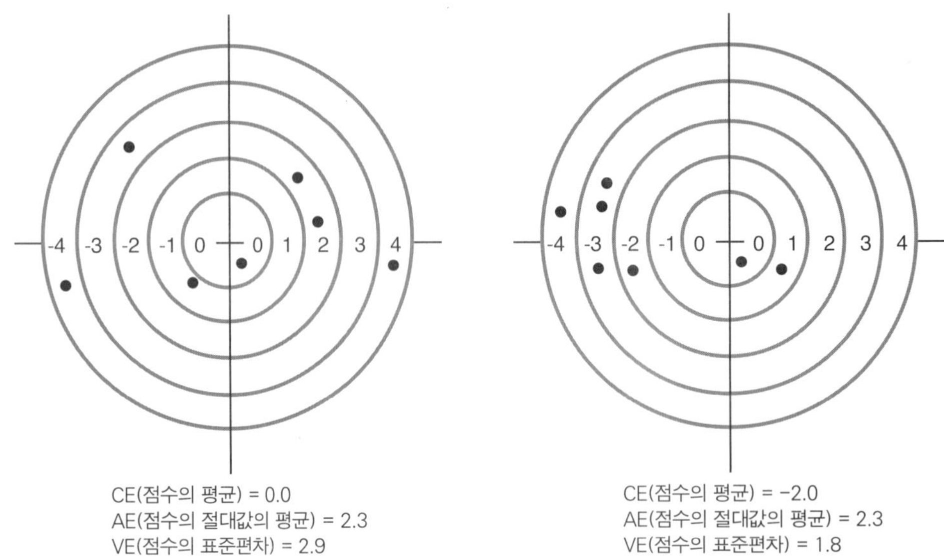

그림 6.4 라이플 사격의 예를 들어 오류 점수의 두 가지 예를 설명한다. 음수는 타깃의 왼쪽에 있는 샷을 나타내고 양수는 오른쪽에 있는 샷을 나타낸다. 왼쪽에서 CE는 0이며, 왼쪽/오른쪽 편향이 없음을 나타낸다. 가운데 샷에서 멀리 떨어진 AE는 2.3이고 샷의 범위가 넓게 산재된 것은 큰 VE를 유발한다. 오른쪽 타깃을 보면 왼쪽 타깃과 AE와 동일하지만 점수가 더 모여 있기 때문에 VE가 더 작다. 점수는 목표의 왼쪽으로 치우쳐, 마이너스(음적) CE가 된다. 이러한 오류 점수의 해석은 좌우가 크게 다를 수 있다. 왼쪽 타깃은 사격수가 일정한 사격을 하지 못함을 나타낼 수 있는 반면, 오른쪽의 시스템 오류는 사격자보다는 라이플 소총이나 조준경의 문제를 나타낼 수 있다. 한편 타깃 판의 점수의 높고 낮음은 추가적인 문제를 암시한다.

그림 6.5 수행능력 오류는 디지털 영상을 이용하여 평가할 수 있다. **A.** 투창던지기의 영상 평가로 선수와 코치는 투창을 던지는 동작들을 처음부터 마무리까지 분할하여 평가할 수 있다. 투창던지기에서 보이는 오류들은 이전 다른 시도 때와 비교하거나 심지어는 영상들을 오버랩하여 평가할 수 있다. 때때로 오류 측정은 주관적일 수도 있는데, 이는 코치와 선수가 가진 정신적인 이미지와 비교되어 만들어지는 것이다 **B.** 수행능력을 평가하는 또 다른 방법은 한 사람을 다른 사람과 비교하는 것이다. 영상 기술을 이용하여 두 도마 체조 선수의 움직임을 한 장면으로 오버랩하여 두 선수의 수행능력을 비교한 것이다. (사진 제공: Dartfish Software, Switzerland)

행능력 오류를 식별하는 맥락에서 이러한 것들을 해석해야 한다.

신체적 재활을 받는 선수들과 일반인들에게 피드백을 주기 위해 영상 장치(고속 촬영 및 일반 촬영)를 이용하는 것은 이제 일상적인 수단이 되었다. 그림 6.5의 투창던지기 선수의 예를 참고하라. 선수의 생체역학, 투창의 궤적, 그리고 수행능력의 결과(투창이 날아간 거리)를 면밀히 살펴보면, 좋지 않은 릴리즈 포인트와 과도한 스트라이드 등의 다양한 오류를 확인할 수 있다. 코치와 선수는 이러한 오류가 일관적(낮은 VE 또는 높은 VE)인지, 한 방향으로 편향되었는지(CE) 또는 크기가 크거나 작은지(AE)를 결정해야만 한다. 일관되지 않은 수행능력은 어떤 한 원인에 의해서, 또는 편향된 다른 수행능력에 의해서, 그리고 다른 큰 오류들에 의해서도 야기될 수 있다. 지도자는 수행능력 올퓨의 한 측면만을 해결하거나, 여러 오류 유형으로 이어질 수 있는 근본 원인을 식별해야 하는지를 결정할 수 있다. 분명한 것은 수행능력에 영향을 미치는 대부분의 경우가 단일 유형의 오류가 아닐 가능성이 높기 때문에, 지도자와 학습자는 다양한 모든 유형의 오류들을 평가할 수 있어야 한다.

SIDENOTE

영상, 인터넷, 그리고 수행능력 평가

많은 사람들이 인터넷을 이용하여 프로선수들의 영상을 보고 자칭 프로 경기 평가자가 되고 있다. 세계에서 가장 빠른 테니스 서브 능력을 가진 Andy Roddick(사진 참조)과 같은 특색 있는 능력을 지닌 운동선수들은 낮은 수준에서 높은 수준의 전문지식을 가진 여러 개인들에 의해 엄격한 질적, 양적 분석을 받는다. 하지만 전문가들 사이에서도 수행능력에 대한 평가는 제각기 다를 수 있다. 예를 들어 USA투데이는 로딕의 성공이 다리와 몸의 힘 때문이라고 주장했던 Roddick 코치의 말을 인용한 반면, 운동 제어 전문가들은 유명한 생체역학 관련 잡지(http://www.popularmechanics.com/outdoors/sports/physics/4221210)에 보고된 바와 같이 Roddick의 체간, 팔, 손목 회전의 중요성을 지적했다. 요점은 수행능력 평가는 종종 복잡한 양상을 띠며, 특히 복잡한 운동 기술로 인해 단일 정보 소스에 의존하는 것이 현명하지 못할 수 있다는 것이다.

사진 제공: Boss Tweed, Creative Commons License

재능 측정

특정 운동 기술(예를 들어 농구 드리블과 같은)을 측정하는 것은 한 사람의 현재 수행능력 수준을 나타낼 수 있다. 능력을 측정하는 것은 왜 어떤 사람의 수행능력은 약하거나 강한지에 대한 잠재적인 이유를 알고, 나아가 미래의 운동 기술 숙련도에 대한 예측을 할 수 있다는 이점이 있다. 전체적인 성능에 기여하는 특정 하위 운동 기술과 능력을 측정하는 것을 **재능 식별**(ID, identification)이라고 한다. 재능 ID에는 **영재성**(giftedness) 영역의 식별도 포함되며, Gagne(2004)는 이 영역을 "영재성이란 훈련받아 생긴 것이 아닌 타고났으며 자연스럽게 표현되는 선천적인 능력으로, 적어도 하나의 능력에서, 최소 동년배 중 상위 10퍼센트 수준의 능력을 보이는 것을 의미한다"고 표현하였다.

재능 ID 테스트는 훈련과 연습 지침을 제공하는 기능이 있다는 점에서 일반적인 수행능력 테스트와 같지만 크게는 두 가지 근본적인 차이가 있다. 하나는 미래의 수행능력 잠재력을 예측하고자 하는 것이고 다른 하나는 영역 선택이다. 재능 ID는 운동 행동 환경의 내외로 광범위하게 사용되고 있는데, 예를 들어 Myers-Briggs Inventory(MBTI)와 같은 개인 성격 검사는 관리자 및 임원의 성공 잠재력과 자격을 평가한다. 한편 재능 ID의 광범위한 사용 범위에도 불구하고 그 효과와 타당성 등을 포함한 여러 문제들 역시 존재한다. 아래에서는 재능 ID 활용에 대한 세부적인 내용을 살펴볼 것이다.

스포츠 선수의 재능 ID: 영역 선택과 수행능력 예측

재능 ID 테스트는 대부분의 스포츠에서, 모든 연령대에 걸쳐 시행된다. 이 테스트는 전통적으로 신체적 숙련도와 기본적인 하위 요소 운동 기술을 강조한다. 예를 들어 NFL은 대학 선수들이 NFL에서 성공할 가능성을 평가하기 위한 4일간의 시험인 '스카우트 종합 테스트'를 실시한다(이 장 앞부분의 '타당도' 섹션 참조). 이러한 테스트 중 11개는 신체적 숙련도 또는 메디컬 테스트이며, 몇 가지는 특정 포지션에 따른 운동 기술 테스트이며, 한 가지는 심리 테스트이다. 더 높은 수준의 스포츠에서 활동하기 원하는 전 세계의 아이들은 최고의 팀에 들어가기 위해 공식적이든 비공식적이든 정기적으로 재능 ID 테스트를 받는다. 예를 들어 유럽의 축구 클럽은 8세 전후로 선수들을 테스트하고 훈련시킨다(예: Emmonds 등, 2016). 재능이 식별되고, '알맞은' 특성을 가진 선수들은 그들이 최고 수준에 도달할 수 있는 잠재력을 가지고 있다는 믿음을 가지고 다음 단계로 발전한다. 그러나 현재의 재능 ID 프로그램이 성공적인 결과를 도출한다는 사실이 분명히 밝혀지진 않았으며, 잠재적으로 재능 있는 선수들을 놓치는 경우도 존재한다.

영역 선택(Domain selection)은 개인의 특정 재능이나 영재성이 어떤 분야나 영역(수학, 예술, 또는 스포츠 등)에서 더 유용한지를 식별하는 광범위하고 일반적인 형태의 재능 ID이다. 반면 재능 ID는 주로 한 가지 영역이 정해진 다음에 수행된다. 예를 들면 체구가 작은 사람은 체조나 승마와 같은 키가 작은 사람이 분명한 이득을 가지는 종목에 유리할 수 있다. 시력과 시각-운동(visual-motor) 협응력이 좋지 못한 사람은 작은 물체를 잡는 활동을 피해야 할 수도 있다. 영역 선택은 주로 영재성에 기초하고 어떤 분야를 선택할지보다는 어떤 분야를 피해야 하는지에 기초하고 있다. 영역 선택은 재능 ID와 동일한 문제 중 일부를 겪을 수 있지만, 그보다는 심각성이 낮다.

재능 식별 예측 문제

재능 ID에는 몇 가지 문제가 있다. 첫 번째는 능력 측정 행위 자체이다. 앞에서 살펴본 것처럼, 근력과 같은 몇몇 능력들에 대한 측정은 신뢰할 수 있으나, 심리적 경직도와 같은 몇몇 능력들의 경우 측정하기 어렵다. 두 번째 문제는 특정 운동 기술에서 자신의 능력과 수행능력을 대응시키는 것이다. 특정 스포츠에서의 선수들 특성에 대한 연구들은 상당히 보고되고 있다. 예를 들어 배구의 공격수들은 키가 크고 수직 점프 능력이 좋은 경향이 있다. 하지만 키가 크고 수직 점프 능력이 좋아도 기량이 좋지 못한 공격수들도 많다. Abernethy 외 연구진(1995)은 중요한 특성(예를 들어 근력)이 많은 스포츠에서 선수들 수준을 나누는 지표가 될 수는 있지만, 그 선수가 높은 능력을 가졌는지 낮은 능력을 가졌는지 확인할 수 있는 정도까지만이라고 지적했다. 수행능력 수준(예: NFL)의 차원에서, 근력으로 한 선수와 다른 선수의 수행능력을 완전히 구분할 수 있지는 않은 것으로 보인다. 이러한 예는 훌륭한 수행능력에 요구되는 핵심적인 능력들을 식별하는 것이 어려운 일이며, 운동 기술 수행능력은 개인이 지닌 여러 능력들을 종합하여 발휘되는 것을 의미한다.

복잡한 운동 기술을 수행하는 데 필수적인 재능을 갖기는 무척 어려운 일인데, 왜냐하면 필수적인 재능은 시간이 지남에 따라 변하는, 즉 불안정한 성격을 가졌기 때문이다. 청소년 스포츠에서는 가장 크고 가장 강한 힘을 가진 선수가 비록 기술적으로 부족하더라도 높은 평가를 받는데, 이러한 평가는 그들이 나이를 먹어감에 따라 바뀔 수 있다. Emmond와 동료들(2016)의 연구 결과는 재능의 불안정한 성격에 대한 개념을 강조한다. 그들은 18세에 프로 계약을 한 영국 축구 선수들과 그보다 더 나이가 들었을 때 계약을 한 선수들을 비교하였다. 저자들은 15세 이전의 나이에서는 스프린트 수행능력에서 큰 차이를 보이지 않았고, 18세 이전의 나이들에서는 지구력 수행능력에서 차이가 보이지 않았다고 밝혔다. 즉, 어린 나이에는 축구에서 중요한 스피드와 지구력으로 그 선수가 18세에 프로선수로 계약할 수 있는지를 예측하기 힘들다는 것이다. 능력과 기술이 성공적인 수행능력에 기여하는 것이 시간이 지남에 따라 변할 수 있다는 사실은 무용가(Walker 등, 2011)와 음악가(Macnamara & Collins, 2009)를 대상으로 한 연구에서도 유사한 결과를 보였다.

능력 측정은 운동 기술 측정과 동일한 수준의 관리가 필요하다. 신체 숙련도에 관한 능력에 비해, 유전적 소인과 정신심리적 그리고 심리 운동 능력 훈련 가능성에 대해서는 연구된 바가 매우 적다(Bouchard & Malina, 1983; Rankinen 등, 2006). 게다가 정신심리적 능력이 수행능력에 미치는 영향(예를 들어 스포츠 관련 정보 처리 과정을 높여주는 정신심리적 특색에 대한 것과 같은)은 거의 알려져 있지 않다. 심리적 능력의 식별과 측정을 둘러싸고 있는 모호성의 구름에도 불구하고, 심리 운동과 심리적 능력이 최고 수준의 수행능력의 열쇠라는 인식은 증가하고 있다(예: O'Connor 등, 2016). 예를 들면 RT 요소가 없는 단순한 폐쇄성 기술의 민첩성 테스트보다 RT 요소(지각적 운동 open skill)가 있는 테스트가 높은 수준의 선수들을 감별하기에는 훨씬 나은 식별 테스트이다(Shappard 등, 2006).

재능 식별 프로그램의 효과

재능 ID에 몇 가지 문제가 있는 것은 확인하였는데, 그렇다면 그 유용성은 어떨까? 아마도 재능 식별 프로그램에 대한 가장 두드러진 예는 과거 공산권 국가가 국가적 차원에서 지원한 올림픽 개발 프로그램과 현재 중국에서 이루어지고 있는 선수 양성 프로그램일 것이다. 중국에서는 인재 선발 담당자들이 여러 초등학교를 방문하면서 학생들의 유연성, RT, 신체 및 뼈 인체측정학 및 기타 능력을 측정한다(McEvoy, 2012). 뛰어난 능력을 가진 아이들은 그에 맞는 스포츠 특성화 학교에 진학하게 되는데, 예를 들어 유연성이 높은 아이들은 체조 학교로, 팔, 다리, 몸통이 특정 비율인 아이들은 역도 특성화 학교로 진학한다. 하지만 이 프로그램에 쏟아부은 방대한 자원에도 불구하고 이러한 선발 과정이 금메달을 따는 데 있어 장점이 된다는 증거는 거의 없다. Vaeyens 등(2009)은 국가가 후원하는 올림픽 인재 식별 프로그램들을 검토한 뒤 여전히 의문시된다고 결론지었으며, 나아가 청소년들을 위한 장기간의 제도적 스포츠 특화 훈련이 엘리트 스포츠 성과와 밀접한 관련이 있는 것은 아니라고 지적했다. 심지어 널리 알려진 NFL 스카우트 테스트(Kuzmits & Adams, 2008)와 NHL 테스트(Vescovi 등, 2006a, b)의 유효성에도 의문점이 있다. Whitehouse(2013)는 자신의 저서에서 바르셀로나와 같은 성공적인 클럽이 리오넬 메시와 같은 작고 민첩한 선수들을 배출하고 있음에도 불구하고 영국 축구학원의 실패 중 하나는 그들이 재능 평가에서 고의적으로 더 작은 선수들을 제거했기 때문이라고 지적했다. 그렇다고 해서 모든 프로그램이 모든 방면에서 실패한다는 뜻은 아니다. 선별 과정이 비용적 측면에서 도움이 된다는 증거가 있다(Pion 등, 2016).

최근 근육 섬유 유형과 같은 생리학적 특성을 검사하기 위한 유전자 테스트 사용이 상업적으로 이용 가능하게 되었다. 이러한 유형의 테스트는 영역 선택에 관한 것이며 윤리적 문제가 있기도 하다. 윤리적 문제 외에도 Camporesi와 McNamee(2016)는 유전자 검사가 선수 재능을 선별하는 중요한 역할을 제공하지는 않는다고 결론지었다. 한편으론 이러한 유형의 테스트는 유아기에만 의미 있는 것으로 인정해

생각해보기 6.2 프로선수 선발 종합 테스트

프로선수들의 수행능력을 예측하려는 것이 스카우트 테스트의 목적이다. 이러한 종합 테스트는 생리학적, 운동 기술 및 심리학적 테스트를 여러 날에 걸쳐 수행한다. 아래 사진은 NHL 선발 예정 선수가 NHL 선발 테스트 중 메디신볼을 던지는 모습이다. NHL이 최고 수준의 스포츠임에도 불구하고, 이러한 종합 테스트의 예측 능력에 대한 의문들이 있다. 예를 들어 Vescovi 외 연구진(2006a, b)은 NHL 종합 테스트의 유용성에 의문을 제기한 반면, Tarter 외 연구진(2009)은 종합 테스트 사용을 지지했다. 아래의 논문들을 읽고 NHL 스카우트 테스트의 유용성과 관련하여 여러분만의 결론을 내려보도록 하라.

Tarter, B., Kirisci, L., Tarter, R., Weatherbee, S., Jamnik, V., McGuire, E., 등 (2009). Use of aggregate fitness indicators to predict transition into the National Hockey League. *Journal of Strength and Conditioning Research, 23*(6), 1828–1832.

Burr, J., Jamnik, R., Baker, J., Macpherson, A., Gledhill, N., & McGuire, E. (2008). Relationship of physical fitness test results and hockey playing potential in elite-level ice hockey players. *Journal of Strength and Conditioning, 22*(5), 1535–1543.

Vescovi, J., Murray, T., Fiala, K., & VanHeest, J. (2006). Off-ice performance and draft status of elite ice hockey players. *International Journal of Sports Physiology and Performance, 1*(3), 207–221.

Vescovi, J. D., Murray, T. M., & VanHeest, J. L. (2006). Positional performance profiling of elite ice hockey players. *International Journal of Sports Physiology & Performance, 1*(2), 84–94.

사진 제공: Jeffrey C. Ives

야 한다.

전반적으로 재능 ID 프로그램은 미래의 성공을 예측하는 데 있어 그 효과가 미심쩍으며, 이는 어린이와 초심자의 초기 성과를 평가할 때 특히 그러하다. 일반적으로 초기의 성공적인 모습(좋은 것이든 나쁜 것이든)이 미래의 성과를 확실하게 예측하지는 못한다. 초기 단계의 성공을 위한 능력과 그 이후 단계의 성공을 위한 능력은 종종 다르기 때문이다. 수행자는 학습 단계(7장 참고)를 거치면서 새로운 능력들을 습득하거나 활용해야 한다. 신체적 성장과 키와 같은 일부 성숙 요소를 예측하는 방법들에는 신뢰성이 있지만, 연습과 훈련에 대한 성숙함과 적응성은 그렇지 않다. 예를 들어 어린이는 근력 발달 가능성을 평가할 방법이 없다.

그럼에도 불구하고 많은 스포츠 및 활동들에서 미래의 성공을 예측할 수 있는 두 가지 요소와 측정치에 대한 증거들이 있다. 그 첫 번째 요인은 **상대 연령**(relative age)으로, 이는 단순히 어떤 연령대 그룹에서 더 나이가 많거나 더 성숙한 아이들이 성공적인 발달을 할 가능성이 있다는 것이다(Cobley 외, 2009; Musch & Grondin, 2001). 비록 일부 스포츠에서는 상대 연령이 핵심적인 역할을 하지 않을 수도 있고(Malina 등, 2005), 성별에 따라 그 영향이 다를 수도 있으나(Myburg 등, 2016; Vincent & Glamser), 일반적으로는 나이가 더 많은 아이들이 생물학적으로 자신의 상대방보다 발달되어 있을 가능성이 높다. 이러한 이점들은 비교적 어린 연령에서 두드러진다(예: Myburgh 등, 2016). 이러한 장점들은 더 많은 성공에 기여하고, 이 성공들 때문에 더 많은 시간과 노력이 이 아이들에게 제공된다. 게다가 이 이른 성공은 이 아이들이 계속해서 참여하고 더 많은 성공을 위해 열심히 일하도록 하는 강력한 동기부여 요인이다. 한편 Mujika 외 연구진(2009)은 더 나이든 아이들에게 자원을 제공하려는 이러한 편견이 어린 나이대의 아이들로 하여금 잠재적인 재능을 잃게 한다고 지적했다.

두 번째 요소는 능력 자체가 아니라 소규모 그룹 게임(SSG, Small-sided games)에서의 수행능력 종합 측정이다. 소규모 그룹 게임이란 작은 경기장에서 10분간 4 대 4로 경기하는 것과 같은, 좀 더 작은 경기장에서 몇몇의 선수들로 구성하여 진행하는 팀 스포츠 게임을 의미한다. 선수들은 경기를 치를 때마다 순환하여 팀을 구성하고 다양한 조합을 통해 많은 게임을 한다. 여러 경기를 치르면서 팀으로, 개인으로 뛰어난 성적(득점 수, 경기 승리 수, 움직임 양 측정)을 보이는 선수가 뛰어난 재능을 지닌 것으로 판정된다(Fenner 등, 2016). 하지만 SSG의 결과가 단기 예측에 유용할 수는 있지만 장기적인 성공을 예측하기에 충분하다는 증거는 아직 없다.

훈련에서의 재능 식별

능력 측정은 연습, 훈련 및 재활 효과를 평가할 수 있는 척도를 제공한다. 어떤 스포츠의 특징을 짓는 능력을 아는 것은 선수들에 대한 연습과 훈련 방향을 제공한다. 예를 들면 호주의 여성 넷볼 경기(netball)에서 수준 높은 선수로 평가받을 수 있는 생리학적 특성은 10m 스프린트 1.98초, 민첩성 점수(505 agility 테스트) 2.47초, 앉아서 앞으로 몸 굽히기 유연성 테스트 15.5cm, 수직 점프 53.4cm가 기준이다(Gore, 2000). 여기에서는 이 점수들을 갖추는 것이 전문적인 선수의 요건이 된다는 것을 의미하기보다는, 해당 스포츠의 전문 선수에게 있어 다소 중요할 수 있는 능력에 대한 일반적인 설명을 제공한다는 점이 중요하다(예: 수직 점프가 53.4cm이며 연성 테스트가 15.5cm라는 것은 그렇지 못한 이들에 비해서 뛰어난 능력을 가진 것). 이러한 능력의 측정치는 훈련에 대한 목표와 집중해야 하는 영역이 무엇인지 방향을 정해준다.

생각해보기 6.3 재능 ID를 위한 유전자 검사?

지속적인 연구와 기술적 진보로 인해 많은 사람들이 유전자 검사에 접근할 수 있게 되었다. 이 테스트는 건강 위험도, 혈통, 재능 ID를 검사하는 데 사용된다. 재능 ID 테스트 항목에는 지구력, 근력, 그리고 파워(즉, 속근 섬유 유형, fast-twitch muscle fiber type)와 힘줄(tendon) 부상 및 뇌진탕에 대한 민감성이 포함된다(Guth & Roth, 2014). Guth와 Roth(2014년)는 이러한 요소들 및 다른 요소들에 대한 유전자 유형 검사가 개발된 후 1년 만에 상업적으로 이용 가능하게 되었고 어린이를 위한 영역 선택을 위해 홍보되고 있다는 점을 지적했다. 특히 지구력과 근력, 파워에 대한 '경향'이 자녀들의 미래를 이끌어낸다고 부모들에게 마케팅되고 있다. 재능에 대한 유전자 검사에 대해 어떻게 생각하는가? 이에 대한 관점을 얻기 위해 Guth와 Roth(2014), Wackerhage 외(2009), Camporesi와 McNamee(2016)의 연구를 살펴보라.

근거 기반 실무 적용

EBP는 신뢰성 있고 타당도 있는 연구 결과에 달려 있다. 수행능력에 대한 정확하고 의미 있는 측정이 없다면, 재활에서 부상 예방, 운동 기술 개발 등에 이르는 모든 개입 프로그램의 효과를 평가하는 것은 불가능하다. 또한 EBP는 개인별 맞춤과 역량을 고려하여 최선의 개입을 찾는 데 초점을 맞추고 있으며, 만능주의 전략을 타파하고자 하는 강력한 움직임을 보이고 있다. 예를 들어 Pappas와 그의 동료들은 효과적인 무릎 부상 예방 프로그램을 설계할 때 성별과 같은 기준 및 구체적인 측정을 고려하는 것이 중요하다고 언급했다.

EBP 지침을 가장 잘 따르기 위해, 임상과 실전의 모든 측면에 있는 운동과학자들은 기존 문헌에서 중요하고 의미 있는 측정치를 식별할 수 있어야 하며 자신의 고객을 측정할 수 있어야 한다. 한 측정과 다른 측정 사이에 확실한 과학적 증거가 없는 경우, 실행자는 이론적인 메커니즘의 맥락에서 증거에 대한 무게를 강조하기도 하고 낮추기도 해야 한다(Knudson 등, 2014). Kümmel과 그의 동료들의 균형 훈련과 균형 측정에 대한 최근의 연구를 고려하라. 이 연구에 따르면 전반적인 균형감을 측정할 것이라고 생각되는 한 발 서기 자세는 균형감 및 균형감 훈련의 성과를 효율적으로 측정하지 못한다고 하였다. 효율적인 측정이 되기 위해선 실제로 사용되는 환경 및 교정이 고려된 측정 방법을 사용해야 한다. 이 연구는 연습, 훈련 및 재활 프로토콜을 결정할 때엔 수행능력을 타당하게 측정해야 함을 강조한다.

요약

측정의 어려움, 타당도(유효성) 및 신뢰도 문제 때문에 수행능력 측정은 어려운 과제이다. 그럼에도 불구하고 수행능력 측정은 개선의 진행률을 측정하고 학습 성공의 여부를 추론할 수 있는 EBP의 핵심이다. 수행능력 측정에는 두 가지 일반적인 유형(결과와 생산물 측정치)이 있는데, 수행능력 수준과 학습 해석에 대해 서로 다른 접근을 제공한다. 반응 결과 측정은 무슨 일이 일어났는지 보여주고, 반응 생산물 측정치는 그 움직임이 어떻게 수행되었는지에 대한 통찰력을 제공한다. 중요한 수행능력 측정치를 시험자들이 인식하는 데는 시행착오과 경험이 필요하다. 반응 시간(RT)은 정보 처리 능력 측정의 수단으로, 스포츠 및 연습 환경에서 충분히 활용되지 않은 수행능력 측정 수치이지만, 한편으론 전형적인 실험실 기반의 RT 측정은 실제 스포츠 및 생활환경에서의 유효성이 높지는 않다. 눈 추적 장비와 occlusion 고글의 사용이 증가함에 따라 연구원과 실무자들이 의사결정 및 기타 정보 처리 능력을 더 잘 이해할 수 있게 되었다.

오류 측정(Error measurement)은 이상적 또는 바라는 수준의 수행능력에서 보이는 편차에 대한 성능 측정치이다. 오류는 편차의 크기(AE), 수행능력의 경향이나 편향(CE) 또는 일관성(VE)을 나타낼 수 있다. 운동 기술 수행능력에 대한 다양한 통찰력을 가지기 위해선 여러 형태의 오류 측정을 고려해야 한다. 영상 장치는 오류를 평가할 때 흔히 사용되며 간단하고 효과적인 수단이다.

개인은 다양한 운동 능력들을 가지고 있으며, 이는 단독으로 또는 복합적으로 작용하여 성공적인 운동 기술 수행능력의 기초를 제공한다. 이러한 능력에는 신체적 숙련도, 심리 운동, 그리고 심리가 포함된다. 비록 몇몇 능력들은 특정한 운동 기술에서 성공의 주요 요소로 명백히 확인되었지만, 대부분의 운동 기술에서는 필수적인 능력들을 결정하는 일은 어렵다는 것이 증명되었다. 분명한 것은 특정 운동 기술에서 성공을 거두기 위해선 다양한 능력 조합이 요구된다는 것이다. 하지만 그렇다고 해서 어느 종류든지 상관없이 능력 조합이 이루어진다는 것이 모든 운동 기술 활동의 성공으로 이어짐을 의미하는 것은 아니다. 어떤 능력들은 명확한 이점이나 단점을 제공하여 영역 선택을 통한 잠재적 활동을 식별하는 데 도움이 된다. 영역 선택 외에도, 능력 평가를 기반으로 어린이 또는 초보자의 운동 기술 성공 가능성을 예측하려는 시도가 있지만 여기에는 많은 문제점들이 있다. 능력 테스트가 신뢰할 수 있고 타당(유효)한 경우라도, 단지 몇 개의 운동 기술 측정에 있어서도 고려해야 할 요소들이 너무나도 많다.

그러나 이러한 문제에도 불구하고 능력 테스트는 그 용도를 가지고 있다. 많은 스포츠와 운동 기술의 경우, 힘, 속도, 신체 크기, 시각적 정확성 등, 경험적으로 그리고 이론적으로 수행능력에 기여하는 기본적인 또는 최소 수준의 능력이 있다는 것은 잘 알려져 있다. 이러한 조치들은 연습과 훈련 동안 개인들이 노력해야 할 최소한의 목표를 제공한다. 능력의 측정은 또한 명백한 약점과 강점을 식별하는 데 도움이 되며, 훈련이나 재활 중의 진행 상황을 모니터링할 수 있는 측정치를 제공한다.

연습문제

1. 운동 기술과 능력 모두에 대한 타당성(유효성) 있는 수행능력 측정을 결정하는 데 어려운 점은 무엇인가?
2. 오류를 측정하는 일반적인 방법은 무엇인가? 이러한 각 오류 측정은 어떤 정보를 나타내는가?
3. 평균적으로, 젊은 성인의 경우 전형적이면서 단순한 선택적 반응 시간은 얼마나 빠른가? 이러한 반응 시간의 작은 변화(예: 느린 반응 시간)가 매우 중요한 상황 및 상대적으로 중요하지 않은 상황을 식별하라.
4. 응답 시간(response time)과 반응 시간(reaction time)의 차이는 무엇인가?
5. 반응 생산물 측정치과 반응 결과 측정치의 정의와 차이점을 설명하라. 그리고 반응 생산물 측정치와 반응 결과 측정치 중 어느 하나가 더 우선되는 예를 제시하라.
6. 운동과학 및 신체운동학에 사용되는 수행능력 측정 사이에 반응 시간이 어느 정도 고유한 특성을 가지는 이유는 무엇인가?
7. 시각적 검색이란 무엇이며 어떻게 측정할 수 있는가?
8. 재능 식별이란 무엇이며, 효과적으로 사용하는 방법은 무엇인가?
9. 어떤 요인들이 초기 수행능력에 기초하여 미래의 성과를 예측하기 어렵게 만드는가? 즉, 재능 ID의 한계점은 무엇인가?
10. 반응 시간, 속도에 영향을 미치는 요인을 나열하고 설명하라.
11. 근거 기반 실천에서 기준 측정과 측정법의 개념이 필요한 이유와 방법은 무엇인가?

참고문헌

Abernethy, P., Wilson, G., & Logan, P. (1995). Strength and power assessment. Issues, controversies and challenges. *Sports Medicine, 19*(6), 401-417.

Bouchard, C., & Malina, R. (1983). Genetics of physiological fitness and motor performance. *Exercise and Sport Sciences Reviews, 11*, 306-339.

Burton, A. W., & Miller, D. E. (1998). *Movement skill assessment*. Champaign, IL: Human Kinetics.

Camporesi, S., & McNamee, M. J. (2016). Ethics, genetic testing, and athletic talent: Children's best interests, and the right to an open (athletic) future. *Physiological Genomics, 48*(3), 191-195. doi: 10.1152/physiolgenomics.00104.2015

Cobley, S., Baker, J., Wattie, N., & McKenna, J. (2009). Annual age-grouping and athlete development. *Sports Medicine, 39*(3), 235-256.

de Quel, O. M., Bennett, S. J., Lopez-Adan, E., Zapico, A. G., & Saucedo-Morales, F. (2015). Choice reaction time is not related to competition success in karate combat. *European Journal of Human Movement, 35*, 41-50.

Durocher, J., Guisfredi, A., Leetun, D., & Carter, J. (2010). Comparison of on-ice and off-ice graded exercise testing in collegiate hockey players. *Applied Physiology, Nutrition, and Metabolism, 35*(1), 35-39.

Emmonds, S., Till, K., Jones, B., Mellis, M., & Pears, M. (2016). Anthropometric, speed and endurance characteristics of English academy soccer players: Do they influence obtaining a professional contract at 18 years of age? *International Journal of Sports Science & Coaching, 11*(2), 212-218.

Emre, A. K., & Kocak, S. (2010). Coincidence-anticipation timing and reaction time in youth tennis and table tennis players. *Perceptual and Motor Skills, 110*, 879-887.

Farrow, D. D., Young, W. W., & Bruce, L. L. (2005). The development of a test of reactive agility for netball: A new methodology. *Journal of Science and Medicine in Sport, 8*(1), 52-60.

Fenner, J. J., Iga, J., & Unnithan, V. (2016). The evaluation of small-sided games as a talent identification tool in highly trained prepubertal soccer players. *Journal of Sports Sciences, 34*(20), 1983-1990.

Gagne, F. (2004). Transforming gifts into talents: The DMGT as a developmental theory. *High Ability Studies, 15*(2), 119-147.

Gore, C. J. (Ed.); The Australian Sports Commission. (2000). *Physiological tests for elite athletes*. Champaign, IL: Human Kinetics.

Guth, L. M., & Roth, S. M. (2014). Genetic influence on athletic performance. *Current Opinion in Pediatrics, 25*(6), 653-658.

Hick, W. E. (1952). On the rate of gain of information. *Quarterly Journal of Experimental Psychology, 4*, 11-26.

Higuchi, T., Nagami, T., Nakata, H., Watanabe, M., Isaka, T., & Kanosue, K. (2016). Contribution of visual information about ball trajectory to baseball hitting accuracy. *PLos One, 11*(2), e0148498. doi: 10.1371/journal.pone.0148498

Knudson, D., Elliott, B., & Hamill, J. (2014). Proposing application of results in sport and exercise research reports. *Sports Biomechanics, 13*(3), 195-203.

Knudson, D., & Morrison, C. (2002). *Qualitative analysis of human movement* (2nd ed.). Champaign, IL: Human Kinetics.

Kummel, J., Kramer, A., Giboin, L., & Gruber, M. (2016). Specificity of balance training in healthy individuals: A systematic review and meta-analysis. *Sports Medicine, 46*(9), 1261-1271.

Kuzmits, F. E., & Adams, A. J. (2008). The NFL combine: Does it predict performance in the National Football League? *Journal of Strength and Conditioning Research, 22*(6), 1721-1727.

Macnamara, A., & Collins, D. (2009). More than the "X" factor! A longitudinal investigation of the psychological characteristics of developing excellence in musical development. *Music Education Research, 11*(3), 377-392.

Malina, R., Cumming, S., Kontos, A., Eisenmann, J., Ribeiro, B., & Aroso, J. (2005). Maturity-associated variation in sport-specific skills of youth soccer players aged 13-15 years. *Journal of Sports Sciences, 23*(5), 515-522.

McEvoy, J. (2012). *Boarding school. Why China' talent factory threatens Tom Daley' dream. The Daily Mail.* http://www.dailymail.co.uk/sport/olympics/article-2104996/London-2012-Olympics-Why-Chinas-talent-factory-threatens-Tom-Daleys-dream.html

Mouelhi Guizani, S., Tenenbaum, G., Bouzaouach, I., Ben Kheder, A., Feki, Y., & Bouaziz, M. (2006). Informationprocessing under incremental levels of physical loads: Comparing racquet to combat sports. *Journal of Sports Medicine and Physical Fitness, 46*, 335-343.

Mujika, I., Vaeyens, R., Matthys, S. J., Santisteban, J., Goiriena, J., & Philippaerts, R. (2009). The relative age effect in a professional football club setting. *Journal of Sports Sciences, 27*(11), 1153-1158.

Musch, J. J., & Grondin, S. S. (2001). Unequal competition as an impediment to personal development: A review of the relative age effect in sport. *Developmental Review, 21*(2), 147-167.

Myburgh, G. K., Cumming, S. P., Coelho E Silva, M., Cooke, K., & Malina, R. M. (2016). Growth and maturity status of elite British junior tennis players. *Journal of Sports Sciences, 34*(20), 1957-1964.

O'Connor, D., Larkin, P., & Mark Williams, A. (2016) Talent identification and selection in elite youth football: An Australian context. *European Journal of Sport Sciences, 16*(7), 837-44

Pappas, E., Zampeli, F., Xergia, S. A., & Georgoulis, A. D. (2013). Lessons learned from the last 20 years of ACL-related in vivo-biomechanics research of the knee joint. *Knee Surgery, Sports Traumatology, Arthroscopy, 21*(4), 755-766.

Pion, J., Hohmann, A., Liu, T., Lenoir, M., & Segers, V. (2016). Predictive models reduce talent development costs in female gymnastics. *Journal of Sports Sciences, 35*(8), 806-811.

Rankinen, T., Bray, M., Hagberg, J., Perusse, L., Roth, S., Wolfarth, B., et al. (2006). The human gene map for performance and health-related fitness phenotypes: The 2005 update. *Medicine and Science in Sports and Exercise, 38*(11), 1863-1888.

Sheppard, J., Young, W., Doyle, T., Sheppard, T., & Newton, R. (2006). An evaluation of a new test of reactive agility and its relationship to sprint speed and change of direction speed. *Journal of Science and Medicine in Sport, 9*(4), 342-349.

Shin, Y. K., Proctor, R. W., & Capaldi, E. J. (2010). A review of contemporary ideomotor theory. *Psychological Bulletin, 136*(6), 943-974.

Stutts, J. C., Stewart, J. R., & Martell, C. (1998). Cognitive test performance and crash risk in an older driver population. *Accident Analysis and Prevention, 30*, 337-346.

Teramoto, M., Cross, C. L., & Willick, S. E. (2016). Predictive value of national football league scouting combine on future performance of running backs and wide receivers. *Journal of Strength and Conditioning Research, 30*(5), 1379-1390.

Vaeyens, R., Gullich, A., Warr, C. R., & Philippaerts, R. (2009). Talent identification and promotion programmes of Olympic athletes. *Journal of Sports Sciences, 27*(13), 1367-1380.

Vanttinen, T., Blomqvist, M., Luhtanen, P., & Hakkinen, K. (2010). Effects of age and soccer expertise on general tests of perceptual and motor performance among adolescent soccer players. *Perceptual and Motor Skills, 110*, 675-692.

Vescovi, J., Murray, T., Fiala, K., & VanHeest, J. (2006a). Off-ice performance and draft status of elite ice hockey players. *International Journal of Sports Physiology and Performance, 1*(3), 207-221.

Vescovi, J. D., Murray, T. M., & VanHeest, J. L. (2006b). Positional performance profiling of elite ice hockey players. *International Journal of Sports Physiology and Performance, 1*(2), 84-94.

Vincent, J., & Glamser, F. D. (2006). Gender differences in the relative age effect among US Olympic development program youth soccer players. *Journal of Sports Sciences, 24*(4), 405-413

Wackerhage, H., Miah, A., Harris, R. C., Montgomery, H. E., & Williams, A. G. (2009). Genetic research and testing in sport and exercise science: a review of the issues. *Journal of Sports Sciences, 27*(11), 1109-1116

Walker, I. J., Nordin-Bates, S. M., & Redding, E. (2011). Characteristics of talented dancers and age group differences: findings from the UK Centres for Advanced Training. *High Ability Studies, 22*(1), 43-60.

Whitehouse, M. (2013). *The way forward. Solutions to England' football failings.* Oakamoor, England: Bennion & Kearney.

전문성의 학습과 발전

이 장의 목적, 중요성, 목표

이 장의 목적은 운동 학습과 운동 기술 학습의 진전을 정의하는 기본 원리와 특성들을 설명하고, 높은 수준의 수행자(performer)를 구분할 수 있는 특징을 설명하는 것이다. 이러한 기본 원리들은 학습이 이루어졌는지, 최상의 학습 환경을 만드는 데 가장 기초적인 틀을 제공했는지에 대해 임상가들이 알 수 있도록 도와준다.

본 장을 마친 후, 아래의 내용을 설명할 수 있어야 한다.

1. 운동 학습의 의미와 학습이 이뤄졌는지 확인할 요소를 정의하고 설명한다.
2. 학습 전이에 대한 의미, 그리고 그것이 왜 일어나고 어떻게 극대화할 수 있는지 설명하고 정의한다.
3. 수행능력의 정체가 어떻게, 왜 발생하는지 설명한다.
4. 수행과 학습 전이와 유지를 평가하기 위한 검사 사용에 대해 설명한다.
5. 학습 모델 2, 3 단계에 대해 설명하고 학습 단계별 수행능력의 특성을 어떻게 구분하는지 설명한다.
6. 움직임의 창조성과 전략적 기술 발전의 기본적 단계에 대한 개요를 서술한다.
7. 높은 수준의 선수와 그렇지 못한 선수를 구별할 수 있는 특징을 설명한다.
8. 훈련과 연습 기간 수립 계획에 필요한 방향과 전략을 제공하기 위해서 어떻게 학습 단계 모델을 사용할 것인지 설명한다.

우리는 어떻게 학습이 되었다는 것을 알 수 있는가? 이 질문에 대한 답은 명백해 보인다. 즉 수행능력이 개선된 사람은 운동을 더 잘 수행하도록 배웠을 것이다. 그러한 수행능력의 개선이 학습이 이루어졌다는 것을 암시한다. 그러나 사실 우리는 학습을 직접적으로 관찰할 수는 없다. 오직 행동을 관찰해야 하고 그를 통해 운동 행동이 학습을 반영하는지 알아내야 한다.

학습의 정의와 개념 정립하기

수행능력(performance)은 운동 기능을 수행하는 데 관한 관찰 가능하고 측정 가능한 결과물이다. 반대로 **학습**(learning)은 연습이나 경험의 결과로 인한, 운동 기능을 수행하는 개인 능력의 비교적 영구적인 변화로 정의된다. 학습에 대한 정의는 잠재력, 가능성의 발전을 시사하지만 반드시 실제적인 운동 수행의 발전을 의미하지는 않는다(Soderstrom & Bjork, 2015). 학습이 이루어졌음에도 불구하고 운동 수행에 제약이 되는 많은 요인이 있다. 동기부여, 불안감 그리고 피로는 지속적인 학습에도 불구하고 운동 수행에 실패를 일으키는 요인들이다. 학습은 연습이나 경험의 결과라고 정의할 수 있으며, 그것은 성장이나 성숙, 행운에 의해 발전된 운동 수행은 학습으로 인한 것이 아님을 의미한다.

이론적으로 우리는 직접적으로 학습을 평가할 수 없다. 학습은 눈에 보이지 않는 내재적인 현상이기 때문이다. 대신, 수행능력은 측정될 수 있고 측정된 수행능력으로 학습을 추론할 수 있다. 수행능력 점수는, 항상 그런 것은 아니지만, 대부분 어떤 것이 학습되었는지에 대한 좋은 지표가 된다. 학습을 추론하기 위해서는 네 가지의 수행능력 특징이 평가되어야 한다. 그것은 ① 지속적인 향상, ② 더 나은 일관성, ③ 수행의 안정성, ④ 적응성이다.

지속적인 향상은 연습 혹은 훈련이 없는 시간 후에도 향상된 수행력을 유지함을 의미한다. 학습은 더 오랜 시간이 지나 잊어버릴수록 수행의 향상에 반영된다. 더 좋은 일관성은 시도하면 할수록, 날이 지날수록 수행 변동이 감소하는 것을 의미한다. 일관성은 움직임의 생체역학적 분석인 반응의 결과와 생산 측정에서 동일하게 더 잘 나타날 수 있다. 안정성은 일관성과 관련이 있는데, 내적 혹은 외적 혼란에 직면했을 때 수행력을 안정적으로 유지하도록 하는 것이다. 내적 혼란은 생리학적으로 피로와 상해, 심리학적으로는 정신적 피로와 스트레스와 같은 좋지 않은 기분을 들 수 있다. 보통의 외적 혼란은 궂은 날씨와 조명, 수행능력을 수행하기 어려운 장소까지 해당된다. 물론 이러한 요인들 대부분은 수행능력 저하의 원인이 되지만, 고도로 학습된 운동 기술들은 제대로 학습되지 않은 기술보다 이런 요인에 덜 영향을 받는다. 마지막 특성인 적응성은 학습된 운동 기술을 다른 맥락에서 적용하는 능력을 나타낸다. 더 잘 배우는 기술은 다른 맥락, 환경, 상황을 포함하여 더 잘 적응하고 변화할 수 있다. 예를 들어 테니스 서브를 더 잘 배운 사람은 상황에 따라 직선 서브와 스핀 서브를 융통성 있게 사용할 줄 알고, 코트의 미끄러운 특성에 맞춰 서브를 바꿀 수 있다(예: 잔디나 콘크리트 같은). 더불어 그 선수는 배구의 서브나 스파이크 동작을 사용할 수도 있을 것이다.

학습의 평가와 추론

학습이 이루어졌는지 확인하기 위해서는, 일정 시간의 연습 후에 수행능력을 발전, 일관성, 안정성, 적응성의 측면에서 평가해야만 한다. 연구나 학교 단위의 검사 배경에서는 유지 검사, 전이 검사로 동작 곡선을 평가하는 방식으로 검사가 이루어진다. 그림 7.1에서 볼 수 있듯 동작 곡선은 시간이 지남에 따른 수행능력의 변화를 설명해준다. 수행능력이 전형적으로 발전되는 일정 기간의 훈련 후에, 일정 기간 동안 훈련을 시행하지 않고도 수행능력이 여전히 발전된 상태를 유지하는지 유지 검사(하나 혹은 그 이상)가 이루어진다. 훈련이 끝난 후에 바로 수행능력을 검사하는 것은 지속성 검사의 좋은 지표가 아니다. 반복된 유지 검사는 일관성에 대한 증거를 제시해준다. 수행능력의 수준이나 일관성이 기준치 이하로 떨어지면 학습 효과가 유지되지 않고 있는 것이다.

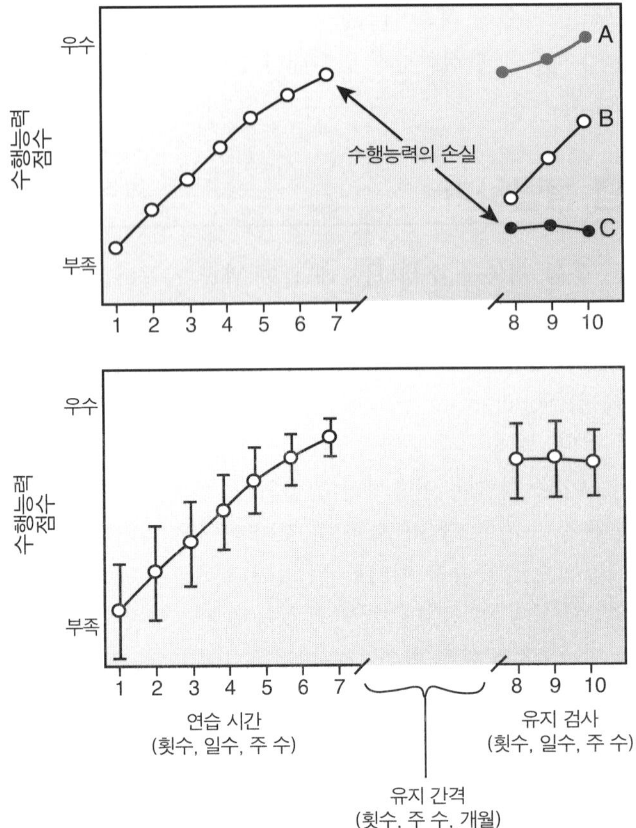

그림 7.1 위 그림은 전형적인 훈련과 유지 검사 일정을 세 가지 가능성 있는 결과로 설명한 그림이다(A, B, C). 이 일정은 반복된 시도들, 며칠 간의, 몇 주 간의 광범위한 훈련을 포함하고, 특정 운동 기능과 학습자의 사전지식 수준에 따라 다르다. 유지 검사는 (보통 하나 이상의) 일정 정도의 훈련이 없는 기간 후에 이루어진다. 유지 간격 동안에 수행능력의 손실 정도는 유지 간격의 길이와 학습의 양에 따라 다르다. 시나리오 A에서는 적어도 유지 간격 기간 동안 수행능력의 손실이 없었다. 시나리오 B에서는 간격 시기 동안 많은 손실이 있었으나 유지 검사 동안 빠른 운동 수행의 회복을 보였다. 회복되는 정도는 훈련으로 기능한 검사 자체와 유지 검사 사이의 시간, 처음 학습한 양에 의해 결정된다. **아래의 그림**은 수행능력 점수를 가변성으로 설명한다. 각 점수들은 여러 시도들의 평균치이고, 오류의 표준편차들을 보여주는 막대들이 나타난다. 수행능력은 훈련을 통하여 발전되고 일관성이 개선된다. (더 작아지는 막대들의 경우) 유지 검사 결과는 수행능력이 여전히 높은 수준을 이루고 있으나 일관성은 비교적 떨어진 것을 보여준다. 이러한 결과는 그것이 불확실한 학습을 반영하는 것일 수 있고 학습자가 새로운 시도를 하는 것일 수 있으므로 해석하기 만만치 않다.

전이 검사는 운동 기술이 그 기능이 훈련된 상황과 다른 상황에서도 발휘되는지 평가하는 것이다. 전이 검사는 학습된 기능의 안정성과 적응성을 평가한다. 가장 일반적인 형태의 전이 검사는 운동 기능을 개방된 복잡한 환경에서 그리고 닫힌 한정된 공간에서 검사하는 방법이다. 다른 형태의 전이 검사는 운동 기능을 다양한 방식의 수행능력 피드백으로 검사하거나 전혀 아무런 피드백 없이 검사하는 방법이다. 테니스의 백핸드 스트로크를 배울 때를 생각해보면, 우선 공을 쏘아주는 기계는 아주 조직화되어 있지만 열린 환경을 제공한다. 학습자는 우아하고 잘 조절된 스트로크를 일관되게 할 수 있다. 전이 검사는 그들에게 다른 속도로 뛰면서 공을 치는 상황이나 포핸드와 백핸드를 번갈아가면서 해야 하는 상황을 만들어 주기도 한다. 유지 검사든 전이 검사든 상관없이, 검사는 반드시 교육자의 최소한의 피드백이나 교육(학습자의 기억을 자극)과 함께 이루어져야 하며 타당하고 신뢰할 만한 지침에 따라 시행되어야 한다.

학계나 학교 외에 유지 검사와 전이 검사가 정식적으로 이루어지는 곳은 거의 없다. 테니스와 골프 코치 같은 개인 기술 종목 코치들은 연습 세션을 시작할 때 학생들이 이전 수업에서 배운 어떤 것을 유지하고 있는지 보기 위해 관찰할 수 있지만, 평가는 보통 빠르고 주관적이다. 마찬가지로 팀 스포츠 코치는 연습이 시작될 때 팀에게 경기를 운영하게 하여 그들이 보유하고 있는 것을 평가하고 연습의 다음 단계를 위한 출발점으로 역할을 하게 할 수 있다. 그러나 대부분의 경우 그들의 기술이나 시합을 단순하고 간힌 환경에서 시행한다. 그 다음 더 복잡하고 열린 공간으로 가서 시행하게 된다. 이러한 진행은 근본적으로 맞춤식 전이 검사(built-in transfer test)인데, 복잡한 기술이 잘 발휘되지 않는다면, 그 선수는 이전 단계의 연습에서 학습에 실패한 것으로 볼 수 있다.

그럼에도 대부분의 경우는 이러한 격식에 얽매이지 않는 전이 검사, 유지 검사조차도 이루어지지 않으며, 학습이 진정으로 잘 이루어졌는지 알 수 있는 방식의 검사가 시행되지 않는다. 딱 들어맞는 사례가 유소년 야구에서의 런다운(협살) 연습이다. 런다운 플레이에서 주자는 기습을 당하고 야수는 공을 앞뒤로 던져 주자를 태그아웃할 위치를 잡는다. 연습 동안 야수는 주자를 잡기 위해 한 번 혹은 두 번 공을 던지는 이 동작에 굉장히 숙련되어 있어야 한다. 야수의 높은 수준의 능숙함을 보고 코치는 그 전술이 잘 학습되었다고 생각할 것이지만 그 기대는 실제 게임 상황에서 깨지고 만다. 이러한 실패의 원인으로 고도로 조직화된 연습 환경이 게임 동안 벌어지는 다른 주자의 존재, 아웃카운트 개수, 점수, 스트레스 등의 상황 요소들을 허용하지 않기 때문이다. 연습 동안 선수는 마음속으로 리허설을 하고 기술을 준비할 시간이 있다. 그러나 실제 시합에서 런다운 상황이 갑자기 발생하면 선수를 거의 연습하지 않은 사람처럼 행동하게 만든다. 훈련 때 배운 것은 실제 시합 상황과 맞지 않기 때문에 버려지고 잊혀진다. 학습이 이루어졌는지 평가하기 위해서는 코치들이 일상적으로 훈련 스케줄에 전이 검사를 집어넣어야 한다. 그리고 가능한 한 미리 경고하지 않고 시행해야 한다. 예를 들어 일상적으로 컷오프(외야수의 송구를 내야수가 도중에서 차단하는 것)를 하는 내야, 외야 훈련에서 코치는 선수를 출루하게 만들어서 의도적으로 런다운에 빠지게 할 수 있다. 야수는 강제로 자신의 생각을 바꾸고 새로운 상황에 적응해야 한다. 이러한 전이 검사에서 운동 수행이 망가진다면 학습이 몸에 배어 있지 않은 것이다.

수행능력의 정체기와 학습 과정

시간의 흐름에 따른 수행능력의 발전은 꾸준한 곡선을 보이는 경우가 드물다. 때때로 수행능력의 곡선은 급격한 진전을 보이거나 변동 없이 유지된다. 그림 7.2는 수행능력 곡선에서 발전이 거의 없거나 전혀 없는 구간을 보여준다. 이러한 구간을 **정체기**(plateaus)라고 부른다. 학습자와 교육자 모두에게 정체기는 힘든 일이다. 발전이 없는 것도 힘 빠지게 만들지만 부진의 이유를 찾는 것도 절망적일 수 있다. 학습자와 교육자는 수행능력의 발전이 비록 멈추었지만 학습은 계속되고 있다는 것을 알아야 한다. 이와 같이 왜 이러한 정체기가 왔는지 판단하는 것은 필수적이고, 이 정체기가 학습과 수행능력 양쪽의 문제를 반

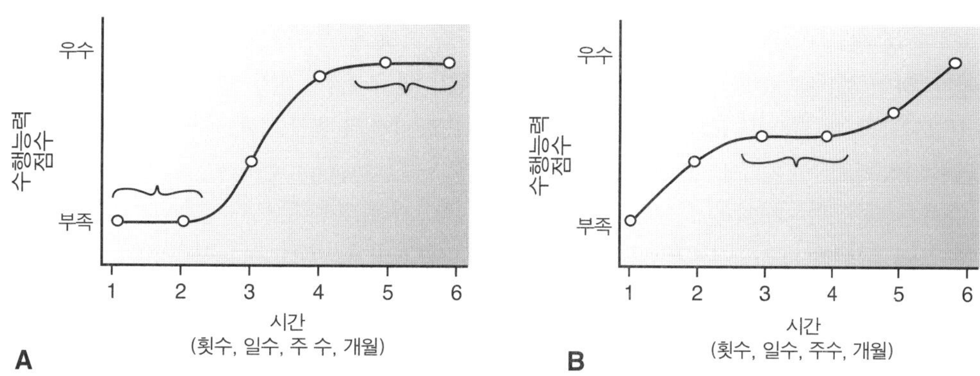

그림 7.2 수행능력 정체기는 학습 과정중 어느 지점에서 변동이 없이 똑같은 것을 보여준다. A. 초보자에게 학습의 초반기에 보이는 정체기는 교육적 접근의 변화가 필요함을 의미하고 어느 정도의 기간 후에 나타나는 정체기는 학습자의 피로를 의미한다. B. 많은 초기 학습 후에 나타나는 정체기는 새로운 기술을 배울 때가 됐다는 의미이다.

영하는지 아니면 수행능력 자체의 문제인지 판단해야 한다.

정체기는 학습자 기반 요인, 교육자 기반 요인, 그리고 과제 기반 요인으로 나눌 수 있는 많은 요인에 의해 발생된다. 학습자 기반 요인으로는 동기 부족 또는 주의력 부족과 같은 심리적 요인 및 부상, 피로 또는 과도한 훈련과 같은 생리적 및 심리학적 요인이 있다. 이러한 요인들은 수행능력에 영향을 미칠 수 있지만 학습에 영향을 주지 않는 경우 **수행능력 변수**(performance variables)라고 간주한다. 이러한 요인들 중 집중력, 동기부여는 때론 학습에 부진을 불러온다. 이런 경우 학습과 수행능력에 둘 다 영향을 주기 때문에 **학습변수**(learning variables)라고 한다. 다른 학습 변수에는 교육의 질과 연습 시간도 포함된다.

교육자 관련 요인은 대부분 잘못된 교육 전략의 결과이다. 예를 들어 교육자가 잘못된 수행능력 측정을 선택하면 수행능력이 정체기에 있는 것처럼 보일 수 있다. 너무 쉬운 과업을 주어 점수를 최대로 받아 더 이상 발전될 여지가 없는 현상을 **천장 효과**(ceiling effect)라고 한다. 이와 유사하게 과업이 너무 어려워서 발전이 굉장히 힘들 때도 운동 수행의 정체기가 오는데 이것은 **바닥 효과**(floor effect)라 부른다. 때로는 기능이 발전되었음에도 잘못된 측정법으로 측정하여 제대로 잡아내지 못하기도 한다. 6장에서는 올바른 수행능력 측정을 선택하는 것이 얼마나 어려운지, 그리고 잘못된 측정법의 선택이 수행능력의 침체를 초래할 수 있다는 사실을 보았다. 교육자 기반 요인에는 지시와 의사소통이 포함된다. 예를 들면 유소년 하키 코치가 선수들의 상체 스틱 핸들링을 위한 적절한 균형 유지와 안정성이 충분치 않을 때 스틱 핸들링 기술에 대한 교육을 하는 경우를 생각해보자. 선수와 코치 간 의사소통의 어려움은 실망과 의욕 저하로 이어져 수행능력과 학습까지 저하시킨다. 정체기가 잘못된 측정법이나 부적절한 교육 전략에 의한 것일 때 이것은 교육자와 학습자의 책임으로 이러한 결점들을 인지하고 연습 환경과 전략을 수정해야 한다.

생각해보기 7.1 슬럼프 극복하기

슬럼프란 단기간의(운이 좋게도) 수행능력 정체기이다. 슬럼프는 벤치 프레스(bench press) 운동의 발전 부진과 같은 생리적인 기능과 야구 배팅 같은 운동 기능을 포괄한다. 밀워키 브루어스의 메이저리그 선수인 Craig Counsell는 2011 시즌에 45타석 무안타라는 현대 야구의 타격 슬럼프 기록과 동률을 이루었다. 이러한 중량운동과 야구 배팅에 대한 예를 활용하여, 당신이 믿는 것이 잠재적인 슬럼프의 원인이 될 수 있고 슬럼프를 벗어나게 하는 해결책이 될 수도 있다는 것을 알아보자.

과제 기반 요인들은 학습자에게 가장 흔하게 좌절감을 준다. 과제 기반의 정체들은 학습자들이 다음 단계로 나아가기 위해 새로운 기능, 전술, 전략을 배워야 할 필요성에 의해 야기된다. 수행능력이 발전되고 과제가 숙달됨에 따라 완전히 새로운 기능 요소를 배우기 시작하고 새로운 능력을 얻을 필요가 있다. 학습자들은 종종 익숙한 방식을 버리고, 오래된 습관을 파괴하여 새로운 기술에 적응해야 한다. 그러나 이런 것들은 하기 어려울 뿐 아니라 수행능력은 악화되기 쉽고 흔히 절망하게 된다. 미숙한 토 킥(toe-kick)에서(그림 7.3) 제대로 된 축구 킥을 배우는 것은, 불가피하게 잘못된 운동 수행과 심지어 신체적인 불편함을 야기하게 만든다. 초보 스키어들은 스노우플로우 턴(snowplow turn)을 꽤 쉽게 숙달할 수 있고 가장 가파른 슬로프를 제외하고는 거의 모든 곳에서 스노우플로우 턴을 사용할 수 있다. 그러나 좀 더 수준 높은 스키를 타면 패러렐 턴(parallel turn) 기술의 개발이 요구되는데, 그로 인해 예상대로 초보자 슬로프로 내려가게 된다. 이러한 타입의 정체기는 어린이나 초보자에게 국한된 것이 아니다. 그리고 우리의 경험상 중급자가 스키 능력을 발전시키지 못하는 핵심 요소가 된다. 예를 들어 미식축구에서 라인맨(lineman)이 기술보다는 근육의 힘과 크기에 지나치게 의존하는 경우와 농구 선수가 주로 사용하지 않는 손으로는 볼 핸들링이나 슛 기술을 잘 연습하지 않는 것이 두 예이다. 교육자와 학습자는 정체기를 극복하기 위해 함께 노력해야 한다.

그림 7.3 축구공을 토 킥하는 것은 직관적으로 쉬운 것이고 아이에게 성공적인 결과를 가져다준다. 왜 그녀는 배우기 힘든 성숙한 방식의 축구 킥으로 바꾸고 싶어 하는가?

위에서 보여진 논의와 예들을 보면 정체기는 사람에 의해 만들어진 것이다. 즉 그것들은 정황적인 것이고, 학습이 멈췄거나 수행능력이 최고조에 이르렀다는 것을 보여주는 진정한 지표가 되지 못한다. 더구나 정체기의 원인이 확인된다면 연습과 학습 환경을 올바르게 바꾸는 변경이 이루어질 수 있는 듯하다. 그러나 반대로 정체기가 진짜 생물학적인 한계 즉 개인의 수행능력 최대치를 반영하는 것이라면 어떤가? 만일 그렇다면, 시간과 노력이 헛되지 않도록 이러한 한계를 아는 것이 유용할 것이다. 분명히 인간의 수행능력에는 한계가 있지만 유전자 구조와 상관없이 인간의 발전 능력은 너무나 크기 때문에 훈련의 제약으로 유전적 한계를 식별하는 것이 유용하지 않다는 사실은 증명 가능하다. 그보다는 수행능력 부진의 원인이 되는 수정 가능한 요인을 확인하고, 정체기를 극복하기 위한 훈련과 연습을 수행하는 것이 더욱 신중한 방법이다.

생각해보기 7.2 운동 수행 곡선과 정체

1. 웹사이트 CognitiveFun.net에서 Tests라는 링크에 들어가 다시 집중 검사(Attention Tests)로 들어가 보라. 그 다음 지시에 따라 RT tests를 따라해보라. 10~12번 정도 시도해보고 평균적인 RT기록을 작성해보라(컴퓨터가 결과 링크에서 계산해줄 것이다). 다시 시작하기 위해 리셋을 하고, 다시 10~12회 정도의 시도를 하고 평균 점수를 기록해보라. 이것을 적어도 6회 반복할 때까지 지속해보라. 그래프를 그려보고 정체기에 도달했는지 확인하라. 만약 도달했다면 그 이유는 무엇인가?
2. 위의 실험을 반복하되 이번에는 GO/NO GO 반응 시간 검사와 '숫자 빨리 세기 검사(Fast Counting test)'를 함께해보라. 이 검사들에서도 정체기가 왔는가? 그렇다면 같은 시간에 정체기가 발생했는가? 첫 번째 실험의 결과와 비교해보고 정체기에서의 차이점에 대해 설명해보라.

개 • 념 • 설 • 명

훈련의 변화를 통한 정체기의 극복

운동 기술의 발전과 정체기를 포함한 개념들은 장거리 달리기처럼 정확한 운동 기술보다는 체력적인 요구에 더 의존적인 스포츠에 적용된다. Jones(2006)의 세계적인 여성 마라토너에 대한 종단 연구(1992~2003)는 18세부터 29세까지의 전문성 발달에 관한 그림을 제공한다. 이 기간 동안 그녀의 최대 산소소모량은 비교적 정적으로 유지되어 정체되었다. 그러나 그녀의 달리기 경제성(같은 산소소모량으로 더 빨리 달리는)은 확연히 개선되었고 그녀의 성공 핵심으로 보여진다. 이러한 달리기 경제성을 가능하게 한 정확한 기전은 광범위한 변화에서 온 것으로 생각된다. 그 변화는 개선된 혈중 젖산의 처리, 군살을 더욱 뺀 신체, 감소된 속근의 보충, 증가된 근력과 경직도 그리고 심박출의 변화를 포함한다. 이러한 기전의 변화는 훈련에서의 두 가지 명확한 변화의 결과인 것으로 보인다. 첫째 그녀는 일주일 동안 달리는 양을 5배로 늘렸고, 둘째 철저한 근력 훈련을 시행했다. 이야기의 요점은, 발전은 다양한 훈련 방식을 이용할 때 아주 다양한 시스템에서 조금씩 일어난다는 것이다. 비록 정체기에 도달한 듯했지만(산소소모량에서) 다른 더욱 미묘한 변화는 그녀의 발전을 지속하게 해주었다.

학습 전이

학습을 식별하는 특징 중 하나는, 전이가 일어날 수 있게 한다는 것이다. **학습 전이**(transfer of learning)라고 불리는 이 현상은 기존의 학습이나 경험이 차후 운동 기능의 학습에 영향을 주는 것으로 정의된다. 전이를 통해 개인은 학습된 것을 다른 상황에 적용할 수 있으며, 이는 새로운 기술의 학습을 촉진하고 레퍼토리의 다양성을 가능하게 한다. 이 현상은 학습 과정에서 가장 강력한 현상 중 하나로, 이 장과 이후 장들에서 묘사하는 많은 학습과 교육 기술들의 기초가 된다. 전이는 두 번째 운동 기능을 배우게 해주는 **긍정적 전이**(positive transfer)의 형태가 있을 수 있고, 두 번째 기능 배우는 것을 지연시키는 **부정적 전이**(negative transfer) 혹은 아무런 영향이 없는 **중립적 전이**(neutral transfer)가 있다.

어떻게 전이가 일어나는가?

전이는 기술이 수행되는 맥락이나 **기술의 구성 요소가 유사하거나 동일한 경우** 더욱 잘 발생한다. 예를 들어 오버핸드 드로우(overhand throw)는 배구와 테니스에서의 오버핸드 서브(overhand serve)와 유사한 요소를 가지고 있다. 또한 전이는 **유사한 정보 처리 요구**나 이전의 경험이 있을 때 더욱 잘 일어난다. 이런 타입의 전이는 종종 한 스포츠의 팀 전략과 전술을 다른 스포츠에 적용할 때 볼 수 있다. 마치 많은 팀 스포츠에서 볼 수 있는 지역 수비(zone defense) 같은 것이다. 또 다른 일반적인 예로는 다수의 스포츠에서 숙련된 운동선수가 페인팅의 유형을 알아차리고 수비수의 중심을 무너뜨리게 움직이는 것이다.

정보 처리에서 동일한 요소와 유사성이 있을 때 더 많은 전이가 일어나며, 전송은 분명히 긍정적일 수 있다. 동일한 요소들이 있고 정보 처리에서도 유사성이 있다면 더욱 많은 전이가 일어나지만 그것이 항상 환영할 만한 것은 아니다. 하나의 기술과 맥락에서 다른 것으로 전이된 학습은 보통 긍정적인 두 번째 운동 수행을 야기한다. 적어도 처음에는 그렇다. 그러나 몇 가지 경우에서 이러한 전이는 부정적이며, 학습을 지연시킨다. 그 이유는 각 개인이 처음의 학습에서 벗어나기 어렵기 때문이다. 예를 들어 하키와 야구 선수들은 골프를 칠 때 부정적 전이를 얻을 수 있다. 처음에 이 선수들은 손과 눈의 조화 그리고 몸의 회전 움직임에서 긍정적 전이를 얻을 수 있으나 그 후에는 자연적인 하키나 야구의 스윙이 나와 골프 스윙의 발전을 저해한다. 골프 스윙이 더욱 계산되고 정교한 동작을 요구하기 때문이다. 하키와 야구의 스윙 패턴은 골프를 할 때 벗어나기 힘든 잘못된 습관으로 작용한다. 이런 경우에 부정적 전이가 일시적인 현상이라고 생각됨에도 불구하고, 학습은 어렵고 혼란스러워진다. 학습된 운동 기능이 고유의 동반 상승 효과와 패턴 생성을 이용한다면 부정적 전이는 더욱 확고해지고 극복하기 어려워질 수 있다. 중립(neutral) 혹은 효과(zero) 없는 전이는 긍정과 부정의 총량이 같거나 전이가 발생하지 않은 경우 발생한다.

긍정적 전이는 기존에 배운 기능과 새로운 기능 두 가지의 정보 처리 상태와 동일한 요소가 유사할수록 더 많이 일어난다. 또한 단순한 것부터 복잡한 것으로의 기능 요소 발전을 학습할 때 긍정적 전이가

그림 7.4 농구 슛에서의 긍정적, 부정적 전이. 사진 A에서, 선수는 두 손으로 슈팅 준비를 해서 쏘고, 양팔이 모두 펴진다. B에서, 선수는 공을 안정시키기 위해 비주측 손으로 한 손 슈팅 준비를 하고 있다. 슈팅 후 동작에서, 팔의 폄 동작에서 슈팅 동작은 몸통에서 팔까지의 일반적인 동작 순서와 유사하다. 이러한 유사점들은 전이를 용이하게 한다. C에서, 선수는 발전된 오버헤드 슈팅을 시도하고 있다. 비록 초기 슈팅 폼은 괜찮아 보이지만, 슈팅 후 장면에서 선수가 공을 밀어내기 위해 다시 양손 사용으로 회귀했다는 것을 보여준다. 그가 처음 가슴높이에서 한 손 슈팅에 대해 학습한 것은 오버헤드 샷의 복잡성과 도전을 극복하기에 충분하지 않았기 때문에 그는 원래의 학습 상태로 되돌아간 것이다. 자세한 내용은 본문 참고. (사진 제공: Jeffrey C. Ives)

일어난다. 'Gentile의 운동 기술 분류학'(1장)은 단순한 것부터 복잡한 것까지 기능이 전이되는 것을 검사하는 기초를 제공한다. 비교적 단순해 보이는 과제는 전체적인 움직임이나 정교한 움직임을 포함하지만 둘 다 함께 있지는 않다. 더구나 닫힌 환경에서의 움직임은 열린 공간에서의 움직임보다 더 단순할 수 있다. 기초적이고 단순한 움직임 패턴을 발전시키고 정제함으로써, 학습자는 좀 더 복잡한 상황에 전이된, 발전된 플랫폼을 가지게 된다.

초보자가 농구 슛을 쏘기 위해 달리는 상황을 가정해보자(그림 7.4). 초보자는 처음엔 전형적으로 두 손으로 슛을 쏜다. 기본적인 어깨, 팔꿈치 그리고 손목 움직임의 기초적인 타이밍과 리듬을 배우게 된다. 더구나 효율적으로 농구공을 발사하는 동작을 이해하기 시작한다(예: 높고 부드러운 아치를 그리는). 이러한 특징은 이후에 한 손으로 하는 슛으로 전이된다. 그것은 다리부터 팔까지 전신적인 힘의 전달이 더욱 필요한 것이다. 그 다음이 머리 위에서 공은 던지는 것이고 진정한 점프 슛을 쏘는 것이다. 한 손으로 공을 던지는 동작 협응은 이미 학습된 것이지만 이제는 점프를 하면서 동작을 하는 것에 적용되도록 다양화된다.

지금까지 설명했던 농구 슛 사례는 역설적이게도 부정적 전이에 대해서도 가르쳐준다. 우리의 경험에서 보면, 투 핸드 슛에서 원 핸드 슛으로의 발전은 슛을 하지 않는 손의 동작이 다르기 때문에 쉽지 않다. 공에서 떨어진 손은 공의 안정성에만 기여하고 발사하는 동작에는 관여하지 않는다. 학습자는 슛 동작에서 공에서 떨어진 손의 움직임을 분리하는 데 어려움을 느낀다. 가슴 앞에서 던지는 슛에서 머리 위에서 던지는 슛으로의 발전 또한 몇몇 학습자들에게는 부정적 전이 문제를 제기한다. 그들은 머리 위에서 슛을 쏘는 동작과 리듬으로 변화하는 것이 힘들어 예전처럼 계속 가슴 앞에서 시작하는 슛을 쏜다. 더구나 머리 위로 슛을 쏘려고 시도할 때에도 여전히 두 손으로 공을 던지는 동작으로 되돌아간다(그림 7.4). 이 슛 동작은 그들이 공을 컨트롤하고 충분한 힘을 가해 더 멀리 슛을 쏘기에 편하다.

아마도 가장 흔한 형태의 부정적 전이는 오래된 자극에 대해 새로운 반응을 학습하는 것이다. 6장에 나오는 자동차 운전과 반응 시간에 대한 사례는 부정적 전이에 대한 근거를 제공한다. 특히 도로에서 갑작스러운 장애물로 인한 브레이크 밟기에 관한 반응 시간에 대한 내용을 보자. 대부분의 운전자는 자동적으로 브레이크를 밟는다. 그러나 종종 아무것도 하지 않는 것이 더 안전하고 더 나은 반응인 경우가 있다. 아무것도 안하는 반응도 학습될 수 있다. 그러나 상당한 연습을 필요로 한다. 다른 사례는 야구 선수들이 투수가 던진 공이 몸 쪽으로 날아올 때 피하기 위해 움직이는 연습을 하는 경우이다. 숙련되지 못한 선수들은 일반적으로 머리를 숙이거나 점프를 한다. 그러나 이것은 잘된 기술이다. 숙련된 선수들은 몸을 피하기 위해 몸통을 회전시켜버린다. 아마 가장 중요한 것은 몸통을 돌리는 것이, 커브 볼이 도달하는 긴 시간 동안 몸을 히팅 포인트에 유지될 수 있게 해준다는 점이다. 머리를 수그리고 점프를 하는 동작을 하지 않도록 학습하는 것은 사실 힘든 일이다.

양측 전이

2장에 나오는 뇌의 가소성과 5장에 나오는 일반적인 운동 프로그램은 전이에 대한 추가적인 개념의 배경을 제공해준다. 2장에서는 한쪽 팔의 근력 운동이 다른 쪽 팔의 근력에도 영향을 주는 교차-전이(cross-transfer)에 대해 배웠다. 그리고 5장에서는 한 손으로 글씨를 쓰는 동작이 다른 쪽 손에도 적용되고 전이되는 것을 보았다. 한쪽 사지에서 다른 쪽으로 전이가 일어나는 특별한 케이스들은 **양측 전이**(bilateral transfer)라 부르고 특히 손목과 손에 해당되는 경우는 **양손 전이**(bimanual transfer)라고 한다. 양측 전이는 한쪽 사지에서 학습된 운동 기술이 반대 측에도 적용되는 것을 의미하고 이것은 많은 운동 기술을 발전시키는 데 필수적인 기전이다. 외과의사가 양손으로 수술도구를 사용하는 것, 악기를 연주하는 것, 심지어 총기를 발사시키는 것에서도 양측 전이가 일어난다. 위에서 본 농구 슛 사례에서 보면, 우선 주로 사용하는 손으로 레이업슛을 하고 그 후에 다른 손으로 레이업슛을 하는 경우에 양측 전이가 활용된다. 그림 7.5는 레이업슛 연습에서의 양측 전이 개념에 대해 설명하고 있다. 그러나 사지의 고유한 결합은 학습을 더 어렵게 만드는 부정적 전이도 가능하게 한다.

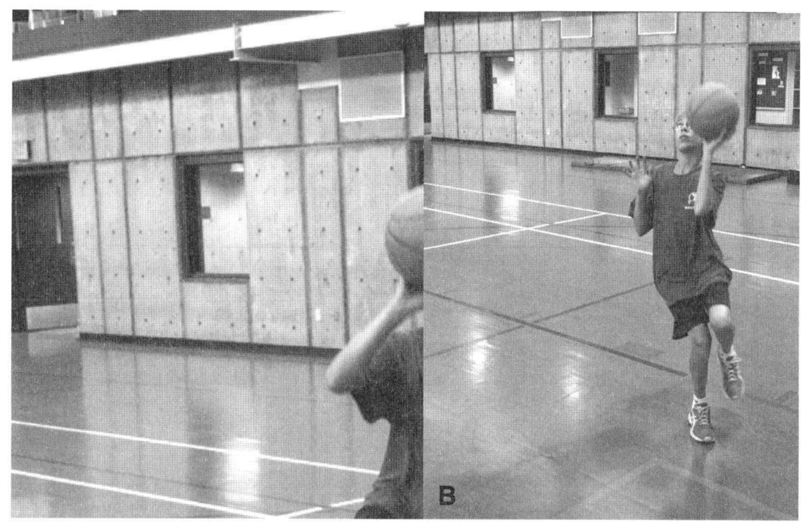

그림 7.5 양측 전이와 부정적 전이. 양측 전이가 비록 운동 기술의 학습에 도움을 주는 현상일지라도 그리 간단한 과정은 아니다. 이 연속적인 그림에서 보면 농구 선수가 자주 사용하지 않는 손(왼손)으로 레이업슛을 배우고 있다. 이 동작은 손의 반대쪽 발(오른발)로 점프하는 것을 요구한다. **A.** 선수가 왼손으로 레이업슛을 시도하는 순간 오른발로 점프해야 한다는 것을 망각하기 때문에 어려움을 느낀다. 그는 왼발로 점프를 한다. 왼손으로 슛을 쏘는 중에도 그의 자연적인 경향성이 오른손으로 슛을 쏘는 것처럼 몸을 이끈다. 이러한 손과 발의 시너지 효과에 의한 부정적 전이에 의해 그는 결국 두 손으로 슛을 던지게 된다. **B.** 선수는 올바른 발로 점프를 했지만, 오른손이 주로 사용하는 손이었으므로 그 영향을 회피하기 위한 유일한 방법은 완전히 공에서 손을 떼는 것이다. 그 결과 이 선수는 오른손이 공을 안정화시키는 보조를 받지 못하고 슛을 던지게 된다. 그가 오른발로 점프를 뛰고 오른손은 방해가 되지 않게 치우는 동작을 학습하면 그의 왼손 슛 동작은 양측 전이 덕분에 비교적 부드럽고 효율적일 것이다. 더 자세한 것은 본문을 참고하자. (사진 제공: Jeffrey C. Ives)

SIDENOTE

전이는 재활 과정에서 발생하는가?

근력의 교차 전이를 포함하는 양측 전이는 재활 과정에 의해 얻어지는 훌륭한 이득으로 묘사되어왔다. Ausenda와 Carnovali(2011)는 양측 전이를 활용하여 설계된 훈련을 통해 부분적으로 마비된 환자들의 팔 움직임 기술이 개선된 것을 발견하였다. 뇌졸중으로 반신마비가 온 이 환자들은 마비가 오지 않은 쪽 팔로 3일간 열심히 움직임 기술 훈련을 받았다. 훈련을 한 후에 환자들은 마비가 온 팔의 움직임 기술이 22% 개선되어 양측 전이가 일어났음을 보여주었다. 그러나 양측 전이는 한계가 있다. 아마 부상을 당하거나 사지가 마비된 사람은 건강한 쪽 사지에 과도하게 보상동작을 만들어내지만, 건강한 쪽 사지에서 발달된 기술이나 능력은 마비된 쪽 사지로 전이되지 않을 것이다. Alabama 대학의 Edward Taub 박사는 뇌 손상에 의해 한쪽 사지의 마비가 온 사람은 그쪽 사지를 움직이기 힘들기 때문에 아예 움직임을 포기해버린다고 추측했다. 이런 현상은 건강한 쪽 사지에 얼마나 많은 학습이 이루어졌는지와는 관계없이 '학습 해소(배운 것을 잊는 현상)'가 일어나게 만들 수 있다. 이에 대항하기 위해 그는 환자들의 건강한 측 팔을 장갑이나 붕대 혹은 깁스로 제한시키고 마비된 측 팔을 의도적으로 많이 사용하도록 강제했다(Taub & Morris, 2001). '제한 유도 움직임 이론(CIMT)'이라고 불리는 이 이론으로 환자들은 2~3주간 하루에 6~10시간씩 일상적인 움직임이나 치료중 움직임을 마비된 쪽 팔로 수행하도록 강제된다. 그 결과는 매우 희망적이었다. 다양한 환자들과 다양한 상황에서 기능의 개선을 보여준 것이다(Gauthier 등). 뇌 영상 촬영을 통해 관찰하였더니 손상된 뇌의 반대측 뇌의 영역에 증가된 활성도를 포함하여 대뇌 피질 영역이 CIMT에 의해 재조정되는 현상이 보였다(Stark 등, 2012; Sutcliffe 등, 2009). 이 영역들은 양측 전이 학습에 의해 생긴 것과는 다른 것으로 보인다.

양측 전이의 유형과 양은 학습자의 나이, 주로 사용하는 손 그리고 운동 동작의 특성과 연관된 것으로 보인다. 특히 동작의 정확도나 동작의 잦은 변화보다는 파워가 요구되는 운동 기술의 경우에 더욱 큰 연관을 보인다(Fagard & Corroyer, 2003; Stockel & Weigelt, 2012; Vangheluwe 등, 2006). Stockel과 Weigelt(2012)는 학습자가 처음에 잘 사용하지 않는 손으로 연습했을 경우 정확히 공을 던지는 운동에서 더욱 많은 양측 전이를 확인했으나 자주 사용하는 손으로 처음 연습한 경우는 강하게 공을 던지는 운동에서 더 많은 전이를 확인했다. 이러한 차이점에 대해서 연구자들은 대뇌의 좌우 기능 분화에 원인이 있다고 설명했다. 다른 연구자들은 움직임 빈도 패턴이 사실 굉장히 부정적일 수 있다는 것을 발견했다. 즉 공동으로 움직이는 사지의 움직임 패턴은 결합되고 때때로 이러한 패턴을 방해하게 된다(Vangheluwe 등, 2006).

전이의 사용과 극대화

전이의 과정 없이는 단순한 움직임 기술에서 복잡한 기술로의 학습 발전이 불가능하다. 더구나 전이는 연습에서 학습된 기술들을 실제 상황에서 응용할 수 있도록 해준다. 연습 상황은 주로 닫혀 있는 폐쇄적인 상황인데, 전이는 이러한 연습 상황에서 학습된 기술을, 개방적인 실제 상황에서 적용할 수 있는 기반을 제공해준다. 전이 덕분에 우리는 학습의 이론적 과정과 더 복잡한 기술의 학습으로 어떻게 발전할 수 있는지 알 수 있게 된다. 예를 들어 기초적인 움직임은 복잡한 움직임 패턴 이전에 학습된다. 복잡한 움직임 패턴이란 다이빙이나 체조 기술과 같이 위험한 기술을 시행할 때 굉장히 중요한 동작들을 의미한다.

전이를 최대화하는 것은 처음에 학습을 한 상황과 두 번째 과업을 하는 상황이 얼마나 유사한지에 의해 좌우된다. 즉 상황이 비슷할수록 더 많은 전이가 일어난다는 말이다. Proteau 등(1992)은 이러한 개

생각해보기 7.3 가상현실 시뮬레이션과 전이

비행기나 자동차 운전 같은 실제 업무를 컴퓨터 가상현실로 경험하는 것은 비디오 게임에서 흔히 볼 수 있다. 비행 시뮬레이션은 많은 사람들에게 친숙하고 집에서도 해볼 수 있는 가상현실 경험이면서 지금은 전문 조종사들의 훈련에도 사용되고 있다. 학습 전이에 대해 이해하기 위해 비행 시뮬레이션과 실제 비행기 조종을 배우는 데서 일어나는 전이의 유형과 정도를 설명해보자.

념을 '학습 특이성(혹은 '연습 특이성')' 이론이라고 명명하였다. 그들은 특히 감각과 환경적인 정보의 유사성이 클수록 전이가 잘 일어난다고 주장했다. 운동 명령은 구심성 정보에 민감하기 때문이다. 그들은 또한 움직임 학습이 시야가 확보된 상태에서 이루어졌는지 아닌지에 관한 연구에서 그들의 결론을 도출했다(Mackrous & Proteau, 2007; Proteau 등, 1992). 예를 들어 학습할 때 시야가 확보되었을 경우, 이론적으로는 시야가 운동 수행을 도와줘야 함에도 불구하고 전이 검사에서 운동 수행이 더 악화된다. 그들은 또한 전이의 양이 처음의 학습과 연습 환경의 다양성 정도에 따라 달라진다고 결론지었다(Soucy & Proteau, 2001).

운동 기술 학습의 단계들

이전 장에서는 학습이 시간이 지남에 따라 단계적으로, 단순한 것부터 복잡한 운동의 전이와 정체에 대해 나타내었다. 실제로 학습이 진행되면서 인지적이든 신체적이든 운동 능력의 다른 측면이 더 중요하거나 덜 중요하게 되는 다양한 시기 혹은 단계들이 존재한다. 기능적인 MRI 검사는 다양한 학습 단계들에서 다양한 신경학적 과정을 확인하지만(Luft & Buitrago, 2005), 이러한 신경학적 변화는 신체적 수행능력에서 나타나는 것과 일치하지 않을 수도 있다.

때때로 이전에 배웠던 기술을 버려야 할 때가 있고, 새로운 기술을 배우기 위한 기초를 쌓기 위해 새로운 능력을 얻어야 할 때도 있다. 각각의 단계에서 교육과 학습의 전략 또한 바뀌어야 할지도 모른다. **Fitts와 Posner의 3단계 모델**(Fitts & Posner, 1967)과 **Gentile의 2단계 모델**(Gentile, 2000)의 2가지 학습 단계에 대한 이론은 학습자들이 한 단계에서 다음 단계로 발전할 때 겪는 변화에 대한 틀을 제시했다. Fitts와 Posner 모델은 운동 기술 수행의 종류를 강조했고 Gentile 모델은 각 단계에서 일어나는 교육이나 학습 절차에 집중했다. 이 두 모델 다 학습자가 지금 어디에 있는지, 그리고 더 발전하기 위해 해야 할 것이 무엇인지를 확인하는 데 도움을 준다. 두 모델 다 학습은 인지한 상태로 시작하지만 결국 자연적인 움직임으로 이어진다고 주장한다. 표 7.1은 이 두 모델의 공통점을 더 잘 볼 수 있게 비교해놓았다. 세 번

표 7.1 LEARNING STAGE THEORIES COMPARED BETWEEN 핏츠와 포스너의 3단계 모델과 젠티레의 2단계 모델

<table>
<tr><th colspan="4">학습 단계 이론</th></tr>
<tr><th colspan="2">핏츠와 포스너의 학습 단계 이론</th><th colspan="2">젠티레의 학습 단계 이론</th></tr>
<tr><th>학습 단계</th><th>단계별 특성</th><th>단계별 특성</th><th>학습 단계</th></tr>
<tr><td>인식 단계</td><td>규칙, 전략, 기술의 개념, 기본적인 움직임 패턴, 큰 실수를 많이 하지만 실수를 찾거나 수정하지는 못하고 효율성이 낮은 단계</td><td rowspan="2">규칙, 전략, 기술의 개념, 기본적인 움직임 패턴을 익히고 동작과 동작의 결과 연관 관계를 이해하고 최고의 동작을 알아내는 것이 중요한 단계</td><td rowspan="2">움직임에 대한 생각</td></tr>
<tr><td>결합 단계</td><td>몇 가지 실수들을 찾고 수정할 수 있고 동작과 동작으로 인한 결과를 연관지을 수 있으나 운동 수행이 다양하지는 못한 단계</td></tr>
<tr><td>자동 단계</td><td>움직임 사이에서 실수를 찾고 수정할 수 있고 비교적 덜 집중한 상태에서도 과업을 수행할 수 있으며 실수가 적고 효율적으로 일관된 운동 수행을 할 수 있는 단계</td><td>더욱 자동적으로 동작이 일어나도록 하는 스킬의 정체가 강조되고 다른 맥락과 상황에서도 스킬을 적용할 수 있도록 하는 것이 중요한 단계</td><td>청각과 다각화</td></tr>
</table>

째 모델인 **창의성 개발 프레임워크**(Santos 등, 2016)는 개인이 다양한 스포츠 관련 창조적, 전술적, 의사결정 기술을 개발하는 방법에 관한 작업 이론으로 떠올랐다. 마지막으로 이 모델을 살펴본다.

학습 단계들을 정의하기

Fitts와 Posner의 학습 단계 이론에서 첫 번째 단계는 언어-인식 단계이다. 혹은 간단하게 인식 단계라고도 하며 대부분의 학습이 운동 기술 수행의 변화에 나타나지 않음을 암시한다. 대신에 이 단계에는 규칙을 이해하고, 움직임의 개념을 느끼고, 전략을 배우고 또한 어떻게 배워야 할지를 알게 되는 인지적 요소들이 주를 이룬다. Gentile은 이 단계를 '움직임에 대한 생각 단계'라고 명명하여 학습자가 움직임의 기초를 이해하고 효율적으로 움직이려면 어떻게 해야 하는지 결정하는 단계라고 설명한다. 그렇게 하기 위해서 학습자는 적절한 자극을 결정하고 움직임 패턴을 설정한다. 적절한 자극을 결정할 때 학습자는 공의 속도와 같은 움직임과 관련 있는 자극이나 신호를 인지한다. 그리고 상관없는 자극이나 방해 요소들은 무시해야만 한다. 이 단계에서는 실제적인 운동 기술 수행에 발전과 학습이 이뤄지는데 과업에 대한 지식의 발전은 운동 수행을 초과할 수도 있다. 이번 단계에서의 운동 수행은 많은 실수와 큰 실수를 보이며 기복이 크다. 학습자는 아직 실수를 어떻게 고쳐야 할지 인지하지 못한다. 학습자는 또한 움직임 패턴을 정립하기 시작하는데 그것은 풋워크와 사지의 협응과 같은 것을 포함한다.

Fitts와 Posner의 학습 단계 이론에서 두 번째 단계는 '연합 단계'이다. 기초적인 것들은 이미 학습되었고 실수의 빈도가 줄어들고 비교적 작은 실수가 발생한다. 이 단계에서 학습자들은 동작과 그 결과를 연관시키기 시작한다. 그리고 실수를 찾아내고 수정할 수 있는 근거를 얻을 수 있게 된다. 학습자들은 그들의 동작을 수정하기 위해 무엇을 해야 하고 무엇을 하지 말아야 하는지 결정하고자 집중해서 기술을 정제한다. 그렇게 해서 학습자들은 자신들의 습관을 바꾸고 운동 수행의 기복을 줄이게 된다.

Fitts와 Posner의 학습 단계 이론의 세 번째 단계는 '자동 단계'이다. 이 단계는 오로지 기술들이 자동적으로 구현될 수 있을 만큼의 충분한 연습을 통해서만 도달 가능하다. 학습자는 움직임에 대한 집중이나 그에 대한 생각 없이도 자연스럽게 기술을 시행할 수 있다. 기술을 시행하는 중간에도 실수를 찾아낼 수 있고 수정할 수 있다. 자동 단계의 가장 중요한 특징은 행하고 있는 그 움직임이 아닌 다른 것에 대한 주의 집중을 가능하게 한다는 것이다. Gentile은 Fitts와 Posner의 학습 단계 이론 3단계와 2단계를 연합하여 '정착과 다각화 단계'라고 명명했다. 학습자가 기존에 배운 특정 움직임을 정착시키고 그것을 더욱 효율적이고 더욱 통합적이고 능률적이며 자동적으로 정제한다. 계속되는 학습을 위해서 움직임은 새로운 상황에 적용되고 특별한 요구에 적합한 적응이 일어난다. 그것은 더 많은 수의 움직임 패턴이 개발되어야 한다는 뜻이다. Gentile은 이러한 적응을 '다각화'라고 명명하며 학습자의 움직임 레퍼토리를 효율적으로 확대한다.

Fitts와 Posner의 학습 단계 3단계는 때때로 초보자, 중급자, 전문가로 분류되기도 한다. 그러나 이 분류에는 오해의 소지가 있다. 한 단계 내에서도 기술의 수준은 큰 격차가 있다. 예를 들어 자동성은 전문가를 만들어주지 못한다. 자전거 타는 것은 많은 사람들에게 있어 자동적으로 시행할 수 있는 동작이지만 전문적인 자전거 라이더는 거의 없다. 반대로 전문적인 체조 선수도 새로운 루틴을 배울 때 고생하기도 하고 일시적으로 그들을 초보자나 중급자가 되게 만들 수 있다. 그림 7.6은 머리 위로 공을 던지는 동작을 예로 들어 초보자 레벨에서 숙련자 레벨로 학습이 발전하는 단계별 특징을 보여준다(Haywood, 1993). 공을 던지는 인지 행동에 대해 이해하는 것은 쉽지 않을 것이다. 그러나 이 단계의 특징은 공을 느끼고, 팔만 사용하기보다는 몸통과 다리를 어떻게 사용하는지에 대하여 깨닫는 것이다. 초기의 다리 동작은 종종 동측성으로 일어난다. 즉 내딛는 발과 공을 던지는 팔이 같은 쪽이라는 뜻이다. 내딛는 발과 공을 던지는 팔이 서로 반대로 일어나기 위해서는 주의 집중을 요구한다. 학습자가 자동 단계에 도달할 때쯤에는 숙련된 공 던지기 동작을 보여줄 수 있을 것이다. 그러나 이것이 그가 메이저리그에 진출할 준

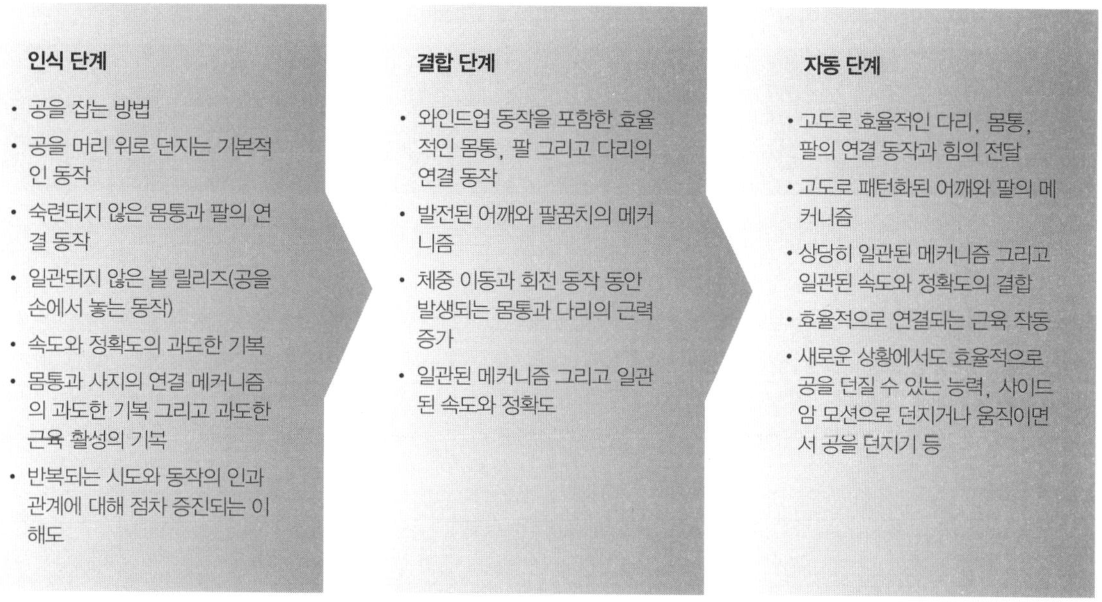

인식 단계

- 공을 잡는 방법
- 공을 머리 위로 던지는 기본적인 동작
- 숙련되지 않은 몸통과 팔의 연결 동작
- 일관되지 않은 볼 릴리즈(공을 손에서 놓는 동작)
- 속도와 정확도의 과도한 기복
- 몸통과 사지의 연결 메커니즘의 과도한 기복 그리고 과도한 근육 활성의 기복
- 반복되는 시도와 동작의 인과관계에 대해 점차 증진되는 이해도

결합 단계

- 와인드업 동작을 포함한 효율적인 몸통, 팔 그리고 다리의 연결 동작
- 발전된 어깨와 팔꿈치의 메커니즘
- 체중 이동과 회전 동작 동안 발생되는 몸통과 다리의 근력 증가
- 일관된 메커니즘 그리고 일관된 속도와 정확도

자동 단계

- 고도로 효율적인 다리, 몸통, 팔의 연결 동작과 힘의 전달
- 고도로 패턴화된 어깨와 팔의 메커니즘
- 상당히 일관된 메커니즘 그리고 일관된 속도와 정확도의 결합
- 효율적으로 연결되는 근육 작동
- 새로운 상황에서도 효율적으로 공을 던질 수 있는 능력, 사이드암 모션으로 던지거나 움직이면서 공을 던지기 등

그림 7.6 머리 위로 공을 던지는 동작의 사례에서 살펴본 학습 단계. 어린이나 어른 모두에서 머리 위로 공을 던지는 동작을 발전시키는 과정은 인식 단계부터 자동 단계까지 예측 가능한 패턴을 따른다. 초보자 수준에서 숙련자 수준으로 발전하는 데 가장 큰 변화는 핸드 스피드(공을 던지는 손의 속도)를 높이기 위하여 다리와 몸통을 사용하는 것이고, 다른 여타 상황에서도 안정적으로 일관되게 공을 던지는 능력을 발전시키는 것이고, 필요한 상황에 적응하여 공을 던질 수 있는 능력을 확보하는 것이다.

비가 되었다는 뜻은 절대 아니다.

창의성과 전략 개발 단계

최근 몇 년 동안, 기초 및 응용 연구는 성공적인 운동수행력에 대한 인지적 요인의 영향에 초점을 맞추고 있다. 이러한 요인들은 신속하고 정확한 의사결정, 많은 양의 정보를 처리하고 통합하는 능력, 그리고 운동에서의 창의성에 초점을 맞추고 있다. Memmert와 그의 동료들(Memmert, 2011; Memmert 등, 2010; Santos 등, 2016)은 창의적인 움직임과 그들이 창의성 개발 프레임워크라고 부르는 스포츠 전문지식의 개발을 위한 프레임워크(CDF)를 설명했다. 이들은 스포츠와 게임의 창조적 기술을 새롭고 독특한 행동(독창성), '비표준적인' 움직임(다재다능함), 여러 가지 효과적인 움직임(효율성)을 실행하며, 효과적이지 않더라도 다른 행동을 할 수 있는 능력(자발적)으로 설명하였다.

표 7.2에는 이러한 단계를 특징짓는 다양한 요소와 함께 개발 단계가 요약되어 있다. 일반적으로 창의성 개발은 새로운 학습자들이 동기부여를 받고 자유로운 표현을 통해 시작된다. 학습자들은 비록 효과가 없을지라도 그들의 사고방식에 있어서 서로 다른 생각을 하고 하나의 움직임 해결책만을 고집하지 않게 만든다. 숙달된 학습자는 지속적으로 새로운 작업 수행 방법을 탐색하고 수정하며 이러한 새로운 방법을 움직임 레퍼토리에 포함한다. 간단히 말하면, 창의성 단계는 수많은 실패 시도들에서 시작되고, 성공적인 시도와 함께 계속된 시도와 함께 진행하며, 수많은 효과적 움직임 솔루션으로 발전하고, 다양한 운동 해결책과 즉흥적이고 혁신적인 능력으로 '종료'한다. 이를 위해 연습 환경에서 학습자가 혁신적인 해결책을 고안해야 한다.

표 7.2 팀 스포츠를 위한 창의성 개발 모델의 단계

창의적 발달 단계				
초보 단계 (2~6세)	탐색 단계 (7~9세)	일루미나티 (10~12세)	창조 단계 (13~15세)	숙련 단계 (16세 이상)
자신감이 촉발되고 움직임이 능숙함	새로운 해결책을 모색하고 추구하는 시기	틀 밖에서 움직이고 익숙하게 함	스포츠 환경에서 문제를 해결할 동작을 이끌어냄	창조적 공동의 행동에 관여하기에 모든 준비가 되어 있음
연습 경로				
맥락의 넓은 범위 안에서 순진하고 자유로운 플레이	각각의 스포츠를 상징하는 연습	각각의 스포츠 기술 연습과 탐색을 유지	점진적으로 다양화되고 구조화된 연습에 노출을 좁힘	한 가지 혹은 두 가지 스포츠와 예상치 못한 상황에서의 전문화
전략적 행동 원리들				
기초적인 게임의 원리를 학습	근본적인 게임 원리의 개선	상황에 따라 게임을 풀어가는 원리 훈련 소개	상황적인 게임 원칙들에 통달	특정 집단 게임 원칙들과 지식으로 이동
창조적 생각				
플레이어의 호기심을 증가시킴으로써 다양한 생각의 개발	플레이어의 탐색적인 기술적, 전술적 행동들의 수양을 통한 다양한 생각의 개발	플레이어의 탐색적인 기술적, 전술적 행동들의 확장을 통한 다양한 생각의 개선	즉흥적인 행동을 통한 다양화된 훈련의 통달	
창조적 요소들				
플레이어의 시도에 대해 독려하기	좌절하게 했던 반복된 시도들을 제외하여, 동작의 효율성에 초점을 맞춤	좌절하게 했던 다른 시도들을 제외하고, 주로 플레이어 동작의 효율성과 다재다능함에 초점을 맞춤	플레이어의 동작 독창성, 다재다능함, 효율성에 초점을 맞춤	플레이어의 수행능력 독창성, 다재다능함, 효율성에 주로 초점을 맞춤

Adapted from Santos, S. L., Memmert, D., Sampaio, J., & Leite, N. (2016). The spawns of creative behavior in team sports: A creativity developmental framework. *Frontiers in Psychology, 7*, 1282. doi: 10.3389/fpsyg.2016.01282, with permission.

학습 단계의 특징과 초보자-전문가의 차이

학습자가 어떤 단계에 도달해 있는지 아는 것은 쉽지 않은 일이다. 단순히 자동성을 추측하고 운동 수행에서의 실수를 확인하며 실수를 고치는 것을 관찰하는 것만으로는 학습자가 어떤 단계에 있는지 알 수 없다. 그리고 학습자가 가진 복잡한 운동 기술 중 각기 다른 요소가 각기 다른 단계에 있다면 어려움은 더욱 커진다. 예를 들어 체조 선수가 굉장히 훌륭한 점프 능력과 정해진 바퀴 수만큼 회전하는 기술적인 동작을 가지고 있으나 점프를 뛸 때 약간의 실수가 있는 경우에는 회전에 적응하지 못할 수도 있다. 학습자의 발전 정도와 전체적인 기술의 숙달 정도를 확인하기 위한 방법에는, 실수의 정도나 실수를 찾아내고 수정하는 것을 관찰하는 것 외에도 다른 요소들이 있다. 숙련된 선수와 미숙한 선수를 구분하는 것은 쉽다. 즉 더 잘하는 사람이 시합에서 더 자주 이길 것이다. 더구나 최고의 선수는 더 크고, 더 빠르고, 더 강할 것이며 그것이 그들 성공의 이유일 것이다. 이기는 것은 숙련된 선수의 명확한 특징이지만 생리적

인 능력으로 숙련된 선수를 구분하기는 쉽지 않다(Abernethy 등, 1995).

학습자는 운동 기술의 각 단계를 학습하면서, 점차 실력이 향상되고 초보자와 구분할 수 있는 특징들을 개발함과 동시에 많은 변화를 겪는다. 이러한 변화를 이해함으로써 교육자와 학습자는 더 숙련된 운동 수행을 하는 데 필요한 단계들을 발전시킨다. 학습과 운동 기술의 능숙한 연결을 통해서 선수의 능력을 판단할 수 있는 일반적인 특징은 ① 지식 구조와 정보의 처리 과정 ② 기술의 목적을 어떻게 달성하는지 ③ 신체 조정력의 변화 그리고 개선된 움직임 능력과 근육 활성의 변화이다(Abernethy 등, 2012).

지식 구조와 정보 처리 과정

학습자들이 학습 단계를 거치며 발전하면서 그들은 점차 정보를 빠르고 더욱 정확하게 처리할 수 있게 된다. 그리고 너욱 많은 정보를 알고 그 정보들을 다양한 방법으로 사용할 수 있게 된다(McPherson & Vickers, 2004; Singer & Janelle, 1999; Starkes & Ericsson, 2003). Singer와 Janelle(1999)에 따르면 특히 전문가들은 더욱 많은 영역-특수적 지식을 가지고 있고, 더욱 적절한 정보를 찾고 이용할 수 있으며, 더 빠르고 효율적으로 정보를 저장하고 접근하며, 수행능력의 패턴을 더욱 잘 인식하고, 다음 동작을 예측하기 위해 환경과 상황을 더 잘 이용하며, 더 빠르고 정확하게 결정을 내릴 수 있다고 한다. 전문가들은

SIDENOTE 수술에서 시각 탐색

수술 중 안구 추적. 절개 부위 가운데의 흰 원은 수술자의 시각적 집중을 보여준다. 전문가들은 중요한 영역에서 더 오래 시선을 고정시키고 침착하게 보낸다.

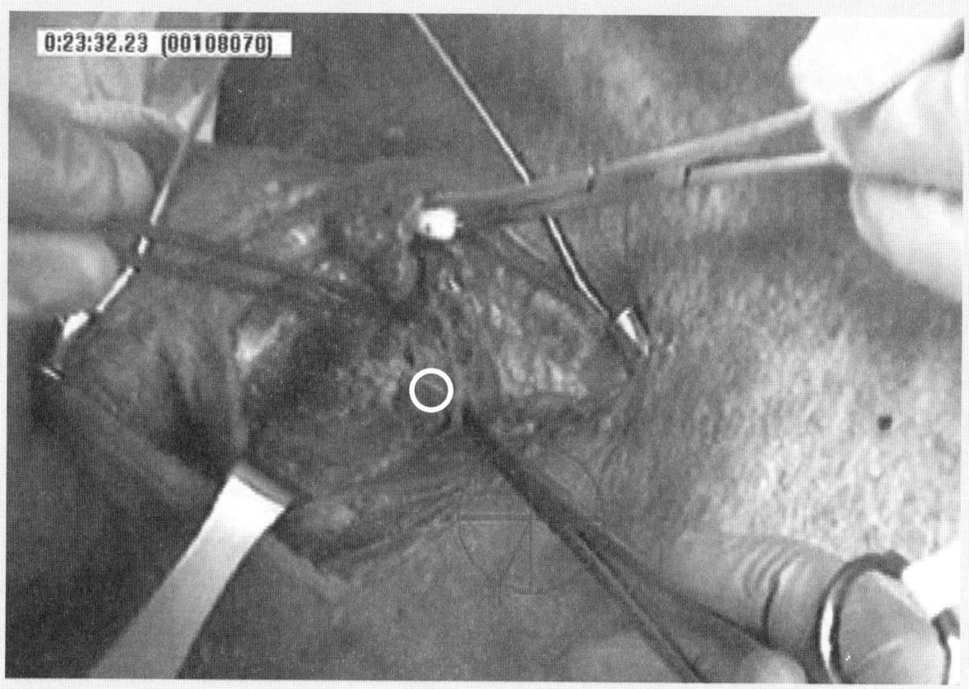

Harvey, A., Vickers, J.N., Snelgrove, R., et al. (2014). Expert surgeon's quiet eye and slowing down: Expertise differences in performance and quiet eye duration during identification and dissection of the recurrent laryngeal nerve. *American Journal of Surgery*, 207(2), 187-193.

과거나 현재의 정보를 바탕으로 앞으로의 동작을 예측하는 능력으로 정신적으로 막막한 느낌을 덜 느끼고 부담을 덜 받는다. 전문가는 개별적인 정보의 단편을 이용하는 것뿐 아니라 개념들을 이용한다. 그것들은 정보들을 서로 더욱 잘 연결시키는데 그러한 과정을 청킹(chunking, 기억 대상이 되는 자극이나 정보를 서로 의미 있게 연결시키거나 묶는 인지 과정)이라고 부른다. 예를 들어 축구 경기가 끝나갈 즈음, 공격수는 게임 상황에 대한 일련의 단서들(점수 차이, 피로한 수비수, 경기중 수비수들의 움직임 성향 등)을 조합하여 특정한 전술적 움직임을 결정하고 시행할 수 있다(Baker 등, 2003a, b; McPherson, 1994). 전문가들의 정보 처리 과정은 높은 수준의 경기력을 구분할 수 있는 특징이 되므로 중요하다(Singer & Janelle, 1999; Starkes & Ericsson, 2003).

발전된 경기력을 위한 더 나은 지식 구조에는 다양한 시각적 탐색 패턴이 동반된다. 초기의 학습자는 다른 여러 가지 것들에 시선을 줄 수 있었음에도 불구하고 전형적으로 공을 보는 것과 같이 가장 직접적이고 그 즉시 중요한 정보들만 본다. 점차 실력이 늘수록 여타 자극이나 신호들을 보고 다음을 예측하고 더욱 잘 반응할 수 있게 된다(Abernethy, 1999; Helsen & Starkes, 1999). 예를 들어 테니스와 같은 스포츠의 전문가들은 상대 선수가 공을 어디로 보내고 어떻게 움직일지 예측하기 위하여 상대 선수의 바디랭귀지를 파악한다. 연구자와 전문가들은 더 능률적으로 탐색을 하고, 패턴화된 탐색을 하며, 중요한 신호에 더욱 오래 주의를 기울인다는 것을 발견했다. 그리고 이러한 차이점은 복싱부터(Ripoll 등, 1995) 필드 스포츠까지(Baker 등, 2003a) 광범위하게 나타나는 현상이다. Helsen과 Starkes(1999)는 우수한 축구 선수의 부드럽고 효율적이며 고도로 능률적인 움직임은 생리적인 능력 자체 덕분이 아니라 의사결정 기술과 같은 지식 구조의 우수성에 의한 결과라고 주장했다. 물론 몇몇은 이 주장에 대해 논쟁을 할 수 있지만 이러한 주장이 주는 메시지는 생리학적인 능력과 근신경학적인 능력은 적절한 시기에 사용되고 개발되었을 때 가장 효율적이라는 것이다.

더 좋은 기술을 가진 사람은 목표를 달성하는 방법을 바꾼다

학습자가 발전할수록 그들은 목표를 달성하는 방법을 바꾼다. 예를 들어 초보 축구 선수는 슈팅을 할 때 킥의 파워에 집중한다. 그에 반해 더 발전된 선수는 정확하고 능숙한 터치에 더욱 집중한다. 초보자들은 골키퍼에게 직접적으로 강하게 공을 차고, 능숙한 선수는 골키퍼를 속이려 한다. 비슷하게, 초보자나 중급 수준의 테니스 선수들은 서브의 속도를 늘리려고 한다. 더 발전하면 상대편을 포핸드나 백핸드를 칠 수밖에 없게 강제하도록 서브의 방향을 조절하는 데 집중하기 시작한다. Ripoll 등(1995)은 숙련된 복싱 선수는 미숙련자에 비해서 상대의 공격을 피하는 것을 자신의 공격보다 우선순위에 둔다는 것을 보여주었다. 학습자가 기술의 목적을 어떻게 달성하는지는 어떤 움직임을 하는지에 따라 다르며 학습자의 지식 기반과 기존에 축적된 기술의 조합인 것이다.

전문가들은 더 우수한 협응력과 움직임 효율을 가지고 있다

전문가가 우수한 협응력을 가진다는 사실은 거의 전문 지식의 정의와 같다. 협응력은 과업에 따라 다르지만 고도로 발달된 협응력에는 공통적인 특징이 있다. 3장에서 운동 유닛 행동에 대해 우리가 검토한 것들이다. 보통 전문가들은 과업에 근육 작용을 덜 사용하는 경향이 있어 더 부드럽고 에너지 효율이 높은 움직임을 수행하게 된다(Lay 등, 2002). 그와 반대로 전문가나 잘 훈련된 사람들은 운동 수행을 극대화할 근신경학적인 능력을 더욱 우수하게 보유하고 있다(Blackwell & Cole, 1994; Fimland 등, 2010; Gabriel, 2006).

전신적인 협응력의 차이점은 종종 찾아내기 쉽다. 초보자들은 뻣뻣하고 우당탕거리고 사지가 단독으로 움직여야 함에도 서로 결합된 움직임을 보인다. Berntein(1967)의 기존 가설에 근거하면 몇몇 학자들

SIDENOTE

사람 사이의 협응

양자 관계(dyad)라는 것은 협동하는 두 개인 간의 관계 혹은 서로를 상대하는 경쟁자 간의 관계를 말하는 것으로, 사람 사이의 협응을 통한 팀플레이의 축소판이라고 할 수 있다. 운동 경기에서의 양자 관계는 보통 1:1 상황에서 관찰되며 의사결정 과정의 수많은 데이터를 제공한다. 운동선수들은 반드시 상대 선수를 속여야 하는데 공격수와 수비수는 서로 다른 정보를 가지고 서로 다른 상황과 전략 및 목표를 가지고 경기에 임해야 한다. 예를 들어 Headrick 등(2012)은 유소년 축구 선수들 간의 양자 관계 플레이는 골과 얼마나 가까워지느냐에 따라 큰 영향을 받는다고 밝혔다. Duarte 등(2012)은 성장하고 있는 11살짜리 선수의 경우 우수한 공격수일수록 예상하기 힘든 무기를 사용한다고 밝혔다. 그리고 우수한 수비수일수록 적극적으로 공격수의 행동을 저지할 수 있는 동작을 취한다. 즉 공격수의 여러 선택지를 제한하는 것이다. 아래의 사진에서 보듯이 축구에서의 양자 관계는 골과 골키퍼가 얼마나 가까워지느냐의 영향을 받는다.

사진 제공: Tim McKinney

은 초보자들의 몸이 자유도(기계적인 자유도의 정도)를 저하시키기 위해 사지의 각 부분들이 완고하게 연결되어 있고, 학습이 진행될수록 기계적인 자유도의 정도가 증가한다고 주장했다(Vereijken 등, 1992). 초보자들의 자유도 감소는 확연히 보이지만 보편적인 것은 아니다. Konczak 등(2009)은 초보자들에 비해 전문적인 바이올리니스트들은 어깨 움직임을 감소시킨다(완고하게 연결된 어깨와 몸통의 결합). 이러한 관찰로 인해 얻어질 수 있는 결론은 학습이 진행할수록 새로운 도전과 목표를 달성하기 위해 몸과 사지의 각 부분을 개별적으로 컨트롤할 수 있게 된다는 것이다. 불필요한 움직임과 근육 작용을 제한함으로써 능률적인 움직임을 만들어내는 것은 높은 수준의 기술을 얻는 것의 전제조건이다.

개 • 념 • 설 • 명

기능장애에 반응하는 기술 학습하기

우리는 종종 학습 과정은 어린 아이나 새로운 기술을 배우는 어른의 경우에만 존재한다고 생각한다. 그러나 부상, 질병 그리고 노화 과정은 운동 기술을 망가트려 기능적인 능력을 유지하기 위해 새로운 학습이 필요하게 만들 수 있다. 예를 들어 무릎관절염이 있는 중년 여성과 없는 여성의 경우, 단순히 앉았다 일어나는 동작에서 무릎이 펴지는 힘과 협응력을 조사한 Patsika 등(2011)의 연구를 보자. 무릎관절염이 있는 여성은 힘을 주는 동작 동안 단위 힘 당 더욱 큰 EMG 활성도를 보여줬으며 앉았다 일어나는 동작에서 더 느리고 덜 효율적인 근육 움직임을 보였다. 결론은 이 여성들에게서 보이는 근력의 손실이 의자에서 일어날 때 새롭고 덜 효율적인 근육 협응 전략을 사용하도록 만든다는 것이다. 이 전략들은 무릎의 통증을 피하기 위한 방법으로 고관절 근육을 주로 사용한다. 여기서의 핵심은 관절염 환자들은 근본적인 운동 기술 수행이 퇴행해 삶의 질을 저하시킨다. 잘못된 협응 메커니즘과 잘못된 인식 전략을 확인함으로써 상황을 개선할 수 있는 전략이 무엇일지 알아볼 수 있다. 하나의 전략은 기존의 정상적인 고관절과 무릎 협응을 되찾는 것이다. 이것은 그러나 반드시 근력이 회복되고 통증이 경감되거나 관리된 이후에야 가능하다. 두 번째 접근 방법은 통증이나 불편한 현실을 최소화하기 위한 새로운 협응 메커니즘 전략을 다시 학습하는 것이다. 둘 중 어느 쪽이든 새로운 학습의 필요성은 그를 학습 단계의 초기로 되돌려놓는다.

SIDENOTE

학습된 협응과 생리학적 결과들

학습 단계에서 개인의 발전 과정의 특징들은 운동 기술을 배우는 것에 한정되지 않는다. 유전적인 생리학적 능력에 근거한 활동들의 발전 또한 중요하다. Lay 등(2002)에 의해 수행된 연구와 관련된 근육 협응과 움직임 효율의 중요성에 대하여 고려해보자. Lay 등은 사람을 10일 동안 로잉 에르고미터(노 젓는 동작의 근육 운동량을 측정하기 위해 만들어진 기계)를 연습하도록 했다. 실험 대상자는 너무 낮은 강도로 연습해서 생리학적 적응을 이끌어내지 못하였다. 10일간의 연습 후, 실험 대상자는 최대하의 업무 수준을 연습 전보다 더 적은 에너지(예: 최대산소섭취량)와 더 적은 근전도를 이용해 수행할 수 있었다. 다른 결과들은 생체역학적인 분석에 의해 더욱 단단히 협응된 근육 활성 패턴과 움직임 패턴을 발견했다. 이러한 연구자들은 협응 메커니즘이 대사적인 손실을 최소화하기 위해(효율을 최대화하기 위해) 조직된다고 결론내렸다. 아래 그림은 그들의 상완이두근의 근전도 수치를 표현하는데, 왼쪽 그림은 연습을 하기 전에 더욱 큰 근전도를 보이는 그래프이며 오른쪽 그림은 연습 후에 나타나는 좀 더 정제된 그래프이다. 이러한 수치는 비교적 적은 근 활성이 더 높은 정확도에 적용된다는 것을 보여주며, 연습에 의해 운동 수행의 대사적인 효율성이 어떻게 향상될 수 있는지 생리학적인 근거를 제공한다.

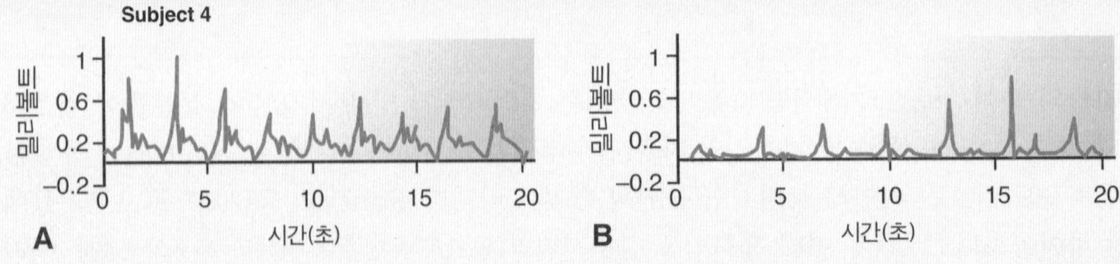

Lay, B., Sparrow, W., Hughes, K., & O'Dwyer, N. (2002). Practice effects on coordination and control, metabolic energy expenditure, and muscle activation. *Human Movement Science, 21*(5–6), 807–830.

학습에서 개인 차이

무엇을 배워도 남보다 빠르게 배우는 사람들을 본 적이 있을 것이다. 혹은 어떤 개념을 좀처럼 이해하지 못하고 다른 방법으로 설명해줘야 겨우 이해하는 사람도 본 적이 있을 것이다. 이러한 예가 **학습 스타일**의 차이점을 설명해주는데, 그것은 학습에 있어서 학습자가 선호하는 방식으로, 학습의 방법과 질에 관한 내용이다. 학습 스타일은 어떤 것을 배우는지, 어떤 환경에서 배우는지에 따라 명확해질 수 있는데, 즉 운동 기술을 배우는 것과 수학을 배우는 것에는 각기 다른 학습 스타일이 있을 수 있다는 뜻이다. 학습 스타일은 여러 교육계의 문헌에서 연구되었는데 교육 스타일과 학습 스타일의 적절한 매칭이 학습에 더 좋은 효과를 발생시킨다는 주장을 뒷받침해주는 근거들이 있다(Cassidy, 2004; Hayes & Allinson, 1993의 연구 참조). 학습 스타일에 관한 이론들은 많으나 대부분의 것들은 학습자들에게 가장 적합한 정보의 원천과 감각의 형태에 관한 것이다. 가장 중요한 분류는 시각적/언어적 학습자 그리고 촉각적/운동 감각적 학습자이다. 이 분류는 설문지 작성으로 도출될 수 있다. 시각적/언어적 학습자는 듣기와 읽기로 가장 잘 학습할 수 있고 차트와 그래프를 잘 활용하면 더욱 좋다. 촉각적/운동 감각적 학습자는 손을 움직이는 실험이나 실험실에서의 실험과 같은 방식이 적합하다.

운동 기술을 학습하는 스타일을 확인하는 것은 그 사용을 지지할 수 있는(Fuelscher 등, 2012) Bull 등(1987)의 연구를 제외하고는 거의 개척되지 않은 연구 분야이다. 더구나 운동 기술 분야에서 개인의 학습 스타일에 관한 평가 도구에 관해서는 제대로 연구된 것이 없다. VARK-운동선수 검사(Dunn & Flemming, 2012)가 사용되고 있지만 아직 광범위하게 신뢰성 있고 유효한 연구를 거치지 못하였다. 그럼에도 불구하고 교육 스타일과 학습 스타일이 잘 매칭되었을 때 학습이 더 잘 이루어진다는 충분한 이론적인 근거들이 있으며, 가장 경험이 많은 코치는 모든 학습자들이 각기 다른 방식으로 학습을 한다는 일화적인 증거를 제공해줄 수 있다. 개념적으로는 운동 기술 학습자들에게 시각적/언어적 혹은 촉각적/운동 감각적 선호도가 있을 것이라는 생각은 합리적이다. 이 논쟁에서의 핵심 포인트는 학습을 하지 못하거나 학습 단계의 발전에서 실패하는 것은 교육과 학습 스타일의 부조화 때문일 것이라는 주장이다. 오직 한 분야의 발전을 드러내주는 평가는 교육의 기술들에 대해 조사를 가능하게 할 수 있으며 더욱 효과적인 기술을 드러나게 할 수 있다.

근거 기반 실무 적용

근거 기반 연습은 고객 및 환자들과 관련이 있을 뿐만 아니라 의료 및 건강 관련 종사자들의 교육과 트레이닝에서도 선두에 있다. 학습 단계, 정체, 전이, 평가 검사의 개념들은 수술 기법에서 심폐소생술(CPR)에 이르는 실무자의 기술을 개발하는 데 있어 필수적이다. 이것들과 다른 심리 운동 기술은 실무자들의 도구 모음의 기본적 구성 요소지만 학습에 심각한 도전을 준다. 이러한 도전은 우선 살아 있는 환자에 대한 연습의 안전과 가용성에 초점을 두고, 둘째는 기술들이 사용되는 희귀성에 초점을 맞추고 있다. 예를 들어 심폐소생술은 사람들에게 완전히 활력을 불어넣어 시행될 수 없으며, 많은 의사들은 심폐소생술을 거의 사용하지 않을 수도 있다. 이러한 두 가지 문제는 기술 보존에 어려움을 초래한다.

많은 사례에서 이러한 심리 운동 기술은 교육 초반에 학습되고, 단지 산발적으로 다시 논의될 뿐이다. 이러한 문제는 운동 기술들이 단 며칠만에 빠르게 붕괴될 수도 있고, 1년 후 사용하지 않은 개인은 숙련도가 떨어질 수 있으므로 제기된다(Arthur 등, 1998; Oermann 등, 2011). Oermann 외 연구진(2011)은 간호 심리 운동 기술의 전이와 보유의 문제는 실제 문제이고 반드시 간호교육에서 다뤄져야 한다고 말하였다. 또한 Oermann은 전통적이고 집중적인 간호교육은 초기에 좋은 성과를 내는 데 효과적이었지만, 장기간 동안 보유가 가능한 효과적인 학습의 결과는 아니었다고 하였다. Spruit와 동료들(2014)도 수술

법의 훈련이 좋은 수술 수행력을 만들어낼 수 있지만, 이러한 기술이 항상 잘 학습되고 유지되는 것은 아니라는 유사한 관찰을 했다.

위의 내용에서 설명한 우려는 연습용 마네킹(예: 심폐소생술 훈련용 Anne), 신체 훈련 시뮬레이터 그리고 가상현실 시뮬레이터(Spruit 등, 2014)와 함께 사용되었다. 이것들을 통해 안전, 가용성, 접근 가능한 연습으로 학습의 유지를 가능하게 한다. 그러나 이러한 인위적 연습 환경의 효과는 연습 환경에서 실제 환경으로의 운동 기술 이전에 전적으로 의존한다. 근거 기반 교육 연습은 전이 효과 검사에 초점을 맞추고 있고 이러한 조사로 의학적 훈련에서 시뮬레이터의 사용을 위한 훈련 혹은 연습 지침을 제공한다(Lee & Oh, 2015; Spruit 등, 2014 참조). 예를 들어 Spruit 등(2014)의 연구에서는 보존과 전이를 개선시키기 위해서 복강경 수술 시뮬레이터 교육에 작업 목표 설정, 인지 부하, 이중 작업, 가변성을 추가하여 권고하였다.

학습의 평가는 모든 실무자들이 운동 기술 교육을 제공하는 툴킷에 포함되어야 한다. 이러한 평가들은 환자들과 고객들을 위한 실천요강의 기초와 구조를 위한 증거를 제공한다. 청소년 수영 선수의 경우를 생각해보자. 그녀는 자유형을 잘 배웠고 심지어 비교적 어린 나이에도 불구하고 자동화 수준에 도달하였다. 2년의 경쟁 과정 동안 그녀는 자신의 경기 기록을 age group에서의 엘리트전 수준까지 향상시켰다. 그녀의 연습 세션 대부분은 스트로크 역학, 스타트, 플립턴, 체력과 같은 기술적 운동 기술들의 학습과 수정이 강조되었다. 그녀의 스트로크 기술 훈련은 개선에 초점이 맞춰졌고 수중 비디오 기록들은 그녀의 스트로크가 한결같이 계속됨을 보여줬다. 그러나 계속되었던 스트로크는 피로해짐(안정성 임계점)에 따라 무너졌다. 경쟁 기간 3년 동안, 그녀의 경기력은 향상되었지만 경쟁자들만큼 향상되지 않았으며 승리는 지체되었다. 평가 결과 그녀의 체력은 충분하지만 그녀의 스트로크 역학은 피곤할 때 불안정할 뿐만 아니라 다른 수영 선수들이 하는 것과도 차이가 있었다. 특히 그녀는 프로펠러와 같은 '스컬링 스트로크'에 적응되어 있었지만, 그녀의 경쟁자들은 더 효과적인 깊은 캐치의 '패들링 스트로크'에 적응되어 있었다(von Loebbecke & Mittal, 2012).

수영 선수로서 그녀는 age group에서 엘리트전 수준으로 분류될 수 있지만, 이 시점에서 그녀는 갈림길에 서 있다. 그녀의 코치들은 더 나은 스트로크를 만들고 피로한 상황에도 안정감을 유지하기를 바라며 스컬링 스트로크를 계속 사용할 수 있도록 훈련을 시킬 수 있다. 그들은 또한 생리학적 체력과 같은 수영 선수의 경기력 관련 다른 요소에 초점을 맞출 수도 있다. 혹은 그녀는 새로운 패들링 스트로크를 배우기 위해 시작할 수도 있는데, 그것은 그녀가 기술을 모두 습득했을 때 그녀의 경기력으로 돌아오도록 할 것이다. 그녀와 그녀의 코치는 새로운 기술을 배우기로 결정했고, 전술적 기술, 턴, 스타트와 같은 다른 기술들의 자동 단계에 있음에도 불구하고 스트로크를 위한 학습 인지 단계로 그녀를 배치했다. 그녀의 주된 스트로크 역학에 대한 학습은 물에 대한 느낌으로 긍정적 전이가 될 수도 있지만, 오래된 스트로크 패턴인 양측 움직임은 너무 깊이 배어 있어 부정적 전이의 결과로 나타날 수도 있다. 지상과 수영장에서의 새로운 스트로크 훈련이 복잡하고 경쟁적인 환경에서의 새로운 스트로크로 유지되고 있는지 여부를 결정하기 위한 지속적인 전이와 유지 검사가 필요할 것이다. 요컨대 학습을 평가하기 위한 검사와 학습 단계의 식별은 연습의 진전과 효과를 평가하기 위한 프레임워크를 제공하고 미래 목표에 도달하기 위한 로드맵 계획을 세우는 데 도움을 준다.

요약

운동 학습이란 훈련과 경험으로부터 운동 기술을 사용할 수 있는 능력이 증가하는 것을 의미한다. 학습은 운동 기술 수행력이 연습 시간을 거쳐 향상되고, 시간이 지나도 지속적이며 더욱 일관되고, 환경이나 상황의 변화에도 안정적으로 유지되었을 때 학습이 이루어졌음을 암시할 수 있다. 수행능력의 변화가 정말로 학습을 반영한 것인지에 대한 평가는 유지와 전이 검사를 사용함으로써 알 수 있다. 유지 검사는 일관성과 지속성에 대해 평가하고 전이 검사는 안정성과 응용력을 평가한다.

학습 과정에서 수행능력의 정체기가 발생할 수 있다. 그것에는 여러 이유가 있는데 학습자에게 가장 절망적이고 가장 흔한 원인은 교육이 운동 기술의 잘못된 측면에 집중하고 있는 경우, 혹은 학습자가 완전히 새로운 운동 기술의 요소를 배워야 하는 경우이다. 정체기를 확인하는 것과 학습자가 학습 과정중 어디에 도달해 있는지를 말해주는 수행능력의 특징들은 교육 기술과 학습자의 발전에 기여하는 요소들에 대한 통찰력을 부여한다. 학습 평가는 정체기의 본질과 전체적인 교육의 효율성을 평가하기 위한 필수 요소이다.

학습 과정의 필수적인 특징은 학습 전이다. 전이는 하나의 맥락에서 학습한 운동 기술을 다른 상황에서도 적용할 수 있게 해준다. 일반적으로 전이는 숙련된 단순한 기술을 조금 더 복잡한 기술의 학습에 응용할 수 있게 해주거나 닫힌 환경에서 학습된 기술을 열린, 실전 환경에서 적용할 수 있게 해준다. 그러므로 전이는 기술을 다각화하고 더욱 유연하게 만들어준다. 하지만 교육자는 새로운 상황에서 발생하는 부정적으로 전이되고 학습을 방해하는 기술을 주의 깊게 살펴보아야 한다.

학습 과정은 일반적으로 단계별로 이루어진다. 새로운 것을 처음 배우면 학습자가 움직임에 대한 느낌을 처음으로 느끼게 되는 과정을 겪는다. 잘 숙련된 움직임은 자동적이고 더욱 일관되고 실수가 없이 이루어진다. 학습이 이루어지면서 나타나는 특징들은 발전된 협응력 그리고 개선된 정보 처리이다. 많은 경우에 숙련된 수행자들은 일반적인 사람에 비해 지식 기반과 정보 처리의 속도와 질에서 차이가 난다. 학습자가 처해 있는 학습 단계를 확인하는 것은 그의 장점과 약점을 확인하고 훈련의 효율성을 평가하며 전체적인 발전의 가이드를 제공해주는 데 도움이 된다.

연습문제

1. 학습이 이루어졌는지에 대해 알 수 있는 수행능력의 특징은 무엇인가?
2. Fitts와 Posnet의 학습 단계에서 세 번째 단계는 두 번째 단계에 비해 무엇이 다른가?
3. Gentile의 운동 학습 2단계 모델에서 첫 번째 단계는 적절한 자극을 결정하는 것으로 특징지어진다. 그것의 의미는 무엇인가?
4. Gentile의 운동 학습 2단계 모델에서 두 번째 단계는 정착과 다각화에 관한 것인데 그 의미는 무엇인가?
5. 자동적인 운동 기술이란 무엇이며 그것이 왜 전문지식으로 정의될 수 없는지 혹은 있는지 설명하라.
6. 수행능력 정체기를 일으키는 3가지 원인은 무엇인가? 각각의 사례를 들어 설명하고 어떤 것이 가장 학습자를 괴롭히는지 토론하라.
7. 움직임의 창조성은 무엇이고 어떻게 발달하는가? 기본적인 기술에 집착하는 것처럼 보이는 청소년 운동선수를 위해 당신은 무엇을 할 것인가?
8. 초보자와 비교해 전문가의 우수한 협응력이란 무엇을 의미하는가? 사례를 들어보라.
9. 지식 구조의 차이점은 각 학습의 단계에서 나타나는 특징 중 한 요소이다. 이 관점에서 초보자는 전문가에 비해 어떻게 다른가? 전문가가 초보자에 비해 다른 것은 무엇인가?
10. 기술의 전이 현상이 일어나는 두 가지 원인은 무엇인가? 전이의 장점은 무엇인가? 학습 이론의 특이성은 전이에 어떤 역할을 하는가?
11. 다른 사람보다 비슷한 기술을 더욱 빠르게 숙련시키는 사람이 있는데 그 이유는 무엇인가?
12. 선택한 운동 기술이나 스스로를 활용하여 운동 학습의 단계를 보여주는 평가 계획(예: 전이와 유지 검사)을 대략적으로 설명하라. 일정 기간의 훈련 후에 나타나는 학습 결과를 보여주는 평가의 차이점

을 설명하라.

13. 일반적인 교육학에서 나오는 학습 스타일의 목록을 사용하여(아래 두 가지 중에) 스스로의 학습 스타일을 측정해보고 그 스타일에 맞는 교육 권고 사항을 확인하라. 그 결과가 당신과 당신의 운동 기술 수행능력에 해당하여 유효한 것으로 생각되는가? 그 이유는 무엇인가?

참고문헌

Abernethy, B. B. (1999). The 1997 Coleman Roberts Griffith address movement expertise: A juncture between psychology theory and practice. *Journal of Applied Sport Psychology, 11*(1), 126-141.

Abernethy, B., Farrow, D., Gorman, A. D., & Mann, D. L. (2012). Anticipatory behavior and expert performance. In N. J. Hodges & A. M. Williams (Eds.), *Skill acquisition in sport: Research, theory and practice* (2nd ed., pp. 287-305). London, UK: Routledge.

Abernethy, P. P., Wilson, G. G., & Logan, P. P. (1995). Strength and power assessment: Issues, controversies and challenges. *Sports Medicine, 19*(6), 401-417.

Arthur, W., Jr., Bennett, W., Jr., Stanush, P. L., & McNelly, T. L. (1998). Factors that influence skill decay and retention: A quantitative review and analysis. *Human Performance, 11*(1), 57.

Ausenda, C., & Carnovali, M. (2011). Transfer of motor skill learning from the healthy hand to the paretic hand in stroke patients: A randomized controlled trial. *European Journal of Physical and Rehabilitation Medicine, 47*(3), 417-425.

Baker, J. J., Cote, J. J., & Abernethy, B. B. (2003). Sport-specific practice and the development of expert decisionmaking in team ball sports. *Journal of Applied Sport Psychology, 15*(1), 12-25.

Baker, J. J., Horton, S. S., Robertson-Wilson, J. J., & Wall, M. M. (2003). Nurturing sport expertise: Factors influencing the development of elite athlete. *Journal of Sports Science and Medicine,* 2(1), 1-9.

Bernstein, N. A. (1967). *The co-ordination and regulation of movements.* Oxford, England: Pergamon Press.

Blackwell, J. R., & Cole, K. J. (1994). Wrist kinematics differ in expert and novice tennis players performing the backhand stroke: Implications for tennis elbow. *Journal of Biomechanics, 27*(5), 509-516.

Braakhuis, A. J. (2015). Learning styles of elite and sub-elite athletes. *Journal of Human Sport and Exercise, 10*(4), 927-935.

Buell, C., Pettigrew, F., & Langendorfer, S. (1987). Effect of perceptual style strength on acquisition of a novel motor task. *Perceptual and Motor Skills, 65*(3), 743-747.

Cassidy, S. (2004). Learning styles: An overview of theories, models, and measures. *Educational Psychology, 24*(4), 419-444.

Coker, C. (1995). Learning style consistency across cognitive and motor settings. *Perceptual and Motor Skills, 81*(3 Pt 1), 1023-1026.

Duarte, R., Araujo, D., Davids, K., Travassos, B., Gazimba, V., & Sampaio, J. (2012). Interpersonal coordination tendencies shape 1-vs-1 sub-phase performance outcomes in youth soccer. *Journal of Sports Sciences, 30*(9), 871-877.

Dunn, J. L., & Fleming, N. (2012). *The VARK-Athlete questionnaire.* Retrieved from http://www.vark-learn.com/english/page.asp?p=athletes

Fagard, J., & Corroyer, D. (2003). Using a continuous index of laterality to determine how laterality is related to interhemispheric transfer and bimanual coordination in children. *Developmental Psychobiology, 43*(1), 44-56.

Fimland, M., Helgerud, J., Gruber, M., Leivseth, G., & Hoff, J. (2010). Enhanced neural drive after maximal strength training in multiple sclerosis patients. *European Journal of Applied Physiology, 110*(2), 435-443.

Fitts, P. M., & Posner, M. I. (1967). *Human performance.* Oxford, England: Brooks and Cole.

Fuelscher, I., Ball, K., & Macmahon, C. (2012). Perspectives on learning styles in motor and sport skills. *Frontiers in Psychology, 3*(69), 1-3. doi: 10.3389/fpsyg.2012.

Gabriel, D., Kamen, G., & Frost, G. (2006). Neural adaptations to resistive exercise: Mechanisms and recommendations for training practices. *Sports Medicine, 36*(2), 133-149.

Gauthier, L. V., Taub, E., Mark, V. W., Perkins, C., & Uswatte, G. (2009). Improvement after constraint-induced movement therapy is independent of infarct location in chronic stroke patients. *Stroke, 40*(7), 2468-2472.

Gentile, A. M. (2000). Skill acquisition: Action, movement, and neuromotor processes. In J. H. Car & R. B. Shepherd (Eds.), *Movement science: Foundations for physical therapy* (2nd ed., pp. 111-187). Rockville, MD: Aspen.

Hayes, J., & Allinson, C. W. (1993). Matching learning style and instructional strategy: An application of the personenvironment interaction paradigm. *Perceptual and Motor Skills, 76*(1), 63-79.

Haywood, K. (1993). *Lifespan motor development.* Champaign, IL: Human Kinetics.

Headrick, J., Davids, K., Renshaw, I., Araujo, D., Passos, P., & Fernandes, O. (2012). Proximity-to-goal as a constraint on patterns of behaviour in attacker-efender dyads in team games. *Journal of Sports Sciences, 30*(3), 247-253.

Helsen, W. F., & Starkes, J. L. (1999). A multidimensional approach to skilled perception and performance in sport. *Applied Cognitive Psychology, 13*(1), 1-27.

Jones, A. M. (2006). The physiology of the world record holder for the woman's marathon. *International Journal of Sports Science and Coaching, 1*(2), 101-116.

Konczak, J., Vander Velden, H., & Jaeger, L. (2009). Learning to play the violin: Motor control by freezing, not freeing degrees of freedom. *Journal of Motor Behavior, 41*(3), 243-252.

Lay, B. S., Sparrow, W. A., Hughes, K. M., & O'Dwyer, N. J. (2002). Practice effects on coordination and control, metabolic energy expenditure, and muscle activation. *Human Movement Science, 21*(5/6), 807-830.

Lee, J., & Oh, P. J. (2015). Effects of the use of high-fidelity human simulation in nursing education: A meta-analysis. *Journal of Nursing Education, 54*, 501-507.

Luft, A. R., & Buitrago, M. M. (2005). Stages of motor skill learning. *Molecular Neurobiology, 32*(3), 205-216.

Mackrous, I., & Proteau, L. (2007). Specificity of practice results from differences in movement planning strategies. *Experimental Brain Research, 183*(2), 181-193.

Mann, D., Williams, A., & Ward, P. (2007). Perceptual-cognitive expertise in sport: A meta-analysis. *Journal of Sport and Exercise Psychology, 29*, 457-478.

McPherson, S. L. (1994). The development of sport expertise: Mapping the tactical domain. *Quest, 46*(2), 223-240, 247-262.

McPherson, S. L., & Vickers, J. N. (2004). Cognitive control in motor expertise. *International Journal of Sport and Exercise Psychology, 2*(3), 274-300.

Memmert, D. (2011). Creativity, expertise, and attention: Exploring their development and their relationships. *Journal of Sports Sciences, 29*(1), 93-102.

Memmert, D., Baker, J., & Bertsch, C. (2010). Play and practice in the development of sport specific creativity in team ball sports. *High Ability Studies, 21*(1), 3-18.

Oermann, M. H., Kardong-Edgren, S. E., & Odom-Maryon, T. (2011). Effects of monthly practice on nursing students' CPR psychomotor skill performance. *Resuscitation, 82*(4), 447-453.

Patsika, G., Kellis, E., & Amiridis, I. O. (2011). Neuromuscular efficiency during sit to stand movement in women with knee osteoarthritis. *Journal of Electromyography and Kinesiology, 21*(5), 689-694.

Proteau, L., Marteniuk, R., & Levesque, L. (1992). A sensorimotor basis for motor learning: Evidence indicating specificity of practice. *Quarterly Journal of Experimental Psychology. Human Experimental Psychology, 44*(3), 557-575.

Ripoll, H. H., Kerlirzin, Y. Y., Stein, J. F., & Reine, B. B. (1995). Analysis of information processing, decision making, and visual strategies in complex problem solving sport situations. *Human Movement Science, 14*(3), 325-349.

Santos, S. L., Memmert, D., Sampaio, J., & Leite, N. (2016). The spawns of creative behavior in team sports: A creativity developmental framework. *Frontiers in Psychology, 7*, 1282. doi: 10.3389/fpsyg.2016.01282.

Singer, R. N., & Janelle, C. M. (1999). Determining sport expertise: From genes to supremes. *International Journal of Sport Psychology, 30*(2), 117-150.

Soderstrom, N. C., & Bjork, R. A. (2015). Learning versus performance: An integrative review. *Perspectives on Psychological Science, 10*(2), 176-199.

Soucy, M., & Proteau, L. (2001). Development of multiple movement representations with practice: Specificity versus flexibility. *Journal of Motor Behavior, 33*(3), 243-254.

Spruit, E. N., Band, G. H., Hamming, J. F., & Ridderinkhof, K. R. (2014). Optimal training design for procedural motor skills: A review and application to laparoscopic surgery. *Psychological Research, 78*(6), 878-891.

Stark, A., Meiner, Z., Lefkovitz, R., & Levin, N. (2012). Plasticity in cortical motor upper-limb representation following stroke and rehabilitation: Two longitudinal multi-joint FMRI case-studies. *Brain Topography, 25*(2), 205-219.

Starkes, J. L., & Ericsson, K. A. (2003). *Expert performance in sports: Advances in research on sport expertise*. Champaign, IL: Human Kinetics.

Stockel, T., & Weigelt, M. (2012). Brain lateralisation and motor learning: Selective effects of dominant and nondominant hand practice on the early acquisition of throwing skills. *Laterality, 17*(1), 18-37.

Sutcliffe, T. L., Logan, W. J., & Fehlings, D. L. (2009). Pediatric constraint-induced movement therapy is associated with increased contralateral cortical activity on functional magnetic resonance imaging. *Journal of Child Neurology, 24*(10), 1230-1235.

Taub, E., & Morris, D. M. (2001). Constraint-induced movement therapy to enhance recovery after stroke. *Current Atherosclerosis Reports, 3*(4), 279-286.

Vangheluwe, S., Suy, E., Wenderoth, N., & Swinnen, S. (2006). Learning and transfer of bimanual multifrequency patterns: Effector-independent and effector-specific levels of movement representation. *Experimental Brain Research, 170*(4), 543-554.

Vereijken, B. B., Whiting, H. A., & Newell, K. M. (1992). Free(z)ing degrees of freedom in skill acquisition. *Journal of Motor Behavior, 24*(1), 133-142.

von Loebbecke, A., & Mittal, R. (2012). Comparative analysis of thrust production for distinct arm-pull styles in competitive swimming. *Journal of Biomechanical Engineering, 134*(7), 074501. http://dx.doi.org/10.1115/1.4007028.

Wilson, M., McGrath, J., Vine, S., Brewer, J., Defriend, D., & Masters, R. (2010). Psychomotor control in a virtual laparoscopic surgery training environment: Gaze control parameters differentiate novices from experts. *Surgical Endoscopy, 24*(10), 2458-2464.

정보 처리 과정과 운동 기술 수행능력

이 장의 목적, 중요성, 목표

이 장의 목적은 운동 기술의 학습과 수행능력을 최대화하는 데 필요한 정신적 특성과 행동학적 요소를 설명하는 것이다. 특히 이번 장은 성공적인 훈련이나 연습 상황의 일부가 되어야 하는 학습의 기본 요소로서의 기억, 주의 및 의도에 초점을 맞춘다. 이러한 이해를 통해 학습자와 강사는 연습 및 훈련 프로그램과 개인적 사고방식(mind-sets)을 개발하여 학습과 수행능력을 극대화하고 훈련중 발생할 수 있는 함정을 방지할 수 있을 것이다.

이번 장을 마친 후, 아래의 내용을 설명할 수 있어야 한다.

1. 정보 처리 개념과 복합적 리소스 이론, 그리고 이러한 사항들이 학습과 수행능력에 미치는 영향을 설명한다.
2. 운동 기억과 이를 개선하기 위한 다양한 기술을 사용하는 방법을 설명한다.
3. 주의력, 집중력 및 관련 개념과 이러한 개념이 운동 기술의 학습과 수행능력에 어떻게 기여하는지 설명한다.
4. 주의 집중 기술을 향상하기 위한 기술과 정보 처리 정확도와 속도를 개선하고, 불안과 같은 정신적 장벽을 극복하며, 전체적인 운동 기술 수행능력을 향상시키기 위한 사용 방법을 설명한다.
5. 정보 처리, 학습, 운동 기술 수행능력 및 연습과 훈련에 대한 생리학적 적응에 있어 정신적인 의도가 미치는 광범위한 영향을 설명한다.

이전 장에서 우리는 고도로 숙련된 수행자들의 특징들이 바로 업무 특화된 지식 구조와 훌륭한 정보 처리 능력이라는 것을 배웠다. 이 장에서는 이러한 개념을 살펴보고 학습과 수행능력을 최대화시키는 데 중요한 토대를 제공하는 정보 처리의 측면에 초점을 맞춘다. 특히 우리는 정보 처리의 기초와 기억의 개념, 주의 집중 및 의도와 이들 사이의 관계를 먼저 살펴볼 것이다. 각각의 경우, 우리는 생리학적 수행능력을 유도하기 위해 이러한 심리적 특성 사용과 학습을 극대화하는 방법을 검토한다.

정보 처리 과정

우리 중추신경계(CNS)가 하는 일은 정보를 처리하는 것이다. 정보는 우리 몸 안팎의 출처에서 나오고, 몇몇은 이미 우리의 CNS 안에 들어 있다. 우리가 보고, 듣고, 맛보고, 만지고, 냄새를 맡는 모든 것에서 정보를 얻을 수 있다. 수많은 생리학적 과정들이 내장기 수용체와 체성 수용체에 의해 모니터링 된다. 이러한 정보 중 일부는 명시적으로 검색되며, 일부는 의식하지 않고 암암리에 수집된다. 이 정보들은 CNS에서 기억, 계획, 그리고 처리 과정 형태로 저장된 정보들과 만난다. 그런 다음 이 정보는 식별, 해석 및 필터링의 형태로 처리되며 최종적으로 이에 따라 처리된다. 우리의 뇌에 의한 이러한 행동들은 추론, 모니터링, 정보 저장 및 검색, 신체의 생리학적 과정 운영, 감정적이고 이성적인 행위 만듦, 의사소통, 그리고 결정을 포함한다.

하지만 뇌가 이 모든 것을 동시에 할 수 없다. 우리의 뇌는 사용 가능한 용량이 정해져 있기 때문에 우리의 수행능력도 제한되어 있다. 이번 섹션에서는 우리의 뇌가 어떻게 정보들을 관리할 수 있는지, 즉 리소스들을 어떻게 처리하고 활용하는지에 대한 여러 이론들을 살펴볼 것이다. 두 가지 특별한 리소스(기억과 주의력)은 운동 학습 원칙의 활용에서 중요한 요소이다. 이러한 정신적 처리 리소스들 뒤에, 의도의 지배적인 역할과 그 적용에 대해 논의할 것이다.

정보 처리 모델들

뇌의 프로세싱은 광범위하고 다양하며, 명백히 경험에서 기반된다. 그러므로 우리가 이러한 뇌의 처리 과정에 정신적으로 지배당하는 것은 당연하다. Broadbent(1958년)는 우리의 뇌가 모든 정보를 동시에 처리할 수 없고, 오히려 순차적인 방식으로 조금씩 처리한다고 제안했던 사람 중 한 명이다(그림 8.1). 정보, 특히 감각 정보는 먼저 단기 저장 장치에 보관된 다음 필터를 통해 선별되며 가장 적절한 정보가 전달된다. 많은 양의 정보는 필터에서 병목현상에 걸려 오로지 한 번에 한 가지 정보만을 처리할 수 있다. 이러한 **계열적 처리 과정**(serial processing) 때문에 정보 처리의 속도가 떨어지고 그 질도 저하될 가능성이 있다. 필터링과 계열적 처리 과정은 우리가 정보에 압도되는 이유에 대해 설명해주지만, 동시에 여러 가지 일을 할 수 있는 우리의 능력을 잘 설명하지는 못한다.

정보가 병목현상으로 인해 막히면, 한 작업은 다른 작업이 수행되는 동안 지연된다(Welford, 1952). 두 번째 작업에 착수되기 전까지 발생한 이러한 지연을 **심리적 불응기**(psychological refractory period, PRP)라고 한다. PRP는 수비수에 대한 공격수의 속임수 동작을 보면 잘 설명할 수 있다. 수비수의 오른쪽이나 왼쪽으로 가려고 하기 전 단순히 머리의 움직이는 것만으로도 농구선수는 수비수의 역할을 지연시킬 수 있다. 심지어 머리를 이용한 속임 동작을 실제로 따라가지 않더라도 수비수는 정신적으로 그 정보에 대한 처리를 하고 있어야 한다. 수비수는 공격수의 다음 발걸음을 확인하더라도 그 방향에 대처하기에 앞서 공격수의 머리 속임수 동작을 먼저 처리해야 하는 것이다. 이 PRP 지연은 80~100ms까지 걸릴 수 있으며, 이는 공격수가 수비 선수를 제끼기에 충분한 시간이다.

계열적 처리 과정 모델이 확장된 것이 **다중 리소스 이론**(multiple resource theory)으로, 인간은 다양한 종류의 프로세싱 리소스를 가지고 있다는 것이다. 비록 계열적 처리 과정과 병목현상은 여전히 발생할 수 있고 또 일어나고 있지만, 우리의 뇌는 정보를 처리하기 위해 이를 언어적 출력, 청각적, 후각적, 시각적 감각 처리, 그리고 감정적 추론과 같은 특정한 리소스로 바꿀 수 있다. 정보를 처리할 리소스는 (꼭

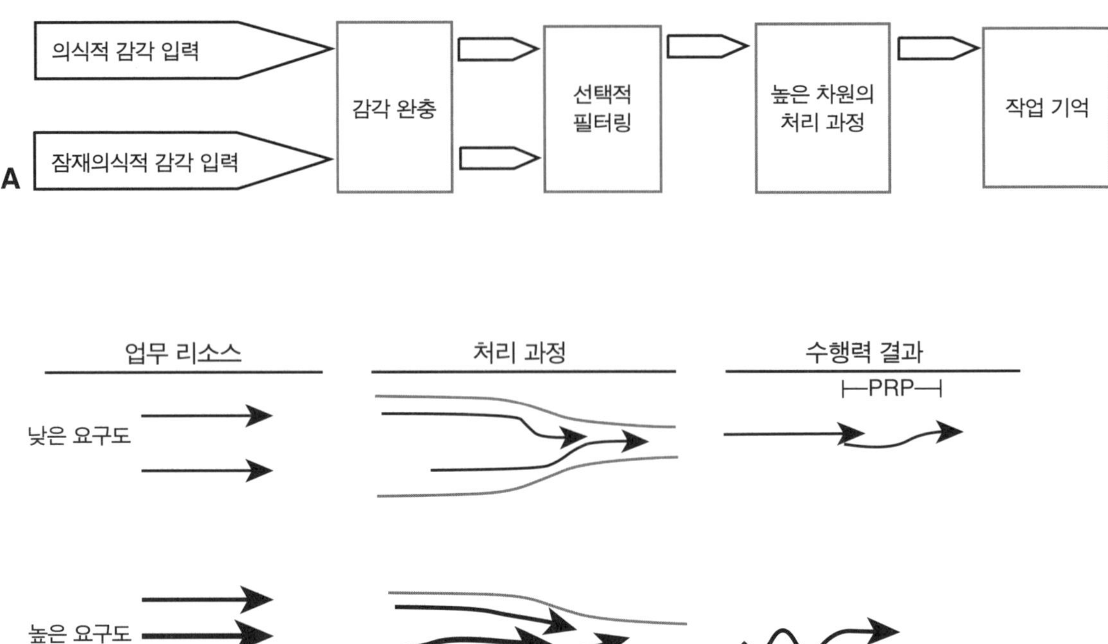

그림 8.1 **A.** Broadbent의 정보 처리의 필터 모델. 감각 정보는 의식적(주의 집중된)이거나 잠재의식적(주의 집중되지 않은)인 성격을 띨 수 있다. 주의 집중되지 않은 정보는 자동적으로 걸러지는 반면, 주의를 기울인 정보는 더 상위의 명령 처리를 위해 이동된다. **B.** 정보 처리의 병목현상은 종류가 다른 업무의 수(화살표의 갯수)와 업무의 크기나 복잡성(화살표의 두께)에 달려 있다. 요구도가 낮은 경우 얇은 화살표 두 개 정도로 표현되지만, 그래도 처리 과정중 수행력은 약간 떨어진다(비뚤어진 화살표). 낮은 수요 상황에서의 PRP는 첫 번째 업무 때문에 두 번째 업무가 지연되는 것이다. 세 가지 까다로운 작업에 대한 높은 수요는 두 가지 작업을 완료하지 못하는 등의 상당한 수행력 문제를 야기한다.

그럴 필요는 없지만) 브로드만 영역과 같은 기능적 두뇌 영역에 해당할 수도 있다. 다중 리소스 이론은 우리의 뇌가 다른 유형과 양의 정보를 처리할 수 있는 가용성을 가지고 있다는 점(비록 이러한 시스템에는 중복해서 일을 하는 경우도 있지만)을 설명해준다. 이러한 모든 리소스는 수용량(capability)이 제한적이지만 유연한 면이 있다. 때로는 리소스의 수용량이 확장될 수 있고 축소되기도 한다. 흥분, 피로, 동기, 그리고 건강과 같은 요소들은 이 수용량을 바꿀 수 있다.

Wickens(2008)는 다중 리소스 이론을 더 발전시켰고 리소스가 어떻게 할당되는지 설명하였다. 그림 8.2는 정보 처리 시스템의 상호작용 복잡성을 나타내며, 심지어 복수의 리소스가 동원되더라도 프로세싱이 중단될 수 있다. Wickens의 모델에는 세 가지 기본적인 프로세싱 단계가 있으며, 이러한 각 단계에서는 감각 모달리티(sensory modality)나 반응 유형과 같은 서로 다른 유형의 정보가 지배한다. 작업들은 중첩될 수 있고 중첩이 많이 될수록, 리소스들은 더 많은 부하가 걸린다. 동일하거나 유사한 리소스를 필요로 하는 두 가지 이상의 작업, 또는 한 가지지만 리소스 요구도가 큰 업무의 경우 리소스의 수용량에 부담을 주고 프로세싱의 품질을 저하시킬 수 있다. 하지만 만약 두 가지 이상의 다른 종류의 작업이 수행되는 경우, 서로 다른 리소스가 필요할 수도 있으므로 수용량은 제한되지 않을 수도 있다. 효과적 정보 처리 과정은 적절한 자원 배분이 필요하다. 그림 8.3은 주의력 리소스와 같은 리소스가 시간에 따라 다른 수요로 나뉘어 있음을 보여준다.

적절한 리소스 할당에도 불구하고, 여러 가지 작업을 수행하는 동안 수용량에 부담이 가해질 수 있다(Kahneman, 1973). 교통체증과 악천후 속에서 운전하는 것은 리소스가 늘어나는 좋은 예이다. 운전자가 속도를 늦추는 동안에도, 라디오를 끄고 승객들에게 조용히 하라고 말할 가능성이 크다. 주위 환경 조

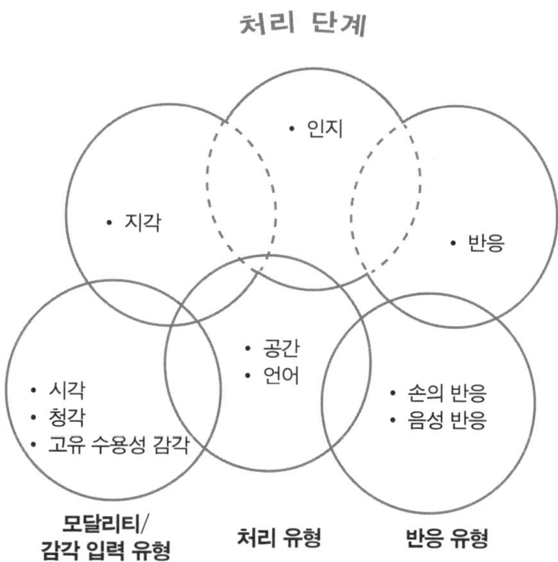

그림 8.2 Wickens(2008)의 개념에 기초한 다중 리소스 이론 개략도. 이 모델은 리소스 사용의 세 가지 차원이 있다. (1) 감각 입력 유형, (2) 처리 유형, (3) 반응 유형. 이러한 각 유형은 서로 다른 처리 단계와 상호작용하여 또 다른 상호작용 계층을 생성한다. 각 차원(원)에 제시된 예는 서로 다른 리소스를 필요로 한다. 예를 들어 손의 반응들은 음성 반응들과는 다르게 처리된다. 이 그림은 각 차원이 각각 서로 다른 용량으로 간섭한다는 것을 암시한다.

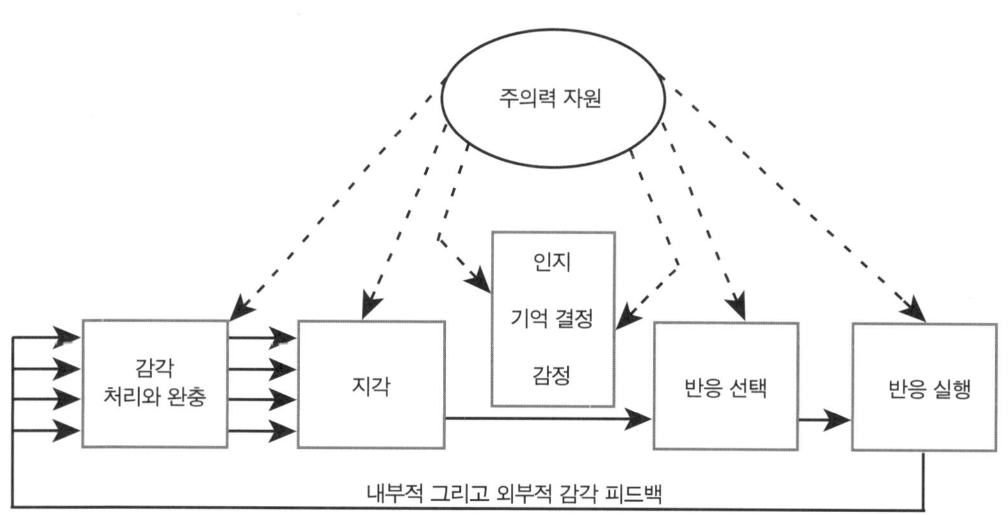

그림 8.3 Wickens(1992)에 근거한 인간의 정보 처리 및 자원 할당 모델. 이 모델의 핵심은 자원의 할당으로, 이 경우는 주의력 자원이다. 자원은 감각 처리부터 반응 실행까지 정보 처리 경로를 따라 모두 할당될 수 있다. 자원의 할당은 시간과 업무에 따라 달라진다.

건에 집중해야 할 필요성이 높아지기 때문에 운전자의 모든 리소스들은 음악을 듣고 대화를 하는 것에서 벌어진다. 게다가 스트레스와 석성이 리소스를 소비하고 주의를 십중하게 할 것이다. 운전중 문자 메시지로 인한 사망률의 급격한 증가를 보면 정보 처리 능력 제한의 살벌한 현실을 추측할 수 있다(Wilson & Stimpson, 2010).

기억

학습의 정의는 정보가 기억된다는 것을 암시한다. 사실 운동 기술 학습을 위해서는 정보, 과제, 움직임 절차, 전략, 개념 및 경험이 기억되고 즉각적으로 다시 부를 수 있어야 한다. 오랜 휴식 후에도 많은 운동 기술을 상기하고 반복하는 능력은 우리가 운동 기술을 기억할 수 있는 큰 능력 즉, **운동 기억**(motor memory)을 가지고 있다는 것을 의미한다. 비운동 기억(nonmotor memory)은 운동 기술 학습 과정과 높은 수준의 수행능력에도 중요한 역할을 한다. 예를 들어 예를 들어 어떤 축구 선수는 상대 진영의 수비를 스캔하고 즉각적으로 게임 전반의 패턴들이나 심지어 작년의 패턴들을 떠올리고 수비전략을 파훼하는 정보를 예상할 수도 있다. 운동 기억은 때때로 근육 기억(muscle memory)이라고 잘못 불리는데, 이 용어는 과학적 문헌에서는 정의되고 있지 않는 단어이다.

기억이 어떻게 작동하는지에 대해 현재 존재하는 많은 이론들의 역사는 Atkinson과 Shiffrin(1968)으로 거슬러 올라가는데, 이들은 감각 저장(sensory storage), 작업 기억(working memory), 장기 기억(long-term memory) 등 세 가지 기본 저장소를 고안했다(그림 8.4). **감각 저장**은 매우 짧은 시간(<1초) 사용되며, **작업 기억(또는 단기 기억)**은 약 30~60초 동안 지속되는 정보를 위한 임시 사용 및 저장 시스템이다. 특히 의사결정, 문제 해결, 움직임 생산 및 평가, 장기 메모리 정보의 저장 및 검색과 같은 즉각적인 상황 요구에 대한 정보 처리를 위한 능동 시스템이다. 작업 기억의 용량은 약 7(+ 또는 -2) 단어 또는 숫자이다. 움직임에서 이 숫자는 개별(discrete) 체조 또는 춤 동작과 같은 움직임의 약 7개 사건들로 환산된다(Starkes 등, 1987).

장기 기억은 정보의 '영구적' 저장소이다. 장기 메모리에는 명시적 및 암시적 정보가 저장된다. 명시적 기억(explicit memory)들은 또한 '선언적(declarative)' 기억으로 언급되며 의식적으로 상기될 수 있고 일반적으로 그렇게 하기 위해 약간의 노력과 관심이 필요한 기억들을 말한다. 명시적 기억에는 '일화적(episodic)'이고 '의미적(semantic)'인 정보를 포함하는 특정한 정보 저장 유형이 있다. 단편적 정보는 개인적으로 경험한 사건, 대인관계, 그리고 그것들이 발생한 시간들이다. 의미적 정보는 경험과 연구를 통해 얻은 세계에 대한 일반적인 지식이다. 이 기억에는 사실, 개념, 추상적 아이디어 및 시간 또는 장소와 연관되지 않은 독립적인 정보들을 포함한다.

암시적 기억(Implicit memory)은 일반적으로 의식적으로 기억되지 않는 것이다. 이 범주에는 '절차적(procedural) 기억'이 있는데, 이는 어떤 것을 어떻게 하는지에 대한 정보를 지칭하는 반면, 선언적 정보

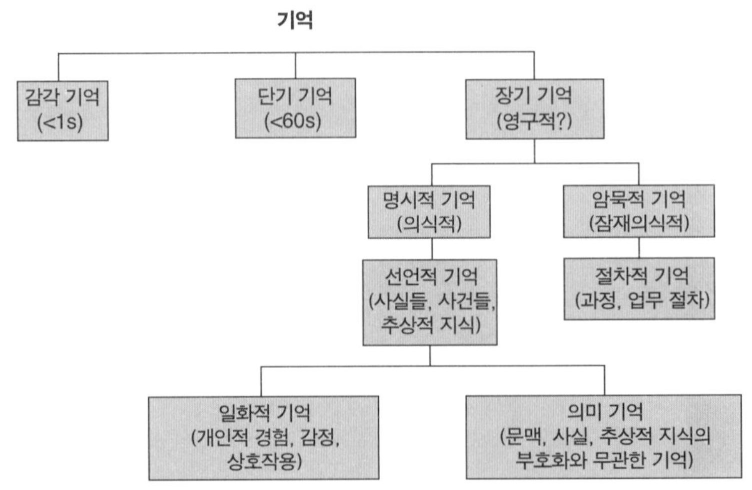

그림 8.4 기억의 유형. 명시적 및 암묵적 기억은 뇌에서 어떻게 그리고 어디에 저장되느냐에 따라 구분된다.

SIDENOTE 멀티태스킹

멀티태스킹이란 한 번에 두 가지 이상의 작업을 시도하려는 것으로, 운전중 휴대전화 사용(문자 포함)은 멀티태스킹의 한 예이다. 다중 리소스와 다중 정보 처리에 대해 알고 있는 대부분은 멀티태스킹에 대한 실험, 주로 이중 작업 실험에서 나왔다. 이중 작업 실험은 피험자가 다른 보조 작업을 하는 동시에 한 가지 주요한 작업을 수행하는 것으로 구성된다. 이러한 실험들은 대부분의 사람들이 멀티태스킹에 대해 오해하고 있다는 것을 명백히 밝혀준다. 정보 처리 속도와 정확도는 한 번에 두 개 이상의 작업을 수행하려고 할 때 급격하게 감소하며, 이 프로세싱의 품질은 여러 작업이 동일하거나 유사한 리소스를 사용하거나 또는 리소스 요구가 클 때 더 크게 저하된다. 예를 들어 연구에 따르면, 휴대전화를 사용하는 중 능동적으로 청취하려 하거나(예: Levy & Pashler, 2008) 비교적 감정적으로 집중하려 할 때(Dula 등, 2011) 이중 작업 처리 속도가 떨어진다. 다른 업무에 대한 기대가 있을 때에도 정보 처리 과정은 떨어지는데 이는 주의 집중의 힘이 다른 업무에 대한 기대로 옮겨가기 때문이다. 공부하는 동안 문자를 보내거나 SNS를 하는 것이 한 예라고 할 수 있다.

사진 제공: Whitman R. Ives

실제 생활에서의 멀티태스킹은 주로 업무의 우선 순위를 정하고 각 순서에 맞게 주의를 전환하는 식으로 이루어진다. '멀티태스커(multitaskers)'는 중요하지 않은 자극과 정보를 무시하고, 한 번에 한 가지에 집중하며, 미리 정해진 시간 내에 완전히 신속하게 주의를 전환한다(주의 집중에 대한 남은 논의는 이 장의 뒷부분 참조).

한편 **슈퍼태스커(supertaskers)**라고 하는 드문 케이스도 있다. 이들은 멀티태스킹의 영향을 받지 않는 것처럼 보인다. Watson과 Strayer(2010)는 자신들의 실험 대상 중 약 2.5%만이 슈퍼태스커임을 확인하고, 다음과 같이 말했다. "지난 10년 동안 우리의 연구 결과 많은 사람들이 자신들에게는 주의력 법칙이 적용되지 않는다고 믿고 있었다(예: 이런 사람들은 운전하면서 다른 일을 하다 사고가 난 사람을 보고도 자신들은 그렇지 않을 것이라고 믿는다). 실제로 어떤 독자들은 자신들이 슈퍼태스커인지 아닌지 헷갈려할 수도 있겠지만 확률상 아니라고 생각하는 것이 좋을 것이다." 이 논문의 저자들은 슈퍼태스킹을 할 수 있는 능력이, 그것이 무엇인지는 확인되지 않은 다른 처리 능력 희생의 결과일 수도 있다고 믿었다.

는 주로 누구, 무엇, 어디에, 그리고 왜에 대한 정보이다. 절차적 기억은 운동 기술을 소환하는 데 있어 본질적으로 필수적이다. 우리가 어떤 운동 기술을 발휘할 때는 의식적인 절차가 필요한 게 아니라는 것을 상기한다면 그 이유를 납득할 것이다. 예를 들어 문자 메시지를 입력하는 경우 올바른 문자를 누르기 위해 엄지의 움직임을 구성하는 방법에 대해 의식적으로 생각할 필요가 없을 것이다. 반면 어떤 글자와 철자를 써야 할지에는 의식적인 생각(선언적인)이 필요하다. 기억이 다양한 형태로 저장된다는 것은 다양한 운동 기술의 양상이 다르게 기억되고, 따라서 연습을 어떻게, 무엇을, 왜 해야 하는지 동등하게 가치가 평가되면서 훈련해야 할 것이다.

명시적 및 암시적 기억과 학습

암시적 기억의 개념, 즉 무언가를 무의식적으로 기억한다는 말이 이해하기 어려울 수 있다. 이상하게 들릴지 모르겠지만 암시적 기억과 암시적 학습은 학습 과정에서 필요하고, 최근에는 전문 영역의 수행능력 획득과 연습 환경의 핵심으로 간주되고 있다(Verburgh 등, 2016). 이 개념을 더 잘 이해하기 위해 명시적 및 암시적 개념을 함께 검토하는 것이 유용하다.

명시적 운동 학습은 규칙, 기술, 전술 등의 의식적인 학습이다. 선언적 정보는 기억되며, 개인은 기술에 대한 사실과 개념, 심지어 단계별 절차까지 확인 반복할 수 있다. 명시적 학습은 명시적 지침들, 가이드라인과 법칙, 그리고 집중 탐구된 바를 따른다. 한편 암시적 학습과 기억은 그것이 기억되며 학습되고 있다는 것이 의식적으로 인지되는 것이 아니다. 이는 어떤 활동이나 다른 학습에 참여하는 중에, 부수적인 부산물로써 무의식적으로 발생한다. 개인은 종종 이런 방식으로 기억된 것을 보여줄 수 없으며, 기억된 것은 지시와 규칙과 관련이 거의 없을 수 있다(Verburg 등, 2016).

암시적 학습과 기억에 대한 많은 연구들은 암시적 학습 대 명시적 학습의 장점과 차이점을 더 잘 요약하였다(Reber, 2013; Steenbergen 등, 2010; Verburgh 등, 2016; Vidoni & Boyd, 2007). 요컨대 암시적으로 학습되는 것은 신경가소성적인 성격이 많고, 더 습득되고, 더 꾸준히 수행될 수 있으며 압력과 외부 장애에서 더 잘 적응하고 안정적일 수 있다.

운동 기억 저장의 향상과 촉진

뇌로 들어오는 정보는 자동적으로 기억되지 않는다. 기억 저장 프로세스에는 '인코딩', '응고화' 및 '검색'이 필요하다(Kantak & Winstein, 2012 참조). 인코딩(Encoding)은 맥락과 의미를 지정하여 정보에 이름표를 붙이는 것이다. 응고화(Consolidation)는 이러한 과정을 거친 정보를 안정적이고 지속적인 방식으로 저장하기 위해 신경학적 프로세스를 설정하고 강화하는 것을 의미한다. 검색(Retrieval)은 기억을 호출이거나 저장된 정보에 액세스하는 것이다. 이는 흩어진 정보 조각들을 재조립하는 복잡한 과정이다. Kantak 및 Winstein(2012)에 따르면 인코딩 프로세스는 주로 획득 단계(즉, 능동적인 연습) 중에 발생하며 학습중에 인지적 노력과 문제 해결을 해야 한다. 그러나 학습하고 기억했던 것들은 의식적인 인식 없이도 나타날 수 있다. 반면 응고화는 연습 후 또는 수면 등과 같은 보존 기간 동안 '오프라인'에서 일어난다. 이 기간 동안 발생하는 활동에 따라 기억은 강화되거나 약화될 수 있다. 이러한 각각의 단계는 시냅스 연결, 뉴런의 강화, 그리고 수상돌기 발생을 포함한 뉴런 변화와 연관될 수 있다(Hardwick 등, 2013; Kantak & Winstein, 2012). 또한 기억의 종류에 따라 수많은 뇌 구조에서 처리된다는 내용과, 기억 저장의 단계들에 대한 이해 역시 필요하다(Hardwick 등, 2013; Reber, 2013).

그렇다면 어떻게 기억이 극대화될 수 있을까? 어떻게 훈련(연습)을 구성해야 올바른 기억이 인코딩되고 응고화가 효과적이며, 검색이 빠르고 정확할 수 있을까? Kantak와 Winstein(2012년)은 논문에서에

표 8.1 기억과 기억하기의 개념

개념	설명	응용
1. 움직임 특성	일부 움직임 측면은 연속적 또는 리듬적 움직임과 특정 위치 또는 자세 등을 더 쉽게 기억한다.	중요한 신체 위치를 확인하는 것은 전체 움직임을 기억하는 기초가 된다. 가능하다면 개별적(discrete)인 움직임도 '리듬감' 있게 만들도록 한다.
2. 기억하기 전략	4가지 주요 전략: 반복성, 유의미함, 학습에 대한 자기 통제, 기억해야 할 의도	이러한 특징 중 대부분은 거의 모든 상황에서 적용할 수 있다. 학습자는 기억을 해야 할 의도를 가지고 상황에 접근해야 하고, 이는 배우고자 하는 것에 대한 자기-보속적 자세가 있어야 하며 배우려고 하는 내용에 대한 중요성과 의미를 확인해야 한다.
3. 연습의 특싱과 연습의 특수성	실제 움직임이 일어날 때의 형태와 맥락이 연습에 잘 반영되어야 하고, 더불어 변형들에 대해 고려를 하는 것이 더 잘 기억된다.	이것은 기능적 훈련과 실제적인 연습의 한 요소이다. 테니스의 백핸드 드라이브처럼 분리된 기술(isolated skill)을 연습할 때도 연습은 게임과 비슷해야 한다. 스트레스에 노출된 실제 경기장에서, 연습 때 적절했던 기술이 매우 위급한 상황이라는 맥락이 훈련중 반영되지 않는다면 쉽게 무너질 수도 있다.

서 연습의 구조가 운동 기술의 수행능력에 영향을 미치지만 더 중요한 것은 실제 학습과 기억이 응고화되어야 한다는 점을 지적하였다. 다시 말해, 연습을 하는 동안 획득된 강력한 수행능력이 반드시 잘 학습되고 기억된 운동수행력으로 이어지지는 않는다는 것이다. Soderstrom과 Bjork(2015)는 연습 수행능력이 운동 학습에 있어서 그리 좋지 못한 척도라고 주장하였다. 우리는 운동 기술을 기억하는 데 영향을 미치는 세 가지 기본 특징에 대해 살펴볼 것이다. 첫째, 운동 그 자체의 특성, 둘째, 기억 전략, 셋째, 연습(훈련)의 특성. 이러한 특성은 표 8.1에도 요약되어 있다.

움직임 특성과 운동 기억

움직임의 특징은 그 움직임을 기억하는 능력에 영향을 미치는 움직임의 특징이나 속성이다. 예를 들어 연속적이고 리듬감 있는 기술은 불연속적 기술보다 기억이 더 잘되는 편이다. 아마도 반복적인 특성이 더 많은 연습을 제공하고 개별적 기술보다 절차적(procedural) 요구 사항이 덜 복잡하기 때문일 것이다. 위치, 자세 및 거리 특성은 중요한 요소이며 더 쉽게 기억되는 움직임 속성이다. 그러므로 가르칠 때 신체에서 중요한 위치를 지적하는 것은 좋은 방법이다. 마찬가지로 테니스 서빙에서 볼 토스트의 높이를 확인하는 것도 기억하는 데 도움이 된다. 하지만 자세 위치나 거리에 대한 사항이 딱 떨어지게 구분되는 용어가 없으므로 발의 상대적인 위치와 같은 방법(예: 어깨너비 정도의 스탠스를 취하라)으로 설명할 수 있다. 초기 또는 시작 위치는 뒤이어 일어날 움직임에 대한 정보를 제공하고, 최종 위치를 기억하는 것은 학습자가 종료 위치로 이어지는 움직임을 수행할 수 있게 한다. 움직임의 처음과 마지막 위치는 더욱 잘 기억되는데, 이것이 자연스럽고 적절한 움직임 연속 과정이기 때문이다. 결과적으로 움직임 연속 동작의 중간 과정들이 잘 기억되지 않는 경향이 있는데, 만약 그 중간 과정이 중요한 동작일 경우라면 추가적으로 기억을 해야 할 경우도 있다. 예를 들어 골프 스윙의 중간 단계는 클럽 헤드가 머리 위에 위치하고 곧이어 스윙이 일어나 클럽이 앞으로 이동하게 되는, 효율적인 골프 스윙에 있어 핵심적인 단계이다. 따라서 비록 움직임 연속의 중간에 있지만, 만약 학습자에게 중요하고 의미 있는 것으로 확인되면 이는 훨씬 더 잘 기억된다.

기억하기 전략과 운동 기억

'전략을 기억하는 것'은 운동 기술 학습 및 장기 유지에 필수적이며 연습 환경에 가능한 통합되어야 한다. 적절한 상황에 따라 사용할 수 있는 많은 기억 전략들이 존재한다. 운동 기술 학습의 경우, 네 가지 전략이 두드러진다. ① 반복, ② 의미 부여와 이해, ③ 어떻게 그리고 어떤 움직임이 연습되는지에 대한 학습자의 자기 통제, ④ 숙달과 기억하려는 의도.

반복은 움직임의 리허설이다. 이것은 모든 연습의 기본 원칙이지만, 정확히는 같은 움직임이 단조롭거나 단조로운 방식으로 반복된다는 것을 반드시 의미하는 것은 아니다. 심지어 기계에서 발사되는 공에 대한 테니스 포핸드 드라이브 반복과 같은 유사한 반복 동작도 신경계가 계속해서 움직임을 교정하기 때문에 다른 방식으로 협응된다. Bernstein(1967년)에 따르면,

> 새로운 운동 habit 달성을 위한 연습의 과정은 본질적으로 적절한 문제에 대한 최적의 운동 솔루션 탐색의 점진적인 성공으로 이루어진다. 이러한 이유로, 적절히 시행되었을 때 연습은 시간이 지남에 따라 운동 문제의 해결 수단을 반복하는 것이 아니라, 거듭된 반복으로 변화되고 완성한 기술로 이 문제를 해결하는 과정에서 이루어진다. 많은 경우에 '연습은 반복 없는 특정한 유형의 반복이며' 운동 훈련이 이러한 입장을 무시한다면, 일부 교육계의 폐단 중 하나인, 단지 기계적인 반복일 뿐이다. (134쪽)

지속적으로 개선되며 더 나은 해결책을 찾기 위해 설계된 반복은 정교한 움직임을 저장하고, 움직임을 정제하며 적응시키는 메커니즘도 저장한다. 따라서 움직임 패턴을 변경하고 다양화하는 프로세스도 기억 저장장치에서 형성될 수 있다.

의미 있는 움직임은 더 잘 학습되고 기억되며, 학습자가 기술이 필요한 이유와 실행되는 방법과 이유에 대해 이해를 했을 때 그 의미는 더 강화될 수 있다. 의미를 붙인다는 것은 단순히 의미 있다고 말하는 것보다 더 복잡한 작용이 있는 것이다. 학습자는 그것이 왜 의미 있는지 이해할 필요가 있다. 학습자가 움직임을 시각화하거나 움직임의 특정 측면에 언어적 라벨을 붙이는 것은 의미 부여에 있어 유용한 수단이다. 언어적 라벨을 붙이는 것은 공을 타격할 때 기합을 넣거나 무릎을 구부릴 때 혼잣말로 지시하는 것처럼 간단하게 할 수도 있다. 언어 라벨은 '몸을 둥글게 만 뒤에 구르기'와 같은 순차적인 기억 기능을 제공하는 데 사용될 수 있다. 마음을 끄는 것도 움직임에 의미를 부여하는 요소이다. Lohse 외 연구진(2016)은 어려운 운동 기술 요소(게임 컨트롤러)를 사용하는 비디오 게임이라도 좀 더 심미적이고 감각적인 특징을 가지고 있다면 더 잘 학습된다는 것을 발견했다. 수행능력을 획득한다는 것은 '건조한' 게임과 매력적인 게임 간의 차이가 거의 없었지만, 기억을 소환하는 것은 매력적인 게임의 경우가 월등하였다. 이는 기억 응고화가 촉진된 것이 반영된 것이다.

학습자가 어떤 움직임을 연습하고 어떻게 연습하는지에 대한 자기 통제권을 사용할 수 있으면, 학습과 기억 향상이 강화된다. 자기 통제적 연습은 피드백이나 데모를 받을 시기를 결정하고 개별화할 움직임의 특성을 미리 선택하는 작업으로 구성될 수 있다(예: 중요한 거리 및 신체 위치 스스로 결정하기)(Wulf 등, 2010b 참조). 마찬가지로 학습자가 주관적으로 운동 기술 학습 프로세스를 조직할 때, 특히 큰 기술을 자신에게 적합한 방식으로 구성하면 기억 역시 향상된다. 이 접근법은 규율 없고 체계적이지 않은 것처럼 보일 수 있지만, 그것은 주의를 기울이지 않았을 때만 그렇다. 기본적으로, 학습자가 자신의 학습에 대해 발언권이 있다면, 실습이 더 의미 있고, 더 많은 주의를 기울이고, 스스로 기억하는 방법을 고안해낼 수 있다. 그러면 움직임은 의미 있을 뿐만 아니라 학습자가 배우는 방식에 적합한 방식으로 구성된다. 하지만 이러한 점이 학습자가 연습과 기억에 책임을 지는 유일한 사람이라는 의미는 아니다. 지도자는 학습자가 구성한 것을 반드시 가이드해줘야 한다.

숙달과 기억하려는 의도에 집중한다는 것은 언뜻 쉬워 보이는 컨셉이긴 하지만 종종 간과되기도 한

다. 움직임은 연습중 활동을 시도하고 기억하려는 노력을 기울이려는 의지가 있을 때 가장 잘 기억된다(Ericsson 등, 1993). 그러한 활동은 명시적 학습에 강조점이 있는 것 같지만 반드시 그렇지는 않다. 무의식적으로 행해지는 암시적 학습 기억이 기억을 향한 의도적인 노력과 관련이 있을 수 있다고 생각하는 것은 이해하기 어려울 수도 있다. 이러한 점에 대해서 아직 명쾌한 답을 내려주는 연구가 없지만, 만약 명시적인 학습에 대해 정신적으로 준비되고 목표를 설정하여 참여하려 한다면, 암시적 학습 역시 더 쉽게 습득될 수 있다. 또한 명시적 학습과의 연계도 더 잘 이루어질 것이다(Reber, 2013; Vidoni & Boyd, 2007).

'숙달하고자 하는' 의도는 향상과 학습으로 이루어지며, 얼마나 성취를 이루었냐는 자기 스스로 이전과 비교를 하여 느끼는 것이다. 이와는 대조적으로 **수행능력을 '목표'**로 한 의도는 객관적인 지표와 남과의 비교에서 이루어진다(Skjesol & Halvari, 2005). 기술의 숙달은 성취를 위한 높은 목적지를 제공하며, 제대로 이루었을 때는 기술 그 자세와 가장 관련 있는 구체적인 목표점을 설정하게 한다.

연습과 운동 기억의 특성

연습의 특성은 연습 전과 비교해서 습득된 것은 무엇인지와 관련이 있다. 더 넓은 맥락에서 보자면, 이는 7장에서 탐구한 학습 또는 연습 원칙의 특수성을 가리킨다. 이를 간략히 설명하자면, 기억과 학습은(특히 감각 정보의 양과 형태에 관련하여) 무엇이 연습되었는지에 특성화되어 있다는 내용이다. 수동 변속 자동차의 클러치, 브레이크 및 기어변속기 사용법에 대해 배우는 초보 운전자를 가정해보자. 장애물이나 위험이 없는 연습장에서는 어렵지 않게 운전할 수 있을 것이다. 그러나 혼잡한 도시의 거리에서는 연습장에서와 같은 기술을 발휘하지 못할 가능성이 높다. 이 초보 운전자는 긴장하여 기어 변속을 실수하고 시동을 꺼뜨릴 수도 있다. 연습 상황에서 기어 변속과 브레이크를 거는 패턴은 순차적으로 매끄럽게 진행되고 감각 정보로 저장된 기억의 도움으로 이러한 단순한 환경에는 잘 대응한다. 한편 실제 운전 환경에서 발생하는 무질서한 정보 입력과 브레이크 및 기어 변속 패턴의 혼동들은, 이전 연습 환경에서 습득한 기술과 감각 정보들로는 대응하지 못할 것이다. 위의 예는 학습 환경과 실제 수행능력을 발휘해야 하는 환경의 특성이 달랐고, 학습된 기억이 연습에만 특화된 모습을 보인다. 연습이 실제 환경과 설정이 비슷할수록 경기나 테스트에서 더 좋은 출력이 나올 것이다. 하지만 그렇다고 해서 학습 과정이 복잡하고 경기 같은 관행으로 설정되어야 함을 의미하지는 않는다. 결국 연습은 도전적인 상황에 대비하여 꾸려져야 한다는 것을 의미한다.

운동 학습 문헌에서 가장 강력한 발견 중 하나는 가변적인 연습이 연습할 때의 수행능력은 낮지만 장기적인 학습 면에서는 훌륭히 수행된다는 것이다(Kantak & Winstein, 2012; Sprout 등, 2014). 가변적인 연습이란 다양한 것들을 다양한 순서로 수행한다는 것인데 이는 Bernstein의 반복 없는 반복(똑같은 것이 아니라 다양한 것을 반복한다)이란 아이디어에 들어맞는다. 가변적 연습의 이점은 개방성 기술의 가변적이고 변화 가능한 장점을 폐쇄성 기술(예: 헤르난데스-다보 등, 2014)을 닦는 방식에서도 기대할 수 있다는 것이다. 일반적으로 가변적 연습은 기억력을 개선하는 것으로 보이는데, 이는 학습자가 보다 적극적으로 참여하고 주의를 기울이기 때문일 수 있으며, 이것이 스스로 운동 패턴을 발견하게끔 이끈다(Handford 등, 1997).

가변적인 연습은 맥락적 간섭을 유발하므로 운동 기술의 기억에 도움이 될 수 있다. 맥락적 간섭은 다른 업무 맥락에서 기술이 연습되거나 상황들이 무작위로 바뀔 때 발생한다(조기 검토를 위해 Magill & Hall, 1990 참조). 이러한 예로는 하나의 공격 훈련에서 다른 공격 전략으로 훈련을 빠르게 변화하거나, 공격에서 수비로의 전환을 강요하는 것 등이 포함된다. 움직임 맥락이 바뀌고 있는 상황, 특히 학습자가 예측하기도 전에 상황이 재빨리 바뀌는 것은 목표하는 기술의 수행능력이 방해받아 그 수준이 저하될 수도 있지만, 기술을 습득하고 연습의 결과를 실제 경기에 발휘하게 만드는 효과는 뛰어날 수도 있다.

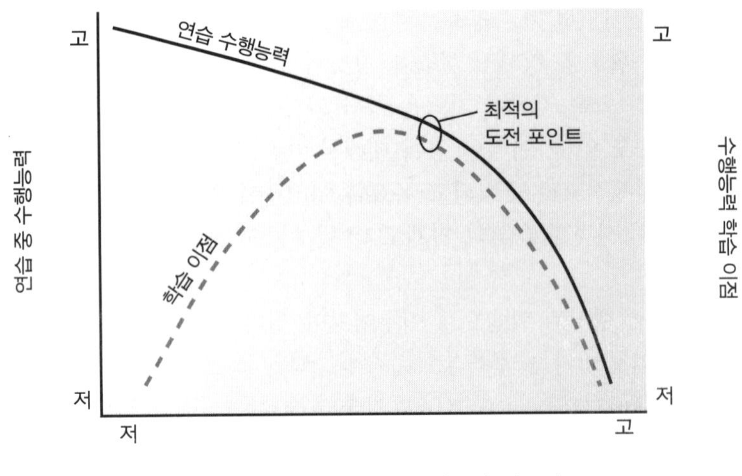

그림 8.5 최적의 도전 포인트(optimal challenge point)는 잠재적 학습 이점이 극대화되는 지점이다. 작업이 더욱 어려워질수록 연습 수행능력은 급격히 저하된다. 또한 어려움이 증가함에 따라 이용 가능한 정보의 양은 증가하지만 이 모든 정보를 사용할 수 있는 것은 아니다. 연습 수행능력이 우수하고 충분히 정보를 사용할 수 있는 경우 (도전 지점에서) 학습이 최적화된다. 너무 많은 정보는 너무 많은 부담을 주고 너무 적은 것은 불충분하다. 곡선의 모양과 도전 지점의 위치는 초심자에서 숙련자에 이르기까지 다르며, 기술마다 다르다.

이전에 제시한 예시들과 표 8.1에서 설명한 응용 부분은 연습 수행능력이 높더라도, 정보의 우수한 학습과 유지가 이루어지지 않을 수 있음을 보여준다. 정보 처리를 최적화하여 기억과 보존을 극대화하려면 까다로운 작업 환경과 연습 수행능력 사이에 균형이 있어야 한다. 이러한 균형에 대한 견고하면서도 손쉬운 지침은 없지만, 'challenge point framework'(Guadagnoli & Lee, 2004)는 문제에 접근하는 방법에 대한 지침을 제공한다. Guadagnoli와 Lee(2004)에 따르면, 학습 가능한 분량은 학습자의 정보 처리 능력, 과제의 어려움, 이용 가능한 정보의 양과 성격에 기여하는 연습 조건에 따라 달라진다. 어떤 시점(어려움 지점[challenge point])에서 인지 처리 기능은 최적화되므로, 학습과 기억은 최대화된다. 왜냐하면 이용 가능한 정보의 양이 압도될 정도나 해석 불가능할 정도가 아니라 완전히 이해할 수 있을 정도이기 때문이다.

그림 8.5는 이러한 개념의 상호작용을 보여주며, 업무가 너무 쉽거나 너무 어려우면(현재 학습자의 기술 수준과 비교하여) 다뤄야 할 정보의 양이 너무 적거나(업무가 쉽거나) 압도될 정도로 많아(업무가 지나치게 어려움)지기 때문에 좋은 학습 환경이 되기 어렵다. 동시에, 작업이 너무 어려워서 연습중 업무 수행능력이 크게 타격을 받기 시작하는 시점도 있다. 잠재적 학습(potential learning)과 과제 수행능력(task performance)의 교차점에는 학습과 기억이 발생하기에 최적인 지점이 있다. 논문 저자들이 제시한 이 모델의 요점은 직무 난이도와 연습중의 환경적 어려움이 인지 처리와 학습을 최적화하는 데 필수적이라는 것이다. 각 개인과 그 개인의 학습 단계에 최적의 도전 지점을 식별하는 것은 시행착오 접근법에 따라 보다 쉬운 과제로 시작하여 점차 난이도를 높여가면서 찾는 것이다(Guadagnoli & Lee, 2004).

주의 집중

다중 리소스 이론과 도전 지점 프레임워크에서 최적의 정보 처리가 이루어지기 위해서는 시스템으로 들어오는 정보의 양이 지나치게 압도적일 수는 없다는 것이 명백하다. 정보의 양을 제한하는 것은 CNS에 들어가기 전이나 CNS에서 필터링을 함으로써 이루어진다. 물론 위의 두 과정은 모두 일어나는 것이긴 하지만 우리의 목적을 위해서라면 CNS에 도달하기 전에 쓸데없는 정보 처리 과정은 제한되는 것이 가장 좋을 것이다. 그리고 이는 주의 집중을 조절하여 이루어진다.

주의(Attention)은 특정한 것에 집중하는 정신적인 프로세스로, 프로세싱 리소스를 배타적으로 할당하는 것이다. 주의는 외부 환경, 체내 환경 또는 정신 과정 자체에서 일어날 수 있다. 예를 들어 암산과 백일몽은 모두 정신적인 과정에 주의를 집중하는 것이다. 주의는 의식(명시적) 또는 잠재의식(암시적) 활동일 수 있다. 의식적인 주의에서, 개인은 주의력이 어디에 놓여 있는지 알고 있지만, 무의식적인 주의에서는 개인이 언제 그리고 어디에 집중되고 있는지 식별할 수 없다. 이것은 모순처럼 들릴 수도 있지만, 실제로는 우리의 감각 시스템이 결코 꺼져 있지 않고, 뇌는 우리가 의식적으로 이러한 정보를 감시하지 않더라도 이 정보를 감시하고 우선순위를 정한다. Kahneman(1973)은 제한된 용량의 두뇌가 주의 자원을 할당해야 할 필요성을 처음으로 설명한 사람 중 하나였다. 뇌는 주의를 집중시키는 규칙을 개발한다. 예를 들어 어떤 일은 다른 일들보다 더 많은 정신적 노력을 필요로 한다. 게다가 Kahneman은 우리의 주의력 자원 능력이 융통성 있고 연습을 통해 확장될 수 있지만, 스트레스와 피로 같은 것들에 의해 감소될 수 있다고 믿었다.

목적적이고 특정한 것에 주의를 기울이는 것을 **선택적 주의**(selective attention)라고 하며, 정보 처리 리소스의 과도한 부담을 피할 수 있는 열쇠 중 하나이다. 선택적 주의는 다른 자극을 무시하면서 작업을 완료하는 데 관련된 가장 중요하거나 가장 의미 있는 항목에 주의를 기울인다는 것을 의미한다. 선택적 주의는 넓게는 공간적 주의 또는 시간적 주의로 생각되기도 한다. '공간적 주의(Spatial attention)'는 어떤 사물에 집중하여 주위의 공간적 위치 정보를 식별하고 수집할 수 있다. 시각과 청각은 공간적 주의의 주요 원천을 제공하고 촉각은 가까이 있는 물체에서 좋은 정보원을 수집한다(Vecera & Rizzo, 2003). 사건에 대한 향후 예상이나 시간에 따른 정보 모니터링에 대한 것은 '시간적 주의(temporal attention)'라고 한다. 음악, 언어 및 운동 기술 생산은 시간적 주의가 풍부하게 사용되는 핵심 영역이다(Correa 등, 2006).

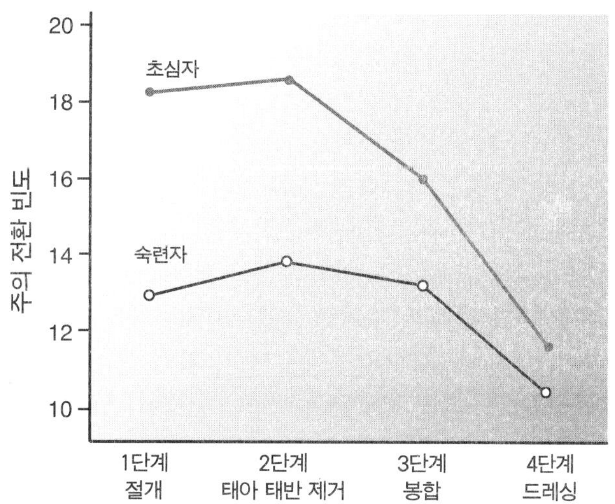

그림 8.6 효과적인 주의 전환을 위해선 주의를 기울여야 할 가장 중요한 영역을 알아야 한다. 이는 습득 가능한 기술이다. 여기에 나타난 시각적 주의 데이터는 제왕절개수술을 하는 외과의사들로부터 나온 것이다. 스테이지 I과 II는 절개부터 태아 및 태반 제거까지 진행되며, 스테이지 III와 IV는 상처 부위를 닫는 것부터 상처 복합까지 진행된다. 태아를 관찰하는 것부터 내장 기관, 활력징후, 수술기구, 외과의사의 필요에 이르기까지 다양한 중요 영역에 주의를 기울일 수 있다. 숙련된 간호사의 주의력은 수술 중 특히 작업 부하가 가장 높고 위험이 가장 높은 상태(단계 I 및 II)에서는 전환되는 경향이 적었다. 숙련된 간호사들은 산모의 몸 상태에 대해서와 집도의가 수술도구를 필요로 할 때 집중도가 더욱 상승하였으며 논문의 저자들이 상황적 집중이라고 명명한 능력이 잘 발달되어 있었다. (Koh, R., Park, T., Wickens, C., Ong, L., & Chia, S. [2011]. Differences in attentional strategies by novice and experienced operating theatre scrub nurses. *Journal of Experimental Psychology: Applied, 17*[3], 233–246. Copyright © 2011 by the American Psychological Association)

개 • 념 • 설 • 명

주의력 집중, 맹점 변화 및 속임

집중력을 유지한다는 데는 집중하지 않는 곳에서 일어나는 일들을 놓칠 수도 있다는 단점이 존재한다. 파리 데카르테스 신경과학원(http://nivea.psycho.univ-paris5.fr/)의 Kevin O'Regan과 일리노이대학의 Daniel Simons와 그의 동료들은 주의 집중과 맹시(blindness) 현상에 대한 많은 연구를 하였다. 변화 맹시(Change blindness)는 우리가 어떤 하나에 너무 집중한 나머지 심지어 그것이 우리 시야 안에 있더라도, 주변에서 일어나는 변화들을 놓칠 때 일어난다. 시몬스 연구소에서 나온 잘 알려진 연구 중에는 '중간의 고릴라' 연구가 있다. 주의 집중과 변화 맹시에 대해 연구원들이 만든 영상들을 확인하려면 http://www.simonslab.com/에서 연구실 웹 페이지를 방문해보라. 'videos' 링크를 클릭하고 고릴라 비디오와 다른 영상들을 찾아보자.

시각적으로 잘못된 방향으로 이끄는 것을 통한 변화 맹시와 주의를 돌리는 것은 이를 이용하려는 마술사들에게 필수적인 항목이다. 이런 원리를 통해 사람들을 속이는 컨셉이 어떻게 이루어지는지는 http://www.pbs.org/wgbh/nova/ body/psychology-magic.html에서 확인해보라. 이러한 개념은 또한 운동선수들이 잘못된 방향으로 시각적인 주의를 돌림으로써 상대방을 속이기 위해 사용된다. 운동선수들은 그들의 전문성과 관련된 관점에서의 변화 맹시에 의해 영향을 받을 수 있다. 하지만 변경 사항이 의미 있고 작업 맥락과 관련이 없는 경우에 영향을 덜 받는다(Werner & Thies, 2000). 왼손잡이 투수가 1루에 견제구를 던지는 것과 농구의 노룩 패스는 변화 맹시를 이용한 속임수로 이득을 얻는 예이다.

적절한 시기 또는 공간의 적절한 지점에 주의를 기울이는 능력은 불확실성을 줄이고 빠르고 정확한 반응을 가능하게 만드는 필수적인 예측 기술이다(Correa 등, 2006).

주의 집중(Focus of attention)은 자극이나 진행 상황에 대한 집중의 질을 말한다. 집중력이 부족하면, 우리의 마음은 무관한 정보로 옮겨갈 수 있고, 따라서 필요하지 않은 곳에 정보 처리 리소스를 배분할 수도 있다. 종종 하나의 자극이나 정보 처리 리소스에서 다른 자극으로 눈을 돌리는 것이 필요하다. 이 **주의 전환**(attention switch)은 공간적으로 또는 시간적으로 발생할 수 있다. 예를 들어 장거리 주자는 근처 선수에게 주의를 기울이고, 전술적 결정 상태로 전환하고, 다시 자신의 내적 생리적 상태를 관찰한 뒤, 전술 결정 상태로 돌아올 수 있다. 빠르고 순간적인 주의 전환을 **순간적 의도**(momentary intension)라고 한다. 예를 들어 테니스를 치는 동안, 선수는 공에 집중할 수 있고 그러고 나서 재빨리 관심을 돌려 상대 선수의 행동을 감시할 수 있다. 주의 전환을 할 지점을 아는 것은 그림 8.6에서 외과 간호사의 주의 전환 활동에 의해 설명되었듯이 가장 중요한 것에 주의를 둘 수 있다는 것을 의미한다.

요약하자면, 인지적 붕괴(cognitive meltdown)를 피하기 위해서는 주의를 집중하고, 주의를 전환하고, 집중할 수 있는 가장 의미 있는 단서 및 정보를 선택하는 능력이 필요하다. 가장 의미 있고 중요한 정보를 확인하고, 집중을 증가시키며, 주의를 전환시키는 방법은 연습을 함으로써 배우게 되며, 이는 매우 많은 상황과 맥락에 따라 달라진다. 이 개념들은 다음에 논의된다.

넓은 주의 vs 좁은 주의와 내적 주의 vs 외부 주의

주의의 방향은 관점(내적 vs 외부적)과 넓이(넓은 vs 좁은)라는 이원적 분류로 크게 나뉜다. 이 이원적 분류는 Nideffer(1976, 1990)에 의해 개발되었으며 그림 8.7에 설명되어 있다. 비록 원래 Nideffer는 개인의 특성을 평가하기 위해 이 테스트를 개발하였지만, 활동의 유형이나 정보 처리의 기본 관계를 이해하

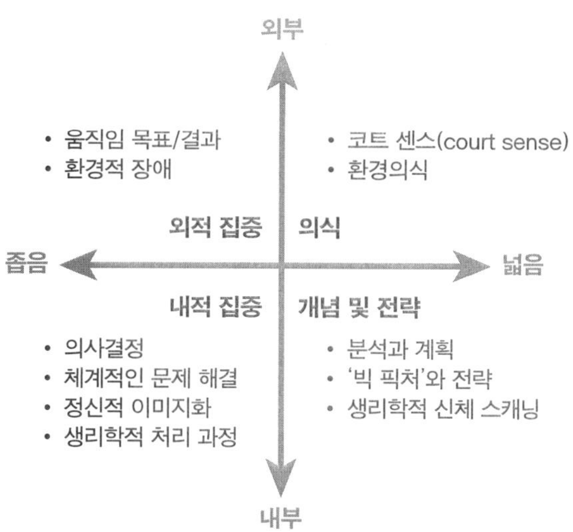

그림 8.7 Nideffer의 관점 및 너비에 따른 주의 집중 프로파일. 내부와 외부, 그리고 넓고 좁은 폭을 의미한다. 자세한 내용은 본문을 참조하라.

는 데, 그리고 어디에 주의를 기울이는지에 대한 이해를 위해 폭넓게 사용된다.

외부적, 넓은 집중은 전체로써의 환경에 주의를 기울이는 반면, 외부적 좁은 집중은 환경의 특정 특징이나 특정 움직임 목표 또는 결과에 주의를 기울이는 것이다. 내부적 주의는 내부 생리학적 과정이나 정신적 처리에 주의를 기울이는 것이다. 내부적인 좁은 집중은 형상화 사용을 포함한 특정한 의사결정 또는 문제 해결이다. 내부적인 좁은 주의 집중은 통증/불쾌감 또는 심박수와 같은 특정 생리학적 과정에서 이루어진다. 내부적이고 넓은 주의 집중은 신체적 환경이든 사상이든 '큰 그림'을 그리는 데 있다. 정신적 큰 그림은 계획과 결과 목표와 관련이 있으며, 생리적 큰 그림은 사람이 어떻게 행동하고 있는지에 대한 일반적인 감각이다. 생리적으로 큰 그림은 일반적으로 증후나 징후에 대한 간단한 신체검사와 같은 평가로 이루어지는데, 예를 들어 달리기 선수가 몸 상태를 확인하고 어느 정도의 노력을 더 기울일지 판단하는 것을 들 수 있다. 후자의 예시인 경우 넓은 주의 집중은 한 번에 여러 가지에 집중하는 능력이 아니라 주의를 전환하고 암시적 주의 집중 메커니즘에 의해 수집된 정보를 정신적 프로세스에 제공하는 능력을 의미한다.

Gabriele Wulf와 그녀의 동료들이 지난 15년간 진행한 방대한 양의 연구들(예: Freudenheim 등, 2010; Wulf & Prinz, 2001; Wulf 등, 2010a, b)에 따르면 운동 기술은 주의 집중이 외부적으로 발생하면 더 잘 학습되고 수행되는 것으로 보였다. 이러한 운동 기술 역영은 대근육에서 소근육, 그리고 개방성 회로에서 폐쇄성 회로에까지 광범위하게 분포하였다. 특정한 움직임 결과에 초점을 맞추면 뇌의 운동 계획이 단순화되고 뇌가 움직임 문제에 대한 가장 효과적인 해결책을 마련할 수 있다고 생각된다. 예를 들어 Wulf 등(2010a)은 점프 높이 측정기에서 점프를 하는 것과 그저 점프하는 동안 손끝에 집중하는 것을 비교해보았는데, 후자 쪽이 더 높이 점프를 했음에도 불구하고 근육 활성도는 더 적은 결과를 보였는데, 이는 후자가 훨씬 더 효율적인 움직임을 보인 것이라고 생각할 수 있다(그림 8.8).

주의 집중의 외부적 요소 사용에 대한 견고한 증거들에도 불구하고 다른 컨셉들과 마찬가지로 여기에도 학습자의 전문 지식(learner expertise)과 운동 기술 유형 사이의 상호작용과 같은 예외가 있을 수 있다(Beilock 등, 2002). 특히 새로운 학습자는 내적으로 움직임 역학에 정기적으로 집중하는 것이, 기본적인 운동 패턴 또는 움직임 '근사치'를 설정하는 데 도움이 될 수 있다(Peh 등, 2011). 아마도 가장 일반적인 예외는 격렬한 지구력 활동에 관한 것이다. 문헌에 따르면, 일명 분리된 집중(dissociative focus)이라고 불리는 외부적 집중은 지구력 종목 선수들이 의도적으로 노력해야 하는 목표치를 줄이고, 수영 스

그림 8.8 주의의 초점이 다른 두 점프. A. 왼쪽에는 측정 도구에 대한 외부적인 초점이 있어 움직임 결과 목표를 효과적으로 염두에 두고 있다. 사진 상으로는 그녀의 팔에 가려져 있지만 그녀의 시선은 측정 도구의 날개살에 향해 있다. B. 오른쪽 사진에선 뎁스 점프(depth jump) 후 곧 바로 수직 점프를 하는 모습인데, 여기에선 어떤 명시적인 지시사항이나 외부적 타깃은 없다. 이 사진에서 그녀는 수직 점프 동작의 중간에 있고 시선은 맞은 편 벽의 높은 쪽을 향해 있다. 대부분의 선수들은 이와 같은 점프를 할 때 외부의 목표보다는 박스에서 뛰어내리면서 충격을 흡수 및 신장-단축의 전환 같은 신체 내부적 감각에 집중한다. 여기서 알려주고자 하는 전략은 박스 점프에서 수직 점프로의 움직임 전환과 같은 주의 집중 타깃을 다양하게 탐색하는 법이다. (사진 제공: Jeffrey C. Ives)

프린트 속도를 향상시키며(Freudenheim 등, 2010) 달리기 대사적 효율을 개선하였다(Schücker 등, 2009). 이러한 개선에도 불구하고, 내부적인 주의 집중은 높은 수준의 지구력 운동선수들의 수행능력 향상과 연관될 수 있다. 특히 높은 수준의 지구력 선수, 육상선수, 그리고 수영 선수들은 내부적인 주의 집중을 채택하는 경향이 있다. 이를 결합적 집중(associative focus)라고도 부르는데, 이 선수들은 심박동수나 피로와 같은 그들 자신의 생리학적 과정 조절에 스스로 관여한다. 이들은 자가 모니터링을 통해 자신이 해야 하는 노력 수준과 환경적 도전 요소들을 조절하고 자신만의 경기 전략을 진행한다(Hutchinson & Tenenbaum, 2007; Masters & Ogles, 1998). 노력해야 하는 단계가 한계에 이르면, 피로, 고통, 그리고 스트레스에서 오는 생리학적 신호들을 무시하기가 극도로 힘들어지는데, 엘리트 선수들은 이러한 상황에서도 집중을 내부에서 외부로, 즉 경쟁자나 환경 상황들로 집중을 전환할 수 있다. 이러한 연관 전략은 운동 기술 수행능력이 줄어들 수도 있는 내부적 주의 집중과는 일부 다른 면목이 있다. 운동 기술이 실행되는 도중의 내부적 집중은 절차적 정보 처리를 방해할 수도 있는 반면, 이 연관 집중은 단순히 전략과 전술에 관련된 정보를 모으기만 할 수도 있기 때문이다.

주의력 요구와 운동 기술 유형

운동 기술에서의 주의 집중에 대한 요건은 매우 다양하다. 또한 특정 운동 기술의 경우, 주의 집중에 대한 요건은 기술의 실행을 둘러싼 상황이나 환경에 따라 변경될 수 있으며 사람마다 다를 수 있다. 주의 집중에서 가장 눈에 띄는 측면 중 하나는 주의력에 대한 요구(우리의 주의를 필요로 하는 것)가 연습을 통해 변화한다는 것이다. 특히 일부 작업은 스킬 수준이 향상될수록 주의가 덜 필요해진다. 또한 작업이 자동으로 진행됨에 따라 실제 움직임 실행에 대한 주의를 기울여야 할 필요성이 줄어든다. 그러나 이러한 자동성은 우리의 마음이 자유롭게 방황할 수 있다는 것을 의미하지는 않는다. 그것이 의미하는 것은 리소스가 다른 곳에서 사용될 수 있도록 자유로워졌다는 것이다. 뉴욕 양키스의 명예의 전당 포수인 요기 베라는 "여러분은 생각할 수도, 동시에 칠 수도 없습니다"라고 말한 적이 있다. 요기는 공에 집중하면서 스윙에 대한 생각을 잊을 수밖에 없다고 간결하게 말한 것이다.

자동성(automaticity) 개념은 주의 집중의 요건이 학습 단계에 따라 달라지는 것을 보여주는 예이다. 스킬이 향상되면 학습자는 다른 단서에 집중할 수 있고, 새로운 단서에 집중할 수 있는 수용력이 증가하며, 어떤 정보가 중요한지 아니면 상대적으로 무시해도 되는지에 대해 분별할 수 있는 능력을 습득할 수 있다. 이러한 주의를 기울이는 새로운 기술을 습득함으로써 운동 기술 수행능력을 더욱 향상시킬 수 있을 것이다.

주의 집중 기술의 명시적, 암시적 학습

주의력 기술은 일반적으로 명시적인 방법으로 지도하진 않고, "공에 집중하라" 또는 "다른 선수를 조심하라"와 같은 지시 명령 등으로 학습된다. 주의력 기술은 명시적 방법과 암시적 방법을 모두 사용하여 가르치기 때문에 이러한 방법이 제한적인 학습법이라고 말하긴 힘들다. 엘리트 배구 선수들은 상대방 선수의 어깨 움직임 등을 통해 움직임 힌트를 얻는다고 말하곤 하지만 이러한 능력을 어떻게 배웠다고 구체적으로 말하기는 거의 힘들어 한다. 오히려 그들은 "그냥 하다 보니 알게 되었다"고 말한다. 다수의 저자에 따르면(예: Magill, 1998; Verburg 등, 2016), 이러한 규제 및 환경 단서는 암시적으로 학습했을 때 아마도 더

SIDENOTE 포인트 라이트 디스플레이와 생물학적 동작 인지

환경으로부터 유용한 정보를 암시적으로 배우는 기술은 유아기 때 습득한다. 가장 먼저 학습된 정보 중에는 사람들의 신원 확인과 그들의 움직임을 포함한다. 연구자들은 인간 움직임의 인지의 측면을 연구하기 위해 동영상을 활용하였다. Pinto와 그의 동료들(예: Pinto & Shiffrar, 1999)은 포인트 라이트 디스플레이(PLD)를 사용하여 생물학적 움직임 인식을 가장 먼저 검토한 사람들 중 하나이다. PLD는 인체 관절과 같은 신체 부분에 발광체를 붙여 인체의 역학적 움직임이 어떻게 일어나는지 보여주는 장치이다. 아래 그림은 보행중 PLD 이미지로 (A) 정상적인 보행 이미지, (B) 좌우 반전된 이미지, (C) 동측 팔다리만, (D) 상체 팔만, (E) 팔다리와 몸통에 무작위로 붙인 이미지이다. 여전히 이미지는 판독하기 어렵지만, 움직이는 동안 상대적인 방향과 팔다리와 관절의 움직임 순서 때문에 걷고 있는 모습이란 건 쉽게 판별된다. B, C, D 또는 E와 이 이미지를 조작하더라도 기본 개체 동작이 그대로 유지되기 때문에 식별에 약간 방해가 될 뿐 걷는 모습이란 것은 인지할 수 있다(Pinto & Shiffrar, 1999 참조). 이러한 자료들을 통해 팔다리 사지 또는 신체 전체의 움직임 순서들을 통해 움직임의 특징이 무엇인지, 그리고 우리가 다른 사람을 관찰할 때 명시적으로 또는 암시적으로 주의를 기울인다는 것을 알 수 있다.

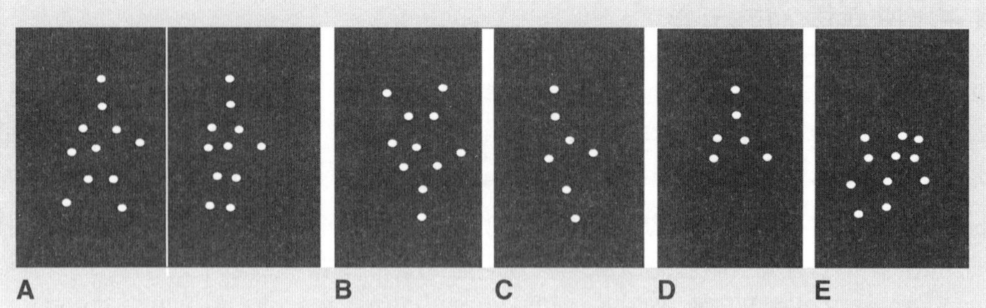

온타리오 퀸즈대학의 Niko Troje와 그의 동료들은 비디오 PLD를 비슷한 방식으로 사용했다. 연구원들은 인간과 동물의 움직임 PLD 데이터베이스를 수집했는데, 연구에선 피험자들이 PLD를 붙인 사람들의 이미지를 보고 성별이나 감정 상태와 같은 특징들을 식별하도록 요청받았다. Troje의 연구는 분노에 가득찬 사람부터 스포츠 선수가 상대자를 만났을 때, 사회적 상태와 여성의 생식 상태에 이르는 광범위한 상황에서 움직임 행동 특성이 어떻게 수행되는지 보여주었다. http://www.biomotionlab.ca/에 접속하여 이러한 영상들을 찾아보라.

나올 것이다.

Farrow와 Abernethy(2002)가 수행한 우아한 실험에 대해 생각해보자. 이 실험에선 테니스 선수들이 서브를 되돌리기 위한 예측 기술을 훈련하기 위해 video visual occlusion(보고 있는 영상을 가릴 수 있는 장치)을 사용하였다. 한 그룹은 서버의 라켓과 역학적 특징과 같은, 주의를 기울여야 할 위치에 대해 명확하게 배웠고, 다른 그룹은 단순히 서비스가 얼마나 빠른지 예측하라는 지시를 받았다. 후자 그룹의 경우, 어디에 주의를 기울여야 하는지와 이를 이용해 서브를 되돌리는 수행능력을 향상시킬 수 있는 법을 암시적으로 배울 수 있는지 확인하는 것이 목적이었다. 결과는 암시적 그룹이 명시적 그룹과 대조군 그룹보다 서브 반환을 더 잘 배웠고 video visual occlusion과 실제 경기장 코트에서의 서브 반환 모두에서 더 나은 성과를 보여주었다. 저자들은 단순히 목표(이 경우엔 서브 스피드를 예상함)를 지정해주는 것만으로도 선수들은 문제에 대한 최상의 해결책을 탐색할 수 있었다고 말했다. 이 실험의 경우 테니스 선수들은 "라켓 헤드의 움직임, 스핀, 그리고 서비스 속도 사이의 연계에 대한 암시적 이해가 있어야만 했는데, 이 그룹 역시 라켓 헤드의 움직임과 그로 인한 볼의 방향 사이의 관계에 대한 암시적인 이해가 획득되었기 때문에 그들의 실제 예측 수행능력이 촉진된 것으로 보인다(p. 483)." 이 연구는 주의 전환과 선택적 주의가 종종 시행착오 접근 방식을 통해 학습된다는 것을 입증했다. 시간과 시도들을 거듭하면서 학습자는 상황에 따라, 어떤 신호가 중요하고 집중해야 하는지, 그리고 어느 신호는 상관이 없고 무시해야 하는지에 대해 알게 될 것이다.

개 • 념 • 설 • 명

조용한 시선

캘거리대학의 연구원인 Joan Vickers는 그녀의 연구에서 높은 수준의 수행능력을 보이는 사람들의 주의 집중 특징들을 설명하기 위해 '조용한 눈(quiet eye)'이라는 용어를 만들었다. Vickers는 시선 추적 장비를 사용하여 선수들을 관찰하는 실험을 하였는데, 예를 들어 퍼팅을 하는 골퍼와 자유투를 던지는 농구선수들과 같은 선수들이 최상의 수행능력을 발휘하는 경우는 외부적 목표점을 응시하고 주의 집중하는 1~2초(조용한 눈)의 시간을 가진 뒤 다른 많은 생각 없이 그대로 몸이 움직이게 놔둘 때라고 말했다. 하키 골키퍼와 같이 매우 빠르고 불안정한 환경에서도, 골을 막게 되는 대부분의 순간은 골키퍼가 슈터의 막대기를 추적하고 나서 몸을 움직이기 전(하키 퍽) 타깃에 최종적으로 시선을 고정시켰을 때 발생했다는 것이 발견되었다(Panchuk & Vickers, 2009). Panchuk와 Vickers(2009)는 시선 추적 장치(아래 이미지 참조)와 visual occlusion technique을 사용하여 엘리트 하키 골키퍼가 동작을 시작하기 직전에 조용한 시선으로 하키 퍽에 눈을 고정했다고 지적했다. 조용한 시선은 퍽의 경로를 예측하여 이를 막기 위한 움직임 패턴을 생성하기 위해 정보를 포착했다. 이는 퍽이 날아가는 동안 발생하는 움직임 패턴(움직임 반전이라고 함)의 변경을 막지는 못했지만, 그러한 예측할 수 없는 변화는 예외의 문제이다. 왼쪽 사진은 시선 추적 장비로 촬영된 골키퍼의 시선(작은 원) 지점이다. 오른쪽은 목표물을 이용한 실험 설정 장면이다.

이 논문의 저자들의 연구는 실제 필드의 하키 수행능력과 농구선수들의 자유투 기술을 향상시키는 데 도움을 주었다.

Panchuk, D., & Vickers, J. (2009). Using spatial occlusion to explore the control strategies used in rapid interceptive actions: Predictive or prospective control? *Journal of Sports Sciences, 27*(12), 1249-1260. Reprinted by permission of the publisher Taylor & Francis Ltd; http://www.tandf.co.uk/journals.

교육적 기술로 주의 집중 사용

주의 집중 기술은 운동 기술 수행능력의 한 구성원일 뿐만 아니라 교육 환경을 개선하기 위해서도 활용할 수 있는 기술이다. 아래의 지침 팁은 움직임 시작, 움직임 구성 요소의 우선순위 지정 및 외부 신호에 대한 집중에 대해 강조하고 있다.

일반적으로 움직임 시작은 움직임의 나머지 단계에서 보다 더 많은 주의 집중이 필요하며 시작 단계에서 문제가 생기면 다른 단계에서도 문제가 발생할 수 있다. 특히 새로운 학습자에게 움직임 시작 단계는 난순히 그 자세에만 의미가 있는 것을 넘어 움직임 시작 단계에 집중함으로써 전체 움직임에 영향을 미칠 것이다. 같은 맥락으로 움직임의 모든 구성 요소에 동일한 양의 주의가 필요한 것은 아니다. 움직임은 여러 작은 단위로 분해할 수 있는데, 몇몇 단위는 복잡성과 중요도가 다를 수 있기 때문에 더 많은 집중이 필요할 수도 있다. 때로 학습자 입장에선 이런 중요한 요소가 뚜렷이 보이지 않고 그 의미를 잘 모르는 경우가 있으므로, 지도자가 이러한 구성 요소에 대한 학습 집중을 통해 해당 구성 요소를 강조할 수 있다. 예를 들어 농구의 레이업 중 한 다리 도약은 드리블에서 슈팅으로 동작을 전환하고 슛을 조절하기 위한 토대를 설정하는 중요한 단계인데, 실제 슈팅보다는 한 발 도약에 주의를 기울이면 이 기술을 자동화하여 체득할 수 있으며, 이후에 실제 슛 동작이 강조될 수 있다.

지도자가 강의 기법으로 주의를 기울일 수 있는 가장 중요한 방법 중 하나는 외부의 관심 초점을 강조하는 것이다(Wulf 등, 2010a, b). 앞서 언급했듯이, 내부 단서보다는 외부 단서에 집중하는 것이 성과와 학습을 용이하게 하는 것으로 보인다. 예를 들어 골프 스윙에서 손이나 '느낌'에 집중하는 대신, 초점이 클럽헤드나 움직임 결과에 맞춰져야 한다. 그러나 새로운 학습자들은 그들의 몸과 '조율'하고 모든 행동을 감시해야 한다고 믿으면서 이 일을 하는 데 어려움을 겪는다. 많은 교수 기법은 특정한 신체 위치나 근육 행동을 강조함으로써 이러한 유형의 내부 집중을 강화한다. 창조적인 지도자들은 적절한 신체 활동을 촉진하는 외부적인 초점을 제공하는 방법을 찾는다.

예를 들어 던지기 동작에서 발생할 수 있는 사소한 생체역학적 결함들을 살펴보자. 그림 8.9는 생체역학적으로 효율적인 투구 동작과 비교해 팔꿈치 굴곡이 너무 앞으로 나왔고 스트라이드도 너무 짧은 어린 투수의 사진이다. 그는 거의 공의 뒤에서 던지기보단 밀고 있는 것처럼 보인다. 그가 비디오로 자신의 잘못된 모습을 직접 확인했을지라도, 구두로 어떻게 던져야 하는지 지시한다면 그는 어떻게 던져야 하는지 혼란스러워할 것이다. 다른 전략은 목표를 달성하기 위해 가지고 있는 문제를 해결해 줄 외부 집중 요소를 설정해주는 것이다. 이 투수를 돕기 위해 몇 가지 전략이 사용될 수 있을 것이다. 하나는 다리의 스트라이드를 더 길게 뻗게 하여 팔 동작을 향상시키는 것이다. 만약 이렇게 해도 팔 동작이 수정되지 않으면 팔과 관련한 더 많은 교정사항들이 필요할 수도 있다. 예를 들어 그는 '꼬리'가 달린 공을 사용하여 지정한 목표로 던지라고 할 수도 있다(그림 8.9). 타깃의 위치는 시험과 오류를 통해 설정되며, 투수가 생체역학적으로 올바른 동작을 채택하도록 한다. 이러한 교육 전략이 모든 학습자에게 매번 적용되는 것은 아니지만, 이 예는 외부 초점을 사용하여 내부 프로세스를 수정할 수 있다는 것을 보여준다.

주의 집중 기술과 정보 프로세싱을 향상시키는 연습법

효과적인 주의 집중 기술을 가지고 있다 하더라도, 움직임을 준비하는 시간이 촉박한 경우와 같은 상황에선 집중과 정보 처리 리소스들에 부담이 걸리는 상황들이 존재한다. 이러한 리소스들에 부담이 생기면, 우리의 반응과 대응은 느려지고 움직임의 질에 문제가 생기며, 움직임 선택권이 빈약해질 수도 있다. 훈련 요소 중 하나는 좀 더 빠르고 적절하게 의사결정을 할 수 있게 정보 처리 능력을 향상시킬 수 있는 방향으로 설계해야 한다.

보다 빠르고 정확한 정보 처리는 주로 예측과 상황의 단순화를 통해 이루어진다. 예측을 할 수 있으면 수행자는 다가오는 상황에 대한 여러 가능성들을 예상하고 선택 사항의 폭을 줄일 수 있다. 예측은 경고 신호나 여타 상황적 신호들을 사용한 산물인데, 예를 들면 상대 선수의 신체역학적 모습을 보고 공이 날아오는 방향을 예측하는 것을 들 수 있다. 6장에서 우리는 다양하고 복합적인 자극 및 복합적인 대응 선택 등을 포함한 상황에서 정보 처리의 속도와 정확성에 부정적인 영향을 미칠 수 있다는 것을 배웠다. 수행자는 연습을 통해 중요한 자극과 신호들을 구분할 수 있고 이러한 자극들에 적절한 움직임 레퍼토리를 대응시키는 법을 익히게 된다. 숙련도가 높아질수록 선택할 수 있는 움직임 레퍼토리가 많아지기 때문에, 빠르게 선택 범위를 좁히고 주어진 상황에 가장 효과적인 반응을 선택할 수 있다.

이러한 정보 처리 기술을 훈련하는 것이 가능할까? 대답은 '예스'이다. 아마 처음 나타나는 것보다 더 간단할 것이다. 앞에서 살펴본 바와 같이 주의 집중, 시각적 탐색 등 우리가 학습할 수 있는 것들 대부분은 암시적으로 습득된다. 단순히 말하면, 연습을 많이 할수록 RT는 빨라지고 움직임은 향상된다. 이는 RT 선택권이 많으면서 복합적인 움직임이나 상황이 있을 때 특히나 그렇다. 연습을 통해 위험한 요소를 체크하고 상황적 복잡성 및 불확실성을 줄일 수 있다. 연습은 또한 중요한 정보를 합성하고 주의 집중 리소스를 적절한 곳에 할당하게끔 하며 예측이 잘될 수 있도록 돕는다. 연습중에 더 좋고 더 빠른 정보 처리의 학습을 촉진하는 네 가지 특별한 전략이 있다. ① 도전적 연습, ② 주의력, ③ 감각 처리에 중점을 두

그림 8.9 신체역학을 개선하는 외부 집중 기술. **위 사진:** 이 고등학교 투수는 확실히 성숙한 투구를 하지만 투구역학에 결함이 있다. 던지는 동작에서, 그의 팔꿈치는 다트 던지기처럼 공을 '밀기'보다는 더 펴져야 한다. 팔을 펴는 데 초점을 맞춘 간단한 구두 지시로 이러한 역학을 교정하려는 것은 효과가 없을 것이다. 또 다른 전략은 역학에 변화를 강요하는 과제를 고안하는 것이다. **아래 사진:** 꼬리가 달린 공을 이용해 꼬리를 외부의 목표물에 부딪히도록 지시한다. 플레이어의 목표 위치와 초기 위치를 조작함으로써 생체역학적 변화를 개발할 수 있다. 투수의 팔이 이제 더 펴진 것을 확인할 수 있을 것이다. 자세한 내용은 본문을 참조하라.

는 것, ④ 정신적 연습을 이용하는 것이다.

첫 번째이자 가장 중요한 전략은 도전적인 상황에서 특히 정보 처리에 관여하는 리소스에 주의 집중과 정보 처리가 실행되어야 한다는 것이다. 이러한 작업 환경에는 혼란, 감정 및 페이스가 빠른 환경 등이 포함된다. 이러한 환경에선 주의 집중과 주의 전환, 그리고 주어진 정보를 통해 어떤 옵션을 제시해야 가장 적절한지에 대한 판단이 필요하다. 비록 이러한 일들이 간단해 보이지만, 우리의 경험상, 스포츠 및 비스포츠 환경에서 이러한 유형을 연습할 시간은 거의 없다.

두 번째 전략은 경각심과 주의력이다. 학습자가 주의하고 집중하지 않으면 밀리초 단위의 시간 절약을 짜내기가 어렵다. 이 전략을 사용하려면 관여하고 변화시킬 때 연습하는 것이 가장 좋다. 셋째, 학습자는 **운동 세트**(motor set)에 초점을 두기보다는 **감각 세트**(sensory set)에 초점을 둬야 한다. 감각 세트는 운동 반응에 초점을 맞춘 운동 세트와 대조적으로, 자극에 가능한 빠르게 반응하고 주의를 집중하는 것을 말한다. 이러한 유형의 주의적 전략은 일부 유형의 작업으로는 구현하기 어려울 수 있지만, 다음 두 가지 예를 고려해보라. 첫 번째는 출발 플랫폼에 있는 수영 선수와 같은 심플한 상황이다. 그녀의 관심은 출발을 알리는 총성(감각 세트)이나 힘찬 다리 구동 반응(운동 세트)에 있을 수 있다. 이 설정에서 RT 개선에는 운동 세트와 더불어 감각 세트를 사용한 연습이 포함되어야 한다. 두 번째 예는 낙상 예방을 위해 훈련하는 노인이다. 넘어지는 이유 중 하나는 인지적 과부하 때문이다. 훈련은 의사결정, 조명, 소리 등과 같은 감각 과부하를 강조할 수 있다. 이것은 걸음걸이, 힘과 같은 신체 단련에 더해질 것이다. 네 번째 전략은 실제 행위 중 처리 속도를 높이는 데 도움이 될 수 있는 전술과 전략을 계획하기 위한 정신 연습 사용을 포함한다(Vealey & Greenleaf, 1998). 정신 연습(mental practice)에 대한 자세한 내용은 9장에서 설명한다.

개 • 념 • 설 • 명

최악의 시나리오를 위한 연습

혼란스러운 최악의 시나리오로 연습하면 이러한 시나리오가 발생할 경우의 정보 처리를 준비할 수 있다. 허드슨 강에 상업용 제트기를 성공적으로 착륙시키고 탑승객 전원의 생명을 구한 2009년 허드슨 강의 영웅 Chesley 'Sully' Sullenberger 기장은 그의 훈련에 공을 들였다. Sullenberger는 "그 상황이 벌어졌을 때, 내 몸의 생리적 반응은 통제하기 힘들 정도로 나를 힘들게 하였지만, 나는 이러한 상황에 대비한 훈련을 받았고 내 스스로 진정시킬 수 있도록 억눌러야 했다"고 말했다. 이 훈련은 그의 해군 전투기 조종사 시절로 거슬러 올라가 미연방 항공국 규정에 따라 실시한 시뮬레이터 훈련으로 이어지고 있었다. 이 시뮬레이터 훈련은 거의 불가능한 가능성에 대한 최악의 상황 및 시나리오에 초점을 맞추고 있으며, 감정 상태를 결정하고 통제하는 연습의 필요성을 강조하고 있다.

생각해보기 8.1 주의 집중과 반응 속도

웹 페이지 'CognitiveFun.net'에 액세스하여 '테스트' 링크를 연 다음 '관심 테스트'를 연다. 감각 세트와 운동 세트라는 두 가지 주의 집중 조건에서 청각 RT를 수행한다. 먼저 시험에 익숙해지기 위해 몇 가지 연습 시험을 치른다. 청각적 자극의 볼륨을 크게 유지하고 반응에 따라 스페이스 바를 누른다. 손끝을 스페이스 바에 올려놓고 다음으로 감각 세트를 채택하는 동안 청각 RT 시험을 20번 시행한다. 눈을 감고 소리에 집중하라. 여러분이 스페이스 바를 얼마나 세게 혹은 빠르게 누르는지에 대해 걱정할 필요는 없다. 다음 시도를 세팅하기 위해서만 눈을 뜰 것이다. 20번의 테스트 후 평균 RT를 기록한다. 실험을 다시 해보지만, 이번에는 여러분이 빠르고 정확한 움직임을 만드는 데 집중할 운동 세트를 채택할 것이다. 이러한 20가지 실험에서는 눈을 뜨고 손가락과 스페이스 바를 잘 살펴본 후 정확하게 스페이스 바를 눌러 응답하라. 다시 말해서, 자극 소리에 가능한 한 빨리 반응하고 스페이스 바를 최대한 빨리 눌러도 스페이스를 지나치게 강하게 누르진 않는다. 20번의 시험 후 RT를 기록한다.

감각 세트와 운동 세트 RT는 어떻게 다른가? 왜 그런가?

정보 처리, 스트레스, 각성과 불안

정보 처리는 내부적, 외부적 영향 모두에 매우 민감하다. 효과적인 정보 처리를 방해하는 가장 흔한 요인은 잘 관리되지 않는 스트레스와 경쟁적인 불안이다. '스트레스'(또는 스트레스 반응)는 변화하는 조건이나 스트레스 요인들에 대응하여 발생하는 생리학적, 심리적 변화로 정의된다. 스트레스는 부정적이거나 해로운 것으로 여겨지지만, 종종 긍정적인 결과를 가져오는 정상적인 과정이다. 예를 들어 운동에 대한 반응은 긍정적이고 건강을 증진시키는 스트레스 반응이다. 스트레스 수준이 높아지거나 통제되지 않을 때, 특히 심리적 스트레스의 경우 리소스들이 어려움을 겪을 수 있고, 기능이 무너지기 시작할 수 있다. 너무 많은 스트레스는 부정적인 생각이나 무관한 생각을 산만하게 할 수 있고 더 나아가 걱정과 초조함에 기여할 수 있다. 이와는 대조적으로, 일부 개인들은 과도한 심리적 스트레스에 반응하여 '전원이 나가 비릴' 수 있다. 지나치게 적은 스트레스는 매우 이완된 상태 또는 무관심으로 보여질 수 있으며, 낮은 흥분 수준을 야기하여 경고성과 주의집중력을 떨어뜨리고 리소스 용량을 낮출 수 있다.

'각성'은 감정적, 정신적, 그리고 생리학적 시스템이 활성화됨을 나타내는데, 그 수준이 어떠한지는 심박수, 혈압, 땀과 같은 생리학적 측정을 통해 평가된다. 운동 경기 전과 운동 경기 도중의 각성 수준은 움직임의 질과 운동 준비 시간에 영향을 미치며, 일반적으로 운동선수와 비운동선수 모두 준비 상태로 조정된다. 각성 상태는 이완 방법을 통해 낮출 수도 있고, '고양감 높임'을 통해 증가시킬 수도 있다. '불안감'은 때때로 각성 스펙트럼의 가장 높은 끝에 있다고 이해되기도 하고, 정서적 또는 인지적 걱정감을 의미한다.

스트레스, 불안, 흥분이 서로 혼동되어서는 안 된다. 높은 스트레스 상태에서, 싸움/도주 반응 중 신체와 정신은 매우 흥분될 수 있다. 스트레스는 운동 기술 수행능력을 방해할 수 있는 주의를 산만하게 하는 기억이나 잘 조절되지 않는 감정과 같은 시스템 자극을 동반할 수 있다. 때때로 스트레스에 대한 반응은 정신적이고 생리적인 시스템을 폐쇄하여 생리학적 무기력 또는 우울증을 초래할 수 있다. 최적의 운동 기술 수행능력을 위해, 지나치게 많은 또는 너무 적은 스트레스 반응을 극복하고, 최적의 활동과 정보 처리를 위해 각성 수준을 관리할 필요가 있다.

운동수행력을 위한 각성의 최적 수준은 개인에 따라 다르지만, 운동 기술 유형과 운동 기술이 수행되는 맥락에 의해 영향을 받는다. 그리고 운동 기술과 상황의 종류에 맞는 각성 상태도 다양할 수 있다. 예를 들어 미식축구의 라인맨들은 퍼팅을 하는 골프 선수들보다 더 흥분될 필요가 있을 수 있지만, 이것을 퍼팅이 극도의 침착성을 필요로 한다고 잘못 생각해서는 안 된다. 예를 들어 전문 골퍼들은 경쟁적 스트레스(competitive stress)를 이용하고 경기력을 향상시키기 위해 각성 수준을 높일 수 있다(Cooke 등, 2011). 주어진 기술에 대한 최적의 각성 수준은 수행해야 하는 작업의 양, 그리고 수행해야 하는 작업의 복잡성과 관련이 있다. 일반적으로 작업이 더 복잡한 경우에는 비교적 높은 각성 상태가 덜 필요하다. 한편 근육 활성화의 수준 또한 고려되어야 한다. 각성 수준이 높을수록 더 높은 수준의 신경 근육 활동(neuromuscular activity)을 가능하게 하여 출력을 강제할 수 있다. 인간은 필요하다면 신경근 이완 상태를 유지하면서 높은 수준을 포함한, 적절한 정신적 각성 상태를 유지하는 법을 배울 수 있다.

각성과 수행능력 사이의 관계는 일반적으로 그림 8.10에서 **각성의 역 U 원칙**(inverted-U principle of arousal)을 검토하여 이해할 수 있다. 이 수치는 관계를 지나치게 단순화하지만 각성이 너무 높거나 너무 낮으면 수행능력이 저하되지만 최적의 범위에 있다면 매우 높아질 수 있다는 것을 보여줍니다. 한편 각성 곡선은 수행자의 특성, 상황 및 운동 기술에 따라 다를 수 있다.

움직임 상황에 맞는 수행자의 최적 각성 수분은 개별적이긴 하지만, 각 개인에 대해서는 너무 높거나 너무 낮지도 않은 사이에 개인의 최적 기능 개별 영역(IZOF, individual zones of optimal functioning. Hanin, 2000)이 존재하는 것 같다. Hanin의 IZOF 모델은 또한 개인은 특정한 각성 욕구뿐만 아니라 주어진 상황에 특정한 전반적인 감정적 관계가 있다고 기술했다. 연구자들은 공포와 초조함을 포함한 부

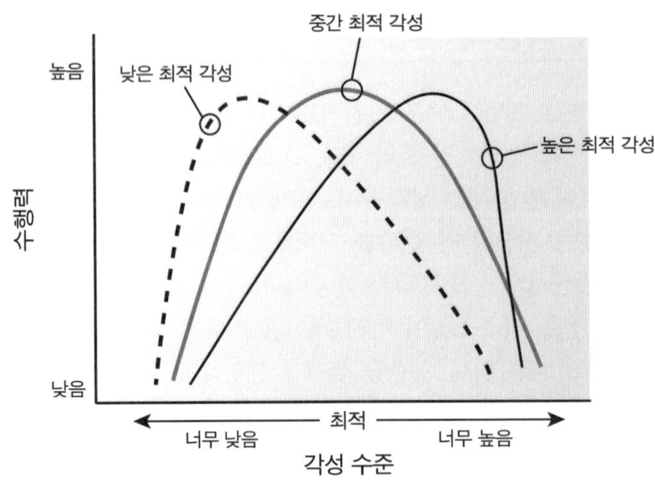

그림 8.10 역 U 원칙. 최상의 수행능력을 위한 각성의 최적 수준은 상황, 운동 기술 그리고 개인의 특성에 달려 있다.

정적인 감정이 부정적인 성과를 초래한다는 것을 발견하였는데(Cottyn 등, 2012; Robazza 등, 1999), 흥분, 희망, 행복과 같은 긍정적인 감정은 높은 흥분으로 이어질 수 있지만 또한 더 나은 성과를 낼 수 있다(Robazza 등, 2008). IZOF 모델은 부정적 감정과 긍정적 감정 수준이 개인의 상황에 따라 다르다고 주장한다. 즉, 어떤 사람들은 부정적인 감정에도 불구하고 성공할 수 있거나, 긍정적인 감정의 낮은 수준에서도 성공할 수 있다.

개인의 각성과 불안 수준은 기술이 실행되는 상황에 따라 달라질 수 있다. 일반적으로 상황의 중요성과 상황의 불확실성, 심지어 불안한 상태마저도 행위자의 각성 수준을 높일 수 있다. 이러한 경우 각성 수준은 상황에 비해 과도할 수 있으며, 스트레스와 불안 때문에 상황과 관련되지 않은 리소스나 부정적인 리소스가 발생할 수 있다.

주의 집중 조절, 각성, 그리고 수행능력

극도의 각성 상태나 불안감은 주의력을 떨어뜨릴 수 있고 부정적인 생각이나 부적절한 주의 집중 역시 그럴 수 있다. 극단적인 경우, 불안은 '숨막힘(choking)'으로 이어질 수 있는데, 이것은 경쟁적인 압박이 있는 상황에서 최적의 성능을 발휘하지 못하게 한다. 현재 '숨막힘' 상태에 대한 이론은 기술 실행 또는 수행능력 실패에 대해 지나치게 걱정하는 선수에게 초점이 맞춰져 있다(see Hill 등, 2010; Jackson 등, 2006 for reviews of these theories). 비록 두 시나리오 모두에서 숨막힘 상태가 발생할 가능성이 있지만, 수준 높은 선수들은 기술 실패에 대한 우려가 덜할 것으로 보인다. 예를 들어 구두 보고를 통해 Oudejans 등 (2011)은 높은 스트레스에 노출되어 있는 19개의 다른 스포츠에서 전문가 선수 70명의 집중력을 평가했다. 이 선수들 중 25%는 그들의 정신 상태 때문에 수행능력이 실패했다고 말했고 4%만이 기술 실패를 걱정했다고 말했다. 50%가 넘는 사람들은 의도적으로 긍정적인 생각을 떠올리거나 집중력을 회복하려고 노력했다고 말했다.

스트레스와 불안감으로 인한 정신생리학적 결과는 수행능력의 저하로 이어진다. Wilson 외 연구진(2009)은 프로 축구 선수들을 연구하면서 슈팅의 실패나 패널트킥 실패는 주로 봐야 할 곳을 제대로 고정 못하는 것과 같은 잘못된 응시 조절 영향 때문이라고 밝혔다. 저자들은 주의를 산만하게 하는 자극과 위협에 의해 주의력 통제가 무너지는 것에 선수들이 많은 영향을 받는다고 서술했다. 이 경우, 위협은 골키퍼였고, 선수들은 골키퍼에 더 집중하면 할수록 골키퍼를 향해 슈팅하였다. 이러한 결과는 Vickers와 Williams(2007)와 일치한다. 그들은 높은 생리학적, 인지적 각성 상태에서도 바이애슬론 선수의 총 쏘기 실력은 이 영향을 받지 않는 경우 외부 목표물을 조용히 관찰하는 것과 매우 관련이 있다고 지적했다. 또한 Gage 등(2003)은 정상적으로 평탄한 바닥을 걷는 사람과 떨어질 가능성을 내포한 경사를 걷는 사람들을 비교한 연구를 하여 비슷한 결론을 내렸다. 갈바닉 피부 반응과 같은 생리학적 데이터는 경사길을 걷는 동안의 불안감을 나타냈다. 걷는 동안 피험자는 버저 소리에 말로 반응하는 반응 시간 과제를 가졌다. 위협이 증가함에 따라 반응 시간은 느려졌고, 불안감 때문에 주의력 리소스는 버저에 반응하지 않게 만들었다. 위협 속에서 걷는 속도도 느려졌고, 움직임에 대한 불안감의 영향을 보여주었다. 피실험자들이 좀 더 조심스러워졌기 때문이거나 버저 소리가 언제 울릴지 모른다는 생각에 주의력이 떨어졌기 때문에 보행 속도는 느려졌을 것으로 생각된다. 어느 쪽이든 불안은 중요한 일에 대한 관심을 감소시켰고, 그 결과 반응이 느려지고 보행이 느려졌다.

이러한 실험은 수행자들이 주의의 폭이나 방향을 줄임으로써 주의력 요구도를 변경할 필요가 있다는 것을 보여준다. 불안 조건에서는 가장 즉각적이고 긴급한 요구에 초점을 맞추고 부정적인 생각에서 벗어나기 위해선 일반적으로 주의의 폭을 줄이고 외부에 집중하는 것이 권장된다. 하지만 이러한 요구사항을 충족시키며 주의를 딴 데로 돌리는 것은 쉽지 않다. 게다가 매우 좁은 초점을 유지하는 것이 모든 높은 불안과 스트레스 상황의 해결책으로 여겨서는 안 된다. 만약 주위 환경을 스캔하는 것과 같이 성공을 위해선 광범위한 외부 집중이 필요한 경우, 좁은 초점을 유지하는 것이 성능에 부정적인 영향을 줄 수 있다. 또한 좋은 성과를 위해 바람직한 몇 가지 내부적 단서(예: 생각, 계획, 활동, 감각 정보)를 피하는 것은 수행능력에 해가 될 수 있다. 마찬가지로 긍정적인 자기 대화와 같이 내적으로 집중하는 것도 어느 정도 도움이 될 수 있지만, 궁극적으로는 당면한 과제에 집중해야 할 것이다.

훈련과 연습은 집중력을 높이고 적절한 신호를 선택하며 주의 전환 기술을 익힐 수 있다. 이완 훈련은 걱정을 극복하는 좋은 방법이고 따라서 좁은 초점에 의존할 필요성을 낮출 수 있다. 하지만 이완 훈련은 본질적으로 이완에 집중하는 연습이다. 재활이나 임상 환경에 있지 않는 한 긴장을 푸는 데 집중하는 것은 자유투, 타격하기 좋은 공 선별하기 같은 중요한 일에 대한 관심을 빼앗긴다. 요점은 직무의 목표에 대한 주의력을 통제하지 않는 이완 훈련은 효과적이지 않을 수 있다는 것이다.

SIDENOTE

각성, 성별 차이, 그리고 운동 기술 수행능력

각성 반응의 개별 차이는 Noteboom 등 (2001)의 연구에서 잘 설명된다. 이 저자들은 전기충격에 의해 유발된 높은 각성 및 불안과 암산 문제를 풀는 것으로 야기된 높은 각성 및 불안에 대한 악력의 차이를 발견했다. 이 연구에서 남성과 여성 피험자는 지속적으로 악력을 유지해야 했지만, 감전(또는 충격의 위협)이 증가했을 때 안정성이 더 나빠졌다. 각성 수준은 심박수, 혈압, 피부 표면 전기 활동의 생리학적 징후와 시각적 아날로그 척도에 대한 불안 측정에 의해 결정된다. 대조적으로, 시간 제약 조건에서 어려운 암산을 하도록 '강제'되었을 때, 각성의 수준은 전기충격과 마찬가지로 증가했지만, 악력 고정 시험에서 수행능력은 단지 최소한의 영향만 받았다. 즉, 각성의 원인은 후속 운동수행력에 영향을 미친다는 것이다. 비록 남녀 모두 전기충격 요법에 의해 부정적인 영향을 받았지만, 여성들은 남성들보다 훨씬 더 많은 영향을 받았다. 저자들은 여성이 더 큰 신경내분비 반응을 가지고 있을 수 있고, 이는 실험 방법으로는 감지되지 못한 각성 및/또는 불안감을 유발하거나, 여성에 의한 각성/불안감으로 인해 다른 수준의 운동 결과로 이어질 수 있다고 추측했다.

생각해보기 8.2 '신경질 나게' 하다

선수들은 보통 경쟁자들이 주의를 집중하지 못하고 흥분이나 걱정을 통제하지 못해 발생한 능력 저하를 이용한다. 커뮤니티칼리지 야구팀의 6할 4푼, 체중 240파운드 투수였던 데이브의 실제 사례를 생각해보라. 그는 가라앉는 직구를 95마일 이상의 빠른 공을 던질 수 있어 높이 평가되는 선수였다. 게다가 그가 던진 매 경기마다 속도를 측정하는 레이저 총을 든 메이저리그 야구 스카우트들이 있었다. 라이벌을 상대로 한 경기에서, 그는 9회에 1점 차로 경기를 마무리지었다. 첫 번째 타자를 마무리한 뒤, 상대편 선수들은 그의 불안감을 높이고 그를 혼란스럽게 하려고 벤치에서 야유하기 시작했다. 다음 네 명의 타자를 상대하며 그는 스트라이크 투구에 근접하지 못했고 4명의 타자를 모두 보내 경기에서 졌다. 스포츠맨십은 차치하고 상대 선수들은 그 투수를 '신경질 나게' 하기 위한 정신력 게임을 했다. 이 이야기의 다른 면은 그의 코치가 그 스스로 헤쳐나가도록 하기 위해 그를 경기에 남겨두었다는 것이다. 만약 당신이 감독이었다면, 이 투수를 어떻게 했을까? 이 장에서 논의된 개념을 사용하여, 투수의 정신 집중이 어디에 있고 그것이 어디에 놓였어야 했는지를 추측하라.

의도, 노력 및 주의 집중

주의력 조절의 중요성은 아무리 강조해도 지나치지 않다. 주의의 특징과 수준은 운동수행력의 질에 직접적으로 기여하며, 나아가 운동수행력 훈련에서 발생하는 생리학적 적응에도 직접적으로 기여한다. 주의력 기술은 학습자에게 강조해야 하는 첫 번째 운동 학습 기술 중 하나로, 운동수행력의 다른 모든 측면에 영향을 미친다. 그러나 주의 집중 기술은 단일하게 존재하지 않는다. 유용한 주의 기술은 학습하거나 **의도**와 **노력** 없이는 발휘되지 않는다.

의도는 주로 심리적인 과정으로, 움직임의 목적, 이유, 방법을 포함하는 행동 계획 또는 목표를 제공한다. 의도는 훈련이나 연습을 위한 목적과 결과 목표를 큰 관점에서 제공한다. 의도에는 특정 운동 기술 약점을 극복하거나 자유투를 쏘면서 긴장을 개선하는 것과 같이 쉽게 식별할 수 있는 목표가 포함될 수 있다. 또한 의도에는 운동 단위 활성을 최대한으로 유발하는 훈련과 같은 매우 구체적인 생리학적 결과가 포함될 수 있다.

운동과학 및 관련 보건 전문가들은 의도가 신경생리학 과정과 생체역학 결과를 유도하고 그 결과 신경생리학 및 생리학적 적응을 촉진한다고 이야기한다. 의도 자체가 중요한 훈련이고 실천하는 요소라고 말하는 것이 과장된 것처럼 보일 수 있지만, 연구는 이러한 내용을 뒷받침한다. Bonnard와 그의 동료(2003)가 리듬감 있는 손목 굴곡과 신전 운동을 수행하는 선구적인 작업을 하였다. 그 움직임은 과도한 굴곡 운동을 야기하도록 운동 피질에 가한 자기적 뇌 자극에 의해, 주기적으로 그리고 예기치 않게 동요되었다. 피험자에게 지시한 것은 아무것도 하지 않는 것(무관심/정신 이완) 또는 혼란을 견딜 수 있도록 정신적으로 준비하는 것 중 하나였다. 정신적으로 문제가 생겼을 때, 그 혼란 상태는 과도한 손목 굴곡으로 나타난다. 정신적으로 저항하라는 말을 들었을 때, 뇌 자극 동요는 손목 굴곡 운동에는 거의 또는 전혀 영향을 미치지 않았다. 이것은 말초 근육 활동이 없을 때 일어났는데, 특정한 정신적 의도의 단일 작용이 변화된 수준의 피질 척수(corticospinal) 흥분을 동반하는 뇌의 자극과 맞먹는다는 것을 나타낸다. 더욱이 이 저자들은 의도의 작용이 매우 중요해서, 운동 계획이 실제로 실행되었는지 또는 인지 및 운동 프로세스를 결합하는 데 도움을 주었는지가 매우 중요하다고 이야기했다. 이 저자들의 후속 연구에서는 완화된 반사 작용과 운동 피질의 정교화 작업에 대한 의도의 효과를 발견했다(Bonnard 등, 2009; Meziane 등, 2009).

의도성은 다른 방법으로도 검토되었다. Latash와 Jaric(1998)은 예기치 않게 동요된 움직임과 결합된 다양한 운동 지침을 살펴본 결과 생체역학적 결과가 동일하더라도 근육 활성화 패턴이 다를 수 있다는 것을 발견했다. 이 저자들은 운동 활동 뒤에 있는 개인의 의도가 근육 협응력을 구동시킨다고 결론지었다. 달리 말하면, 의도는 운동 과잉(motor redundancy) 문제를 극복하기 위해 사용된다. Almosnino와 그의 동료(2011년)는 최대, 최소 및 거짓 노력의 조건에서 등속성 무릎 굴곡 토크 곡선을 조사하여 거짓으로 노력한 힘이 현저하게 다른 경우가 많음을 발견했다(그림 8.11). 이러한 데이터를 통해 저자들은 인지적 의도가 생체역학적 결과에서 증명될 수 있다고 제안하였다. 또 다른 연구에서, Bemm과 Sale(1993)은 운동 의도가 운동 계획을 낳았고, 이는 훈련중 생리적 적응을 추가로 유발한다고 결론내렸다(이 연구에 대한 자세한 내용은 개념설명 참조).

의도는 특정 근육 협응 패턴을 선택하는 데 도움이 되며 큰 규모에서는 행동을 수행하는 데 더 큰 추론이나 근거로 제공된다. 이러한 근거는 주의와 자원 배분의 방향을 제공하며, 자율 규제에 대한 동기부여와 지침의 배후가 된다(Shapiro & Schwartz, 2000). 예를 들어 어떤 어린이는 자전거를 타는 운동 기술 목표를 가지고 있을 수 있지만, 그 의도는 괴롭힘을 피하거나 가게에 가는 것일 수 있다. 특정한 목적이 없으면 의미와 중요성이 상실되고, 주의를 어디에 두어야 하는지를 아는 것이 불확실해진다. 이전 섹션에서, 움직임이 의미를 가지는 것에 대한 중요성이 강조되었다. 의도는 또한 계획이 어떻게 성취되어야 하는지를 야기한다. 이 일부는 기술적인 것이다. 예를 들어 일정을 세우고 특정 생체역학적 기법을 사용하는 것이다.

예를 들어 타임 트라이얼 사이클 선수를 생각해보자. 물론 그 사이클리스트는 기량을 향상시키기 원하지만, 그렇게 하려면 어떻게 해야 할까? 그 사이클리스트는 생리적 시스템에 피로를 가하기 위해 매일 최대한의 노력으로 외출해야 하는가? 아마도 무산소성 역치값에 변화를 주기 위해 할 수 있는 한 역치값의 꼭짓점에 머물려는 의도를 갖는 것이 더 좋은 생각일 수 있다. 혹은 그녀는 효율성을 만들기 위한 시도로 리드미컬한 호흡과 일관된 속도에 초점을 맞출 수도 있다. 어느 옵션이든 간에 서로 다른 방식으로 근육 간 또는 근육 내 협응력을 훈련시킬 수 있다. 또는 자전거에서 내려와 고관절 굴곡근과 고관절 신전근들 간의 힘을 공유하는 기전을 향상시키기 위해 고안된 특정한 저항 훈련을 할 수도 있다.

의도 프로세스의 또 다른 부분은 노력과 동기부여와 관련이 있다. 달리 말하면, 얼마나 많은 노력을 기울이기로 결정하는지가 미리 계획되어야 하며, 특히 필요한 노력이 최대라면 필요성은 높아진다. 노력

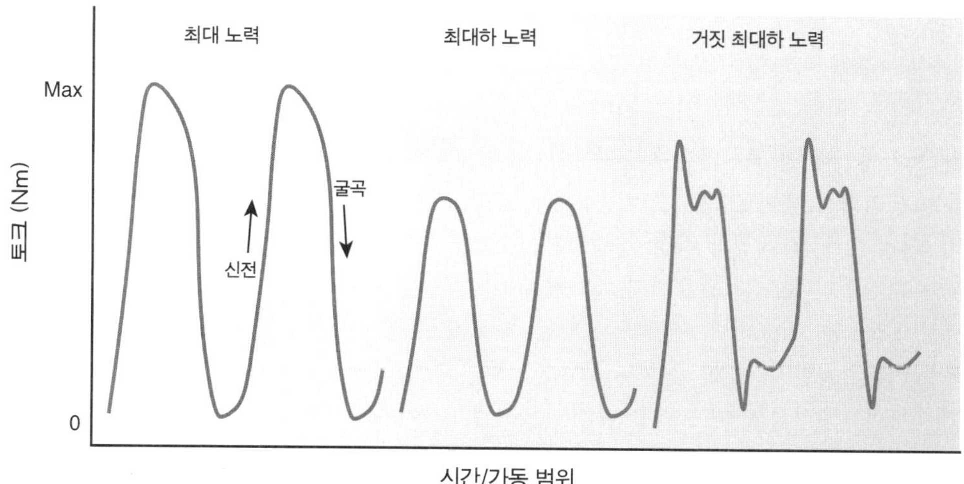

그림 8.11 Almosnino 외 등(2011)의 데이터를 기반으로 한 다른 등속성 무릎 신전/굴곡 토크 곡선. 최대 및 최대하의 노력은 정형화된 부드러운 곡선을 그린다. 대조적으로, 일부 피험자는 최대 힘 이하의 생산을 야기할 수 있는 부상을 가장하도록 지시했을 때 굴곡진 곡선을 생성했다. 이러한 결과는 저자들이 인지된 의도에 관한 정보가 움직임의 생체역학에 포함될 수 있다는 것을 제안하게 만들었다.

개 • 념 • 설 • 명

의도적인 훈련 및 생리적 적응

의도는 정말로 훈련 결과를 바꿀 수 있을까? Bem과 Sale(1993)이 진행한 독창적인 실험을 살펴보자. 이 연구자들은 등속성 동력계를 사용해 발목 배측 굴곡을 훈련시켰는데, 한 그룹은 높은 등속성 스피드를 목표로, 다른 한 그룹은 등척성으로 훈련시켰다. 이때 등척성 훈련 그룹은 빠른 탄도성 동작을 시도하거나 의도하게 했다. 사후 테스트에서 등척성 훈련 그룹은 등속성 훈련 그룹보다 고속 등속성 근력이 훨씬 향상되었다. 등척성 방식으로 실제로 훈련을 받았음에도 불구하고 등척성 그룹의 근력은 최소한으로 향상되었다. 근전도 검사(EMG) 결과와 근육 수축 특성에 따르면 등척성 그룹에서 고속 근력 훈련의 결과와 일치하는 신경근 변화가 나타났다. 저자들은 실제 움직임보다 훈련 원리의 특수성에서 더 중요한 것이 근육을 수축하는 의도라고 결론지었다. 근육 활동으로 이어진 운동 명령과 여기에 이어지는 생리학적 적응은 근육을 수축하는 의도에 기반을 두었기 때문에 훈련 과정은 여기에서 시작되어야 한다.

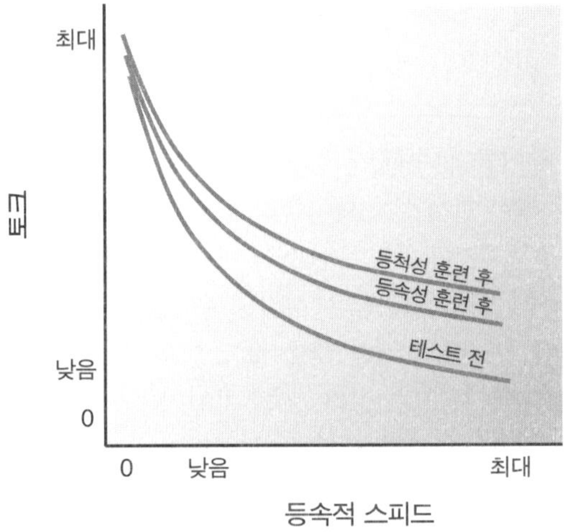

Bem과 Sale이 보고한 힘-속도 곡선에 걸친 근력 변화를 개략적으로 보여주는 그래프. 검사 전 점수는 서로 차이가 적은 두 그룹의 평균이다. 훈련 후 고속 등속성 훈련 그룹(등속성 훈련 후)은 고속 훈련 처방에 따라 큰 근력 향상을 보였다. 등척성 훈련 그룹(등척성 훈련 후)은 그들이 훈련에 사용한 속도(등척성)이 아니라, 자신이 훈련하려고 의도한 속도(고속성/탄도성)에서 따라 가장 큰 근력의 증가를 보였다.

은 대부분 특정 작업에 얼마나 많은 시간과 에너지를 소모하고 연습이나 훈련에 얼마나 활력을 불어넣는지 의미하는 생리학적 용어로 많이 쓰이곤 한다. 그러나 생리적인 노력보다 심리적 노력을 먼저 다뤄야 한다. 준비, 인지 노력, 경계심과 각성, 훈련 계획, 그리고 경기 영상 연구에 걸리는 시간, 이 모든 것들은 어느 정도의 정신적인 노력이 필요하다. 집중력은 정신적 노력을 필요로 한다. 두려움이나 근심을 극복하려면 정신적 노력이 필요하다. 연습이나 게임 중에 충분한 정신적 노력이 없다면, 사람들은 멀어져서 부주의한 주의를 기울일 수 있고, 운동수행력이 저하될 수 있다.

요컨대 의도는 목적성 있는 노력을 불러일으키고, 두 가지 모두 효과적인 주의 집중을 위한 토대를 마련한다. 짧은 기간(예: 한 경기 또는 한 주) 동안 의도와 노력을 유지하는 것은 비교적 간단할 수 있지만 뛰어난 수행자들은 매월 그리고 매년 이를 유지한다.

근거 기반 실무 적용

정보 처리 능력 향상은 어린이들에게 기초적인 기술을 가르치는 것부터 노인 재활, 전문 운동선수에 이르기까지 운동 기술 전반에 이뤄야 하는 요소이다. 여기서는 아이들에게 사물을 잡는 기술(catching skill)을 향상시키기 위해 시각적 주의력을 높이기 위한 직접적인 시도를 소개할 것이다. 이 훈련은 관계 문헌을 검토하여 이루어졌는데, 그 내용은 성인과 아동이 캐칭과 인터셉트 활동이 긴 응시 시간과 관계가 있다는 연구였다(Rienhoff 등, 2016 참조). 게다가 조용한 응시 기술(quiet eye technique)을 가르친 경우 수술(Causer 등, 2014; Wilson 등, 2011)과 스포츠 성과(Harle & Vickers, 2001)를 향상시킬 수 있다는 연구도 있었다. 이를 통해 Miles와 그녀의 동료들(2014)은 볼 캐칭 기술에 기존에 행해지던 '최상의 연습 방법'과 조용한 응시 기술을 비교 사용하여 아이들을 훈련시켰다. 연구원들은 조용한 응시 훈련과 기술 훈련 모두에 영상을 사용하면서, 조용한 응시 훈련을 받은 아이들의 경우 볼 캐칭 기술이 크게 개선되었고 기술적으로 훈련된 그룹에서는 최소의 향상이 있다는 것을 발견했다. 또한 조용한 응시 훈련 그룹은 눈 추적 장치로 수집된 데이터를 기반으로 시각적인 주의력을 더 잘 제어한다는 사실을 밝혀냈다. 이러한 결과는 성인들에게서도 유사한 결과와 함께 중요한 개념을 드러낸다. 첫째는 증거 기반 실천을 포함해 기존에 행해지던 '최상의 연습법'들은 항상 다시 검토해야 한다는 것이다. 둘째, 명시적인 주의력의 일부 측면은 학습될 수 있으며, 그렇게 함으로써 전체적인 운동수행력은 향상될 수 있다. 마지막으로, 성인의 데이터는 스트레스 상태에서 수행능력이 더욱 안정적인 모습을 보여주었고, 전체 학습을 개선할 수 있는 많은 작업 관련 항목이 암시적으로 학습되고 있음을 의미한다.

요약

정보 처리는 CNS의 필수적인 업무로 정의된다. 정보를 받아들이고, 해석하고, 이해하고, 저장하고, 분류하고, 상기하고, 의사결정을 하고, 계획을 실행하는 것 모두 뇌의 역할에 포함된다. 그러나 뇌가 많은 정보를 처리하는 능력이나 여러 종류의 정보를 동시에 처리하는 능력에는 한계가 있다. 두뇌는 여러 가지 처리 리소스를 가지고 있지만, 여러 가지 요구에 동시에 직면하면 정보를 처리하는 능력은 감소한다. 그리고 이는 느리고 부정확한 처리와 의사결정으로 이어진다. 정보 처리의 속도와 효과에 영향을 미치는 많은 요인들이 있는데, 특히 리소스에 부담을 주는 상황에서는 더욱 그러하다. 이것들 중에는 기억력과 주의력이 있다.

기억력은 높은 수준의 수행능력을 발휘하게 하는 중요한 리소스이면서 동시에 향상을 위한 전략이 명백한 인지 처리 기능 중 하나이다. 기억의 전략 중 하나는 움직임을 의미 있게 만드는 것이며, 이것은 또한 주의 집중에서 주요한 역할을 한다. 주의력 제어는 리소스 사용을 규제하는 가장 중요한 방법이며 운동 기술 수행능력의 정보 처리 측면을 개선하는 데 사용할 수 있는 가장 좋은 첫 번째 전략일 수 있다. 주의를 어디에 두어야 할지를 아는 것, 주의 집중 수준, 그리고 주의를 전환할 수 있는 능력은 CNS가 수신하는 정보의 양과 유형에 좌우된다. Nideffer의 이론에 따르면, 좁고 넓음, 내부적 외부적인 이원적으로 분류된다. 개인마다 특정한 주의 집중이 발휘되는 선천적인 특성을 가질 수 있지만, 상황적 요구를 충족시키기 위해선 보편적인 집중 전략이 필요하다. 예를 들어 스포츠 관련 스트레스 조건에서는, 좁은 범위의 외적인 것에 대한 주의력이 부적절한 각성과 불안의 부정적인 영향에 맞서기 위한 방법으로 종종 제안된다. 적절한 주의 관리 전략을 배우는 것은 종종 암시적인 과정이지만, 명시적 주의는 직접적으로 지시되고 학습될 수 있다. 여러 주의 집중 전략 중 중요한 한 가지는 많은 운동 기술을 학습하고 배우는 데엔 외부적 주의 집중이 더 유용하다는 것이다.

각성 수준을 최적화하는 것은 정보 처리 및 운동 기술 수행능력을 극대화하기 위해 중요하다. 각성의 최고 수준은 개인마다 다르지만, 상황과 운동 기술은 각성의 양에 영향을 미친다. 스트레스와 불안은 부적절한 각성 수준으로 이어질 수 있고 산만함과 부정적인 생각은 정보 처리 및 수행 감소에 기여할 수 있다. 이러한 부정적인 영향들을 극복하는 것은 과제 목표와 같은 긍정적이고 의미 있는 요소들로 주의를 돌리는 것에서 시작된다.

주의력을 통제하는 것은 의도이다. 적절한 의도가 없다면, 주의력의 선별 능력과 초점은 불확실해지며, 정신적, 육체적 노력을 최대화할 수 있는 우리의 능력은 제한된다. 의지는 입력되는 정보를 필터링하는 역할을 하며 명령을 보내는 용도로 사용된다. 의도는 주의와 노력을 수정시킬 뿐만 아니라 그렇게 함으로써 훈련과 실행에서 발생하는 생리학적 성과와 생리적 적응의 특성에 직접적인 영향을 미친다. 특히 의도와 노력은 운동 단위 동원과 기타 근육 내 협응력에 영향을 미치고, 전신적인 협응을 위한 근육 활성화 계획을 지시하고, 우리에게 동기를 부여한다. 개인적인 운동에서부터 1년간의 계획에 이르기까지 모든 훈련과 연습은 최대한의 이익을 위해 의도성을 띠어야 한다는 점에 유념해야 한다.

연습문제

1. 기술 수준이 다를 때 주의력이 변화하는 이유는 무엇인가?
2. 선택적 주의, 주의 집중 및 주의 전환을 정의하라.
3. 심리적인 불응기는 무엇이고 무엇을 드러내는가?
4. 운동 기술을 기억하는 데 도움을 주는 방법은 무엇인가?
5. 다중 리소스 이론에서 주의의 역할과 '멀티태스킹'의 진실에 대해 토론한다.
6. 한 골프 선수가 너무 초조하고 불안해한다. 그는 약간의 이완 기술을 사용하여 불안감에 대한 생리학적 지표(근육 긴장)를 감소시켰다. 한편 수행능력의 증가는 보이지 않았는데 그 이유는 무엇인가?
7. 과도한 각성 수준은 어떤 방식으로 성능에 부정적인 영향을 미칠 수 있는가?
8. 정보 처리를 개선하기 위해 훈련을 어떻게 구성할 수 있는가?
9. 테니스 초보자와 전문가가 서로 테니스를 치고 있다. 그 전문가는 경기중에 눈에 띄는 수행능력 저하 없이 상대 선수와 관중들과 이야기할 수 있다. 만약 그 초보자도 동시에 대화하면서 경기를 한다면, 그녀의 경기력은 매우 저하될 것이다. 그 이유는 무엇인가? 이 장과 7장의 개념을 사용하여 질문에 답하라.
10. 딕과 제인은 클러치, 브레이크, 가속 페달 및 기어 변속을 조종하는 연습을 하고 있다. 제인은 계속해서 연속 동작으로 클러치 인, 가속 페달, 기어 변속, 클러치 아웃 및 가속 페달을 밟는 과정만을 반복한다. 딕은 이 순서를 몇 번만 반복하고, 각 기어 위치와 엔진 소리가 어떻게 들리는지 등등, 스스로 가장 좋은 순서를 알아내려고 노력하며 모의운전을 계속해본다. 둘 중 수동 변속 자동차를 더 잘 다루는 사람은 누구이며 그 이유는 무엇인가?
11. 기억, 학습, 주의력과 관련하여 암시적인 것과 명시적인 것의 차이는 무엇인가?
12. 주의력의 이원적 구분인 내부적 vs 외부적, 좁음 vs 넓음에 대해 논의하라.
13. 의도-주의 집중-노력의 중요성을 설명하라.

참고문헌

Almosnino, S., Stevenson, J. M., Day, A. G., Bardana, D. D., Diaconescu, E. D., & Dvir, Z. (2011). Differentiating between types and levels of isokinetic knee musculature efforts. *Journal of Electromyography and Kinesiology, 21*(6), 974-981.

Atkinson, R. C., & Shiffrin, R. M. (1968). Human memory: A proposed system and its control processes. In K. W. Spence & J. T. Spence (Eds.), *The psychology of learning and motivation* (Vol. 2, pp. 89-195). New York, NY: Academic Press.

Behm, D. G., & Sale, D. G. (1993). Intended rather than actual movement velocity determines velocity-specific training response. *Journal of Applied Physiology, 74*(1), 359-368.

Beilock, S., Carr, T., MacMahon, C., & Starkes, J. (2002). When paying attention becomes counterproductive: Impact of divided versus skill-focused attention on novice and experienced performance of sensorimotor skills. *Journal of Experimental Psychology: Applied, 8*(1), 6-16.

Bernstein, N. (1967). *The co-ordination and regulation of movements*. Oxford, England: Pergamon Press.

Bonnard, M., Camus, M., de Graaf, J., & Pailhous, J. (2003). Direct evidence for a binding between cognitive and motor functions in humans: A TMS study. *Journal of Cognitive Neuroscience, 15*(8), 1207-1216.

Bonnard, M., Spieser, L., Meziane, H. B., de Graaf, J. B., & Pailhous, J. (2009). Prior intention can locally tune inhibitory processes in the primary motor cortex: Direct evidence from combined TMS EEG. *European Journal of Neuroscience, 30*(5), 913-923.

Broadbent, D. (1958). *Perception and communication*. London: Pergamon Press.

Causer, J., Vickers, J. N., Snelgrove, R., Arsenault, G., & Harvey, A. (2014). Performing under pressure: Quiet eye training improves surgical knot-tying performance. *Surgery, 156*(5), 1089-1096.

Cooke, A., Kavussanu, M., McIntyre, D., Boardley, I., & Ring, C. (2011). Effects of competitive pressure on expert performance: Underlying psychological, physiological, and kinematic mechanisms. *Psychophysiology, 48*(8), 1146-1156.

Correa, A., Lupianez, J., Madrid, E., & Tudela, P. (2006). Temporal attention enhances early visual processing: A review and new evidence from event-related potentials. *Brain Research, 1076*(1), 116-128.

Cottyn, J., De Clercq, D., Crombez, G., & Lenoir, M. (2012). The interaction of functional and dysfunctional emotions during balance beam performance. *Research Quarterly for Exercise and Sport, 83*(2), 300-307.

Dula, C., Martin, B., Fox, R., & Leonard, R. (2011). Differing types of cellular phone conversations and dangerous driving. *Accident; Analysis and Prevention, 43*(1), 187-193.

Ericsson, K., Krampe, R., & Tesch-Roemer, C. (1993). The role of deliberate practice in the acquisition of expert performance. *Psychological Review, 100*(3), 363-406.

Farrow, D., & Abernethy, B. (2002). Can anticipatory skills be learned through implicit video-based perceptual training? *Journal of Sports Sciences, 20*, 471-485.

Freudenheim, A., Wulf, G., Madureira, F., Pasetto, S., & Correa, U. (2010). An external focus of attention results in greater swimming speed. *International Journal of Sports Science and Coaching, 5*(4), 533-542.

Gage, W., Sleik, R., Polych, M., McKenzie, N., & Brown, L. (2003). The allocation of attention during locomotion is altered by anxiety. *Experimental Brain Research, 150*(3), 385-394.

Gherri, E., & Eimer, M. (2011). Active listening impairs visual perception and selectivity: An ERP study of auditory dual-task costs on visual attention. *Journal of Cognitive Neuroscience, 23*(4), 832-844.

Guadagnoli, M., & Lee, T. (2004). Challenge point: A framework for conceptualizing the effects of various practice conditions in motor learning. *Journal of Motor Behavior, 36*(2), 212-224.

Handford, C., Davids, K., Bennett, S., & Button, C. (1997). Skill acquisition in sport: Some applications of an evolving practice ecology. *Journal of Sports Sciences, 15*(6), 621-640.

Hanin, Y. L. (2000). Individual zones of optimal functioning (IZOF) model: Emotion-performance relationships in sports. In Y. L. Hanin (Ed.), *Emotions in sport*. Champaign, IL: Human Kinetics.

Hardwick, R. M., Rottschy, C., Miall, R. C., & Eickhoff, S. B. (2013). A quantitative meta-analysis and review of motor learning in the human brain. *NeuroImage, 67*, 283-297.

Harle, S. K., & Vickers, J. N. (2001). Training quiet eye improves accuracy in the basketball free throw. *The Sport Psychologist, 15*(3), 289-305.

Hernandez-Davo, H., Urban, T., Sarabia, J. M., Juan-Recio, C., & Moreno, F. J. (2014). Variable training: Effects on velocity and accuracy in the tennis serve. *Journal of Sports Sciences, 32*(14), 1383-1388.

Hill, D. M., Hanton, S., Matthews, N., & Fleming, S. (2010). Choking in sport: A review. *International Review of Sport and Exercise Psychology, 3*(1), 24-39.

Hutchinson, J., & Tenenbaum, G. (2007). Attention focus during physical effort: The mediating role of task intensity. *Psychology of Sport and Exercise, 8*(2), 233-245.

Jackson, R. C., Ashford, K. J., & Norsworthy, G. (2006). Attentional focus, dispositional reinvestment, and skilled motor performance under pressure. *Journal of Sport and Exercise Psychology, 28*, 49-68.

Kahneman, D. (1973). *Attention and effort*. Englewood Cliffs, NJ: Prentice-Hall Inc.

Kantak, S. S., & Winstein, C. J. (2012). Learning-performance distinction and memory processes for motor skills: A focused review and perspective. *Behavioural Brain Research, 228*(1), 219-231.

Latash, M., & Jaric, S. (1998). Instruction-dependent muscle activation patterns within a two-joint synergy: Separating mechanics from neurophysiology. *Journal of Motor Behavior, 30*(3), 194-198.

Levy, J., & Pashler, H. (2008). Task prioritization in multitasking during driving: Opportunity to abort a concurrent task does not insulate braking responses from dual-task slowing. *Applied Cognitive Psychology, 22*, 507-525.

Lohse, K. R., Boyd, L. A., & Hodges, N. J. (2016). Engaging environments enhance motor skill learning in a computer gaming task. *Journal of Motor Behavior, 48*(20), 172-182.

Magill, R. A. (1998). Knowledge is more than we can talk about: Implicit learning in motor skill acquisition. *Research Quarterly for Exercise and Sport, 69*, 104-110.

Magill, R., & Hall, K. (1990). A review of the contextual interference effect in motor skill acquisition. *Human Movement Science, 9*(3-5), 241-289.

Masters, K. S., & Ogles, B. M. (1998). Associative and dissociative cognitive strategies in exercise and running: 20 years later, what do we know? *The Sport Psychologist, 12*(3), 253-270.

Meziane, H. B., Spieser, L., Pailhous, J., & Bonnard, M. (2009). Corticospinal control of wrist muscles during expectation of a motor perturbation: A transcranial magnetic stimulation study. *Behavioural Brain Research, 198*(2), 459-465.

Miles, C. L., Vine, S. J., Wood, G., Vickers, J. N., & Wilson, M. R. (2014). Quiet eye training improves throw and catch performance in children. *Psychology of Sport & Exercise, 15*(5), 511-515.

Nideffer, R. M. (1976). Test of attentional and interpersonal style. *Journal of Personality and Social Psychology, 34*(3), 394-404.

Nideffer, R. M. (1990). Use of the Test of Attentional and Interpersonal Style (TAIS) in sport. *The Sport Psychologist, 4*(3), 285-300.

Noteboom, J., Fleshner, M., & Enoka, R. (2001). Activation of the arousal response can impair performance on a simple motor task. *Journal of Applied Physiology, 91*(2), 821-831.

Oudejans, R. D., Kuijpers, W., Kooijman, C. C., & Bakker, F. C. (2011). Thoughts and attention of athletes under pressure: Skill-focus or performance worries? *Anxiety, Stress & Coping, 24*(1), 59-73.

Panchuk, D., & Vickers, J. (2009). Using spatial occlusion to explore the control strategies used in rapid interceptive actions: Predictive or prospective control? *Journal of Sports Sciences, 27*(12), 1249-1260.

Peh, S., Chow, J., & Davids, K. (2011). Focus of attention and its impact on movement behaviour. *Journal of Science and Medicine in Sport, 14*(1), 70-78.

Pinto, J., & Shiffrar, M. (1999). Subconfigurations of the human form in the perception of biological motion displays. *Acta Psychologica, 102*(2-3), 293-318.

Reber, P. J. (2013). The neural basis of implicit learning and memory: A review of neuropsychological and neuroimaging research. *Neuropsychologia, 51*(10), 2026-2042.

Rienhoff, R., Tirp, J., Strauß, B., Baker, J., & Schorer, J. (2016). The 'quiet eye' and motor performance: A systematic review based on Newell's constraints-led model. *Sports Medicine, 46*(4), 589-603.

Robazza, C., Bortoli, L., & Nougier, V. (1999). Emotions, heart rate and performance in archery. A case study. *Journal of Sports Medicine and Physical Fitness, 39*(2), 169-176.

Robazza, C., Pellizzari, M., Bertollo, M., & Hanin, Y. (2008). Functional impact of emotions on athletic performance: Comparing the IZOF model and the directional perception approach. *Journal of Sports Sciences, 26*(10), 1033-1047.

Schucker, L., Hagemann, N., Strauss, B., & Volker, K. (2009). The effect of attentional focus on running economy. *Journal of Sports Sciences, 27*(12), 1241-1248.

Shapiro, S., & Schwartz, G. (2000). Intentional systemic mindfulness: An integrative model for self-regulation and health. *Advances in Mind-Body Medicine, 16*(2), 128-134.

Skjesol, K., & Halvari, H. (2005). Motivational climate, achievement goals, perceived sport competence, and involvement in physical activity: structural and mediator models. *Perceptual And Motor Skills, 100*(2), 497-523.

Soderstrom, N. C., & Bjork, R. A. (2015). Learning versus performance: An integrative review. *Perspectives on Psychological Science, 10*(2), 176-199.

Spruit, E. N., Band, G. P. H., Hamming, J. F., & Ridderinkhof, K. R. (2014). Optimal training design for procedural motor skills: A review and application to laparoscopic surgery. *Psychological Research, 78*, 878-891.

Starkes, J. L., Deakin, J. M., Lindley, S. S., & Crisp, F. F. (1987). Motor versus verbal recall of ballet sequences by young expert dancers. *Journal of Sport Psychology, 9*(3), 222-230.

Steenbergen, B., van der Kamp, J., Verneau, M., Jongbloed-Pereboom, M., & Masters, R. W. (2010). Implicit and explicit learning: Applications from basic research to sports for individuals with impaired movement dynamics. *Disability & Rehabilitation, 32*(18), 1509-1516.

Vealey, R. S., & Greenleaf, C. A. (1998). Seeing is believing: Understanding and using imagery in sport. In J. M. Williams (Ed.) *Applied sport psychology: Personal growth to peak performance* (pp. 237-269). Mountain View, CA: Mayfield Publishing Company.

Vecera, S., & Rizzo, M. (2003). Spatial attention: Normal processes and their breakdown. *Neurologic Clinics, 21*(3), 575-607.

Verburgh, L., Scherder, E. J., van Lange, P. M., & Oosterlaan, J. (2016). The key to success in elite athletes? Explicit and implicit motor learning in youth elite and non-elite soccer players. *Journal of Sports Sciences, 34*(18), 1782-1790.

Vidoni, E. D., & Boyd, L. A. (2007). Achieving enlightenment: What do we know about the implicit learning system and its interaction with explicit knowledge? *Journal of Neurologic Physical Therapy, 31*(3), 145-154.

Vickers, J., & Williams, A. (2007). Performing under pressure: The effects of physiological arousal, cognitive anxiety, and gaze control in biathlon. *Journal of Motor Behavior, 39*(5), 381-394.

Watson, J., & Strayer, D. (2010). Supertaskers: Profiles in extraordinary multitasking ability. *Psychonomic Bulletin & Review, 17*(4), 479-485.

Welford, A. T. (1952). The "psychological refractory period" and the timing of high speed performance— review and a theory. *British*

Journal of Psychology, 43, 2-19.

Werner, S., & Thies, B. (2000). Is 'change blindness' attenuated by domain-specific expertise? An expert-ovices comparison of change detection in football images. *Visual Cognition, 7*(1-3), 163-173.

Wickens, C. D. (1992). *Engineering psychology and human performance.* New York, NY: Harper Collins.

Wickens, C. D. (2008). Multiple resources and mental workload. *Human Factors, 50*(3), 449-455.

Wilson, F., & Stimpson, J. (2010). Trends in fatalities from distracted driving in the United States, 1999 to 2008. *American Journal of Public Health, 100*(11), 2213-2219.

Wilson, M. R., Vine, S. J., Bright, E., Defriend, D., & Masters, R. S. W. (2011). Gaze training enhances laparoscopic technical skill acquisition and multitasking performance: A randomized, controlled study. *Surgical Endoscopy, 25*, 3731-3739.

Wilson, M. R., Wood, G., & Vine, S. J. (2009). Anxiety, attentional control, and performance impairment in penalty kicks. *Journal of Sport & Exercise Psychology, 31*(6), 761-775.

Wulf, G., Dufek, J., Lozano, L., & Pettigrew, C. (2010a). Increased jump height and reduced EMG activity with an external focus. *Human Movement Science, 29*(3), 440-448.

Wulf, G., & Prinz, W. (2001). Directing attention to movement effects enhances learning: A review. *Psychonomic Bulletin & Review, 8*(4), 648-660.

Wulf, G., Shea, C., & Lewthwaite, R. (2010b). Motor skill learning and performance: A review of influential factors. *Medical Education, 44*(1), 75-84.

10

수행능력을 위한 마음, 몸, 뇌의 통합

I과 II 단원에서 우리는 운동 기술의 형성, 실행, 학습 뒤에 숨겨진 기본적인 생리학적, 심리적 개념을 조사했다. III 단원에서 우리는 이러한 모든 개념을 결합하여 연습과 교육 및 기능 훈련을 제공하기 위한 기초 모델을 제공한다. 우리는 또한 자세 조절 분야에서 이러한 모델의 사용과 건강, 부상 예방 및 스포츠 수행능력과의 관계를 조명한다. 자세 조절은 모든 운동 기술을 뒷받침하는 다면적 시스템으로 연습과 훈련 프로그램을 어떻게 적용시킬 수 있는지에 대한 훌륭한 예를 제공한다.

연습과 지도

이 장의 목적, 중요성, 목표

이번 장의 목적은 연습의 기본 특성과 효율적인 연습을 위한 전략, 그리고 연습의 효율을 최대한으로 끌어낼 수 있는 교수법에 대해 서술하는 것이다. 특히 이번 장은 제약 주도 학습(constraints-led learning), 발견 학습(discovery learning), 그리고 연습의 정체성을 제공하는 의식적인 연습(deliberate practice) 모델들에 집중되어 있다. 이러한 이해를 통해서, 학습자와 교수자 모두 학습과 실행능력을 최대화하고 함정을 피해 장애물을 극복할 만한 마음가짐과 훈련 프로그램을 개발할 수 있다.

이번 장을 마친 후, 아래의 내용을 설명할 수 있어야 한다.

1. 연습(practice)과 훈련(training)의 차이점에 대해 설명할 수 있다.
2. 발견 학습, 제약 주도 학습, 그리고 의식적인 연습의 특징을 설명할 수 있다.
3. 효과적인 연습의 다섯 가지 필수요소와 교육적 관점에서 각 특징을 구현하는 방법을 설명할 수 있다.
4. 의사소통과 학습 환경의 향상을 위해 보강 피드백을 언제, 왜, 어떻게 사용하는지 설명할 수 있다.
5. 학습자가 자신의 운동 기술 학습에 참여하는 방법과 학습이 개선된 이유를 설명할 수 있다.
6. 학습 과정에서 관찰과 이미지의 역할 그리고 관찰과 이미지의 기본적인 신경생리학에 대해 설명할 수 있다.

연습이란 두 가지 부분으로 이루어지는데, 바로 학습자와 교수자이다. 우리는 7장과 8장에서 높은 수준의 운동선수들의 특징과 훈련 과정을 살펴보았다. 우리는 특히 학습과 실행에 필수 요소인 학습자의 기억력과 집중력 그리고 다른 정보를 처리하는 요소들에 대해 측정해보았다. 이러한 요소들이 어떻게 교수법에 활용되고 교육 환경을 개선시키는지에 대한 것이 이번 장의 주안점이다. 특히 우리는 연습의 본질과 연습의 효과를 최대화하기 위한 전략에 대해 살펴보기로 한다.

연습이란 무엇인가?

연습은 기술이나 과제를 개선시키기 위한 헌신적인 노력으로 정의된다. 가끔씩 훈련과 혼용되어 쓰이지만, 키네시올로지(kinesiology)와 운동과학에서는 무엇을 개선시키기 위한 것인가에 기초하여 두 단어를 구분하는 것이 도움이 된다. 연습은 의사결정 기술과 운동 실행능력을 배우는 것을 목표로 하는데, 바로 정신활동, 전술, 전략, 팀 활동, 그리고 운동 능력 등을 향상시키는 것이 해당된다. 반면에 훈련은 생리적인 기능과 신체적인 능숙함을 향상시키는 것을 목표로 한다.

흔히 알려진 바와는 다르게, 효과적인 훈련은 '완벽'해질 때까지 반복하는 것이 아니다. 우리가 4장에서 살펴본 시스템 모델을 떠올려보면, 움직임은 임무와 개인 그리고 환경의 상호관계 속에서 일어난다. 간단히 말해서, 효과적인 운동 능력은 상황에 따라 크게 좌우되며, 효과적인 움직임에 필요한 것들은 순간순간 변화한다는 것이다. 효과적인 연습은 학습자가 더 넓고 쉽게 적응하는 움직임을 할 수 있도록 하여 효과적으로 도전적인 상황을 극복하고 기회를 잡을 수 있도록 한다.

연습의 본질은 학습자의 필요에 따라 변화해야 한다. 어린아이가 자전거를 배우는 것은 세계적인 운동선수의 훈련이나 뇌출혈을 경험한 환자의 보행 훈련과는 다르다. 이러한 다양한 요구들에도 불구하고, 모든 분야에 걸쳐 적용할 수 있는 연습의 본질적인 특성이 존재할까? 지난 80년간 축적된 실험자료를 토대로 살펴보자면, 해답은 '존재한다'이다. 이러한 연구를 통하여 개인적인 반복 연습(practice microstructure)이나 운동 능력이 개발되는 삶의 전반에 걸쳐 적용할 수 있는 연습의 다섯 가지 필수적인 요소를 발견했다. 그 다섯 가지에는 ① 기량을 향상시키고 기술에 통달하고자 하는 특별한 의지, ② 강력한 동기부여와 노력, ③ 개별 연습과 교수자의 개입, ④ 효율적인 의사소통과 정보, ⑤ 변화를 수반하는 과잉 학습이 해당된다. 이러한 요소들이 어떻게 시행되는지는 다양한 기술과 교수법에 따라 크게 변화하며 학습자의 성격과 연습 대상에 따라 달라진다. 이번 장에서 우리는 교수법과 건강한 개인이 초보자에서 전문가 수준으로 발전할 수 있는 학습법에 대해 강조하고자 한다.

연습의 패러다임

비록 우리가 지금 논의하고 있는 연습과 교수법들은 수십 년간의 연구에 기초하고 있지만, 그들은 주의력과 집중력과 같은 정보 처리 기술(7, 8장 참조)이나 제약 주도적인 접근과 관련한 발견 학습 개념과 시스템 이론 등과 관련된 실험적인 연구들, 그리고 의식적인 연습을 통한 전문가적인 수행능력에 집중한 최근의 연구들을 더욱 강조하고 있다. 우리는 여기서 연습의 필수적인 다섯 가지 요소에 대해 다루기 전에 이러한 개념들에 대해 간단히 살펴보고자 한다.

시스템 이론들, 제약 주도적인 접근들 그리고 발견 학습

5장에서 우리는 움직임이 개인과 임무, 그리고 환경 요소들 간의 상호작용으로 일어난다고 상정하는 시스템 모델에 대하여 살펴보았다. 이 각각의 요소들은 움직임이 어떤 방식으로 나타나는가에 대하여 한계 혹은 제약을 주고 이에 따라 신경 계통에 한계를 수용할지 혹은 상황을 이용할지 결정하게 만든다(Newell, 1986). 제약은 경기의 규칙이나 시간, 근력, 피로, 감정 상태 그리고 운동장의 마찰력 등을 포함한다. 이들은 어떠한 동작을 실행할 것인가 혹은 어떻게 그 동작을 실행할 것인가를 제약하거나 영향을 미치는 모든 요소들이다.

5장에서 살펴보았던 대로, 환경에 따른 제약에 기반한 정보는 내부의 감각 정보 및 과제에 기반한 제약들과 지속적으로 어우러진다. 우리의 인식 시스템은 이러한 제약들의 본질을 해석하고 움직임에 대한 계획과 실행에 어떠한 방식으로 포함시킬지 결정한다. 이 과정은 '행동 유도성'을 찾고 개인이 인지한 정보들을 통합하여 후에 어떤 동작이 일어날 것인지를 찾는 것으로 알려져 있다. Gibson(1977)에 따르면, 행동 유도성은 최소한의 감각 과정을 요구하는 특정 운동 반응을 필연적으로 이끌어내는 환경의 성질이나 근거들을 뜻한다. 예를 들어 약 4족장 정도 높이의 바위벽은 그것을 뛰어넘을지 타고 올라서 넘을지 결정할 정보를 제공한다. 벽의 성질은 다른 요소에 따라서 두 해결책 모두를 허용하기도 한다. 어린아이는 키와 힘으로 인해 제약이 있으므로 벽은 뛰어넘을 만한(심지어 기어오르는 것 또한) 성질을 제공하지 않는다. 반대로 허들 선수에게는 뛰어넘는 데 별 문제가 되지 않는다. 이러한 예시는 행동 유도성이 과제와 개인적인 제약들 사이의 상호작용으로 발생함을 보여준다. 한편 어떠한 행동 유도성은 전세계 모든 사람에게 비슷하게 적용되기도 하고(예: 버튼을 뽑지 않고 누르도록 유도하는 키보드의 성질), 각 개인의 성향과 능력, 연습량에 따라 다르게 작용하기도 한다(Fajen 등, 2009; Greeno, 1994; Renshaw 등, 2009).

교수자는 학습자가 제약 조건을 탐색하고 행동 유도성을 이해하고 찾아내며, 종합적으로 학습자가 더 나은 기술적인 능력을 갖출 수 있도록 이끌어나간다. 제약 주도적인 접근법에서, 교수자는 학습자가 움직임 문제들의 해결책을 찾아낼 수 있는 행동 유도성을 찾도록 제약 사항들을 조절한다(Hristovski 등, 2011; Renshaw 등, 2009). 그림 9.1은 Newell(1986, 2007)의 제약과 지도의 상호관계를 나타내는 것으로, 개인과 과제, 환경의 제약이 합쳐져서 효과적인 움직임을 만들어내기 위해 인식과 행동이 결합되도록 만드는 것을 보여주고 있다. 연습과 지도가 효과적인 움직임과 운동 능력을 만들어내는 데 가장 중요하게 적용되는 부분이 바로 이러한 제약들의 상호작용이다.

제약 조건들은 신체적인 문제, 규칙이나 지시사항, 혹은 소단위 연습의 일환으로 조종된 다른 요소들일 수 있다. 단순히 압박이나 시간 제약을 두거나, 반드시 한 방향으로 가도록 상황을 조절할 수도 있다. 제약 사항들은 무턱대고 주어지는 것이 아니라 학습자가 창의적으로 게임과 같은 도전 상황을 극복할 수 있게 도입된다. 그림 9.2와 같이 어린아이가 구조물을 등반하는 법을 배우는 상황을 생각해보자. 추락에 대한 공포심은 등반에 대한 공통적인 제약 사항이므로 뛰어내려서 안전하게 착지하는 것이 첫 번째 단계가 된다. 그림에서, 소녀는 먼저 점점 더 높은 곳에서 착지하는 법을 배움으로써 더 높은 곳으로 올라갈 수 있다는 자신감을 갖게 된다.

제약 주도적인 상황에서는 경기 속에 제약이 존재한다는 인지적인 정보를 갖도록 하는 것이 중요하다. 예를 들어 크리켓 타격 연습의 경우, 기계나 비디오 이미지가 공을 던져줄 때와 사람이 직접 던져줄 때는 다른 정보가 주어지므로, 결과적으로 타격력의 상승에 따른 결과를 만들어낸다(Pinder 등, 2011a; Renshaw 등, 2007). 이렇게 정보의 차이는 인식의 차이를 만들고, 이것이 인식-행동 결합(perception-action coupling)을 변화시킨다(228페이지 개념설명 참고). 교수법의 측면에서, 교수자는 동작을 지나치게 세분화하여 연습시키지 않아야 하는데, 중요한 인지적인 정보를 잃어버릴 수 있기 때문이다. 대신에 교

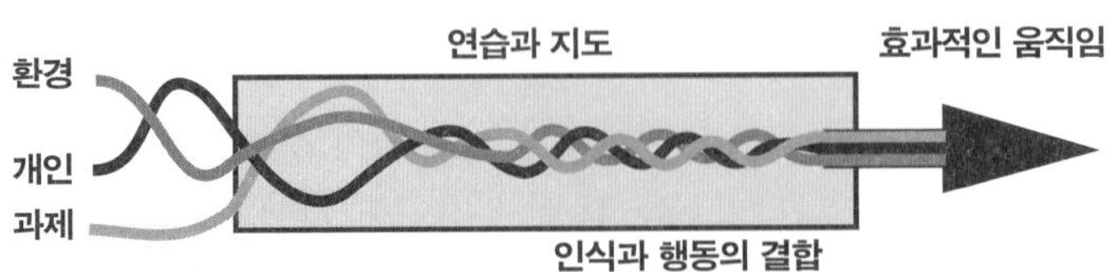

그림 9.1 과제, 개인 및 환경 제약은 인식-작용 결합 프로세스에 의해 연습 및 지도와 함께 응집력 있는 결합에 상호작용하는 느슨한 엉킴으로 간주된다. 효과적인 움직임은 환경, 과제 및 개인의 요소를 포함하여 나타난다. 연습과 지도의 역할은 여유가 드러나지 않고 상황의 제약을 충족시키는 효과적인 움직임이 나타나도록 미해결 상태를 용이하게 하는 것이다.

그림 9.2 클라이밍의 제약 조건 중 하나는 낙하에 대한 두려움이다. **A.** 여기서 한 소녀가 더 높은 곳에서 점프와 착지 연습을 한다. **B.** 일단 높이에서 안전하게 착륙할 수 있다는 편안함을 느끼면, 그녀는 더 높은 곳으로 올라가 더욱 도전적으로 노력한다. (사진 제공: Jeffrey Ives)

수자는 비교적 전체적인 동작을 단순화시키는 방법을 고려해야 한다. 더욱 효과적인 제약 주도적 지도를 수행하기 위해서, 교수자는 환경과 임무, 그리고 개인이 어떠한 방식으로 상호작용하는지 알아야 한다. 이것은 특히 운동 제어 능력뿐만 아니라 시간이 지남에 따라 급격하게 변화할 수 있는 손 크기나 근력 등의 신체적인 제약 조건이 있는 어린시절에 더욱 중요하다.

제약 주도적인 접근이 효과적으로 사용되려면, 학습자가 스스로 최선의 움직임을 통해 해법을 찾도록 해야 한다. **발견 혹은 탐험 학습**(discovery or exploratory learning)이라고 알려진 과정은 개인이 시도와 실패를 반복하며 학습하는 것에 근본적인 기반을 두고 있다. 이 학습법은 학습자가 제약이 있는 과제에 있어 최선의 완수 방법을 찾아내도록 한다. 이 과정은 개인적인 신체적, 정신적 조건에서 최선의 인지적 실마리들을 통해 운동 반응을 찾아내는 것을 포함한다(Vereijken & Whiting, 1990; Vereijken 등, 1992).

학습자는 발견 학습을 통해 명확한 기술을 배우기보다는 스스로 기술을 터득해가는 과정을 배우게 된다(인도된 발견이라고 할 수 있다). 이 과정에서 교수자의 역할은 매우 중요하다. 교수자는 명확한 지시나 정확한 예시 대신 제약적인 피드백을 이용한 문제를 해결하는 과정을 통해서 학습자가 감춰진 내용을 배워가도록 이끈다. 교수자의 첫 번째 전략 중 하나는 자유를 제약하고 최선의 교육 환경을 제공하는 것이다. 아이가 걸음마 배우는 것을 떠올려보자. 아이는 부모님이나 다른 사람들이 걷는 것을 보면서, 걸을 용기를 얻고 움직임에 대한 기본적인 아이디어를 갖게 된다. 부모의 주된 역할은 교육 환경을 만들어주는 것이다. 말로 응원해주고, 손을 잡아주며(자신감을 주고 균형을 잡음으로써 자유도를 낮춘다), 깔개를 깔아주는 등 안전장치를 마련해주는 것이 부모가 교육 환경을 만들어주는 몇 가지 방법들이다. 아이는 어떤 움직임을 해야 할지, 어떻게 그 움직임을 만들지, 왜 그렇게 해야 하는지, 그리고 걷는 것에 어떤 장애물과 제약 사항이 있는지 스스로 찾아낸다. 교수자는 교육 과정에 참여하여 장애물과 제약 사항을 극복하는 데 참여하지만, 정확한 진행 과정을 제공할 필요는 없다.

Nash 등이 10명의 엘리트 코치들에 대한 평가(2011)를 통해 찾아낸 공통점은 개인화된 교육 환경을 만들었다는 것이다. 그 코치들은 인도된 발견 학습을 통해 선수들이 자체적으로 훈련하도록 했으며, 스스로를 지도자라기보다는 조력자로 표현했다. 코치와 전문가들은 탐구 방법이 내포된 학습 환경을 조성하는 게 특히 유용하다고 믿는다(Kleynen 등, 2015).

체육 교육 환경에서 발견 학습의 한 가지 형태는 1982년 Bunker와 Thorpe가 처음 묘사한, 이해를 위한 지도 게임(TGfU; Teaching Games for Understanding)으로 불린다(Bunker & Thorpe, 1982). TGfU

개 • 념 • 설 • 명

배팅 머신과 실전 투구를 통한 타격 연습

야구, 소프트볼 그리고 크리켓 등에서 배팅 머신을 이용한 타격 연습을 흔히 사용하지만, 이것이 실전에 효과가 있는지에 대한 의문은 여전히 존재한다. Pinder 등에 따르면(2009), 아래 사진과 같이 베팅 머신을 이용할 때의 타격(좌측)과 실제 투구를 통한 연습(우측)은 큰 차이를 보이는데, 이는 실제 투구에서 주어지는 정보의 차이에서 기인한다. Pinder 등은 최근 연구를 통해(2011b), 연습 과정에서 질(실제 투구)과 양(배팅 머신) 사이에 교환이 일어난다는 것을 지적했다. 그들은 제약적인 연습 환경(배팅 머신)에서의 제약된 동작 개발이 선수들의 운동역학 개선에 도움이 된다고 보았다. 한편 더 높은 수준의 선수들에게는 실제 투수가 던지는 공에서 얻어지는 인지적인 실마리들이 더욱 다양하고 잘 적응할 수 있는 운동 기능 개발에 필요하다고 보았다. 이것은 배팅 머신을 통한 훈련이 전문가 수준 타자들의 연습에 전혀 의미가 없다는 것이 아니라, 그 가치를 좀 더 엄격하게 평가해 보아야 한다는 것이다. 여기서 말하고자 하는 중점은, 배팅 머신 타격이 특정한 목적을 위해서 아주 좋은 연습 방법이 될 수 있지만, 실제 투수를 통한 연습을 완전히 대체할 수는 없다는 것이다. 효과적인 연습을 도와줄 투수가 부족한 코치는 배팅 머신을 사용하기보다는 실전 타격 연습을 수정해서 진행하는 편이 좋다. 투수가 아닌 선수가 부드러운 공을 던지는 게임을 통해서 어린 선수들에게 안전한 환경에서 실전 투구를 통한 연습 경험을 쌓게 해줄 수 있다.

Pinder, R., Renshaw, I., & Davids, K. (2009). Information-movement coupling in developing cricketers under changing ecological practice constraints. *Human Movement Science, 28*(4), 468-479.

에서 아이들은 '어떻게 해야 하는지'를 배우기 전에 제약이 있는 방식으로 '무엇을 해야 하는지'를 배우기 시작한다. 이러한 방식으로 학습자는 향후 기술이 발전할 수 있는 전술과 개념을 이해할 수 있다(Stolz & Pill, 2014). TGfU의 다양성은 전세계적으로 퍼져나갔지만, 이 접근법의 효과는 여전히 미해결인 채로 남아 있다. Stolz와 Pill(2014년)은 리뷰 연구에서 유효성을 판단하고 정의하는 데 있어 상당한 방법론적인 어려움이 있음을 지적하고 이러한 교수법이 전통적인 기술 유도 방식보다 훨씬 더 어렵다고 언급했다.

일반적으로 발견 학습은 다양한 운동 기술을 배우는 데 효과적이라는 것이 입증되었으나(Orrrell 등, 2006; Smeeton 등, 2005), 명시적이고 규범적인 지시가 아무런 역할을 하지 않는다고 해석되어서는 안 된다(Raab 등, 2009; Vidoni & Boyd, 2007). 학습자를 구슬려 운동 기술을 실행하는 효과적인 방법을 찾도록 강요할 수 없는 경우, 보다 직접적인 접근이 필요할 수 있다. 학습자가 진행 방법을 알지 못하거나 안전이 문제인 경우 직접적인 지침이 필요할 수 있다. 더욱이 때로는 명시적인 지시가 수반되는 암묵적 기억과 학습이 어떻게 이루어지는지를 형성할 수 있다. Vidoni와 Boyd(2007)는 명시적인 지시가 최고의 운동 기술 학습을 조성하기 위해 조작되어야 할 또 다른 실행 변수일 뿐이라고 말했다.

의식적인 연습

Ericsson과 공동 연구자들(예: Ericsson 등, 1993; Ericsson, 2007)은 1990년대 초반부터 전문가 수준에 이른 선수들의 연습의 특징에 대해 연구했다. 연구에 따르면, 1년 혹은 1만 시간에 이르는 의식적인 연습을 통해 선수들은 최고 수준에 도달할 수 있다고한다. **의식적인 연습**(deliberate practice)이란, 강력한 동기부여와 노력, 훈련자의 특성과 지식에 기반한 활동, 즉각적이고 지속적인 피드백, 많은 반복, 그리고 능력을 개선시키고자 하는 의지를 특징으로 하는 연습을 뜻한다. 이러한 특징 중 일부는 과제(스포츠 vs 비스포츠, 개인 활동 vs 팀 활동인지)에 따라 달라보일 수 있지만, 일반적인 개념은 많은 분야에 걸쳐 견고하다.

이러한 연구 이래로, 의도적인 연습 프레임워크에 관한 수많은 보고가 있었다(최근의 리뷰는 2014, Baker & Young 참조). 이 연구들에서 활동(스포츠, 비스포츠)과 팀 대 개인 스포츠(Baker 등, 2003a, b; Macnamara 등, 2016)에 따라 20세 기준으로 4,000에서 10,000시간까지 약간의 변화를 보이는 것으로 나타났다. Côté와 그의 동료들(예: Côté 등, 2003, 2007)은 최근, 초기 연도는 표본 추출, 중간 단계는 전문화에 의해, 그 다음 후기에는 투자에 의해 표시된다는 점에 더 주목했다. 표본 추출 연도는 '의도적 플레이'라고 부를 수 있는 것으로 표시되며, 이것이 의도적인 연습의 아이디어에 반하는 것처럼 보이지만, 이러한 유형의 플레이는 근본적인 기술과 능력뿐만 아니라 보다 엄격한 연습 활동을 추구하거나(Ward 등, 2007) 창조성을 개발하도록 제안되었다(Memmert 등, 2010). Ericsson(2007)은 시간의 경과에 따른 개선은 선형 과정이 아니며 일단 편안한 수준의 자동성에 도달하면 멈추기 쉽다고 지적했다. 그는 이러한 '보류된 발전'은 연습의 축적에도 불구하고 계속될 것이며, 이는 관행의 개선과 변화를 위해 노력하지 않기 때문이다.

정확한 연습 시간과 조기 노출의 성격과 상관없이, 전문 운동선수들이 상당한 시간을 현장 연습에 소비했다는 압도적인 공감대가 형성되어 있는데, 이 시간의 대부분은 도전적인 활동에, 그리고 비디오 검토와 웨이트 트레이닝과 같은 실전 외의 활동에 더 많은 시간을 할애했다는 것이다(Baker & Young, 2014; Baker 등, 2003b; Ward 등, 2007). 그리나 최근에는 전문가들이 고의적인 연습 시간을 상당히 축적했지만, 그 양이 이들을 하위 운동선수들과 구별하지 못할 수도 있다는 주장이 제기되었다(Macnamara 등, 2016). Macnamara와 동료들의 광범위한 리뷰(2016)는 전문가들이 다른 사람들보다 고의적으로 더 많이 연습해왔다는 생각에 의문을 제기했고, 나아가 유전학이나 심리학적 특징과 같은 다른 요소들이 전문성을 획득하는 데 중요한 요소일 수 있다는 것을 암시했다(유전 이론에 대한 자세한 내용은 Guth & Roth, 2013 참조). 그럼에도 불구하고 이러한 발견들은 특성, 나이, 유전학 또는 전문성 수준과 관계없이 가장 잘 실

생각해보기 9.1 숙달 과정의 장애물

Ericsson 등(1993)은 의식적인 연습을 통해 전문가적인 수준에 도달하는 것을 막는 장애물 4가지를 지적했다(1993). 그들이 발표한 4가지 장애물에는 시간, 자원 보유 수준, 동기부여, 그리고 노력이 해당한다. 올림픽 선수들이 자신의 종목에서 은퇴할 때는 이러한 장애물들과 만났을 때와 일치한다(Gibbons 등, 2002). 종목을 일찍 시작하지 못하거나, 10년간의 집중적인 연습에 투자할 시간이 부족한 경우에는 최고 수준에 이르는 데 불리함이 있다. 마찬가지로 재정 상태, 적절한 체육관이나 코치, 자발적인 도움을 주는 부모, 심지어는 문화적인 기대 수준이 부족한 경우에도 높은 수준에 이르는 데 어려움으로 작용한다. 동기부여와 노력이 부족하면 긴 시간 동안 초심을 유지할 수 없고, 노력하는 기간 동안의 신체적인 어려움(부상에 대한 자유로움)을 이겨내지 못한다.

Ericsson과는 강조하지 않았지만, 다른 연구자들과 비전문가 사이에서 널리 알려진 잠재적 장애물은 유전적인 부분이다. 의식적인 연습의 추종자들은 유전적인 부분이 분야 선택에 영향을 미칠 수는 있지만, 특별한 유전적인 우월성 없이도 높은 수준에 도달할 수 있다고 본다. 반대로 유전적인 부분이 연습 능력이나 성취도에 아주 중요한 영향을 미친다고 주장하는 이들도 있다(Ahmetov & Rogozkin, 2009; Bouchard 등, 1997; Davids & Baker, 2007; Wackerhage 등, 2009). 이 책에 실린 문헌들을 보면서 스스로 결론을 찾아보기 바란다. 유전자가 높은 수준에 도달하는 중요한 요소라면, 유전자 검사를 통해 운동 종목을 결정해야 할 것인가? 당신이 부모라면 아이의 유전자 검사를 할 것인가?

천을 구성하는 특징 및 활동과 관련된 큰 근거에 기반하지 못한다.

연습의 필수적인 요소들

발견 학습, 제약 주도적인 접근법 그리고 의식적인 연습의 근본적인 개념에서 우리는 연습과 교수법의 발전을 위한 다섯 가지 필수적인 요소들을 생각해볼 수 있다. 이 다섯 가지를 다시 한 번 언급하자면 ① 기량을 향상시키고 기술에 통달하고자 하는 특별한 의지, ② 강력한 동기부여와 노력, ③ 개별 연습과 교수자의 개입, ④ 효율적인 의사소통과 정보, ⑤ 변화를 수반하는 과잉 학습이 해당된다. 각각의 요소들이 어떻게 교수법에 적용되는지 아래에서 살펴보도록 하자.

기량 향상과 숙달에 대한 의지

앞선 두 장에서 살펴보았듯이, 강한 의지는 집중력의 필수요소이자 강력한 목표와 동기부여에 중요하다. Ericsson 등(1993)은 일찍이 명확한 의지가 숙련자들의 의식적인 연습을 정의하는 요소라고 하였다. 연습의 세부적인 부분과 큰 그림에 모두 명확하고 공통적인 목표가 있어야 한다. 이 목표는 약점의 극복이나 근력의 강화 혹은 기술적인 변화일 수 있다. 연습을 할 때는 단순히 더 나아지기 위해서 하는 것이 아니라, 매 연습 시간마다 특정한 요소의 특정한 발전을 목표로 진행해야 한다. 심지어 특정 연습 결과로 전체적인 실행능력이 더 나빠지더라도, 전체 연습 과정이나 훈련자의 마음가짐을 바로잡을 수 있어야 한다. 다시 말하자면 연습은 재미도, 그저 열심히 하는 것도, 즐거움도 아닌, 능력의 향상과 숙달에 명확하게 집중되어야 한다.

학습자들은 대체로 두 가지 타입의 성취 목표를 설정한다. 바로 숙련과 수행능력 목표이다. **숙련 목표**를 지향할 때는, 능력의 향상과 더 깊은 공부를 통해 스스로 더 나아지는 것을 목표로 한다. 반대로 **수행능력 목표**를 지향할 때는 상대평가에서 다른 사람들보다 우위에 서는 것을 목표로 한다(Skjesol &

Halvari, 2005). 학습자들은 보통 이들 중 하나 혹은 둘 모두를 목표로 삼는데, 장기적인 관점에서 보면 개인적인 숙련을 목표로 하는 것이 더 나은 학습 효과를 나타내고, 보다 유연한 학습 태도와 강한 동기부여에 이를 수 있다(Elliot & Church, 1997; Robert 등, 1997; Valentini & Rudisill, 2004). 뿐만 아니라 과정에 수반되는 실패에 더 잘 견딜 수 있고, 더 나은 효율을 보이며, 더 힘든 목표에 도전할 수 있다(Roberts, 2001).

연습의 특정한 목표와 의지를 설정하는 것은 반드시 학습자와 교수자가 함께 노력해야 하는 부분이며, 학습자의 능력과 수준에 맞춰 숙련에 이를 수 있도록 진행해야 한다. 이 과정에서 필연적으로 가장 어렵고 피하고 싶지만, 능력 향상에 가장 중요하게 작용할 만한 부분들을 만나게 된다. 전문가 수준에 이르는 사람들은 이미 할 수 있고 알고 있는 것을 반복하기보다는, 더 어려운 장애물을 극복하고 한걸음 더 나아가기 위해 항상 노력한다. 예를 들어 최고 수준의 축구 선수들은 그렇지 않은 선수들보다 단순히 연습의 총량이 많을 뿐만 아니라, 최선의 실행능력에 영향을 크게 미치는 의사결정 연습에 더 많은 비중을 둔다(Ward 등, 2007). 교수자의 개인 맞춤식 조언을 통한 수업 방식 또한 성공적인 연습의 큰 요인이다(Nash 등, 2011).

약점을 극복하고 연습할 분야를 명확히 하기 위해, 여러 가지 분야에 참여해보아야 한다. Helsen (1998)은 축구나 하키 선수들이 웨이트리프팅, 비디오 분석, 팀 연습 그리고 연습과 관련된 학습들, 예를 들어 연습일지 작성, 이미지 트레이닝, 개인교습 등 다양한 분야로 이루어진 노력을 한다고 했다. 이러한 다양한 분야들은 각자 특정한 목표를 설정해 이루어진다.

훌륭한 코치들의 특징 중 하나는 연습을 개인별 기술 수준이나 팀 전략 등에 기반해 명확한 목표를 세워 계획한다는 점이다(Bajer 등, 2003b). 유사한 발견은 실무자들의 성공적인 훈련(Spruit 등, 2014) 및 재활 세션에도 매우 중요한 것으로 제안된다(Wade, 2016). Baker 등(2003b)에 따르면 최고 수준의 선수들을 연습시키는 코치들은, 한정된 연습 시간 동안 선수가 직접 개입하는 부분을 최대한으로(예: 멍하게 서 있지 않도록) 설정한다. 그리고 신체와 정신 양면에서 내적인 스트레스를 최대한 자주 받도록 한다. 또한 더 심오한 전문 분야 지식을 갖추고, 그것을 적용해 더 높은 수준의 피드백을 제공한다. 엘리트 코치들은 또한 기술 학습, 적절한 강도의 설정, 높은 기대치, 경쟁적인 환경을 조성할 수 있도록 연습 프로그램을 짜는 것이 중요하다고 강조했다(Nash 등, 2011). 그림 9.3은 연습장에서 흔히 볼 수 있는 잘못된 모

그림 9.3 계획되지 않은 연습과 명확하지 않은 목표가 만나면, 동기부여가 되지 않고 결국 열정과 재미를 잃게 된다. 사진을 보면, 단 한 명의 코치가 공을 쳐주는 동안 무려 8명의 선수가 아무것도 하고 있지 않다. 유격수들은 심지어 공을 쳐다보지도 않는다. 선수들에게 각자의 연습이나 코치를 보조하게 해서라도, 좀 더 연습에 참여할 수 있도록 해야 한다. (사진 제공: Jeffrey Ives)

습, 선수들이 신체적으로나 정신적으로 전혀 참여하고 있지 않은 장면을 나타낸다. 길기만 하고 제대로 된 계획과 관리가 되지 않은 연습보다는, 짧더라도 강하고 명확한 목표를 설정한, 잘 계획된 연습을 하는 편이 훨씬 효과적이다.

연습과 지도의 중점은 연습 전체 과정에서 훈련자에 맞추어 변화해야 한다. 특히 초심자나 어린이의 연습에서 더욱 그러하다. 예를 들어 몇몇 명시적 규칙과 기술적 지침은 초보자들에게 중요할 수 있으며, 아이들에게는 즐거움과 사회적 상호작용에 중점을 두는 것이 중요하다. 후반 단계에서는 팀 전술과 게임에서의 혼란과 압박에 대한 대응이 연습의 중요성이 강조되도록 만든다(Baker 등, 2003b).

동기부여와 정신적, 신체적 노력

앞에서 설명한 '의지'는 의식적인 연습에 필요한 동기부여에 필수적인 요소이다. 최고 수준의 능력을 얻는 것은 매우 길고 힘든 과정이다. 아주 작은 발전들을 오랫동안 꾸준히 쌓아올려야 이룰 수 있다. 최대한의 노력 없이는 최선의 결과를 얻을 수 없는 법이다. 앞선 장을 통해 노력은 정신적인 부분과 신체적인 부분이 동반되는 과정임을 배웠다. 신체적 적응력을 높이기 위해서는 무산소성 역치를 높이거나, 운동 단위 활성화를 최대화시키는 등의 신체적인 노력이 필요하다. 4장에서 살펴보았다시피, 이런 수준의 신체적인 노력은 주의 집중 등의 정신적인 노력 없이는 이루어질 수 없다. 노력은 매일매일, 심지어 수년간 지속되어야 하므로, 정신과 신체 모든 방면으로 회복과 적응을 위한 휴식이 필수적이다. 최고의 선수들을 키워내는 코치들은 강도 높고, 노력을 요구하며, 압박을 느낄 만한 연습을 반복적으로 진행한다(Nash 등, 2011). 이런 연습들은 단순히 실제 경기 환경을 흉내내는 것에 그치지 않고, 더 높은 학습 효과를 위해 신체적, 정신적 집중을 할 수 있도록 만든다.

의식적인 연습 모델에 따르면, 연습 동안 이루어지는 노력은 작업이나 놀이를 할 때의 노력과는 의도적으로 다른 방향으로 유도된다(Ericsson 등, 1993; Ericsson & Lehmann, 1996). 작업을 할 때는 믿을 수 있는 품질의 물건을 자동적이고 효율적으로 만들 수 있는 방향으로 노력을 기울인다. 놀이에서는 가장 즐거운 시간을 보내도록 노력한다. Ericsson과 Lehmann(1996)에 따르면, 전문가 수준의 능력을 갖추는 데 있어 가장 큰 어려움은 단기적으로 아무 이득도 없고 즐거움도 없는 행위를 반복할 수 있도록 지속적인 동기부여를 해주는 것이다. 하지만 의식적인 연습에 있어 가장 중요한 것은, 즐거움도 효율성도 아닌, 능력 향상에 대한 의식적인 노력과 의지이다.

장기적 목표가 없는 연습 구조의 어려움들을 Soderstrom과 Bjork(2015)의 광범위한 리뷰에서 요약하였다. 저자들은 아래와 같이 강조했다.

> … 강사와 학생들은 학습과 성과에 각각 감사해야 하며, 그날 빠르게 수행성과를 달성한 것이 반드시 내일 나타날 학습의 유형으로 전이되지는 않는다는 것을 이해해야 한다. 반대로 지도하는 동안 느리거나 더 많은 오류를 유발하는 조건들은 종종 장기적인 학습 결과를 낳기 때문에, 강사와 학생들이 이러한 상황을 꺼리더라도 자신의 가르침과 학습 전략에 관하여 저항감을 갖지 않기를 고려해야 한다. (p193)

동기부여는 강한 노력에 이르는 중요한 요소지만, 동기부여에 관한 전략을 여기서 모두 논의할 수는 없다. 하지만 연습의 필수 요소 중 많은 부분이 동기부여에도 영향을 미친다. 예를 들어 목표 달성을 위한 노력, 학습자 중심의 잘 구성된 연습, 그리고 교수자와의 원활한 의견 교류와 피드백을 들 수 있다. 특히 관심과 기대를 갖고 있는 교수자와의 의사소통은 선수에게 강력한 동기부여 요소가 되며, 그들이 더욱 연습에 매진할 수 있도록 한다(Nash 등, 2011).

SIDENOTE 동기부여, 노력 그리고 중도 하차

의식적인 연습에서 반드시 요구되는 많은 시간과 노력은 한편 중도하차를 유발하는 잠재적 요인으로도 작용한다. 어린 선수의 경우, 부모와 코치가 하차에 더 많은 영향력을 갖기 때문에, 부모와 코치는 하차를 유발할 수 있는 위험 요인들을 알 필요가 있다. 매일 계속되는 경기장 밖에서의 체력 단련과 이른 나이에 이뤄지는 특성화는 선수들이 그만두는 중요 요인 중 하나이다(Wall & Cote, 2007). 경기장 밖에서 이루어지는 체력 단련은 6세에서 13세에 이르는 어린 선수들에게 있어 중요한 동기부여 요인인 즐거움이 매우 부족한 과정이다. 나이가 들어감에 따라 즐거움의 중요도는 점차 줄어들고, 선수의 만족과 그들의 가치관이 더욱 중요한 요인으로 작용한다. Boiche와 Sarrazin에 따르면, 선수의 만족감과 본인 운동의 가치 정도는, 본인의 인지 능력과 팀 동료와의 관계 그리고 부모나 코치가 만들어가는 분위기나 환경과 큰 관련이 있다. 선수의 목표나 우선순위가 팀 동료, 부모, 코치 등과 맞지 않거나 능력 향상이 중요시되지 않을 때, 선수의 만족도는 점차 줄어들고 중단을 선언하게 된다. 연구자들은 동기부여와 노력 그리고 만족감 사이에서 균형을 찾기 위해 부모와 코치가 이러한 내용들을 아는 것이 반드시 필요하다고 주장한다. 지속적인 대화와 소통이 효과적이며 아이들은 자신이 무엇을 원하고 좋아하는지 부모와 코치에게 말할 수 있도록 유도되어야 한다.

학습자 기반 연습과 학습자 참여 연습

의식적인 연습의 중요한 기초 중 하나는 연습이 개인의 기존 지식과 능력에 기반하여 계획되어야 한다는 점이다. 학습자의 정신적인 면과 신체적인 면을 모두 포함하며, 학습자의 학습 스타일과도 관계된다(Fuelscher 등, 2012). 선수 개인의 특성에 맞춘 장기간에 걸친 접근과 연습은 엘리트 코치의 주요한 특징 중 하나이다. 선수의 나이, 숙련도 및 그 외의 다양한 특징들을 고려하여 연습 환경의 크고 작은 부분들을 결정한다(Nash 등, 2011). 선수와 코치 모두 이런 사전지식을 갖추고 이에 맞는 연습을 구성해야만, 교수자는 학습자가 연습에서 원하는 부분과 필요한 부분들을 이해하고 그에 맞춰 연습을 진행할 수 있다. 이 개념은 팀 연습에서도 마찬가지로 적용할 수 있다. 팀 연습에서는 개인의 능력 향상뿐 아니라 팀 전체의 능력 향상을 추구해야 하므로 그에 맞는 목표를 세워야 한다(Helsen 등, 1988; Memmert 등, 2010; Ward 등, 2007). 이러한 접근법은 환자의 신체적, 정신적, 정서적 필요를 잘 고려해야 하는 장기적 재활 전략과 다르지 않다(Wade, 2016).

학습자의 능력에 기반한 연습의 관점에서 보면, 학습자가 직접 연습 환경 구성에 참여할 때 가장 높은 연습 효과를 기대할 수 있다. 학습자가 직접 자신의 스케줄과 연습할 분야를 선택하면, 연습을 통해 얻은 능력이 더욱 굳건하게 자리잡는다(Post 등, 2011; Wu & Magil, 2011). 피드백과 지도를 언제 받을지를 학습자에게 결정하게 하는 것 또한 그들에게 힘을 실어줄 수 있는 방법이다. 피드백을 받는 시점과 방식을 학습자가 결정하면, 엄격한 시간표에 맞춰 진행될 때보다, 학습 효과가 더 뛰어나다(Janelle 등, 1997; Sheaves 등, 2012). 학습자에게 연습 환경과 피드백에 대한 결정권을 어느 정도 부여했을 때 학습자는 연습을 더욱 가치 있게 느끼고, 동기부여가 되며, 연습을 통해 더 의미 있는 결과를 도출하고, 결과적으로 더 완전한 정보 처리 과정을 거치게 된다(Wulf, 2007). 자기주도적인 연습은 어린이이들의 기초 연습, 성인들의 복잡한 기술 습득 연습, 환자들의 재활 연습에 이르기까지, 운동 능력 연습 전체 분야에서 다양한 효과가 입증되었다(Wulf, 2007).

지도자의 관점에서 보면, 학습자에 기반하고 주도하는 연습 환경을 만드는 일은 쉬운 일이 아니다. 제약 주도적인 발견 학습은 여러 연습 임무를 완수하도록 하면서 이러한 연습 구조를 만들 수 있다. 외부에 초점을 두고 특정 제약을 제공함으로써 얻게 되는 무의식적인 학습 효과가 발견 학습에서 중요하게

이용된다(Williams & Ford, 2009; Wulf 등, 2010). 외부 초점을 두는 방식에서는 움직임의 과정보다 움직임의 목표를 중요시하기 때문에, 학습자는 스스로 움직임 문제를 해결해나가야 한다. 제약 주도 연습에서는 학습자에게 강력한 제약과 도전 과제가 주어지기 때문에, 자연스럽게 많은 움직임을 이끌어낼 수 있다. 이러한 제약은 농구 선수가 주로 쓰는 손에 글러브를 끼워 자연스럽게 반대쪽 손으로 드리블을 연습하게 유도하는 것과 같이 아주 간단하게 이뤄질 수 있다. 발견 학습은 지도자가 좀 더 세심하게 연습 환경을 준비해야 한다. 학습 과정에서 지도자는 그저 두 손 놓고 구경하는 것처럼 보일지도 모르지만, 그것이 오히려 학습자에게 더 많은 시도와 실수를 경험하게 해준다. 예를 들어 학습자가 스쿼트에 큰 도움이 되지 않는 거친 길 달리기를 연습 과정으로 삼고 있다면, 코치가 자연스럽게 다른 제약이나 연습 중점을 제시해줄 수 있다. 이러한 무의식적인 학습 과정을 통해 연습은 더 즐겁고 해볼 만한 과정이 된다(Davids 등, 2008; Williams & Ford, 2009).

생각해보기 9.2 농구 강습

Jim은 농구팀에서 가장 키가 큰 선수다. 그의 팀 코치는 Jim이 골 밑에서 리바운드를 하고, 골 밑 득점을 노리면서 상대의 빅맨을 수비해주길 원한다. 당연히 Jim에게 다른 덩치 큰 선수들과의 몸싸움이 필요한데, 문제는 그가 소극적이라는 것이다. 제약 주도적인, 그리고 학습자 중심의 지도 관점에서, Jim이 소극적인 스타일을 버리고 주도적인 플레이를 하게 만들 연습을 고안해보자. 특히 Jim이 연습 환경을 제약할 수 있도록 해서 그가 동기부여를 받도록 만들어야 한다.

사진 제공: Jeffrey Ives

각 개인이 제약이 있는 환경과 임무에 어떤 방식으로 반응하는지 파악하는 것은 좋은 코치의 필수 덕목이다. 팀 단위 스포츠의 코치들은 특히 이러한 개인 기반 연습에서 어려움을 겪는다. 코치의 수에 비해 학습자의 수가 훨씬 많기 때문이다. 이런 경우에 선수들을 숙련도나 능력 혹은 같은 단점을 갖고 있는 경우 등으로 분류하는 것이 좋다. 여기에는 두 가지 방법이 있다. 하나는 비슷한 지도가 필요한 그룹 혹은 비슷한 단점을 지니고 있는 그룹으로 분류하는 것이다. 이를 통해 교수자의 시간을 더 효율적으로 사용 가능하다. 다른 하나는 특정한 단점을 지닌 선수들을 그룹으로 만들고, 그 분야에 장점을 지닌 선수를 투입해서 코치 역할을 맡기는 것이다. 교수자들은 발견 학습을 "이걸 하라"고 직접 지시하는 등의 명확한 지도를 전혀 하지 않는 방식으로 오해하지 말아야 한다. 명확한 지도와 정확한 지시가 필요할 때도 있다. 좋은 코치는 바로 이러한 방식을 언제 사용해야 할지를 아는 지도자이다.

실무자, 연구자 및 교육자는 발견 학습이 결코 정확하고 규범적인 지침과 모델링, 즉 '이 방식으로 실행하라'는 접근법을 결코 포함하지 않는다는 실수를 범해서는 안 된다. 노골적인 학습, 내적인 관심의 집중, 그리고 탐험의 여지를 많이 남기지 않을 수 있는 다른 교육 전략들이 필요할 때가 있다. 엘리트 운동선수 개발에서 체육, 재활에 이르기까지 어떤 환경에서든 성공적인 교육자의 한 가지 덕목은 언제 이런 유형의 교육 전략이 필요한지, 또 언제 필요하지 않은지를 아는 것이다(Vidoni & Boyd, 2007).

의사소통과 정보

많은 스포츠 관련 논문에서 학습자와 교수자 사이의 의사소통이 학습 효과와 선수의 능력에 강력한 영향을 미친다고 밝혔다(Passmore, 2010). 800명 이상의 올림픽 선수를 대상으로 한 연구에서, 선수들은 지도 능력, 동기부여와 독려 그리고 종목 및 연습과 관련된 지식을 지도자의 가장 중요한 덕목들로 지목했다(Gibbons 등, 2002). 신뢰를 쌓고, 독려하고, 동기를 부여하고, 지식을 전달하는 이 모든 특성들은 효율적인 의사소통을 기반으로 한다. 의사소통은 양측이 모두 자신의 필요와 생각, 투쟁과 승리, 목표 그리고 관심 사항들을 서로 드러내야만 한다(Nash 등, 2011). 의사소통은 노력과 관심 그리고 선수 중심의 연습 환경을 만들고 제어하는 모든 과정의 필수요소이다. 미국 대학 농구계의 가장 전설적인 감독인 Mike Krzyewsky는 "성공적인 팀워크는 의사소통으로 시작해서 의사소통으로 끝난다"라고 말했다. 연습 과정에서는 움직임과 관련된 정보들을 움직임 이전의 지도와 움직임 이후의 피드백으로 의사소통이 이루어진다. 훌륭한 코치들은 동기부여 지도뿐만 아니라, 좋은 교재와 수업을 제공하기 위한 높은 수준의 기술적인 지식을 갖추고 있다(Gibbons 등, 2002).

지도

지도(Instruction)는 크게 말이나 글로 신체적인 연습 전에 미리 이루어지는데, 운동 기술에 대한 묘사나 모델링도 포함할 수 있다. 모델링은 이번 장의 뒷부분에서 자세히 살펴볼 것이다. 지도는 무엇보다도 학습자의 능력과 기술 수준에 적절해야 한다. 초심자나 어린이가 이해하지 못하는 내용이나 지나치게 높은 수준의 기술을 포함하지 않아야 한다(Hodges & Franks, 2002). 예를 들어 이제 막 테니스를 배우는 사람에게 상대 선수의 동작에 집중하라고 요구하는 것은 초심자의 정보 처리 능력을 한참 넘어서는 일이다.

지도는 주로 움직임의 목표에 중점을 두지만, 연습의 타입에 따라서, 특히 열린 기술 및 닫힌 기술(Open and Closed skill)과 관련되었을 때 오히려 혼란이 생길 수 있다. Hodges와 Franks(2002)는 운동역학과 관련된 특정 지도 방식들이 닫힌 기술 연습에서는 매우 좋은 효과를 보이지만, 같은 지도 내용이 움직임에 다양한 변수들이 작용하는 열린 기술 연습에서는 오히려 학습자를 혼란에 빠지게 만든다고 했다. 즉 어떤 하나의 틀로 모든 사람의 모든 움직임을 연습시킬 수 없다는 것이다. 따라서 무엇을 하라, 어떻게 하라는 식의 노골적인 지도는 비효율적이며, 연습 과정에서 자연스럽게 습득할 수 있는 내용과 정보들을 명확하게 제시하는 것은 오히려 학습 효과와 선수의 능력에 좋지 않은 영향을 끼친다(Hodges &

표 9.1 지도 제공에 관한 가이드라인

개념	설명 및 적용
1. 학습 상황에 맞게 목표를 제공하라.	학습목표에 적절하게 정보를 제공해야 한다. 예를 들어 움직의 결과나 역학을 개선시킬 수 있어야 한다. 대부분의 지도과정에서, 특히 초심자의 경우 학습자의 주의를 외부적인 요소에 집중시킬 수 있는 움직임의 결과를 위주로 지도하는 것이 좋다.
2. 학습자가 자신의 특성에 맞춰 스스로 학습하도록 하라.	학습자들이 틀에 박힌 움직임이 아닌 본인에게 맞는 최선의 움직임을 스스로 찾도록 해야 한다. 학습자가 집중해야 할 부분으로 유도하거나, 문제점을 지적해서 나쁜 습관을 극복하고 움직임의 해결책을 찾도록 유도하는 방향으로 지도한다. 운동역학에 대해 너무 명확한 지시를 하지 않도록 한다.
3. 학습자의 지적, 신체적 수준에서 소화할 수 있는 지도를 하라.	높은 수준의 학습자는 더 많은 움직임에 관한 경험을 갖고 있기 때문에, 작은 뉘앙스의 차이도 이해할 수 있다. 초보자와 숙련자의 차이를 유념해야 한다.
4. 학습자가 자유롭게 움직임에 의해 답을 찾도록 하라.	특히 새로운 동작 기술을 배울 때, 학습자가 다양한 시도를 하도록 해야 한다. 다양한 시도 없이 익숙해져버린 동작들은 결국 학습자가 더 나은 움직임 패턴을 갖게 될 확률을 줄이고, 더 단조로운 움직임을 보이게 만든다.
5. 지도가 학습자의 관심사에 영향을 미친다는 것을 유의하라.	내부적 혹은 외부적인 것, 운동역학 중심 혹은 운동 결과 중심인 것에 관계없이, 모든 지도는 하나의 큰 과정의 일부여야 한다.

Franks, 2002). Hodges와 Franks(2002)는 지도의 효과에 영향을 미치는 학습자와 연습에 관해 다양한 변수들이 존재한다고 하였다. 학습자의 성격, 습관 그리고 이전에 학습한 내용들이 지도를 해석하는 데 작용한다. 표 9.1은 다양한 상황들에 적용해볼 수 있는 가이드라인이다.

피드백

적절한 시기에 피드백을 해주는 것은 의식적인 연습의 중요한 요소이다(Ericsson 등, 1993). 피드백은 발견 학습 과정에서도 연습 과정을 개인에 맞게 조정하기 위해 매우 중요한 요인으로 작용한다. 하지만 효과적인 피드백의 특징은 항상 명확하지만은 않다.

지도자가 학습자에게 주는 정보들은 가치 있는 내용을 포함하기 때문에, **증강적 피드백**(augmented feedback, AFB)이라고 할 수 있다. 이러한 피드백은 훈련자가 일반적으로 얻지 못하는 개선되고 보충된 정보를 포함한다. 또한 증강적 피드백은 학습자에게 단지 정보 제공을 하는 데 그치지 않고 동기부여에도 작용한다. 증강적 피드백을 위한 비디오 및 여러 장치가 개발되고 있지만, 대부분 지도자를 통해 제공된다. 또 다른 형태의 증강적 피드백은 흔히 **바이오피드백**(biofeedback)이라고 부르는 보강된 감각 피드백으로, 전자기기를 이용하여 생물학적 신호들을 해석해 학습자가 알아볼 수 있도록 하는 것이다. 바이오피드백과 관련된 내용은 '개념설명'에서 살펴보자.

증강적 피드백은 지난 40년간 심도 있게 연구되어왔다. 이를 통해 교수자가 반드시 피드백의 내용, 복잡성, 유형, 교육적 특성 그리고 빈도와 시점을 결정해야 한다는 것을 알게 되었다. 의식적인 연습과 발견 학습의 틀 안에서 증강적 피드백의 사용에 관한 개요를 살펴보려 한다.

'증강적 피드백의 내용'은 지금까지 습득해온 정보들의 유형과 관련된다. 피드백의 내용은 결과의 지식(Knowledge of Results, KRs) 혹은 수행의 지식(Knowledge of Performance, KPs)으로 알려진 반응의 결과 및 반응의 생성에 기반한다. 결과의 지식은 운동 기술의 결과, 즉 달리기의 측정된 시간, 높이뛰기 기록, 테니스 서브를 넣을 때의 위치 등이 해당한다. 결과의 지식은 증강적 피드백의 가장 흔한 형태로, 정보를 수집하고 제공하기에 용이하다. 수행의 지식은 때때로 결과의 지식보다 훨씬 복잡하다. 움직임이 어떤 방식으로 이루어졌는가에 대한 정보를 전달하며, 수영할 때 팔의 위치, 허들을 넘을 때의 다리 움직임에 대한 비디오 분석, 보행할 때의 생체역학을 나타낸 그래픽 등이 해당된다.

증강적 피드백의 내용은 반드시 움직임의 어떤 면이 피드백을 받는 것인지를 포함해야 한다. 그렇기 때문에 훌륭한 증강적 피드백은 지속적이고 신중한, 그리고 집요한 움직임의 평가 후에 가능하다. 다시 말하자면, 증강적 피드백은 오직 변화가 필요한 면을 포함해야만 그 효과가 있으며 훈련자를 변화시킬 수 있다.

특히 수행의 지식 분야에서는 연습하는 기술을 세분화하여 우선순위를 정해야 한다. 어떤 부분에서 증강적 피드백을 줄 것인가를 결정할 때 교수자의 운동 기술과 수행에 관한 지식이 필요하다. 직관적으로 생각해보면 가장 못하는 부분에 피드백이 필요할 것 같지만, 항상 그렇지는 않다. 때때로 서투른 동작은 전 단계의 잘못의 결과로 인해 발생하며, 순차적으로 다음 동작을 더욱 나쁘게 만들기도 한다. 예를 들어 농구에서 레이업슛 과정에서 공의 컨트롤과 슛 동작이 형편없는 것은, 부정확한 풋워크와 점프 때

개 • 념 • 설 • 명

바이오피드백 관련 장치의 사용

바이오피드백 장치는 심박계와 혈압계, 호흡률 측정기, 피층전기 반응과 같은 피부전기 활동 측정기, 뉴로피드백(신경피드백), 근전도계(EMG) 등이 있다. 심박계 등 대부분의 바이오피드백 장치는 휴식중 신체적인 평온함 정도를 측정할 수 있다. 근전도계는 근육재활에 사용되며, 뉴로피드백은 다양한 의식적인 연습에 이용된다(사진 참조). 뉴로피드백이 집중력 장애를 앓고 있는 아이들에서부터 올림픽 선수에 이르기까지 다양한 범위에서 효과가 있다는 많은 연구가 있어왔지만, 운동 능력의 숙달에 효과가 있다는 증거는 미약하다(Gruzelier 등, 2006; Veron, 2005). 가장 흔한 바이오피드백 장치는 심박계로, 운동 강도를 측정하기 위해 사용된다. 원격심박계는 심장의 재활에서부터 높은 수준의 운동선수에게까지 다양한 방면으로 사용되며, 그 사용 또한 어렵지 않다(사진 참조). 만보계나 가속도계, 심박계 등을 사용하여 활동을 관찰하는 것은 자기 발견 및 동기부여에 기여한다. 예를 들어 Segerstahl과 Oinas-Kukkonen(2011)은 원격심박계를 사용하는 사람들이 좀 더 모험적인 운동 양상을 보였고 더 동기부여받은 모습을 보였다고 밝혔다.

바이오피드백 장치들. A. 방수 기능을 갖춘 심박계로, 적외선을 이용하여 심박수를 측정하고, 귀에 연결된 장치는 골전도를 이용하여 상악골을 통해 내이로 직접 소리를 전달해 측정된 정보를 실시간으로 제공한다(아쿠아스포츠; 사진 제공: Finis Inc. and Jason Lezak). B. 뉴로피드백 장치로 뇌파를 측정, 컴퓨터그래픽으로 전환하여 바이오피드백을 가능하게 한다. 이러한 그래픽은 유저가 컴퓨터와 상호작용하는 게임에서도 활용된다.

문일 수 있다. 이런 경우라면 피드백은 숏 동작이 아닌 풋워크에 집중되어야 한다.

'증강적 피드백의 복잡성'은 아주 복잡하고 디테일하거나, 반대로 단순히 '좋다', '나쁘다'처럼 아주 간단할 수도 있다. 복잡성을 결정하는 첫걸음은, 피드백을 하도록 만드는 실수의 양, 즉 올바른 운동의 범위를 설정하는 것이다. 일반적으로 초심자들은 그 범위를 넓게 잡아서 아주 큰 실수만을 지적하고, 숙련도가 높아질수록 용인되는 운동의 범위를 좁혀 나간다. 복잡성은 피드백의 질과 양에도 관련된다. 양적으로 증강적 피드백은 움직임과 관련된 결과나 실행의 지식을 이용해서, 주로 숫자를 통해 객관적인 수치를 제공한다. '질적으로 증강적 피드백'은 '너무 느리다', '좀 더 빠르게' 등의 주관적인 문구를 통해 움직임의 질적인 요소를 중시한다. 양적으로 증강적 피드백이 더 정확하기 때문에 보통 더 나은 측면이 있지만, 연습의 시간과 경험 수준을 고려해야 한다. 초심자의 경우, 질적으로 증강적 피드백 혹은 단순히 수치적으로 증강적 피드백과 같이 간단히 증강적 피드백이 필요하다. 경험이 쌓일수록 증강적 피드백도 더욱 복잡하고 정확해진다.

'증강적 피드백 유형'은 전달 방식에 따라 언어, 신체적 지도, 모델링, 비디오, 그래픽 등으로 나뉜다. 간단히 말로 소통하는 언어적으로 증강적 피드백은 결과의 지식이나 실행의 지식 모두에 적용하기 가장 쉬운 방법이다. 연습과 스포츠과학 분야에서 두 번째로 흔한 피드백 유형은 아마 신체적 지도일 것이다. 지도자가 학습자의 동작을 유도하거나 잘못된 자세를 바로잡아준다. 모델링을 통해 증강적 피드백에서는 지도자가 학습자의 동작을 따라하면서 좋은 점과 나쁜 점을 보여준다.

고속 생체역학 분석 비디오나 경기 장면 촬영 화면과 같은 영상자료 유형은 모델링 유형과 비슷하다. 단지 학습자가 자신의 모습을 본다는 것에 차이가 있다. 자신의 운동 모습뿐 아니라, 참여했던 임무의 요구 사항을 큰 그림으로 볼 수 있기 때문에, 비디오 유형의 증강적 피드백은 훈련자의 능력 수준에 큰 영향을 받는다(hodges 등, 2003). 초심자들은 자신의 동작에서 미묘한 뉘앙스의 차이를 잘 알지 못하기 때문에, 비디오를 통한 피드백은 어느 정도 숙련된 훈련자에서 더 큰 효과를 보인다(Bertram 등, 2007). 일반적으로 비디오와 함께 언어적인 피드백도 동시에 이루어지는데, 이 또한 훈련자의 수준에 따라 그 효

그림 9.4 운동 강도와 힘의 변화 곡선 등의 증강적 피드백을 보여주는 로잉머신을 한 줄로 배치해두었다. 이 선수들은 본인뿐 아니라 팀 동료들의 증강적 피드백을 같이 받으면서 동작을 일치시킬 수 있다. (사진 제공: RowPerfect3, http://www.rowperfect3.com/)

과에 차이가 있다(Bertram 등, 2007). 비디오를 통해 증강적 피드백 한 번으로도 학습자에게 영향을 미칠 수 있지만(Parsons & Alexander, 2012), 일반적으로 반복적인 사용이 좋다(Rucci & Tomprowski, 2010).

그래픽을 통해 증강적 피드백은 생체역학적 정보를 시각화하는 최신 기술들과 관련이 있다(그림 9.4). 로잉머신에서의 힘의 변화와 같은 생체역학적인 정보들은 아주 숙련된 선수들에게 더 큰 도움이 된다(Smith & Lochner, 2002). 생체역학과 관련된 실행의 지식에 대한 연구는 아직 많이 미흡하지만, 확실한 효과가 있음을 보여주는 자료들이 있다(Rucci & Tomprowski, 2010).

증강적 피드백의 교육적인 특성은 피드백이 선수의 능력을 변화시키기 위해 사용되는 목적과 관련된다. 피드백 과정은 직관적으로 증강적 피드백과 규범적으로 증강적 피드백 모두를 사용하면서 이루어진다. 직관적으로 증강적 피드백이란 결과의 지식이나 실행의 지식을 이용하여 움직이는 동안 어떤 일이 일어났는지에 대해 설명하는 것이다. 이를 통해 학습자 스스로 자신이 무엇을 잘못했는지, 어떻게 수정해야 하는지 깨닫게 한다. 하지만 학습자가 주어진 피드백을 해석할 만한 배경지식이나 경험이 없다면 전혀 의미 없는 정보로 남을 수 있다. 규범적으로 증강적 피드백은 과거의 움직임에 대해서 정보를 주기보다는, 다음 번 연습에서 그 단점을 보완하기 위해 어떤 방식으로 움직일 것인가에 집중한다. 규범들을 제시해 움직임을 개선해나가도록 하는 것이다. 훌륭한 코치일수록 일정과 시간을 기준으로 삼지 않고 선수 중심의 자기 발견 학습을 더욱 중요하게 여긴다(Reid 등, 2007).

증강적 피드백의 빈도는 동작을 구분하여 매 동작마다 이루어질 수도 있고 전체 연습 섹션이 끝난 후 한 번에 할 수도 있다. 어떤 방식이 더 좋은지 명확한 해답은 없지만, 일반적으로 지나치게 잦은 피드백은 '정보의 과잉'이 생기고, 지나치게 의존적으로 변하기 때문에 좋지 않다는 의견이 지배적이다. 지나치게 잦은 증강적 피드백의 나쁜 효과를 '유도 효과(guidanceeffect)'라고 한다(Salmoni 등, 1984). 유도 효과가 강력하긴 하지만, 모든 상황에 적용되지는 않는다(Buchanan & Wang, 2012; Sidaway 등, 2012). 따라서 다양한 관점에서 '적절한' 빈도를 찾는 것이 중요하다. 8장에 소개된 도전 과제 구조에서 이러한 관점들을 소개한 바 있다(Guadagnoli & Lee, 2004).

도전 과제 구조에 따르면, 증강적 피드백의 양은 학습자의 정보 처리 능력, 임무의 난이도, 그리고 연습 도중에 받아들이는 정보의 양에 의해 정해진다. 연습중에 아주 많은 정보들이 제공된다고 해도, 학습자가 그것을 다소화하지 못하면, 증강적 피드백은 정보를 좀 더 단순화시키는 방향으로 진행되어야 한다. 이럴 때 교수자는 요약적으로 증강적 피드백을 제공하며, 여러 차례 반복적인 연습 후에 가장 중요한 요소를 선택해서 제공한다. 임무는 단순한데 많은 정보를 이용할 수 있을 때는, 피드백을 줄일 필요가 있다. 증강적 피드백은 자연스럽게 얻어지는 정보들을 보강하여 의식적인 노력을 증대시키는 데 그 목표를 둔다. 실제로 연습을 실행하는 동안에는 피드백을 줄 수 없는 종목(거울 앞에서 무거운 바벨을 드는 연습 등; Tremblay & Proteau, 1998)의 경우, 오히려 나쁜 영향을 줄 수 있다. 결국 선수는 증강적 피드백을 버리게 된다.

증강적 피드백의 타이밍은, 피드백을 연습 실행 전, 실행 도중 혹은 실행 직후에 할지 등에 관한 것이다. 연습 직전이나 직후에 피드백을 할 경우, 반드시 선수 스스로 자신이 받은 증강적 피드백을 소화하고 자신의 움직임에 어떻게 적용시킬지 고민하는 시간을 주어야 한다. 동작을 실행하는 동안에 피드백이 주어지는 것이 때로는 집중력을 흐트러뜨릴 수 있지만, 지속적인 동작이 필요한 경우에는 효과적이다. 예를 들어 트레드밀에서 달리고 있는 선수에게 달리는 역학과 관련한 실행 지식을 피드백해 주면, 건강한 훈련자(Crowell 등, 2010; halvorsen 등, 2012)와 기존에 딩한 부상에 시달리고 있는 훈련자(Noehren 등, 2011) 모두에게서 좋은 결과를 보였다(Metsios 등, 2006).

증강적 피드백을 제공할 이유와 방법이 아주 많지만, 몇몇 모호한 데이터들을 살펴보면 언제, 어떻게 증강적 피드백을 제공해야 하는지 혼란스러울 수 있다. 이러한 이유로 Reid 등(2007)은 통합적인 사용 가이드라인을 만들었다. 그들은 테니스를 예로 들어, 코치들이 증강적 피드백을 동기부여와 기술 향상의 목적으로 사용하지만, 선수 스스로 생각할 여지를 두고 개인적인 전략을 세울 수 있도록 했다. 일반적으로 초심자들은 더 많은 피드백을 필요로 하며 코치들이 선수들의 발전 과정에 맞춰 조절해야 한다. 동작이 더 능숙해질수록 증강적 피드백의 성격이 좀 더 예리하고 복잡하며, 덜 직관적으로 변하겠지만, 자기계발 능력을 키우려는 목적은 처음과 같이 유지해야 한다. 물론 피드백의 내용은 연습 전략에 따라 변할 수 있다. 선수들마다 피드백의 유형, 내용, 복잡성과 빈도는 모두 다르겠지만, 항상 선수 스스로 문제를 해결하고 명확한 목표를 추구하도록 동기를 부여해주어야 한다. 피드백을 언제, 어떤 형태로 제공할지 결정하는 가장 효과적인 방법은 학습자에게 의존하는 것이다. 앞서 설명했듯이, 증강적 피드백은 학습자가 시점과 내용을 결정하는 것이 가장 효과적이다(Wulf, 2007).

올바르게 사용한다면, 증강적 피드백을 통해 자기 발견 과정을 강화할 수 있다. 운동 학습 분야에서 흔히 만연해 있는 규범적으로 증강적 피드백을 대신해, 좀 더 독립성을 갖추고 자기계발을 해나가는 선수로 만들 수 있는 방식의 증강적 피드백을 적극적으로 사용해야 한다(Williams & Ford, 2009). 예를 들어 코치가 선수에게 자신의 움직임에 대해 생각해볼 만한 질문들을 던질 수 있다. 또한 선수 본인이 가장 필요하다고 생각하는 시점에 요약적으로 증강적 피드백을 받는 것도 좋다. 피드백받을 분야 또한 선수가 결정하는 것이 좋다. 결국 증강적 피드백은 선수 본인이 연습 상황을 제약할 수 있을 때 가장 효과적이다. 이러한 가이드라인은 초보자, 특히 어린아이에게는 좀 더 유연하게 적용될 수 있다. 그들은 문제를 인식하고 해결하는 능력이 충분치 않기 때문이다. 그럼에도 불구하고, 어린아이와 초보자에게 주어지는 증강적 피드백 또한 문제 해결과 탐색에 목표를 두어야 한다.

Per 등(2011)은 증강적 피드백이 학습자에게 운동의 범위를 좁히거나 넓혀주는 방식으로 사용되어 연습을 더 편하게 해주어야 한다고 했다. 일반적으로 피드백은 잘못된 움직임에 대해서 직접적이고 즉각

그림 9.5 규범적으로 명확한 증강적 피드백과 제약 기반적으로 증강적 피드백. **A.** 교수자가 신체적인 유도로 증강적 피드백을 제공하여 샌드백을 치는 동안 어깨와 팔꿈치의 위치를 조절하고 있다. 다음 시도에서 학습자는 그의 팔에 집중하게 된다. **B.** 교수자가 샌드백 뒤에 서서 훈련자로 하여금 샌드백 뒤에 위치한 자신의 손을 치라고 주문한다. 외부적인 요인에 집중하도록 움직임의 목표를 설정해주고 있다. 제약은 샌드백이며 타깃의 위치이다. 이러한 목표와 제약은 훈련자가 동작 메커니즘에 의식적으로 집중하지 않더라도 어깨를 최대한 펴고 몸통을 회전시켜서 거대한 샌드백을 뚫는 느낌으로 연습하게 만든다. (사진 제공: Jeffrey Ives)

적인 정보를 제공하여 움직임의 과정에 제약을 추가하는 방식으로 제공된다. 하지만 어린아이가 자전거를 배우는 것을 생각해보자. 보조바퀴는 움직임을 단순화시키면서 바닥과 접촉하여 어느 방향으로 기우는지 피드백을 제공한다. 보조바퀴를 최대한 낮게 달면 가장 안전하고 균형을 잡기도 쉽다. 보조바퀴의 위치를 조금 높이면, 자전거가 좀 더 잘 달리지만, 균형을 잃으면 더 많이 기울기 때문에 난이도가 상승한다. 보조바퀴의 높이 조절(피드백 범위의 조절), 내리막길에서 타기(페달링을 더 쉽게 조절), 잔디에서 타기(두려움 감소) 등의 방식으로 제약을 조절하면서 최선의 환경을 만들 수 있다. 그림 9.5는 교수자가 훈련자에게 복싱 펀치를 가르치는데, 왼쪽 사진에서는 팔의 위치에 대한 규범적 피드백을 통해서, 오른쪽 사진에서는 제약 기반적인 환경을 제공하여 훈련자가 직접 최선의 방식을 찾도록 하고 있다.

SIDENOTE

증강적 피드백을 이용해 기대감 조절하기

가짜 피드백을 이용해서 훈련자가 더 나은 능력을 발휘하도록 할 수 있을까? 구체적으로, 선수가 실제로 했던 것보다 더 잘했다고 거짓된 증강적 피드백을 하면 어떤 일이 일어날까? State 등(2012)은 숙련된 러너들에게 트레드밀에서 본인의 최대산소 소모량의 75%로 10분간 달리도록 했다. 그리고 한 그룹에게는 그들의 생체역학적인 움직임 효율이 실제보다 더 나은 것처럼 보이도록 피드백을 주었다. 결과적으로 조작된 피드백을 받은 그룹에서 더 낮은 산소 소모, 즉 더 효율적인 달리기를 보였다. 비슷한 방식의 실험에서, 다른 운동들에서도 마찬가지의 결과가 나타났다(Eston 등, 2012). 조작된 증강적 피드백을 통해 기대감을 높이면 실제로 놀라운 효과를 보인 것이다. 하지만 아주 고강도의 운동에서는 이러한 현상이 나타나지 않았다(Hampson 등, 2004). 어쨌든 조작된 피드백을 통한 효과는 코치와 트레이너들 사이에서 최고의 방법 혹은 윤리적인 문제로 많은 논란거리가 되고 있다.

과잉 학습과 다양한 연습

연습의 세부 구조와 전체적인 구조는 모두 과잉 학습의 측면을 추구하도록 구성되어야 한다. **과잉 학습(Overlearning)**이란 실행능력이 이미 최고조에 달한 것처럼 보이더라도 지속적으로 연습을 진행하는 것이다. 과잉 학습은 연습 내용이 잊혀지지 않도록 뇌에 각인하고, 적응력과 유연성을 증대시킨다(Magill, 2007). 이런 효과는 단순히 계속 반복하는 것으로 얻어지는 것이 아니라, 학습 효과를 극대화하기 위해 다양한 방식의 연습을 통해 얻어진다. 그렇지만 결국 효과가 줄어드는 시점이 생긴다. 따라서 지도자가 비용(연습 시간)과 효용(실력 향상)을 잘 비교해야 한다. 연습의 양보다 연습의 질이 중요하다는 것도 잊지 않아야 한다.

과잉 학습 효과를 위해 구성된 연습의 세부 구조들은, 가치 있는 다양한 상황에서 반복적으로 많은 반복을 하도록 짜여진다. 의식적인 연습 이론에 따르면, 전문가들은 끊임없이 반복 연습을 한다. Erricson 등(1993)은 음악가들이 엄청나게 많은 반복 연습을 하며, 같은 음악을 큰 변화 없이 반복함을 나타냈다. 이것을 변화를 시도하지 않는 것으로 해석하는 것은 잘못된 것이다. 악기를 연주한다는 것은 같은 일을 끝없이 반복하기만 하는 것처럼 보여도, 전문음악가들은 그 안에서 분명한 의도와 감정, 기교와 접근의 차이를 두고 수정해나간다.

Nikolai Berstein(1967)은 반복이 단순히 같은 해결 방법을 반복하는 것이 아니라 다양한 시도를 통해서 해결 방법을 찾아가는 과정이라고 했다. 예를 들어 볼 머신 앞에서 반복하는 테니스 스트로크는 지속적으로 그 전보다 나아지기 위해서 반복해나가는 것이다. 물론 이것은 훈련자가 더 나아지기 위해 의식적인 노력을 기울여야만 가능하다. Bernstein은 대장장이들을 대상으로 한 연구에서, 망치를 아주 정

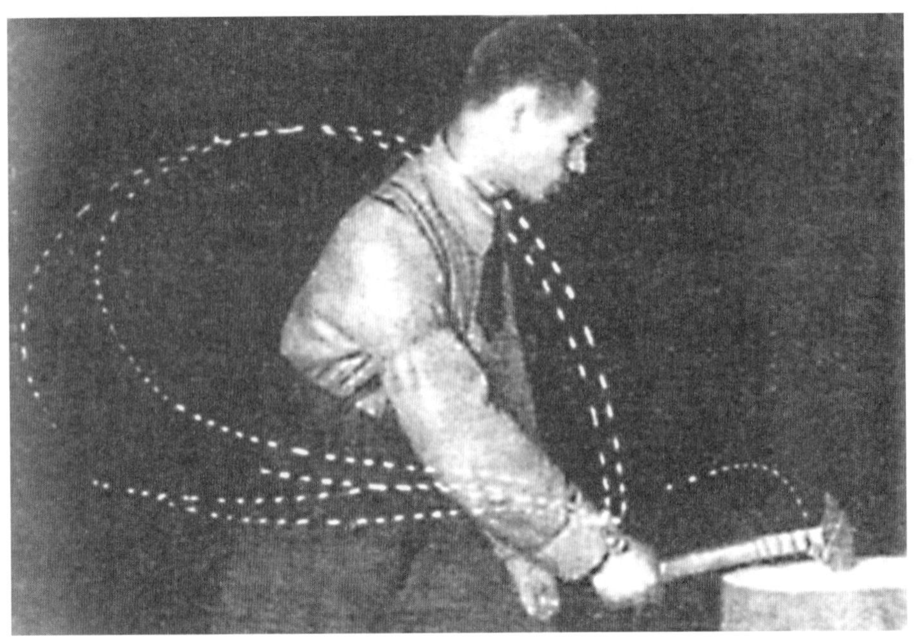

그림 9.6 Bernstein의 연구는 전문가 수준의 대장장이의 망치질도 굉장히 큰 다양성을 갖는다는 것을 보여준다. cyclogram을 통해 보면 아주 작은 못을 굉장히 놀라운 정확성으로 반복하여 때리고 있지만, 망치의 궤도는 큰 차이를 보이며 특히 움직임의 중간 부분에서 더욱 큰 차이를 보인다.

확하게 내려치는 숙련자들도 사용하는 팔과 관절의 움직임은 매번 다르다는 것을 밝혀냈다(그림 9.6). 그는 이런 반복 작업이 단순한 반복이 아닌, 신경계가 아주 큰 자유도를 지닌 채로 문제해결을 위해 꾸준히 변화를 추구하는 과정이라고 밝혔다. 신경계가 변화를 구성하고 움직임을 실행하면서 일으키는 동작의 변화가, 높은 수준의 실행능력을 결정하는 중요한 지표이다(Davids 등, 2003). 이것은 초심자들이 흔히 보이는 불안정하고 변화가 큰 행동과는 다른 것이다. Davids 등에 따르면, 이러한 다양성이 선천적 불리함을 타고난 사람도 개인맞춤 환경에 적응하여 성공적인 결과를 만들어낼 수 있는 비결이라고 했다.

교수자는 연습 스케줄 조정을 통해 반복수와 변화 정도를 연습 전체의 구조에 맞게 조절할 수 있다. '집중 연습'이란, 제약된 휴식 시간으로 구간화된 연습을 긴 시간 동안 반복하는 것이다. 반대로 '분산 연습'은 비교적 긴 휴식기와 짧은 연습 시간으로 구성된다. 일반적으로 분산 연습이 더 효율적인 것으로 여겨지지만, 연습 스케줄의 다양성을 넓히기 위해 집중 연습과 분산 연습을 적절히 같이 사용하는 것이 좋다. Spruit 등(2014)은 수술과 일부 스포츠와 같은 절차 기반 미세 운동 기술은 개별화된 연습 간격을 두고 훈련되어야 하지만 그 간격은 정신적 회복과 기억의 통합을 허용해야 한다고 말했다. Magill(2007)에 따르면, 우선 짧지만 빈번한 연습이 더 길고 덜 빈번한 연습보다 더 효과적이라고 생각하는 것이 좋은 원칙이다.

다양성을 갖춘 반복을 위해서, 연습의 세부 구조는 매우 중요한 의미가 있다. 각 연습 시간은 '분단 연습' 및 '무작위 연습' 등으로 다양하게 구성 가능하다. 분단 연습은 한 동작을 완벽에 가깝게 연습한 후 다음 동작으로 넘어가는 것이다. 무작위 연습 혹은 가변적 연습은 연습 기간 동안 다양한 횟수와 시점에 동작을 연습하는 것이다. 8장에서 우리가 보았듯이, 가변적 연습을 통해 얻은 능력이 좀 더 높은 유지력을 보이는데, 아마 훈련자가 좀 더 활동적이고 주도적으로 참여하여 자기 발견 학습을 할 수 있기 때문인 것으로 보인다(Handford 등, 1997).

상황적 간섭 효과는 운동 기술, 학습자 특성 및 기술 수준 그리고 연습 스케줄링(Jones & French, 2007; Magill & Hall, 1990; Travlos, 2010)에 따라 달라질 수 있지만, 여기서 코치는 특히 성인의 경우 주의 전환과 복잡한 문제해결을 개선하기 위해 상황적 간섭 효과를 의도적으로 사용해야 한다고 제안하기에 충분하다. 장기적으로 이것은 보존, 기술 전이 및 게임 수행능력을 향상시킬 수 있다(Hall 등, 1994; Hernández-Davo 등, 2014; Williams & Ford, 2009). 상황적 간섭과 가변 연습으로 인해 연습 수행력이 저하될 수 있으므로 코치와 학습자 모두 이러한 유형의 연습을 계속하도록 권장해야 한다(Reid 등, 2007; Soderstrom & Bjork, 2015).

연습 스케줄링과 상관없이, 결국 움직임 패턴은 안정화된 후 변화와 다양화를 통해 불안정에 노출되어야 한다는 것을 이해하는 것이 중요하다(Handford, 2006; Passos 등, 2008). 농구팀이 하프코트 공격 플레이를 연습하는 것을 고려해보자. 처음에는 선수들이 움직임 패턴과 목적에 대한 전반적인 생각을 얻을 수 있도록 수비수 없이 훈련한다. 결국 제약 조건의 형태로 변화가 추가된다. 처음에 이것은 다른 움직임 결과(예: 다른 득점자) 또는 수비수를 추가하는 것일 수 있다. 시간이 흐르면서 수비 세트 변형, 다른 숙련된 수비수, 경기 패턴의 신속성, 풀코드에서 훈련을 하는 것이 나변화를 가능하게 할 것이다. 추가 다양화에는 공격적 이동 패턴의 다양화와 방어 집합에 기초한 유연한 이동 패턴이 추가될 것이다. 다른 가변적인 연습은 주행 레인지 전환 클럽의 골프 선수, 각 투구마다 다른 공을 보는 야구 선수, 또는 같은 플레이를 반복해서 뛰는 것과 반대로 무작위로 공격 플레이를 하는 축구팀 공격 등이 그 예다. 그림 9.7은 연습 가변성 및 상황 간섭 수준에 기초한 테니스 연습 스케줄링 및 훈련을 나타낸다. 가장 복잡한 상황은 실제 게임이다.

새로운 학습, 특히 초보자와 아동에게 새로운 학습이 가변적인 연습 환경에서 발생할 수 있다는 것은 직관에 어긋나는 것처럼 보일 수 있다. 그러나 새로운 학습자들은 새롭고 효과적인 학습을 가능하게 하

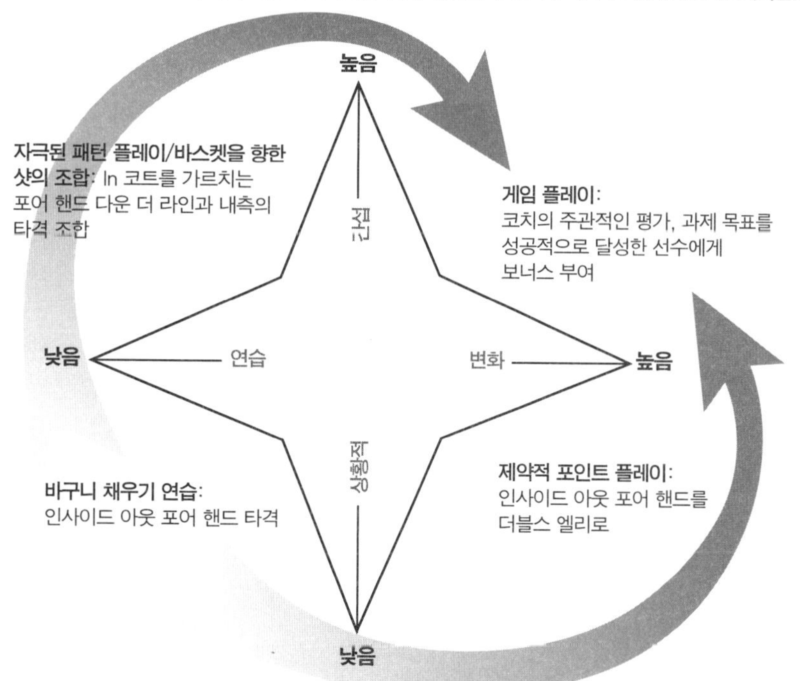

그림 9.7 연습의 다양성과 맥락 간섭 효과를 기준으로 나눈 테니스 연습 난이도. 낮은 다양성에는 코치가 계속해서 선수에게 공은 쳐서 보내 같은 스트로크를 반복할 수 있게 하는 것을 포함한다. 높은 다양성에는 실전과 같은 게임 플레이가 주요 요인이다. 낮은 맥락 간섭은 기계적인 반복이다. 높은 맥락 간섭은 다양한 스트로크를 하도록 유도하는 것이다. 모든 연습은 같은 목표, 즉 어깨의 회전과 스트로크 속도를 향상시키기 위함이다. (Reid, M., Crespo, M., Lay, B., & Berry, J. [2007]. Skill acquisition in tennis: Research and current practice. *Journal of Science and Medicine in Sport, 10*[1], 1-10)

기 위해 불안정해질 필요가 있는, 바람직하지 않은 기존의 움직임 패턴을 가지고 있을 수 있다(Hodges & Franks, 2002). 복잡한 행동의 새로운 학습의 경우, 기술을 구성 요소들로 세분화하여 그 요소들을 별도로 연습하는 것이 필요할 수 있다. 부분 연습(part practice)이라고 불리는 이 단순화 방법은 업무의 복잡성과 조직을 바탕으로 기술을 세분화해야 한다. 일반적으로 복잡도는 낮지만 움직임 구성(각 부분의 움직임이 잘 맞는)이 높은 작업은 전체적으로 연습해야 한다. 복잡도는 높지만 움직임 구성이 낮은 과제는 부분(예: 테니스 서브)에서 연습해야 한다. 실제로 기술은 복잡성과 조직 사분의 연속체 속에 있으며, 복잡성과 움직임 구성은 종종 학습자에 의해 정의된다. 이러한 상황에서 학습과 연습 변동을 반복하는 것은 개인을 때때로 개별적으로, 때로는 서로 적절한 순서로, 때로는 실현 가능한 경우 무작위로 움직임 구성 요소를 연습하게 할 것이다. 그러나 Renshaw 등(2009)은 너무 많은 이동 정보가 손실되기 때문에, 너무 많은 분해를 방지하고 기술을 통합되지 않은 부분으로 감소시킬 것을 경고했다. 이 저자들은 코치들이 총체적인 분해를 하기보다는 새로운 학습자들을 위한 과제의 전반적인 단순화를 우선적으로 고려하는 것을 제안한다.

연습중에 충분한 노력을 기울여야 한다는 필요성과 함께 지나친 학습의 목표는 종종 피로를 초래한다. 피로는 정의상 성과에 영향을 미치지만 학습에 반드시 영향을 미치는 것은 아니다. 피로가 정신력을 고갈시키고 주의를 떨어뜨린다면, 연습은 비효율적일 수 있다. 또한 피로가 작업별로 다르며 동작 패턴

개 • 념 • 설 • 명

John Wooden의 연습 이론들

John Wooden은 UCLA 남자농구팀을 12년간 10번의 우승으로 이끈 엄청난 감독이다. 다음 목록은 그의 연습 매뉴얼과 간단한 설명이다. Wooden 감독이 매일의 연습 계획을 세웠다는 것에 주목하자.

1. 기초가 먼저다. 기본적인 스킬들은 완전히 체득되어 빠르고 자동적으로, 막힘없이 실행되어야 한다. 단단한 기초를 바탕으로 독창성과 상상력이 자랄 수 있다.
2. 다양한 변화를 주면서 연습하라. 기본적인 틀은 유사하겠지만, 변화와 예기치 못한 상황들이 집중력과 흥미를 유지시켜준다. 연습을 짧게 반복하는 것이 좋고, 어려운 것과 쉬운 것을 섞어서 진행하는 것이 좋다. 또한 경쟁적인 연습과 실전과 비슷한 모의게임을 자주 실시하라.
3. 새로운 기술은 연습의 전반부에 가르쳐야 한다. 그래야 더욱 집중하고 새로 배운 기술을 연습 후반부에 적용해볼 수 있다.
4. 빠른 변화를 주어야 한다. 급격한 변화는 실제 경기와 비슷한 경험을 제공하고 시간을 효율적으로 사용할 수 있으며 동기부여에 도움이 된다.
5. 난이도를 점차적으로 올려야 한다. 처음에는 단순하게 시작해서 점차 어렵게 하라. 단, 난이도의 상승은 사전에 계획된 방식으로 이루어져야 한다.
6. 조절과 발전. 중요한 원칙은 매일 조금씩 완벽을 위해서 발전을 해나가야 한다는 것이다. 조절은 이 발전을 위한 중요한 부분으로, 완전히 지칠 때까지 연습하도록 압박하고 매일 조금 더 하도록 압박해야 한다.
7. 긍정적인 분위기로 연습을 마무리하라. 마지막 5분은 루틴에서 벗어나 무언가 새롭고 재밌는, 흥미로운 이야기를 하라.
8. 연습 시간 내에 계획을 변경하지 마라. 매 연습이 성공적일 수는 없지만, 연습 시간 내에 계획을 변경하다보면 결국 아무렇게나 하는 연습이 되어버린다. 연습은 효율성 측면에서 평가되어야 하며, 반드시 다음 연습에 적용하기 전에 수정되어야 한다. 연습은 항상 정해진 시간에 끝을 내야 선수들이 무엇에 집중해야 할지 알고, 적정한 강도를 유지할 수 있다.

표 9.2 효과적인 연습의 다섯 가지 필수적인 요소들

연습 개념	설명 및 적용
1. 능력을 향상시키기 위한 명확한 목표 설정	의도를 가지고 연습하라. 완벽한 숙달을 목표로 하면 학습 결과가 더 좋아지고, 더 유연하게 적응하고, 동기부여가 된다. 이를 통해 실패를 견디고, 자기 효율을 높이며, 더 노력하고, 도전적인 임무에 기꺼이 응하게 된다. 의도와 숙달을 통해 더 나은 연습 계획을 만들고, 연습 시간을 더 효율적으로 사용하게 된다.
2. 강력한 동기부여와 노력	동기부여는 강력한 정신적인 노력을 가능케 하고, 이를 통해 더 강한 신체적인 연습을 할 수 있다. 이 모든 요소들이 운동 능력과 신체 발전을 위한 필수요소이다. 노력은 단순히 열심히만 하는 것이 아니라 명확한 목표를 향한 과정이어야만 한다. 의도성과 학습자의 자기절제가 동기부여에 큰 영향을 미친다.
3. 개인 기반 학습과 학습자가 참여하는 교육 환경	연습은 개인 및 팀의 지식, 경험, 숙련도 및 장점과 단점에 기반해 계획되어야 한다. 학습자가 피드백의 성격 등 학습 환경에 대해 어느 정도 통제권을 갖추면 더욱 동기부여가 되고, 연습을 의미 있게 느끼며, 연습의 내용을 더욱 오래 기억한다. 교수자가 주로 통제하는 제약 기반 학습을, 이러한 목표를 달성하기 위해 사용할 수 있다.
4. 효율적인 의사소통과 정보 제공	지식을 전달하고 신뢰를 쌓으며 용기를 주고 동기를 부여해주는 의사소통은 지도와 피드백을 통해 이루어진다. 지도와 피드백은 의도를 갖고 학습자가 자기 발견을 통해 더 나은 움직임을 찾도록 해야 한다. 규범적인 피드백이 너무 많아지면, 조언에 지나치게 의존하게 될 수도 있다.
5. 다양성을 통한 과잉 학습	기술을 자동적으로 사용하는 수준을 넘어서는 것을 목표로 연습해야 한다. 아주 많은 반복이 필요한데, 이 반복은 문제해결 능력과 다양한 상황에 대처할 수 있도록 다양한 방식으로 이루어져야 한다. 연습의 다양성은 훈련자가 더 주의를 기울이도록 만들고 더 나은 학습 효과를 가져온다.

에 이상이 생긴 경우 피로를 피하는 것이 좋을 수 있다. 예를 들어 프리스트로우 사격 연습을 하기 전에 상체 역도 프로그램을 하면 팔과 전신 조화가 잘 안 되어 학습 부실로 이어질 수 있다. 그러나 달리기를 한 뒤 프리스트로우 연습을 해 피로감을 느끼며 연습한다면 그 연습은 실전과 같은 상황이 될 수도 있다. 따라서 피로는 상황적 간섭과 운동수행력의 보존을 촉진할 수 있는 연습 변수가 된다.

표 9.2는 연습의 필수적 특징 5가지를 요약하였다. 이러한 특징들을 연습하는 데 시간, 생각, 인내가 필요하지만, 결과는 그럴 만한 가치가 있다고 약속한다.

정신력 연습

높은 수준의 선수들에게 공통적으로 보이는 연습 기술이 바로 정신력 연습이다. 일각에서는 정신력 연습을 오직 상상력이나 시각화 기술 정도로만 생각하지만, 우리는 휴식과 스트레스 관리, 긍정적인 자기암시 전략, 관찰 학습 그리고 집중력 향상 등을 모두 정신력 연습의 영역에 포함된다고 본다. 하지만 이번 섹션에서는 연습 세부 구조에 흔하게 적용되는 관찰과 상상 기술만 다루려고 한다.

모델링과 관찰

모델링(modeling)은 특히 초심자 교육에 자주 적용되는 방식으로, 시범 혹은 관찰 학습으로 더 잘 알려

져 있다. 모델링에서는 교육자나 조교가 시범식, 혹은 비디오를 통해 먼저 동작을 보여주고 학습자가 그 동작을 따라한다. 모델링은 일반적으로 신체 연습의 효율을 높여준다. 모델링의 효과는 모델 대상, 모델화한 기술의 종류, 교육의 평가 기준 및 학습자의 집중력과 관찰력에 따라 달라진다(Ashford 등, 2006; Hodges 등, 2007). 이때 신체적으로 따라하는 것이 아니라, 관찰한다는 사실 자체가 연습의 중요한 부분이기 때문에, 관찰 학습이 정신력 연습으로 분류되는 것이다.

모델이 되어주는 사람이 더 능숙할수록 효율적이다. 보여주는 모습이 더욱 정확할 뿐 아니라, 학습자도 더욱 집중하고 의미를 부여할 수 있다. 하지만 지나치게 높은 수준의 모델은 초심자, 특히 어린 학생에게 좋지 않을 수 있다. 움직임이 너무 복잡하거나 어린아이가 아직 할 수 없는 동작을 보여주기 때문이다(Ashford 등, 2007; Hodges & Franks, 2002). 오히려 다른 초심자의 동작을 보여주는 것이 효율적일 수 있다. 관찰자들은 잘 되거나 되지 않는 동작들을 구분할 수 있다. 모델링은 언어적인 조언들이 첨가되면 더욱 집중되고 정보 처리 과정이 더욱 명확해진다(Janella 등, 2003).

모든 기술과 동작들이 모델링을 통해 학습할 수 있는 것은 아니다. 하나씩 구분된 동작보다 연속적으로 연결된 동작을 모델링했을 때, 더 큰 교육 효과가 있다(Ashford 등, 2006). 관찰 과정에서 얻을 수 있는 효과는 학습자의 나이, 경험 그리고 숙련도와 관련이 있다(Ashford 등, 2006, 2007; Hodges등, 2007). 학습자들은 관찰을 통해 움직임과 제약 그리고 학습목표를 파악하는데, 어린 선수들은 주로 움직임의 결과를 배우고, 성인들은 움직이는 방식을 배운다(Ashford 등, 2007).

SIDENOTE

전문 코치들의 발전

코칭의 질은 효과적인 연습을 전달하는 데 중요한 역할을 하지만, 전문 코치는 어떻게 발전하고 있는가? Ford 등(2009년)은 실제 코칭이 아닌 한 코칭은 실제로 실행될 수 없다고 지적했다. 때문에 코칭 능력을 향상시키기 위한 의도적인 활동은 경험적이고 신중한 연습으로 간주될 수 있다. Gilbert 등(2006, 2009)은 성공적인 코칭의 경로가 운동선수들만큼 명확하지 않다는 것을 발견했지만, 몇 가지 유사점이 있었다. 성공적인 코치는 여러 시즌의 경기에 참가하면서 스스로 성공적인 선수가 되는 경향이 있었다. 성공적인 코치들은 또한 코치로서 발전하는 데 수천 시간을 파트타임이나 낮은 레벨의 리그에서 일하며 시간을 축적하였다. 역설적으로 성공한 코치들은 실제 코칭 훈련과 교육 활동에 거의 시간을 할애하지 않았다. 실제로 다른 연구자들은 높은 레벨의 코치들이 코칭 교육 프로그램의 효과에 의문을 제기하고 대신 비공식 정보 네트워크와 멘토링에 더 의존한다는 점에 주목했다(Nash 등, 2009). 코칭 수준(예: 고등학교 vs 대학)에 따라 코칭 경험의 변화가 역할을 할 수 있다. 예를 들어 Gilbert 등에서는 성공적인 고등학교 코치가 여러 스포츠를 하고 코치를 했을 가능성이 높은 반면, NCAA Division I 코치들은 한 종목에 특화된 경향이 있다고 언급했다. 전반적으로 최근 연구에서는 성공한 코치의 개발 활동에 대한 체계적인 연구가 거의 없었던 것으로 나타났다.

Hodges 등(2007)은 다양한 형태의 관찰 학습과 모델링에 대한 연구를 통해, 학습자들이 협응하는 움직임 정보(예: 사지 움직임의 타이밍과 순서)를 배울 때, 임무에 영향을 미치는 제약 사항 등을 크게 깨닫는다고 밝혔다. 학습자들은 움직임의 종료 시점이나 운동의 결과에 집중하는 경향이 있는데, 이를 통해 움직임 전체를 파악하고 그 움직임을 재현할 수 있게 된다. 결과적으로 관찰 학습은 외부에 집중하는 연습과 비슷한 양상을 보이고 특정 움직임보다 움직임의 결과에 집중하는 것이 더 효과적인 것처럼 보일 수도 있다(Hodges 등, 2007; Williams & Ford, 2009). 하지만 때때로 모델이 되어주는 사람이 학습자로 하여금 움직임의 결과보다 특정 움직임에 집중하도록 하는 것이 좋을 때도 있다(Hodges등, 2007). 결론적으로 코치들은 학습자가 적절한 정보를 얻을 수 있도록 모델링을 세심하게 조절해야 한다.

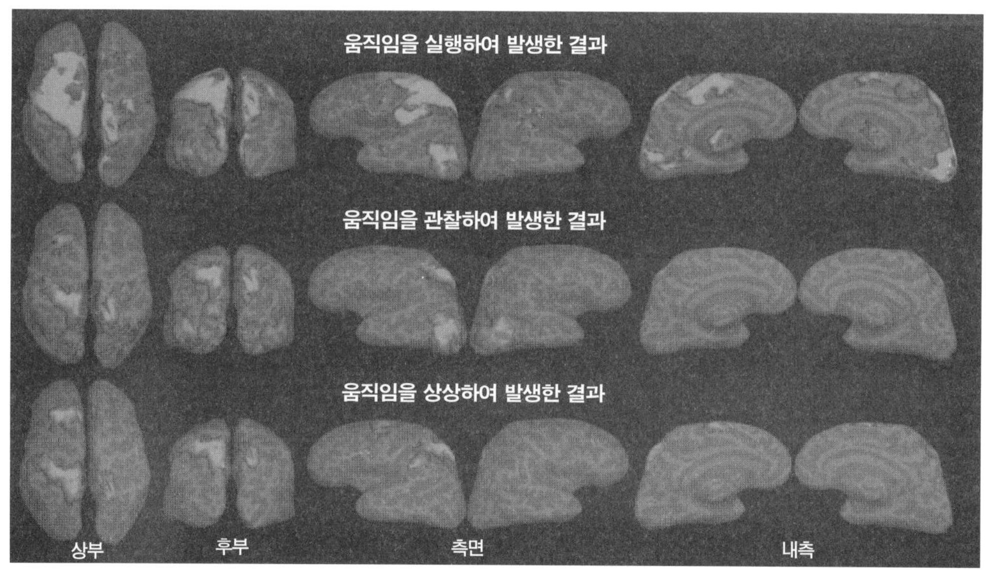

그림 9.8 움직임을 상상할 때와 직접 관찰할 때의 두뇌 활성화. 각각의 fMRI는 15명의 데이터를 종합한 것으로, 더 밝은 곳이 활성화된 부분이다. 첫 번째 줄은 실제로 목표를 향해 움직일 때의 결과이다. 두 번째 줄은 목표를 향해 움직이는 것을 관찰할 때의 결과이다. 마지막 줄은 목표를 향해 움직이는 상상을 했을 때의 결과이다. 세 경우 모두에서 공통적으로 활성화된 부분들이 거울 뉴런이 있는 지점으로 볼 수 있다. (Filimon, F., Nelson, J., Hagler, D., & Sereno, M. [2007]. Human cortical representations for reaching: Mirror neurons for execution, observation, and imagery. *Neuroimage*, 37[4], 1315-1328)

관찰의 신경과학

관찰은 즉각적인 신경반응을 만든다. **거울 뉴런**(mirror neurons)이라고 불리는 특정한 시각 운동성 뉴런들이 **운동 공명 시스템**(motor resonance system)을 이룬다. 그림 9.8은 움직임을 관찰할 때(직접 관람, 사진, 영상)와 직접 실행할 때의 두뇌 활성화를 보여준다(Holmes & calmels, 2008). 운동 공명 시스템은 관찰하는 움직임에 따라서 다르게 반응한다. 관찰 대상이 사람이 아니거나 전혀 따라할 수 없는 움직임일 때, 반응은 훨씬 줄어든다. 운동 공명 시스템이 활성화되면 크게 4가지의 기능을 한다. ① 운동을 이해하고, ② 운동의 의도를 이해하고, ③ 모방을 가능하게 하며, ④ 행동의 상태를 이해하려 한다. 다시 말해 동작을 관찰하면 운동신경계의 일부가 활성화되어 뇌가 지금 보고 있는 것을 더욱 정확히 파악할 수 있도록 돕는 것이다. 이를 통해 움직임을 하는 목적이 무엇인지 이해하고, 그 움직임을 모방할 수 있도록 하며, 결과적으로 관찰 대상과 공감하도록 한다.

상상하기

상상은 시각화(기술을 머릿속에 그려보는 것)나 상상(움직이는 모습뿐 아니라, 기술의 다양한 감각들을 떠올려 보는 것)을 통해 정신적인 리허설을 거치는 것이다. 일반적으로 두 가지 목적을 위해 사용한다. ① 기술의 획득과 ② 실행 준비이다. 기술 획득은 주로 훈련자가 마음속에 움직임 기술을 반복해서 떠올려보는 방식으로 이루어진다. 학습자들은 특징 문제가 있는 부분이나 움직이는 모습, 감각 등, 본인이 중요하게 생각하는 부분을 강조한다. 신체 연습 없이 이루어지는 상상은 아주 약간의 효과밖에 기대할 수 없지만, 신체 연습과 상상을 결합하면 더 큰 효과를 얻을 수 있다(Anwar 등, 2011; McEwen 등, 2009).

상상하기는 실행 연습 외에도 일련의 순서를 떠올리기 위해서 사용하거나(예: 체력 단련 루틴) 각성을 위해 사용한다. 리허설은 게임 전체의 전술과 전략 패턴을 확인해보고 야구에서 정확한 타점을 떠올려보는 식의 부분적인 강조를 위해 사용되기도 한다. 각성은 긴장도를 높이거나 반대로 긴장을 푸는 방식으로 이용한다. 상상하기를 통해 스트레스를 제어하는 방식은 중요한 부분에 집중함으로써 긴장을 낮추는 등, 문제를 해결하는 방식으로 사용한다. 리허설 혹은 각성을 어떤 목표로 사용하든지, 상상하기를 통해 자신감을 높이고 불안감을 줄이며 더 높은 집중력을 발휘하게 된다.

상상을 위한 테크닉

상상하는 과정을 구성하는 3가지 특징이 있다. 관점(내부적, 외부적), 바라보는 각도, 그리고 우세한 감각 양식(예: 운동 감각 vs 시각)이다. 내부적인 관점에서, 현실에서와 마찬가지로 자신의 시점으로 본다. 외부적인 관점 혹은 삼인칭의 관점에서는 자신을 외부에서 바라본다. 바라보는 각도는 마음속의 그림에 무엇이 실제로 담겨 있는지에 관한 것이다. 예를 들어 삼인칭 각도에서 바라보는 뒷모습, 혹은 일인칭으로 바라본 모습 등이다. 바라보는 각도는 떠올리려는 동작에 따라 달라진다. 세 번째는 우세한 감각 양식이다. 상상할 때는 청각 혹은 다른 감각과 관련된 부분에서도 주로 시각이나 운동 감각을 강조하는 경향이 있다. 관점, 각도, 감각 양식 중 어떤 조합을 이용해 상상을 하더라도, 두뇌의 활성화에 있어 '매개체'가 중요한 역할을 한다는 의견이 힘을 얻고 있다. 매개체는 떠올려진 대상의 정체성과 관련이 있다. 상상하는 사람은 스스로를 보거나 다른 사람이 실행하는 것을 떠올린다. 상상하는 사람이 일인칭 관점을 선택했는데, 다른 사람의 정체성(유명 운동선수 등)을 접목하면, 상상의 움직임을 제대로 제약할 수 없다.

Holmes와 Calmels(2008)는 최고 수준 선수들의 상상 연습의 특징이나 최선의 방식을 찾는 것은, 방법론적인 문제와 일관적인 결과를 얻기 힘들다는 점으로 인해 어렵다고 했다. 특히 상상의 관점, 시야, 매개체 그리고 상상의 선명도와 생생함은 최고 수준 선수들 사이에서도 큰 차이를 보인다고 했다. 저자들

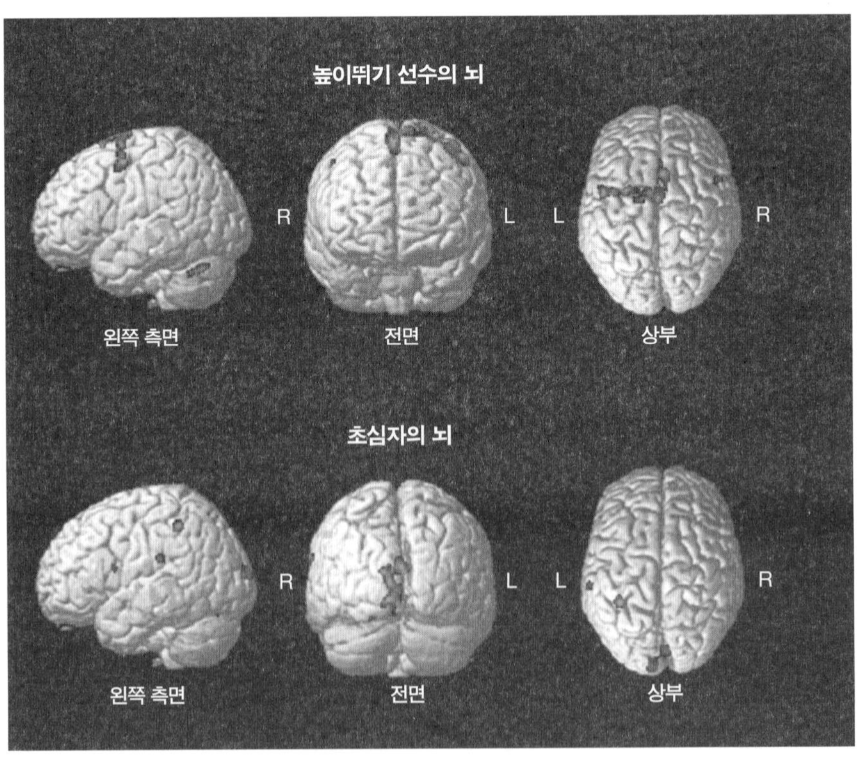

그림 9.9 움직임 상상하기와 경험의 관계. 이 fMRI 사진들은 높이뛰기 숙련자와 초심자가 높이뛰기를 상상할 때의 차이를 보여준다. 숙련된 높이뛰기 선수들은 단지 상상만으로도 대부분 운동과 감각의 영역에서 많은 활성화를 보였다. 반면 초심자들은 시각 영역이 주로 활성화되었다. 이것을 통해 연습과 경험이 임무를 대하는 태도에 큰 차이를 준다는 것을 알 수 있다. (Olsson, C., Jonsson, B., Larsson, A., & Nyberg, L. [2008]. Motor representations and practice affect brain systems underlying imagery: An FMRI study of internal imagery in novices and active high jumpers. *The Open Neuroimaging Journal, 2*, 5-13)

은 상상하기가 일반적으로 정확한 행동 양식에 지나치게 집중하게 해 문맥을 잃을 수 있다고 했다. 따라서 상상하기는 문맥적인 정보를 갖고 있어야 효율적으로 실행될 수 있다.

상상하기의 신경과학

관찰 학습과 마찬가지로 움직임을 상상하는 것은 신경학적인 관련성이 있다. 실제 동작을 할 때와 비슷한 부위의 뇌 세포들이 상상을 통해 활성화되는 것을 확인할 수 있다. MRI 및 다른 두뇌 스캐닝을 통한 연구에서, 실제 운동과 상상은 같은 생리학적 회로를 공유하는 것으로 나타났다. 하지만 매개체를 바꾸거나, 관점과 시각 그리고 감각 양식을 변화시키면 활성화되는 뇌 세포가 달라지는 것으로 나타났다. 몇몇 연구자들은 근육과 움직임을 상상하는 것이 척수 반사를 촉진하여 더 빠른 반응과 움직임을 가능하게 한다고 밝혔다. 이러한 자료들 또한 의미 있게 다루어져야 하겠지만, 실제 움직임과 움직임을 상상하는 것의 효과는 훈련자의 숙련도에 따라 큰 차이를 보이며, 그 이유는 아직 확실하지 않다(그림 9.9 참조). Holmes와 Calmels(2008)는 움직임을 상상할 때와 실제 동작을 할 때의 두뇌 활성화는 같지 않다고 주장했다.

정신력 연습의 기본이 되는 의도성 갖기

앞서 우리는 관찰과 상상을 통해 두뇌가 활성화되는 방식이 심오하고 특징적이라는 것을 살펴보았다. 그림 9.10은 상상하기와 관찰의 특징을 정리한 것이다. 이러한 내용들은 원하는 생리학적 반응이나 움직임을 얻기 위해서는 정신활동의 특징이 그에 맞게 조절되어야 한다는 것을 내포하고 있다.

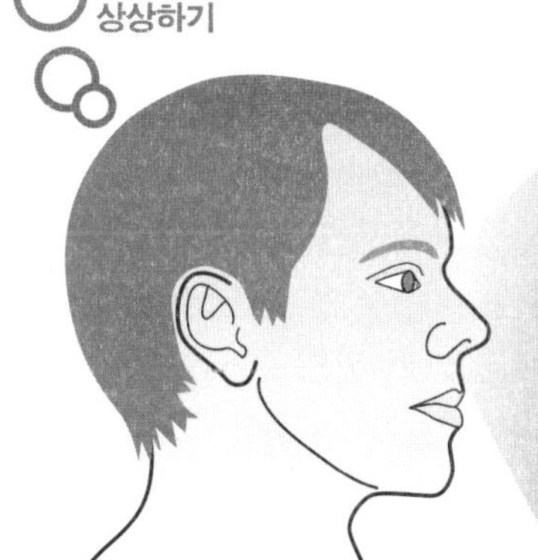

그림 9.10 상상하기와 관찰의 개념 비교

생각해보기 9.3 기합 넣기

'기합 넣기(Psyching up)'는 시합이나 연습 직전이나 중간에 마음의 준비를 하기 위해 사용된다. 기합 넣기는 일반적으로 정신과 신체를 고양시키고, 상황에 맞는 정신 상태를 만든다. 따라서 기합 넣기는 긴장을 풀고, 집중력을 올리며, 긍정적인 자기대화를 통해 사고방식을 변화시키고자 사용된다. 지금까지 배운 정보 처리, 의도성 갖기, 정신력 연습 등을 적용하여, 페널티킥 상황에 선 골키퍼, 첫 운전면허 시험에 도전하는 사람 등이 할 수 있는 기합 넣기를 구성해보자.

많은 연구들이 이러한 내용을 뒷받침하고 있다. 아직 논란이 남아 있지만, 몇 주간에 걸친 웨이트리프팅과 관련한 정신적인 연습 후에 실제 근력이 늘어나는 것을 보여주는 연구들이 있다. 이 연구에서 효율적인 정신력 연습은 일인칭 시점으로, 테이블을 들어올리는 등 외부에 초점을 두고 움직임의 결과에 집중하려는 의도로 이루어진다고 밝혔다(Ranganathan 등, 2004; Yue & Cole, 1992). 이러한 향상은 더 효율적으로 근육 내, 혹은 다른 근육 간 협응력이 높아지기 때문인 것으로 보인다. 이런 연구들을 통해 추론해볼 때, 정신력 연습의 가장 중요한 요소는 의도성이라고 할 수 있다.

연습과 연습을 위한 환경 조성

동적 시스템 이론, 발견 학습 그리고 의도적인 연습을 기반으로 연습 환경을 만드는 법을 아는 것은 쉽지 않은 일처럼 보인다. 하지만 이미 몇몇 연구자들이 이러한 것들을 적용할 수 있는 가이드라인을 만들어 두었다. Passos 등(2008)은 유용한 의사결정 기술을 위한 네 단계의 '비직선형 교육방법론'을 소개했다. 이 네 가지 단계는 ① 문제 확인, ② 전략 수립, ③ 활동 계획 수립, ④ 실행을 위한 연습 구성이다. Ives와 Shelley(2003)는 보다 앞서 근력 연습 및 스포츠 분야에 특화된, 그들이 '정신물리학'이라고 이름붙인 비슷한 네 단계의 과정을 설명했다(12장 참조). 정신물리학 연습의 목표는 각종 스포츠 환경에 적응하는 생리학적인 능력을 최대화하는 것이다. 이러한 가이드라인들은 연습의 효율성을 위해 일상생활에서 마주하는 제약 사항들을 연습 환경에 포함시키는 것에 큰 무게를 두고 있다. 몇몇 연구자들(Bobbert & Van Soest, 1994; Voigt & Klausen, 1990)은 선수들이 단순히 근력 운동만 반복하고, 강화된 근력을 이용해서 문제를 해결하는 연습을 하지 않으면, 실전에서 적용되는 진짜 힘과 복잡한 문제를 해결하는 속도를 얻을 수 없다고 했다. 즉, 선수들은 적절한 연습과 올바른 환경 그리고 임무를 통한 제약 사항 등이 합쳐질 때 발전할 수 있다고 밝혔다. 올바른 환경에는 각 운동 종목에 특화된 정신물리학적 요소들이 포함된다. 정신물리학적 연습 이론에 따르면, 종목에 특화된 생리학적 적응력이 발생하도록 의식적인 환경을 조절하는 출발점은, 움직임의 의도와 집중하는 부분을 변화시키는 것이다.

많은 연구자들이 비슷한 가이드라인을 이용하여 많은 성공 사례를 보고했다. Hewett 등(1996)은 십대 여성 배구 선수들의 점프력과 근력을 증가시켰다. 그들은 기본적인 plyometric과 점프 운동을 이용하며 신체적인 노력보다 생체역학을 강조했다. 점프를 향상시키기 위해 연구자들은 언어적인 부분과 피드백 그리고 선수의 정신적인 준비를 이용했다. 연습을 거듭할수록, 선수들의 부상 방지 기전과도 관계되는 신경계의 협응력이 높아지는 결과를 얻었다. 이 결과는 일반적인 연습 프로그램을 소화할 때보다 훨씬 뛰어난 것이었고 이것은 그들이 사용한 연습 방식 덕분이었다. 그들의 Plyometric 연습은 단순히 생리학적인 노력 이상의 것이었다. 그들은 설계된 점프와 착지 연습을 이용하고, 기술적인 부분을 강조했으며, 언어적인 부분과 시각적인 부분의 단서를 사용했다.

근거 기반 실무 적용

여기 설명된 개념과 전략은 현재 다양한 운동 기술 개선의 영역에 대한 우수사례이다. 매우 다른 두 가지 우수한 연습 상황을 설명하는 최근의 근거 기반 리뷰 연구를 고려하라. 하나는 운동선수의 사전재활(prhabilitation)을 위한 것이고, 다른 하나는 발달성 운동제어장애를 가진 아이들을 위한 것이다. Sagimoto와 그의 동료(2016)들은 사전재활의 영역에서 여성 운동선수들을 위한 성공적인 무릎 상해 예방 프로그램의 구성 요소에 대해 광범위한 근거 기반의 리뷰를 시행했다. 많은 훈련 프로그램이 평가되었고, 가장 성공적인 것은 이 장에서 논의된 연습 기능의 일부 또는 전부를 반영하였다. 특히 나이 이외에, 성공적인 프로그램의 일반적인 구성 요소는 훈련량(많은 게 더 좋다), 훈련의 변화, 그리고 제약을 통한 교육을 위해 언어적 피드백을 사용한 것이었다. 저자들은 또한 운동 훈련 유지에 대한 견고함이 코칭 부족 때문에 문제가 되있으며, 따라서 교육받은 실무자들은 운동선수와 코치 사이의 격차를 해소하는 것이 중요하다고 언급했다. 10장과 11장에서 운동선수 훈련을 더 자세히 알아볼 것이다.

두 번째 예에서, 발달조정장애(DCD)는 모든 유형의 운동 기술에서 학습과 성능이 저하된 것이 특징인 질환이다. 어린이들에게 있어 DCD는 많은 사회적, 행동적, 건강 및 학업적 문제에 기초한다. 2000년대 초쯤, 이에 대한 중재 접근은 장애의 극복에서 현실세계의 환경에서 직업과 삶의 기술을 가르치는 것으로 바뀌기 시작했다(Polatajko & Cantin, 2006). 성장하는 문학 본문에 대해 면밀하게 조사한 결과, 성공적인 개입이 개인에 기반하고, 목표 설정과 연습 스케줄에 아이들과 부모들을 참여시키고, 아이가 스스로 발견하는 것에 초점을 맞춘다는 새로운 그림이 드러났다(Thornton 등, 2016; Morgan & Long, 2012). Morgan과 Long(2012년)은 더 나아가 개입은 아이의 역할과 가치에 의미 있고 직접적인 관련이 있어야 한다고 언급했다. DCD 개입에 대한 그녀의 리뷰에서, 힐리에(2007)는 여러 가지 다른 개입들이 다양한 수준의 효과와 추측되는 공통의 가닥이 있다고 언급했다. 즉 긍정적인 피드백, 높은 자율성이 숙달과 자기효능감, 교육받은 부모와 교사, 그리고 아이에 대한 중재의 맞춤으로 이어진다. 가장 최근에 Preston 등(2016)은 다양한 놀이 및 연습 활동, 작업 능력을 촉진하기 위해 필요한 환경 제약 조건을 조작하는 치료사, 그리고 집단 환경에서조차 개인의 요구에 초점을 맞춘다는 것을 발견했다. 이미지도 쓸모가 있는 것으로 밝혀졌다.

요약

이번 장에서는 학습자들을 지도하는 방법들과 연습을 구성하는 가이드라인을 살펴보았다. 동적 시스템 이론, 제약 주도 학습, 발견 학습, 의식적인 연습에 기반해 연습의 필수적인 다섯 가지 요소를 정의했다. 이 다섯 가지는 ① 기량을 향상시키고 기술에 통달하고자 하는 특별한 의지, ② 강력한 동기부여와 노력, ③ 개별 연습과 교수자의 개입, ④ 효율적인 의사소통 과정, ⑤ 변화를 수반하는 과잉 학습이 해당된다.

발견 학습과 의식적인 연습의 결합을 통해, 개인이 문제를 해결하는 탐험을 하도록 필요한 부분에 집중하는 연습을 구성할 강력한 이론적 근거와 뼈대 구조를 만들 수 있다. 시스템 이론에서 강조하듯, 움직임의 해결책은 환경, 임무 그리고 개인이 갖고 있는 제약과 연관되어야 한다. 지도자가 가장 효율적인 환경을 만드는 것이 바로 이 과정에 있어 가장 중요하면서 어려운 부분이다.

상상하기와 관찰하기로 이루어지는 정신력 연습은, 연습의 중요한 구성 요소 중 하나이다. 명확한 의도를 가지고 관찰과 상상을 했을 때, 직접적으로 생리적인 적응력을 향상시키는 신경계의 활성화를 일으킨다. 이는 실행능력 향상에 반드시 필요한 부분이다.

이번 장에서 살펴본 발견 학습이나 의도적 학습은 완전히 새로운 개념이 아니다. 이미 수백 년 전부터 학습자와 지도자들은 이러한 것들을 사용해왔지만, 최근 많은 연구의 결과들을 통해 정형화되고 현대화되고 있는 것이다. 이러한 원칙들은 단지 운동 기술 향상뿐 아니라 아주 근본적인 생리학적 능력들을 향상시키는 데 적용될 수 있다. 피드백, 의도, 주의, 노력, 동기부여 그리고 적절한 지도 등의 개념들이 연습 구성에 이용된다.

연습문제

1. 발견 학습, 제약 주도적인 지도와 의식적인 학습의 개념을 정의하고 간략히 설명하라.
2. 제약과 행동 유도성을 설명 및 비교하라.
3. 효과적인 연습의 다섯 가지 필수요소를 설명하라. 연습 세부 구조에 어떻게 적용할 수 있는지 예를 들어보라.
4. 실행 목표(performance goal)와 숙련(mastery)의 차이를 설명하라. 학습 과정을 안내하는 데 어느 것이 더 나은가? 그 이유는 무엇인가?
5. 동기부여와 노력은 효과적인 연습의 구성 요소이다. 설명하라.
6. 학습자 중심의 연습 환경을 예를 들어 설명해보라.
7. 증강적 피드백(AFB)을 할 수 있는 방법과 방식을 정의하라. 증강적 피드백을 제공하는 가이드라인을 요약해서 설명하라.
8. Ericsson의 의식적인 연습 이론에 따라, 숙련자 레벨에 이르는 실력을 유지하거나 의식적인 연습에 임하는 것을 방해하는 것들은 무엇인가?
9. 의식적인 연습 이론에 근거하여, 의도적 연습의 가장 중요한 미세구조물은 무엇인가?
10. Bernstein의 '반복 없는 반복'은 무슨 뜻인가? 이 내용을 적용하여, 연습의 다양성이 왜 높은 수준의 선수들에게 중요한지 설명하라. 왜 가변적 연습과 상황적 간섭이 차단된 연습보다 더 좋은 학습 결과를 나타내는지 설명하라.
11. 바이오피드백은 무엇인가? 바이오피드백의 가장 인기 있는 형태는 무엇인가?
12. 발견 학습은 학습이 일어나는 가장 좋은 방법을 제공하는 것으로 이해된다. 그렇다면 강사가 왜 중요한가? 대답의 일부로, 좋은 강사나 코치를 위해 어떤 것이 필요한지 자세히 설명하라.
13. 정신력 연습의 다섯 가지 요소를 명명하라.
14. 상상하기와 관찰하기의 목적은 무엇인가?
15. 이미지 촬영 중 뇌 스캔에서 드러난 것은?
16. 관찰하는 동안 시행된 뇌 스캔을 통해 무엇을 알 수 있는지 설명하라. 관찰중에 수집되는 정보는 무엇인가?

참고문헌

Ahmetov, I., & Rogozkin, V. (2009). Genes, athlete status and training—n overview. *Medicine and Sport Science, 54*, 43-71.

Anwar, M., Tomi, N., & Ito, K. (2011). Motor imagery facilitates force field learning. *Brain Research, 1395*, 21-29.

Ashford, D., Bennett, S., & Davids, K. (2006). Observational modeling effects for movement dynamics and movement outcome measures across differing task constraints: A meta-analysis. *Journal of Motor Behavior, 38*(3), 185-205.

Ashford, D., Davids, K., & Bennett, S. (2007). Developmental effects influencing observational modelling: A metaanalysis. *Journal of Sports Sciences, 25*(5), 547-558.

Baker, J. J., Cote, J. J., & Abernethy, B. B. (2003a). Sport-specific practice and the development of expert decisionmaking in team ball sports. *Journal of Applied Sport Psychology, 15*(1), 12-25.

Baker, J. J., Horton, S. S., Robertson-Wilson, J. J., & Wall, M. M. (2003b). Nurturing sport expertise: Factors influencing the development of elite athlete. *Journal of Sports Science and Medicine, 2*(1), 1-9.

Baker, J. J., & Young, B. (2014) 20 years later: Deliberate practice and the development of expertise in sport, *International Review of*

Sport and Exercise Psychology, 7(1), 135-157.

Bernstein, N. A. (1967). *The co-ordination and regulation of movements.* Oxford, England: Pergamon Press.

Bertram, C. P., Marteniuk, R. G., & Guadagnoli, M. A. (2007). On the use and misuse of video analysis. *International Journal of Sports Science and Coaching, 2*, 37-46.

Bobbert, M., & Van Soest, A. (1994). Effects of muscle strengthening on vertical jump height: A simulation study. *Medicine and Science in Sports and Exercise, 26*(8), 1012-1020.

Boiche, J. S., & Sarrazin, P. G. (2009). Proximal and distal factors associated with dropout versus maintained participation in organized sport. *Journal of Sports Science & Medicine, 8*(1), 9-16.

Bouchard, C. C., Malina, R. M., & Perusse, L. L. (1997). Genes and high-performance sports. In *Genetics of fitness and physical performance* (pp. 365-371). Champaign, IL: Human Kinetics.

Buchanan, J., & Wang, C. (2012). Overcoming the guidance effect in motor skill learning: Feedback all the time can be beneficial. *Experimental Brain Research, 219*(2), 305-320.

Bunker, D., Thorpe, R. (1982). A model for the teaching of games in secondary schools. *Bulletin of Physical Education, 18*(1), 5-8.

Cote, J. J., Baker, J. J., & Abernethy, B. B. (2003). From play to practice: A developmental framework for the acquisition of expertise in team sports. In J. L. Starkes & K. A. Ericsson (Eds.), *Expert performance in sports: Advances in research on sport expertise* (pp. 85-87, 89-113, 414-416). Champaign, IL: Human Kinetics.

Cote, J., Baker, J., & Abernethy, B. (2007). Play and practice in the development of sport expertise. In G. Tenenbaum & R. C. Eklund (Eds.), *Handbook of sport psychology* (pp. 184-202). New York: Wiley.

Crowell, H., Milner, C., Hamill, J., & Davis, I. (2010). Reducing impact loading during running with the use of realtime visual feedback. *Journal of Orthopaedic and Sports Physical Therapy, 40*(4), 206-213.

Davids, K., & Baker, J. (2007). Genes, environment and sport performance: Why the nature-nurture dualism is no longer relevant. *Sports Medicine, 37*(11), 961-980.

Davids, K., Button, C., & Bennett, S. (2008). *Dynamics of skill acquisition: A constraints-led approach.* Champaign, IL: Human Kinetics.

Davids, K., Glazier, P., Araujo, D., & Bartlett, R. (2003). Movement systems as dynamical systems: The functional role of variability and its implications for sports medicine. *Sports Medicine, 33*(4), 245-260.

Elliot, A. J., & Church, M. A. (1997). A hierarchical model of approach and avoidance achievement motivation. *Journal of Personality and Social Psychology, 72*, 218-232.

Ericsson, K. (2007). Deliberate practice and the modifiability of body and mind: Toward a science of the structure and acquisition of expert and elite performance. *International Journal of Sport Psychology, 38*(1), 4-34.

Ericsson, K. A., Krampe, R. T., & Tesch-Roemer, C. C. (1993). The role of deliberate practice in the acquisition of expert performance. *Psychological Review, 100*(3), 363-406.

Ericsson, K., & Lehmann, A. (1996). Expert and exceptional performance: Evidence of maximal adaptation to task constraints. *Annual Review of Psychology, 47*, 273-305.

Eston, R., Stansfield, R., Westoby, P., & Parfitt, G. (2012). Effect of deception and expected exercise duration on psychological and physiological variables during treadmill running and cycling. *Psychophysiology, 49*(4), 462-469.

Fajen, B. R., Riley, M. A., & Turvey, M. T. (2009). Information, affordances, and the control of action in sport. *International Journal of Sport Psychology, 40*(1), 79-107.

Ford, P., Coughlan, E., & Williams, M. (2009). The expert-performance approach as a framework for understanding and enhancing coaching performance, expertise, and learning. *International Journal of Sports Science and Coaching, 4*(3), 451-463.

Fuelscher, I., Ball, K., & Macmahon, C. (2012). Perspectives on learning styles in motor and sport skills. *Frontiers in Psychology, 3*, 69. doi: 10.3389/fpsyg.2012.

Gibbons, T., Hill, R., McConnell, A., Forster, T., & Moore, J. (2002). *The path to excellence: A comprehensive view of development of U.S. Olympians who competed from 1984-998.* United States Olympic Committee.

Gibson, J. J. (1977). The theory of affordances. In R. Shaw & J. Bransford (Eds.) *Perceiving, acting and knowing* (pp. 67-82). Hillsdale, NJ: Erlbaum.

Gilbert, W., Cote, J., & Mallett, C. (2006). Developmental paths and activities of successful sport coaches. *International Journal of Sports Science and Coaching, 1*(1), 69-76.

Gilbert, W., Lichtenwaldt, L., Gilbert, J., Zelezny, L., & Cote, J. (2009). Developmental profiles of successful high school coaches. *International Journal of Sports Science and Coaching, 4*(3), 415-431.

Greeno, J. G. (1994). Gibson's affordances. *Psychological Review, 101*(2), 336-342.

Gruzelier, J., Egner, T., & Vernon, D. (2006). Validating the efficacy of neurofeedback for optimising performance. *Progress in Brain Research, 159*, 421-431.

Guadagnoli, M., & Lee, T. (2004). Challenge point: A framework for conceptualizing the effects of various practice conditions in motor learning. *Journal of Motor Behavior, 36*(2), 212-224.

Guth, L. M., & Roth, S. M. (2013). Genetic influence on athletic performance. *Current Opinion in Pediatrics, 25*(6), 653-658.

Hall, K., Domingues, D., & Cavazos, R. (1994). Contextual interference effects with skilled baseball players. *Perceptual and Motor Skills, 78*(3 Pt 1), 835-841.

Halvorsen, K., Eriksson, M., & Gullstrand, L. (2012). Acute effects of reducing vertical displacement and step frequency on running economy. *Journal of Strength and Conditioning Research, 26*(8), 2065-2070.

Hampson, D., St Clair Gibson, A., Lambert, M., Dugas, J., Lambert, E., & Noakes, T. (2004). Deception and perceived exertion during high-intensity running bouts. *Perceptual and Motor Skills, 98*(3 Pt 1), 1027-1038.

Handford, C. (2006). Serving up variability and stability. In K. Davids, S. Bennett, & K. M. Newell (Eds.), *Movement system variability* (pp. 73-84). Champaign, IL: Human Kinetics.

Handford, C., Davids, K., Bennett, S., & Button, C. (1997). Skill acquisition in sport: Some applications of an evolving practice ecology. *Journal of Sports Sciences, 15*(6), 621-640.

Helsen, W. F., Starkes, J. L., & Hodges, N. J. (1998). Team sports and the theory of deliberate practice. *Journal of Sport & Exercise Psychology, 20*(1), 12-34.

Hernandez-Davo, H., Urban, T., Sarabia, J. M., Juan-Recio, C., & Moreno, F. J. (2014). Variable training: effects on velocity and accuracy in the tennis serve. *Journal of Sports Sciences, 32*(14), 1383-1388.

Hewett, T. E., Stroupe, A. L., Nance, T. A., & Noyes, F. R. (1996). Plyometric training in female athletes: Decreased impact forces and increased hamstring torques. *American Journal of Sports Medicine, 24*(6), 765-773.

Hillier, S. (2007). Intervention for children with developmental coordination disorder: A systematic review. *The Internet Journal of Allied Health Sciences and Practice* Jul 01;5(3), Article 7.

Hodges, N. J., Chua, R. R., & Franks, I. M. (2003). The role of video in facilitating perception and action of a novel coordination movement. *Journal of Motor Behavior, 35*(3), 247-260.

Hodges, N., & Franks, I. (2002). Modelling coaching practice: The role of instruction and demonstration. *Journal of Sports Sciences, 20*(10), 793-811.

Hodges, N., Williams, A., Hayes, S., & Breslin, G. (2007). What is modelled during observational learning? *Journal of Sports Sciences, 25*(5), 531-545.

Holmes, P., & Calmels, C. (2008). A neuroscientific review of imagery and observation use in sport. *Journal of Motor Behavior, 40*(5), 433-445.

Hristovski, R., Davids, K., Araujo, D., & Passos, P. (2011). Constraints-induced emergence of functional novelty in complex neurobiological systems: A basis for creativity in sport. *Nonlinear Dynamics, Psychology, and Life Sciences, 15*(2), 175-206.

Ives, J. C., & Shelley, G. A. (2003). Psychophysics in functional strength and power training: Review and implementation framework. *Journal of Strength and Conditioning Research, 17*, 177-186.

Janelle, C. M., Barba, D. A., Frehlich, S. G., Tennant, L. K., & Cauraugh, J. H. (1997). Maximizing performance feedback effectiveness through videotape replay and a self-controlled learning environment. *Research Quarterly for Exercise and Sport, 68*(4), 269-279.

Janelle, C. M., Champenoy, J. D., Coombes, S. A., & Mousseau, M. B. (2003). Mechanisms of attentional cueing during observational learning to facilitate motor skill acquisition. *Journal of Sports Sciences, 21*(10), 825-838.

Jones, L., & French, K. (2007). Effects of contextual interference on acquisition and retention of three volleyball skills. *Perceptual and Motor Skills, 105*(3 Pt 1), 883-890.

Kleynen, M., Braun, S. M., Rasquin, S. M. C., Bleijlevens, M. H. C., Lexis, M. A. S., Halfens, J., et al. (2015).

Multidisciplinary views on applying explicit and implicit motor learning in practice: An international survey. *PLoS ONE, 10*(8), 1-16.

Macnamara, B. N., Moreau, D., & Hambrick, D. Z. (2016). The relationship between deliberate practice and performance in sports: A meta-analysis. *Perspectives on Psychological Science, 11*(3), 333-350. http://doi.org/10.1177/1745691616635591

Magill, R. A. (2007). *Motor learning and control. Concepts and applications* (8th ed.). Boston, MA: McGraw Hill.

Magill, R. A., & Hall, K. G. (1990). A review of the contextual interference effect in motor skill acquisition. *Human Movement Science, 9*(3-5), 241-289.

McEwen, S., Huijbregts, M., Ryan, J., & Polatajko, H. (2009). Cognitive strategy use to enhance motor skill acquisition post-stroke: A critical review. *Brain Injury, 23*(4), 263-277.

Memmert, D., Baker, J., & Bertsch, C. (2010). Play and practice in the development of sport-specific creativity in team ball sports. *High Ability Studies, 21*(1), 3-18.

Metsios, G. G., Flouris, A. A., Koutedakis, Y. Y., & Theodorakis, Y. Y. (2006). The effect of performance feedback on cardiorespiratory fitness field tests: Technical note. *Journal of Science and Medicine in Sport, 9*(3), 263-266.

Morgan, R., & Long, T. (2012). The effectiveness of occupational therapy intervention for children with developmental coordination disorder: Review of the qualitative literature. *British Journal of Occupational Therapy, 75*(1), 10-18.

Nash, C. S., Sproule, J., Callan, M., McDonald, K., & Cassidy, T. (2009). Career development of expert coaches. *International Journal of Sports Science and Coaching, 4*(1), 121-138.

Nash, C. S., Sproule, J., & Horton, P. (2011). Excellence in coaching: The art and skill of elite practitioners. *Research Quarterly For Exercise and Sport, 82*(2), 229-238.

Newell, K. M. (1986). Constraints on the development of coordination. In M. G. Wade & H. T. A. Whiting (Eds.), *Motor development in children. Aspects of coordination and control* (pp. 341-360). Dordrecht, Netherlands: Martinus Nijhoff.

Newell, K. M. (2007). Kinesiology: Challenges of multiple agendas. *Quest, 59*(1), 5-24.

Noehren, B., Scholz, J., & Davis, I. (2011). The effect of real-time gait retraining on hip kinematics, pain and function in subjects with patellofemoral pain syndrome. *British Journal of Sports Medicine, 45*(9), 691-696.

Orrell, A. J., Eves, F. F., & Masters, R. W. (2006). Implicit motor learning of a balancing task. *Gait & Posture, 23*(1), 9-16.

Parsons, J., & Alexander, M. (2012). Modifying spike jump landing biomechanics in female adolescent volleyball athletes using video and verbal feedback. *Journal of Strength and Conditioning Research, 26*(4), 1076-1084.

Passmore, J. (2010). A grounded theory study of the coaching experience: The implications for training and practice in coaching psychology. *International Coaching Psychology Review, 5*(1), 48-62.

Passos, P., Araujo, D., Davids, K., & Shuttleworth, R. (2008). Manipulating constraints to train decision making in rugby union. *International Journal of Sports Science and Coaching, 3*(1), 125-140.

Peh, S., Chow, J., & Davids, K. (2011). Focus of attention and its impact on movement behaviour. *Journal of Science and Medicine in Sport, 14*(1), 70-78.

Pinder, R., Davids, K., Renshaw, I., & Araujo, D. (2011a). Manipulating informational constraints shapes movement reorganization in interceptive actions. *Attention, Perception & Psychophysics, 73*(4), 1242-1254.

Pinder, R., Renshaw, I., & Davids, K. (2009). Information-movement coupling in developing cricketers under changing ecological practice constraints. *Human Movement Science, 28*(4), 468-479.

Pinder, R. A., Renshaw, I., Davids, K., & Kerherve, H. (2011b). Principles for the use of ball projection machines in elite and developmental sport programmes. *Sports Medicine, 41*(10), 793-800.

Polatajko, H. J., & Cantin, N. (2006). Developmental coordination disorder (Dyspraxia): An overview of the state of the art. *Seminars in Pediatric Neurology, 12*(4), 250-258.

Post, P. G., Fairbrother, J. T., & Barros, J. C. (2011). Self-controlled amount of practice benefits learning of a motor skill. *Research Quarterly for Exercise and Sport, 82*(3), 474-481.

Preston, N., Magallon, S., Hill, L. J., Andrews, E., Ahern, S. M., & Mon-Williams, M. (2016). A systematic review of high quality randomized controlled trials investigating motor skill programmes for children with developmental coordination disorder. *Clinical Rehabilitation, 31*(7):857-70. http://doi.org/10.1177/0269215516661014

Raab, M., Masters, R. W., Maxwell, J., Arnold, A., Schlapkohl, N., & Poolton, J. (2009). Discovery learning in sports: Implicit or explicit processes? *International Journal of Sport and Exercise Psychology, 7*(4), 413-430.

Ranganathan, V., Siemionow, V., Liu, J., Sahgal, V., & Yue, G. (2004). From mental power to muscle power—aining strength by using the mind. *Neuropsychologia, 42*(7), 944-956.

Reid, M., Crespo, M., Lay, B., & Berry, J. (2007). Skill acquisition in tennis: Research and current practice. *Journal of Science and Medicine in Sport, 10*(1), 1-10.

Renshaw, I., Davids, K., Shuttleworth, R., & Jia Yi, C. (2009). Insights from ecological psychology and dynamical systems. Theory can underpin a philosophy of coaching. *International Journal of Sport Psychology, 40*(4), 580-602.

Renshaw, I., Oldham, T., Davids, K., & Golds, T. (2007). Changing ecological constraints of practice alters coordination of dynamic interceptive actions. *European Journal of Sports Sciences, 7*, 157-167.

Roberts, G. C. (2001). Understanding the dynamics of motivation in physical activity: The influence of achievement goals on motivational processes. In G. C. Roberts (Ed.) *Advances in motivation in sport and exercise* (pp. 1-50). Champaign, IL: Human Kinetics.

Roberts, G. C., Treasure, D. C., & Kavassanu, M. (1997). Motivation in physical activity contexts: An achievement goal perspective. In P. Pintrich & M. Maehr (Eds.) *Advances in motivation and achievement* (pp. 413-447). Stamford, CT: JAI Press.

Rucci, J., & Tomporowski, P. (2010). Three types of kinematic feedback and the execution of the hang power clean. *Journal of Strength and Conditioning Research, 24*(3), 771-778.

Salmoni, A., Schmidt, R., & Walter, C. (1984). Knowledge of results and motor learning: A review and critical reappraisal. *Psychological Bulletin, 95*(3), 355-386.

Segerstahl, K., & Oinas-Kukkonen, H. (2011). Designing personal exercise monitoring employing multiple modes of delivery: Implications from a qualitative study on heart rate monitoring. *International Journal of Medical Informatics, 80*(12), e203-e213.

Sheaves, E., Snodgrass, S., & Rivett, D. (2012). Learning lumbar spine mobilization: The effects of frequency and self-control of feedback. *Journal of Orthopaedic and Sports Physical Therapy, 42*(2), 114-124.

Sidaway, B., Bates, J., Occhiogrosso, B., Schlagenhaufer, J., & Wilkes, D. (2012). Interaction of feedback frequency and task difficulty in children's motor skill learning. *Physical Therapy, 92*(7), 948-957.

Skjesol, K., & Halvari, H. (2005). Motivational climate, achievement goals, perceived sport competence, and involvement in physical activity: Structural and mediator models. *Perceptual and Motor Skills, 100*(2), 497-523.

Smeeton, N., Williams, A., Hodges, N., & Ward, P. (2005). The relative effectiveness of various instructional approaches in developing anticipation skill. *Journal of Experimental Psychology. Applied, 11*(2), 98-110.

Smith, R. M., & Loschner, C. C. (2002). Biomechanics feedback for rowing. *Journal of Sports Sciences, 20*(10), 783-791.

Soderstrom, N. C., & Bjork, R. A. (2015). Learning versus performance: An integrative review. *Perspectives on Psychological Science, 10*(2), 176-199.

Spruit, E. N., Band, G. P. H., Hamming, J. F., & Ridderinkhof, K. R. (2014). Optimal training design for procedural motor skills: A review and application to laparoscopic surgery. *Psychological Research, 78*(6), 878-891.

Stoate, I., Wulf, G., & Lewthwaite, R. (2012). Enhanced expectancies improve efficiency in runners. *Journal of Sports Sciences, 30*, 815-823.

Stolz, S., & Pill, S. (2014). Teaching games and sport for understanding: Exploring and reconsidering its relevance in physical education. *European Physical Education Review, 20*(1), 36-71.

Sugimoto, D., Myer, G. D., Barber Foss, K. D., Pepin, M. J., Micheli, L. J., & Hewett, T. E. (2016). Critical components of neuromuscular training to reduce ACL injury risk in female athletes: Meta-regression analysis. *British Journal of Sports Medicine, 50*, 1259-1266.

Thornton, A., Licari, M., Reid, S., Armstrong, J., Fallows, R., & Elliott, C. (2016). Cognitive Orientation to (daily) Occupational Performance intervention leads to improvements in impairments, activity and participation in children with sevelopmental coordination disorder. *Disability and Rehabilitation, 38*(10), 979-986.

Travlos, A. K. (2010). Specificity and variability of practice, and contextual interference in acquisition and transfer of an underhand volleyball serve. *Perceptual and Motor Skills, 110*(1), 298-312.

Tremblay, L., & Proteau, L. (1998). Specificity of practice: The case of powerlifting. *Research Quarterly for Exercise and Sport, 69*(3), 284-289.

Valentini, N. C., & Rudisill, M. E. (2004). An inclusive mastery climate intervention and the motor skill development of children with and without disabilities. *Adapted Physical Activity Quarterly, 21*(4), 330-347.

Vereijken, B., & Whiting, H. (1990). In defence of discovery learning. *Canadian Journal of Sport Sciences, 15*(2), 99-106.

Vereijken, B., Whiting, H., & Beek, W. (1992). A dynamical systems approach to skill acquisition. *Quarterly Journal of Experimental Psychology. A, Human Experimental Psychology, 45*(2), 323-344.

Vernon, D. (2005). Can neurofeedback training enhance performance? An evaluation of the evidence with implications for future research. *Applied Psychophysiology and Biofeedback, 30*(4), 347-364

Vidoni, E. D., & Boyd, L. A. (2007). Achieving enlightenment: What do we know about the implicit learning system and its interaction with explicit knowledge? *Journal of Neurologic Physical Therapy, 31*, 145-154.

Voigt, M., & Klausen, K. (1990). Changes in muscle strength and speed of an unloaded movement after various training programmes. *European Journal of Applied Physiology and Occupational Physiology, 60*(5), 370-376.

Wackerhage, H., Miah, A., Harris, R. C., Montgomery, H. E., & Williams, A. G. (2009). Genetic research and testing in sport and exercise science: A review of the issues. *Journal of Sports Sciences, 27*(11), 1109-1116.

Wade, D. (2016). Rehabilitation— new approach. Part three: the implications of the theories. *Clinical Rehabilitation, 30*(1), 3-10.

Wall, M., & Cote, J. (2007). Developmental activities that lead to dropout and investment in sport. P*hysical Education & Sport Pedagogy, 12*(1), 77-87.

Ward, P., Hodges, N. J., Starkes, J. L., & Williams, M. A. (2007). The road to excellence: Deliberate practice and the development of expertise. *High Ability Studies, 18*(2), 119-153.

Williams, A., & Ford, P. (2009). Promoting a skills-based agenda in Olympic sports: The role of skill-acquisition specialists. *Journal of Sports Sciences, 27*(13), 1381-1392.

Wu, W. W., & Magill, R. A. (2011). Allowing learners to choose: Self-controlled practice schedules for learning multiple movement patterns. *Research Quarterly for Exercise and Sport, 82*(3), 449-457.

Wulf, G. (2007). Self-controlled practice enhances motor learning: Implications for physiotherapy. *Physiotherapy, 93*(2), 96-101.

Wulf, G., Shea, C., & Lewthwaite, R. (2010). Motor skill learning and performance: A review of influential factors. *Medical Education, 44*(1), 75-84.

Yue, G., & Cole, K. (1992). Strength increases from the motor program: Comparison of training with maximal voluntary and imagined muscle contractions. *Journal of Neurophysiology, 67*(5), 1114-1123.

웰리스와 수행능력에서의 자세 조절

이 장의 목적, 중요성, 목표

이 장의 목적은 자세 조절이 건강 유지, 운동 경기력 향상, 스포츠 관련 상해 예방에 어떤 역할을 하는지를 검토하는 것이다. 자세 조절은 이 모든 것의 기초가 되는 것으로, 자세 조절의 붕괴는 건강 악화와 수행력 저하에 기여하고 부상의 위험을 증가시킨다. 자세 조절을 훈련시키기 위한 구체적인 전략과 그 효과에 대한 증거를 제시한다.

이번 장을 마친 후, 아래의 내용을 설명할 수 있어야 한다.

1. 정렬과 안정성의 개념과 관련해서 자세 조절을 정의하고 설명한다.
2. 자세 조절을 함에 있어 감각/반사 시스템, 신경근 요소, 근역학적 요소, 중추신경계 요소의 기여에 대해 논의한다.
3. 반응적, 예측적 자세 조절을 정의하고, 어떻게 안정성에 기여하는지 설명한다.
4. 자세 정렬과 균형의 측정 도구들에 대해 비교, 대조한다.
5. 웰니스와 자세 조절 사이에서 부적절한 자세 조절을 발전시키기 위한 잠재적인 이유들에 대해 설명한다.
6. 웰니스를 위한 효과적이거나 그렇지 않은 자세 조절 훈련 방법들을 정의하고 왜 프로그램이 효과적인지에 대한 이유를 제공한다.
7. 스포츠 수행능력과 자세 조절 사이의 연관성을 설명하고 왜 자세 조절 훈련이 우리를 당황케 하는지 설명한다.
8. 스포츠 상해와 자세 조절 사이의 연관성을 설명하고 상해 예방과 재활을 위한 명확한 가이드라인을 제시한다.

4, 5장에서 자세 조절은 효과적인 움직임을 할 수 있는 위치에 신체를 놓기 위해 신체 정렬 및 공간 방향을 근본적으로 유지하는 것으로 정의되었다. 자세 조절은 우리가 하는 거의 모든 움직임에 수반되는 자동 프로세스로 작동하는 감각 운동 통합과 동적 시스템의 예로 보여졌다. 최근 몇 년 동안 건강, 재활, 운동 경기에서의 중요한 요소로써 자세 조절에 대한 관심이 증가하고 있다. 이것으로부터 이런저런 종류의 성과를 향상시키는 것을 목표로 하는 무질서한 일련의 훈련 시스템이 생겨났다. 요가와 필라테스와 같은 전통적인 훈련 방법들과 코어 훈련과 신경 근육 훈련과 같은 이름을 가진 새로운 방법들은 자세 조절 훈련의 제목에 해당된다.

이 장에서는 자세 조절과 건강과 수행력에 대한 심리적, 생체역학 및 생리적 훈련 고려사항에 대해 좀 더 자세히 살펴본다.

자제 조절

정렬과 방향의 자세 조절 개념은 주어진 순간에 우리의 전신, 신체 부분 및 팔다리를 다른 신체 부분에 대해(정렬), 그리고 환경에 대해(방향) 배치하는 것을 의미한다. 신체의 자세나 움직임과 상관없이 다양한 움직임에 대해 준비된 안정적인 위치를 만들어내는 것은 지속적이고 동적인 과정이다. 공간적인 방향성은 이와는 다른 목적을 가지고 있으며, 그것은 우리의 감각계를 효과적인 구성에 배치함으로써 사용 가능한 감각 정보를 최대화시키는 것이다(Massion, 1998). 이와 관련하여 자세 시스템은 머리를 똑바로 세우고 안정적인 시각적, 전정 정보를 모으며 신체와 지면의 정보를 최대화하기 위해 발을 땅에 붙어 있게 한다. '자세'라는 용어는 일반적으로 전신 정렬과 같은 의미로 종종 사용되지만, 이는 잘못된 것이다. 전신의 생체역학적 정렬이 자세와 같은 의미로 사용될 수 있지만, 정렬은 척추 정렬과 같이 특정 신체 분절을 포함하고 있다. 자세는 또한 환경에 대해 신체를 위치시키는 공간적인 방향성을 어느 정도 포함하고 있다. 따라서 우리에겐 주저앉은 자세(정렬), 엎드리고 앉은 자세(방향성), 그리고 정렬과 방향성의 수많은 조합들이 있다.

정렬과 방향성의 주요한 결과는 안정성이다. 안정성(Stability)은 방해에 대한, 또는 방해받은 이후 정상 상태로 되돌아가려는 저항을 가진 자세로 정의된다(Polloc 등, 2000). 예를 들어 보행의 각 걸음은 전방 낙하(안정적인 상태로 되돌아오는 일시적인 불안정 상태)이다. 안정성은 전신 안정성, 분절 안정성, 그리고 관절 안정성을 포함하는 3가지 요소의 상호의존적인 체계이다. 전신 안정성은 신체가 넘어지지 않도록 방지하거나 준비하는 것에 맞추어져 있으며 이는 '균형'이라고 더 잘 알려져 있다. 평형은 균형과 같은 의미로 사용되는 용어이며 물체에 가해지는 힘의 총합을 의미한다. **정적 균형**(Static balance)은 정적 또는 비교적 안정된 신체 위치 동안 지지 기반 내 무게중심을 유지하는 능력으로 정의된다. 정적 균형 상황에는 싱글 레그 자세와 같은 도전적인 신체 위치와 불안정한 지면과 같은 환경적인 과제가 포함된다(그림 10.1). **동적 균형**(Dynamic balance)은 미끄러운 표면 위를 걷거나 점프 후에 조절된 착지를 하는 것과 같은 신체 움직임 도중에 평형을 유지하는 능력이다.

분절 안정성은 다른 신체 부위가 움직일 수 있도록 단단한 기반을 제공하는 신체 부위를 정착시키고 안정화시키는 것에 해당한다. 중립화(neutralizer), 안정화(stabilizer), 고정화(fixator)시키는 근육은 팔의 움직임을 준비하는 견갑골을 고정하는 능형근과 같이 분절 안정성에 필수적인 역할을 한다. 분절 안정성은 또한 나머지 신체를 불안정화시키는 근육 활동으로 인해 내부적으로 반응해서 생기는 힘을 방지한다.

관절 안정성은 동작을 하는 도중에 관절의 구조적인 온전함을 유지하는 역동적인 과정이다. 관절 안정성은 관절 자체에 고유한 기계적 안정화 장치(예: 인대, 관절 구조)가 있기 때문에 항상 자세 조절의 결과인 것으로 간주되지는 않지만, 역동적이고 도전적인 상황에서 신경 근육 조절은 안정성에 움직임을 맞추는데 필수적인 역할을 수행한다.

그림 10.1 치어리딩 루틴은 자세 조절의 연구과제가 될 수 있다. 기본적인 위치와 공중으로 띄워지는 사람에게는 심미적인 면과 안전, 그리고 운동 능력 실행에 있어서의 안정성과 방향성이 필요하다. 이 그림에서 높은 수준의 관절 안정성은 받쳐주는 사람의 어깨와 올라가 있는 사람의 무릎 안정성이 필요하다. 강한 분절 안정성이 몸통과 등에 나타난다. 이러한 안정성 구성 요소들은 전체 루틴의 기초가 되는 전신 안정성과 균형에 기여한다. (사진 제공: Tim McKinney)

전신, 분절 그리고 관절 안정성의 기전은 그 주된 목적에 의해 주로 구별되지만, 그 목적이 단일적이지 않고 독립적으로 작동하지도 않는다. 예를 들어 상체를 균형잡고 안정적으로 유지하는 것은 무릎을 불안정화시키는 힘을 최소화시킬 수 있으며, 무릎의 안정성을 유지하는 데 도움을 줄 수 있다(McLean과 Beaulieu, 2010). 이와 비슷하게 분절 안정성과 견갑대의 위치는 상완관절의 손상을 최소화시킬 수 있다.

자세 조절의 기전

자세 조절 활동은 첫 번째로 동요에 대항하여 안정성을 제공하고, 두 번째로 근육 활동을 최소화하는 기초적인 목표를 가진 서로 다른 체계를 포함하고 있다(Kiemel 등, 2011). 그림 10.2는 감각/반사 체계, 신경근육 요소, 근육역학적 요소, 그리고 중추신경계 요소가 기여하는 바를 나타내고 있다. 다시 말해 감각계, 시각계, 운동 감각계, 그리고 전정 신경계는 자세 변화를 감지하고 반사를 통해 재빠른 자세 교정을 제공한다. 물론 시각계는 앞먹임(feedforward) 조절 기전을 제공한다. 감각계는 자세 움직임에 대한 지속적인 감시를 제공하고, 이로부터 주어진 동요의 총합에 대해 낮은 수준의 근 긴장 교정을 위한 반사 활동과 큰 자세 교정이 계속된다.

근역학적 체계는 생체역학적 제약 안에서 작동하는 척추 주변 근육과 복부 근육과 같이 큰 자세 조절 역할을 하는 근육들에 해당한다. 이러한 요소들은 또한 단성 요소의 뻣뻣함, 근력, 근육과 관절의 건강, 그리고 인체측정학 등을 포함한다. 예를 들어 몇몇 과체중인 사람들은 생체역학적으로 낮은 무게중심으로 인한 제약을 받으며, 보통 기립 자세에서 더 적은 흔들림을 보여준다(Blaszczyk 등, 2009). 신경 근육 시스템은 주로 학습된 시너지와 자세 제어 메커니즘을 제공하는 선천적 시너지(협응 구조물들과 중추 패턴 발생기)로 구성된다. 이러한 시너지는 무거운 물건을 잡거나 추락 도중의 학습된 복원 움직임 등을 준비하는 척추 근육 활동의 특이적인 패턴을 포함한다.

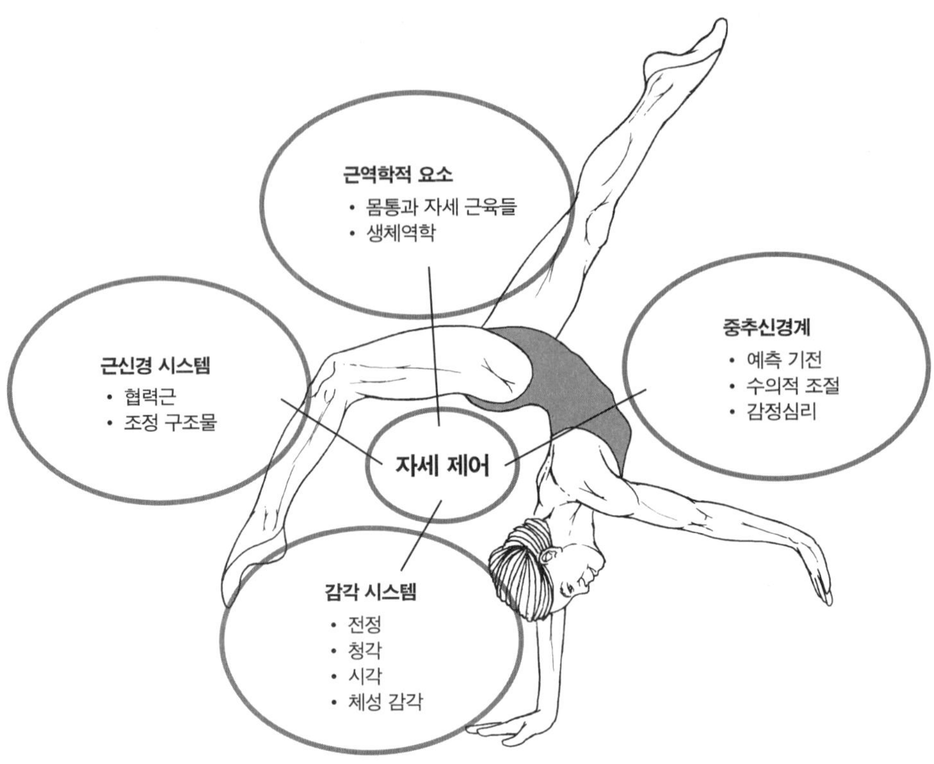

그림 10.2 자세 조절 시스템의 구성 요소들

중추신경계는 전체 자세 조절 기전을 무의식적으로나 의식적으로 감독하지만, 반드시 개입하지는 않는다. 다양한 감각 입력은 중추신경계에서 종합되고 평가되어 현재 일어나는 균형과 방향성이 필요로 하는 것들과 가장 관련 있는 자료를 중추신경계에 제공한다. 예를 들어 시야가 좋지 않거나 전정계에 도전이 생기면, 중추신경계는 시각을 통한 감각 재가중으로 자세 조절 및 하향 정보의 수집을 위해 고유 수용성 정보에 더 의존하게 된다. 다중 감각적 재가중(Multisensory reweighting)은 자세 적응력에 있어 중요한 특성으로, 형편없는 재가중(reweighting)은 노인들의 낙상과 같은 부족한 운동의 결과에 기여한 저조한 자세 조절을 향상시킬 수 있도록 추천된다(Jeka 등, 2010). 중추신경계는 상황적 요구에 따라 근육의 톤을 미세하게 조정하고 다른 것에 비해 약간의 시너지 효과를 얻을 수 있다.

중추신경계는 선행적(또는 예측적) 자세 조절로 알려진 것 대부분을 제공한다. 선행적 자세 조절은 시각계가 다가오는 힘에 대해 미리 경고를 해주는 것과 같이, 예상되는 자세 방해에 미리 신체를 준비시킨다. 대조적으로, 반응적(또는 보상적) 자세 조절은 자세 방해에 반응하여 일어나는 모든 조절을 포함한다. 중추신경계로 매개되는 반응과 선행 조정의 본성은 지각, 정신감정적 상태, 그리고 주의력에 대한 요구를 포함하는 인지 요구와 학습 행동에 크게 영향을 받는다.

이 네 가지 시스템은 반사적인 것부터 수의적인 것으로, 모두 순순히 서로 다른 조절 시스템 하에 함께 일한다. 메디신볼로 캐치볼을 하는 것은 이러한 모든 구성 요소와 조절 시스템의 좋은 예이다. 처음으로 무거운 메디신볼을 잡을 준비를 하는 초보자를 고려해보자. 야구에서 투수가 와인드업을 할 때, 초보자는 의식적이고 예측적으로 그녀의 허리와 엉덩이를 뻣뻣하게 하고, 양손을 앞으로 내밀고 어깨를 뻣뻣하게 하며 예상된 힘에 저항할 수 있도록 발을 재위치시킬 수도 있다. 볼이 잡히면 충격으로 인한 힘이 사지를 움직이고 근육이 늘어나는데, 관절의 안정성을 유지하기 위해 척추와 어깨 근육에 반사 작용이 일어난다. 전신이 어느 정도 불안정해지면, 고유 수용성 감각과 전정 시스템이 반응적 협응근 작용을 사용해 신체 정렬과 안정성 만들기를 시작한다. 시간이 흐름에 따라, 초보자는 메디신볼을 잡기 위해 신체를 안정화하는 법을 학습하게 된다. 예측적인 어깨와 몸통의 뻣뻣함은 감소되고 더욱 정밀하게 타이밍이 맞춰지며, 협응근으로써의 반응적 근육 작용들은 더욱 효과적으로 적응할 수 있게 된다.

그림 10.3은 작업중인 자세 조절 기전의 다른 두 가지 그림을 제공한다. 그림 10.3A에서 자전거를 탄 사람의 미묘한 몸통의 기울임은 턴 신호를 위해 팔을 들어올려 균형을 맞추고 안정화시키는 것이 필요하

개 • 념 • 설 • 명

자세 조절의 연구에서 실습까지

자세 조절에 기여하는 기전을 알아내는 것은 여러 종류의 패러다임과 방법론을 필요로 한다. 성공적으로 사용되는 방법은 강력한 자세 조절 활동을 이끌어내도록 방해나 불안정성을 유발하는 것이다. 외력에 대해 예상하거나 예상치 못했을 수 있으며, 외부적으로 또는 내부적으로 적용될 수 있다.

A. 이 실험은 전신과 분절의 자세 안정성을 검사하기 위해 설계되었다. 대상자는 미리 경고 신호를 알지 못하도록 눈을 가리고 헤드폰을 썼으며, 근전도 자료는 전신 자세 활동을 평가하기 위해 체간과 하지 근육으로부터, 분절 안정성을 평가하기 위해 상지와 견갑대로부터 수집되었다. 전방에는 가벼운 바구니가 전자석으로 위에 매달려 있었다. 실험자는 상지와 전신에 예상치 못한 불안정화를 유발하도록 경고 없이 바구니를 떨어뜨렸다. 아니면 대상자는 상자 위의 스위치를 누르고 바구니를 떨어뜨려 불안정화에 준비할 수 있었다. 생체역학적 결과를 평가하기 위하여 힘판과 비디오카메라를 사용하였다.

B. 발목 내번 염좌를 유발하는 것과 비슷한 상황의, 발목 동요에 반응하는 하지를 검사하여 관절 안정성을 알아보려는 실험 설정이다. 실험자가 예상치 못하게 무너뜨리면서 작동하는 발판에 대한 대상자의 하지 반응을 평가하기 위해 하지에 근전도를 설치하였다.

C. 실험 결과는 임상 및 적용 환경의 혁신으로 이어졌다. 이 사진에는 비대칭적이고 다양한 상지의 힘과 불안정한 표면에서의 지지라는 두 가지 자세 교란의 원인이 있는 연습이 있다. 물론 기술적으로 더 정교한 자세 훈련 시스템이 존재하지만, 이 사진은 기술이 지식과 혁신에 부차적 요소라는 사실을 드러낸다.

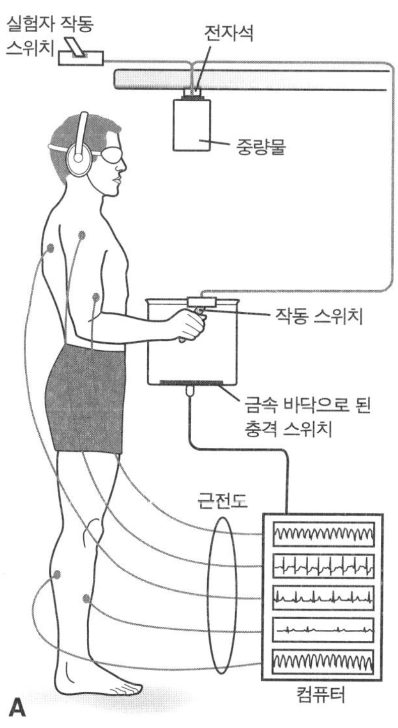

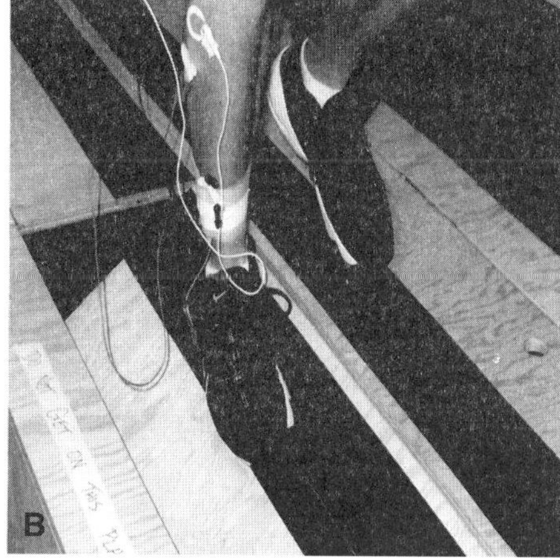

사진 제공: 사진 A. Palmieri-Smith 등, Am J Sports Med, (2009). 사진 C. Jeffrey C. Ives.

다. 미묘한 기울임은 학습된 현상이지만, 자동적으로 자세 조절 협응을 사용한다. 그림 10.3B에서 자동적인 우측의 움직임은 갑작스런 균형 상실 동안 학습된 동작과 결합되었다. 팔을 흔드는 것은 전정척수 반사에 관여하지만, 팔의 특정 패턴은 학습된 자동적 협응을 보이거나 어쩌면 순수하게 수의적으로 반응하기에 너무 빠른 순간임을 드러낸다.

그림 10.3 복합 시스템은 다른 상황들에서의 자세 조절을 유지하기 위해 작동한다. A. 좌측 턴 신호에 의해 만들어진 불균형한 힘에 대응하기 위해 자전거를 탄 사람은 우측으로 자전거를 기울이고, 좌측 페달을 누름으로써 신체의 좌측 부분을 안정화하였다. 자전거 탄 사람이 알아차리지 못할 수도 있는 이 기울임은 균형과 직선의 궤적을 유지하기 위한 학습된 자동적 자세 조절이다. (사진 제공: Whitman Ives)
B. 이 썰매는 방금 점프를 해서 고속에서 불안정해졌다. 그의 오른팔은 위로 솟구치고 왼팔은 튀어나왔다.이러한 팔 동작은 전정척수 반사들과 함께 학습된 자동 자세 협응 작용의 결합이다. (사진 제공: Jeff Ives)

생각해보기 10.1 흔들기 전략

전신 균형은 내외적 힘에 의해 도전을 받으며, 관여하는 자세 조절 수준(예: 반사, 자동적, 수의적)의 변화가 있을 수도 있고, 하나의 조절 구조나 전략에 대한 의존에서 다른 제어 구조나 전략으로의 전환이 있을 수도 있다. 5장(예: 그림 5.8)에서 살펴본 바와 같이 개인은 발목 및 고관절 전략과 같은 다양한 고정점 전략에서 지지 단계로의 변경 전략까지 다양한 종류의 균형 전략을 고를 수 있다.

눈을 감은 채로 Romberg 검사와 스스로 몸기울이기(self-initiated sway) 검사를 하는 사람들의 자세 전략을 관찰해보라. Romberg 검사는 대상자가 앞뒤로 흔들리도록 신체 후면 견갑대 사이를 가볍게 쿡 찌르는 것이다. 단단한 표면과 불안정한 표면(예: 물렁한 표면)에 서 있는 동안 가볍게 또는 세게 찔러보라. 스스로 몸기울이기 검사는 대상자가 단순하게 수직선상에서 앞뒤로 반복적으로 흔드는 것이다. 가볍게 흔들어보고 이후에는 발을 딛지 않을 정도로 최대한 앞으로 기울이도록 해보라. 이제 대상자가 눈을 뜨거나 감은 채로 다시 해보도록 하라. 신체 무게중심이 지지 표면 바깥쪽으로 떨어지게 되는 지점이 안정성의 한계점으로 간주된다. 대상자들이 발을 헛디디는 지점을 확실히 확인하라. Romberg 검사 동안 가볍거나 세게 찔렀을 때와 스스로 몸기울이기 검사 동안 작거나 크게 흔들었을 때를 비교해보라. 대상자에게서 어떤 주목할 만한 전략의 차이점을 알 수 있는가? 예를 들어 세게 찌르거나 불안정한 표면, 또는 크게 흔들었을 때 몇몇 사람들이 다른 전략을 적용하지는 않는가? 만약 그렇다면 어째서인지 알 수 있는가? 습관적인 활동(예: 댄서, 체조 선수), 부상 또는 지지 표면의 특성을 고려해보라.

선행적인 자세 조절

신체에 대한 불안정성에 반응하는 자세 조절 작용은 우리가 미끄러지거나 비틀거리거나 예상치 못한 힘에 반응할 때마다 쉽게 경험한다. 선행적 자세 조절은 그만큼 자주 작용되지 않지만 중요하다. 선행적인 자세 조절은 두 가지 기본적인 형태가 있는데 하나는 완전히 수의적인 조절이고, 다른 하나는 **예상적 자세 적응**(APAs, anticipatory postural adjustments)이다. 이러한 자세 조절은 시각적 입력과 이전의 지식에 크게 기반하고 있다. 예를 들어 빙판에 발을 딛기 전에 체간은 먼저 뻣뻣해질 것이다. 두 번째 형태는 예측적인 자세 조절, 또는 APA에 해당한다. APA는 모든 또는 거의 모든 계획된 움직임에 동반되는 자세 움직임이며 운동 능력의 실행에 앞서 관절, 신체 분절, 또는 전신을 안정화하기 위해 디자인되었다. 이것들은 사실 운동 능력의 잠재의식적인 요소이다.

그림 10.4는 APA가 어떻게 작동하는지를 나타내고 있다. 그림 속의 대상자는 청각적인 자극에 대한 반응으로 손잡이를 당긴다(상완이두근의 수축). 주관절 굴곡의 반응 시간은 약 175ms이다. 상완이두근이 수축하기 전에 비복근의 APA 수축 반응 시간은 110ms이며, 이는 수의적인 반응 시간보다 빠른 것이다. 비복근은 주관절 굴곡으로 인해 당겨지는 힘에 대항하여 신체 무게중심을 안정화하기 위해 수축된다. 이 실험은 운동 계획이 두 부분으로 나누어짐을 밝히고 있는데, 첫 번째는 예측적인 자세 안정화이며, 두 번째는 목표지향적인 움직임이다. Aimola 등(2011)에 따르면 중추신경계는 계획된 움직임의 결과를 결정하는 것까지만 예측할 수 있으며, 계획된 움직임의 자세 방해가 불확실할 때 과도하게 강한 APA로 과잉 보상하려는 경향이 있다. 외부적인 힘이나 미끄러지는 것과 같이 예상치 못한 자세 방해의 경우, APA는 존재하지 않으며 자세 조절은 전적으로 반응적인 기전에 의해 만들어질 것이다(Santos 등, 2010).

APA는 가장 기초적인 운동 기술에도 필수적인 요소이다. 예를 들어 달리기를 하는 동안 하지의 뻣뻣함은, 서로 다른 표면의 성질을 수용할 수 있도록 땅을 딛기 전에 APA에 의해 조절된다(Ferris 등, 1999). APA는 착지할 때 충격량에 대비하기 위해 근육을 수축하도록 하는 작용을 한다(Avela 등, 1996). 즉 착지

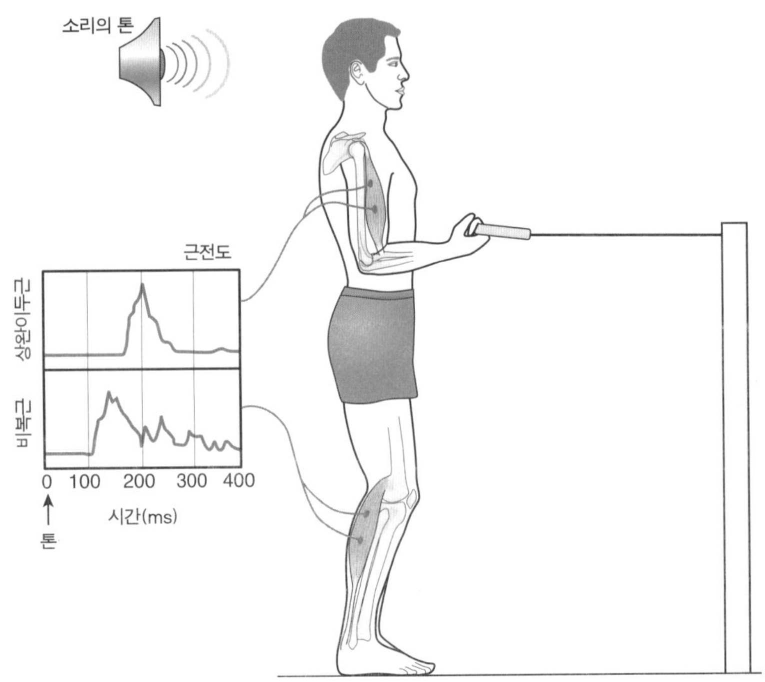

그림 10.4 예측적 자세 조절 기전. 이 그림에서 대상자는 핸들을 잡아당겨 청각 자극에 가능한 빨리 반응한다. 반응 시간의 운동 전 요소는 정상적인 175ms이다. 그러나 비복근은 자극에 이어 약 110ms로 이 시간 훨씬 전에 활성화되며, 이는 수의적인 반응 시간이 허락하는 것보다 빠르다. 만약 비복근이 수축하지 않는다면, 그 사람은 벽에 몸을 부딪칠 것이다. 따라서 뇌는 이두박근 굴곡에 의해 예상된 전방으로 몸의 움직임으로부터 몸을 안정시키기 위해 비복근에 사전 준비를 시킨다. (Based on Purves, D., Augustine, G. J., Fitzpatrick, D., 등 [Eds.] [2001]. Motor control centers in the brainstem: Upper motor neurons that maintain balance and posture. In Purves, D., Augustine, G. J., Fitzpatarick, D., 등 [Eds.], *Neuroscience* [2nd ed.]. Sunderland, MA: Sinauer Associates.)

전 활성화 순서는 CNS로부터 전송되어 시각, 전정 및 고유 수용성 감각 시스템의 입력에 의해 작동되고 수정되는 것으로 보인다. 공포, 불안, 악화된 기분 등의 감정 상태가 APA의 속도를 늦추거나 무질서를 일으켜 실효성이 떨어질 수 있다(Kitaoka 등, 2004; Uemura 등, 2012). 게다가 APA는 이동 조건과 상황에 적응할 수 있고, 연습을 통해 변경할 수 있다(Leonard, 1998). 따라서 훈련 APA는 부상 예방을 위한 자세 조절 훈련의 주요 대상으로 볼 수 있다.

인지, 행동 그리고 자세 조절

자세 조절은 일반적으로 큰 의식적 인식 없이도 작동하지만 역설적으로 심리적인 요인에 의해 큰 영향을 받을 수 있다. 연구자들은 개인이 의식적으로 흔들림을 최소화하는 등 자세의 안정성을 유지하려고 할 때, 더 많은 흔들림과 비효율로 이어지는 자동 프로세스로 간섭한다는 것을 보여주었다(Huxhold 등, 2006; Nafati & Vuillerme, 2011). 자세 자체로부터 주의를 딴 데로 돌리는 가벼운 인지나 운동에 대한 도전이 주어졌을 때, 정적 자세에서 동요의 양은 감소하는 것으로 보인다(Bonnet & Baudry, 2016; Nafati & Vuillerme, 2011). 그러나 인지적 도전을 요구하는 것은 인지적 자원에 부담을 줄 수 있으며, 자세 조절은 더 다양해지고 통제가 어려워질 수 있다(Kuczynski 등, 2011). 이러한 상황에서 자세 제어는 유지될 수 있지만 동시에 이루어지는 인지적 과제에 대한 수행은 어려워질 수 있다(Redfern 등, 2001; Resch 등, 2011). 이러한 결과는 노인들에게 더 뚜렷하게 나타나고 직무와 관련된 경험이 있는 대상들에서는 덜 두드러질 수 있다(Berger & Bernard-Demanze, 2011; Kuczynski 등, 2011; Swanenburg 등, 2009). 그러나 뇌는 특히

SIDENOTE 작업장에서의 두려움과 자세 조절

건축 근로자의 추락은 심각한 작업장 상해의 주된 원인이다. 높은 곳에 위치한 불안정한 판에서 일하는 것은 물리적인 제약을 부과하여 위험을 증가시킬 뿐만 아니라, 근로자의 걱정을 높인다. Min 등(2012)은 손잡이가 있거나 없는, 높거나 낮은 비계에서의 전문가와 초보자의 자세 흔들림 특징, 심박수 반응, 그리고 균형잡기 난이도의 주관적인 측정을 평가하였다. 2층 높이(C, D)와 손잡이 없음(A, C)은 자세 불안정성과 심혈관계 스트레스를 증가시키고 균형잡기를 더 어렵게 만들었으며, 초보자 모두가 이를 더 심하게 호소하였다. 이러한 결과는 경험이 많지 않은 사람에게 있어서 자세 조절의 악순환을 설명해준다. 훌륭한 자세 조절을 요구하는 도전적인 상황은 조절을 감소시키는 정신생리학적 스트레스를 만들어낸다.

Min, S., Kim, J., & Parnianpour, M. (2012). The effects of safety handrails and the heights of scaffolds on the subjective and objective evaluation of postural stability and cardiovascular stress in novice and expert construction workers. *Applied Ergonomics, 43*(3), 574-581.

시각 정보에 도전적인 감각 정보에 적응하는 놀라운 능력을 가지고 있으며, 그것을 과제 중심인 새로운 자세 조절 전략에 사용한다(Bonnet & Baudry, 2016).

많은 연구들은 시각 차단, 불안정한 표면 또는 위협과 같은 복잡성과 불확실성이 증가함에 따라, 자동적 프로세스를 무시하고 자세 기전의 수의적인 조절을 사용하는 경향이 있음을 보여준다(Huffman 등, 2009; Stins 등, 2011). 수의적 조절은 환경적 및 심리적 요인에 따라 여러 다른 결과를 초래할 수 있으며, 함께 제공되는 SIDE NOTE의 Min 등(2012)에서 제시한 대로 조절 능력이 저하될 수 있다.

행동의 상태는 기쁨에서 두려움과 슬픔에 이르기까지 생리적 변화, 노골적인 움직임 행동, 미묘한 톤 및 자세 조절 변화 등에 반영된다(Horslen & Carpenter, 2011; Ma 등, 2006; Mondloch, 2012). Gross 등(2010, 2012)은 특정 감정들이 특정 움직임의 질을 가지고 있고, 몇 가지 일반적인 특징들이 있다고 지적했다. 긍정 형태의 행동은 스트레칭을 하고, 움직임의 형태를 연다. 부정적 행동들은 중단된 동작과 관련된 동작의 종류와 부정적인 행동을 하는 것과 관련되며, 모두 톤과 자세 조절에 근본을 두고 있다.

자세 조절의 측정

자세 조절 평가를 기반으로 한 연구 및 임상은 안정성, 방향성 및 과제 특이적 상황을 고려해야 한다(Klous 등, 2011). 일반적으로 자세 조절은 자세 조절 결과, 즉 정렬, 분절의 안정성, 관절 안정성 및 전신 균형에 기초하여 측정한다.

자세 정렬

정적인 자세로 서 있는 것은 그림 10.5에 나와 있듯이, 일반적으로 추선을 통해 측정된다. 디지털 사진 측량과 3차원 레이저 스캐닝은 측정의 정량화와 정확성에 도움을 준다. 시상면과 관상면의 정렬은 모두 이론적으로 이상적인 정렬로부터의 편차를 평가하기 위해 사용된다. 그림 10.5에 나와 있는 이러한 이상적인 자세는 관련된 관절들이 근골격계를 통한 힘과 부하가 직접적으로 관절 중심부를 통해 가도록 수직 선상에 정렬되도록 위치하고 있는 것이다(Kendall 등 1993). 적절한 정렬은 신체를 정적인 평형에 놓이도록 만들고, 직립 자세를 유지하는 데 필요한 근육 활동을 최소화하도록 만들며, 결과적으로 부상 위험과 만성적인 근골격계 통증을 감소시키게 된다(리뷰 Kritz와 Cronin, 2008 참고). 자세 정렬은 또한 척추 정렬(예: 후만, 측만 등; 그림 10.5 참고), 하지 정렬(예: 내반슬, 외반슬, 고관절 전굴/후굴), 족관절/발 정렬(예: 편평족), 그리고 견관절 정렬(예: 익상견갑골)과 같은 신체 분절에서도 평가된다.

이상적인 자세로부터의 큰 편차는 자세적 오류라고 불리며, 근육 불균형(신장되어 약화되거나 단축되고 뻣뻣한 근육), 유전적 원인으로 인한 구조적 결함, 질병 또는 부상, 습관적으로 잘못된 사용 등의 결과인 것으로 제시되고 있다. 잘못된 사용은 감정적인 방어, 통증, 직장이나 일과 활동도 중의 만성적이고 부적절한 자리잡기, 불균형한 운동 등의 결과일 수 있다. 자세 정렬의 문제점을 찾는 데 있어서는 근력, 근 길이, 근 긴장, 그리고 구조적인 문제에 대한 깊은 평가가 이루어져야 한다고 제시되고 있다(Kendall, 1993). 자세 정렬의 결점을 해석하는 것은 주의를 요한다. 전체적인 부정렬조차도 항상 나쁜 건강이나 수행능력 결과와 관련이 있는 것은 아니기 때문에, '좋거나' '나쁜' 자세 정렬을 분류하는 것은 어렵다. 사실

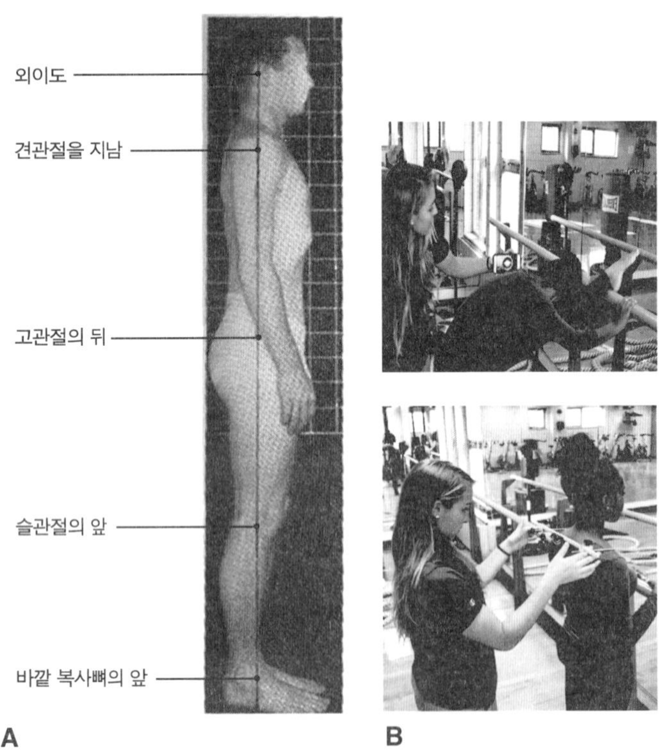

그림 10.5 정적 자세 측정. **A.** 이 고전적인 사진은 생체역학적 정렬에 관련된 모든 관절이 있는, 완벽하다고 여겨지는 자세를 보여준다(From Kendall, F. P., McCreary, E. K., & Provance, P. G. [1993]. *Muscles: Testing and Function* [4th ed.]. Philadelphia, PA: Lippincott Williams & Wilkins.). **B.** 그러나 자세 정렬은 전신 정렬 그 자체 이상이다. 위쪽 척추 각도는 스마트폰 경사계 앱으로 댄서를 측정한다. 아래쪽 사진에서는 무용수의 어깨 정렬을 측정하기 위해 경사계를 사용하고 있다. (사진 제공: Jeffrey Ives)

개 • 념 • 설 • 명

디지털 사진 측량법 사용하기

디지털 카메라와 무료로 이용 가능한 디지털 사진 편집 소프트웨어는 자세의 양적 평가를 비교적 쉽게 만들어주었다. 디지털 사진의 유용함과 정확성을 확인하기 위해 표준적인 직립 자세 사진과 직장에서의 인체공학적 사진을 찍어라. 표준적인 자세 사진은 추선 뒤에 대상자가 서 있는 채로 시상면과 관상면(뒷모습) 자세를 찍는다(그림 10.5와 아래를 확인하라). 여성을 위한 라이크라(Lycra) 바지 및 스포츠 상의와 같이 몸에 밀착되는 최소한의 옷을 입어라. 머리카락은 귀를 드러내기 위해 올려야 하고 신발은 벗어야 한다. 추선은 관상면 중심에 있어야 하고 시상면에서 외측 복사뼈의 전면부를 지나도록 정렬되어야 한다. 10cm 간격으로 표시한 추선을 사용한다. 이러한 표시는 소프트웨어 분석에서 눈금으로 사용될 것이다. 아니면 추선처럼 일직선으로 당길 수 있는 길고 얇으며 유연한 측성 테이프를 사용하라. 추를 설치하고, 조섬이 대상자의 숭앙(골반대 주변)에 오도록 삼각대 위에 카메라를 설치하라. 추선의 측정 표시가 최소한 확대했을 때라도 잘 보이도록 하라. 관상면과 시상면 사진을 촬영하고 ImageJ 소프트웨어에서 사진을 불러오라. ImageJ는 National Institutes of Health Web site(http://rsbweb.nih.gov/ij/)에서 무료로 사용할 수 있다.

소프트웨어를 사용하여, 하단의 기본 가이드라인이나 당신만의 점수체계로 자세의 부정렬과 비대칭을 측정하라. 왼쪽에서 오른쪽으로, 앞에서 뒤로 각도와 센티미터의 편차를 측정하라(도해에는 나와 있지 않지만 이러한 편차는 전후좌우, 중심, 또는 외측에 나타날 수 있다. 전신 기울기 역시 나와 있지 않다). 거리 결정에는 추선의 눈금을 사용하라. 같은 검사를 시행하되, 이번에는 왼쪽과 오른쪽의 한쪽 다리로 서 있는 자세를 취하라. 이 세 가지 자세의 정렬을 비교하고 어떤 것이 자세 부정렬로 간주할 만한지 확인하라. 대상자와 함께 어째서 이러한 부정렬이 존재하는지 논의하라. 부상, 습관, 경험, 그리고 스트레스와 같은 정신적인 요인을 고려하라. 같은 사진 측

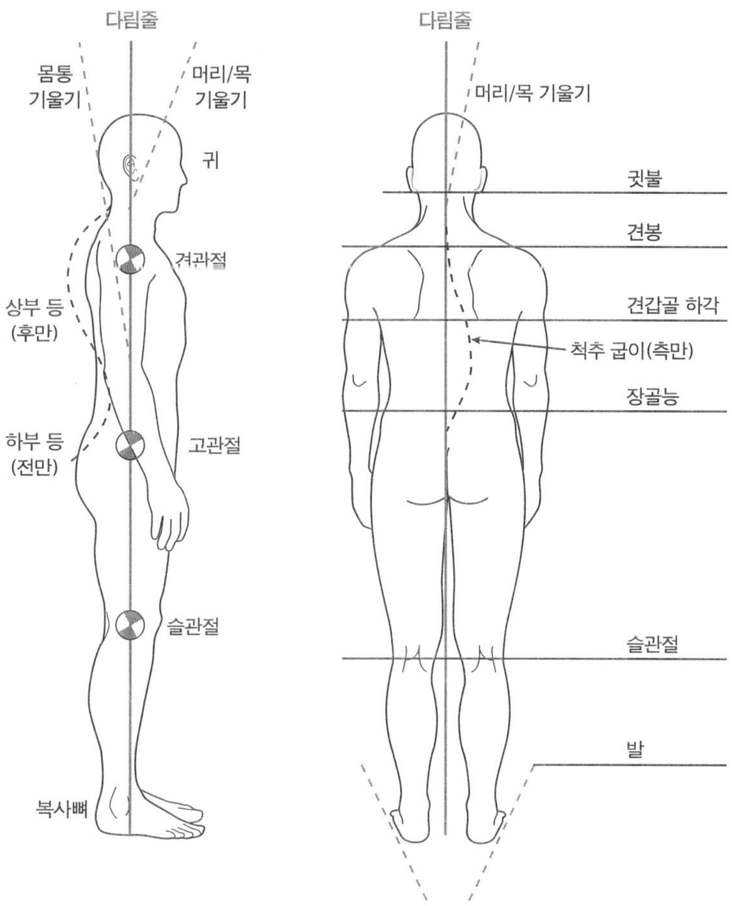

정 체계를 이용하여, 직업과 관련 있는 자세 오류를 평가하기 위해 작업 자세를 평가하라. 아래의 웹페이지에 접속하여 체간과 팔의 자세(RULA, Rapid Upper LimbAssessment)와 전신 자세(REBA, Rapid Entire Body Assessment)를 평가하라. 파트너와 함께 교실에서 공부할 때의 보통 자세를 평가해보라.

개 • 념 • 설 • 명

균형 측정하기

객관적이고 양적으로 측정할 수 있으며 인구와 기능 정도를 초월하여 유용하고, 자세 조절 기전의 기저 문제점과 향후의 기능장애를 예측할 수 있는 균형 검사를 만들어내기 위해 오랜 시간 동안 시도되어왔다. 그러한 검사법은 없지만, 다양한 인구를 겨냥한 다양한 검사법들이 있다. 기술적 정교함이 떨어지는 것으로는 노인의 균형 손상을 위해 디자인된 Berg Balance Scale(BBS)이 있다. 대상자는 바닥에서 물체를 들어 올리는 것에서부터 한쪽 다리로 서 있는 것까지 14가지 서로 다른 기능적 활동으로 평가된다. 각 과제는 검사자에게 제공된 기준에 따라 0점에서 4점까지 점수를 매긴다. 앉았다 일어나는 움직임에 대한 예시 질문이 아래에 있다.

앉았다 일어서기: 일어서라. 손을 사용하지 않도록 하라.
( ) 4점: 손을 사용하지 않고 일어서며 혼자 안정화시킬 수 있음
( ) 3점: 손을 사용하여 혼자 일어설 수 있음
( ) 2점: 몇 번의 시도 끝에 손을 사용하여 일어설 수 있음
( ) 1점: 일어서거나 안정화하는 데 최소한의 도움이 필요
( ) 0점: 일어서기 위해 보통 또는 최대한의 도움이 필요

가장 처음 개발되고 일반적으로 사용하는 전산화 시스템은 NeuroCom에서 만든 것이다. 그들의 가장 정교한 체계인 SMART EquiTest®는 회전하거나 움직이는 힘판과 움직이는 시각적 배경을 포함한다. 이 체계는 불안정하고 동적인 환경에서의 평가를 할 수 있고 다양한 인구의 보통의 참고자료를 제공한다. 처음에는 노인 및 다수의 신경학적 문제가 있는 환자들을 평가하기 위해 사용되었지만, 전산화된 균형 체계는 운동을 위한 설정에 있어서 일반적이다. 흔들림과 압력 중심의 자료는 뇌진탕 부상, 척추 부상, 그리고 하지 관절 부상의 심각도와 회복을 평가하기 위해 사용되었다.

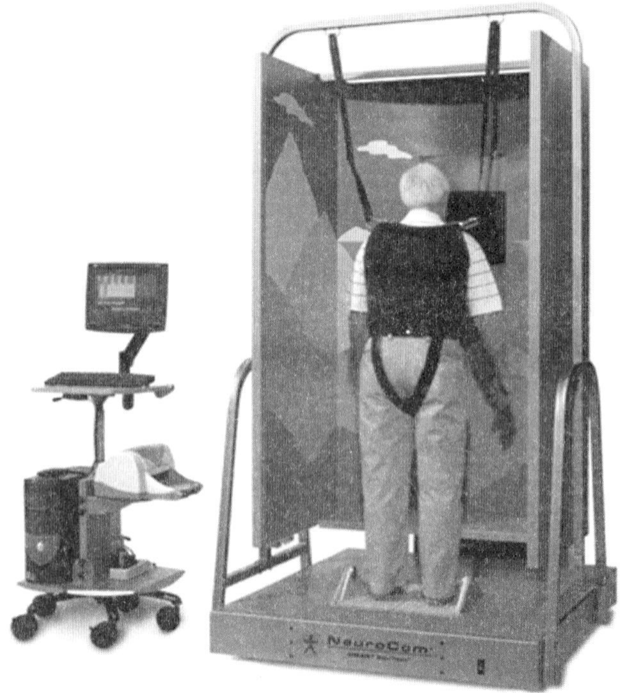

사진 제공: Natus Medical Incorporated.

체조 선수, 역도 선수, 자전거 선수와 같은 많은 운동 집단이 운동선수가 아닌 경우에 비해 더 좋지 않은 정적 정렬을 가지고 있는 것으로 밝혀졌으며(Muyor 등, 2011; Tanchev 등, 2000; 리뷰 Kritz와 Cronin, 2008 참고), 이는 스포츠에 참여함으로써 가지게 되는 필수적이고 유익한 적응을 반영하는 것일 수 있다(Kritz와 Cronin, 2008; Uetake 등, 1998).

동적인 자세는 활동하는 도중의 정렬 또는 자리잡기이며 평가하고 해석하기가 훨씬 어렵다. 이러한 이유로 인해, 동적인 평가는 종종 스쿼트 운동 도중의 체간 정렬이나 보행 도중의 골반 경사와 같은 특정 신체 분절 정렬에 집중되어 있다. 편차나 결점을 평가하는 것은 종종 현장에서 주관적으로 이루어지지만, 널리 사용되는 디지털 카메라와 비디오는 동적이거나 정적인 자세를 계량화할 수 있는 더 큰 기회를 제공해주고 있다.

안정성과 균형

안정성과 균형 측정은 그 본성과 정교함에 따라 시간을 재는 '플랭크' 검사에서부터, 기울어지도록 전산화된 힘판에서의 압력 중심 측정까지 다양하게 나뉜다(그림 10.6). 신체 분절과 관절 안정성의 평가는 일반적으로 척추 안정성, 견갑대 안정성, 그리고 슬관절과 족관절 안정성을 본다. 전신 안정성(균형)의 측정은 기립 지속 시간(stance duration, 예: 불안정한 발판 위에서 한쪽 다리로 서 있기)이나 흔들림 특성에 대한 시간 측정이다. 흔들림 특성은 전산화된 발판에서 측정된 방향, 강도, 그리고 압력 중심의 속도와 주관적인 시각적 관찰을 포함한다. 크고 덜컹거리는 흔들림은 좋지 않은 자세 조절을 반영하는 것으로 간주된다. 비록 몇몇 균형 측정을 위해(보통 장비 개발자에 의해) 만들어진 표준과 규범이 있고, 몇몇 균형 측정은 부상 및 장애와 관련이 있지만, 그 외의 건강한 사람들에 대해 많은 균형 검사를 해석하는 것이 종종 모호할 때가 있다(리뷰 Guskiewicz & Perrin, 1996; Shumway-Cook & Woollacott, 2005 참고).

균형에 대한 기술적으로 덜 정교한 현장 검사는 대상 인구에 따라 크게 다르다. 여기서 다루기에는 너무 많지만, 이러한 많은 검사들에 신뢰성과 유효성 문제가 있다는 점에 유의하면 충분하다(예: Bressel 등, 2007; O'Connor 등, 2011). 자세와 밸런스 테스트에서 나타난 일관되지 않은 결과는 직업적 또는 운동적 요구에 대응하여 개인이 만든 특정 자세 조절 적응을 평가하기에는 시험이 너무 일반적이기 때문에

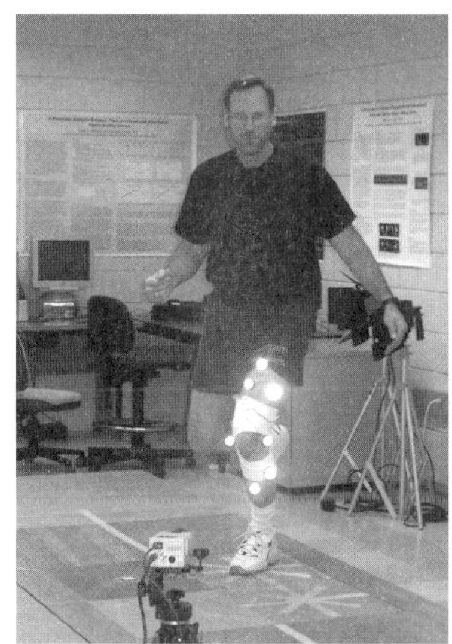

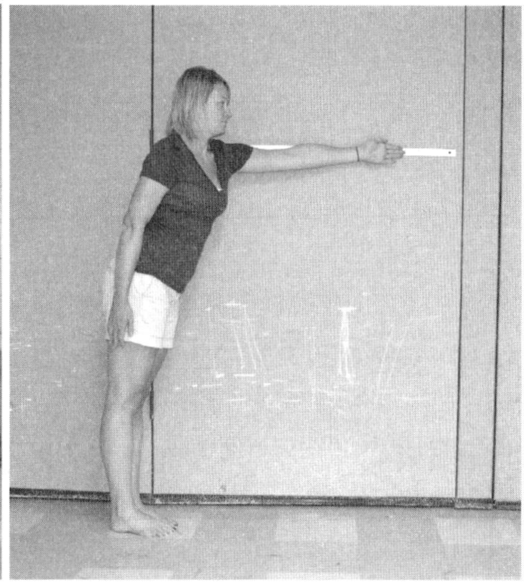

그림 10.6 안정성과 균형의 측정. **왼쪽**은 힘판 위에서 시행된 한쪽 다리 균형잡기 검사이다. 이 검사에서, 신체 무게중심 흔들림의 지표는 힘판에 의해 측정되었고 구체적인 슬관절 안정성은 3D 촬영에 의해 측정되었다. **오른쪽**은 기능적인 균형 수행능력을 평가하는 기능적인 팔 뻗기 거리 측정(reach) 검사이다. (사진 제공: Jeffrey Ives)

생각해보기 10.2 감각 통합과 균형의 임상적 검사

감각 통합과 균형의 임상적 검사(CTSIB)는 자세 조절을 평가하는 데 있어서 가장 널리 알려진 검사법이다. 원래 CTSIB 검사는 지지 표면의 상태(단단하거나 물렁한[스펀지] 표면)와 시각적 변화(눈을 뜨거나 안대를 착용하거나 머리에 돔[헬멧]을 쓰거나)와 상호작용하는 동안의 기립 상태에서의 흔들림을 주관적으로 평가하기 위해 사용되었다. 돔(헬멧)은 일본식 등(燈, 초롱불)을 고친 것인데, 눈을 뜬 채로 착용하며 안쪽에는 눈에 보이는 수평선의 참고 표시가 있다. 이제 '스펀지-헬멧(foam-dome)' 검사라고 불리는 CTSIB는 감각 정보 처리 과정(sensory processing)과 감각 정보의 가중화(sensory weighting)의 결핍을 밝히기 위해 디자인되었다. 아래 주어진 6가지 기본 상황에서, 각 상황마다 일어날 수 있는 주요 자세 문제를 결정할 수 있겠는가? 특히 어째서 돔(헬멧)을 쓴 상황과 안대를 착용한 상황이 다른가? 검사 개발자인 Shumway-Cook, Horak과 함께 고민해보라(1986, 전체 인용문은 참고문헌 참고).

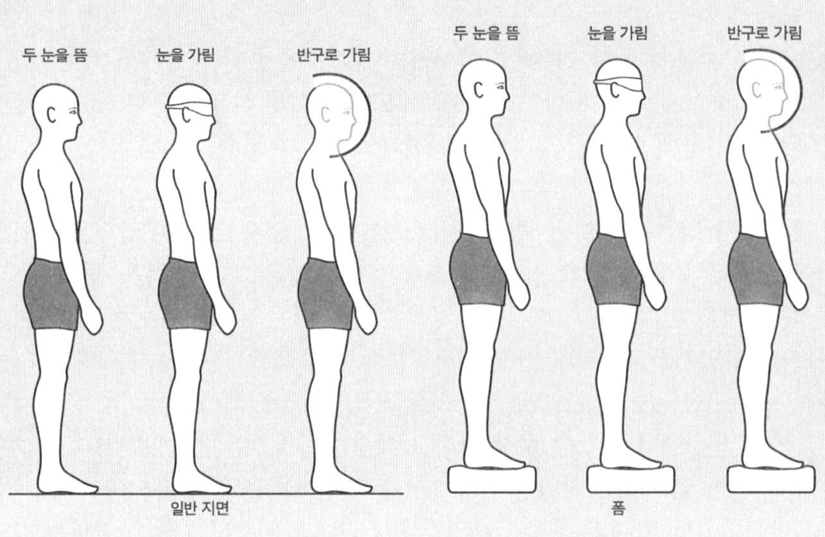

나타난 결과로 보인다(Hirsomallis, 2011; Zemkova, 2014). 자세 조절 검사는 다른 검사와 함께 가장 잘 사용되며 특정 문제를 목표로 한다. 예를 들어 Hicks 등(2005)은 요통 환자들의 치료 결과를 예측하는 데 환자의 나이와 하지직거상, 엎드린 자세에서의 불안정성, 비정상적인 움직임, 요추의 과가동성, 그리고 두려움 회피 신념에 대한 점수가 포함되었다고 보고했다. 이러한 데이터는 ① 기능 능력의 한계, ② 움직임을 위한 적응적 운동 또는 감각 전략, ③ 기초적인 감각, 운동, 인지 장애 등을 식별하기 위해 특별히 사용될 때 안정성 및 균형 검사의 사용을 뒷받침한다.

웰니스와 자세 조절

자세 정렬과 나쁜 안정성은 기초적인 문제들의 결과이며, 이것은 미래에 일어날 문제를 크게 만드는 데 기여할 수 있으며, 또한 높은 운동 기술 숙련의 발전을 어렵게 할 수 있다는 점에서 적절한 증거와 직관적 근거를 유추하는 데 측정의 어려움이 존재한다. 몇몇 자세 조절 문제들은 확실히 통증, 상해, 질병, 감정적 경계, 또는 습관적인 오용으로 인한 결과가 확실하다. 그러나 통증, 상해, 부정적 감정의 영향이 원인이 되어 자세 기능장애를 확장시키며, 움직임 문제들은 많은 영역들에서 정량적인 발견을 하기 어렵다. 이 부분에서, 우리는 웰니스와 근골격계 건강에서의 요소로 자세 조절을 알아본다.

부적응성 자세 조절

나쁜 자세 조절은 생체역학적 부정렬 혹은 저하된 균형 감각과 같은 증상으로 나타날 수 있는데 질병, 상해, 유전적 변형과 생활방식 요인에 의한 만성적인 적응의 결과를 보일 수 있다. 이러한 생활방식 요인들은 직장과 일상생활에서 발생하는 스트레스와 만성적인 움직임 행위들을 포함한다.

3가지의 기초적인 자세는 서기, 앉기, 눕기(천장 보고 눕기, 바닥 보고 엎드리기)이다. 우리는 지속적인 서기로 인해 피로가 쌓이고, 보통 잘못된 서기 자세들이 기능장애와 불편함을 가져온다고 생각한다. 잘못된 앉기나 눕기 자세는 손상을 주거나 의료비를 지출하게 만들 수 있다. 예를 들어 치기공사들의 부자연스럽고 지속된 앉기 자세는 요부와 상지의 근골격계 기능장애를 유발하며(Morse 등, 2010; Valachi & Valachi, 2003), 심지어 침대에 누운 자세도 기능부전을 초래할 수 있다(Normand 등, 2005; Zenian, 2010). 이러한 구부리기, 스쿼트, 무릎 꿇기, 부자연스럽게 눕기와 같은 다양한 자세들은 많은 직업에서 저하된 수행력을 초래하고 근골격계를 망가트리는 심각한 문제들이다(Gallagher, 2005; Punnett & Wegman,

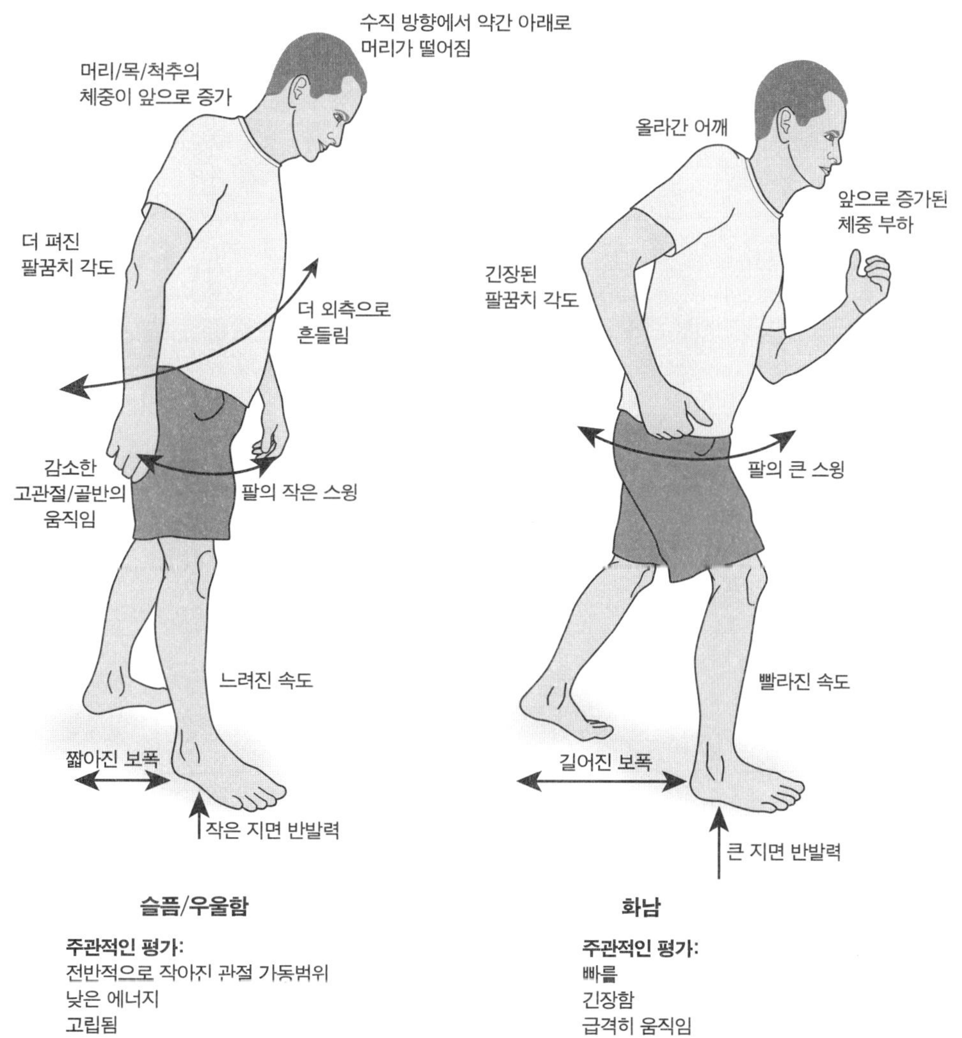

그림 10.7 만성적 행동의 상태는 이러한 부적응 움직임 패턴들로 나타난다. 이러한 다이어그램들은 우울한 감정의 환자들과 그렇지 않은 사람들을 대비하여 비교한 Michalak 등(2009)과 Sloman 등(1987)을 통한 임상적인 데이터의 기반이 된다. 슬프고 우울하거나 화난 사람의 보행의 추가적인 실험적 데이터는 Roether 등(2009)과 Gross 등(2012)의 연구를 기반으로 하였다. GRF, 지면 반발력(한 발이 지면에 닿는 힘이 얼마나 강한가를 나타냄). 모든 비교들은 일반적으로 만들어지거나 보행에 대해 논의했다. 더 많은 움직임의 감정적인 요소들은 Niko Troje's 연구실의 http://www.biomotionlab.ca/에서 포인트라이트 디스플레이에서 출력할 수 있다.

2004). 게다가 이러한 자세들은 업장에서의 사고, 상해, 장애, 직원의 결손을 초래한다(Gallagher, 2005).

질병, 부상, 통증 및 노화는 근골격계, 생리학적, 신경계 기능의 결손을 유발하여 자세적 기능부전를 초래할 수 있다. 시력과 청력, 약물 및 부적절한 영양 섭취는 특히 노인들에게 자세 조절의 강력한 방해 요인이 될 수 있다. 통증(예: 요통)이 나쁜 자세에 기여하거나 또는 자세가 나쁜 것이 통증의 원인이 될 수 있기 때문에 자세 결함과 특히 좋지 않은 연관성이 있다. 연구자들은 비만과 낮은 체력의 조합이 청소년과 성인에서 나쁜 자세 조절에 기여하며(Bwaszczyk 등, 2009; King 등, 2012), 체중 감량은 자세 안정성에 기여한다는 것을 보여주었다(Hue 등, 2007).

Prins 등(2008)의 어린이와 청소년들의 근골격계 통증 리뷰에서 어린이들의 정적인 앉기 자세들이 TV를 보거나 컴퓨터를 사용하거나 일상적인 학교 활동에서 상당히 많이 노출되어 있다고 주목하였다. 이러한 노출 시간은 상지근 골격계 질환을 발전시키는 위험 요소이다. 더욱이 우울증을 포함한 심리적

생각해보기 10.3 학교와 직장에서의 자세 변화

학교와 직장에서 입식 책상(standing desk)을 장려하여 활동 수준을 높이고 장시간 앉아 있는 자세를 없애도록 하였다. 일부 책상은 트레드밀 위에 설치하거나 서 있는 지면이 불안정하도록 설계되어 있다. 이러한 책상으로 장시간 앉아 있는 것이 감소하는 것으로 나타났지만, 새로움 때문에 아동(Minges 등, 2016)이나 성인(Shrestha 등, 2015)의 웰니스 및 생산성에 대한 영향 관련 질적인 연구가 부족하다. 이것은 때때로 첫 번째의 근거-기반 지침이 경험적 증거에서 나온 것이므로 그것들을 시도하지 말아야 한다는 것을 의미하는 것은 아니다. 이러한 이유로 실무자들은 또한 그들이 직접 하는 중재를 경험해야 한다. 이것을 염두에 두고, 직장이나 학교, 그리고 집에 있는 입식 책상을 사용해보라. 또는 TV를 보거나, 인터넷을 하거나, 비디오 게임을 하면서 서 있어본다. 당신은 이러한 경우에 서 있는 것이 많은 사람들에게 실행 가능한 선택이라고 생각하는가? 왜 그런가? 혹은 왜 그렇지 않은가?

사진 제공: Stand2Learn

스트레스(외로움, 불안), 신체 변화에 의한 심리적 문제들 또한 근골격계 불편과 관련이 있다. 앉는 자세, 심리사회적인 이슈들, 근골격계 질환들 사이에서의 연관성들은 정확하게 밝혀지지 않았지만, 아이들이 장시간 동안 앉아 있는 것이 부정적 심리사회적 영향들과 관련이 있는 이유인 것은 분명하다.

만성적이고 부정적 행동들이 근육 톤에 기능장애를 일으킬 수 있고 자세 변화들과 연관이 있다는 것을 시사하는 증거가 늘어나고 있다. 특히 우울과 불안장애를 가진 환자들은 두려움과 놀라는 행동들이 심하고 근육 톤에 이상이 발생했다(Lang & McTeague, 2009; Slósarska, 1986). 반복된 신체적, 심리적인 외상, 두려움과 관련된 스트레스 요인들은 조절된 그리고 만성적인 근육 행동들 그리고 앞으로 구부러지거나 경직된 어깨와 같은 잘못 적응된 자세들을 야기할 수 있고 몇몇 사례들은 보행장애가 일어날 수 있는, 과도하게 높거나 낮은 근육 톤을 야기할 수 있다(Michalak 등, 2009. 그림 10.7). 구부정한 자세(slumped posture)는 특히 좌식 생활을 하는 남자아이들 사이에서 요통 및 부정적인 자아존중감이나 불안과 같은 사회심리적인 문세들과 관세가 있는 것으로 보인다(O'Sullivan 등 2011; 첨부한 sidenote에서도 볼 수 있다).

자세 조절과 웰니스를 위한 훈련

최근 몇 년 동안 마셜 아츠, 요가, 태극권을 포함한, '코어'의 안정성과 균형을 목적으로 하는 운동 프로그램이 폭발적으로 나오는 것을 봤다. 전반적인 웰니스 또는 노인 인구에서 낙상의 발생을 감소시키는 기능적인 능력의 증진을 위해 디자인된, 이러한 프로그램을 '감각 운동 트레이닝', '근신경 트레이닝', 그리고 '고유 수용성(proprioceptive) 트레이닝'이라고 부른다. 연구자들은 균형 훈련(balance training), 관절 혹은 코어 안정성 트레이닝 또는 단순한 자세 조절 트레이닝과 같이 부르는 것은 부적절하며, 트레이닝의 형태 대신에 의도한 결과를 언급해야 한다는 의견을 유지하고 있다(Ashton-Miller 등, 2001; Taube 등, 2008). 이 부분에서 우리는 건강하거나 건강하지 못한 성인들을 대상으로 한 믿을 수 있을 만한 프로그램들을 알아본다.

개 • 념 • 설 • 명

자세 조절 훈련을 통한 심리적 웰니스

근육의 톤과 자세적 기능장애가 부정적 행위 혹은 심리 상태에 의한 결과라면, 그것은 심리 상태의 개선이 톤과 자세를 개선시킬 수 있는 원인이라는 것이다. 반대로, 톤과 자세의 개선이 심리적 상태를 개선시킬 수 있을 것이다. 수많은 신체적, 심리적 훈련법들은 이러한 아이디어들을 토대로 구성되어 있고, 마음과 몸에 접근하기 위한 다양한 기술들을 사용한다. 다양한 기술들은 고객들이 경직된 근육들을 이완되도록 하고, 고객의 몸에 대한 인지를 향상시키고, 자유롭고 구속되지 않은 방법으로 움직이고, 긍정적인 사고를 하도록 교육할 수 있다(Bakal, 1999). 이러한 방법들 중 가장 널리 퍼진 것은 동양의 무술(예: 태극권, 요가)과 서양의 움직임 재교육 기술인 휄덴 크라이스와 알렉산더 테크닉이다. 이러한 서양의 방법은 근방호(muscular armor)와 같은 결과로 나타나는 부정적 감정들의 지속으로 인한 과도한 근육 톤으로 발생한 움직임 기능장애를 다룬다. 두 가지 방법은 창시자들(Moshe Feldenkrais, F.M. Alexander) 스스로의 자세와 움직임 문제들에 기초하여 발전되었다. 두 테크닉의 지지자들은 패턴화되고 자가 인식적 움직임을 통해 높은 톤으로 근육에 전달되는 정서적 스트레스가 풀려 마음과 몸을 자유롭게 할 수 있다고 주장한다. 자세 조절에서의 변화들의 증거들이 있음에도(Cacciatore 등, 2011), 무수한 일화는 마음과 몸의 자유로움을 통한 웰니스의 신념을 지지한다. 탄탄한 경험과 임상적 증거는 자세 조절(Cacciatore 등, 2011)에서 변화의 증거와 자유로운 마음과 몸을 통한 웰빙에 대한 아이디어를 뒷받침하는 무수한 일화가 있지만, 탄탄한 실험적, 임상적 근거는 거의 없다(Ives, 2003; Jain 등, 2004; Woodman & Moore, 2012 참고).

자세 조절 훈련 방법

건강한 운동선수와 비운동선수들에 대한 광범위한 연구를 한 Zech 등(2010)은 대부분의 자세 중재들이 wobbleboards와 foam과 같은 불안정한 표면 위에서 불안정한 힘을 주거나 힘없이 수행하는 전신 균형 감각 운동으로 구성되어 있다고 언급하였다. 이러한 운동들은 한 다리로 서기, 점프하기, 착지하기, 엄격한 근력 운동, 플라이오메트릭, 편측 근력 훈련을 포함할 수 있다(seeBehm 등, 2010). 건강이 약한 사람들과 노인들을 위한 자세 조절 프로그램은 일반적인 근력 트레이닝, 마셜 아츠가 될 수도 있으며, 이것은 일상생활에서의 활동들의 도전을 조직적으로 증가시킨다(Cress 등, 2005; Granacher 등, 2011). 근력 트레이닝을 통해 노인들과 건강이 약한 사람들에게 자세의 이득을 볼 수도 있으며(Anderson & Behm, 2005), 이것은 젊고 건강한 사람들에게서 근력과 자세 조절의 실험적 측정 결과 사이에 관계가 적은 것으로 보이며, 선행 연구자들은 이러한 측정은 따로 평가하여야 한다고 주장하였다(Granacher & Gollhofer, 2011).

최근에 추가된 자세 조절 훈련 기술들은 압력을 감지해내서 동시에 피드백을 제공하는 컴퓨터화된 플랫폼을 사용한다(Behm 등, 2010). 이러한 기술들은 임상과 연구소부터 Wii Fit과 같은 홈 비디오게임으로 모습을 드러냈다. 이러한 기술의 또 다른 측면에서 자세 조절 장애를 가진 노인에게 화상 기술을 사용하는 사례가 증가하고 있다(Pichierri 등, 2011).

몸통 안정성을 위한 훈련은 자주 **코어 트레이닝**과 동의어로 사용한다. 코어는 조작적으로 축성 골격과 견관절과 골반대 그리고 축성 골격에 붙는 모든 연부조직들(인대, 건, 근막, 근육)을 포함하는 것으로 정의되었다(Behm 등, 2010). 코어의 근육들은 분명히 체간의 내재적 근육들과 관련이 있다. 그러나 실질적인 사용에서 체간에 붙은 사지들과 근골격계 시스템을 반드시 포함한다. 체간의 굴곡, 신전, 회전 그리고 외측 굴곡 근육들(복부 근육들, 기립근, 작은 척추 주변 근육들, 요방형근)은 주요 코어 근육들로 고려되는데, 작은 회전근, 장골근 그리고 장요근, 둔근들과 같은 고관절 움직임 근육들 그리고 견갑골 안정화 근육들 또한 코어 근육들로 고려된다. 코어 안정화에 접근하는 것은 단순하게 근육들을 인지하는 것 이상이며, 움직임의 목적과 결과들에 기초하여 다르게 코어 근육계를 활성하는 것이다. 예를 들어 흉곽이 안정된 골반 위에서 움직이거나 골반이 안정된 흉곽 위에서 움직일 때 복부 근육 활성의 차이를 볼 수 있다(Vera-Garcia 등, 2011).

코어에 특화된 트레이닝 기술들 가운데는 매우 특화된 방식들 안에서 복부와 다른 코어 근육들을 수축시키기 위해 고안되었다. 이러한 기술들은 골반대를 위한 특화 운동(케겔 운동)과 '할로잉(hollowing)' 기법을 통한 복횡근의 고립 후 내복사근의 상호활성(coactivate)을 위한 복부 운동을 포함한다. 복부 당기기 기법(hollowing)은 움직임 조절 장애가 있는 환자들의 척주 안정성의 증가 그리고 통증과 기능부전 감소를 위해 제안되었다(O'Sullivan 등, 1998). 그러나 최근 연구는 허리와 복부 근육 전반에 활성을 더 강하게 제공하는 복부 채우기(bracing action)가 예상된 혹은 예상치 못한 동요에 더 강하게 저항하여 대부분의 사람들이 더욱 강한 안정화를 가져올 수 있도록 배워야 하는 기술임을 보여줬다(Grenier & McGill, 2007; Vera-Garcia 등, 2007). 그러나 다른 연구들은 의식적으로 체간을 브레이싱하는 것이 '자연스러운' 안정성 기술에 반대를 말하는 것과 같고, 척주의 안정성 감소와 근활성의 불균형을 야기할 수도 있다고 제안하였다(Brown 등, 2006). McGill과 동료들의 연구는 척추를 안정시키고 허리 부상을 예방하는 데 유용한 일련의 운동들을 발견했다(Hicks 등, 2005; McGill, 2002). 저자들은 특정한 운동보다 생체역학적인 형태가 더 중요하며 지구력과 통제력을 구축하기 위한 등척성 작용이 근력보다 더 중요하다고 제안한다.

측면 플랭크와 같은 몸통 특이적 운동은 코어가 강조되기 때문에 일차적인 핵심 훈련이다. 2차 코어 훈련이라고 불리는 코어를 위한 다른 연습들은 광범위한 코어 안정화를 필요로 하는, 코어가 아닌 부분의 움직임을 강조한다. 한쪽 중량 들기에서 불안정한 표면에 서 있는 것에 이르기까지 많은 다양한 운동 프로그램들이 이 범주에 속한다. 이러한 상황에서 코어 안정화 훈련은 1차 과제로 인한 극단적인 안정화

생각해보기 10.4 호흡과 자세 결합하기

체간의 안정화를 조절하는 많은 근육들은 호흡에도 관여를 한다. 이러한 근육들은 주기적으로 매호흡마다 수축하고 이완하는데, 이것은 무게를 들어 올릴 때와 같은 등척성 체간 안정화가 필요하고 높은 수축이 요구될 때 문제가 생긴다. 연구자들은 다양한 호흡에서 EMG 패턴들과 체간 안정성 측정의 평가를 통한 다양한 방법으로 이 문제를 연구했다(Shirley 등, 2003; Wang & McGill, 2008). 위와 같은 연구들의 결과는 무거운 호흡이 요구되는 강한 신체활동중에 등과 체간의 근육계는 척추의 안정화를 유지하기 위한 근활성이 전반적으로 증가한다는 것이다. 흡기의 끝에서 폐의 총용량에 도달하고, 체간의 안정성은 한층 더 증가한다. 흡기에 요부 신전근들은 활성화되고, 이것은 척추 강도의 증가에 반응할 수 있다. 호기에 복부 근육들이 이완될 수 있고 안정성이 감소할 수 있다. 이러한 결과들에 따라, 웨이트리프팅 동안 호흡의 역할을 평가하고, 특히 리프팅할 때 한 번의 호흡을 어떻게 해야 할까? 만약 리프팅이 서 있을 때, 앉았을 때, 혹은 누워 있을 때 완료됐다면 이것은 중요한가? Shirley 등(2003)과 Wang과 McGill(2008)의 연구들을 읽고, 이러한 저자들이 언급한 내용을 확인해야 한다.

과제를 극복한 결과(그림 10.8)이다. 중량을 들어 올릴 때 불안정한 표면을 사용할 경우 리프팅 강도는 감소하지만 코어 근육 활성화는 증가한다. 그리고 몸통 활성의 수준은 최대가 아닐 수 있지만, 근력 훈련보다는 근육 타이밍, 수축력 조절, 지구력 훈련을 하는 것이 더 중요하다(Behm 등, 2010). 또한 연구자들은 자세 근육 활성화의 패턴이 과제와 상황에 따라 달라지기 때문에 가장 중요한 근육으로 선정될 수 없다고 결론내렸다(Anderson & Behm, 2005; Behm 등, 2010).

그림 10.8 기본적(A, B), 부차적인(C~E) 코어 트레이닝 방법들. A. 측면 플랭크 운동. B. 측면 플랭크 운동에 불안정한 지지면을 추가하여 난이도를 높게 만들었다. C. 수직 점프 동안 손잡이에 탄성 밴드를 연결해 사용하여 공중에서 체간이 안정화되도록 부하를 만들었다. D. 코어 안정화의 높은 수준으로, 서서 한쪽 케이블을 밀어내는 동작을 실행할 수 있도록 지지하는 것이 필수적이다. 비대칭적 부하는 체간의 지지면과 결부되어 있지 않은 상태로 높은 코어 근육 활성을 필요하도록 만든다. E. 불안정한 짐볼에서의 리프팅 동작은 자세 유지를 위한 높은 수준의 코어 안정화가 요구된다. (사진 제공: Jeffrey C. Ives)

자세 조절 훈련이 가져오는 웰니스 결과물

자세 조절 훈련은 전신, 분절, 관절의 정렬과 안정성을 목표로 할 수 있지만, 자세 조절 훈련이 운동수행력 향상에 기여하는지 판단하기가 쉽지 않다. 수백 년 동안 척추측만증과 같은 심각한 이상을 포함한 잘못된 자세를 고치기 위한 운동이 처방되어왔다. 자세 이상은 근육의 경직, 약화, 비대칭과 관련될 수 있기 때문에 스트레칭, 칼리스데닉스, 저항력 훈련의 형태로 운동 훈련이 효과적인 치료법일 수 있다는 주장이 제기되어왔다. 그러나 전반적으로 운동이 비교적 건강한 사람들에게 정적인 자세를 더 낫게 하거나 더 나쁘게 하는 효과를 보여주는 증거는 거의 없다(Hrysomallis & Goodman, 2001). 필라테스 기반 운동과 같이 자세와 체형을 개선해야 한다고 광고한 운동 프로그램도 기껏해야 최소한의 효과를 발휘하는 것으로 나타났다(Engers 등, 2016; Klouec, 2010; Kuo 등, 2009).

임상연구에서 특정의 몸통 분절 안정화와 정렬에 초점을 맞추는 것은 전신의 자세 정렬을 초점으로 한 운동보다 더 효과인 것으로 보여졌다. 소아와 청소년 그리고 과전만 혹은 전만 감소를 가진 성인들에게 특정 분절의 안정화를 초점으로 한 운동이 측만과 척추 기형에 효과적이라는 일관적인 증거를 보여줬다(Scannell & McGill, 2003). 척추측만증을 위한 성공적인 치료들은 환자 통제 훈련 프로그램, 정신물리학적 고려사항, 제약 기반 조건들의 다른 요인들과 같은 발견 학습을 직접적으로 포함한다(Weiss & Turnbull, 2011 참조). 척주 분절 안정성의 향상과 관련된 몸통 근골격계 기능장애와 요통 감소에 대한 발견도 McGill(2002, 2004)에 의해 논의되었다. McGill 박사는 특히 몸통 안정성과 신경 근육 제어에 집중한 기전이 몸통 안정성 프로그램의 핵심 요소라고 언급했다. 그러나 코어 안정성 훈련은 요통에 대한 단기적인 긍정적 효과만 있을 수 있다는 점에 유의해야 한다(Wang 등, 2012).

이제 전신 균형 훈련은 일상생활의 활동 개선과 낙상 예방 등 기능적 건강 향상을 목표로 하는 모든 건강 프로그램의 구성 요소로 제안되고 있다. 그러나 실제 생활에서 개선된 활동으로 전환하는 효과적인 균형 훈련 프로그램을 위해 무엇이 필요한지 이해하는 것은 여전히 밝혀지지 않고 있다. 건강하거나 건강하지 못한 사람에게 균형 감각 훈련을 실시하면 정적, 동적 동요, 균형의 임상적 대응을 향상시킨다. 이러한 결과는 광범위한 균형 능력 훈련 방법(Lesinski 등, 2015a, b; Zech 등, 2010)에서 확인할 수 있다. 대상자의 체력 및 연습의 엄격함에 따라 균형 훈련은 일반적인 힘, 걷기 속도, 심지어 점프 능력에도 긍정적인 영향을 미칠 수 있다(Taube 등, 2008; Zech 등, 2010). Taube 등(2008)의 리뷰 연구에서는 자세 안정을 위한 균형 훈련이 감각 시스템, 운동 시스템, 척수 감각 운동 통합, 대뇌피질 및 척수상 적응에 직접적인 영향을 미친다고 지적했다(2장 참조). 그러나 이러한 결과로 모든 균형 감각 프로그램이 실험실이 아닌 환경에서의 기능적 균형을 개선하는 데 동일한 영향을 미친다고 해석해서는 안 된다. 실제로 가장 최근의 종합적인 균형 훈련 리뷰에 따르면 건강한 집단의 균형 능력 개선은 주로 훈련된 균형 활동에 있으며, 한 가지 형태의 균형에서 다른 형태의 균형으로의 전이는 제한되었다(Kummel 등, 2016).

자세 조절을 목표로 하는 것을 포함한 다양한 운동 프로그램이 고령자의 자세 조절 및 낙상 예방에 긍정적인 영향을 미칠 수 있다는 것이 몇 가지 광범위한 리뷰에서 결론내렸다(예: Agmon 등, 2014; Jacobs, 2016; Tiedemann 등, 2011). 그러나 Granacher 등(2011)은 이러한 프로그램이 낙상 발생을 줄이는 데 효과적일 수 있지만 반드시 낙상 회복과 낙상 심각도 감소에 효과적이지는 않다고 지적했다. 효과적인 낙상 감소 프로그램의 범위는 다양하지만 일반적으로 강도 훈련, 한쪽 다리 또는 일자걷기를 사용해 지지 기반을 최소화함으로써 균형 문제를 증가시키고, 눈을 감는 등의 감각적 입력을 변화시키며, 질량 중심의 불안정한 지지 표면과 움직임에 의한 불안정성을 증가시킨다(그림 10.9). 성공적인 프로그램은 과제 특이적 균형에 대한 도전을 부여하며 인지 과제를 반드시 포함하는 복합 요소 프로그램의 일부다(Agmon 등, 2014; Granacher 등, 2011; Jacobs, 2016).

노인들을 위한 낙상 감소 프로그램 훈련은 신념과 증상 같은 자기효능감 이슈에 접근하고 신념을 위한 과제를 어떻게 수행하는지가 실제적 신체 제한점들보다 더 제한적일 수 있는지를 반드시 접근해야 한다(Liu-Ambrose 등, 2004; Rejeski & Brawley, 2006; Wolf 등, 1997). 예를 들어 컴퓨터화된 균형 감각 훈련

그림 10.9 위 사진의 과정에서, 노인은 신체심리적 기능성 트레이닝에 노력하고 있다. 장애물에서 의사결정을 하도록 통제하여 간결하게 앉고 일어서고 걸어가는 과제의 수행이 더욱 도전되도록 한다. 물리적으로 제한된 걸음과 좁은 통로들은 옆으로 걷기, 높은 걸음걸이 그리고 낙상에 대한 인지력을 요구한다. 인지적 통제는 대상자가 책상 위의 잡지나 신문의 헤드라인을 읽고 대화하는 것을 포함한다. (사진 제공: Jeffrey C. Ives)

과 태극권 훈련을 비교하는 과정의 노인 연구에서는, 태극권 그룹이 컴퓨터화된 균형 감각 점수에서는 향상되지 않았으나 낙상의 빈도는 감소한 것으로 발견되었다(Wolf 등, 1997). 저자들은 낙상 예방의 성공을 노인 참가자들이 얻은 자신감으로 돌렸다. 이것과 일관되게, 사회 정서적 요인이 운동의 지속성과 운동 선택에 상당한 영향을 미치기 때문에 프로그램은 문화적으로 적절해야 한다는 조사결과가 있다(Jang 등, 2016).

요약하자면, 신체 분절의 안정성과 균형을 위한 운동은 특히 기능이 떨어지는 집단의 경우 건강과 수행능력에 긍정적인 영향을 미칠 수 있다. 특히 균형 운동은 현실 세계의 신체적, 문화적, 환경적 도전을 극대화함으로써 동적 시스템 제약 조건 기반 접근 방식을 따라야 하며 훈련을 받는 개인의 관련 업무 요구 사항과 생리학적 및 심리적 과제를 목표로 해야 한다. 이것은 어떤 사람들에게는 더 많은 체력 훈련을 필요로 하고, 어떤 사람들에게는 근지구력 훈련을 필요로 하고, 다른 사람들에게는 이중 과제 도전을 필요로 할 수도 있다는 것을 의미한다. 움직임에 대한 걱정과 인지 및 감정적 고려사항으로 어려움을 겪고 있는 집단행동 문제를 다루는 것은 특히 중요하다.

생각해보기 10.5 직장에서의 균형 감각

미끄러짐, 이동, 낙상은 높은 수를 차지하는 상해이다. Hsiao와 Simeonov(2001)는 건설현장 노동자들은 추락 위험에 직면하면 동적 시스템 모델의 예측적, 반응적 균형 조절 능력에 도전을 받는다고 요약하였다. 아래의 A에서 보다시피 환경, 개인, 직무 제약의 상호작용은 고려되어야 한다. 환경적 물리적 제약들은 미끄러운 재질의 지붕, 가파르고 경사진 지붕, 좁고 막혀 있는 공간, 불안정한 사다리와 발판과 같은 불안정한 표면들을 포함한다. 지붕이나 다른 높은 위치 특히 경사진 곳에서 작업은 시각적으로 모호하고 지각의 문제를 만든다. 예를 들어 아래 그림 B 사진 안의 작업자가 아래에서 위로 바라보고 과제를 수행하거나 그가 올라선 높은 받침대로부터 주변을 둘러본다면 시각적 혼란이 일어날 수 있음을 생각해보자.

일반적으로 직무와 관련된 요인들은 무거운 장비 조작, 피로를 유발하는 상황, 그리고 상당한 주의를 요하는 복잡하거나 이중 과제의 상황들을 포함한다. 개별적인 요인으로 연령, 체력과 건강, 경험, 안전장비 사용 등이 있다. 낙상을 막기 위한 권고안 가운데, Hsiao과 Simeonov는 과제 동안 주의력이 높은 균형 훈련에 개별 능력(피로 및 강도)을 통합할 것을 제안하였다.

사진 제공: Jeffrey Ives

이것을 염두하고, 전형적인 건설노동자의 운동 처방 필요성에 대해 생각해보자. 유산소 운동 프로그램, 체력 훈련 프로그램 또는 낙상 예방을 위한 직업별 기능 훈련의 형태 중 가장 큰 이점은 무엇인가? 개인이 일반적으로 일 주일 동안 세 가지의 유형 모두를 참여하기 어려운 현실적 상황에 비추어볼 때, 이러한 필요성에 대한 운동 프로그램을 우선시한다.

SIDENOTE 낙상 예방과 장애물 회피 연구

Weerdesteyn(2008)은 노인들이 낙상을 예방하기 위해 장애물에 어떤 반응을 보이는지, 트레이닝이 그들의 낙상 예방 수행력에 어떤 영향을 미치는지에 대해 알아본 흥미로운 연구를 진행하였다. 트레드밀 위에 장애물을 떨어뜨릴 수 있는 특수 트레드밀(아래 참고)을 이용해 대상자가 장애물을 피하는 움직임 패턴을 고속영상으로 촬영했다. 대상자들은 5주 동안 10번의 훈련 과정을 거쳤는데, 여기에는 붐비는 방에서 걷기, 장애물을 넘고, 디딤돌 같이 불안정하거나 불규칙한 표면 위를 걷는 것, 다양한 앉기 자세에서 서고 뻗는 움직임 등이 포함된다. 이러한 과제의 대부분은 시각적 도전, 이중 과제 운동 도전들(예: 장바구니 옮기기), 이중 과제 인지적 도전(예: 이야기의 반복)으로 수행되었다. 대상자들은 마셜 아츠를 기반으로 한 낙상 회복 운동 기술 훈련 또한 실시했다. 운동에 참여하지 않은 대조군 그룹과 달리, 훈련된 대상자들은 일반적으로 장애물을 보다 더 성공적으로, 긴 보폭으로 넘게 되었다. 저자들은 다른 연구자들이 일반적인 근력 훈련 중재들을 사용했고 유사한 결과를 발견했다고 주장하였다. 그로 인해 저자들은 운동의 자기효능감에 대한 효과들이 적어도 장애물을 피하는 부분에 영향을 준다고 제안하였다.

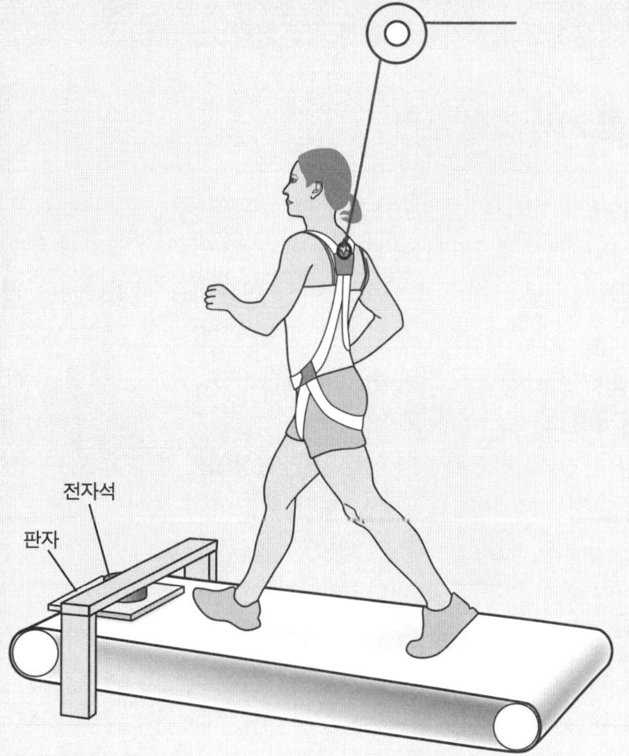

Weerdesteyn 등(2008)은 실험용 트레드밀을 위와 같이 세팅하였다. 트레드밀 앞의 다리는 금속과 나무판자에 고정된 전자석에 연결되어 있다. 자석은 컴퓨터에 의해 보행중 임의대로 나무판자를 트레드밀에 떨어지도록 조절할 수 있다. 대상자는 스스로 낙상에 대한 대처를 배우게 된다.

운동선수들과 스포츠 수행력에서의 자세 조절

스포츠 활동 대부분의 본성은 운동선수가 균형잡기 어려운 자세 혹은 불안정성을 유발하는 큰 힘이 작용할 때 강력하고 정밀하게 수행할 것을 요구한다. 그림 10.10은 균형잡힌 동작을 하기 힘들 때 잘 조절된 스포츠 동작과 잠재적인 결과들이 자세 조절을 필요로 함을 나타낸다. 이와 같이 뛰어난 자세 조절은 운동선수들에게 반드시 필요하다. 아직 높은 수준의 수행력을 가진 선수들과 자세 조절 특징의 연관성을 밝혀내지 못한 것은 부상자 혹은 건강하지 않은 사람들의 자세 조절 실패를 평가하는 것보다 더욱 애매모호하다. 위에서 보여지는 것과 같이, 스포츠 활동은 운동선수들에게 자세 부정렬을 일으키고, 운동은 이러한 부정렬을 교정하는 데 성공적이지 못하다(Hrysomallis & Goodman, 2001).

운동선수의 균형 능력에 대한 연구도 당황스러운 발견들이 이어졌다. 예를 들어 '균형 능력이 중요한 운동선수'(예: 체조 선수, 무용수, 서퍼)의 균형 수행능력은 다른 선수 또는 비운동선수보다 나을 수도 있고 그렇지 않을 수도 있다. 균형 수행능력은 스포츠 특이적 활동에 의해 부과된 조건과 상황에 특정된 것으로 보이며(Hrisomallis, 2011; Kiers 등, 2013), 다른 스포츠 선수와 균형을 비교하는 것은 측정상 발생하는 특이성일 수 있다(Zemková, 2014). 자세 조절과 경기력 관련의 다양한 측정을 사용한 다수의 다른 종목 운동선수들에 대한 연구가 많고, 자세 조절과 스포츠 수행능력과의 관계는 자세 조절과 경기력 측정으로 설명할 수 있는 것보다 더 복잡하다는 것이 유일한 결론이다(Zech 등, 2010; Zemková, 2014).

스포츠 수행력을 위한 자세 조절 훈련

자세 조절과 운동수행력 측정 사이의 연관성이 모호한데, 과연 특수한 자세 조절 훈련을 만들 수 있을까? 연구자들과 임상가들은 일반적으로 2가지 이유에서 만들 수 있다는 의견에 동의한다. 첫 번째는 일반적인 자세 검사들은 단순하고 자세 조절과 수행력 사이의 연관성을 가려내기에 비효율적일 수 있으나, 그럼에도 불구하고 몇몇 운동선수 부류에서 수행력 향상을 위한 훈련 프로그램을 추구해야 할 증거가 있다. 두 번째, 자세 조절 훈련은 근골격계 상해를 감소시킬 수도 있다는 강한 증거가 있고, 이것이 그 자체로 효율적이라는 이유에서다.

자세 조절 훈련의 한 가지 목표는 체간의 안정성을 향상시켜서 운동 기술 수행을 향상시키는 것이다. 아직은 운동선수들과 비교적 건강한 사람들에서 체간과 코어 훈련이 실제로 수행력을 향상시킨 결과를 낸 연구는 매우 적다(Prieske 등, 2016; Reed 등, 2012). 이러한 자료의 부족 때문에 코어 트레이닝이 효과적이지 않다고 해석되어야 한다는 것은 아니다. 오히려 이것은 전반적인 데이터 부족을 반영하며, 코어 근육의 기능을 결정하는 측정의 어려움과 특유의 운동 기술 수행력에 기여하는지에 대한 판단이 일반적으로 어렵기 때문이기도 하다(Behm 등, 2010).

동호회 선수나 적절한 운동을 하는 활동적인 사람들을 대상으로 한 균형 훈련은 수직 점프 높이, 근육 긴장도 발달 수치 그리고 스포츠 수행력과 민첩성 검사에서 일부 향상된 사례를 보였다(Zech 등, 2010). 균형 훈련은 활동적인 사람과 운동선수들의 실험실에서의 균형 능력 측정에서 향상된 결과를 보였으나, 현재까지 균형 훈련 프로그램이 경기력 혹은 근본적인 능력(예: 스프린트 속도, 점프 높이)을 향상시키기 위한 저항 훈련보다 우수한 사례는 없는 것으로 나타났다. 자세 조절 훈련이 운동선수의 신경적 변화를 유도할 수 있다는 측면을 배제하지는 않는다(Hrysomallis, 2011; Taube 등, 2008; Zech 등, 2010 참고).

이러한 점을 감안하여, 일부 연구자들은 운동선수의 수행력 향상을 위한 자세 조절 훈련 권고사항들을 제공하였다. 이러한 권고사항들은 자세 조절 훈련을 다른 컨디셔닝 프로그램으로 대체할 수 없으며, 어린 선수와 비선수들이 엘리트 선수들보다 더 큰 효과를 얻을 것이라는 점이 첫 번째이다. 다음으로 자세 조절 훈련은 반드시 다면적이고, 포괄적이고, 엄격해야 하며, 스포츠 특이적이어야 한다. 프로그램들은 안정적이거나 불안정한 조건들 모두에서 시행되는 스포츠 특이적 근력 훈련 프로그램과 같은 다른 컨

그림 10.10 불안정성이 높은 시기에는 자세 조절이 필요하다. **A.** 더블 플레이를 만들기 위해 던지기를 하는 선수는 강하고 정확한 투구가 가능하도록 자세 조절 메커니즘으로부터 상당한 지지를 받아야 한다. 주자를 피하고 충격을 피하려 한다면 실패할 것이다. 이 경우 선수의 충격에 의한 힘의 대비는 부상 가능성을 최소화할 수 있다. (사진 제공: Greg Schneider) **B.** 예상하지 못하거나 갑작스런 동요는 신체를 안정성 변화에 대비하지 못하게 하고 반응적 메커니즘에 의존하게 한다. 이 썰매 타는 사람은 '넘어짐'에 대한 연습이 부족하고 방향 감각을 상실하여 언덕 아래로 내려가기 쉬운 헤드퍼스트 위치에 있게 되었다. (사진 제공: Jeffrey C. Ives)

디셔닝 운동을 포함시킬 수 있다(Anderson & Behm, 2005). 결국 프로그램은 불확실성과 신속한 의사결정의 필요성을 만들어냄으로써 능동적인 자세 메커니즘을 강조해야 하며, 이는 자세 조절 시스템이 '예상되지 않은 것을 예상'하도록 강요할 수 있다.

확실한 증거가 부족하다는 여론에도 불구하고, 근력과 안정성 훈련을 결합한 프로그램과 함께 선수를 위해 몸통 안정성 훈련 프로그램에 대한 추가 권고사항을 찾을 수 있다. McGill(2002, 2004; Bemm 등, 2010 참고)은 몸통 근골격계의 강도 및 제어는 과제와 상황에 의존적이기 때문에 단일 코어 근육을 배제해서는 안 된다고 강조했다. 선수는 특히 불안정한 상태일 때 복부 브레이싱(abdominal bracing) 기술을 사용하도록 지도해야 한다. 운동선수들은 들어 올리기 동안 불안정한 지면(예: wobble boards)이나 불안정한 중량을 이용하여 코어 활성화 및 안정화에 대한 요구 사항을 증가시킬 수 있다. 불안정한 중량들기는, 한쪽 들기로 신체 분절에 비대칭 부하가 생성되도록 하는 방식이 가장 많이 사용된다. 트레이너와 운동선수들은 불안정한 들어올리기는 들어 올릴 수 있는 무게의 양을 감소시켜 최대 근력의 발달에 방해가 될 수 있다는 것을 명심해야 한다.

스포츠에서의 관절 상해 재활과 예방

이전 부분과 달리 자세 조절 훈련은 운동선수의 수행력에 불확실한 이익을 제공하고, 이러한 훈련이 스포츠와 연관된 근골격계 상해를 명확히 감소시키는 것으로 나타났다. 이러한 상해들은 발목과 무릎염좌와 더 작은 규모의 견관절 상해도 포함한다. 자세 조절 훈련이 부상이나 부상재발을 방지하는 데 어떻게 도움이 되는지 더 잘 이해하려면 관절의 안정성 조절과 외상성 관절 손상의 원인을 간략히 살펴보는 것이 도움이 된다.

관절 안정성의 조절

우리는 관절의 안정성을 자세 조절의 한 결과로 본다. 또한 관절의 안정성에 기여하는 것은 관절 구조, 근육과 건 그리고 인대 조직을 기반으로 한 정적, 기계적 지지 시스템이다. 조직은 관절의 안과 주변에서 관절의 기능을 유지하는 특유의 역할을 수행하며, 기계적인 안정성을 제공하여 영양소와 윤활액을 생산한다. 그림 10.11은 슬관절 내의 많은 조직들이 적어도 한 가지 유형의 감각 신경을 가지거나 종종 3~4개의 다른 수용체 유형을 가지고 있음을 나타낸다. 이러한 조직들은 골지건 기관과 근방추, 파시니 소체, 메이스너 소체(피부), 루피니 소체, 골지건 유사 종말, 그리고 자유신경 종말 같은 다양한 수용체를 포함

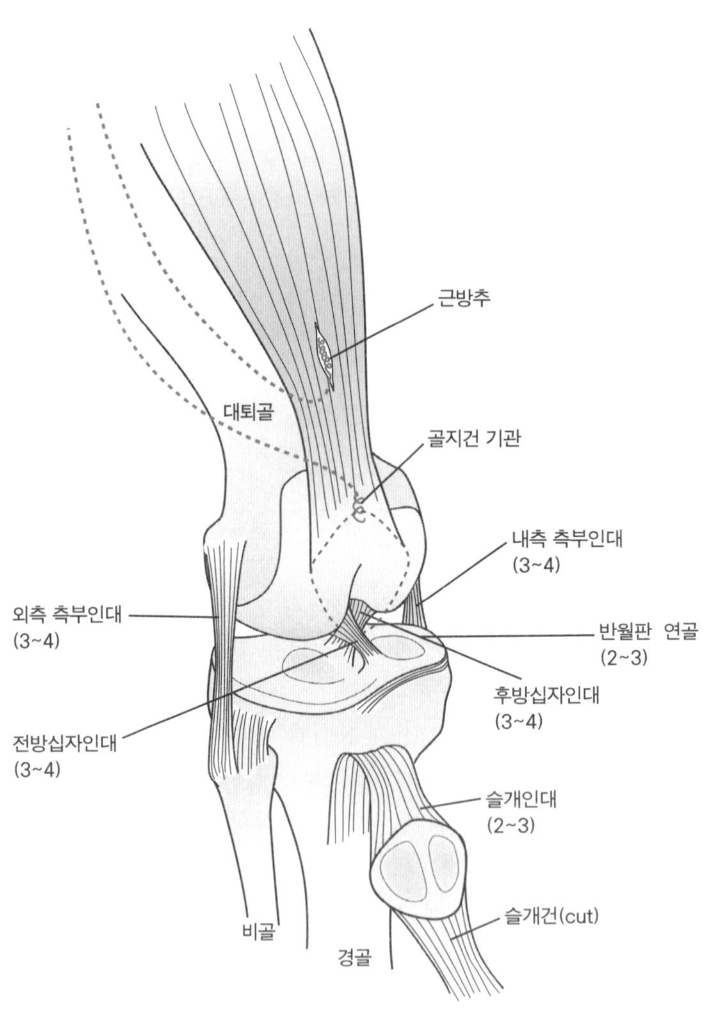

그림 10.11 슬관절 안정화 메커니즘. 이 도해는 정적, 동적 안정화를 담당하는 슬관절(그리고 큰 가동범위를 가진 유사한 관절)의 중요한 특성을 나타낸다. 반월상 연골, 관절주머니, 관절주머니 인대(측부), 관절주머니 내의 인대(십자), 근육-건 복합체 주변 조직들은 기계적인 안정화를 제공한다. 그림에서 각각의 조직은 감각 종말들의 다른 유형들로 다양하며 슬관절 조직에서 발견된다. 기계적인 특징들을 가진 서로 다른 조직들은, 다른 감각 종말들의 특징들과 반응이 연결되어 있고, 관절의 스트레스, 긴장, 압박력, 위치, 그리고 움직임에 대한 피드백을 가능하게 한다.

SIDENOTE 운동선수 자세 조절 연구

특히 실제 스포츠 동작에서 운동선수들의 자세 조절을 측정하려면 타당하고 재현 가능한 결과를 내기 위한 창의성이 요구된다. 예를 들어 공중으로 뛰어올라 특정한 목표물이 없이 팔을 뻗는 경우를 생각해보자. 이러한 움직임을 근골격계 부상의 주요 원인으로 가설을 세워 온몸이 비뚤어진 상태로 착지하게 한다. 실험실 장비를 사용하여 이러한 유형의 신체 동작을 측정하는 것은 이동의 자유와 자발성을 제한하고 결과의 타당성에 의문을 제기한다. Dempsey 등(2012)은 다음 페이지의 그림에 표시된 설정을 사용하여 이러한 타당성 문제의 일부를 해결했다. 실험 대상자들은 호주 축구의 오버헤드 패스에 대한 현실적인 시각적 인식을 제공하는 거대한 방에서 진자(pendulum)와 갠트리(gantry) 시스템을 사용하여 공중으로 날아가는 공을 잡기 위해 뛰어올랐다. 갠트리 시스템을 통해 공이 재현 가능한 방식으로 여러 방향으로 도착할 수 있었지만, 그 방향은 대상자가 사전에 알 수 없었다. 대상자들은 3D 생체역학 비디오 분석을 위한 반사 마커를 부착했고, 주어진 유일한 지침은 특정한 다리로 착지하는 것이었다. 지면 반력판은 지면 반응력 데이터를 수집했고 작은 표적에 착지하려는 대상자들의 주의를 최소화할 수 있을 만큼 충분히 컸다. 저자들은 볼 방향(주체로부터 멀리 떨어져 있거나)과 도달 거리가 착지 중 무릎 안정성에 큰 영향을 미친다는 것을 발견했다. 특히 목표물이 자신에게 다가가는 동안 공을 향해 손을 뻗어야 할 때(위 사진) 무릎의 외반력(valgus forces)이 가장 높았다. 이러한 외반력은 부상 위험을 증가시키기 위해 제안되었다. 저자들은 '무릎이 발을 넘어가는' 것과 같은 인기 있는 무릎 안정 훈련 지침과 상반되는 몸통과 무릎 움직임에 관한 다른 결과를 발견했다. 연구 결과를 바탕으로 무릎 안정성 트레이닝은 몸통 굴곡 자세를 피하고, 발과 무릎의 외회전을 피하고, 고관절 내회전을 피해야 한다고 제안했다. 대신, 몸통은 똑바로 세워야 하고 발과 무릎은 이동 방향을 가리켜야 한다. 물론 게임의 흐름 속에서 이것을 배우는 것은 과제로 남아 있으며, 이러한 발견을 재현하는 것은 신뢰할 만하다고 여기기 위해 필요하다.

Dempsey, A., Elliott, B., Munro, B., Steele, J., & Lloyd, D. (2012). Whole body kinematics and knee moments that occur during an overhead catch and landing task in sport. *Clinical Biomechanics, 27*(5), 466-474.

하고 있다(Hogervorst & Brand, 1998; Solomonow & Krogsgaard, 2001). 조직에서 다양한 수용체들은 이러한 조직들에 매우 중요한 자극 수신기 역할을 하고, 관절의 안정성을 유지하며 감각 감지의 역할을 한다.

안정시에 기계적 지지 구조들은 안정성을 위해 중요하지만, 동적 작용중 관절 안정성은 반응적, 예측적 자세 조절 메커니즘에 의존한다(Riemann & Lephart, 2002a, b; Solomonow & Krogsgaard, 2001). 또한 더 잘 조정된 운동 기술 동작은 균형에 필요한, 힘이 적게 드는 상태로 이끌어 상해 위험을 감소시킬 것으로 생각된다(Gabett 등, 2012; Riemann & Lephart, 2002a). 관절 수용체나 근방추에 의해 시작된 반사는 관절 안정성을 도울 수 있지만, 대부분의 경우 강한 불안정 유발력이나 과도한 관절 움직임을 극복하기에는 너무 느리거나 너무 약할 수 있다(Friemert 등, 2010; Solomonow & Krogsgaard, 2001).

큰 흔들림에 대해 관절을 유지하고 준비하기 위해서 피드-포워드 및 자세 조절 예상이 필요하다는 것이 점차 이해되었다(Palmieri-Smith 등, 2008). 무릎과 발목 근육의 활성 전 상태를 예로 들면, 조절을 감쇠시키거나 힘을 전달하는 것뿐만 아니라 불안정성 외력에 관절이 저항하도록 보조한다. 또한 고도로 훈련된 사람들에서 예측적 자세 조절이 예상되는 스트레스에 관절을 준비시키는 것뿐 아니라 예상치 못한 스트레스와 흔들림에도 관절을 준비시킨다. 과제를 수행할 때 요구 사항의 불확실성이 더 유연하고 적응이 가능하도록 예측적 자세 조절에 변화를 만든다(Leukel 등, 2012). 움직임 훈련은 아래에서 묘사한 것처럼 예상치 못한 상황에 대비하며, 이것은 성공적인 상해 예방 프로그램에서 매우 중요한 요소이다.

관절 상해의 발생 위험 요소

관절 안정성이라는 복잡하고 다면적인 특성을 고려할 때 부상에 대한 위험 요소도 복잡하고 다면적이라는 것은 놀랄 일이 아니다. 남자 선수에 비해 여자 선수들이 무릎과 발목에서의 심각한 부상 위험이 2~4배 정도 높다는 결과가 나왔기 때문에 위험 요소를 살펴보면 성별 차이가 강조된다. 발목과 무릎 부상에 대한 위험요소(주로 전방십자인대, ACL)는 수정 가능한 것과 수정할 수 없는 것으로 정리되었으며, 훈련 또는 다른 중재를 통해 수정 가능한 것으로 보이는 위험인자에 가장 많은 관심이 집중되었다(Hewett 등, 2010; McLean & Beaulieu, 2010). 여성을 더 위험에 빠뜨릴 것으로 생각되는 수정 불가능한 위험 요소로는 얕은 곳과 덜 튼튼한 관절 구조, 증가된 관절 이완도, 더 작은 인대 크기 및 덜 튼튼한 인대 형태, 더 많은 체지방, 대퇴부 전경각 증가 및 더 큰 Q각과 같은 덜 유리한 구조적 정렬이 있다(Donaldson, 2012; Hewett 등, 2010, 2016; McLean & Beaulieu, 2010; Myer 등, 2008 참고). 수정 가능한 위험요소들 중 부족한 다리 근육 협응은 저하된 점프 조절, 심한 무릎 흔들림, 불안정한 착지역학을 일으킨다. 전체적으로 이것들을 '고위험(high-risk)' 생체역학적 프로필이라 부른다(Hewett 등, 2010; McLean & Beaulieu, 2010). 이러한 고위험 생체역학적 프로필은 대부분의 중재 프로그램의 대상이다. 여성 운동선수의 부족한 몸통과 고관절 조절이 위험요소로 작용할 수 있으며(McLean & Beaulieu, 2010; Mendiguchia 등, 2011), 중재 대상으로 주목받기 시작했다.

스포츠 부상의 다른 위험 요소들 중 하나는 피로다. 역학적 및 정황적 근거는 피로를 근골격계 부상 위험 증가와 연관시킨다(Gabett, 2004; Ranama 등, 2002). 이러한 데이터는 피로도가 조직 강도를 낮추고, 근육 활성화 패턴과 감각 및 반사 기능을 변화시킨다는 실험 연구 결과를 통해 뒷받침된다(Gehring 등, 2009; Alentor-Geli 등, 2009a 참고). Paillard(2012)는 국소근육 피로와 일반 피로가 모두 생리적 및 신경학적으로 무너져 자세 조절 기능장애에 기여하여 결과적으로 부상 위험을 증가시킨다는 점에 주목했다. 중추신경계의 피로와 함께, 자세 메커니즘이 자세 기능장애에 능동적으로 또는 반응적으로 조정하기에 불충분해진다.

훈련 프로그램

1990년도 중반부터 달리기, 커팅, 점프, 잠재적인 비접촉성 상해 기전을 포함하는 스포츠에서의 관절 상해를 위한 재활과 예방 전략의 변화가 계속되어왔다. 이러한 변화는 많은 양의 조사 연구들이 동반되었으며, 최근 몇 년간 무엇이 효과적이고 그렇지 않은지에 대한 과학적 근거 기반의 조사로 검토되었다. 하지 관절 상해 유발에 기반하여 예측할 수도 있으며, 이러한 예측은 젊은 여성 운동선수들에게 주목받았다. 몇몇 중재들은 위험 요인들을 변형하는 데 초점을 더 맞추어왔다. 일부 특이적인 상해를 대상으로 하였고(예: 전방십자인대 수술로 인한 회복), 반면 다른 상해들은 훈련 후의 상해 발생 유병률을 추적 조사하였다. 방대한 리뷰들로부터 가장 주목할 만한 발견은 훈련 프로그램들이 언제 정확히 수행되었을 때, 수정 가능한 위험요소에 긍정적인 영향을 줄 수 있고, 자세 조절 기전의 향상으로 남녀 운동선수들의 관절 상해 발생이 감소할 수 있다는 것이다. 이러한 프로그램들 또한 수직 점프 높이와 스포츠 종목 특유의 기능과 같은 신체 능력을 향상시킬 수 있다(Noyes & Barber Westin, 2012 참고). 이러한 결과에 부정

개 • 념 • 설 • 명

무릎 상해 위험의 평가

착지에서 과도한 외반력(무릎이 버클로 잠그듯이 안으로 모임)은 좋지 않은 무릎의 안정성 조절과 무릎 상해의 위험요소를 시사하는데, 특히 여성에서 그렇다. 아래 사진에 수직 점프 후 착지하는 3명의 여성이 있다. A. 이 8살 소녀는 왼쪽 무릎만 외반슬 모양을 보인다. B. 젊은 성인여성 운동선수는 좋지 않은 외반슬 움직임을 보여준다. C. 반면에 이 10살 소녀는 착지에서 좋은 무릎 조절력을 보여주며, 여성들에서 무릎 불안정성이 자동적으로 나타나는 것이 아님을 보여준다.

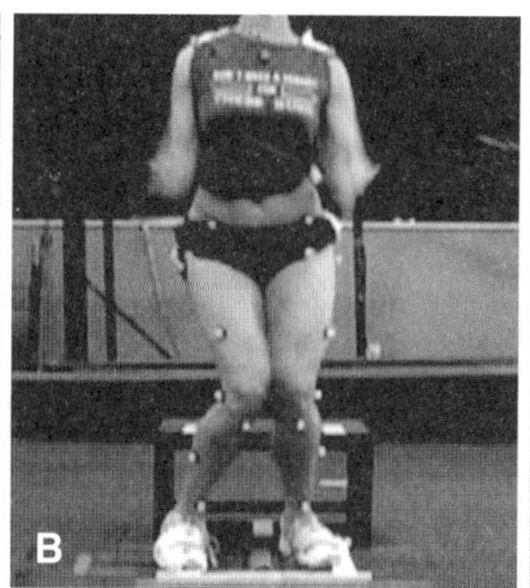

A, B. 사진 제공: Jeffrey Ives. **C.** Myer, G., Ford, K., & Hewett, T. (2011). New method to identify athletes at high risk of ACL injury using clinic-based measurements and freeware computer analysis. *British Journal of Sports Medicine, 45*(4), 238-244, with permission from BMJ Publishing Group Ltd.

정확히 무엇이 잘못된 무릎 조절인지, 어떻게 단순성과 유효성을 측정하는지, 표준 비디오카메라와 ImageJ 소프트웨어를 사용해 Myer 등(2011)에 의해 조사되었다. 저자들은 시상면 및 전두면의 시점으로 설치된 디지털카메라를 사용했고 측정을 위한 개별 영상을 캡처하기 위해 화면 스냅샷을 사용했다. 이 이미지들은 국립보건원(www.nih.gov)에서 사용할 수 있는 이미지J에 로드되었고 무릎 각도가 측정되었다. 이러한 각도는 인체측정학 및 근력 데이터와 마찬가지로 부상 위험 프로파일을 제공하는 무릎 부상 위험 모노그램에 입력되었다. 모노그램 표본을 아래에 제시한다. Myer 등(2011)의 기술을 사용할 수 있다면 급우들의 부상 위험을 평가할 수 있는지 확인해보자. 측정 내용을 보고(전체 인용은 참조) 사진 및 분석을 위한 지침을 따른다. 부상 위험을 판단하려면 모노그램을 사용해보자.

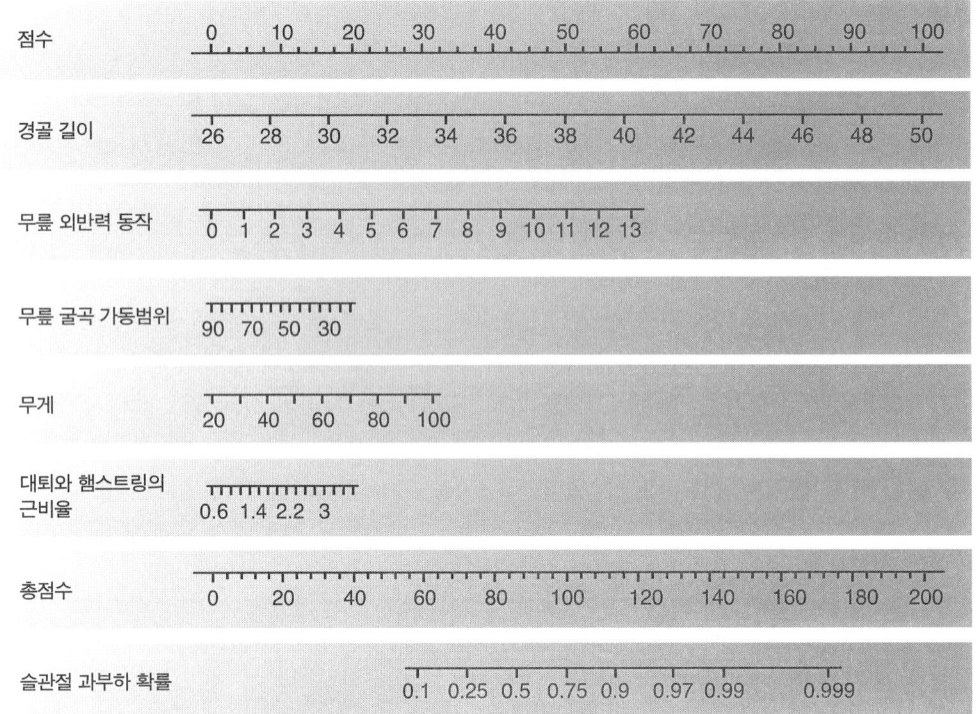

Myer, G., Ford, K., Khoury, J., Succop, P., & Hewett, T. (2010). Clinical correlates to laboratory measures for use in non-contact anterior cruciate ligament injury risk prediction algorithm. *Clinical Biomechanics, 25*(7), 693-699.

적 발견들이 없는 것은 아니다. 그러나 방법론적으로 신뢰할 수 있는 연구들은 긍정적인 효과를 보여준다(Alentorn-Geli 등, 2009b; Hübscher 등, 2010; Lerch 등, 2011; Noyes & Barber Westin, 2012 참조).

무엇이 잘 되고 안 되는지에 대한 합의가 커지고 있다. Hewett 등(2006)은 문헌의 광범위한 메타 분석을 바탕으로 무릎과 발목 부상 방지를 위한 효과적인 프로그램의 몇 가지 주요 특징을 요약했다. 가장 성공적인 프로그램은 다면적이며, 더 긴 기간(예: 세션당 60분), 최소 6주 이상 지속된다. 그들은 일반적으로 플라이오메트릭 훈련의 형태로 점프, 높이뛰기 또는 외발뛰기의 다양한 형태를 포함한다. 대부분의 프로그램은 달리기, 커팅, 근력 훈련을 포함한다. 성공적인 프로그램은 운동의 질과 자세 조절을 넘어서 건강의 발달을 강조한다. 운동의 질을 가르치는 것은 강사의 가장 중요한 책임이다. 복합 중재 프로그램(균형, 근력, 민첩성)은 하퇴 부상의 전반적인 위험을 줄일 수 있으며, 일부 상지 부상도 줄일 수 있다(Alentorn-Geli 등, 2009b).

성공적인 프로그램의 특징은 계속해서 연구되고 있으며, 그것들은 효과적인 연습의 특징과 일치한다. Sugimoto 등(2016)은 나이 외에도 여성을 위한 효과적인 ACL 개입 훈련에서 가장 중요한 요인이 운동량(더 나은 것), 훈련의 변형, 언어 피드백의 사용이라고 보고했다. 훈련 중재에 대한 세심한 검토는 종종 강사의 지도, 피드백 및 이동 결과 그리고 목표에 대한 외부의 집중에 의해 유발되는 움직임의 질을 개선하기 위한 제약 주도 접근과 발견 학습을 나타낸다. 예를 들어 적절한 착지 기술은 '점프에서 조용히 바닥으로' 같은 언어의 사용에 의해 주도되는 제약 조건이다. Myer와 그의 동료들(2013)은 적절한 움직임 형태를 지시하는 피드백을 구체적으로 검토했으며, 가장 명백한 움직임 오류에 초점을 맞춘 많은 피드백이 가장 성공적이었다고 언급했다. 그림 10.12는 자가 발견을 강조하기 위해 제약 조건이었던 피드백을 사용하여 수정된 수행능력의 일반적인 오류를 보여준다.

운동선수들은 단순히 처방을 따르는 것보다 운동 해결책을 명확히 표현하는 것과 함께 코치의 언어

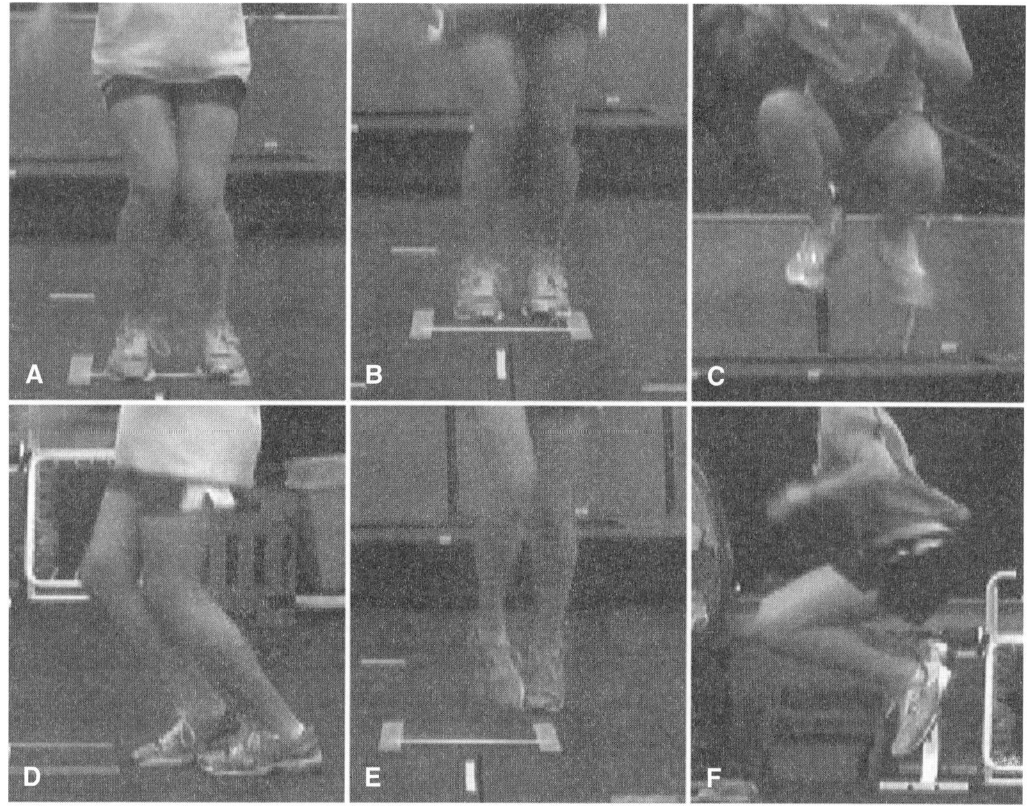

그림 10.12 관절의 안정성과 같은 자세 조절을 위한 훈련은 협응력과 조절 능력을 강조한다. 이 사진들은 관절 불안정성에 기여할 수 있는 턱(tuck) 점프 연습에서의 협응적 문제들을 나타낸다. **A.** 외반력 붕괴. **B.** 발이 서로 너무 가까운 상태. **C.** 비대칭적 대퇴 정렬. **D.** 가지런하지 않은 발의 위치. **E.** 발 타이밍의 불합치. **F.** 대퇴가 평행하지 않음. 이러한 점프와 착지 결함은 훈련에 대한 제약 주도의 접근에서 피드백을 사용하여 수정할 수 있다. (Myer, G. D., Stroube, B. W., DiCesare, C. A., 등 [2013]. Augmented feedback supports skill transfer and reduces high-risk injury landing mechanics: A double-blind, randomized controlled laboratory study. *American Journal of Sports Medicine, 41*[3], 669-677, with permission from American Orthopaedic Society for Sports Medicine.)

와 시각적 신호 이미지를 이용하도록 권유받고 있다. 마지막으로, 운동선수들은 예를 들어 비디오를 사용하여 움직임을 평가하고 그들만의 예방 전략을 고안하도록 권장된다. 다른 저자들은 성공적인 프로그램에는 몸통 조절(Alentorn-Geli 등, 2009b)과 피로, 의사결정, 외부 주의 집중, 무작위성 등과 같은 스포츠 특이적 인식-동작 상황(McLean & Beaulieu, 2010)이 있다는 점에 주목했다.

최근의 부가적인 발견들은 성에 상관없이 개인의 특성에 맞는 프로그램의 필요성을 강조하였지만, 여성을 위한 프로그램은 관절의 구조와 골격의 정렬에서 수정할 수 없는 성별의 차이 때문에 이를 고려해야만 한다(McLean & Beaulieu, 2010). 특히 여성들이 착지 때 발생하는 충격에 대한 특이적 자세 정렬은 엉덩이와 무릎 구조의 차이 때문에 남자들과 달라야 하며, 이러한 착지 전략은 엉덩이와 몸통 조절에서 더욱 강조되어야 한다(McLean & Beaulieu, 2010; Mendiguchia 등, 2011). Grooms과 Onate(2016)는 뇌 구조의 성별 차이가 부상 위험을 야기할 수 있으며 이러한 문제에 접근하는 것이 다음 단계의 중재 전략의 일부가 될 수 있다고 언급했다.

부상 예방 프로그램이 긍정적인 방향으로 진행되고 있지만, 뇌 영상 연구 결과는 훈련의 더 많은 인지적 요소를 다루면 개선될 수 있음을 시사한다. Grooms와 그의 동료들(2015)은 그들의 리뷰 연구에서 인대 부상 이후 뇌 구조에 대한 신경성 변화가 '해결되지 않아' 많은 환자들에게서 좋지 않은 재활 결과를 초래할 수 있다고 언급했다. 저자들은 공동 부상 재활 프로그램이 공간-시각적 도전, 환경적 제약, 인지적 및 예상적 도전을 통합하여 신경가소성을 목표로 한다고 강력히 제안한다.

요약

자세 조절은 신체가 목적성 있는 움직임에 준비할 수 있도록 디자인된 기초적인 움직임 체계이다. 자세 조절 기전의 결과는 생체역학적인 정렬과 공간적인 방향성이다. 이러한 결과들은 함께 안정성에 기여하며, 방향성은 나아가 머리와 발을 적절하게 위치시킴으로써 구심성 정보를 최적화하는 데 기여한다. 안정성은 전신 안정성(균형), 분절 안정성, 그리고 관절 안정성으로 더욱 세분화될 수 있다. 일부 집단에 대한 정렬 및 균형 측정은 자세 조절 문제를 진단하고 근골격계 문제가 발생하거나 발생할 수 있는 잠재적 위험을 예측하는 데 사용될 수 있다. 그러나 전반적으로 비교적 건강한 사람의 문제를 진단하거나 예측하기 위한 정렬과 안정성에 대한 평가는 결론에 이르지 못했다.

자세 조절 메커니즘은 감각, 신경 근육, 근골격계 및 CNS 시스템을 통해 조절된다. 자세 조절은 장애에 반응적으로, 예상되는 흔들림에 선행적으로 대비한다. 선행적 자세 메커니즘은 목적성이 있는 움직임에 대비하여 신체 분절을 안정시키고 전신 균형을 가능하게 하기 위해 설계된 APAs를 포함한다. APAs는 목표 지향적인 움직임에 앞서며, 수정 가능하고 맥락에 맞출 수 있다.

잘못된 자세 조절은 좋지 않은 웰니스와 수행능력의 원인이 될 수 있으며, 유전적 요인, 좋지 않은 신체적, 정신적 건강, 그리고 만성적인 운동 행동으로부터 발전될 수 있다. 직업적 요구 사항들은 부정적 자세로의 적응이 좋지 않은 건강 문제 발생이라는 결과를 초래하는 주요 원인 중 하나이며, 정신적 스트레스는 자세와 건강의 관계에 역할을 하는 것으로 점점 더 인식되고 있다. 이러한 이유로 자세 조절 훈련은 인기가 높아지고 있지만 아직 근거 기반의 연습은 대중적 이용에 뒤떨어지고 있다.

비엘리트 선수의 다면적인 훈련 방식 요소로 자세 조절 훈련은 몇몇 근골격계 문제들을 극복하는 데 영향을 미칠 수 있고, 기능적인 수행력의 일정 부분을 향상시킬 수 있으며, 기능장애나 건강이 좋지 않은 사람들의 낙상을 예방할 수 있음이 나타났다. 그러나 훈련 프로그램은 오히려 척추측만증과 같은 심각한 사례의 경우를 제외하고는 정적인 자세의 증진에는 효과적이지 않다. 상해 예방과 웰니스를 위한 성공적인 훈련 프로그램은 직접적으로 동작 시스템과 긴밀히 연결되도록 제한된 접근을 하며, 직무 활동 특이성을 강조하고, 정신물리학적 도전들과 환경적인 통제들에 특이적이고 어려운 도전을 한다. 이러한 지침들 아래 근력, 파워, 균형 운동을 조합한 프로그램들은 가장 성공적인 결과를 나타낸다.

자세 조절 훈련이 운동선수의 수행력을 향상시키는 것은 아직 확실하게 나타나지 않았다. 반면에 훈련이 운동선수의 근골격계 상해를 감소시킨다는 것은 상당한 지지를 얻는다. 가장 많은 운동선수의 관절 상해는 비접촉성이며 상해 위엄 요인에 접근하는 것은 좋지 않은 체간과 다리의 근신경 협응을 포함하는데, 이것은 성공적으로 나타났다. 도전하게 하는 상황에서 자세 조절을 목적으로 한 프로그램은 움직임 협응, 예측 가능한 자세 조절, 스포츠 특이적인 도전을 강조하는 프로그램일 때 특히 무릎과 발목 상해 그리고 몇몇의 어깨 상해 위험을 감소하는 데 성공적이다.

연습문제

1. 다음 용어들을 정의하라. 자세 조절, 분절 안정성, 관절 안정성, 균형, 방향.
2. 자세 조절은 정렬과 방향을 위해 디자인되었다. 방향성에는 두 가지 기능이 있다. 과제와 환경적 제약을 충족시키기 위해 몸을 위치시키는 것과, 더 나은 감각적 피드백을 위해 몸을 배치하는 것이다. 이러한 개념을 설명하라.

3. 자세 조절에 기여하는 4가지 시스템은 무엇인가?
4. 노인이 길가에 서서 길을 건너기 위해 기다리고 있다. 교통이 혼잡하고, 많은 보행자들이 우왕좌왕하고 있으며, 건널목 조명은 잘 보이지 않는다. 이 상황에서 노인에게 잠재적 낙상 위험을 유발하는 이유를 자세히 설명하라.
5. 반응적인 것과 선행적인 자세 조절의 차이점은 무엇인가? 어떠한 상황에서 우리는 이러한 조절 기전이 작용하는 것을 볼 수 있는가? APAs로 설명하며 답하라.
6. 자세 정렬 검사법들은 얼마나 쓸모 있는가?
7. 두 가지 서로 다른 균형 검사와 두 가지 서로 다른 전산화된 균형 검사로 평가한 측정법을 설명하라. 이러한 검사들로 무엇을 드러낼 수 있는가?
8. 어떤 요인이 다른 행동보다 나쁜 자세 정렬과 저하된 균형 능력을 유발하는가?
9. 한 사람이 수년간의 추적 가능한 심리적 트라우마와 스트레스로 '영구적으로' 구부정하고 움츠러든 자세를 가지고 있다고 하자. 무엇이, 일어날 수 있었던 신경 근육 적응 메커니즘을 가장 잘 설명하는가?
10. 무엇이 스포츠와 관련이 있는 관절 상해 위험 요소인가?
11. 관절의 안정성은 어떤 요인에 의존하는가? 무엇이 불안정성의 원인인가?
12. 웰니스를 위한 자세 조절 훈련의 핵심 요소에 대해 논의하라. 제약 조건과 발견 학습의 개념을 답변에 포함하라. 또한 훈련에서 인지적, 정서적 요인의 필요성에 대한 설명을 포함하라.
13. 운동선수를 위한 자세 조절 훈련의 핵심 요소에 대해 논의하라. 제약 조건과 발견 학습의 개념을 답변에 포함하라. 성별의 차이와 훈련 프로그램이 관절 부상에 대한 위험 요인을 다루는 방법에 대해 논의하라.
14. 자세 조절에 있어 피로의 역할을 설명하라.

참고문헌

Agmon, M., Belza, B., Nguyen, H. Q., Logsdon, R. G., & Kelly, V. E. (2014). A systematic review of interventions conducted in clinical or community settings to improve dual-task postural control in older adults. *Clinical Interventions in Aging, 9*, 477-492.

Alentorn-Geli, E., Myer, G., Silvers, H., Samitier, G., Romero, D., Lazaro-Haro, C., et al. (2009a). Prevention of non-contact anterior cruciate ligament injuries in soccer players. Part 1: Mechanisms of injury and underlying risk factors. *Knee Surgery, Sports Traumatology, Arthroscopy, 17*(7), 705-729.

Alentorn-Geli, E., Myer, G. D., Silvers, H. J., Samitier, G., Romero, D., Lazaro-Haro, C., et al. (2009b). Prevention of non-contact anterior cruciate ligament injuries in soccer players. Part 2: A review of prevention programs aimed to modify risk factors and to reduce injury rates. *Knee Surgery, Sports Traumatology, Arthroscopy, 17*(8), 859-879.

Anderson, K., & Behm, D. G. (2005). The impact of instability resistance training on balance and stability. *Sports Medicine, 35*(1), 43-53.

Ashton-Miller, J. A., Wojtys, E. M., Huston, L. J., & Fry-Welch, D. D. (2001). Can proprioception really be improved by exercises? *Knee Surgery, Sports Traumatology, Arthroscopy, 9*(3), 128-136.

Avela, J. J., Santos, P. M., & Komi, P. V. (1996). Effects of differently induced stretch loads on neuromuscular control in drop jump exercise. *European Journal of Applied Physiology and Occupational Physiology, 72*(5-6), 553-562.

Bakal, D. A. (1999). *Minding the body: Clinical uses of somatic awareness.* New York: The Guilford Press.

Behm, D., Drinkwater, E., Willardson, J., & Cowley, P. (2010). The use of instability to train the core musculature. *Applied Physiology, Nutrition, and Metabolism, 35*(1), 91-108.

Berger, L., & Bernard-Demanze, L. (2011). Age-related effects of a memorizing spatial task in the adults and elderly postural control. *Gait & Posture, 33*(2), 300-302.

Błszczyk, J., Cieślinska-Swider, J., Plewa, M., Zahorska-Markiewicz, B., & Markiewicz, A. (2009). Effects of excessive body weight on postural control. *Journal of Biomechanics, 42*(9), 1295-1300.

Bonnet, C. T., & Baudry, S. (2016). Active vision task and postural control in healthy, young adults: Synergy and probably not duality. *Gait & Posture, 48*, 57-63.

Bressel, E., Yonker, J., Kras, J., & Heath, E. (2007). Comparison of static and dynamic balance in female collegiate soccer, basketball, and gymnastics athletes. *Journal of Athletic Training, 42*(1), 42-46.

Brown, S., Vera-Garcia, F., & McGill, S. (2006). Effects of abdominal muscle coactivation on the externally preloaded trunk: Variations in motor control and its effect on spine stability. *Spine, 31*(13), E387-E393.

Cacciatore, T., Gurfinkel, V., Horak, F., Cordo, P., & Ames, K. (2011). Increased dynamic regulation of postural tone through Alexander Technique training. *Human Movement Science, 30*(1), 74-89.

Cress, M., Buchner, D. M., Prohaska, T., Rimmer, J., Brown, M., Macera, C., et al. (2005). Best practices for physical activity programs and behavior counseling in older adult populations. *Journal of Aging and Physical Activity, 13*(1), 61-74.

Donaldson, P. (2012). Does generalized joint hypermobility predict joint injury in sport? A review. *Clinical Journal of Sport Medicine, 22*(1), 77-78.

Engers, P. B., Rombaldi, A. J., Portella, E. G., & da Silva, M. C. (2016). Efeitos da pratica do metodo Pilates em idosos: Uma revisao sistematica. *Revista Brasileira de Reumatologia, 56*(4), 352-365.

Ferris, D., Liang, K., & Farley, C. (1999). Runners adjust leg stiffness for their first step on a new running surface. *Journal of Biomechanics, 32*(8), 787-794.

Friemert, B., Franke, S., Gollhofer, A., Claes, L., & Faist, M. (2010). Group I afferent pathway contributes to functional knee stability. *Journal of Neurophysiology, 103*(2), 616-622.

Fusco, C., Zaina, F., Atanasio, S., Romano, M., Negrini, A., & Negrini, S. (2011). Physical exercises in the treatment of adolescent idiopathic scoliosis: An updated systematic review. *Physiotherapy Theory and Practice, 27*(1), 80-114.

Gabbett, T. (2004). Incidence of injury in junior and senior rugby league players. *Sports Medicine, 34*(12), 849-859.

Gabbett, T., Ullah, S., Jenkins, D., & Abernethy, B. (2012). Skill qualities as risk factors for contact injury in professional rugby league players. *Journal of Sports Sciences, 30*(13), 1421-1427.

Gallagher, S. (2005). Physical limitations and musculoskeletal complaints associated with work in unusual or restricted postures: A literature review. *Journal of Safety Research, 36*(1), 51-61.

Gehring, D., Melnyk, M., & Gollhofer, A. (2009). Gender and fatigue have influence on knee joint control strategies during landing. *Clinical Biomechanics, 24*(1), 82-87.

Granacher, U., & Gollhofer, A. (2011). Is there an association between variables of postural control and strength in adolescents? *Journal of Strength and Conditioning Research, 25*(6), 1718-1725.

Granacher, U., Muehlbauer, T., Zahner, L., Gollhofer, A., & Kressig, R. (2011). Comparison of traditional and recent approaches in the promotion of balance and strength in older adults. *Sports Medicine, 41*(5), 377-400.

Grenier, S., & McGill, S. (2007). Quantification of lumbar stability by using 2 different abdominal activation strategies. *Archives of Physical Medicine and Rehabilitation, 88*(1), 54-62.

Grooms, D., Appelbaum, G., & Onate, J. (2015). Neuroplasticity following anterior cruciate ligament injury: A framework for visual-motor training approaches in rehabilitation. *Journal of Orthopaedic & Sports Physical Therapy, 45*(5), 381-393.

Grooms, D. R., & Onate, J. A. (2016). Neuroscience application to noncontact anterior cruciate ligament injury prevention. *Sports Health, 8*(2), 149-152.

Gross, M., Crane, E. A., & Fredrickson, B. L. (2010). Methodology for assessing bodily expression of emotion. *Journal of Nonverbal Behavior, 34*(4), 223-248.

Gross, M. M., Crane, E. A., & Fredrickson, B. L. (2012). Effort-shape and kinematic assessment of bodily expression of emotion during gait. *Human Movement Science, 31*, 202-221.

Guskiewicz, K. M., & Perrin, D. H. (1996). Research and clinical applications of assessing balance. *Journal of Sport Rehabilitation, 5*(1), 45-63.

Hawes, M. C. (2003). The use of exercises in the treatment of scoliosis: An evidence-based critical review of the literature. *Pediatric Rehabilitation, 6*(3-4), 171-182.

Hewett, T., Ford, K., & Myer, G. (2006). Anterior cruciate ligament injuries in female athletes: Part 2: A meta-analysis of neuromuscular interventions aimed at injury prevention. *American Journal of Sports Medicine, 34*(3), 490-498.

Hewett, T. E., Ford, K. R., Hoogenboom, B. J., & Myer, G. D. (2010). Understanding and preventing ACL injuries: Current biomechanical and epidemiologic considerations—pdate 2010. *North American Journal of Sports Physical Therapy, 5*(4), 234-251.

Hewett, T. E., Ford, K. R., Xu, Y. Y., Khoury, J., & Myer, G. D. (2016). Utilization of ACL injury biomechanical and neuromuscular risk profile analysis to determine the effectiveness of neuromuscular training. *American Journal of Sports Medicine, 44*(12), 3146-151. http://doi.org/10.1177/0363546516656373.

Hicks, G., Fritz, J., Delitto, A., & McGill, S. (2005). Preliminary development of a clinical prediction rule for determining which patients with low back pain will respond to a stabilization exercise program. *Archives of Physical Medicine and Rehabilitation, 86*(9), 1753-1762.

Hogervorst, T., & Brand, R. (1998). Mechanoreceptors in joint function. *Journal of Bone and Joint Surgery, 80*(9), 1365-1378.

Horslen, B. C., & Carpenter, M. G. (2011). Arousal, valence and their relative effects on postural control. *Experimental Brain Research, 215*(1), 27-34.

Hrysomallis, C. (2011). Balance ability and athletic performance. *Sports Medicine, 41*(3), 221-232.

Hrysomallis, C. C., & Goodman, C. C. (2001). A review of resistance exercise and posture realignment. *Journal of Strength and Conditioning Research, 15*(3), 385-390.

Hsiao, H., & Simeonov, P. (2001). Preventing falls from roofs: A critical review. *Ergonomics, 44*(5), 537-561.

Hubscher, M., Zech, A., Pfeifer, K., Hansel, F., Vogt, L., & Banzer, W. (2010). Neuromuscular training for sports injury prevention: A systematic review. *Medicine and Science in Sports and Exercise, 42*(3), 413-421.

Hue, O., Simoneau, M., Marcotte, J., Berrigan, F., Dore, J., Marceau, P., et al. (2007). Body weight is a strong predictor of postural stability. *Gait & Posture, 26*(1), 32-38.

Huffman, J., Horslen, B., Carpenter, M., & Adkin, A. (2009). Does increased postural threat lead to more conscious control of posture? *Gait & Posture, 30*(4), 528-532.

Huxhold, O., Li, S., Schmiedek, F., & Lindenberger, U. (2006). Dual-tasking postural control: Aging and the effects of cognitive demand in conjunction with focus of attention. *Brain Research Bulletin, 69*(3), 294-305.

Ives, J. (2003). Comments on "the Feldenkrais method: A dynamic approach to changing motor behavior." *Research Quarterly for Exercise and Sport, 74*(2), 116-123.

Jacobs, J.V. (2016). A review of stairway falls and stair negotiation: Lessons learned and future needs to reduce injury. *Gait & Posture, 49*, 159-167.

Jain, S., Janssen, K., & DeCelle, S. (2004). Alexander technique and Feldenkrais method: A critical overview. *Physical Medicine and Rehabilitation Clinics of North America, 15*(4), 811-825.

Jang, H., Clemson, L., Lovarini, M., Willis, K., Lord, S. R., & Sherrington, C. (2016). Cultural influences on exercise participation and fall prevention: A systematic review and narrative synthesis. *Disability and Rehabilitation, 38*(8), 724-732.

Jeka, J., Allison, L., & Kiemel, T. (2010). The dynamics of visual reweighting in healthy and fall-prone older adults. *Journal of Motor Behavior, 42*(4), 197-208.

Kendall, F. P., McCreary, E. K., & Provance, P. G. (1993). *Muscles: Testing and function* (4th ed.). Philadelphia, PA: Lippincott Williams & Wilkins.

Kiemel, T., Zhang, Y., & Jeka, J. (2011). Identification of neural feedback for upright stance in humans: Stabilization rather than sway minimization. *Journal of Neuroscience, 31*(42), 15144-15153.

Kiers, H., Van Dieen, J., Dekkers, H., Wittink, H., & Vanhees, L. (2013). A systematic review of the relationship between physical activities in sports or daily life and postural sway in upright stance. *Sports Medicine, 43*(11), 1171-1189.

King, A., Challis, J., Bartok, C., Costigan, F., & Newell, K. (2012). Obesity, mechanical and strength relationships to postural control in adolescence. *Gait & Posture, 35*(2), 261-265.

Kitaoka, K., Ito, R., Araki, H., Sei, H., & Morita, Y. (2004). Effect of mood state on anticipatory postural adjustments. *Neuroscience Letters, 370*(1), 65-68.

Kloubec, J. A. (2010). Pilates for improvements of muscle endurance, flexibility, balance, and posture. *Journal of Strength and Conditioning Research, 24*(3), 661-667.

Klous, M., Mikulic, P., & Latash, M. (2011). Two aspects of feedforward postural control: Anticipatory postural adjustments and anticipatory synergy adjustments. *Journal of Neurophysiology, 105*(5), 2275-2288.

Kritz, M. F., & Cronin, J. (2008). Static posture assessment screen of athletes: Benefits and considerations. *Strength and Conditioning Journal, 30*(5), 18-27.

Kummel, J., Kramer, A., Giboin, L., & Gruber, M. (2016). Specificity of balance training in healthy individuals: A systematic review and meta-analysis. *Sports Medicine, 46*(9), 1261-1271.

Kuo, Y. L., Tully, E. A., & Galea, M. P. (2009). Sagittal spinal posture after Pilates-based exercise in healthy older adults. *Spine, 34*, 1046-1051.

Kuczyński, M., Szymańdska, M., & Bieć, E. (2011). Dual-task effect on postural control in high-level competitive dancers. *Journal of Sports Sciences, 29*(5), 539-545.

Lang, P., & McTeague, L. (2009). The anxiety disorder spectrum: Fear imagery, physiological reactivity, and differential diagnosis. *Anxiety, Stress, and Coping, 22*(1), 5-25.

Leonard, C. T. (1998). *The neuroscience of human movement.* St. Louis, MO: Mosby.

Lerch, C., Cordes, M., & Baumeister, J. (2011). Effectiveness of injury prevention programs in female youth soccer: A systematic review. *British Journal of Sports Medicine, 45*(4), 359.

Lesinski, M., Hortobagyi, T., Muehlbauer, T., Gollhofer, A., & Granacher, U. (2015a). Dose-response relationships of balance training in healthy young adults: A systematic review and meta-analysis. *Sports Medicine, 45*(4), 557-576.

Lesinski, M., Hortobagyi, T., Muehlbauer, T., Gollhofer, A., & Granacher, U. (2015b). Effects of balance training on balance performance in healthy older adults: A systematic review and meta-analysis. *Sports Medicine, 45*(12), 1721-1738.

Leukel, C., Taube, W., Lorch, M., & Gollhofer, A. (2012). Changes in predictive motor control in drop-jumps based on uncertainties in task execution. *Human Movement Science, 31*(1), 152-160.

Liu-Ambrose, T. T., Khan, K. M., Eng, J. J., Lord, S. R., & McKay, H. A. (2004). Balance confidence improves with resistance or agility training. *Gerontology, 50*(6), 373-382.

Ma, Y., Paterson, H., & Pollick, F. (2006). A motion capture library for the study of identity, gender, and emotion perception from biological motion. *Behavior Research Methods, 38*(1), 134-141.

Massion, J. (1998). Postural control systems in developmental perspective. *Neuroscience and Biobehavioral Reviews, 22*(4), 465-472.

McGill, S. (2002). LBD risk assessment. In S. McGill (Ed.) *Low back disorders: Evidence-based prevention and rehabilitation* (pp. 149-159). Champaign, IL: Human Kinetics.

McGill, S. (2004). Linking latest knowledge of injury mechanisms and spine function to the prevention of low back disorders. *Journal of Electromyography and Kinesiology, 14*(1), 43-47.

McLean, S. G., & Beaulieu, M. L. (2010). Complex integrative morphological and mechanical contributions to ACL injury risk. *Exercise and Sport Sciences Reviews, 38*(4), 192-200.

Mendiguchia, J., Ford, K. R., Quatman, C. E., Alentorn-Geli, E., & Hewett, T. E. (2011). Sex differences in proximal control of the knee joint. *Sports Medicine, 41*(7), 541-557.

Michalak, J., Troje, N., Fischer, J., Vollmar, P., Heidenreich, T., & Schulte, D. (2009). Embodiment of sadness and depression—ait patterns associated with dysphoric mood. *Psychosomatic Medicine, 71*(5), 580-587.

Min, S., Kim, J., & Parnianpour, M. (2012). The effects of safety handrails and the heights of scaffolds on the subjective and objective evaluation of postural stability and cardiovascular stress in novice and expert construction workers. *Applied Ergonomics, 43*(3), 574-581.

Minges, K. E., Chao, A. M., Irwin, M. L., Owen, N., Park, C., Whittemore, R., et al. (2016). Classroom standing desks and sedentary behavior: A systematic review. *Pediatrics, 137*(2), e20153087. doi: 10.1542/peds.2015-3087.

Mondloch, C. (2012). Sad or fearful? The influence of body posture on adults' and children's perception of facial displays of emotion. *Journal of Experimental Child Psychology, 111*(2), 180-196.

Morse, T., Bruneau, H., & Dussetschleger, J. (2010). Musculoskeletal disorders of the neck and shoulder in the dental professions. *Work, 35*(4), 419-429.

Muyor, J. M., Lopez-Minarro, P. A., & Alacid, F. F. (2011). A comparison of the thoracic spine in the sagittal plane between elite cyclists and non-athlete subjects. *Journal of Back and Musculoskeletal Rehabilitation, 24*(3), 129-135.

Myer, G., Ford, K., & Hewett, T. (2011). New method to identify athletes at high risk of ACL injury using clinicbased measurements and freeware computer analysis. *British Journal of Sports Medicine, 45*(4), 238-244.

Myer, G. D., Ford, K. R., Paterno, M. V., Nick, T. G., & Hewett, T. E. (2008). The effects of generalized joint laxity on risk of anterior cruciate ligament injury in young female athletes. *American Journal of Sports Medicine, 36*(6), 1073-1080.

Myer, G. D., Stroube, B. W., DiCesare, C. A., Brent, J. L., Ford, K. R., Heidt, R. S., et al. (2013). Augmented feedback supports skill transfer and reduces high-risk injury landing mechanics: A double-blind, randomized controlled laboratory study. *The American Journal of Sports Medicine, 41*(3), 669-677.

Nafati, G., & Vuillerme, N. (2011). Decreasing internal focus of attention improves postural control during quiet standing in young healthy adults. *Research Quarterly for Exercise and Sport, 82*(4), 634-643.

Normand, M., Descarreaux, M., Poulin, C., Richer, N., Mailhot, D., Black, P., et al. (2005). Biomechanical effects of a lumbar support in a mattress. *Journal of the Canadian Chiropractic Association, 49*(2), 96-101.

Noyes, F. R., & Barber Westin, S. D. (2012). Anterior cruciate ligament injury prevention training in female athletes: A systematic review of injury reduction and results of athletic performance tests. *Sports Health, 4*(1), 36-46.

O'Connor, F., Deuster, P., Davis, J., Pappas, C., & Knapik, J. (2011). Functional movement screening: Predicting injuries in officer candidates. *Medicine and Science in Sports and Exercise, 43*(12), 2224-2230.

O'Sullivan, P., Smith, A., Beales, D., & Straker, L. (2011). Association of biopsychosocial factors with degree of slump in sitting posture and self-report of back pain in adolescents: A cross-sectional study. *Physical Therapy, 91*(4), 470-483.

Paillard, T. (2012). Effects of general and local fatigue on postural control: A review. *Neuroscience and Biobehavioral Reviews, 36*(1), 162-176.

Palmieri-Smith, R., Wojtys, E., & Ashton-Miller, J. (2008). Association between preparatory muscle activation and peak valgus knee angle. *Journal of Electromyography and Kinesiology, 18*(6), 973-979.

Pichierri, G., Wolf, P., Murer, K., & de Bruin, E. (2011). Cognitive and cognitive-motor interventions affecting physical functioning: A systematic review. *BMC Geriatrics, 11*, 29. doi: 10.1186/1471-2318-11-29.

Pollock, A. S., Durward, B. R., Rowe, P. J., & Paul, J. P. (2000). What is balance? *Clinical Rehabilitation, 14*(4), 402-406.

Prieske, O., Muehlbauer, T., & Granacher, U. (2016). The role of trunk muscle strength for physical fitness and athletic performance in trained individuals: A systematic review and meta-analysis. *Sports Medicine, 46*(3), 401-419.

Prins, Y., Crous, L., & Louw, Q. (2008). A systematic review of posture and psychosocial factors as contributors to upper quadrant musculoskeletal pain in children and adolescents. *Physiotherapy Theory and Practice, 24*(4), 221-242.

Punnett, L., & Wegman, D. H. (2004). Work-related musculoskeletal disorders: The epidemiologic evidence and the debate. *Journal of Electromyography and Kinesiology, 14*(1), 13-23.

Purves, D., Augustine, G. J., Fitzpatrick, D., Katz, L. C., LaMantia, A. S., McNamara, J. O., et al. (Eds.) (2001). Motor control centers in the brainstem: Upper motor neurons that maintain balance and posture. In *Neuroscience* (2nd ed.). Sunderland, MA: Sinauer Associates.

Rahnama, N., Reilly, T., & Lees, A. (2002). Injury risk associated with playing actions during competitive soccer. *British Journal of Sports Medicine, 36*(5), 354-359.

Redfern, M., Jennings, J., Martin, C., & Furman, J. (2001). Attention influences sensory integration for postural control in older adults. *Gait & Posture, 14*(3), 211-216.

Reed, C. A., Ford, K. A., Myer, G. D., & Hewett, T. E. (2012). The effects of isolated and integrated "core stability" training on athletic performance measures. A systematic review. *Sports Medicine, 42*(8), 697-706.

Rejeski, W., & Brawley, L. (2006). Functional health: Innovations in research on physical activity with older adults. *Medicine and Science in Sports and Exercise, 38*(1), 93-99.

Resch, J., May, B., Tomporowski, P., & Ferrara, M. (2011). Balance performance with a cognitive task: A continuation of the dual-task testing paradigm. *Journal of Athletic Training, 46*(2), 170-175.

Riemann, B., & Lephart, S. (2002a). The sensorimotor system. Part I: The physiologic basis of functional joint stability. *Journal of Athletic Training, 37*(1), 71-79.

Riemann, B., & Lephart, S. (2002b). The sensorimotor system. Part II: The role of proprioception in motor control and functional joint stability. *Journal of Athletic Training, 37*(1), 80-84.

Roether, C., Omlor, L., Christensen, A., & Giese, M. (2009). Critical features for the perception of emotion from gait. *Journal of Vision, 9*(6), 15.1-32.

Santos, M., Kanekar, N., & Aruin, A. (2010). The role of anticipatory postural adjustments in compensatory control of posture: 1. Electromyographic analysis. *Journal of Electromyography and Kinesiology, 20*(3), 388-397.

Scannell, J. P., & McGill, S. M. (2003). Lumbar posture—hould it, and can it, be modified? A study of passive tissue stiffness and lumbar position during activities of daily living. *Physical Therapy, 83*, 907-917.

Shirley, D., Hodges, P. W., Eriksson, A. E. M., & Gandevia, S. C. (2003). Spinal stiffness changes throughout the respiratory cycle. *Journal of Applied Physiology, 95*, 1467-1475.

Shrestha, N., Ijaz, S., Kukkonen-Harjula, K. T., Kumar, S., & Nwankwo, C. P. (2015). Workplace interventions for reducing sitting at work. *The Cochrane Database of Systematic Reviews, 1*, CD010912. doi: 10.1002/14651858.CD010912.pub2.

Shumway-Cook, A., & Horak, F. (1986). Assessing the influence of sensory interaction of balance. Suggestion from the field. *Physical Therapy, 66*(10), 1548-1550.

Shumway-Cook, A., & Woollacott, M. H. (2005). *Motor control. Theory and practical applications* (2nd ed.). Philadelphia, PA: Lippincott Williams & Wilkins.

Sloman, L., Pierrynowski, M., Berridge, M., Tupling, S., & Flowers, J. (1987). Mood, depressive illness and gait patterns. *Canadian Journal of Psychiatry, 32*(3), 190-193.

Slosarska, M. M. (1986). Non-specific physiological changes of depressed patients as manifested by reactions to simple stimuli. *International Journal of Psychosomatics, 33*(3), 17-20.

Solomonow, M., & Krogsgaard, M. (2001). Sensorimotor control of knee stability. A review. *Scandinavian Journal of Medicine & Science in Sports, 11*(2), 64-80.

Stins, J., Roerdink, M., & Beek, P. (2011). To freeze or not to freeze? Affective and cognitive perturbations have markedly different effects on postural control. *Human Movement Science, 30*(2), 190-202.

Stuber, K. J., Bruno, P., Sajko, S., & Hayden, J. A. (2014). Core stability exercises for low back pain in athletes: A systematic review of the literature. *Clinical Journal of Sport Medicine, 24*(6), 448-456.

Sugimoto, D., Myer, G. D., Barber Foss, K. D., Pepin, M. J., Micheli, L. J., & Hewett, T. E. (2016). Critical components of neuromuscular training to reduce ACL injury risk in female athletes: Meta-regression analysis. *British Journal of Sports Medicine, 50*(20), 1259-266. http://doi.org/10.1136/bjsports-2015-095596

Swanenburg, J., de Bruin, E., Uebelhart, D., & Mulder, T. (2009). Compromising postural balance in the elderly. *Gerontology, 55*(3), 353-360.

Tanchev, P., Dzherov, A., Parushev, A., Dikov, D., & Todorov, M. (2000). Scoliosis in rhythmic gymnasts. *Spine, 25*(11), 1367-1372.

Taube, W., Gruber, M., & Gollhofer, A. (2008). Spinal and supraspinal adaptations associated with balance training and their functional relevance. *Acta Physiologica, 193*, 101-116.

Tiedemann, A., Sherrington, C., Close, J. C., & Lord, S. R. (2011). Exercise and Sports Science Australia Position Statement on exercise and falls prevention in older people. *Journal of Science & Medicine In Sport, 14*(6), 489-495.

Uemura, K., Yamada, M., Nagai, K., Tanaka, B., Mori, S., & Ichihashi, N. (2012). Fear of falling is associated with prolonged anticipatory postural adjustment during gait initiation under dual-task conditions in older adults. *Gait & Posture, 35*(2), 282-286.

Uetake, T. T., Ohtsuki, F. F., Tanaka, H. H., & Shindo, M. M. (1998). The vertebral curvature of sportsmen. *Journal of Sports Sciences, 16*(7), 621-628.

Valachi, B., & Valachi, K. (2003). Mechanisms leading to musculoskeletal disorders in dentistry. *Journal of the American Dental Association, 134*(10), 1344-1350.

Vera-Garcia, F., Elvira, J., Brown, S., & McGill, S. (2007). Effects of abdominal stabilization maneuvers on the control of spine motion and stability against sudden trunk perturbations. *Journal of Electromyography and Kinesiology, 17*(5), 556-567.

Vera-Garcia, F., Moreside, J., & McGill, S. (2011). Abdominal muscle activation changes if the purpose is to control pelvis motion or thorax motion. *Journal of Electromyography and Kinesiology, 21*(6), 893-903.

Wang, S., & McGill, S. (2008). Links between the mechanics of ventilation and spine stability. *Journal of Applied Biomechanics, 24*(2), 166-174.

Wang X, Zheng J, Yu Z, Bi, X., Lou, S. J., Liu, J., et al. (2012). A meta-analysis of core stability exercise versus general exercise for chronic low back pain. *PLoS One, 7*(12), e52082. doi: 10.1371/journal.pone.0052082.

Weerdesteyn, V., Nienhuis, B., & Duysens, J. (2008). Exercise training can improve spatial characteristics of timecritical obstacle avoidance in elderly people. *Human Movement Science, 27*(5), 738-748.

Weiss, H. R., & Turnbull, D. (2011). The Integrated Scoliosis Rehabilitation/ISR Scoliologic best practice program: A synthesis of four approaches of physiotherapy for the treatment of scoliosis (pp. 94-101). In Fusco, C., Zaina, F., Atanasio, S., Romano, M., Negrini, A., & Negrini, S. (Eds.), Physical exercises in the treatment of adolescent idiopathic scoliosis: An updated systematic review. *Physiotherapy Theory and Practice, 27*(1), 80-114.

Wolf, S., Barnhart, H., Ellison, G., & Coogler, C. (1997). The effect of Tai Chi Quan and computerized balance training on postural stability in older subjects. Atlanta FICSIT Group. Frailty and injuries: Cooperative studies on intervention techniques. *Physical Therapy, 77*(4), 371-381.

Woodman, J., & Moore, N. (2012). Evidence for the effectiveness of Alexander Technique lessons in medical and health-related conditions: A systematic review. *International Journal of Clinical Practice, 66*(1), 98-112.

Zech, A., Hubscher, M., Vogt, L., Banzer, W., Hansel, F., & Pfeifer, K. (2010). Balance training for neuromuscular control and performance enhancement: A systematic review. *Journal of Athletic Training, 45*(4), 392-403.

Zemkova, E. (2014). Sport-specific balance. *Sports Medicine, 44*(5), 579-590.

Zenian, J. (2010). Sleep position and shoulder pain. *Medical Hypotheses, 74*(4), 639-643.

기능적 훈련

이 장의 목적, 중요성, 목표

전통적인 훈련 프로그램을 통해 근력과 파워 같은 생리적 능력을 향상하는 것은 집 또는 직장, 필드에서 반드시 더 나은 수행능력을 만드는 데 필수적이지 않다. 이 장의 목적은 실제 경기력 훈련중에 생리학적 이득의 전이를 최대화하기 위한 기능적 훈련의 개념 및 가이드라인을 검토하는 것이다. 이러한 개념과 가이드라인은 효과적인 연습의 개념에 기반을 두고 있다.

이번 장을 마친 후, 아래의 내용을 설명할 수 있어야 한다.

1. 기능적 훈련과 기존의 체력 훈련과 연습이 어떻게 다른지 차이점과 기능적 훈련의 핵심요소를 정의하고 설명한다.
2. 근력과 파워 생산의 신체적, 심리학적 기여 요소들과 근력과 파워 검사 및 훈련에서의 어려움과 논쟁에 대해 설명한다.
3. 웨이트룸에서 스포츠 현장으로 근력과 파워의 개선을 전이시키는 주요 구성 요소를 설명한다.
4. 기능적 신체 심리 훈련을 정의하고 선수 집단과 비선수 집단에서 신체적, 심리적 훈련 프로그램 구성의 단계를 설명한다.
5. 기능적 훈련 모드로 가상현실 사용의 장점 및 단점을 설명한다.

책 속 내용에서, 우리는 숙련된 운동 수행 발전의 기여로 학습과 연습의 특성을 살펴보았다. 운동 기술 수행력은 기본 능력에 의존하고, 강화 능력은 경기력을 개선하기 위한 일반적인 목표이다. 그러나 개선된 능력은 숙련된 수행능력을 위한 능력만 향상시키며, 항상 필드에서의 수행능력으로 전이되는 것은 아니다. 최대 전이는 기능 훈련의 목표이다. 이는 실제 상황별 요구와 훈련 환경의 제약을 야기하는 것으로 정의하고 있다(Ives & Shelley, 2003). 기능적 훈련은 스스로의 능력을 최대화시키기보다 능력의 전이

그림 11.1 메디신볼 잡기는 부상 예방과 더 나은 수행을 위해 어깨와 팔의 조정 기전들에도 전이되도록 설계되었다. 자세한 내용은 본문 참고. (사진 제공: Jeffrey Ives)

를 최대화하기 위한 목적으로, 기존의 훈련과 차이가 있다.

기능적 훈련은 기술적, 운동적, 심리적 기술들보다는 전이 가능한 생리학적 능력을 개발하는 것이 목표라는 점에서 연습과는 다르다. Tomljanović과 연구진(2011)에 따르면, 전통적인 근력 훈련은 근육의 질과 에너지 잠재력을 향상시키도록 설계되었으며, 기능적 훈련은 이러한 성질의 조절과 협력을 개선하는 데 기여한다고 하였다. 기능적 훈련은 훈련이나 연습을 대신할 수 있는 것이 아니라 둘 사이의 다리 역할을 한다. 그림 11.1은 핸드볼을 던지고 잡을 때 메디신볼로 과부하가 걸리며 어려운 동적 균형 조건에서 수행되는 일반적인 기능적 훈련 상황을 보여주고 있다. 던지기 및 균형에 대한 도전은 극한의 경기 조건에서 향상된 던지기 수행능력을 개발한다는 목표를 가지고 실제 경기 환경에서 이를 능가하도록 설계된다. 많은 사람들이 기능적 훈련을 고려하며, 일부 저자들은 불안정한 표면은 현실적이지 못하므로 불안정한 표면에서 실시하는 운동은 기능적이지 않다고 제안하였다(Wirth 등, 2017).

기능적 훈련 프로그램은 다른 스포츠와 직업의 수만큼 다양하다. 전이를 극대화하는 기능적 훈련을 고안하는 것은 정말 어려울 수 있고 트레이너, 운동선수, 코치의 깊은 고민을 필요로 한다. 이 장에서는 경기장에서, 직장에서, 그리고 일상생활에서 경기력을 향상시키기 위해 전이를 극대화하는 방법을 검토한다. 특히 우리는 가장 일반적인 교육 프로그램으로 대부분의 선수들과 비선수에게 일반화되고 있는 근력과 파워 훈련을 살펴본다(Byrne 등, 2016; Cadore 등, 2013). 우리는 기능적 훈련에서 심리적 요인과 운동 수행의 역할을 강조하고 기능적 훈련에서 심리적 제한을 조작하는 하나의 방법으로 가상현실을 살펴본다.

근력과 파워의 정의와 개념

근력과 파워 훈련은 스포츠 수행능력의 발달에 매우 필수적인 것으로 여겨져, 많은 일반 저널과 학술지들이 이런 훈련에 특별히 몰두하고 있다.

비선수 인구의 건강 증진과 건강의 구성 요소로써 근력과 파워 훈련의 중요성은 점점 더 인정받고 있다(Ciolac & Rodrigues-da-Silva, 2016). 이러한 사실은 전문 스포츠와 운동과학을 연구하는 정부기관이 이 주제를 토대로 한 연구를 세밀화하는 결과를 낳았다(Garber 등, 2011; Stratton 등, 2004). 그러나 다시 고대 그리스의 방법으로 거슬러 올라가려는 근력과 파워 훈련 방법에 대한 기록에도 불구하고, 특히 경기장, 직장, 그리고 집에서 더 나은 수행력으로 전이시켜 효과를 볼 수 있는 최선의 방법에 대한 논쟁은 여전히 계속되고 있다.

근력은 특정 동작 수행에서 발휘할 수 있는 최대 힘 또는 토크의 하나로 정의된다. 즉, 근력이 벤치프레스 최대 근력(1-RM), 최대 수의적 등척성(MVIC) 스쿼트 리프트, 등속성 다이나모메터에서 무릎의 폄(extension) 또는 한 번에 들어 올릴 수 있는 벽돌의 수에 의해 결정될 수 있다는 것을 의미한다. 수행에 있어 제약으로 움직임의 속도(예: 빠름, 등척성), 움직임 또는 수축 형태(예: 단축성과 신장성, 등장성과 등속성), 자세, 그리고 근육을 포함할 수 있다. 근력 트레이닝 및 컨디셔닝의 맥락에서 사용된 파워는 근력이나 파워가 작용하는 속도의 비율, 또는 힘 곱하기 속도로 정의된다. 최대 파워는 최대 움직임 속도에 힘을 곱한 지점이다. 전형적인 힘-속도 곡선에 대한 최대 파워 지점은 일반적으로 곡선의 중심에 있다(그림 11.2).

근력과 파워의 수많은 하위 범주가 정의되었다. 이들은 고속강도, 저속(또는 고부하) 근력, 반응 속도(reaction strength), 폭발적 근력(explosive strength), 그리고 기술 근력(skill strength)이다(Newton & Dugan, 2002). 표 11.1은 이러한 방법들 사이의 차이점을 자세히 설명하고, 그림 11.2는 힘-속도 곡선의 저속과, 고속 그리고 최대 파워 구역 사이의 관계를 보여준다. 기술 근력(skill strength)은 상황에 따라 다르고 부하 또는 속도에 따라 분류할 수 없음을 참고하자(그림 11.3).

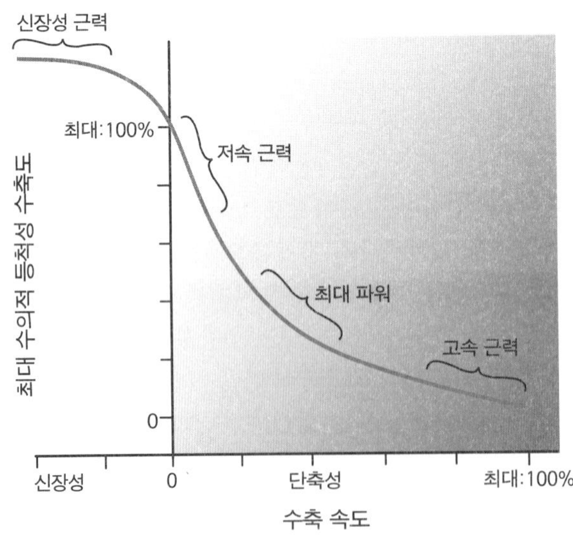

그림 11.2 힘-속도 곡선과 훈련 영역. 저속 근력 트레이닝은 무거운 하중을 사용하게 한다. 매우 무거운 하중을 사용하는 것은 신경 훈련으로 간주한다. 고속 스트렝스 훈련은 탄성성 훈련과 일부 플라이오메트릭 훈련을 포함한다. 피크파워 훈련은 MVIC의 약 30%에서 일반적이지만, 이 수치는 크게 달라질 수 있다. 그림에서 나타난 신장성 훈련 범위는 최대 초과 부하를 동반하며, 높은 속도의 신장-단축 주기(등장성) 움직임을 동반한 신장성 부하 작업과는 거리가 있다.

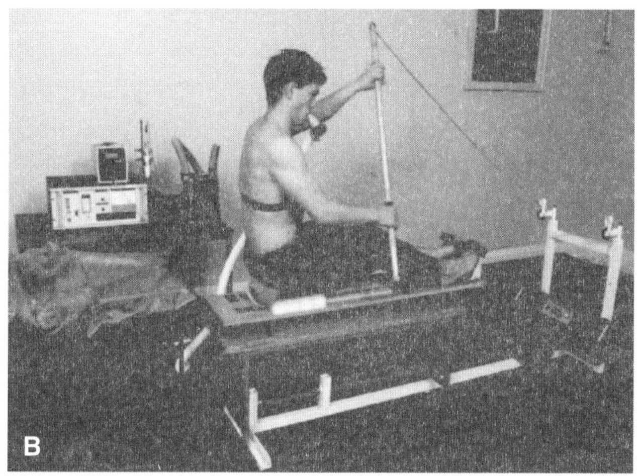

그림 11.3 기술을 중심으로 한 측정은 직업적 환경과 유산소성 체력을 평가하는 데 유용하다. **A.** 박스 들어올리기는 손으로 물류를 처리하는 노동자의 들어올리기(lifting) 능력 평가를 위해 사용된다. **B.** 유산소성 능력 평가는 또한 기능적이고 특이적인 운동 기술 숙련도에 달렸다. 이 카약 에르고미터는 일반적인 검사들을 수행하는 것보다 더 나은 유산소 수행능력의 측정 평가를 제공한다. (Reilly, T., Morris, T., & Whyte, G. [2009]. The specificity of training prescription and physiological assessment: A review. *Journal of Sports Sciences, 27*(6), 575-589. Reprinted by permission of Taylor & Francis Ltd [http://www.tandf.co.uk/journals])

근력(strength)과 파워(power)는 수행과제가 다른 변화를 요구하며, 근력과 파워 스펙트럼 전체에 걸쳐 반드시 일반화할 수 있는 것은 아니기 때문에 다른 방식으로 정의된다(Bishop 등, 2011; Roig 등, 2009). 일반 근력 요소(Hortobagi 등, 1989)에 대한 일부 척도가 있지만, 훈련중 발생하는 근력 및 파워의 이득은 주로 사용되는 훈련 목적에 맞춰지도록 수행한다. 훈련에서 발생하는 이득은 이동 속도(Behm & Sale, 1993), 수축 모드(Folland & Williams, 2007; Roig 등, 2009), 대사적 요구(Harris 등, 2007), 수행과제 요구(Roig 등, 2009)에 따라 다르다. 근력과 파워 훈련의 특수성에 대한 기초는 대사적 적응, 근비대, 신경적 적응에서 관찰된다(Balshaw 등, 2016). 이중에서 특정 훈련 변수에 대한 신경 적응의 특수성은 가장 두드러지고, 아마도 가장 중요한 것으로 보인다. 신경 변화는 가장 가변성이 높기 때문에 반드시 가장 정밀하게 주목해야만 하기 때문이다(Folland & Williams, 2007; Roig 등, 2009).

근력 생성 및 훈련의 생리학

근력 생성 생리학적 메커니즘은 잘 알려져 있고 기본 운동학과 운동생리학 교재 및 논문에 설명되어 있

표 11.1 하위 근력 요소와 차이점

측정	방법	설명/예
높은 스피드 근력	<30% 최고 속력 및 최대 수의적 수축(MVC)	'스피드 근력'은 최대 속도로 가벼운 무게를 든다. 일반적으로 탄성적인 동작. 최대 파워의 측정은 이 범주에서 벗어날 수도 있다. 일반적으로 점프 스쿼트에 의해 측정된다.
높은 중량(낮은 스피드) 근력	>70% 최고 속력 및 최대 수의적 수축(MVC)	보통 8-RM의 무게로 최대 근력 측정. 신경 그리고 근비대 훈련이 포함된다.
반응 근력	스트레칭-짧은 움직임	높은 중량의 원심성 수축에서 구심성 수축으로의 전환 능력(예: 드롭 점프에서 버티컬 점프 플라이오메트릭). 최소의 전환 시간은 강한 반응 근력을 의미하며 농구와 같은 반복적인 점프가 필요한 활동과 능력에서 역할을 한다.
폭발적 근력	다양한 무게로 전환	힘과 부하를 빠른 속도 또는 특별한 부하 수준에 도달하는 시간에 의해 측정. 진짜 파워를 측정. 일반적으로 등속성 측정 장비와 같은 컴퓨터 동력 측정 장비가 필요하다.
기술 근력	특별한 방법	특별한 수행을 할 수 있는 능력이나 기술을 사용하는 기술적 수행 등이 포함된 기술 근력. 예를 들면 물류를 취급하는 노동자에게 박스 들어올리기(lifting)나, 축구 선수 블로킹을 위한 중량 썰매밀기

SIDENOTE

최근의 근력과 파워 훈련 권장사항까지의 역사

운동 프로그램의 중요한 부분으로 강도 훈련의 역할은 최근 몇 년 동안 크게 변화했다. 미국스포츠의학회에서 제시한 성인의 건강 증진과 향상을 위한 신체활동의 양과 질에 관해 ACSM의 공식 발표보다 더 분명한 건 어디에도 없다. 시간이 지남에 따라 ACSM 정책은 근본적으로 저항 훈련에 관하여 변경되었다. 이 공식 입장은 성인을 위한 균형잡힌 피트니스 프로그램의 일부로써 1990년까지 저항 훈련을 포함하지 않았다(American College of Sports Medicine, 1990). 교육 권고사항은 매우 간단했다. 중강도 8~12회 반복 세트, 8~10회 다른 운동, 그리고 적어도 주당 2회 실시. 1998년, 권고사항은 복합 세트가 더 큰 효과를 제공하고, 프로그램은 진보적이고 개별화되어야 하며, 나이가 많고 연약한 개인 또한 근력 훈련의 효과를 얻을 수 있다고 변경되었다. 2011년에, 다시 저항 훈련과 운동 처방 그리고 개별적이고 특화적인 권고사항을 더 정교하게 변화시켜 만들었다(Garber 등, 2011). 주목할 만한 변화 중 1RM의 80% 이상 고강도 트레이닝을 포함했고, 2~4세트 권장, 그리고 노인의 근력과 파워 트레이닝을 포함하는 것을 재정립했다. 2011년 새롭게 추가된 가이드라인은 기능적 수행 향상을 위한 '신경근' 운동 훈련이 제안되었다. 이 운동은 균형, 민첩성, 조정력, 보행 요소, 그리고 마셜 아츠 같은 '다면적' 운동 기능적 훈련이 포함된다. 이러한 권고사항의 적합성에도 불구하고, 계속된 추가사항은 운동 수행하는 사람들에게 혼란을 줬다. 심혈관계(4일 초과), 저항성(2~3일 초과), 신경 운동(2~3일 초과) 및 유연성 훈련(2~3일 초과)의 빈도와 시간은 대다수 사람들의 운동 시간을 초과하는 양이며, 복합적 시스템과 결과를 거둘 수 있는 보다 실용적인 프로그램의 필요성을 상기시킨다(Ciolac & Rodrigues-da-Silva, 2016). 잘 계획된 기능적 운동 프로그램이 바로 그것을 실현해낼 수 있다.

다(예: Aagaard, 2010). 요약하면, 근력과 파워 생성은 근육량과 근육형태학(운동 단위 형태 그리고 섬유 속 배열), 피로와 대사적 특성, 신장-단축 사이클 그리고 다른 탄성 요소, 생체역학적 및 인체측정학적 특성, 운동 단위의 신경 조절, 근육 내 조정력 등에 달려 있다(Cormie 등, 2011a). 경험, 동기부여, 그리고 다른 심리적 요인은 근력 과제의 최대 노력을 두는 것을 필요로 한다. 예를 들면 경험이 없는 사람들은 단순히 최대 근 수축을 끌어내 자신을 재충전하는 방법을 모를 수 있다(Aagaard, 2010).

본 특성은 과부하, 특이성, 피로, 변화, 목적과 노력을 포함한다(Cormie 등, 2011b). 이러한 특성은 세트, 반복, 운동량 등의 복잡한 움직임에 비해 간단한 다른 트레이닝 변수와 함께 조작된다. 훈련 변수는 서로 다른 시스템에 스트레스와 회복의 특정 시간을 만들 수 있는 시간이 지남에 따라 밖으로 순환된다. 주기화로 불리는 이 순환은, 단주기(microcycles) 또는 중주기(mesocycles)를 통해 발생할 수 있다. 예를 들어 일 주일(mesoocycle) 동안 상하체 운동 사이를 순환하고 일 주일에 걸쳐 고부하 훈련과 고반복 훈련 사이를 순환하여 실시하면 전체 훈련량은 감소하지만 근력 향상을 이룰 수 있다(Bloomer & Ives, 2000).

근력과 파워 훈련에서 발생한 생리학적 및 신경생리학적 적응은 근육과 건의 비대 그리고 근섬유 속 배열, 대사적 변화와 내분비 요인, 신경 요인의 광범위한 변화에서 또한 변화의 강력한 증거로 연구되었다(Aagaard & Andersen, 2010; Andersen & Aagaard, 2010; Carroll 등, 2011; Cormie 등, 2010, 2011b;

생각해보기 11.1 기능적 근력과 체력검사

운동과 직업에서 기능적 근력과 파워를 평가하는 것은 신뢰도, 타당도, 그리고 물류적 문제 때문에 오랫동안 도전을 했다. 예를 들어 실제 작업중 현장에서 측정을 수행하는 것은 신뢰도와 물류적 문제에서 고충을 겪게 된다. 연구소나 클리닉에서 신뢰도 있게 수행될 수 있도록 복잡한 숙련도 작업을 단순화하면 타당성 의문이 제기된다. 즉, 테스트가 실제 수행에 대한 요구를 정확히 반영하는가에 대한 문제이다. 신뢰성과 타당성 사이의 간극을 좁히는 것은 모의로 근력 또는 상황을 부여한 기능적 시험의 목표이다. 기능 시험은 흔히 테스트 배터리 형태로 제공되며, 운동선수에서 '결합(combine)'이라고 불리기도 하고 작업 환경에서 직무와 관련된 적합성 시험이라고도 한다. 아래 그림에는 푸시 풀 작업과 관련된 기능 강도 시험의 세 가지 예가 있다. 오른쪽에는 차단 능력을 평가하기 위해 축구 선수들이 사용하는 스쿼트 푸시 테스트('재머')가 있다. 가운데는 소방관들이 인명구조를 위한 시험 및 훈련을 위해 사용하는 80kg의 인체 모형이 있고, 오른쪽에는 용의자를 구속하거나 밀어낼 수 있는 능력을 평가하기 위해 유럽 경찰들이 사용하는 푸시풀 머신이 있다. 힘에 대한 어떤 표현이 활동에서 요구되는 근력과 파워를 가장 잘 반영한다고 생각하는가? 이유는 무엇인가?

사진 제공: Jeffrey C. Ives(좌우 사진), U.S. Air Force and 2nd Lt. John Ross(가운데 사진).

Folland & Williams, 2007). 점프 높이 향상, 향상된 들어올리기 능력(lifting), 노인의 빨라진 보행 속도, 그리고 빠른 단거리 달리기 수행능력 등은 이러한 적응과 일치하는 기능의 변화이다(Bishop 등, 2011; Cormie 등, 2010; Protas & Tissier, 2009; Suchomel 등, 2016).

근력과 파워에 대해 알려진 모든 것에도 불구하고, 이에 대한 지식 차이가 상당하고 심지어 가장 기본적인 훈련의 원칙에서도 논란이 있다(Carpinelli, 2009). 경기장, 직장 또는 일상생활 활동에 있는지 여부에 따라 실제 일상 운동 기술의 수행력 향상 훈련 방법을 결정하는 데 있어 가장 큰 격차가 존재한다. 이러한 문제는 근력과 파워의 측정에서 강조되며, 신뢰도와 생태학적인 타당도 사이의 충돌로 고충을 겪고 있다(Reilly 등, 2009). 즉, 가장 신뢰할 수 있고 반복 가능한 시험 방법은 선수(Abernethy 등, 1995; Cronin & Sleivert, 2005) 또는 직업 환경에서 작업자의 중요한 근력 구성 요소를 식별하는 측면에서 반드시 유효한 것은 아니다(Lee 등, 2001). (이 문제에 대한 자세한 내용은 생각해보기 참조.)

근력과 파워 그리고 운동 수행

운동 능력(athleticism)은 근력 및 파워와 거의 동의어이며, 심지어 수영과 사이클 같은 유산소성 활동을 강조하는 스포츠에서도 그렇다. 근력과 파워는 종종 스피드, 민첩성과 관련된 것으로 생각된다. 그러나 이 관계는 다소 논란의 여지가 있다(Marcovic, 2007; Suchomel 등, 2016). 스피드는 직선 속도로 정의된다. 그리고 이것은 스프린트 시간, 일반적으로 100, 40 또는 10m로 측정된다. 민첩성은 멈추고 출발하고 방향 전환하는 능력으로 정의되며, 일정하지 않은 보행에 측면으로 이동하는, 예를 들어 슬라이드 스텝이나 카리오카(carioca) 같은 것을 의미한다. 순발력은 가속 또는 특히 고정된 상태에서 처음부터 가속을 얼마나 빨리 시킬 수 있는지를 의미한다. 근력, 파워, 스피드, 민첩성 네 가지 능력은 많은 스포츠에서 성공의 필수 요소로 간주된다.

훈련을 통한 이점을 경기력으로 전이

더 강한 운동선수는 더 나은 하위 요소 능력(예: 수직 점프)과, 일부 스포츠에서 더 나은 전체적인 성과(Suchomel 등, 2016)와 관련이 있지만, 이러한 연관성이 반드시 원인과 효과를 나타내는 것은 아니다. 근력 및 파워 훈련 프로그램이 수행능력에 어떤 영향을 미칠 수 있는지는 잘 알려져 있지 않다. 아마도 훨씬 더 혼란스러운 것은 근력과 파워 트레이닝이 수직 점프 높이와 스프린트 속도와 같은 연구소에서의 수행능력 측정치를 향상시킬 수도 있지만, 더 나은 현장에서의 수행능력을 증명하기는 어렵고, 특히 고도로 훈련된 선수들은 더욱 증명하기 어렵다(Abernethy 등, 1995; Cronin & Sleivert, 2005; Harris 등, 2007; Young, 2006). Ziv and Lidor (2010)는 배구 선수 수직 점프 검사를 통해 선수들이 높이 뛸수록 더 많은 승리를 거둘 수 있다는 주장을 뒷받침할 자료가 부족하다고 연구 내용을 요약하였다. 현재 코어 트레이닝이 선수들에게 강력하게 권장되고 있는데, 코어 트레이닝은 코어의 근력은 향상시키지만 기능적인 능력을 향상시킨다는 증거는 거의 없다(Prieske 등, 2016; Reed 등, 2012; Wirth 등, 2017). Wirth와 그의 동료(2017)들은 코어 훈련이 선수들에게 아무런 도움이 되지 않는다고 결론지었다.

근력과 파워 훈련이 실제로 단거리 가속과 같은 기능적인 수행능력을 저하시킬 수도 있다는 몇 가지 증거가 있다(Moir 등, 2007). 또한 이러한 결과는 스포츠와 경기 수준에 따라 결정되지만(Lawton 등, 2011) 근력과 파워의 평가가 반드시 성공적이지 못한 선수와 구별되는 것은 아니라고 지적한 수많은 저자들에 의해 뒷받침된다(리뷰의 경우 Abernethy 등, 1995; Cronin & Sleivert, 2005; 반대의 경우 Suchomel 등, 2016). Reilly 등(2009)은 인과관계가 아직 결정되지 않았기 때문에 근력과 파워 사이의 상관관계를 보여주는 데이터를 해석할 때 주의할 것을 권고했다.

개 • 념 • 설 • 명

최근까지 지구력 운동선수는 근력과 파워 훈련에 거의 참여하지 않았다. 그것은 근비대가 불필요한 무게를 발생시켜 유산소성 대사 시스템에 지장을 줄 것이며, 이는 모세혈관 밀도 감소와 움직임 효율성의 감소로 생각되었다. 이러한 인식은 유산소성 수행능력을 향상시키거나 감소하지 않은 것으로 나타난 레크리에이션 및 비선수의 병행 또는 복합 근력과 유산소 훈련에 대한 연구에 의해 강화되었다(예: Dudley & Djamil, 1985). 이러한 연구결과는 다른 연구자들에 의해 반박되었고, 결과의 차이는 훈련 요법의 핵심 차이에서 부분적으로 기인한다(Andersen & Aagaard, 2010; Murach & Bagley, 2016). 그들의 리뷰에서, Andersen과 Aagaard(2010)는 높은 수준의 유산소성 종목 선수(달리기, 스키, 자전거)는 고강도 근력 훈련을 통해 좋은 성적을 얻을 수 있다고 결론지었다. 저자는 유산소 운동선수에 대한 근력 훈련의 세 가지 기본 혜택을 언급했다. ① Type IIX 섬유 영역에서 동시 감소와 Type IIA 섬유 영역의 증가 ② 신경 기능의 변화 ③ 근건접합부 강직의 증가. 그림에 나타낸 바와 같이, 이러한 변화는 비대 또는 지구력의 손실 없이 근력과 파워의 증가로 이어진다. 증가된 움직임 효율성, 그리고 혈류량의 증가, 이는 모두 보다 나은 지구성 수행능력을 발휘할 수 있게 한다. 다른 저자는 향상된 러닝역학과 힘 분배로 인해 더 나은 조정력을 기여할 수 있다고 제안했다.

중요한 결론은 연구에서의 모든 훈련이 효과가 있다는 것이다. 최고의 지구력 수행 향상 또는 유일한, 또는 고강도(1-RM의 85% 이하) 부하 또는 장기간(8주 이하) 동안 실시한 폭발적인 운동으로 증명되었다. 단시간 동안 몇 세트의 저강도 부하 운동은 성공적이지 못하다. 기억해야 할 점은 엘리트 지구력 운동선수들을 돕는 연구원들과 코치들이 지구력 훈련의 일부를 고강도 근력 및 파워 훈련으로 대체할 것을 권고한다는 것이다(Jones, 2006; Yamamoto 등, 2010).

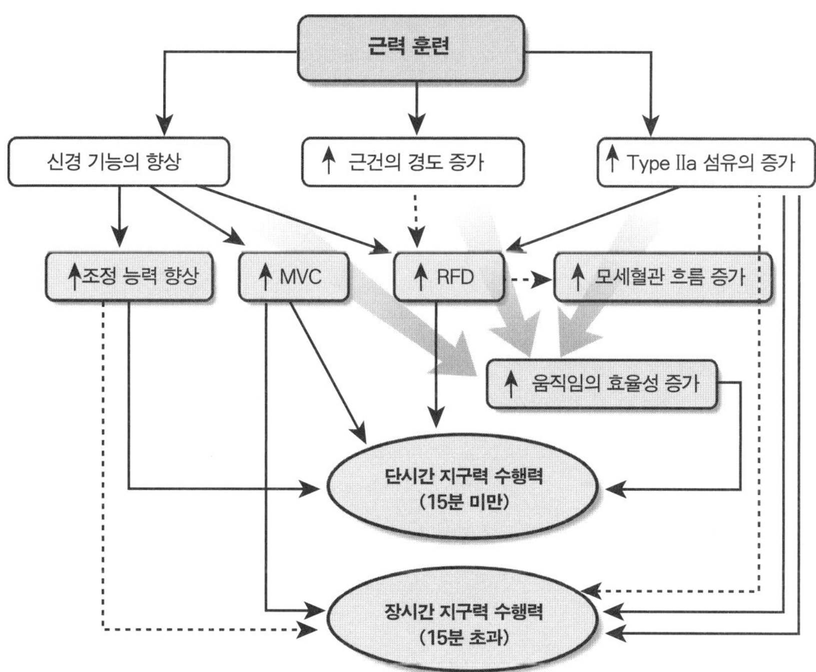

이 도표는 Andersen과 Aagaard(2010) 그리고 Bonacci 등(2009)의 자료를 기반으로 한다. 점선은 가설과 실험적인 검증을 필요로 하는 반면, 실선 화살표는 실험적으로 확인된 연결을 나타낸다. 두꺼운 회색선은 신경 기능, 강직 및 Type IIa 섬유가 움직임에 영향을 미칠 수 있는지 나타내지만, 이러한 효과의 정확한 특성은 아직 알려지지 않았다. (MVC: 최대 근 수축력 향상, RFD: 힘의 증가율 향상)

전반적으로 근력과 파워 훈련 이상 위 레벨 선수의 성적이 얼마나 향상될지, 아니면 심지어 하위 레벨 선수의 성적에 얼마나 많은 부분을 개선할지 설명하기 어렵다. 근력과 파워 트레이닝과 상위 레벨 스포츠 수행능력의 상관을 일관되게 판단하지 못하는 것은 연구자들이 스포츠에서 근력과 파워 생산에 있어 고려해야 할 요소에 대해 추가적 조사를 하도록 만들었다. 최대의 수행능력 전이는 근육 내, 근육 간 조정 요소에 좌우한다는 인식이 증가하고 있다(Young, 2006). 저명한 스포츠 과학자 Per Aagaard와 그의 동료들(Aagaard & Andersen, 2010)은 광범위한 리뷰 연구에서 중량 저항 훈련으로 이득을 본 유산소성 종목 운동선수들의 적응과 조정력 향상을 포함한 신경적 기능의 향상에 대해 언급하였다(개념설명 참조).

전이(transfer)를 향상시키는 것은 기능적 근력과 파워 훈련의 목적이다. 전이를 극대화하려면 스포츠 기술에 맞춰 조정 메커니즘을 만들기 위해 특수성을 최대로 반영하도록 해야 한다(Young, 2006). 기능적 훈련 프로그램은 기술과 근력 트레이닝을 실시하는데, 복합적 훈련과 교차 훈련, 과부하를 적용한 기술 기반 과제까지 구분할 수 있고 다양하다(Reilly 등, 2009). 후자의 범주에는 중량 썰매 당기기, 중량 조끼 착용 및 저항을 위한 하네스 사용 훈련이 포함되며, 이 모든 것은 특정 근력과 파워 조절 메커니즘의 개발이 가능하도록 설계된다. 이 기술의 단점은 스포츠에서 기능적 시간 제약 극복, 신속한 의사결정과 움직임 동작의 불확실성과 같은 인지적 요인에 많은 부분 의존한다는 점을 종종 간과한다는 것이다(Handford 등, 1997; Young & Farrow, 2006). 예를 들어 Gabbett과 Benton(2009)은 외부의 자극에 대응하여 신속한 의사결정을 포함하는 민첩성 테스트가 럭비 선수들의 표준 민첩성 테스트와 비교했을 때 현장을 반영하는 더 나은 예측변수라는 것을 발견했다. 이러한 유형의 반응성 민첩성 검사는 그림 11.4에 나타낸 것과 같이 이러한 검사들은 실제 사람을 이용하여 스포츠 특이적 자극 및 지각에 대한 신호를 제공하고 보다 효과적인 테스트를 사용했다(Young 등, 2011).

이러한 누락된 요소로 인해 연구자들은 특이적 형태의 근력과 파워 생산과 어떻게 현장에서의 수행력으로 더욱 효율적인 전이를 시킬 수 있는지에 대한 시스템 접근 방식과 실행 모델을 조사하였다. Newton과 Dugan(2002)에 따르면, 움직임의 주요 생체역학적 특징들은 직접 검사, 전문가들과 토론 또는 과학문헌 검색을 통해 확인해야 한다. 수축 형태, 관절 가동범위, 그리고 움직임의 속도는 명확히 하는 데 필요한 움직임의 특징 중 하나이다. 높은 수준의 경기력 분석은 이런 선수들과 훈련을 위해 시작점들을 보유하고 있는 특별한 자질을 드러내도 될 것이다. 다른 사람들은 스포츠 또는 과제의 인지적 도전도 고려될 필요가 있고, 반응 시간, 의사결정, 환경적 안정성, 시간에 대한 압박, 심리적 스트레스, 다른 심리

그림 11.4 반응적 민첩성 테스트. 이 그림은 Gabbett과 Benton(2009)의 반응성 민첩성 테스트를 보여준다. 선수(앞)는 검사자(뒤)가 왼쪽 혹은 오른쪽으로 움직이는 방향을 향해 반응하여 달려간다. 선수가 반응하여 검사자의 반대 방향으로 커팅하여 검사자 뒤에 있는 타이밍 빔을 터치하면 종료된다(사진에 표시되지 않음). (사진 제공: Irik Johnson)

물리학적 제약 또한 포함해야 한다고 주장한다(Handford 등, 1997; Ives & Shelley, 2003; Passos 등, 2008). 훈련 환경에서의 심리물리학적 도전들은 과제 특이적 조정 변화와 경기장에서 근력과 파워의 더 나은 전이성을 만들 수 있다. 이것은 기능적인 신체심리적 훈련의 개발을 이끌었다. 기능적인 신체심리적 훈련은 이전 장에서 정의하였으나 더 자세한 부분을 설명하고자 한다.

선수 경기력과 기능적인 신체심리적 훈련

미식축구 라인맨의 웅크린 자세로부터의 폭발적 움직임은 다양한 환경, 과제 특이적, 그리고 개별적 특성에 의한 제약을 정밀하게 조절한 운동 기술이다. 발, 타이밍, 상대의 특징, 게임 환경, 동료의 경향, 피로, 상해 및 욕망은 폭발적인 운동 명령 형성에 중요한 역할을 하는 요인들 중 일부에 불과하다. '전사 같은 선수'도 폭발 포탄 속에서 언덕의 정상에 질주한 후 자신의 투기를 발휘하기 위해 심박수와 마음의 안정을 가다듬어야 한다. **기능적 신체심리 훈련**(functional psychophysical training)(또는 단순히 **신체심리적 훈련**[psychophysical training]) 프로그램을 설계 및 실행할 때 이러한 정보를 고려하여 Passos 등(2008)과 Ives and Shelley(2003)가 그들의 프레임워크에서 이러한 제약을 효과적인 근력과 파워 훈련 프로그램으로 조작하도록 설명하였다. 신체심리적 훈련의 4단계는 다음과 같이 구분된다.

1. 성공적인 수행능력을 위해 요구되는 생리학적, 인지 및 심리 운동 요인과 기술을 결정한다. 이 정보는 과학적 문헌뿐만 아니라 코치와 선수에게서 나올 수 있다. 즉, 사용할 수 있는 유일한 자료가 제한적인 경우는 유사한 스포츠 데이터에서 이끌어낼 필요가 있다. 그것은 스포츠 고유의 특성을 파악하는 것이 필수적이다. 왜냐하면 하나의 스포츠 또는 일반 기술에 대한 심리적 기술은 다른 스포츠로 작용하지 않을 수 있다(Birrer & Morgan, 2010). 작업장 환경에서는 작업(예: 컨베이어벨트에 박스 적재)과 신체에 대한 요구(예: 척추 압축력, 강도, 인지 처리)를 주관적으로 그리고 객관적으로 평가함을 작업 및 수요 분석이라고 한다(Sell 등, 2010). 작업과 수요 분석은 업무의 성격을 완전히 이해하기 위한 의사결정, 시간 압박, 불안과 같은 심리적 요인들의 평가를 필요로 한다.
2. 1의 데이터를 사용하여, 움직임과 수행능력 결과에 영향을 미치는 특정 제한과 경기력을 개선하기 위해 극복해야 할 장애물을 결정한다. 이 해결해야 할 장애물과 제한을 정의한다. 구체적인 특성 리스트 그리고 선수 또는 근로자의 개별 능력을 비교하고 대조한다. 예를 들어 배구 네트는 플레이어에 의해 극복되어야 하는 제한점이다. 배구 선수는 작은 키, 낮은 점프 높이, 점프 기술 부족으로 인해 네트 플레이에 어려움을 겪으며, 점프할 때 최대 높이와 원하는 순간의 타이밍이 맞지 않을 수 있다. 물론 신장은 바꿀 수 없지만, 다른 요소에 영향을 미치는 제약 조건은 점프 타이밍 문제를 일으키는 팀 동료나 수비수의 움직임, 생체역학적인 변경을 강제하는 네트, 누군가의 착지로 인한 부상의 두려움, 점프 높이를 제한하는 바람직하지 않은 근력이나 체질량지수일 수 있다.
3. 수행을 위해 필요한 근력 또는 파워뿐만 아니라 심리 운동(psychomotor)과 정신적 요소들(mental factors)을 다룰 수 있는 훈련 환경을 만들어라. 그 시작으로써 훈련에 필요한 심리적 요인을 결정하기 위한 심리적 노력, 주의 및 의도를 다룬다. 한 번의 훈련에서 이 모든 요소를 다룰 필요는 없으며, 단순한 동작에서 복잡한 동작으로 진진시킬 수 있다. 이러한 심리적 제약 조건은 생리학적 도전에 필요한 신진대사, 형태학 및 신경 근육 시스템에 필요한 스트레스를 주지 않도록 해야 한다. 그러나 이러한 제약 조건은 적응이 필요한 정신물리학적 불안정성을 조성하기에 충분한 도전이 되어야 한다.
4. 운동선수가 목표를 달성하기 위한 최선의 방법을 스스로 발견할 수 있는 방식으로 제약 조건, 장애물 및 단서를 신중하게 제시해야 한다. 학습 정체기일 때 진도를 모니터링하고 새로운 제약 조

건과 장애물을 제시한다. 더 나은 학습을 개발하기 위해 피드백, 훈련의 다양성 및 다른 효과적 연습의 특성들을 이용하라.

기능적 훈련 기술의 하나는 위의 기능 중 일부를 통합한다. 예를 들어 'small game' 연습(Bishop 등, 2011)은 게임과 같은 의사결정 환경에서 민첩성과 반복적인 스프린트 수행능력을 향상시키는 것을 목표로 한다. 심지어 벽을 향한 단순한 점프 훈련이나 대상물에도 달하는 훈련은 농구나 배구에서 보이는 환경과 인식의 제약을 통합한다. 폼패드와 같은 불안정한 착지 표면을 사용하고 효과적인 부상 방지 착지 전략을 가르치면 착지 표면을 확신하지 못하는 혼란스러운 경기 상황에서 점프 높이를 최대화할 수 있다. 배구 선수들을 위한 기능성 신체심리 훈련에 관한 예시에서, Ives와 Shelley(2003)는 많은 신체심리적 요인이 타격에 대한 수직 점프의 질과 효과에 영향을 미친 다양한 결과를 보고했다. 이러한 요인들 중에는 기술력, 'tight sets', 네트에 근접함, 수비 선수와 이들의 움직임에 대한 주의 집중, 볼 타이밍 및 기타 시각적 흐름과 행동-인식 결합에 영향을 미치는 요인, 그리고 움직임 가변성이 있었다. 이러한 데이터를 사용해 신체심리 기능적 훈련 프로그램을 공식화함으로써, 저자들은 좁은 공간에 구속된 플라이오메트릭 훈련과 점프와 착지 훈련중 공을 추가한 수비선수 제약의 진전을 권고했다.

비선수를 위한 기능적 신체심리 트레이닝

유산소성, 무산소성, 유연성 및 근력과 같은 모든 형태의 일반적인 운동이 연령과 건강 전반에 걸쳐 건강과 웰니스에 극적인 영향을 미칠 수 있다는 것은 충분히 입증되었다(Ciolac & Rodrigues-da-Silva, 2016; Garber 등, 2011). 그럼에도 불구하고, 기능적 훈련 처방은 그들이 제공할 수 있는 추가적인 이익을 위해 일반 운동 프로그램 옆에 또는 대신해 신속하게 그들의 자리를 찾고 있다. 기능 훈련은 신체적, 심리적으로 건강한 활동을 하는 특히 군대, 경찰, 화재 및 구조 작업자들에게 권장된다(Sell 등, 2010). 이러한 전문가들을 위한 기능 훈련(때로는 전술 훈련이라고도 함)은 스트레스를 많이 받는 환경, 사람을 대상으로 하거나(예: 환자 운반 및 신체 끌기) 장비 사용을 목표로 한다. Knapik 외 연구진(2012)은 군인의 중량 운반 능력을 검토한 결과, 가장 큰 수행능력의 향상은 점진적이고 과부하된 하중 운반 활동(즉, 기능 활동)을 포함하고 특히 상지 근력 운동을 추가한 훈련의 결과라고 보고했다.

허약하고 장애가 있는 사람들을 위한 기능적 신체심리 훈련

비선수 집단의 기능적 훈련에 대한 연구는 주로 장애인, 노인 또는 광범위한 재활이 필요한 사람을 대상으로 한다. 이러한 경우에 기능적 훈련의 가장 중요한 목표는 기능적 건강을 개선하는 것이다. Ives와 Keller(2008)에 따르면, 기능적 건강은 '근본적인 병리학이나 신체적 또는 정신적 질병에 관계없이 일상생활의 광범위한 활동에 참여할 수 있는 능력'이다(74p). 기능적 건강은 개인의 결손과 환경 및 과제에서의 도전을 고려하면서 이동 목표를 달성하는, 적응력이 뛰어난 운동 시스템에 의해 특징지어진다. 기능적 건강은 기능적 수행력에 의해 측정되지만 더 유연한 두뇌에 기초를 둘 수 있다(생각해보기 11.3 참조).

문맥에 따라 기능적 훈련은 다른 이름을 갖는다. 물리치료사와 작업치료사들은 일반적인 재활보다 더 나은 결과를 제공하기 위해 오랫동안 추가 목적 훈련, 작업지향적 훈련 및 기타 기능적 재활 기술을 사용해왔다(Chiung-Ju & Latham, 2011; Rensink 등, 2009; Shumway-Cook & Woollacott, 2005). 이러한 형태의 훈련은 동기부여를 강화하고 맥락에 맞게 협응 메커니즘을 개발하고 실제 활동으로 더 잘 전이시키는 것을 목적으로 한다(Chiung-Ju & Latham, 2011). 기능적 훈련은 노인의 가동성 기능 및 일상생활 활동(Vluggen 등, 2009)을 개선하고 노인의 낙상을 감소시키는 것으로 보고되었다(Costello &

생각해보기 11.2 소방관들의 전략적 훈련

소방관, 경찰, 군인, 그리고 그 외 공공안전, 인명구조원들은 전략적 훈련과 컨디셔닝의 중점적인 대상들이다. 이러한 개개인은 위험, 불확실하고 극한 환경, 높은 정신적 스트레스 안에서 각자의 임무를 수행한다. 생리적인 요구들은 순간순간 변화하여, 심폐지구력부터 달리기 속도, 극도의 균형 감각, 높은 근력까지 다양하다. 하단의 왼쪽 사진에서 소방관이 어색하고 피로한 자세로 강력하게 물을 내뿜는 호스를 잡고 있다. 무거운 장비와 위험한 불, 연기, 위급함 등은 임무를 신체적, 정신적으로 더욱 어렵게 만든다. 오른쪽 사진에서는 사다리를 오르는 행동에 대한 위험성은 확실해 보인다. 이러한 사항을 인지하고 있다면, 기본적인 임무와 진화 작업을 위해 요구되는 분석을 실행할 수 있는가? 분석의 한 부분으로, 임무수행, 생리학적, 심리학적 요구 사항 간의 상관관계에 대하여 설명을 해보라. 분석을 위해 최신 보고서나 논문을 참고해야 할 것이다.

Edelstein, 2008). 더 성공적인 기능적 훈련 프로그램 중 일부는 전통적인 지혜에 반하는 위험을 무릅써 왔다. 예를 들어 한때 노인들에게 운동 제한 범위를 벗어났다고 여겨졌던 고강도, 고속 파워 및 편심성(eccentric) 훈련 프로그램이 일부의 경우에 덜 강력한 저항 훈련 프로그램보다 더 효과적인 것으로 나타났다(Caserotti 등, 2008; Hazell 등, 2007; Pereira 등, 2012; Tschopp 등, 2011).

인지 또는 감정 요소(즉, 신체심리 기능적 훈련)를 포함하는 복합 단계(multimodal) 기능적 훈련 중재는 이러한 요소가 없는 경우보다 더 효과적(Bethge 등, 2011; Gard 등, 2000)인 것으로 나타나며, 확실한 이점들을 제공할 수도 있다(Jang 등, 2016; Rejeski & Brawley, 2006). 또한 노인을 위한 균형 훈련 프로그램의 효과를 측정하는 것은 실제 능력을 드러내도록 하는 이중과제(dual-task)를 포함해야만 한다는 점에 주목했다(Borel & Alescio-Lautier, 2013; Silsupadol 등, 2009).

의미 있고 동기를 부여하는 인지 요소 외에도, 효과적인 기능 훈련 프로그램은 움직임의 다른 개별적이고 특이적인 심리학적, 심리사회적 측면을 다룰 수 있다. 예를 들어 허약한 노인들의 삶의 질은 실

생각해보기 11.3 추가 목적 훈련(Added-Purpose Training)에서 신체와 뇌 훈련

성공적인 결과가 지속됨에도 과연 어떻게 훈련하며, 연습하는지가 문제가 될까? Filippi 등(2010)의 연구를 참고하라. 그는 이 연구에서 Purdue Pegboard Test(손가락의 정교한 움직임 테스트)를 실행하는 동안 두뇌 영상(brain imaging)을 적용하였다. 두 그룹은 매일 2주 이상 손 조작 훈련을 시행하였다. 그 중 한 그룹은 기본적인 손가락 움직임(굴곡, 신전, 외전, 손가락 나열(finger sequencing) 훈련을 실시하였고, 나머지 한 그룹은 기능적 목적지향적 움직임(goal-oriented motor actions)(기타 연주, 드럼스틱 돌리기, 저글링, 무게 있는 물건 조작 등)을 통해 훈련을 하였다. 2주 훈련의 마지막 기간에 pegboard test를 실행한 결과 두 그룹 모두 발전된 모습을 보였으며, 훈련 종료 후 3개월이 지난 후에도 그 기능을 유지하였다. MRI 검사를 통해 본 결과 두 그룹 모두 유사하게 뇌의 총회백 질량의 증가를 보였고, 또한 뇌의 특정한 부위의 증대를 보였다. 하지만 각 그룹에 있어 회백질량의 증대를 가져온 부위는 근본적으로 달랐다. 자세히 말하면, 기능적 트레이닝을 실행한 그룹에서는 더 높은 '해마'의 증대를 보였고, 일반적 움직임 훈련을 실행한 그룹에서는 '두정엽' 부분에서 더 큰 변화를 보였다. 해마는 기억저장을 담당하는 중요한 부위이며, 두정엽은 감각 운동 신경 간의 광대한 연결고리 역할을 하며, 특별히 주목해야 할 정보를 해석하는 데 도움을 준다. 저자들은 뇌의 변화가 신경연결망 안에서 이루어진다고 결론지었으며, 이는 훈련 전개에 있어서 중요하다. 과제 실행 결과가 두 그룹에서 같았다는 결과가 주어졌으며, 때문에 우리는 과연 어떻게 훈련하는가의 문제인지, 다른 뇌 부위의 변화가 중요한지 의문을 가질 수 있다. 이러한 질문들을 통하여 생각해야 하며, 한 가지가 아닌 두 가지 경우가 모두 중요할 수도 있다는 것도 고려해야 한다. 왜 그럴까? 기술의 전달과 pegboard test가 폐쇄 운동 기술(closed skill)이라는 점을 생각해보라. 그리고 한 그룹이 동시에 두 가지 방법을 통해 훈련했을 때 어떤 일이 벌어질지도 고려해보라. 아마도 이러한 질문에 대한 명확한 답은 없을 것이다. 우리의 부족한 지식은 우리가 아직 배워야 할 점이 많이 남아 있다는 것만을 강조하고 있다.

SIDENOTE 극단적 비활동 이후 기능적 능력의 유지

장시간의 침상 안정, 우주 공간과 같은 무중력 환경과 같은 극단적인 비활동기의 지속은 심각한 신체 능력의 감소를 야기한다. 이러한 부정적인 영향(대부분 근육량 손실 또는 근기능 저하)으로부터 회복하기 위해 일반적으로 몇 주에서 몇 달이 걸리기도 한다. 하지만 특수부대와 같은 몇몇 직업군은 극단적인 비활동기 이후 즉각적인 높은 수준의 근기능을 요구한다. 군인은 잠복근무 상황에서, 평지에 엎드린 자세로 높은 정신적 압박 속에 며칠을 움직이지 않고 견뎌야 하는 경우가 생길 수도 있다. Thorlund 등(2011)의 연구에 의하면 고도로 훈련된 특수부대원들을 대상으로 8일간의 가상잠복 감시 임무를 진행한 결과 3kg에 가까운 제지방량의 감소를 보였다고 보고하였다. 그 외 11%의 무릎 신전 근력, 20%의 최대 근력 수치와 10%의 수직 점프 높이 감소를 보였다. 추가적인 영양과 가벼운 운동을 통한 3시간의 회복은 수행력 회복에 아무런 영향도 미치지 못했으며, 저자들은 이를 철저한 훈련과 영양실조 후 수행력 저하와 비교할 수 있다고 지적했다. 이러한 발견들은 훈련에 대해 배울 것이 많고 높은 수준의 비활동에도 불구하고 기능의 유지를 가능하게 하는 새로운 훈련 전략이 필요하다는 것을 보여준다.

사진 제공: Department of Defense

제 신체적 수행력보다 자신감을 넘어 낙상 예방에 더욱 관련이 있을 수 있다. 그러므로 자기효능감(self-efficacy)은 이러한 대상들에게서 훈련 프로그램의 결과로 선정되어야 한다(Stretton 등, 2006). 심장질환과 같은 다른 조건에는 우울과 불안이 수반되며 신체적 재활과 일치하는 심리적 전략의 사용이 필요하다(Rutriction 등, 2006).

노인과 소외된 사람에 대한 더 나은 운동 처방은 건강의 믿음과 가치를 포함하여 문화적으로 관련이 있어야 한다(Jang 등, 2016). 이러한 관련성은 목적과 의미를 제공하며 동기 및 의도에 도움이 된다. 효과적인 신체심리 기능적 훈련의 범위는 계단에서의 낙상 예방 훈련을 위한 Jacob's 권고안(2016)에서 볼 수 있다. 이 저자는 훈련이 주의 집중, 계단 오르기 동작, 감각 운동 및 인지 장애, 근력, 계단 오르기 기술을 고려해야 한다고 권고했다. 일부 저자들은 이것을 재활에 대한 마음-몸(mind-body) 접근이라고 불렀다(Casey 등, 2009).

기능적 신체심리적 훈련과 기능적 건강

지속적인 문제, 아급성 부상 및 질병, 노화로 인한 일반적인 퇴행를 겪고 있는 비교적 건강한 사람들의 경우, 기능적 훈련의 성공에 관한 이용 가능한 데이터가 일부 지역에 풍부하고 다른 영역에는 거의 없다. 비교적 건강한 사람들의 광범위한 요구는 어떠한 목적을 위한 것인지 무엇이 기능적 훈련의 성공인지에 대한 명확하거나 포괄적 진술을 어렵게 한다. 그러나 직업 및 웰니스 목적을 위한 기능적 훈련이 근골격

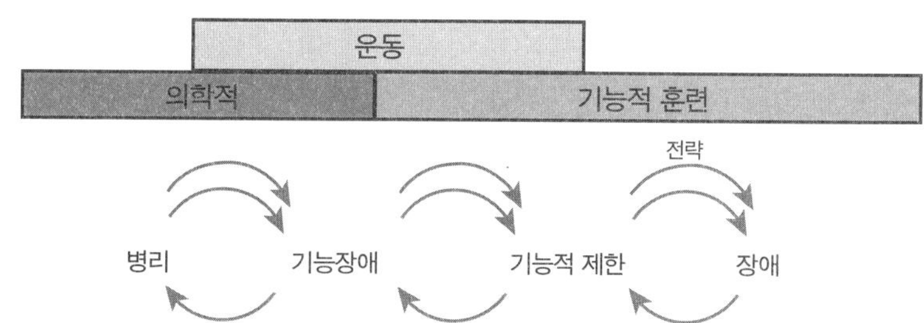

병리는 생물학적 요소지만 생리학적, 심리학적 손상 모두에 기여할 수 있다. 통증, 약화, 그리고 주의력 결핍 장애 등은 손상의 예이다. 기능적 제한은 느린 걷기 속도, 낮은 집중력, 오랫동안 앉아 있거나 머리 위로 물건 들어올리기 등의 동작에 대한 어려움 등이 포함될 수 있다. 우리는 대부분의 경우 이러한 기능장애를 극복하기 위해 걷기나 자세를 바꾸는 것보다는 운전하는 것과 같은 기능적 제한에 대항하기 위한 전략을 채택한다.

이러한 연속체는 대부분 왼쪽에서 오른쪽으로 진행한다(두 개의 화살표). 하지만 항상 그렇지는 않다(한 개의 화살표). 이는 위의 그림에서 표시된 화살표처럼 항상 직접적이지만은 않다. 다수의 위험 요소가 어떻게 전 단계에서 다음 단계로 진행되는지, 혹은 진행을 하는지 하지 않는지에 영향을 미친다. 주요 위험 요소는 다음과 같다.

- 인구통계학적 요소(예: 나이, 사회경제적 수준, 교육)
- 생리학적 요소(예: 체격, 식단, 성별)
- 사회심리학적 요소(예: 불안, 동기, 사회적 연결망)
- 환경적 요소(예: 주거지, 기후, 직업)
- 공존 질환(예: 고혈압, 당뇨, 비만, 우울)

의료, 운동, 기능 훈련 개입이 중복되지만 기능적 훈련은 다른 방법보다 광범위한 범위를 대상으로 한다는 점에 주목해야 한다. 기능적 훈련의 중요한 대상은 기능장애로부터 기능적 제한을 예방하기 위한 효과적인 전략의 개발이다.

그림 11.5 기능장애 모델은 질병에서 장애로까지의 진행을 나타낸다. 기능적 훈련의 궁극적인 목적은 손상에서 기능장애로의 진행 그리고 기능적 손상에서 장애로의 진행을 막는 것에 있다. 기능적 건강의 증진은 개인의 활동 수준과 정신적 상태를 개선시킬 수 있으며, 그로 인해 손상과 병리에 긍정적인 영향을 미칠 수 있다. (Ives, J. C. & Keller, B. A. [2008]. Functional training for health. In J. K. Silver & C. Morin [Eds.], *Understanding Fitness. How Exercise Fuels Health and Fights Disease*. Westport, CT: Praeger Publishers with permission)

계 통증을 줄이고 작업 수행력를 개선할 수 있다는 것은 잘 알려져 있다(Elders 등, 2000; Gard 등, 2000).

비선수 집단에 대한 기능적 훈련의 사용과 이점은 그림 11.5에 표시된 **기능장애 모델**(model of disablement)을 검토하여 이해할 수 있다. 장애 모델은 병리학에서 장애로 이어지는 건강의 진행을 추적한다. 병리학은 손상에 기여하는 근본적인 질병이나 생리적 이상이다. 손상은 장기, 조직 또는 시스템이 작동하는 방식에 있어서의 기능장애다. 장애가 발생하면 기능 제한이 발생할 수 있으며, 이는 일상 업무에 지장을 준다. 만약 이러한 지장이 사회생활 기능에 손상을 준다면, 그것은 장애가 된다. 많은 사람들, 특히 중년 이상 사람들은 어느 정도 수준의 장애와 기능적 한계를 가지고 있다. 다양한 손상들은 관절염과 요통, 경막하 관상동맥 질환, 과체중, 생리학과 심리적인 스트레스 반응, 이에 대한 대처기술로 인한 관절과 근육의 통증으로 자주 나타난다.

앞의 그림에서 연속체의 왼편에 있는 손상과 병리를 해결하는 것이 자연스럽게 그후에 이어지는 기능장애와 장애에 긍정적인 영향을 미칠 것이라고 생각하기 쉬운데 사실은 꼭 그렇지만은 않다. 몇몇 기초적인 결과지와 생리학적 숫자들을 개선시킨다고 해서 장애지수에 아무런 긍정적인 영향을 미치지 않을 수도 있다(Latham 등, 2004). 이러한 이유로 인하여, 기능장애에 중점을 두는 것을 통해 연속체의 오른쪽 부분에 있는 요소에 초점을 맞추는 것 또한 필요하다. Ives와 Keller(2008)에 의하면 기능적 훈련이 가장 높은 효과를 발휘하는 것은 연속체의 오른쪽 부분이며, 이는 기능장애의 극복을 돕는다. 전통적인 훈련 방법의 경우는 왼쪽 부분에 적용하기 적합하다.

비교적 건강한 사람이나 건강하지만 만성질환을 가지고 있는 사람들을 위한 신체심리적 요소를 포함한 기능적 훈련은 운동 실행 허용 범위 안에 있으며, 운동과학 실행자들의 방법에 의한다. 필요한 부분을 찾아내고 기능적 훈련 프로그램을 처방하는 행위는 창의성과 개인의 요구에 신중한 평가를 요구하는데, 이러한 것들은 기존의 연구나 서적에 존재하지 않는 경우도 있으며, 때로는 일반적인 질환을 겪는 사람들임에도 불구하고 이러한 상황을 마주하게 된다(Haddad 등, 2012). 기존에 소개되었던 기본적인 신체심리 훈련의 4단계 가이드라인을 이용할 수 있다. 하지만 비선수 인구의 다양한 요구를 반영하기 위해서 더 넓은 범위의 방법이 제시되어야 할 것이다. 대상을 평가하는 데 있어서 한 부분은 기능적 건강 평가 혹은 삶의 질 평가가 되어야 하며 이들 모두는 개인의 특이적 요구나, 신체적 기능, 심리사회적 특징을 평가하는 데 목적을 둔다. 이것은 또한 개인의 과제 실행에 대한 어려움, 개인이 자주 속하게 되는 환경의 특징에 대한 평가가 포함되어야 할 것이다. Ives와 Keller(2008)는 기능적 건강 평가의 첫 단계로 SF-36이나 특정적 집단 신체 능력 종합 테스트와 같은 건강 관련 삶의 질 설문지를 이용하기를 권고하였다.

비선수를 위한 기능적 신체심리 훈련은 선수를 위한 것들과 조금 달라 보일 수 있다. 근골격계 문제를 가지고 있는 개인을 위한 성공적인 업무 복귀 프로그램은 다수의 경우에서 개별적인 복합적 중재들을 통합하며, 이들을 하나의 완전한 프로그램으로 완성시킨다. 예를 들어 Gard 등(2000)의 경우 노동자의 업무 복귀와 삶의 질 향상을 극대화하기 위하여 기존의 치료와 달리, 근로자의 업무 복귀와 삶의 질을 크게 개선하기 위해 점진적이고 단계적 운동과 직업별 운동 훈련 및 심리사회적 중재의 조합을 사용하였다. 위의 저자들은 프로그램이 건강, 특수성, 그리고 '스피릿(spirit)'을 다루었다는 것을 강조하였다. 이러한 요소들은 개별성에 기반을 둔 프로그램, 개인의 목표, 기능성에 중점을 둔 목적과 마찬가지로 증가된 동기에 의한 발전된 결과, 증진된 기능적 협응력, 통증 극복 개선에 도움이 된다. 활기, 열정, 낙천성, 격려와 같은 용어로 더 자세히 설명될 수 있는 스피릿에 대한 개념은 건강한 행동과 결과물의 질과 참여의 핵심이 될 수 있다.

위에 언급된 정신은 넓게 보면 면역 기능, 적은 질병, 긍정 그리고 격려 등의 단어로 표현될 수도 있으며, 개인의 건강 결과의 질을 형성하는 데 중점적인 역할을 할 수도 있다. 이런 용어들은 더 나은 면역력, 질병 감소, 심혈관계 질환에 대한 더 나은 회복, 전반적인 더 나은 삶의 질과 관련된 긍정적 행위로 표현될 수도 있으며(Richman 등, 2005; Rozanski 등, 2005), 개인의 운동 반응에 대해 강한 영향을 미친다. 사

개 • 념 • 설 • 명

통합된 신체심리적 접근

확장된 신체심리적 기능적 훈련 프로그램은 Bethge 등(2011)의 연구에 의해 소개되었다. 저자들은 노동자들의 근골격계 질환의 장애에 대하여 검사하였고, 복합 단계 작업 강화 프로그램에 참여시켜 다시 일할 수 있도록 하였다. 구성 요소로는 표준 운동, 기능적인 직업적 특이성 운동 그리고 스트레스를 줄이고 자기효능감과 개인 역량 강화, 업무중 통증 대처 능력을 향상시키기 위한 몇 가지 중재들이 포함되었다. 이러한 요소들은 각자 나란하게 관리되었고, 트레이너와 그 외 다른 이들은 훈련 구성 요소의 통합을 보장할 수 있도록 정기적으로 만났다. 그 결과, 6개월 후 복합 단계 작업 강화 그룹은 '평범한 치료' 그룹보다 2배 이상의 긍정적 결과를 보였다. 이러한 다각적 프로그램은 건강 관리 종사자들이 단지 건강관리사가 팀의 일원으로서 어떠한 역할을 하는지를 이해하는 것뿐만 아니라, 그 외 다른 측면들을 통합하여 적용시켜야 한다는 필요성을 강조하고 있다. 이를 테면, 여기에 소개된 사례 안에서 운동과학 임상가들은 통증 관리와 자세 교정 전략을 통합하여 기능적 근력 강화 훈련에 적용시킬 수 있을 것이다.

실 왜 유산소성 운동 처방 효과가 그렇게 큰지에 대한 광범위한 검토에서, Hautala 등(2009)은 동기 및 기타 신경심리학 요인의 중요성과 운동 반응 조절에 대한 자율신경계의 영향에 대해 언급했다. 이러한 저자들은 개인의 인지적-감정적 요소들을 평가하고 개별 맞춤식 운동 프로그램과 라이프스타일 변화를 촉진한다고 결론지었다. 결론적으로 기능, 삶의 질 향상과 질병 발병 위험성 감소 등을 목적으로 하는 비선수를 위한 효과적인 훈련은 신체심리 기능적 훈련이 동반되어야만 할 것이다.

가상현실을 통한 기능적 신체심리 훈련

기능적 신체심리 훈련 프로그램에서 환경적, 업무상의 제한을 조작할 때 발생될 수 있는 잠재적 복잡성은 완벽한 훈련 프로그램 발전을 제한할 수 있다. 가상현실(VR) 혹은 가상환경(VEs)은 이러한 복잡성에 대한 해결책이 될 수도 있다. VEs는 간단한 컴퓨터 게임에서부터 신체 움직임 감지, 움직임에 대한 반응 기능 등을 갖춘 완전몰입형 환경 공간까지를 아우른다. 이 두 가지 환경 사이에 사용자가 사용한 고글 안쪽에 가상환경(VE)을 투영하는 가상현실(VR) 헤드셋이 있다. 이 헤드셋 안의 센서들이 머리의 움직임을 감지하며, VR 화면은 이에 반응한다. 좀 더 정교한 시스템들은 사지와 신체의 움직임을 감지하기 위한 센서들을 포함하며, 이 정교한 기술 중 몇몇은 피트니스 센터나 가정에서 활용될 제품으로의 활로를 열었다. Wii Fit, X-box 360 Kinect, GameBike 등이 그 예들이다. 이러한 소비자 상품들 중 거의 모두가 운동게임(exergame)으로 알려져 있는 것들 중 선두에 있다.

운동게임은 컴퓨터 환경 속에서 상호작용하거나 진행하기 위해서 신체 활동, 실제 삶을 기준으로 한 운동 신경, 스포츠 기술 혹은 이들 모두를 필요로 한다. 실제 VR 운동게임은 VE가 자전거 에르고미터 위에서의 VR 자전거 경주(그림 11.6)와 같은 운동 모드와 적절하게 융화되는 것을 요구한다. 그러므로 몇몇 운동게임들은 신체적 움직임과 연관되지 않는 비디오게임에 입력 신호를 제공하기 위해서 조이스틱 대신 단순한 신체적 동작을 필요로 한다. 이러한 운동게임은 리듬에 맞추어 발판을 밟거나, 컴퓨터에서 생산되는 움직임을 따라하는 등(예: Dance Dance Revolution, DDR), 간단한 상식 문제에 대해 대답하는 것처럼 간단할 수도 있다.

가상환경(VEs)은 몇몇 약속 안에서 스포츠에서의 전략, 운동 기술 훈련이나 실제 상황에서의 실수가

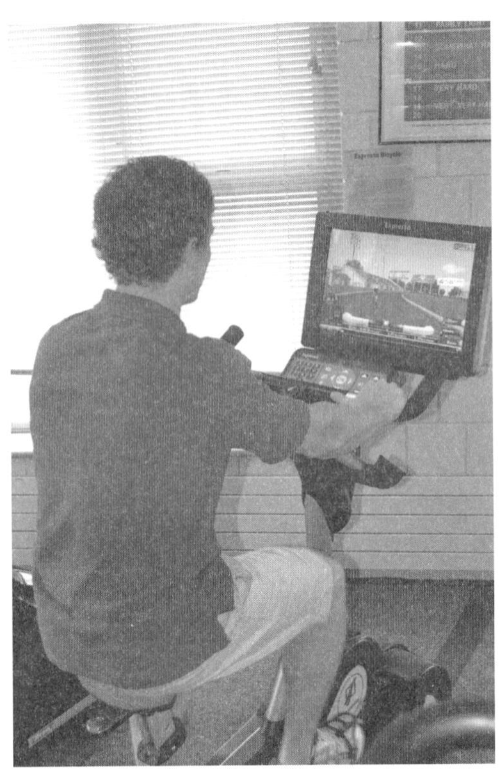

그림 11.6 이러한 운동게임 구조는 운동 실행자가 컴퓨터를 상대로 경쟁하거나 다른 게이머와 온라인을 통해 게임을 즐길 수 있도록 한다. (사진 제공: Jeffrey C. Ives)

그림 11.7 부상당한 군인의 재활에 사용되는 컴퓨터 보조 재활 환경. CAREN 시스템은 움직이는 플랫폼이 있는 부분적인 서라운드 투영 시스템이다. (Sessoms, P.H., Wyatt, M., Grabiner, M., 등 [2014]. Method for evoking a trip-like response using a treadmill-based perturbation during locomotion. *Journal of Biomechanics, 47*[1], 277-280)

심각한 결과를 초래할 수 있는 의학 수술 등을 위해 이용되고 있다(van Dongen 등, 2011). 비슷한 이유로 군대에서는 비행기 조종사를 훈련시키기 위한 시뮬레이터로서 오랜 기간 이용해왔으며, 최근에는 전투 임무 상황을 위한 군사집단을 훈련하기 위해 이용해왔다. 운동 기술 발달을 위한 컴퓨터 모의훈련 평가에서, Ward 등(2006)은 심리학적 요소, 시뮬레이션된 환경과 업무의 정보 처리 능력이 가장 중요하며, 이는 디스플레이에서 이용할 수 있는 현실성과 정보의 수준이 사용자의 움직임 생체역학 및 전략을 바꿀 수 있음을 보여주는 보고서에 의해 입증(Morice 등, 2010; Vignais 등, 2009)되었다.

운동 신경 재활이나, 움직임 기술 재훈련을 위한 VR의 사용은 현재 다수의 다른 조건에서 널리 사용되며, 특히 뇌 손상, 정형외과적 재활 그리고 기능적인 일상생활을 위한 훈련을 위해서 자주 사용되고 있다(그림 11.7). 예를 들어 노인의 운동게임에 대한 많은 체계적인 리뷰는 전통적인 신체심리 기능적 훈련과 같은 정도로 알려져 있지 않지만 균형 능력과 가동성과 같은 과제에 대해 긍정적인 결과를 보여주었다(예: Donath 등, 2016). 그러나 광범위한 인지 및 운동 활동을 필요로 하는 운동게임은 일반 균형 훈련에만 국한되지 않고 연장자에게서 더 나은 기능적 결과를 가져올 수 있다(Eggenberger 등, 2016). Eggenberger와 그의 동료(2016)는 운동게임을 통한 훈련이 전전두엽 피질 활동이 개선된 후, 일반적 균형 능력 훈련을 받은 노인들에 비해, 더 나은 인지 능력에 상응하는 더 나은 기능 수행(보행)을 증명하였다. 요컨대 대부분의 환자들은 가상세계(VR)를 견딜 수 있고 가상환경(VE)으로부터 얻는 이익 중 적어도 일부를 실제 환경에서 동등한 과제로 전이시킬 수 있다는 것이다(Holden, 2005).

비교적 건강한 사람을 위한 신체적 훈련의 보조수단으로서의 VR의 사용은 운동 참여의 고수나 정신건강의 이득의 관점에서만 엄격하게 조사되었다. 대다수의 데이터는 VR 운동이 운동 참여의 고수(Annesi & Mazas, 1997), 긍정적인 기분(Plante 등, 2006)을 향상시킨다고 권장하였으며, 이는 특별히 VR의 경험이 운동게임의 형태인 경우일 수도 있을 것이다(Barros 등, 2012; Plante 등, 2003b; Van Schaik 등, 2008). 운동게임 환경의 특정한 이득은 외적 주의 집중을 위한 요구 사항이나 VR 환경의 제약을 향한 목적지향적 신체적 노력과 같은 경쟁적 즐거움에 기인하는 것일 수도 있다(Mestre 등, 2011). 하지만 이러한 좋은 감정 상태나 운동 참여의 고수에 관한 발견들은 실내에서의 전통적인 고정 운동(예: 트레드밀, 자전거 에르고미터)과 비교한 결과이며, 실외에서의 고정되지 않은 운동과 비교했을 때는 들어맞지 않을 가능성에 주목하라(Plante 등, 2003a, 2006). 이것이 의미하는 바는 여전히 VE는 실제 환경과 비교했을 때 긍정적인 운동 경험을 제공하는 측면에서는 부족하다는 점이다. 컴퓨터 시뮬레이션 기술의 빠른 발전이 이루어진다면, VR 경험이 실제 현실 경험을 완벽히 모방하는 날이 머지않게 될 것이다.

SIDENOTE

운동게임과 노인의 인지적 기능

운동게임은 건강한 고령의 성인들의 인지적 기능을 향상시키는 데 있어 다른 전통적 운동보다 더 좋은 효과를 보이고 있다. 이를 주제로 한 가장 규모가 큰 연구 중 하나인 Anderson-Hanley 등(2012)에서는 3개월간 공동 거주 공간에서 지내는 노인들을 대상으로 경쟁이 추가된 고정된 VR 자전거를 실시하여 인지 기능 상태를 검사하였다. 그 결과, VR 자전거 운동은 일반 자전거 운동보다 인지 기능 향상, 인지적 장애를 불러일으킬 만한 위험성 저하에서 유의하게 높은 수치를 나타내었다. 하지만 체력 증가의 측면에서는 그렇지 않았다. VR 자전거를 실행한 그룹이 신경 성장 인자 단백질 양이 유의하게 높았다는 추가적 발견은 VR이 신경가소성을 발달시킨다는 것을 암시한다. VR이 실제 자전거 운동이나 경쟁적 사이클링과 비교해서 어떻게 결과를 내는지는 더욱 지켜봐야 할 여지로 남아 있다. 하지만 최소한 하나의 다른 연구에서 이동과 생활을 위한 VR 훈련 프로그램이 실제 환경에서의 훈련보다 우수하지 않다는 것을 보여줬다(Richardson 등, 2000).

개 • 념 • 설 • 명

자신을 위한 게임, 장비 제작

VR 기술, 운동게임, 기능적 훈련 장비의 성장은 빠르게 퍼져나가고 있으며, 높은 시장 가치를 유지하고 있다. 지금까지의 경험에 의하면, 이들 중 소수는 기능적 훈련, 혹은 운동 신경 행동원리의 실제적 이해에 의하여 만들어졌지만, 게임의 경우는 특정적인 요구를 해결하기 위함이라는 것을 알 수 있다. 예를 들면 운동게임의 대표적인 DDR(Dance Dance Revolution)의 경우 일본에서 휴가를 즐기던 한 개인이 운동중 너무 많은 사람에 둘러싸여 압박감을 느끼는 데서 비롯되어 발명되었다. 운동 신경 행동원리에 대한 확실한 이해와 함께, 소프트웨어, 컴퓨터와 특정적으로 디자인된 훈련장비를 포함하는 기능적 훈련 프로그램을 만들어보라. 당신의 프로그램은 스포츠 훈련, 일반적인 보건 혹은 특정 직업군을 위한 훈련이 될 수도 있다. 엔지니어링에 관한 부분에까지 관여할 필요는 없다. 단지 간단히 묘사해주기만 하면 된다. 장비와 프로그램의 정확한 목적들과 그 목적들을 달성하기 위해 어떻게 디자인할 것인가를 확인하라. 그리고 실제 실행을 위한 5가지의 필수적인 특징과 신체심리 기능 훈련을 위한 4단계에 대해 고려하라.

VR 운동으로 참여에 대한 장점들은 체중 조절을 위한 훈련에 적용되어 있다. 많은 연구자들이 VR 훈련이 좌식생활을 주로 하는 비만 아이들과 성인의 운동 자기효능감을 증진할 수 있다고 권고하였다(Ruiz 등, 2012). 이러한 효과가 반드시 모든 사람들에게 적용되지는 않는다. 그리고 성별, 체력 수준, VR 환경에서의 신체적 강도 요구, VR 시점(예: 1인칭, 3인칭), 사용자 제어 상호작용의 양, 운동 방식과 같은 인자들은 VR 운동과 잠재적 VR 이득을 위한 사용자의 호응에 영향을 미칠 수 있다(Adamo 등, 2010; Bailenson 등, 2008; Foley & Maddison, 2010; Legrand 등, 2011; Ruiz 등, 2012; Skip Rizzo 등, 2011).

그러므로 정보에 입각한 VR의 사용은 체력과 운동 기술을 발전시키기 위해 사용될 수 있다. 이것은 실제로 기능적 훈련의 이득이 가능한지에 관하여 더 밝혀져야 하는 상황으로 남아 있다. 현재는 아이스댄스 선수를 위한 VR 회전 균형 감각 훈련과 같은 아주 제한적인 데이터만이 있을 뿐이다(Tornese 등, 2011). 신체적으로 강도가 높은 DDR과 같은 게임은 실험실에서 진행되는 밸런스 측정에는 도움이 될지 모르나(Brumels 등, 2008), 실제 아이스댄스 경기력에 도움을 줄지는 알 수가 없다. 다른 장비들(예: Parisi Speed School quickness trainer)은 아직 조사되지 않았다. 결국 VR과 VE 기능적 훈련은 효과가 있다고 볼 수 있다. 하지만 종류와 훈련의 새로움으로 인하여 충분한 데이터를 추적하고, 확실한 제안을 만들어 내는 것에 제한이 있다.

요약

근력과 파워는 운동선수와 일반적 건강을 위한 중요한 요소로 인식된다. 하지만 수행을 위한 이 조합의 성질이나 정도는 줄곧 정량화하기 어려운 일이다. 특별히, 근력과 파워가 기본이 되는 훈련의 사용 반복은 운동선수의 경기력 향상에 있어 항상 효과적이지는 않았다. 경기력 결과와 훈련을 연관짓는 데 있어서 생기는 어려움 중 일부는 근력과 파워를 평가하고 훈련하기 위한 방법이 너무 많다는 데서 비롯된다. 이러한 사실은 훈련장에서 얻어진 능력을 필드로 전이시키기 위한 프로그램을 개발하는 데 있어 불확실함을 유발한다. 그러므로 기능적 훈련은 심리적 제한 효과의 통합이 제한되지 않는 동시에 이러한 어려움을 해결하고 전이를 최대화하는 데 그 취지가 있어야 한다. 심리학적 측면과 생리학적 측면 모두를 포함하는 기능적 훈련, 즉 신체심리 기능 훈련은 훈련장에서 경기장으로의 능력의 전이를 최대화하기 위한 틀을 제시한다.

신체심리 기능 훈련은 업무의 지각적 측면과 트레이닝 프로그램의 환경을 동반하며, 이로 인해 생리학적 시스템은 심리학적, 생리학적 제한 안에서 손상을 입는다. 환경적 제한과 업무에서의 지각적 요소의 확인에서부터 시작되는 4단계 방법은 더 나은 기능적 훈련을 위한 하나의 접근법이다. 그 외의 단계들은 이러한 제한들을 조합하고 훈련 환경으로 적용시키는 것과 이러한 장애물을 넘고 발견 학습법을 진행시키는 것이다. 사용된 특정적인 한 접근법을 고려하지 않고, 심리학적 생리학적 접근의 통합은 재활, 직업 복귀, 노인의 낙상 방지와 삶의 질, 스포츠 경기력 등 모두의 결과를 동시에 발전시킨다.

VR의 사용과 그 외 컴퓨터를 이용한 기술들은 기능적 훈련에 효과가 있다. VR은 안전하고 즐거운 방식으로 교육 환경에 '실제' 상황별 과제를 가져올 수 있다. 그게 아니더라도 최소한 이러한 기술들은 운동 참여 습관화를 강화시킬 수 있다. 결론적으로 지식이 있는 트레이너나 코치는 능력의 전달과 실제 삶의 질을 증가시키기 위해 적합한 업무와 환경적 제한을 훈련 환경에 적용시킬 수 있을 것이다. 신체심리 훈련 환경을 제공하기 위한 VR의 사용은 유효하나 확실한 결론을 제시하기엔 아직 이르다.

연습문제

1. 훈련 및 기존의 신체적 훈련과 비교했을 때 기능적 훈련의 목적은 무엇인가?
2. 생리학적 능력을 실제 상황으로 극대화하기 위해 기능 훈련을 어떻게 설정하나?
3. 근력과 파워를 생산하는 데 있어 신체적, 심리적으로 기여하는 것은 무엇인가?
4. 근력과 파워를 생산하는 다양한 모드를 구분하고 정의한다.
5. 근력과 파워 테스트와 훈련에서 어려운 점과 논란이 되는 부분은 무엇인가?
6. 실험실에서의 근력과 파워 측정과 운동 수행능력 간의 관계를 설명하라.
7. 기능적 신체 심리 훈련은 무엇이며, 기존의 기능적 훈련과 무엇이 다른가?
8. 신체 심리 훈련 프로그램을 만드는 네 단계 접근법은 무엇인가?
9. 기능적 건강이란 무엇이며 기능적 훈련과 어떤 관련이 있는가?
10. 기능장애 모델은 무엇이며, 기능 훈련은 이 모델에 어떻게 맞는가?
11. 가상현실을 기능 훈련 모드로 사용하는 것의 이점과 단점을 설명하라.

참고문헌

Aagaard, P. (2010). The use of eccentric strength training to enhance maximal muscle strength, explosive force (RDF) and muscular power—onsequences for athletic performance. *Open Sports Sciences Journal, 3*, 52-55.

Aagaard, P. P., & Andersen, J. L. (2010). Effects of strength training on endurance capacity in top-level endurance athletes. *Scandinavian Journal of Medicine & Science in Sports, 20*, 39-47.

Abernethy, P. P., Wilson, G. G., & Logan, P. P. (1995). Strength and power assessment: Issues, controversies and challenges. *Sports Medicine, 19*(6), 401-417.

Adamo, K. B., Rutherford, J. A., & Goldfield, G. S. (2010). Effects of interactive video game cycling on overweight and obese adolescent health. *Applied Physiology, Nutrition and Metabolism, 35*(6), 805-815.

American College of Sports Medicine. (1990). ACSM position stand: The recommended quality and quantity of exercise for developing and maintaining cardiorespiratory and muscular fitness in healthy adults. *Medicine and Science in Sports and Exercise, 22*(9), 265-274.

American College of Sports Medicine. (1998). ACSM position stand: The recommended quantity and quality of exercise for developing and maintaining cardiorespiratory and muscular fitness, and flexibility in healthy adults. *Medicine and Science in Sports and Exercise, 30*(6), 975-991.

Andersen, J. L., & Aagaard, P. P. (2010). Effects of strength training on muscle fiber types and size; consequences for athletes training for high-intensity sport. *Scandinavian Journal of Medicine & Science in Sports, 20*, 32-38.

Anderson-Hanley, C., Arciero, P., Brickman, A., Nimon, J., Okuma, N., Westen, S., et al. (2012). Exergaming and older adult cognition:

A cluster randomized clinical trial. *American Journal of Preventive Medicine, 42*(2), 109-119.

Annesi, J. J., & Mazas, J. J. (1997). Effects of virtual reality-enhanced exercise equipment on adherence and exerciseinduced feeling states. *Perceptual and Motor Skills, 85*(3 Pt 1), 835-844.

Bailenson, J., Patel, K., Nielsen, A., Bajscy, R., Jung, S., & Kurillo, G. (2008). The effect of interactivity on learning physical actions in virtual reality. *Media Psychology, 11*(3), 354-376.

Balshaw, T. G., Massey, G. J., Maden-Wilkinson, T. M., Tillin, N. A., & Folland, J. P. (2016). Training-specific functional, neural, and hypertrophic adaptations to explosive- vs. sustained-contraction strength training. *Journal of Applied Physiology, 120*, 1264-1373.

Barros, M., Neves, A., Correia, W., & Soares, M. (2012). Exergames: The role of ergonomics and design in helping to control childhood obesity through physical and functional exercise program. *Work, 41*, 1208-1211.

Behm, D. G., & Sale, D. G. (1993). Velocity specificity of resistance training. *Sports Medicine, 15*(6), 374-388.

Bethge, M. M., Herbold, D. D., Trowitzsch, L. L., & Jacobi, C. C. (2011). Work status and health-related quality of life following multimodal work hardening: A cluster randomised trial. *Journal of Back and Musculoskeletal Rehabilitation, 24*(3), 161-172.

Birrer, D. D., & Morgan, G. G. (2010). Psychological skills training as a way to enhance an athlete's performance in high-intensity sports. *Scandinavian Journal of Medicine & Science in Sports, 20*, 78-87.

Bishop, D., Girard, O., & Mendez-Villanueva, A. (2011). Repeated-sprint ability—art II: Recommendations for training. *Sports Medicine, 41*(9), 741-756.

Bloomer, R. J., & Ives, J. C. (2000). Varying neural and hypertrophic influences in a strength program. *Strength and Conditioning Journal, 22*(2), 30-35.

Bonacci, J., Chapman, A., Blanch, P., & Vicenzino, B. (2009). Neuromuscular adaptations to training, injury and passive interventions: Implications for running economy. *Sports Medicine, 39*(11), 903-921.

Borel, L., & Alescio-Lautier, B. (2013). Posture and cognition in the elderly: Interaction and contribution to the rehabilitation strategies. *Neurophysiologie Clinique, 44*(1), 95-107.

Brumels, K. A., Blasius, T., Cortright, T., Oumedian, D., & Solberg, B. (2008). Comparison of efficacy between traditional and video game based balance programs. *Clinical Kinesiology, 62*(4), 26-31.

Byrne, C., Faure, C., Keene, D. J., & Lamb, S. E. (2016). Ageing, muscle power and physical function: A systematic review and implications for pragmatic training interventions. *Sports Medicine, 46*(9), 1311-1332.

Cadore, E. L., Rodriguez-Manas, L., Sinclair, A., & Izquierdo, M. (2013). Effects of different exercise interventions on risk of falls, gait ability, and balance in physically frail older adults: A systematic review. *Rejuvenation Research, 16*(2), 105-114.

Carpinelli, R. N. (2009). Challenging the American College of Sports Medicine 2009 position stand on resistance training. *Medicina Sportiva, 13*(2), 131-137.

Carroll, T. J., Selvanayagam, V. S., Riek, S. S., & Semmler, J. G. (2011). Neural adaptations to strength training: Moving beyond transcranial magnetic stimulation and reflex studies. *Acta Physiologica, 202*(2), 119-140.

Caserotti, P., Aagaard, P., & Puggaard, L. (2008). Changes in power and force generation during coupled eccentric-concentric versus concentric muscle contraction with training and aging. *European Journal of Applied Physiology, 103*(2), 151-161.

Casey, A., Chang, B., Huddleston, J., Virani, N., Benson, H., & Dusek, J. (2009). A model for integrating a mind/body approach to cardiac rehabilitation: Outcomes and correlators. *Journal of Cardiopulmonary Rehabilitation and Prevention, 29*(4), 230-240.

Chiung-Ju, L., & Latham, N. (2011). Can progressive resistance strength training reduce physical disability in older adults? A meta-analysis study. *Disability and Rehabilitation, 33*(2), 87-97.

Ciolac, E. G., & Rodrigues-da-Silva, J. M. (2016). Resistance training as a tool for preventing and treating musculoskeletal disorders. *Sports Medicine, 46*(9), 1239-1248.

Cormie, P., McGuigan, M., & Newton, R. (2010). Adaptations in athletic performance after ballistic power versus strength training. *Medicine and Science in Sports and Exercise, 42*(8), 1582-1598.

Cormie, P., McGuigan, M., & Newton, R. (2011a). Developing maximal neuromuscular power: Part 1—iological basis of maximal power production. *Sports Medicine, 41*(1), 17-38.

Cormie, P., McGuigan, M., & Newton, R. (2011b). Developing maximal neuromuscular power: Part 2—raining considerations for improving maximal power production. *Sports Medicine, 41*(2), 125-146.

Costello, E., & Edelstein, J. E. (2008). Update on falls prevention for community-dwelling older adults: Review of single and multifactorial intervention programs. *Journal of Rehabilitation Research and Development, 45*(8), 1135-1152.

Cronin, J., & Sleivert, G. (2005). Challenges in understanding the influence of maximal power training on improving athletic performance. *Sports Medicine, 35*(3), 213-234.

Donath, L., Rossler, R., & Faude, O. (2016). Effects of virtual reality training (exergaming) compared to alternative exercise training and passive control on standing balance and functional mobility in healthy community-dwelling seniors: A meta-analytical review. *Sports Medicine, 46*(9), 1293-1309.

Dudley, G. A., & Djamil, R. (1985). Incompatibility of endurance- and strength-training modes of exercise. *Journal of Applied Physiology, 59*, 1446-1451.

Eggenberger, P., Wolf, M., Schumann, M., & de Bruin, E. D. (2016). Exergame and balance training modulate prefrontal brain activity during walking and enhance executive function in older adults. *Frontiers in Aging Neuroscience, 8*, 1-16.

Elders, L., van der Beek, A., & Burdorf, A. (2000). Return to work after sickness absence due to back disorders—systematic review on intervention strategies. *International Archives of Occupational and Environmental Health, 73*(5), 339-348.

Filippi, M., Ceccarelli, A., Pagani, E., Gatti, R., Rossi, A., Stefanelli, L., et al. (2010). Motor learning in healthy humans is associated to gray matter changes: A tensor-based morphometry study. *PLoS One, 5*(4), e10198.

Foley, L., & Maddison, R. (2010). Use of active video games to increase physical activity in children: A (virtual) reality? *Pediatric Exercise Science, 22*(1), 7-20.

Folland, J. P., & Williams, A. G. (2007). The adaptations to strength training. *Sports Medicine, 37*(2), 145-168.

Gabbett, T., & Benton, D. (2009). Reactive agility of rugby league players. *Journal of Science and Medicine in Sport, 12*(1), 212-214.

Garber, C., Blissmer, B., Deschenes, M., Franklin, B., Lamonte, M., Lee, I., et al. (2011). American College of Sports Medicine position stand. Quantity and quality of exercise for developing and maintaining cardiorespiratory, musculoskeletal, and neuromotor fitness in apparently healthy adults: Guidance for prescribing exercise. *Medicine and Science in Sports and Exercise, 43*(7), 1334-1359.

Gard, G., Gille, K., & Grahn, B. (2000). Functional activities and psychosocial factors in the rehabilitation of patients with low back pain. *Scandinavian Journal of Caring Sciences, 14*(2), 75-81.

Haddad, J., Rietdyk, S., & Claxton, L. (2012). Exercise training to improve independence and quality of life in impaired individuals. *Exercise and Sport Sciences Reviews, 40*(3), 117.

Handford, C., Davids, K., Bennett, S., & Button, C. (1997). Skill acquisition in sport: Some applications of an evolving practice ecology. *Journal of Sports Sciences, 15*(6), 621-640.

Harris, N., Cronin, J., & Keogh, J. (2007). Contraction force specificity and its relationship to functional performance. *Journal of Sports Sciences, 25*(2), 201-212.

Hautala, A., Kiviniemi, A., & Tulppo, M. (2009). Individual responses to aerobic exercise: The role of the autonomic nervous system. *Neuroscience and Biobehavioral Reviews, 33*(2), 107-115.

Hazell, T., Kenno, K., & Jakobi, J. (2007). Functional benefit of power training for older adults. *Journal of Aging and Physical Activity, 15*(3), 349-359.

Holden, M. (2005). Virtual environments for motor rehabilitation: Review. *Cyberpsychology and Behavior, 8*(3), 187-211.

Hortobagyi, T. T., Katch, F. I., & LaChance, P. F. (1989). Interrelationships among various measures of upper body strength assessed by different contraction modes. Evidence for a general strength component. *European Journal of Applied Physiology and Occupational Physiology, 58*(7), 749-755.

Ives, J. C., & Keller, B. A. (2008). Functional training for health. In J. K. Silver & C. Morin (Eds.), *Understanding fitness. How exercise fuels health and fights disease.* Westport, CT: Praeger Publishers.

Ives, J. C., & Shelley, G. A. (2003). Psychophysics in functional strength and power training: Review and implementation framework. *Journal of Strength and Conditioning Research, 17*, 177-186.

Jacobs, J. V. (2016). A review of stairway falls and stair negotiation: Lessons learned and future needs to reduce injury. *Gait & Posture, 49*, 159-167.

Jang, H., Clemson, L., Lovarini, M., Willis, K., Lord, S. R., & Sherrington, C. (2016). Cultural influences on exercise participation and fall prevention: A systematic review and narrative synthesis. *Disability and Rehabilitation, 38*(8), 724-732.

Jones, A. M. (2006). The physiology of the world record holder for the women's marathon. *International Journal of Sports Science & Coaching, 1*(2), 101-116.

Knapik, J., Harman, E., Steelman, R., & Graham, B. (2012). A systematic review of the effects of physical training on load carriage performance. *Journal of Strength and Conditioning Research, 26*(2), 585-597.

Lampton, D. R., Clark, B. R., & Knerr, B. W. (2003). Urban combat: The ultimate extreme environment. *Journal of Human Performance in Extreme Environments, 7*(2), 57-62.

Latham, N., Bennett, D., Stretton, C., & Anderson, C. (2004). Systematic review of progressive resistance strength training in older adults. *Journals of Gerontology. Series A, Biological Sciences and Medical Sciences, 59*(1), 48-61.

Lawton, T., Cronin, J., & McGuigan, M. (2011). Strength testing and training of rowers: A review. *Sports Medicine, 41*(5), 413-432.

Lee, G. L., Chan, C. H., & Hui-Chan, C. Y. (2001). Consistency of performance on the functional capacity assessment: Static strength and dynamic endurance. *American Journal of Physical Medicine & Rehabilitation, 80*(3), 189-195.

Legrand, F. D., Joly, P. M., Bertucci, W. M., Soudain-Pineau, M. A., & Marcel, J. (2011). Interactive-virtual reality (IVR) exercise: An examination of in-task and pre-to-post exercise affective changes. *Journal of Applied Sport Psychology, 23*(1), 65-75.

Marcovic, G. (2007). Poor relationship between strength and power qualities and agility performance. *The Journal of Sports Medicine and Physical Fitness, 47*(3), 276-283.

Mestre, D., Ewald, M., & Maiano, C. (2011). Virtual reality and exercise: Behavioral and psychological effects of visual feedback. *Studies in Health Technology and Informatics, 167*, 122-127.

Moir, G., Sanders, R., Button, C., & Glaister, M. (2007). The effect of periodized resistance training on accelerative sprint performance. *Sports Biomechanics, 6*(3), 285-300.

Morice, A. P., Francois, M., Jacobs, D. M., & Montagne, G. (2010). Environmental constraints modify the way an interceptive action is controlled. *Experimental Brain Research, 202*(2), 397-411.

Murach, K. A., & Bagley, J. R. (2016). Skeletal muscle hypertrophy with concurrent exercise training: Contrary evidence for an interference effect. *Sports Medicine, 46*(8), 1029-1039.

Newton, R. U., & Dugan, E. E. (2002). Application of strength diagnosis. *Strength and Conditioning Journal, 24*(5), 50-59.

Passos, P., Araujo, D., Davids, K., & Shuttleworth, R. (2008). Manipulating constraints to train decision making in rugby union. *International Journal of Sports Science and Coaching, 3*(1), 125-140.

Pereira, A., Izquierdo, M., Silva, A., Costa, A., Gonzalez-Badillo, J., & Marques, M. (2012). Muscle performance and functional capacity retention in older women after high-speed power training cessation. *Experimental Gerontology, 47*(8), 620-624.

Plante, T. G., Aldridge, A., Su, D., Bogdan, R., Belo, M., & Kahn, K. (2003a). Does virtual reality enhance the management of stress when paired with exercise? An exploratory study. *International Journal of Stress Management, 10*(3), 203-216.

Plante, T. G., Cage, C., Clements, S., & Stover, A. (2006). Psychological benefits of exercise paired with virtual reality: Outdoor exercise energizes whereas indoor virtual exercise relaxes. *International Journal of Stress Management, 13*(1), 108-117.

Plante, T. G., Frazier, S. S., Tittle, A. A., Babula, M. M., Ferlic, E. E., & Riggs, E. E. (2003b). Does virtual reality enhance the psychological benefits of exercise? *Journal of Human Movement Studies, 45*(6), 485-507.

Popović, S., Horvat, M., Kukolja, D., Dropuljić, B., & Ćosić, K. (2009). Stress inoculation training supported by physiology-driven adaptive virtual reality stimulation. *Annual Review of Cybertherapy and Telemedicine, 7*, 50-54.

Portus, M. R., & Farrow, D. (2011). Enhancing cricket batting skill: Implications for biomechanics and skill acquisition research and practice. *Sports Biomechanics, 10*(4), 294-305.

Prieske, O., Muehlbauer, T., & Granacher, U. (2016). The role of trunk muscle strength for physical fitness and athletic performance in trained individuals: A systematic review and meta-analysis. *Sports Medicine, 46*(3), 401-419.

Protas, E. J., & Tissier, S. (2009). Strength and speed training for elders with mobility disability. *Journal of Aging and Physical Activity, 17*(3), 257-271.

Reed, C. A., et al. (2012). The effects of isolated and integrated "core stability" training on athletic performance measures. A systematic review. *Sports Medicine, 42*(8), 697-706.

Reilly, T., Morris, T., & Whyte, G. (2009). The specificity of training prescription and physiological assessment: A review. *Journal of Sports Sciences, 27*(6), 575-589.

Rejeski, W., & Brawley, L. (2006). Functional health: Innovations in research on physical activity with older adults. *Medicine and Science in Sports and Exercise, 38*(1), 93-99.

Rensink, M., Schuurmans, M., Lindeman, E., & Hafsteinsdottir, T. (2009). Task-oriented training in rehabilitation after stroke: Systematic review. *Journal of Advanced Nursing, 65*(4), 737-754.

Richardson, J., Law, M., Wishart, L., & Guyatt, G. (2000). The use of a simulated environment (easy street) to retrain independent living skills in elderly persons: A randomized controlled trial. *Journals of Gerontology: Biological Sciences and Medical Sciences, 55*(10), M578-M584.

Richman, L., Kubzansky, L., Maselko, J., Kawachi, I., Choo, P., & Bauer, M. (2005). Positive emotion and health: Going beyond the negative. *Health Psychology, 24*(4), 422-429.

Roig, M., O'Brien, K., Kirk, G., Murray, R., McKinnon, P., Shadgan, B., et al. (2009). The effects of eccentric versus concentric resistance training on muscle strength and mass in healthy adults: A systematic review with metaanalysis. *British Journal of Sports Medicine, 43*(8), 556-568.

Rozanski, A., Blumenthal, J., Davidson, K., Saab, P., & Kubzansky, L. (2005). The epidemiology, pathophysiology, and management of psychosocial risk factors in cardiac practice: The emerging field of behavioral cardiology. *Journal of the American College of Cardiology, 45*(5), 637-651.

Ruiz, J., Andrade, A., Anam, R., Aguiar, R., Sun, H., & Roos, B. (2012). Using anthropomorphic avatars resembling sedentary older individuals as models to enhance self-efficacy and adherence to physical activity: Psychophysiological correlates. *Studies in Health Technology and Informatics, 173*, 405-411.

Rutledge, T., Reis, V., Linke, S., Greenberg, B., & Mills, P. (2006). Depression in heart failure a meta-analytic review of prevalence, intervention effects, and associations with clinical outcomes. *Journal of the American College of Cardiology, 48*(8), 1527-1537.

Sell, T., Abt, J., Crawford, K., Lovalekar, M., Nagai, T., Deluzio, J., et al. (2010). Warrior model for human performance and injury prevention: Eagle Tactical Athlete Program (ETAP) part I. *Journal of Special Operations Medicine, 10*(4), 2-21.

Shumway-Cook, A., & Woollacott, M. H. (2005). *Motor control. Theory and practical applications* (2nd ed.). Philadelphia, PA: Lippincott Williams & Wilkins.

Silsupadol, P., Lugade, V., Shumway-Cook, A., van Donkelaar, P., Chou, L., Mayr, U., et al. (2009). Training-related changes in dual-task walking performance of elderly persons with balance impairment: A double-blind, randomized controlled trial. *Gait and Posture, 29*(4), 634-639.

Skip Rizzo, A., Lange, B., Suma, E., & Bolas, M. (2011). Virtual reality and interactive digital game technology: New tools to address obesity and diabetes. *Journal of Diabetes Science and Technology, 5*(2), 256-264.

Stratton, G. G., Jones, M., Fox, K. R., Tolfrey, K. K., Harris, J. J., Maffulli, N. N., et al. (2004). BASES position statement on guidelines for resistance exercise in young people. *Journal of Sports Sciences, 22*(4), 383-390.

Stretton, C., Latham, N., Carter, K., Lee, A., & Anderson, C. (2006). Determinants of physical health in frail older people: The importance of self-efficacy. *Clinical Rehabilitation, 20*(4), 357-366.

Suchomel, T. J., Nimphius, S., & Stone, M. H. (2016). The importance of muscular strength in athletic performance. *Sports Medicine, 46*, 1419-449. http://doi.org/10.1007/s40279-016-0486-0

Thorlund, J., Jakobsen, O., Madsen, T., Christensen, P., Nedergaard, A., Andersen, J., et al. (2011). Changes in muscle strength and morphology after muscle unloading in Special Forces missions. *Scandinavian Journal of Medicine and Science in Sports, 21*(6), e56-e63.

Tomljanović, M., Spasić, M., Gabrilo, G., Uljević, O., & Foretić, N. (2011). Effects of five weeks of functional vs. traditional resistance training on anthropometric and motor performance variables. *Kinesiology, 43*(2), 145-154.

Tornese, D., Botta, M., Mattei, V., & Alpini, D. (2011). Self-experienced virtual reality to improve balance reflexes in ice dancers. A pilot study. *Sport Sciences for Health, 6*(2/3), 45-50.

Tschopp, M., Sattelmayer, M., & Hilfiker, R. (2011). Is power training or conventional resistance training better for function in elderly persons? A meta-analysis. *Age and Ageing, 40*(5), 549-556.

van Dongen, K., Ahlberg, G., Bonavina, L., Carter, F., Grantcharov, T., Hyltander, A., et al. (2011). European consensus on a competency-based virtual reality training program for basic endoscopic surgical psychomotor skills. *Surgical Endoscopy, 25*(1), 166-171.

Van Schaik, P., Blake, J., Pernet, F., Spears, I., & Fencott, C. (2008). Virtual augmented exercise gaming for older adults. *Cyberpsychology and Behavior, 11*(1), 103-106.

Vignais, N., Bideau, B., Craig, C., Brault, S., Multon, F., Delamarche, P., et al. (2009). Does the level of graphical detail of a virtual handball thrower influence a goalkeeper's motor response? *Journal of Sports Science and Medicine, 8*(4), 501-508.

Vluggen, T., Lexis, M., Schuurman, J., & Schols, J. (2009). The effect of functional training compared with resistance training on ADL performance and muscle strength in community dwelling elderly: A systematic review [Dutch]. *Nederlands Tijdschrift Voor Fysiotherapie, 119*(4), 122-128.

Ward, P., Williams, A., & Hancock, P. A. (2006). Simulation for performance and training. In K. Ericsson, N. Charness, P. J. Feltovich, R. R. Hoffman, K. Ericsson, N. Charness, et al. (Eds.), *The Cambridge handbook of expertise and expert performance* (pp. 243-262). New York: Cambridge University Press.

Wirth, K., Hartmann, H., Mickel, C., Szilvas, E., Keiner, M., & Sander, A. (2017). Core stability in athletes: A critical analysis of current guidelines. *Sports Medicine, 47*, 401-414. http://doi.org/10.1007/s40279-016-0597-7

Yamamoto, L., Klau, J., Casa, D., Kraemer, W., Armstrong, L., & Maresh, C. (2010). The effects of resistance training on road cycling performance among highly trained cyclists: A systematic review. *Journal of Strength and Conditioning Research, 24*(2), 560-566.

Young, W. (2006). Transfer of strength and power training to sports performance. *International Journal of Sports Physiology and Performance, 1*(2), 74-83.

Young, W., & Farrow, D. (2006). A review of agility: Practical applications for strength and conditioning. *Strength and Conditioning Journal, 28*(5), 24-29.

Young, W., Farrow, D., Pyne, D., McGregor, W., & Handke, T. (2011). Validity and reliability of agility tests in junior Australian football players. *Journal of Strength and Conditioning Research, 25*(12), 3399-3403.

Ziv, G., & Lidor, R. (2010). Vertical jump in female and male volleyball players: A review of observational and experimental studies. *Scandinavian Journal of Medicine & Science in Sports, 20*(4), 556-567.

용어 정리

감각(Sensation): 감각 수용기에서 자극을 감지하는 것과 자극을 활동 전위로 부호화하는 것. 자극은 화학적 자극에서 광자극에 이르기까지 다양한 형태가 있을 수 있으며, 외부 환경 또는 내부 신체 환경에서 발생할 수 있다.

감각(구심성) 뉴런(Sensory [afferent] neurons): PNS의 감각 영역에 있는 신경 세포. 원위부 끝에는 자극을 감지하기 위한 감각 종말이 포함되어 있다.

감각 세트(Sensory set): 주의의 초점이 자극에 맞춰져 있고, 가능한 움직임 반응보다 자극에 빠르게 반응하는 주의 전략

감각(구심성) 영역(Sensory [afferent] division): 감각 종말에서 주변 자극을 감지하고 이 감각 종말로부터 뉴런을 통해 CNS로 신호를 보내는 PNS 영역

감각 운동 통합(Sensorimotor integration): 감각 정보 및 운동 명령의 수렴 및 처리를 수반하는 과정. 감각 정보를 향상시키는 운동 명령 및 움직임 사용과 들어오는 감각 정보와 나가는 운동 행동 사이의 결합과 관계를 포함할 수 있다.

감각 저장(Sensory storage): 매우 짧은 기간의 기억 저장고

감각 통합(Sensory integration): 사건을 더 잘 해석하고 이해하기 위해 여러 감각 정보의 원천을 필터링하고 인코딩하는 과정. 그러한 정보는 협응된 움직임 행동을 계획하는 과정에서 효과적으로 사용될 필요가 있다.

감각 피드백(Sensory feedback): 자극에 반응하는 감각 수용기에 의해 생성되는 활동 전위 형태의 의미를 내포한 정보. 정보는 CNS에서 처리되고 사용된다.

감마 바이어스(Gamma bias): 근방추의 추내근 섬유를 수축 또는 이완시켜 근방추 감도를 변화시키는 것

감마 운동 뉴런(Gamma motor neurons): 근방추에서 추내 근섬유를 자극하는 작은 운동 뉴런

개방성 기술(Open skills): 변화하고 예측할 수 없는 환경에서 수행되는 운동 기술. 수행자는 환경에서 일어나는 일에 따라 행동한다.

개방성 회로(Open-loop): 운동 명령이 진행중인 피드백에 의존하지 않는 운동 제어 시스템 모델. 중앙 사전 프로그래밍된 명령 참조

개재 뉴런(Interneurons): 다른 뉴런과 상호작용하는 뉴런. PNS의 감각과 운동 분야를 연결하기 위해 운동 뉴런과 신경 뉴런 사이에 위치한다.

거울 뉴런(Mirror neurons): 개인이 행동을 취할 때, 그리고 개인이 다른 사람의 행동을 시각적으로 관찰할 때 발동하는 뇌신경 세포의 특정 그룹. 운동 공진 시스템(motor resonance system)에서 작동한다.

경추정위 반사(Cervicocollic reflex): 목 움직임에 의해 시작되고 목 근육에 작용하여 직립적이고 안정된

자세로 머리를 유지하는 정위 반사 작용

경추척추 반사(Cervicospinal reflex): 목의 움직임에서 시작하여 팔과 다리 근육에 작용하여 넘어지지 않도록 하고, 머리를 똑바로 세우거나 착지 준비를 하는 정위 반사

계열적 처리 과정(Serial processing): 한 번에 몇몇 단위만 처리할 수 있어 처리 과정에서 지연이 발생하는 정보 처리 과정

계열적(또는 순차적) 기술(Serial [or sequential] skills): 일련의 불연속 움직임 또는 더 작은 구성 요소 운동 기술로 구성된, 크거나 복합적인 운동 기술

계층 모델(Hierarchical model): 뇌의 가장 상위 레벨이 그보다 낮은 레벨을 조절하고 차례로 그 아래의 부분들과 척수를 조절하는 엄격한 하향식 운동 명령 구조

고관절 전략(Hip strategy): 고관절 굴곡과 신전을 통한 전신의 자세 조정 전략. 많은 수정을 가능하게 하고 발목 전략과는 다른 생체역학 프로파일을 제공한다.

고유 수용기(Proprioceptors): 신체 움직임과 관련된 자극을 감지하고 CNS에 운동 관련 정보를 제공하는 근육, 관절, 인대 및 힘줄에 위치한 감각 기계 수용기

고정근(Fixator): 수축하는 근육들이나 움직이는 신체 부위들의 당김 작용에 대항하여 한 신체 부위나 다른 근육들을 안정화시키기 위해 정적으로 수축하는 근육. 많은 고정근들은 자세 근육으로 분류된다.

골지건 반사(Golgi tendon reflex, **일명 역신장 반사**): 근육 또는 외력의 수축을 통한 골지건 기관 자극으로 같은 쪽에 있는 근육과 그 협력근을 억제하고 길항근과 길항근 협력근의 수축을 촉진한다.

공간적 총화(Spatial summation): 다중 시냅스 전 뉴런에서 EPSP를 더하여 활동 전위를 발생시키는 생리적 과정

과잉 학습(Overlearning): 심지어 수행능력이 최고조에 달한 것 같은 지점을 지나서도 지속적인 연습. 뇌 구조를 망각에 더 잘 견디도록 수정하고 움직임의 적응성과 유연성을 향상시키는 것을 포함하는 이점이 있다.

관절 기원성 근억제(Arthrogenic muscle inhibition, AMI): 관절을 과부하로부터 보호하기 위해 관절의 운동 감각 수용기의 결합 작용으로부터 관절을 둘러싼 근육 조직에 미치는 억제 효과에 대한 가설

관절 운동 감각 수용기(Joint kinesthetic receptor): 운동 감각(kinesthesia)에 기여하는 고유 감각 정보를 제공하는 관절 내 감각 수용기

교감신경계(Sympathetic system): PNS의 자율적 체계 영역. 자율적 기능을 동원하는 역할을 하며 부교감신경계 효과에 반대하는 경향이 있다.

구획 근섬유군(Compartmentalization): 단일 근육 내 또는 근육군에 걸쳐 포함된, 보다 작고 독립적으로 제어되는 근육 섬유 그룹

규제 조건(Regulatory conditions): 어떤 운동 기술이 선택되고 어떻게 수행되는지에 직간접적으로 영향을 미치는 환경적 요인. 규제 조건은 상대적으로 안정적이거나 불안정할 수 있다.

근방추(Muscle spindle): 근육의 신장 및 수축 특성을 감지하는 기능을 하는, 근육 전체에 자리잡은 중요한 감각 수용체. CNS에 근육 기능 피드백을 제공하고 근운동적인 신장 반사 작용을 시작한다.

근신경역학(Neuromuscular mechanics, **신경역학[neuromechanics]으로도 불린다**): 움직임의 신경 조절과 근육의 기계적 출력 사이의 관계를 나타내는 운동 제어의 구성 요소

근신경 조절(Neuromuscular control): 운동 행동의 신경, 생리적, 생체역학적 구성 요소를 설명하는 용어로 운동 제어(motor control)와 동의어로 사용된다.

근운동 기록기(Mechanomyography, MMG): 피부 표면에 특수 진동 센서를 부착하여 근 수축 과정에서 미세 진동을 검출하여 근육 활동을 평가하는 기술

근육 간 협응(Intermuscular coordination): 환경 및 업무 요구의 맥락에서 효율적이고 의도적인 움직임을 만들기 위해 근육 그룹, 팔다리 사지, 그리고 신체 부위들의 패턴화를 의미한다.

근육 내 협응(Intramuscular coordination): 효과적이고 효율적인 힘과 움직임을 만들기 위해 한 근육 또는 운동 단위 그룹에 걸쳐 있는 패턴화와 운동 단위 사용을 의미한다.

근육의 지혜(Muscle wisdom): 방전 패터닝의 일종으로 피로할 때 방전율의 변화(느림)를 말한다.

근육 톤(Muscle tone): 근육이 길어지는 힘, 즉 강성을 나타내며, 자세 제어를 돕기 위해 기초적인 수준의 근육 조절을 제공하는 역할을 한다.

근전도 검사(Electromyography, EMG): 근육 내 또는 근육 위의 피부에 전극을 사용하여 근육 전기 활동을 감지하고 기록하는 기술

긍정적 전이(Positive transfer): 이전 학습에 의해 2차적 운동 기술 학습을 용이하게 하는 학습 전이 형태

기능적 신체 심리 훈련(Functional psychophysical training): 실제 환경에 대한 훈련 이익의 전이를 극대화하기 위해 의사결정과 같은 심리적인 도전을 이용하는 것에 중점을 둔 기능적 훈련

기능적 훈련(Functional training): 현장, 직장, 또는 일상생활에서 능력 향상을 극대화하는 것을 목표로 실제 환경에서의 상황에 대한 필요와 제약을 훈련 환경에 가져오는 생리학적 훈련

기술(Skill): 운동수행력의 질을 나타내는 용어

길이-장력 곡선(Length-tension curve): 근육의 수축력과 근육 탄성 요소의 길이에 따라 근육이 생성하거나 저장할 수 있는 힘의 관계 모델

길항근(Antagonists): 주동근의 활동에 반대로 작용하는 근육

끌개 상태(Attractor state): 안정되고 패턴적이며 변화에 상대적으로 저항력이 있는, 동적 시스템(dynamic system) 내에서 선호되는 운영 상태(state of operation). 주어진 환경에 대해 시스템이 스스로 자연스럽게 취하는 운영 상태

내부 수용기(Interoreceptors, visceroreceptors): 심부 온도, 산-염기 균형, 평활근 운동과 같은 내부 신체적 과정에 대한 정보를 CNS로 다시 제공하는 내장 및 혈관 내에 위치한 감각 수용체

내장 인지(Viscero-awareness): 내장 수용기의 감각 정보에 대한 인식. 심장박동 및 장 운동과 같은 신체 내부의 의식적, 잠재의식적 인식을 나타내는 신체 인식의 구성 요소

내장기 수용기(Visceroreceptors): 내부 수용기 참조

노력(Effort): 정신적, 육체적 참여의 수준. 강한 노력은 의도와 동기의 산물이며 효과적인 학습과 성과에 필요하다.

뉴런(Neuron): 신경계의 기본 구성 요소. 전기적 또는 화학적 신호에 의해 정보를 처리하고 전달하는 데 전문화된 신경 세포

능력(Ability): 특정 운동 기술의 수행능력과 관련된 개인의 일반적인 일의 양(capacity)에 기초하는 요인

또는 특징. 이러한 요인들은 유전적이거나 학습된 것뿐만 아니라 생리학적 또는 심리학적 요인일 수 있다.

다중 감각 입력(Multimodal sensory input): 복수의 감각 소스에서 발생하여 CNS로 들어오는 감각 신호의 수렴 및 통합. 감각 정보를 필터링하고 처리한다.

다중 리소스 이론(Multiple resource theory): 특정 유형의 정보를 처리하기 위해 두뇌에 다양한 자원이나 능력이 존재하지만, 이러한 자원이 제한되어 있고 초과될 경우 정보 처리 성능이 저하되는 것으로 가정한다.

대근육 운동 기술(Gross motor skills): 큰 근육 그룹을 사용하는 운동 기술은 종종 전신 움직임을 사용하며 정밀도가 낮다는 특징이 있다. 달리기와 점프와 같은 많은 기본적인 운동 기술들이 여기에 포함되며 발달 초기에 학습되고 다른 운동 기술의 기초가 된다.

동기화(Synchronization): 운동 단위의 방전 패턴으로 서로 다른 운동 단위의 활성화, 특히 이미 활성화된 단위의 발화율이 동시에 모두 작동하도록 타이밍이 정해진다.

동시 동작(Concurrent movements): 다관절 근육들이 관계된 동작중, 어느 한 관절에서 짧게 수축하는 동안 반대편 관절에선 근육들이 늘어나는 움직임

동시 수축(Cocontraction): 주동근의 활성화 동안 길항근 근육이 동시에 수축하는 것. 예를 들면 주동근이 매우 빠르고 강하게 수축할 때 관절을 안정화시키는 것을 돕기 위해 길항근이 수축할 수 있다.

동원(Recruitment, **운동 단위 동원**[motor unit recruitment]): 활성 운동 단위의 수를 증가시키거나 감소시킴으로써 근육의 힘을 변화시키는 메커니즘

동원 크기의 원칙(Size principle of recruitment): 작은 단위에서 큰 단위로 동원되는 운동 단위 활성화의 특성, 주로 뉴런의 크기와 임계치에 도달하기 위한 자극 에너지 때문이다.

동일 요소(Identical elements): 기술이 수행되는 기술 구성 요소 또는 맥락의 측면에서 서로 다른 운동 기술 간 유사성. 유사성이 더 많을수록 학습 전달을 용이하게 한다.

동적 균형(Dynamic balance): 미끄러운 표면 위를 걷거나 점프에서 착지할 때 균형 조절 등. 신체 이동중에 몸의 평형을 유지하는 능력

동적 시스템(Dynamic systems): 지속적으로 일정하게 유동적인 상태에 있고 상호관계가 계속 변화하는 구성 요소(시스템)들의 상호의존적 집합체를 구체적으로 기술한 용어

루피니 말단(Ruffini ending): 관절낭의 콜라겐 섬유와 피부 심부에 위치한 감각 수용체. 기계적 변형의 지속적 상태에 반응하며 관절 위치 및 관절 위치 변화에 대한 정보를 제공한다.

말초신경계(Peripheral nervous system, PNS): 중추신경계 밖에 있는 신경계의 구성 요소. 더 나아가 감각과 운동 구역으로 나눌 수 있다.

매개변수(Parameters): 매개변수는 일반화된 운동 프로그램(motor program)의 특징으로, 수정할 수 있고 전체적인 힘, 전체 지속 시간 및 사용되는 특정 근육을 포함한다.

맥락적 간섭(Contextual interference): 다른 업무의 맥락이나 다른 연습 환경 내에서 연습할 때 운동 기술의 수행능력이 저해되는 상황

모델링(Modeling): 강사 또는 시범자가 기술을 직접 또는 비디오로 보여주고 이어서 학습자가 따라하는 일반적인 지도 방법. 시연(demonstration) 또는 관찰 학습으로도 알려져 있다.

미로 수용기(Labyrinthine receptor): 내이 미로에 들어 있는 유체의 움직임을 감지하는 감각 수용체. 중

력에 대한 상대적인 신체와 머리 움직임에 대한 정보를 제공한다. 전정 수용체라고도 한다.

민감도(Sensitivity): 자극을 감지하거나 구별할 수 있는 감각 수용기의 능력. 민감도가 낮다는 것은 수용체로부터의 반응을 이끌어내기 위해 큰 자극이 요구된다는 것을 의미하며, 자극 강도의 작은 변화는 감지되지 않을 수 있다.

바닥 효과(Floor effect): 어떤 작업에 대한 수행능력이 낮은 수준에서 안정화되어 있어 보이는 현상. 종종 측정 기준이 부적절하거나 달성하기 너무 어려워 실제로는 수행능력이 향상, 강화되었어도 낮은 수준으로 측정되는 경우가 있다.

바이오피드백(Biofeedback): 생물학적 프로세스를 증폭하여 학습자가 이를 인식하게 하는 전자 장치를 사용한 증강된 감각 피드백

반사 작용(Reflexes): 감각 수용기의 자극에 의해 그리고 의식적인 관여 없이 시작되는 정형화되고 반복적인 근육 작용

반응(또는 수행능력) 결과 측정(Response [or performance] outcome measure): 특정 운동 기술의 결과를 평가하고, 어떻게가 아니라 어떤 일이 일어났는지를 밝히는 기준 척도

반응(또는 수행능력) 생산 측정(Response [or performance] production measure): 운동 기술이 어떻게, 나아가서는 왜 생성되었는지 보여주는 기준

반응 시간(Reaction time, RT): 자극에서 반응 시작까지의 시간 측정. 일반적으로 작업에 관련된 정보 처리 시간을 측정하는 데 사용된다.

발걸음 전략(Stepping strategy): 한 걸음 한 걸음 내딛어 동요 상황 중 균형을 유지하는 기술. 보다 극단적인 균형 과제에서 채택될 수 있는 변화-지지 전략 중 하나

발견 학습(Discovery learning): 학습자가 최선의 운동 솔루션을 스스로 결정해야 하는 유도 시행착오(guided trial and error approach) 접근 방식을 이용한 학습 프로세스

발목 전략(Ankle strategy): 정상적인 자세를 취할 수 있는 상태에서 흔들림이 발생할 때, 발목 움직임을 사용하여 서 있는 균형을 유지하는 전신 자세 조정

발화율(Firing rate): 뉴런을 따라 또는 근육 섬유를 따라 이동하는 초당 활동 전위의 수. 발화율은 근육의 힘 생산에 영향을 주며, 탄도성 수축(ballistic contractions)의 경우 최소 5~8Hz, 최대 120Hz까지 다양할 수 있다.

배출 패턴(Discharge patterning): 특정 과제 요구에 부응하기 위해 운동 신경 세포의 발화율을 특정적으로 조작하는 것을 말한다. 예를 들어, 근육 섬유로 전달되는 일련의 2~3개 빠른 활동 전위들은 근육의 장력 출력을 크게 증가시킬 수 있다.

변산적 오차(Variable error, VE): 운동 기술 반응의 일관성 측정. 다수의 오류 점수의 표준 편차로 측정한다.

변연계(Limbic system): 주로 움직임과 관련된 행동들을 포함하여 감정적 행동 규제를 담당하는 뇌의 광범위하고 상호 연결된 네트워크 영역

부교감신경계(Parasympathetic): 말초신경계의 자율신경계의 부분. 휴식 상태의 신체에 활동을 자극한다. 일반적으로 교감 체계와 반대되는 영향을 가진다.

부분 연습(Part practice): 학습을 용이하게 하기 위해 운동 기술을 단순화하는 방법. 운동 기술을 구성 요

소로 분해하고 구성 요소를 별도로 연습해야 한다.

부정적 전이(Negative transfer): 이전에 이루어진 학습이 2차적 기술 학습을 지연시키거나 방해하는 운동 기술 전이의 한 형태

불변성(Invariant characteristics): 변화하지 않는 일련의 행동을 위한 일반 운동 프로그램의 특징. 상대적인 힘, 기술 구성 요소의 상대적 타이밍(리듬) 및 구성 요소의 시퀀싱을 포함한다.

불연속적 기술(Discrete skills): 손가락 스냅이나 주먹 지르기 등 확실한 시작점과 끝점을 갖는 운동 기술

브로드만 영역(Brodmann areas): 유사한 기능을 기준으로 한 유사한 구조의 뇌 세포

비율 부호화(Rate-coding): 근육 힘의 출력을 수정하기 위한 활동 전위의 발화율 조절

사전 운동 시간(Premotor time): 반응 시간 작업중 순수한 정보 처리를 반영하는 기간. 자극에서 근육의 전기 활동 시작까지의 시간으로 측정된다.

상대 연령(Relative age): 특정 연령대에서 나이가 많거나 좀 더 성숙한 아동은 그 연령대 집단에서 성공할 가능성이 더 높고 더 높은 수준으로 발전할 가능성이 있다는 관찰을 가리키는 개념

상위 척수(Supraspinal): 척수 수준 이상에서 발생하는 처리 과정 및 명령

상호 억제(Reciprocal inhibition): 어떤 근육에서 발생하는 감각 정보가 길항근의 작용을 억제하는 기전

선택적 주의(Selective attention): 주의를 기울여야 할 목적적이고 특정한 것을 식별하는 것을 가리키는 주의의 한 측면. 정보 처리 자원의 과도한 부담을 피하기 위한 핵심 요소 중 하나이다.

선행적 자세 조절(Anticipatory postural adjustments, APAs): 운동 기술을 실행하기 전에 관절, 신체 부분 또는 몸 전체를 안정시키도록 설계된 사전 자세 제어 움직임. 계획된 움직임에서 대부분 동반된다.

소근육 운동 기술(Fine motor skills): 특징적으로 작은 근육을 사용하고 글쓰기와 바느질처럼 정밀하게 동작하는 운동 기술의 분류. 일반적으로 심리 운동 기술(psychomotor skill)의 범주에 들어간다.

수상돌기(Dendrite): 신경 말단에서 시냅스 또는 감각 기관으로부터 전기 자극을 세포체로 전달하는, 뉴런 세포체로부터 연장되어 있는 돌기

수용장(Receptive field): 자극을 받아 감각 종말에서 생성된 영향이 미치는 감각 종말 주변의 영역

수축성(Contractility): 길이가 짧아짐으로써 힘을 생산하는 근육 조직의 특성

수행능력(Performance): 운동 기술을 실행한 후 관찰할 수 있으며 측정 가능한 결과

수행능력 변수(Performance variable): 운동 과제의 수행력에 영향을 미치는 학습자 또는 학습 환경의 특성. 과제 학습에 반드시 영향을 미치는 요소는 아니다.

수행능력 측정(Performance measure **또는 준거 측정치**[criterion measure]): 운동 기술 수행력 또는 능력을 평가하는 데 사용할 수 있는 변수 또는 요인

수행 목표(Performance goal): 학습자가 채택하는 성과 목표. 다른 학습자를 이기거나 다른 학습자보다 뛰어나려 하거나 또는 일련의 기준을 달성하려는 의도가 있다.

숙달 목표(Mastery goal): 학습자가 개선과 학습을 위해, 성취와 관련하여 자신 스스로와 비교해 채택하는 성취 목표

순간적 의도(Momentary intention): 주의(attention)의 신속하고 순간적인 전환

순서 매개변수(Order parameters): 시스템을 정의하거나 특성화하는 시스템의 구성 요소. 운동 기술 맥락에서 순서 매개변수는 움직임 분류 또는 움직임 유형을 발생시킬 수 있는 특성이 있다.

스키마 이론(Schema theory): 일반적인 운동 프로그램(general motor programs)과 스키마타의 존재를 전제로 하는 운동 제어 이론. 뇌는 운동 작용의 일반적인 표현을 저장하고 운동 의사결정의 일부로써 이러한 행동을 인식하고 상기할 수 있다.

스키마타(Schemata): 의사결정 및 학습을 포함하는 일반화된 운동 프로그램의 구성 요소. 움직임을 인식하고 상기하는 메모리 구성 요소를 포함한다.

시각 탐색(Visual search): 개인이 행동을 예측하고 그에 따라 자신의 운동 행동을 효과적이고 신속하게 계획할 수 있도록 하는 중요한 정보에 대해 환경을 시각적으로 검사하는 수의적이고 자동적인 행위. 작업 기억. 약 30~60초 동안의 임시적인 기억 장치로 정보의 단기 호출 및 사용이 가능하다.

시각 흐름(Optical flow): 눈과 머리의 움직임과 환경에서 물체의 움직임으로 인해 망막에 부딪히는 빛의 변화 패턴에 의해 감각 정보가 제공되는 주변 시각 시스템의 기능

시간 총합(Temporal summation): EPSP를 함께 추가할 수 있도록 개별 시냅스 전 뉴런들의 발화율을 증가시켜 활동 전위를 발생시키는 생리적 과정

시냅스(Synapse): 뉴런들 사이의 전기적 또는 화학적 연결 또는 뉴런과 효과기 사이의 연결. AP를 한쪽에서 다른 쪽으로 전송한다.

신경(Nerve): 결합 조직초(connective tissue sheath) 안에 둘러싸인 뉴런 섬유 군집. 구심성 섬유 또는 원심성 섬유만 포함할 수 있지만, 일반적인 척추 신경은 두 가지 섬유 모두를 포함한다.

신경가소성(Neuroplasticity): 지속적인 요구에 적응하고 변화시키는 신경계의 능력. 훈련과 연습 후에는 형태학, 생리학, 해부학적 특성에 긍정적인 변화로 이어지는 CNS의 성질이며, 부상, 질병 또는 오용의 결과는 부정적인 변화로 이어진다.

신경지배율(Innervation ratio): 하나의 신경 세포와 여러 근육 사이의 신경 분포 비율. 하나의 신경 세포가 지배하는 근육의 수가 적을수록 더 정밀한 움직임 조절이 가능하다.

신뢰도(Reliability): 어떤 수행능력 측정법이나 테스트 법이 반복된 테스트에서 얼마나 유사한 결과를 도출해내는지에 대한 정도. 수행자, 검사자 및 테스트 절차에 기초한다.

신장 반사(Stretch reflex, 또는 근신장 반사): 동명의 근방추들에 대한 신장에 의해 시작되는 반사적 근 수축

신장-단축 주기(Stretch-shorten cycle, SSC): 근육이 급격히 늘어난 후 수축되는 근육 작용. 근육 신장은 일반적으로 더 폭발적인 수축으로 이어진다.

신장성(Extensibility): 근육 및 힘줄 조직의 늘어날 수 있는 능력

실무율(All-or-none principle): 뉴런의 활동 전위에 대응하여 운동 단위 내 모든 근육 섬유가 수축되거나 어떠한 근섬유도 수축되지 않는, 각 운동 단위 내 근육 섬유의 활성화 성격을 의미한다.

심리 운동 기술(Psychomotor skill): 실행을 위해 많은 양의 인지적 노력이나 감각 피드백이 필요한 특정 기능을 가진 운동 기술을 나타내는 용어. 일반적으로 높은 수준의 정밀도, 손재주, 빠른 반응 및 타이밍 제어가 포함된다.

심리적 불응기(Psychological refractory period, PRP): 다른 작업이 수행되는 동안 한 작업의 정보 처리가 지연되는 것. 두 업무가 동시에 도착하거나 시간 간격이 짧을 때 발생한다.

심신 연결(Mind-body connection): 사고와 심리적 행동과 신체 기능이 어떻게 일어나는지의 상호 관계 및 양방향 관계를 설명하는 개념. 운동 행동에서 마음과 몸 연결은 운동 학습과 운동 제어 사이의 관계에 의해 강조된다.

안정근(Stabilizer): 고정근 참조

안정성(자세적)(Stability [postural]): 외란(disturbance)에 저항하거나 외란 후 정상 상태로 복귀하는 자세적 위치로 정의된다. 자세 정렬 및 방향 설정의 1차적 결과

양손 전이(Bimanual transfer): 손목과 손에 관련된 양측 전이의 구체적인 전이 사례

양측 전이(Bilateral transfer): 한쪽 사지의 학습 효과가 다른 쪽 사지로 전이되는 특정한 기전(예: 한 팔만 편측성 스트렝스 훈련을 한 후 그 효과가 교차전이 되어 다른 쪽 팔의 스트렝스가 증가하는 경우)

억제 작용(Inhibition): 활동 전위를 생성하는 것이 더 어려워진 뉴런 상태. 일반적으로 신경 세포에 작용하는 IPSP의 결과로 발생한다.

억제성 시냅스 후 전위(Inhibitory postsynaptic potential, IPSP): 시냅스의 수신 부 말단에 작용하는 전위로 시냅스와 수용 세포에 억제 작용을 일으킨다. 이 전위는 시냅스 후 뉴런이 활동 전위를 생성할 가능성을 감소시킨다.

역 U자 법칙(Inverted-U principle): 각성과 수행능력의 관계는 역 U자 형태의 그래프를 그린다. 각성이 너무 높거나, 너무 낮지 않은 상태에서 수행능력이 최적화됨을 보여준다.

역행 움직임(Countercurrent): 동작에 관련된 다관절 근육이 해당 근육과 반대 작용을 하는 관절에 부하를 싣기 위해 짧아지게 수축하거나 서로 반대되는 작용 관절 모두에서 길이기 길어지는 움직임. 이로 인해 수축을 하는 동안 빠르고 많은 양의 근육 길이 단축이 일어나거나 근육이 길어지는 동안 빠르고 많은 양의 스트레칭이 발생한다.

연속적 기술(Continuous skills): 수영과 달리기와 같이 임의의 시작 기술과 종료 지점 기술을 가진 반복적인 기술

연습(Practice): 정신력, 전술, 전략, 팀플레이 및 운동 기술 향상을 목표로 하는 기술 또는 과제에 전념하는 것

영역 선택(Domain selection): 특정 능력이 더 중요할 수 있는 특정 분야나 영역을 식별하는 것. 일반적으로 해당 스포츠나 노력에서 수행능력과 관련된 개인의 강하고 약한 능력을 확인하는 것에 기초해 특정한 스포츠나 노력을 선택하는 것을 말한다.

영재성(Giftedness): 최소한 하나의 능력 영역에서 연령층의 상위 10%에 속하는 타고난 능력

예측 타이밍(Anticipation timing): 외부 작용의 시간적 패턴에 대응하여 수행되는 전신 또는 사지 운동. 종종 다가오는 공을 잡거나 치는 것과 같은 가로막기나 가로채기 같은 활동에서 발휘된다.

외부 수용기(Exteroreceptors): 피부 외부의 촉감(촉각, 통증, 온도), 시력, 청각, 미각 및 냄새를 포함하여 외부 세계에 대한 정보를 제공하는 신체 외부 표면에 위치한 감각 수용기

외적 속도(Externally paced): 환경의 영향을 받는 운동 기술의 개시와 타이밍을 나타내는 용어. 개방성 기술과 가장 흔히 연관된다.

운동 감각(Kinesthesia): 몸과 다리의 위치와 공간의 움직임에 대한 인식을 이끌어내는 움직임 기반 감각 정보(전정, 체 감각)의 인식

운동 공명 시스템(Motor resonance system): 움직임이 실행되고 관찰될 때(실황 또는 비디오) 활성화되는 뇌 신경계. 뇌가 (1) 행동을 이해하고 (2) 의도를 이해하며 (3) 모방을 가능하게 하며 (4) 행동학적 상태를 이해할 수 있는 기능이 발휘되는 것으로 알 수 있다.

운동 과잉(Motor redundancy): 움직임 문제를 해결할 수 있는 움직임 해결책이 다중으로 존재한 상태. 과잉(redundancy)은 특정 작업 요구 사항을 충족시키기 위한 광범위한 선택을 가능하게 하지만 많은 솔루션 중에서 하나의 해결책을 선택해야 한다는 어려움이 발생한다.

운동 기술(Motor skills): 결과를 염두에 둔 의도적 및 자발적 움직임. 목표 지향적 움직임이라는 용어와 동의어로 사용

운동 기억(Motor memory): 학습이나 경험을 통해 습득한 운동 기술을 기억하는 능력. 오랜 시간이 지난 후에도 많은 수의 운동 기술을 반복하고 소환할 수 있는 능력

운동 단위(Motor unit, MU): 단일 하위 운동 뉴런과 이 뉴런이 담당하는 모든 근육 섬유. 뇌에 의해 시작된 운동 계획의 최종 실행을 담당하는 PNS이다.

운동 단위 그룹(Motor unit pool, motoneuron pool**이라고도 부른다**): 특정 근육 또는 근육 그룹을 활성화하는 척수 내 운동 단위 그룹

운동 발달(Motor development): 유아 및 아동의 기술 및 능력 습득, 노년기의 기술 및 능력 저하 등을 포함하여 전 생애에 걸쳐 운동 학습 및 운동 제어에서 일어나는 변화를 설명하는 용어

운동 세트(Motor set): 움직임 반응을 촉진하는 자극보다는 움직임 반응에 주의를 집중하는 주의 전략

운동 시간(Motor time)(**전기역학적 지연**[electromechanical delay, EMD]**이라고도 부른다**): 근육 전기적 활동의 시작에서 운동 반응 시작까지의 시간을 포함하는 반응 시간의 구성 요소로, 말초 근신경계의 지연을 반영한다.

운동(원심성) 영역(Motor [efferent] division): CNS에서 신호를 실행 기관(effector organs), 즉 근육으로 보내는 PNS의 영역. 체성, 자율성 영역을 모두 포함한다.

운동 제어(Motor control): 운동 행동의 신경학적, 생리학적 및 생체역학적 구성 요소를 설명하는 용어

운동 프로그램(Motor program): 뇌에 저장된 움직임 명령을 기술하는 용어. 일반화된 운동 프로그램 참조

운동 학습(Motor learning): 움직임 습득(즉 학습), 계획, 개시 및 수정의 정신적 과정을 강조하면서 운동 행동의 행동학적 요소를 기술하는 용어

운동 행동(Motor behavior): 사람의 움직임 활동의 이유, 메커니즘 및 결과를 설명하는 용어. 자발적 및 비자발적 움직임에 대한 행동학적, 생리학적, 그리고 생체역학적 요소들을 포함한다.

움직임 시간(Movement time, MvT): 움직임의 지속 기간. 움직임 시작 시간부터 움직임 완료 시간까지를 의미한다.

원심성 신경 복사(Efference copy): 운동 명령을 더 상위 뇌 중추로 복사한다. 뇌가 운동 결과와 감각의 유입을 예측하는 명령 기록을 가질 수 있도록 한다.

의도(Intention): 행동의 목표, 목적 또는 이유를 제공하는 심리적 과정. 왜 그리고 어떻게 움직이는가를 포함하는 운동 기술 생산을 위한 과정이다.

의식적인 연습(Deliberate practice): 특수한 특징들, 즉 높은 수준의 동기부여와 노력, 수행자의 지식과 특질에 기초한 활동, 즉각적이고 지속적인 피드백, 많은 반복, 그리고 개선하려는 의도와 같은 것들을 연

습하는 행위를 지칭하는 용어

이력 현상(Hysteresis): 신장력(stretch force)과 신장 길이(stretch length) 그리고 후속 반동력과 수축 양의 차이를 나타내는 결합 조직 및 근육 조직의 특성

일반화된 운동 프로그램(Generalized motor program, GMP) **또는 운동 프로그램**(motor program): 뇌에서 운동 계획이 어떻게 저장되는지에 관한 이론. 움직임 동작들은 비슷한 특징을 가진 동작들이 한 무리로 묶여 일반적인 표현으로 저장된다고 가정한다.

자기-보속(Self-paced): 폐쇄성 기술의 한 측면. 개인이 행동의 속도나 시기를 선택하는 것을 의미한다.

자가-조직 특성(Self-organizing properties): 시스템의 구성 요소가 다른 구성 요소와 자연스럽게 상호작용하여 안정적이고 선호되는 기능 방법을 찾는 동적 시스템(dynamic systems)의 기능

자극-반응 호환성(Stimulus-response compatibility, S-R compatibility): 반응 시간 상황에서, 자극과 후속 반응의 관계를 나타내는 용어. 관계는 빠른 반응 시간으로 이어지는 일치성(논리적) 또는 느린 반응 시간으로 이어지는 비일치성일 수 있다.

자세 조절(Postural control): 효과적인 운동 기술 수행능력을 유지하기 위해 신체 정렬 및 공간 방향을 유지하는 운동 행동적 기능

자유도(Degrees of freedom): 어떤 동작 과제를 위해 가능한 움직임 해결책의 수를 의미한다. 어느 해결책을 사용할지 결정하기 위한 신경 시스템의 메커니즘이 필요하다는 것을 강조하는 개념이다.

자유수상돌기 말단(Free dendritic endings): 주변 조직과 자유롭게 얽혀 있고, 조직 내에 기계적 장애에 반응하는 여러 개의 수상돌기가 있는 기계 감각 수용기의 한 유형

자율신경계(Autonomic nervous system): 심박수, 호흡, 소화, 기타 평활근과 분비선을 포함하는 무의식적 수준(불수의적 시스템)에서 내장기와 신체활동을 조절하는 말초신경계의 영역

장기 기억(Long-term memory): 절차적(procedural, 무엇을 하는 방법), 선언적(declarative, 무엇을 해야 하는가), 의미적(semantic, 경험에서 얻은 일반적 지식), 그리고 일화적(episodic, 개인적으로 경험된 사건과 발생 시간) 정보를 포함하는 뇌의 영구 저장 정보 저장소

장애 모델(Model of disablement): 병리적 상태에서 손상, 그리고 기능적 제한에서 장애에 이르는 건강의 진행 상태에 대한 개념적 모델

재능(Talent): 특정 스포츠 또는 활동에서 성공에 기여하는 능력과 구성 요소 운동 기술의 조합(재능 식별 참조). 어떤 맥락에서는 특정 운동 기술이나 직무의 수행에 기여하는 특정 유전적 능력만을 가리킨다.

재능 식별(Talent identification): 특정 스포츠나 활동에서 성공에 중요하다고 여겨지는 자신의 특정 능력 및 구성 요소 기술 평가에 기초하여 미래의 수행력이나 성공 가능성을 예측하는 연습

전술 훈련(Tactical training): 신체 및 심리적으로 까다로운 활동(특히 군, 경찰, 화재 및 구조 작업)에 종사하는 사람들을 위해 설계된 기능 훈련의 형식. 종종 스트레스를 많이 받는 환경, 대인 관계 및 장비 사용을 목표로 한다.

전정 척수(Vestibulospinal): 전정 수용체에 의해 시작되어 팔과 다리 근육에 작용해 머리와 몸의 위치를 유지하여 넘어지거나 넘어질 준비를 하는 것

전정경(Vestibulocollic): 전정 수용체에 의해 시작되어 목 근육에 작용하여 머리 움직임에 반응하여 머리 위치를 유지하는 정향 반사(righting reflection)

전환 단계(Transition phase): 동적 시스템에서 하나의 안정 상태에서 새로운 안정 상태로의 변화. 일반적으로 제어 매개변수에 대한 섭동으로 인해 원래 상태가 충분히 불안정할 때 한 이동 유형에서 다른 이동 유형으로의 변화를 설명한다.

절대 오차(Absolute error, AE): 주어진 오류 절대값 시행 횟수에 걸친 평균, 따라서 점수의 플러스나 마이너스 또는 방향이 제공되지 않고 단지 오류 크기만 제공된다.

정 오차(Constant error, CE): 주어진 횟수의 시도에 대한 평균 오류 점수. 오류의 크기와 방향에 대한 정보를 제공한다.

정밀도(Acuity): 자극을 정밀하게 국지화하거나 식별하는 능력에 대한 기준. 수용체가 담당하는 영역의 크기와 자극 영역의 수용체 밀도에 기초한다. 민감도 참조

정보 처리 과정(Information processing): 뇌가 하는 본질적인 일. 정보를 받아 해석하고, 저장하고, 조작하고, 최종적으로 사용함을 의미한다.

정보 처리의 유사성(Similarity of information processing): 운동 학습 전이 효과에 기여하는 요인. 의사결정, 인지, 그리고 다른 정보 처리 기능과 관련된 요구 사항이 유사한 운동 기술 사이에서 더 나은 전이가 발생하는 것을 말한다.

정신물리적 훈련(혹은 정신신체적 훈련[Psychophysical training]): 기능적 신체 심리 훈련 참조

정신물리학(Psychophysics): 감각 자극의 검출과 이후 자극 정보의 해석 및 사용 사이의 민감도와 관계를 나타내는 용어

정적 균형(Static balance): 정적 또는 비교적 안정된 신체 위치를 취하는 동안 지지대 기반에서 질량 중심을 유지하는 기능으로 정의되며, 한 다리 자세와 같은 도전적인 신체 위치 및 불안정한 지지 표면과 같은 환경적 도전 사항을 포함할 수 있다.

정체기(Plateau): 수행능력 수준이 거의 또는 전혀 향상되지 않을 때의 수행능력-시간 곡선 지점. 수많은 학습자 기반 요인, 지도자 기반 요인 또는 업무 기반 요인 때문에 발생할 수 있다.

제약(Constraint): 움직임이 어떻게 수행되어야만 하는지 또는 어떤 움직임이 반드시 일어나야 하는지에 대해 정확하게 영향을 미치거나 형태를 만드는 환경적 또는 개별적 특성. 효과적인 움직임을 위해 사용, 회피 또는 극복해야 하는 장벽 또는 제한사항

제어 매개변수(Control parameter): 동적 시스템 내의 요인들. 중단되거나 변경되었을 때 시스템 전체에 걸쳐 안정된 상태에서 다른 상태로 대대적인 변화를 야기하는 요인들

젠티레의 2단계 이론(Gentile's 2-stage model): 학습자가 학습 연속체를 따라 진행하면서 겪는 변화를 설명하는 학습 단계 이론. 이 모델은 움직임의 아이디어를 얻는 것에서 고정화 및 다변화에 이르는 단계에서 발생하는 학습 과정과 학습에 중점을 둔다.

주동근(Agonists): 원하는 움직임을 만들어내는 데 직접 관련된 근육. 주된 움직임을 만드는 근육(prime mover) 또는 협동근(synergist)일 수 있다.

주변시(Peripheral vision): 망막의 바깥 구역에서 포착되는 빛 이미지에 의한 약간은 왜곡된 시각. 주변 시각(ambient vision)의 처리에 많은 기여를 한다.

주의(Attention): 특정한 것에 집중하는 정신적 과정, 즉 처리 자원(processing resource)을 독점적으로 배정하는 것이다. 외부 환경이나 신체 내부 환경 또는 정신적 과정 자체에 주의를 집중할 수 있다.

주의 전환(Attention switch): 어떤 자극 또는 어떤 정보 처리 자원에서 다른 자극, 자원으로 전환하는 것. 공간적 또는 시간적으로 발생할 수 있다.

주의 집중(Focus of attention): 자극 또는 지속적인 상황에 대한 집중의 정도

중립적 전이(Neutral transfer): 이전 학습에서 긍정적 또는 부정적 효과가 나타나지 않는 운동 기술 전이의 한 형태. 이전 학습이 전혀 무관하거나, 긍정적 영향과 부정적 영향이 서로 상쇄되었을 수도 있다.

중립화근(Neutralizers): 다른 활동 근육의 원치 않는 동작을 막기 위해 작용하는 근육

중심와 시각(Foveal vision): 망막의 중심, 즉 중심와 부위에서 일어나는 매우 예리한 시각 감지

중앙 사전 프로그래밍(Centrally preprogrammed command): 운동 프로그램(motor program)의 일부로 두뇌에 저장된 운동 명령. 지속적인 감각 피드백에 의존하지 않는 복잡하고 계층적인 운동 명령 시스템의 일부

중지 전략(Suspensory strategy): 질량 중심을 낮추기 위해 웅크리고 구부러진 행동을 하여 균형을 유지하는 기술. 대부분의 경우 넘어지는 것을 두려워하거나 낯선 환경에 있을 때 수행된다.

중추 패턴 발생기(Central pattern generators, CPGs): 복잡하면서도 리드미컬한 움직임 패턴 생성을 다른 시스템의 간섭 없이 독립적으로 조절하는 신경 시스템 경로

중추신경계(Central nervous system, CNS): 신경계의 뇌와 척수 부분. 전체 신경계를 통합하고 지휘하는 중앙 기구

증강적 피드백(Augmented feedback, AFB): 수행능력의 측면에 대해 지도자가 학습자에게 정보의 가치를 증가하여 제공하는 것. 수행자가 일반적으로 받지 못하는 정보를 강화, 수정 또는 노출하여 제공하는 피드백

지각(Perception): 감각 피드백이 해석되고 이해되는 중추신경계 정보 처리 유형

지각적 운동 기술(Perceptual motor skill): 특정 특성을 가진 심리 운동 기술 유형. 일반적으로 많은 양의 환경적 단서 해석 및 의사결정이 필요하다.

지각-행동 연결(Perception-action coupling): 감각 정보의 해석과 그에 따른 운동 작용 사이의 연결. 운동 작용을 환경 및 직무 관련 감각 유입과 연결하는 선천적이면서도 학습된 행동

창의성 개발 프레임워크(Creativity development framework, CDF): 움직임의 독창성, 다재다능성과 효율성 그리고 움직임 탐구의 시행착오에 관련한 수행자의 의지 발생을 강조하는 운동 기술 개발 모델

천장 효과(Ceiling effect): 기준 척도가 매우 심플하여 점수를 쉽게 최대화하고 개선의 여지가 거의 없어 최대 수준으로 안정화된 작업에 대한 수행능력

체성 감각 인지(Somatosensory awareness): 운동 감각 참고

체성 수용기(Somatoreceptors): 근골격계(고유 수용 감각기)와 피부의 감각 수용체를 설명하는 데 사용되는 용어

체성신경계(Somatic system): 수의적 운동 행동을 제어하는 PNS의 영역. PNS에서 효과기(예: 근육)를 활성화하기 위해 CNS에서 운동 명령을 전달한다.

초점 시각(Focal vision): 시각적 인지는 시야의 중심 영역에서부터 수집된 시각적으로 날카로운 정보에 주로 기초한다. 이는 자발적 처리에 의해 통제되는 의식적 인식 과정으로 간주되며 주로 대상과 세부사

항을 식별하는 데 사용된다.

(초점) 주변시(Ambient vision): 의식적 인식이나 주의를 집중하지 않은 상태에서 수집된 시각적 정보. 중심와 시각과 주변 시각 모두 포함한다.

촉진 조장(Facilitation): 들어오는 활동 전위에 의해 흥분된 뉴런 상태. 활동 전위를 유발하기에 불충분하지만 대신 뉴런이 발화된 것으로 간주하는 임계값의 아래 수준까지 도달한 상태

총 응답 시간(Total response time, RpT): 반응 시간과 운동 시간을 모두 포함하는 운동 기술을 실행하는 총 시간. 자극에서 운동 반응 완료까지 측정한다.

최종 공통 경로(Final common pathway): 모든 신경 시스템 운동 활동을 위한 신호의 최종 수렴이 이루어지는 운동 단위

추내근 섬유(Intrafusal fibers): 근방추 내의 작은 근육 섬유. 감마 운동 뉴런에 의해 조절된다.

축삭돌기(Axon): 전기적 신호 형태의 활동 전위를 세포체에서 멀리 떨어진 곳으로 전달하고 또한 신경말단 부위의 시냅스 밖으로 내보내는 신경의 한 구조

코어 훈련(Core training): 견갑대와 골반대 등 축성 골격(axial skeleton) 근육과 관련된 신체 부위 안정성을 위한 운동 훈련

타당도(Validity): 측정하고자 하는 바를 실제로 측정하거나 해당 성과 항목을 실제로 반영하는 성과 측정 품질

타우(Tau): 물체가 눈을 향해 이동함으로써 망막에 투사된 물체 이미지 크기가 변화하는 속도를 나타내는 광학적 흐름 특성

탄력성(Elasticity): 근육과 힘줄이 늘어났다 되돌아오는 역량

탐색 학습(Exploratory learning): 발견 학습 참조

파치니 소체(Pacinian corpuscle): 피부 아래, 인대 및 힘줄집(tendon sheaths)에서 발견되는 감각 종말의 유형. 소체(corpuscle)에 압력을 가하는 빠른 관절 각도 변화에 자극된다.

폐쇄성 기술(Closed skills): 안정적이고 예측 가능한 환경에서 수행되는 기술. 환경이나 물체가 수행자의 행동을 기다린다.

폐쇄성 회로(Closed-loop): 운동 명령을 개시하고 수정하는 것에서 현재 진행중인 감각 피드백에 크게 의존하는 운동 제어 시스템 모델

플라이오메트릭스(Plyometrics): 신장-단축 주기에서 움직임에서의 강력한 원심성 단계를 강조하고 구심성 단계로 폭발적인 빠른 역전을 강조하는 높은 노력을 요구하는 파워 훈련 형식

피드백(Feedback): CNS에 현재 진행형인 활동 또는 과거의 활동 정보에 대한 일반 용어. 대부분은 CNS에 계속 진행중인 움직임 관련 정보를 제공하는 감각 정보, 또는 강사가 학생 행동에 반응하여 학생들에게 제공하는 정보를 말한다.

피드백 제어(Feedback control): 감각 정보(피드백)를 사용하거나 수용하여 명령을 조절하고 변경할 수 있는 운동 명령. 폐쇄성 회로 제어의 특성이다.

피드-포워드(Feed-forward): 감각 정보의 영향을 받지 않는 운동 명령(아래 피드-포워드 제어 참조)을 의미한다. 또한 운동이나 생리적 과정의 결과로 발생하지 않는 감각 정보를 말하며 오히려 시각 및 청각 정

보에 의해 제공되는 것과 같은 다가오는 상황에 대한 사전지식을 제공한다.

피드-포워드 제어/명령(Feed-forward control/commands): 주요 뇌 구조에서 발생한 운동 명령으로 대상 근육이 제한 없이 활동하게 한다. 감각 피드백은 대부분 후속 운동 명령을 계획하기 위해 사용되며 현재 진행중인 운동 명령에 대해선 영향력을 거의 미치지 못한다.

핏츠와 포스너의 3단계 모델(Fitts and Posner's 3-stage model): 수행 학습자의 특성과 변화를 설명하는 학습 단계 이론으로 학습자는 초보자에서 숙련된 수행자로 이르기까지 학습 진행 단계를 거친다. 이 모델은 인지 학습을 강조하는 1단계로 시작해서 운동 기술의 자동 수행을 강조하는 3단계로 끝난다.

학습(Learning): 연습 또는 경험의 결과로 기술을 수행할 수 있는 잠재력 또는 능력이 상대적으로 영구적으로 향상되는 것으로 정의되며, 종종 실제 수행력의 개선과 연관되지만 반드시 반영되지는 않는다.

학습 변수(Learning variable): 학습에 영향을 미치지만 반드시 수행력에 영향을 미치는 것은 아닌 학습자 또는 학습 환경의 특성: 동기부여, 피로, 연습에 소요되는 시간 등의 요인을 포함한다.

학습 스타일(Learning style): 방법과 질적인 측면에서 학습자가 선호하는 학습 과제 대응 방식

학습 전이(Transfer of learning): 이전의 학습과 경험이 이후 운동 기술의 학습에 영향(긍정적, 부정적 또는 둘 다)을 미치는 정보 처리 현상

행동 유도성(Affordances): 특정한 움직임 또는 작용 반응을 유발하는 환경의 품질(quality) 또는 특성(characteristic). 행동 유도성은 자유도를 감소시킴으로써 광범위하게 감각을 처리해야 할 필요성을 제한한다.

헤테라키 모델(Heterarchical model): 많은 구성 요소, 즉 CNS 및 PNS가 상호 종속적이고 분산된 명령을 제공하는 운동 명령 구조

협력(Synergies): 기능적 단위로 그리고 그 활동으로 함께 일하는 근육들과 팔다리의 앙상블 또는 그룹화하는 것을 뜻하며, 서로 제한하기도 한다.

협력근(Synergists): 특정한 관절이나 사지 운동을 하기 위해 주동근과 함께 작용하는 근육

협응(Coordination): 신체, 팔다리 분절, 그리고 근육들 사이 및 외부 환경과의 패턴화를 일컫는다. 근육 내 협응과 근육 간 협응 참조

협응 구조(Coordinative structures): 양측성 움직임 중 반대쪽 팔다리 사이를 연결하는 신경근계 협응의 한 형태

호문쿨러스(Homunculus): 신체 부위에 해당하는 특정 뇌 영역, 즉 운동 피질 또는 체성 감각 피질의 지형

활동 전위(Action potential, AP): 뉴런 간 또는 뉴런과 근육 또는 뉴런과 다른 실행 기관(effector organs)으로 정보를 보내는 생체 전기 신호

활성화 기록(Activation history): 근육 및 근방추의 기계적, 신경적 특성에 영향을 미칠 수 있는 근육 수축 활동 이전의 양과 유형을 나타내는 용어

훈련(Training): 종종 연습과 교환하여 사용되지만, 특히 생리적 기능 및 신체적 숙련도를 향상시키기 위한 헌신적인 노력을 가리킨다.

흥분성(Excitable): 전기적 자극에 반응하는 조직의 능력을 나타내는 일부 생물학적 조직(예: 근육 조직)의 특성

흥분성 시냅스 후 전위(EPSPs, excitatory postsynaptic potentials): 시냅스 전 뉴런으로부터 발생된 시냅스 후 뉴런에서의 전위 탈분극화. 이는 시냅스 후 뉴런의 활동 전위를 만들기 위해 합쳐질 수 있다.

힘-속도 곡선(Force-velocity curve): 근육 수축 속도와 힘 출력 관계, 높은 힘은 느린(근 수축) 속도에서만 발생할 수 있음을 나타낸다.

| 역자 약력 |

김대하

서울대학교 의과대학 졸업
서울대학교병원 정형외과 전공의 수료
분당서울대병원 견관절, 스포츠의학 전임의 수료
대한스포츠의학회 스포츠의학 인증 전문의
FMS, SFMA, TPI certified
Active Release Technique provider
전) CM병원 과장, 진천선수촌 메디컬센터 파견
SNU 서울병원 진료원장

지무엽

한국체육대학교 스포츠의학 박사
한국체육대학교 스포츠의학실 선임연구원
사)대한건강운동관리사협회 정책이사
사)대한선수트레이너 정회원
대한스포츠의학회 정회원
한국체대, 동국대, 나사렛대, 한양여대, 오산대, 극동대, 동남보건대 외래교수
강남구 서초구 건강증진사업 선임지도자
SK telecom 전담팀
국가대표 수영 선수 트레이너

차민기

상지대학교 한의학과
한국체육대학교 스포츠의학 전공 박사 과정
청연101 한의원 원장
StrongFirstGirya
FMSc / SFMAc
Titleist Performance Institute Medical
NASM CES/PES
Active Release Technique provider

제2판

운동 행동

Motor Behavior

1판 1쇄 펴냄: 2019년 11월 22일

지은이: 제프리 C. 아이브스
옮긴이: 김대하, 지무엽, 차민기

펴낸이: 권오현
펴낸곳: 대성의학사

출판등록 2009년 6월 22일(제301-2013-095호)
서울특별시 중구 을지로 126-1 (을지로3가, 3층)
전화 02)2279-3444 / 팩스 02)2285-0108
Homepage www.medibook.co.kr

값 33,000원

ISBN 978-89-97436-98-9(93690)